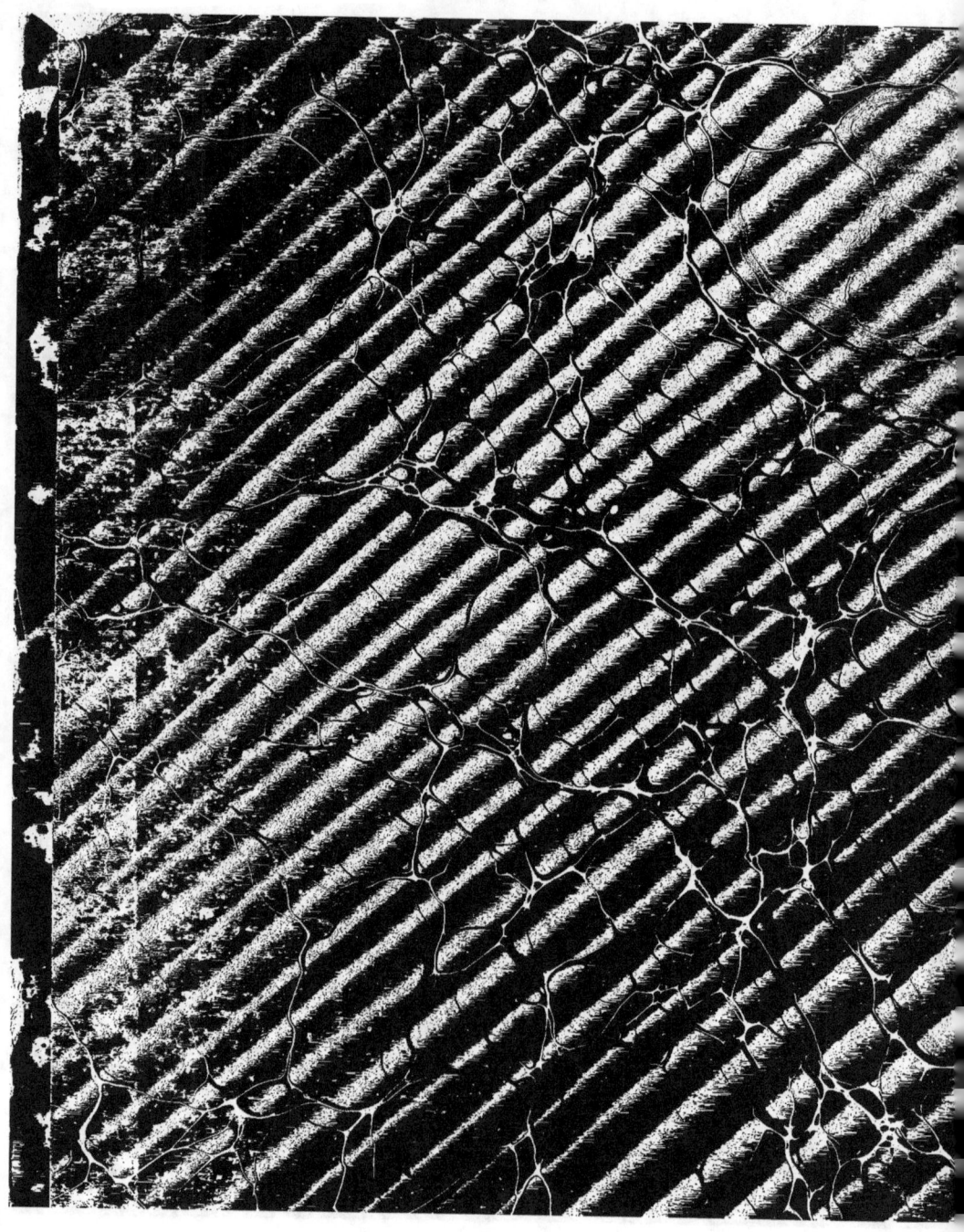

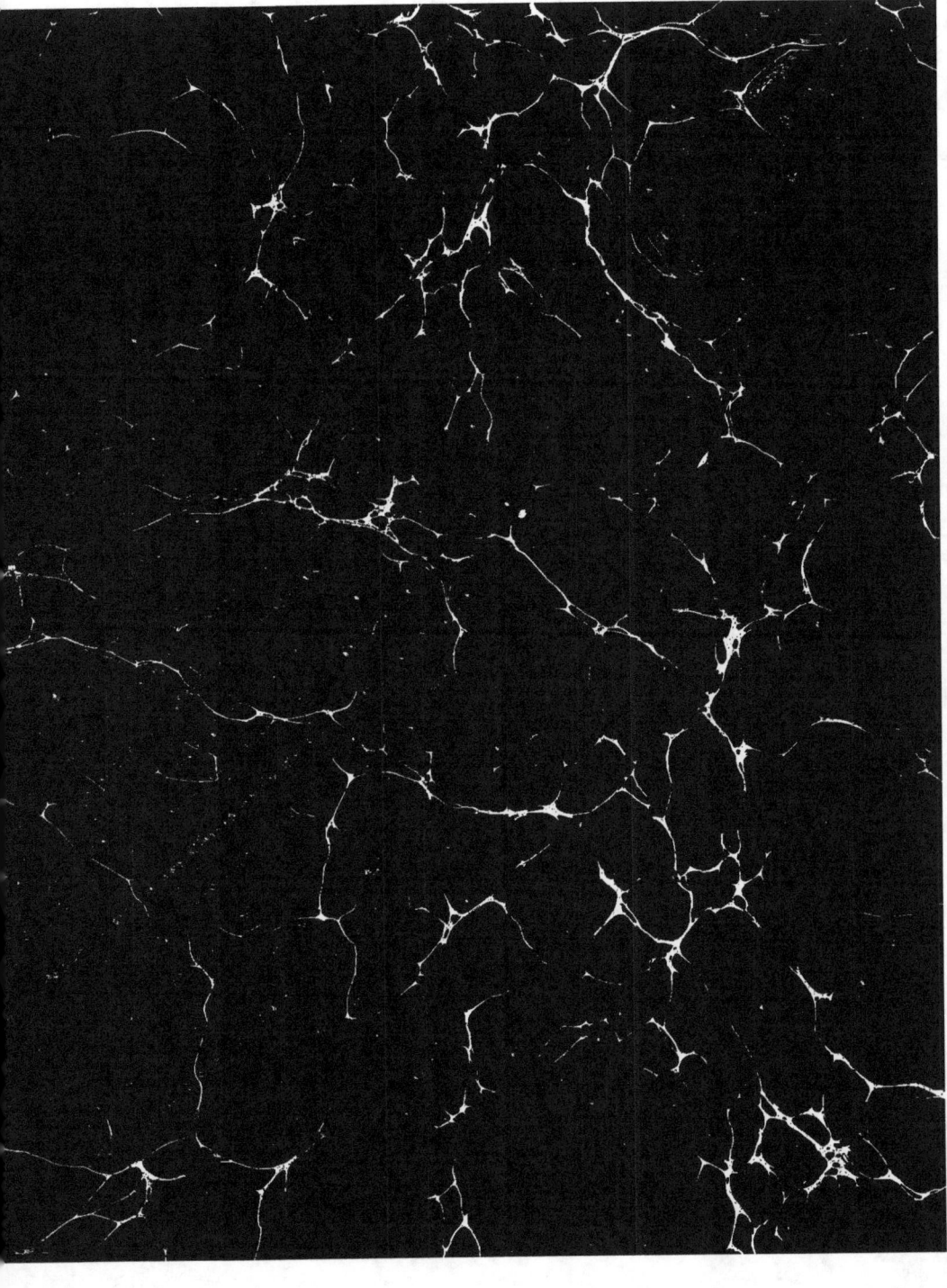

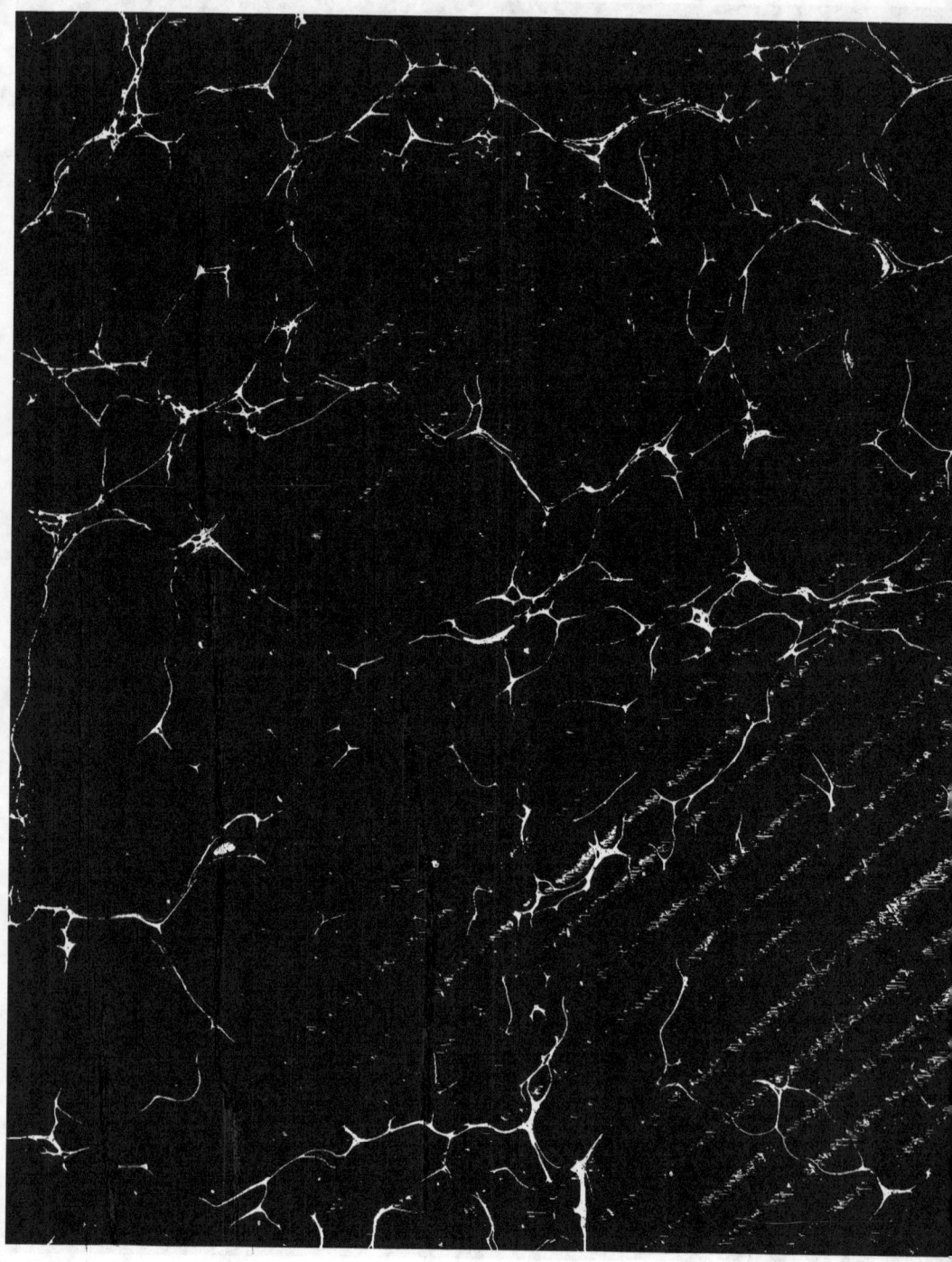

801

CORRESPONDANCE

DE

NAPOLÉON Ier

CORRESPONDANCE

DE

NAPOLÉON Ier

PUBLIÉE

PAR ORDRE DE L'EMPEREUR NAPOLÉON III

TOME XVII

PARIS

IMPRIMERIE IMPÉRIALE

M DCCC LXV

CORRESPONDANCE
DE
NAPOLÉON PREMIER.

ANNÉE 1808.

13745. — A M. CRETET,
MINISTRE DE L'INTÉRIEUR, À PARIS.

Bayonne, 15 avril 1808.

Monsieur Cretet, je désire encourager le commerce des places maritimes avec les colonies françaises et espagnoles, rendre de l'activité à nos ports, faire arriver en France des denrées coloniales, et aux colonies les deux objets de première nécessité pour elles, c'est-à-dire le pain et le vin. Voici le mode que j'ai jugé le plus convenable pour obtenir ces résultats. Je désirerais qu'il se formât à Bordeaux, la Rochelle, Nantes, Saint-Malo, Granville et le Havre, des compagnies dont les actions seraient de 5, de 10 ou de 15,000 francs, et qui feraient des expéditions soit avec des bâtiments tout construits, soit avec des bâtiments que l'on construirait à cet effet, les uns et les autres bons marcheurs et de 150 à 300 tonneaux. Leurs cargaisons seraient composées ainsi que la compagnie le jugerait à propos. Pour former de telles compagnies l'emploi de mon autorité est inutile; mais voici comment elle peut intervenir, et quels sont les encouragements que je veux donner : 1° je prendrai, pour chaque armement, le tiers des actions; 2° la marine payera, sur chaque bâtiment, le passage de 10 à 20 conscrits, qui iront renforcer les corps qui sont aux colonies, et qui renforceront en même temps l'équipage des bâtiments pour le service des canons qu'ils auront, afin de n'avoir rien à craindre des petits corsaires; 3° la marine prendra depuis 20 jusqu'à 50 tonneaux de chaque chargement; elle les emploiera à envoyer des farines ou des objets d'artillerie. Elle payera le fret au moment du départ, de sorte que, si le bâtiment est pris, elle perdra sa marchandise et le fret qu'elle aura payé. La proportion des tonneaux que prendra la marine ne pourra excéder le sixième du tonnage de ces bâtiments. Ces encouragements sont tels que j'ai lieu d'espérer qu'ils engageront à faire beaucoup d'expéditions. La chambre de commerce de Bordeaux, à qui j'ai parlé de ce projet, va créer des actions pour deux millions, et chercher dans son port ou faire construire dans ses chantiers quinze goëlettes capables de porter 3 ou 4,000 tonneaux; elle les expédiera pour la Guadeloupe, la Martinique et Cayenne. Il est bien entendu que les expéditions ne partiront que dans le temps des longues nuits, qu'on les préparera pendant l'été, et qu'elles ne mettront à la voile qu'à la fin de septembre ou au commencement d'octobre, pour être de retour avant la fin de mars. Je pense que la Rochelle, Saint-Malo et Granville pourront expédier chacun trois bâtiments; Nantes et le Havre, chacun cinq; ce qui fera une trentaine de bâtiments, ou 6 à 7,000 tonneaux, et une valeur d'armement de quatre à cinq millions. Il est probable que je ne perdrai rien à cette opération, puisque je m'intéresserai dans tous ces armements. Si la moitié seulement des navires réussissait et rentrait dans les ports, je retrouverais les capitaux que j'y aurais mis. Pour les expéditions à faire au Havre, parlez à Begouen; lui et Foache peuvent se mettre à la tête de cette opération. Écrivez aussi aux négociants les plus accrédités de Nantes, de la Rochelle, de Saint-Malo et de Granville. Ayez soin de leur recommander le secret. Engagez-les à mettre en construction de bons marcheurs, s'ils n'en ont pas. On peut porter l'opération jusqu'à soixante bâtiments, c'est-à-dire 12,000 tonneaux, s'il y a des facilités pour cela. Il est bien entendu que je ne veux être pour rien dans la direction et l'administration de ces expéditions. Conférez avec le ministre de la marine, afin qu'il sache ce qu'il peut donner en chargement dans les différents ports. Il expédiera probablement du vin et des farines, de Bordeaux; des ancres et des objets d'artillerie, du Havre, etc.

Je n'ai nommé ni Anvers ni Dunkerque, qui me paraissent trop immédiatement sous le canon de l'Angleterre[1].

NAPOLÉON.

D'après la copie. Archives de la marine.

13746. — A JOACHIM, GRAND-DUC DE BERG,
LIEUTENANT DE L'EMPEREUR EN ESPAGNE, À MADRID.

Bayonne, 15 avril 1808.

Je reçois votre lettre du 11 avril à onze heures du soir. Le général Reille doit être arrivé. Le prince des Asturies était le 14 à Vitoria. Monthion, que je vous ai expédié, l'ayant rencontré, l'a vu; il était douteux s'il se rendrait ou non à Tolosa. Cependant il devait s'y rendre samedi. Laissez à Bessières les fusiliers de la Garde. Reposez bien vos troupes. Demain je vous expédierai un officier. Savary est ici depuis hier.

La division du général Lasalle, ayant plusieurs régiments de très-belle cavalerie, va arriver ici. Vous connaissez mes intentions; elles sont immuables. Il est inutile que j'entre dans d'autres détails.

Je vois avec plaisir qu'à mon arrivée il n'y aura plus de gale, que les différents détachements seront réunis, et que vous aurez vos vivres assurés pour deux mois.

J'ai ici 100 caissons chargés de munitions à canon et d'infanterie; je les ferai escorter par la division Lasalle et 4,000 hommes d'infanterie.

J'ai ici réunis 500 mulets embrigadés; on va les charger de cartouches, et les faire partir à fur et mesure.

Il paraît que vous avez à Madrid beaucoup de fusils; vous devez vous en servir pour armer vos troupes, ainsi que des munitions que vous avez à Ségovie.

Il faut que vous teniez en règle votre magasin de deux millions de cartouches à Madrid, afin que vous puissiez en distribuer cinquante à chaque homme.

S'il y avait des mouvements en Espagne, ils ressembleraient à ceux

---

[1] En application des idées émises dans cette lettre, deux décrets notamment ont été rendus, en date du 30 avril 1808, l'un pour le port de Bordeaux, et l'autre pour le port de Bayonne.

que nous avons vus en Égypte. Ainsi donc il faut tenir vos troupes réunies, et faire marcher les convois en grande force.

Je vous ai fait connaître que les points importants étaient Aranda, Buitrago, où il fallait avoir des magasins de cartouches et de vivres.

J'ai appris avec plaisir que les officiers se tenaient resserrés dans les mêmes quartiers et bien en mesure. Tenez la main à ce qu'aucun homme isolé ne marche, et réitérez l'ordre à Aranda qu'on les retienne tous et qu'on ne les fasse marcher que par colonne de 500 hommes. Vous ne sauriez trop veiller à cela.

<small>D'après la minute. Archives de l'Empire.</small>

13747. — A JOSEPH NAPOLÉON, ROI DE NAPLES,
À NAPLES.

<small>Bayonne, 15 avril 1808.</small>

J'ai reçu votre lettre, celles de la reine de Naples, de Charlotte et de Zénaïde.

Vous ne me parlez plus de l'amiral Ganteaume. Il y a cependant longtemps qu'il a dû partir. Il est vrai que les vents du nord-est règnent dans cette saison.

Je suis à Bayonne depuis hier. L'infant don Carlos y est aussi. Je n'ai pas pu le voir, ce prince étant tombé malade la veille de mon arrivée. J'attends le prince des Asturies, qui a pris le nom de Ferdinand VII: il est sur la frontière. J'attends aussi l'infortuné Charles IV et la reine.

Le grand-duc de Berg est à Madrid. Le général Dupont est à Tolède. J'ai des divisions à l'Escurial et à Aranjuez.

NAPOLÉON.

<small>D'après l'expédition originale comm. par les héritiers du roi Joseph.</small>

13748. — AU VICE-AMIRAL DECRÈS,
MINISTRE DE LA MARINE, À PARIS.

<small>Bayonne, 16 avril 1808.</small>

Monsieur Decrès, j'ai vu en grand détail le port de Bayonne. Les vaisseaux de 74, comme ceux d'Anvers, pourraient y être construits et conduits jusqu'à la barre. Le passage de la barre dépendrait des événements. Il y a des exemples de vaisseaux suédois, tirant 18 pieds d'eau, qui y ont passé : cette barre est très-mobile. Cependant, s'il était possible d'alléger le vaisseau avec un chameau, le passage serait facile. Il peut y avoir de l'avantage à ces constructions, puisque les bois ne peuvent être transportés à Rochefort. Mais cela est, d'ailleurs, une circonstance très-secondaire. Je désire que vous me fassiez un rapport là-dessus. Je ne sais par quelle bizarrerie les travaux du port sont dans les mains des ingénieurs militaires, que cela ne regarde pas. Je ne pense pas qu'il soit de mon honneur d'abandonner les grands travaux qu'on a faits depuis quatre-vingts ans, lorsque avec une somme de 4 à 500,000 francs je puis me promettre de grands avantages de ces travaux. Jusqu'où le prolongement des jetées doit-il être fait? Cela détruira-t-il la barre?

J'ai trouvé à Bayonne deux gabares de 2 à 300 tonneaux, tirant 12 pieds d'eau, chargées. Elles ne trouvent pas tous les jours la facilité de sortir. Rien n'est plus mal entendu que ce service, et, en jetant un coup d'œil sur ces détails, je ne suis pas étonné que la marine me dépense cent millions et que rien ne réussisse dans mes arsenaux. *La Moselle* est une gabare de 2 à 300 tonneaux; elle porte 3,200 pieds cubes de bois, et fait un voyage par an de Bayonne à la Rochelle. Ainsi donc, pour avoir 3,200 pieds cubes de bois, qui valent 12,000 francs, transportés de Bayonne à Rochefort, j'entretiens un bâtiment qui, en agrès, réparations, me coûte au moins 3,000 francs par an, qui exige quatre officiers et cent seize marins, qui doivent me coûter au moins 80,000 francs pour vivres, solde et habillement. Pour avoir donc 3,200 pieds cubes de bois, je dépense 83,000 francs par an, c'est-à-dire 24 francs par pied cube, et je n'ai pas même la consolation de former des marins, car ces bâtiments, comme vous voyez, ne naviguent pas et ne font qu'un voyage par an. A cette perte il faut ajouter que les 100,000 pieds cubes de bois que produisent le bassin de l'Adour et les Landes ne trouvent point d'écoulement par les mauvais moyens qu'on prend. Si, au lieu de cela, on laissait les gabares désarmées dans le port de Rochefort, afin d'être employées en temps de paix pour le service des colonies, et qu'on se servît des allèges de Nantes, qui ne tirent que 7 à 8 pieds d'eau, on transporterait le quadruple de bois. Enfin on transporterait la quantité qu'on voudrait par les caboteurs, même les bois longs, de Bayonne à Rochefort, en leur donnant une légère indemnité. J'ai remarqué qu'il y avait sur ces gabares d'anciens matelots; leurs équipages suffiraient pour armer un vaisseau. Quand j'ai évalué 83,000 francs la dépense que me coûtent ces gabares, je n'ai pas calculé le danger qu'elles courent d'être prises. L'année passée, j'en ai perdu trois. Je n'ai pas compté non plus le renouvellement des agrès, coûtant 150,000 francs, qui, étant usés en dix ans, forme encore 15,000 francs. Mais, dira-t-on, on faisait cela en 1782 : sans doute; mais les circonstances étaient bien différentes; on était en paix, on sortait comme on voulait. Quand on voit ces bâtiments, il n'y a qu'une seule chose qui reste, c'est l'idée qu'ils puissent faire un voyage sans être pris. De Bayonne à Rochefort ils n'ont pas de protection. Ils sont énormes et marchent d'autant plus mal qu'on y a mis des pièces de 6 au lieu de pièces de 4. Ils marchent mal, parce qu'ils sont mal construits, parce qu'ils n'ont pas assez de bau. Les marins sont toujours étonnés qu'on ne construise pas les gabares sur le modèle de *la Lionne*, qui sert d'amiral à Rochefort. Elle portait 6,000 pieds cubes de bois au lieu de 3,000, tirait 6 pieds d'eau, et marchait comme une frégate. En général, je vois que dans tous les ports on fait les mêmes plaintes. Les bâtiments se comportent mal à la mer, parce qu'ils n'ont pas assez de bau. Je demande que les ingénieurs mettent leurs plans dans leur poche, et que l'on construise des gabares sur le modèle de *la Lionne*; qu'elles soient réservées pour le Nord, et pour s'en servir en temps de paix, et pour des ports où il n'y a pas de barre; que les transports de Bayonne à Rochefort surtout ne se fassent que par des allèges comme celles de Nantes, tirant 7 à 8 pieds d'eau, ayant peu d'équipage et portant une grande quantité de bois; et qu'enfin on livre, s'il le faut, ces transports à l'industrie particulière.

Le port de Bayonne n'est presque jamais bloqué. Des corvettes et des avisos pourraient en partir pour les îles sans danger; cependant il n'y en a pas un. Il devrait toujours y avoir trois ou quatre corvettes ou bricks pour expédier des troupes et des avis aux colonies.

De là j'ai été à l'arsenal; j'y ai vu une assez grande quantité de bois, et ce qu'on avait fait de deux vaisseaux de guerre. Les pièces du *Vénitien* sont prêtes depuis un an. J'ai vu en construction deux très-mauvaises gabares, à la place desquelles on aurait pu mettre deux frégates ou au moins deux corvettes ou bricks, qui, sortant de Bayonne et ayant les ports d'Espagne pour refuge, pourraient croiser avec succès ou se porter partout où il serait nécessaire. J'ai vu 15 à 20,000 pieds cubes de bois pourri, parce qu'il est là depuis un temps immémorial. Il faut achever ces deux mauvaises gabares ou les ôter du chantier, et mettre deux corvettes tirant 11 ou 12 pieds d'eau, et quatre ou cinq bricks, qu'on pourra facilement mettre en armement pour voyager aux colonies. Il serait aussi à propos d'y construire deux frégates pour utiliser ces bois qui coûtent si cher à transporter, et qui, ne l'étant pas, se pourrissent.

Le commerce de Bayonne demande, avec raison, que son cabotage avec le Portugal soit protégé. Si ce cabotage était protégé au passage des trois caps, il irait alimenter le Portugal en vins et en blé, et rapporterait en retour des sucres et autres denrées à Bayonne. Je désire donc que vous chargiez un capitaine de frégate intelligent de se rendre à Bayonne; que vous mettiez sous ses ordres quatre ou cinq bâtiments d'une force supérieure aux péniches et goëlettes, avec lesquels il ira prendre station pour favoriser le passage des caps de Bayonne à Lisbonne. Cet officier pourrait prendre langue à Bayonne, aller visiter les lieux par terre, et revenir prendre le commandement de ces bâtiments. Vous pourriez, pendant ce temps, lui préparer son armement à Bordeaux, Bayonne ou Rochefort. Vous devez sentir l'immense avantage qui résulterait pour la France et pour le Portugal de cet établissement de cabotage. Si l'on peut tenir des frégates sur les points où le cabotage peut être protégé, il faut y en diriger trois, en attachant à chaque frégate un brick et trois ou quatre péniches. Je crois vous avoir écrit que le cabotage de Bordeaux ne dépendait que du passage des caps, où il avait besoin d'être protégé. Je dois ajouter qu'il faut à l'embouchure de la Gironde deux frégates et deux bricks, qui feraient une division de quatre bâtiments de guerre, commandés par un officier qui aurait l'autorisation de les faire sortir quand il le jugerait nécessaire. Cela aurait l'avantage de maintenir libre l'embouchure de la Gironde et de favoriser le commerce. Avec l'argent que coûte le transport des bois de Bayonne à Rochefort, on en aurait une grande quantité dans la Garonne, et on approvisionnerait Rochefort comme on voudrait.

La marine a beaucoup de choses à faire. Il faut tout voir par vous-même, et raisonner dans le sens de notre situation. On pourrait avoir de grandes économies, faire beaucoup de travaux, et donner du soulagement au commerce.

NAPOLÉON.

D'après l'original comm. par Mme la duchesse Decrès.

13749. — NOTES POUR LE PRINCE DE NEUCHÂTEL,
MAJOR GÉNÉRAL DE LA GRANDE ARMÉE, À BAYONNE.

Bayonne, 16 avril 1808.

Demander un mémoire sur les trois provinces de la Biscaye. Quel est le capitaine général? où se tient-il? Quels sont les commandants sous ses ordres? où se tiennent-ils? Quelle est l'organisation civile de ce pays? Où est l'intendant général? quel est-il? Ses subdélégués? où se tiennent-ils? L'organisation des états? où s'assemblent-ils? leur nombre? Lorsqu'ils ne sont pas réunis, qui les représente? Où se tient la députation?

Recommander au général Verdier de ne point laisser isolé aucun détachement, infanterie ou cavalerie; de s'organiser bien fortement à Vitoria avec sa 1re brigade, d'où pourront, au besoin, partir des colonnes mobiles. Sa 2e brigade viendra prendre de suite position à Hernani, où, au besoin, elle pourra être renforcée d'une partie de la garnison de Saint-Sébastien. Il laissera seulement au poste un gendarme et deux hommes de cavalerie sous la responsabilité de l'alcade, pour lui prêter main-forte ainsi qu'aux maîtres de poste, et avoir la police des hommes isolés. On fera comprendre au gouverneur général de la province et aux alcades que ces hommes ne sont que pour protéger et avoir la police sur les derrières.

A M. le maréchal Bessières : que les seuls points où il doit avoir des Français sont Vitoria, Aranda, Burgos et Hernani; qu'il placera des détachements avec quinze jours de vivres dans les postes (tels que Pancorbo) à l'abri d'un coup de main ; qu'il concentrera toutes ses troupes; qu'il retirera les hommes de l'hôpital de Valladolid pour les porter sur ceux de Burgos, Aranda, etc. à l'exception d'une centaine qu'on ne pourrait transporter, et qu'on y laissera sous la responsabilité espagnole; qu'à Valladolid continuera à rester le commandant de la place avec 12 hommes et un piquet de cavalerie (lui recommander les hommes isolés, surtout de la Garde impériale); qu'à Burgos se porteront ceux depuis Vitoria à Burgos; à Madrid, tous ceux depuis Lerma à Madrid. Que l'Empereur approuve la nomination du général Frère au commandement de la division à Aranda, poste important et qu'il faut garder soigneusement. Réunir sous ses ordres les divers bataillons de marche. Avoir au moins à Aranda 1,200 hommes d'infanterie, 5 à 600 hommes de cavalerie et quatre pièces de canon de la division Merle.

Que le général Verdier continuera à être sous les ordres du maréchal Bessières, mais ayant la police de la province de Biscaye, composée de Guipuzcoa, Alava et Biscaye proprement dite; il n'y a que la seule place de Saint-Sébastien. Que le général Verdier prenne connaissance de l'organisation de la province, des hommes en place ou qui ont de l'influence, afin d'agir au besoin en conséquence. Sa 1re brigade, à Vitoria; sa 2e, à Hernani, comme il a été dit. Faire connaître ces dispositions au maréchal Bessières.

C'est le moyen d'être partout, puisque en deux marches on peut se porter sur tous les points avec des forces imposantes. Point de garnisons; point de petits paquets. Quant au chemin d'Aranda à Madrid, il y aura le point de Buitrago, où sont des magasins et un hôpital; le grand-duc y tiendra 1,000 hommes en infanterie et cavalerie avec deux pièces de canon pour tenir les communications.

Les hôpitaux à Saint-Sébastien, Burgos, Aranda et Vitoria; aucun homme souffert entre ces points: les soldats isolés seront sur-le-champ dirigés sur le plus près. Rendre les généraux responsables des hommes isolés, les retenir dans les corps et les y mettre en subsistance.

Que le maréchal Bessières, les généraux Verdier et Frère se portent sur le pays ou village qui pourrait s'insurger ou qui aura maltraité des soldats et des courriers; y faire un grand exemple. Une fois dans une campagne un terrible exemple, comme j'ai fait à Bignasco en Italie, suffira.

Le maréchal Bessières jugera s'il ne serait pas à propos de réunir les escadrons provisoires dans les quatre régiments provisoires. Ces escadrons, mal organisés, rendent peu de services, d'autant que 1,000 hommes du général Lasalle arrivent à Bayonne. L'intention de l'Empereur est que le maréchal Bessières ait le commandement des trois provinces, Navarre, Biscaye et Vieille-Castille. Dans la province de la Navarre, il y a le général d'Agoult avec sa brigade; on tiendra bonne garnison dans la citadelle de Pampelune, qui, dominant la ville, en rend toujours maître; dans celle de la Biscaye, le général Thouvenot est chargé de Saint-Sébastien.

Tous les hommes isolés seront retenus à Bayonne. Après trois jours de repos, avec des cartouches et bien armés, ces hommes seront dirigés sur Saint-Sébastien, de manière à porter les bataillons de la réserve à 1,000 hommes chacun, et avoir une colonne mobile, commandée par le colonel Pepin, de 1,200 hommes d'infanterie, 50 hommes de cavalerie et quatre pièces de canon.

A Hernani, la 2e brigade du général Verdier, composée du 3e escadron de marche des cuirassiers, du 13e provisoire d'infanterie et de trois pièces de canon. A la tête de cette colonne sera le général Ducos, qui partira de Bayonne le 18; le 17, au soir, le major général prendra là-dessus mes ordres. Cette brigade sera renforcée du 14e régiment provisoire (qui doit arriver le 14 à Bayonne, y rester un jour et prendre mes ordres avant le départ), et d'une compagnie de 100 Basques, s'il est possible de la former. Le général Verdier, avec sa 1re brigade et douze pièces de canon, 3 à 400 hommes de cavalerie qui forment à présent les postes dans les relais depuis Irun, se tiendra à Vitoria; sa 2e brigade, ainsi que la garnison de Saint-Sébastien, sera spécialement chargée de la Biscaye.

Enfin M. le maréchal Bessières se tiendra à Burgos avec les deux régiments de fusiliers de la Garde, huit pièces de canon de la Garde, la 1re brigade du général Merle avec huit pièces de cette division, le 1er régiment de marche, la brigade Gaulois. Toute la cavalerie de la Garde, entre Vitoria et Burgos. Enfin le général Frère se tiendra à Lerma avec trois bataillons de marche, différents escadrons de marche et les quatre régiments de marche du général Lagrange. Le maréchal Bessières est maître d'établir des troupes dans ces quatre points, Hernani, Burgos, Aranda et Vitoria; il n'y aura point de Français ailleurs, à l'exception d'un poste à l'abri d'un coup de main, que l'on pourra occuper. On pourra laisser quelques capitaines ou lieutenants pour commander les points importants, avec ordre de se replier vers la masse en cas d'insurrection générale.

On fera connaître à M. le maréchal Bessières et au général Verdier que j'irai en Espagne à la tête de la division Lasalle, composée de quelques milliers d'hommes. On laissera les chevaux aux relais. Dans tous les pays quelconques, en tenant les principales villes ou postes, on les contient facilement, en ayant sous sa main les évêques, les magistrats, les principaux propriétaires, qui sont intéressés à maintenir l'ordre sous leur responsabilité.

Au maréchal Bessières : tenir à Madrid des corps nombreux de la Garde; c'est là que les événements se passeront. C'est là le centre des Espagnols. Autour de cette capitale se trouvent les grandes plaines.

Dépôts de cartouches à Burgos, Aranda, Vitoria et Buitrago, et y faire venir des vivres et du biscuit. 300,000 rations de biscuit à Vitoria, autant à Burgos, Aranda et Buitrago. Ces mesures doivent s'exécuter sous dix jours, par gradation et sans secousses, rien n'est pressé; mais cependant plus tôt si des insurrections se manifestaient.

D'après la minute. Dépôt de la guerre.

13750. — A FERDINAND, PRINCE DES ASTURIES,
À VITORIA.

Bayonne, 16 avril 1808.

Mon Frère, j'ai reçu la lettre de Votre Altesse Royale. Elle doit avoir acquis la preuve, dans les papiers qu'elle a eus du Roi son père, de l'intérêt que je lui ai toujours porté. Elle me permettra, dans la circonstance actuelle, de lui parler avec franchise et loyauté. En arrivant à Madrid, j'espérais porter mon illustre ami à quelques réformes nécessaires dans ses états et à donner quelque satisfaction à l'opinion publique. Le renvoi du prince de la Paix me paraissait nécessaire pour son bonheur et celui de ses sujets. Les affaires du Nord ont retardé mon voyage. Les événements d'Aranjuez ont eu lieu. Je ne suis point juge de ce qui s'est passé et de la conduite du prince de la Paix; mais ce que je sais bien, c'est qu'il est dangereux pour les rois d'accoutumer les peuples à répandre du sang et à se faire justice eux-mêmes; je prie Dieu que Votre Altesse Royale n'en fasse pas elle-même un jour l'expérience. Il n'est pas de l'intérêt de l'Espagne de faire du mal à un prince qui a épousé une princesse du sang royal et qui a si longtemps régi le royaume. Il n'a plus d'amis : Votre Altesse n'en aura plus, si jamais elle est malheureuse. Les peuples se vengent volontiers des hommages qu'ils nous rendent. Comment, d'ailleurs, pourrait-on faire le procès au prince de la Paix sans le faire à la Reine et au Roi votre père? Ce procès alimentera les haines et les passions factieuses : le résultat en sera funeste pour votre couronne. Votre Altesse Royale n'y a de droits que ceux que lui a transmis sa mère ; si le procès la déshonore, Votre Altesse déchire par là ses droits. Qu'elle ferme l'oreille à des conseils faibles et perfides. Elle n'a pas le droit de juger le prince de la Paix; ses crimes, si on lui en reproche, se perdent dans les droits du trône. J'ai souvent manifesté le désir que le prince de la Paix fût éloigné des affaires; l'amitié du roi Charles m'a porté souvent à me taire et à détourner les yeux des faiblesses de son attachement. Misérables hommes que nous sommes! faiblesse et erreur, c'est notre devise! Mais tout cela peut se concilier. Que le prince de la Paix soit exilé d'Espagne et je lui offre un refuge en France. Quant à l'abdication de Charles IV, elle a eu lieu dans un moment où mes armées couvraient les Espagnes, et, aux yeux de l'Europe et de la postérité, je paraîtrais n'avoir envoyé tant de troupes que pour précipiter du trône mon allié et mon ami. Comme souverain voisin, il m'est permis de vouloir connaître, avant de reconnaître cette abdication. Je le dis à Votre Altesse Royale, aux Espagnols, au monde entier : Si l'abdication du roi Charles est de pur mouvement, s'il n'y a pas été forcé par l'insurrection et l'émeute d'Aranjuez, je ne fais aucune difficulté de l'admettre, et je reconnais Votre Altesse Royale comme roi d'Espagne. Je désire donc causer avec elle sur cet objet. La circonspection que je porte depuis un mois dans ces affaires doit lui être garant de l'appui qu'elle trouvera en moi, si, à son tour, des factions de quelque nature qu'elles soient venaient à l'inquiéter sur son trône. Quand le roi Charles me fit part de l'événement du mois d'octobre dernier, j'en fus douloureusement affecté, et je pense avoir contribué, par les insinuations que j'ai faites, à la bonne issue de l'affaire de l'Escurial. Votre Altesse Royale avait bien des torts, je n'en veux pour preuve que la lettre qu'elle m'a écrite, et que j'ai toujours voulu ignorer. Roi, à son tour, elle saura combien les droits du trône sont sacrés : toute démarche près d'un souverain étranger de la part d'un prince héréditaire est criminelle. Le mariage d'une princesse française avec Votre Altesse Royale, je le tiens conforme aux intérêts de mes peuples, et surtout comme une circonstance qui m'attacherait par de nouveaux liens à une Maison dont je n'ai eu qu'à me louer depuis que je suis monté sur le trône. Votre Altesse Royale doit se défier des écarts des émotions populaires. On pourra commettre quelques meurtres sur mes soldats isolés, mais la ruine des Espagnes en serait le résultat. J'ai déjà vu avec peine qu'à Madrid on ait répandu des lettres du capitaine général de la Catalogne et fait tout ce qui pouvait donner du mouvement aux têtes. Votre Altesse Royale connaît ma pensée tout entière. Elle voit que je flotte entre diverses idées qui ont besoin d'être fixées. Elle peut être certaine que, dans tous les cas, je me comporterai avec elle comme envers le Roi son père. Qu'elle croie à mon désir de tout concilier et de trouver des occasions de lui donner des preuves de mon affection et de ma parfaite estime.

NAPOLÉON.

D'après la copie du registre du maréchal duc d'Istrie.

13751. — AU MARÉCHAL BESSIÈRES,

COMMANDANT DE LA GARDE IMPÉRIALE EN ESPAGNE, ETC. À BURGOS.

Bayonne, 16 avril 1808.

Mon Cousin, le major général vous aura fait connaître mes intentions. Je désire que mes troupes soient centralisées dans les quatre points de Hernani, Vitoria, Burgos et Aranda. J'envoie à Hernani le général Ducos avec le 3ᵉ escadron de marche de cavalerie, une brigade de régiments provisoires et six pièces de canon que j'ai fait organiser à Bayonne; ce qui compose une fort belle brigade, qui sera la seconde de la division Verdier. Il ne sera fait aucun établissement à Hernani; les hôpitaux et les magasins seront établis dans la place de Saint-Sébastien. Cette brigade du général Ducos sera augmentée, si l'occasion l'exige, d'une colonne mobile tirée de Saint-Sébastien, que commandera le colonel Pepin. Cette colonne serait de 1,200 hommes et de deux pièces d'artillerie. Le général Verdier avec ses douze pièces d'artillerie, sa 1ʳᵉ brigade et 2 ou 300 chevaux, gardera Vitoria; il aura le commandement de la Biscaye et prendra des mesures pour assurer la tranquillité de cette province. Tous les hommes isolés se rendront à Saint-Sébastien, pour être mis en subsistance dans les bataillons; aucun ne passera Vitoria ni Burgos. Recommandez bien aux commandants de place d'y porter la plus grande surveillance et mettez en subsistance les hommes isolés dans les bataillons de marche que vous avez.

Entre Hernani et Vitoria il n'y aura aucun hôpital ni dépôt; tout sera évacué sur Saint-Sébastien. Entre Vitoria et Burgos il n'y aura aucun hôpital, ni établissement, ni poste français; tout sera à Vitoria ou à Burgos. Vous réunirez à Burgos toutes vos troupes, en laissant à Aranda 1,800 hommes d'infanterie, de cavalerie et d'artillerie. Il y aura aussi à Saint-Sébastien, Vitoria, Burgos et Aranda, des magasins de vivres. de biscuit, de cartouches, et des hôpitaux. Tenant ainsi les capitales, le pays restera tranquille, et, s'il était agité, quelques colonnes mobiles tombant sur le lieu, et y faisant des exemples sévères, y rétabliraient la tranquillité. Vous pouvez laisser entre les différents points de réunion quelques gendarmes avec des soldats espagnols, en faisant connaître qu'ils sont là pour faire respecter les alcades et maintenir la police. Laissez également des commandants de place dans les lieux où ils seraient nécessaires pour faire respecter les alcades.

Faites évacuer tout ce qui est à Valladolid sur Burgos et l'Escurial, en y laissant un commandant d'armes qui puisse avoir l'œil sur tout ce qui s'y passe.

Vous laisserez mes relais, en employant mes escortes, sur les routes de Vitoria, Burgos et Aranda. Je vous recommande de ne laisser aucun homme de ma Garde isolé, pour n'avoir, dans aucun cas, à regretter l'assassinat ni la perte d'aucun. Lorsque toutes les mesures que je prescris seront exécutées, le général Verdier aura 10,000 hommes pour la police de la Biscaye; vous en aurez autant pour la police de la Castille. Je pense que la cavalerie ne vous est pas utile dans les lieux où vous êtes; ainsi vous pouvez envoyer à Madrid les 2ᵉ et 3ᵉ escadrons de marche, pour être incorporés dans les régiments provisoires; ce qui aura l'avantage de mettre de l'ordre et de fortifier mon armée de Madrid. Je vous laisse le maître de garder les quatre régiments de cavalerie du général Lagrange, ou de n'en garder que ce que vous jugerez vous être nécessaire, et d'envoyer le reste à Madrid, car c'est là surtout qu'il faut de la cavalerie.

Quant à la cavalerie de ma Garde, il faut qu'elle soit forte à Madrid. Je suppose que vous avez en Espagne 1,500 chevaux de ma Garde; il faut qu'il y en ait 1,000 à Madrid et 500 à Burgos, sans cependant faire faire aucun mouvement rétrograde. Il faut que vous ayez en main ces 500 chevaux à Burgos, et, si vous y joignez 5 ou 600 hommes d'autre cavalerie, cette force sera suffisante. Le reste de la cavalerie de ma Garde, il faut l'envoyer à Madrid.

D'après ce que j'apprends d'Espagne, mon intention est d'y venir à la tête d'une division, en m'arrangeant de manière à faire double marche. Je vous préviendrai d'ailleurs pour que vous puissiez envoyer de Burgos à ma rencontre des détachements convenables. J'attends après-demain ici la division Lasalle, qui a les 10º et 22º régiments de chasseurs, deux très-beaux régiments que j'ai vus à Bordeaux. Votre artillerie doit être distribuée de la manière suivante : trois à Aranda, quatorze à Burgos, douze à Vitoria et six à Hernani. En cas de grands mouvements militaires, ces corps peuvent se réunir pour livrer bataille, et vous auriez alors une armée respectable. Vous êtes aussi chargé de la garde de la Navarre; je me borne à faire occuper la citadelle. Les 100,000 rations de biscuit doivent y être arrivées. Aussitôt que d'autres troupes arriveront dans la position de Hernani, on renforcera Vitoria. Je pense que vous devez réunir sous les ordres du général Frère, à Aranda, les bataillons de marche, en gardant avec vous à Burgos le 1ᵉʳ régiment de marche. Tout ce qui porte le nom de régiment ou d'escadron de marche est destiné à être incorporé dans les régiments provisoires qui sont à Madrid. Ainsi, du moment que la cavalerie du général Lasalle sera arrivée à Burgos, mon intention est que les quatre régiments du général Lagrange et les autres escadrons de marche se rendent à Madrid pour être incorporés. Cela est nécessaire pour donner de la force à ces cadres. Il est nécessaire que vous gardiez les deux régiments de fusiliers. Vous pouvez toujours envoyer les cuirassiers des régiments de marche du général Lagrange et des autres escadrons de marche à Madrid. Vous savez que les cuirassiers sont plus utiles que toute autre cavalerie. La cavalerie n'est d'aucun usage d'ici à Burgos : elle est, au contraire, nécessaire à Madrid. En deux mots, renvoyez tout ce qui porte le titre de régiment, escadron et bataillon de marche, à Madrid, hormis ce qui vous est nécessaire pour compléter 300 chevaux à Vitoria, 1,000 chevaux à Burgos et 300 chevaux à Aranda; ce qui fera 1,600 chevaux; et, du moment que la division Lasalle sera à Burgos, cette division vous fournira de bonne et belle cavalerie. Vous pourrez donc renvoyer tout ce qui est escadron ou régiment de marche à Madrid.

Quant aux cartouches, un parc de 100 caissons chargés de 600,000 cartouches partira demain pour Saint-Jean-de-Luz; il est tout attelé par le 6ᵉ *bis*; il continuera sa marche sur Madrid pour compléter le parc de l'armée. J'en fais partir 500,000 autres pour Burgos, pour mettre en magasin à Burgos. Après-demain il en partira 500,000 autres pour Aranda, et le 19 il en partira 500,000 autres pour Burgos. Si vous n'avez pas de besoins urgents, vous pouvez diriger le premier convoi sur Aranda et garder le second pour Burgos.

Je vous ai déjà, je crois, recommandé d'établir une grande distinction entre les régiments de marche et les régiments provisoires qui sont en Espagne. Un régiment *provisoire* de cavalerie ou d'infanterie est organisé et ne doit subir aucun changement tant qu'il restera en Espagne; un régiment, bataillon ou escadron de *marche* est une organisation provisoire pour conduire les troupes à Madrid, c'est-à-dire aux régiments provisoires. Cette intelligence est très-nécessaire pour bien comprendre les ordres que vous recevrez. Ainsi, tous les hommes isolés qui vous arriveront, vous pouvez les incorporer, soit à Aranda, soit à Burgos, dans les régiments ou bataillons de marche; puisque alors naturellement ces régiments se dirigeront sur Madrid, pour être incorporés dans les régiments provisoires, les hommes que vous y aurez mis en subsistance sauront y retrouver leurs corps. Pour les hommes isolés appartenant aux corps du Portugal ou de la division du général Dupont, tous ceux qui vous arriveront à Aranda, vous les mettrez en subsistance dans les corps comme vous l'entendrez, même dans les régiments de fusiliers, où ils seront mieux, et mieux dressés; et quand vous en aurez réuni 6 à 800 de l'un ou de l'autre corps, vous en formerez un bataillon de marche, que vous appellerez bataillon de marche de l'armée du Portugal ou du corps de la Gironde, et vous les garderez à Burgos jusqu'à ce que je vous envoie des ordres pour leur destination. Le général Verdier, qui a des régiments provisoires et aucun bataillon de marche, mettra en subsistance dans ses corps les hommes isolés qui lui arriveront, vous en enverra l'état exact, et, lorsque vous verrez qu'il a un millier d'hommes, si les circonstances le permettent, vous lui donnerez l'ordre de les diriger sur Burgos pour être incorporés dans les bataillons de marche, ou dans ceux de l'armée de Portugal ou du corps de la Gironde. Ces précautions sont nécessaires ; cette armée ne s'est formée que par des soins perpétuels ; il ne faut point s'en départir.

Vous devez avoir des souliers à Burgos. Il n'y a pas d'inconvénient que vous fassiez faire un millier de culottes, un millier d'habits et un millier de shakos, si on peut le faire à un marché convenable, à Burgos. Vous distribuerez ces effets d'habillement aux hommes isolés et sortant des hôpitaux.

Il ne doit y avoir aucun magasin, aucun hôpital intermédiaire entre Saint-Sébastien et Vitoria, entre Vitoria et Burgos ; il ne doit y avoir aucun poste isolé, voilà le principal.

Du reste, ces dispositions ne sont pas pressantes ; il faut les faire avec adresse, faire le moins de mouvements possible de Valladolid sur Burgos. La majeure partie de ce qui est à Valladolid est en guérison ; il faut les envoyer aux corps. Le grand-duc de Berg donnera l'ordre au maréchal Moncey de tenir à Buitrago 500 hommes d'infanterie et de cavalerie et trois pièces de canon, et d'y avoir un hôpital et un magasin de cartouches. Par ce moyen, avec ces cinq grands dépôts, l'armée peut faire ses mouvements sur Madrid sans inconvénient. En prenant ces mesures, on ne craindra plus le mauvais esprit qu'on cherche à répandre en Espagne, et la division de Galice ou un mouvement insurrectionnel dans le pays seront réprimés. Les évêques, les intendants, les états, les notables des capitales doivent répondre de la tranquillité des villages et de la sûreté des communications. Pour tout cela il faut avoir un système bien entendu.

NAPOLÉON.

D'après l'original comm. par Mme la duchesse d'Istrie.

13752. — A L'IMPÉRATRICE,
A BORDEAUX.

Bayonne, 17 avril 1808.

Je reçois ta lettre du 15 avril. Ce que tu me dis du propriétaire de la campagne me fait plaisir ; vas-y passer la journée quelquefois.

Je donne ordre qu'il soit fait un supplément de 20,000 francs par mois à ta cassette, pendant ton voyage, à compter du 1er avril.

Je suis horriblement logé. Je vais dans une heure changer et me mettre à une demi-lieue, dans une bastide. L'infant don Charles et cinq ou six grands d'Espagne sont ici; le prince des Asturies est à vingt lieues. Le roi Charles et la reine arrivent. Je ne sais où je logerai tout ce monde-là. Tout est encore à l'auberge. Mes troupes se portent bien en Espagne.

J'ai été un moment à comprendre tes gentillesses. J'ai ri de tes souvenirs. Vous autres femmes, vous avez de la mémoire.

Ma santé est assez bonne, et je t'aime de bien bonne amitié. Je désire que tu fasses des amitiés à tout le monde à Bordeaux; mes occupations ne m'ont permis d'en faire à personne.

NAPOLÉON.

Extrait des *Lettres de Napoléon à Joséphine*, etc.

13753. — A M. GAUDIN,
MINISTRE DES FINANCES, À PARIS.

Bayonne, 17 avril 1808.

Les États-Unis d'Amérique ont mis un embargo sur leurs bâtiments, et ont pris la résolution de ne plus faire de commerce que la guerre actuelle ne soit terminée. Il est donc évident que tous les bâtiments qui se disent venir d'Amérique viennent d'Angleterre, et que leurs papiers sont fabriqués. Donnez donc ordre que ceux qui viendraient dans les ports de France, de Hollande et dans ceux des villes hanséatiques et d'Italie soient mis sous le séquestre et d'abord suspectés de venir d'Angleterre. Parlez de cela avec M. Collin et sachez s'il y en a beaucoup de venus, soit en Hollande, soit en France, depuis le 1er janvier.

D'après la minute. Archives de l'Empire.

13754. — AU VICE-AMIRAL DECRÈS,
MINISTRE DE LA MARINE, À PARIS.

Bayonne, 17 avril 1808.

J'ai ordonné qu'on armât la frégate *la Comète*; j'y ai destiné l'équipage d'une des gabares que l'on allait armer, et je l'ai complété avec la conscription. Cette frégate protégera la côte et pourra être de quelque utilité. Envoyez un bon capitaine de frégate pour la commander. Je n'ai trouvé ici que des lieutenants. Rien n'eût été facile comme de faire entrer cette frégate dans le port de Bayonne ou même dans la Gironde. On l'aurait mise là en état, et j'aurais un bâtiment de plus, propre à tout. Il paraît que les réparations qu'on y a faites l'ont mise en état de faire une bonne mission.

<small>D'après la minute. Archives de l'Empire.</small>

13755. — AU MARÉCHAL DAVOUT,
<small>CHARGÉ DU 1ᵉʳ COMMANDEMENT DE LA GRANDE ARMÉE, À VARSOVIE.</small>

<small>Bayonne, 17 avril 1808.</small>

Mon Cousin, je reçois votre lettre du 30 mars. Les Polonais sont légers, actifs. Les grandes villes en général ont ce caractère, Varsovie plus que toute autre; elles sont comme la surface de la mer, qui n'est jamais la même deux jours de suite. Mais les Polonais sont, au fond, attachés à la France. Vous sentez qu'en prenant des Polonais à mon service j'ai consulté l'intérêt de la Pologne. J'ai des soldats en France autant que j'en veux. J'ai même consenti que, dans la capitulation qui a été faite pour cet objet, on insérât la clause que les Polonais ne pourront pas être embarqués pour un service de mer ou pour les colonies. Écrivez au sieur Bourgoing pour qu'il accélère le départ de ces troupes et pour qu'on ne fasse pas partir de compagnies à moins qu'elles ne soient à 140 hommes effectifs. Ce n'est pas une nuée d'officiers que je veux, mais des corps dont je puisse me servir.

NAPOLÉON.

<small>D'après l'original comm. par Mᵐᵉ la maréchale princesse d'Eckmühl.</small>

13756. — AU MARÉCHAL BESSIÈRES,
<small>COMMANDANT LA GARDE IMPÉRIALE EN ESPAGNE, ETC. À BURGOS.</small>

<small>Bayonne, 17 avril 1808.</small>

Mon Cousin, le roi Charles et la reine sont partis de l'Escurial le 14.

Ils doivent être arrivés à Burgos le 17 ou le 18. Je suppose que vous leur aurez rendu tous les honneurs imaginables. Vous les escorterez avec toute votre division, si cela est nécessaire, ou du moins avec la meilleure partie, pour franchir Vitoria et les mettre sur la route de Bayonne.

Vous trouverez ci-joint la copie d'une lettre [1] que Savary porte au prince des Asturies; si le prince des Asturies vient à Bayonne, c'est fort bien; s'il rétrograde sur Burgos, vous le ferez arrêter et conduire à Bayonne. Vous instruirez de cet événement le grand-duc de Berg, et vous ferez connaître à Burgos que le roi Charles a protesté et que le prince des Asturies n'est pas roi; que, d'ailleurs, il faut attendre les communications de Madrid.

Vous devez maintenir libres les communications avec Vitoria et envoyer des officiers à Savary, pour bien connaître l'état des choses. Si le prince des Asturies quitte Vitoria et a dépassé Burgos pour se rendre à Madrid, vous enverrez après lui et vous le ferez arrêter partout où il se trouvera, car, s'il refuse l'entrevue que je lui propose, c'est signe qu'il est du parti des Anglais, et alors il n'y a plus rien à ménager. Ces événements extrêmes arrivant, ce qui, je l'espère, ne sera pas, si vous jugiez que ce soit convenable, vingt-quatre heures après avoir arrêté le prince des Asturies, vous ferez imprimer ma lettre au prince et la protestation du roi Charles, dont je vous envoie copie, au cas que vous en ayez besoin. Vous sentez que ces pièces sont pour vous seul, et que, dans aucun cas autre que ceux précités, elles ne doivent paraître.

Je vous recommande fermeté, activité et prudence, mais surtout de l'activité. Si vous étiez obligé, soit pour escorter le Roi et la Reine, soit pour dissiper des rassemblements, de marcher sur Vitoria, vous donnerez ordre aux troupes qui sont à Lerma et à Valladolid de marcher sur Burgos pour garder cette ville. Le grand-duc de Berg enverrait également de l'autre côté.

Il ne s'agit pas de tâtonner, il faut marcher avec énergie. Ou le prince des Asturies vient à Bayonne, et alors tout peut s'arranger; ou il

[1] Voir pièce n° 13750.

s'y refuse, et alors il s'entend avec les Anglais, et d'un coup il faut le prévenir.

NAPOLÉON.

D'après l'original comm. par Mme la duchesse d'Istrie.

13757. — AU MARÉCHAL BESSIÈRES,
COMMANDANT LA GARDE IMPÉRIALE EN ESPAGNE, ETC. À BURGOS.

Bayonne, 17 avril 1808.

Mon Cousin, il a été expédié de Bayonne sur Burgos 300,000 rations de biscuit d'un premier envoi, 100,000 sur Pampelune et 100,000 d'un troisième envoi sur Burgos; faites-moi connaître si cela est arrivé. 9,400 paires de souliers ont été expédiées sur Burgos, venant de Paris, et 3,000 venant également de Paris sur Saint-Sébastien. 13,000 paires de souliers, provenant du marché fait par ordre du grand-duc de Berg, et 14,000 paires, provenant du marché du maréchal Moncey, ont été également expédiées. 6,000 paires de souliers, complément du marché de 20,000 paires fait par le grand-duc de Berg, sont également parties de Bayonne. Ainsi il a été expédié d'ici sur Burgos 44,000 paires de souliers, et sur Saint-Sébastien 3,000 paires. 5,000 autres paires vont être expédiées sur Burgos, ce qui complétera le marché du maréchal Moncey. Ainsi les troupes ne doivent point manquer de souliers.

NAPOLÉON.

D'après l'original comm. par Mme la duchesse d'Istrie.

13758. — AU GÉNÉRAL CLARKE,
MINISTRE DE LA GUERRE, À PARIS.

Bayonne, 18 avril 1808.

Vous trouverez un décret que j'ai pris sur un officier que vous avez nommé chef de bataillon dans le 13e régiment provisoire. C'est une chose désespérante pour l'armée que j'aie des capitaines depuis 1792, qui m'ont constamment rendu tant de services, et que vous me proposiez pour chef de bataillon un officier qui était lieutenant ou capitaine en 1794, et qui n'a pas servi depuis. Ce sont de singuliers principes qu'on a là aux bureaux de la guerre; avec ces principes, l'espoir de mon armée va être perdu. Les nominations que peuvent avoir faites le maréchal Kellermann ou tout autre général, dans des moments pressants, ne sont d'aucune valeur. Si vous m'avez fait confirmer toutes les nominations faites dans la légion du Nord, je ne vois pas pourquoi je n'ai pas nommé colonels des officiers qui n'étaient que lieutenants. Faites-moi un rapport sur les nominations faites par le maréchal Kellermann et sur toutes celles de ce genre que j'aurais confirmées depuis le mois d'octobre 1806. Cela me désole plus et fait plus de tort à l'armée que la perte de plusieurs bataillons.

N'adressez plus aucun officier aux régiments provisoires, mais envoyez-en l'état au major général, qui prendra mes ordres. Il était d'usage qu'un officier ne passât pas d'un corps dans un autre sans mon autorisation, au moins depuis le grade de chef de bataillon. Le prince de Neuchâtel et les ministres qui l'ont précédé ne s'écartaient pas de cet usage, et cependant le sieur Bleterin vient commander un bataillon, et je n'en sais rien. Il serait bien injuste que des officiers qui ont quitté l'armée au moment du danger soient récompensés à l'exclusion des officiers qui n'ont point mis d'interruption dans leurs services; ce serait trahir les règles de la politique et les devoirs les plus sacrés. Je dois tout à ceux qui m'ont fait gagner des batailles. Je ne passe pas la revue d'un dépôt sans trouver matière à faire quatre chefs de bataillon. Ce ne sont pas de beaux discours ni de belles jambes qu'il me faut, mais de bons soldats.

D'après la minute. Archives de l'Empire.

13759. — AU GÉNÉRAL CLARKE,

MINISTRE DE LA GUERRE, À PARIS.

Bayonne, 18 avril 1808.

Il est nécessaire que vous me fassiez un rapport sur la gendarmerie. Je viens de voir la citadelle de Bayonne, dans laquelle se trouve un dépôt de conscrits; à mon grand étonnement, je l'ai trouvé gardé par une brigade de gendarmerie à cheval, ce qui paralyse six chevaux; une brigade de gendarmerie à pied aurait mieux valu. Il y a ainsi plusieurs dépôts.

prisons et autres établissements, où l'on fait la même sottise. Faites-vous rendre compte des postes de toute espèce que garde la gendarmerie, et faites-m'en un rapport général. La gendarmerie à cheval ne doit être chargée d'aucun service que la gendarmerie à pied peut faire. Un gendarme à cheval me coûte une fois plus qu'un gendarme à pied, et un gendarme à pied fait le service de deux gendarmes à cheval près d'un dépôt ou d'une prison, parce qu'il n'a point de cheval à soigner. Parlez-en à l'inspecteur pour qu'il tienne la main à cela, et témoignez-lui mon mécontentement de ce que j'ai trouvé le dépôt de conscrits de Bayonne gardé par des gendarmes à cheval. Faites-moi faire un livret de la gendarmerie, compagnie par compagnie, et faites-y noter le service que fait chaque brigade près des prisons, dépôts, préfectures, etc. soit à pied, soit à cheval. Ce livret me sera remis tous les mois, et je pourrai m'assurer que cela n'existe plus.

D'après la minute. Archives de l'Empire.

13760. — AU VICE-AMIRAL DECRÈS,
MINISTRE DE LA MARINE, À PARIS.

Bayonne, 18 avril 1808.

Monsieur Decrès, méditez l'expédition d'Alger, tant sous le point de vue de mer que sous celui de terre. Un pied sur cette Afrique donnera à penser à l'Angleterre. Y a-t-il sur cette côte un port où une escadre soit à l'abri d'une force supérieure? Quels seraient les ports par où l'armée, une fois débarquée, pourrait être ravitaillée? et combien l'ennemi pourrait-il bloquer de ports différents? Il n'y avait guère en Égypte que le port d'Alexandrie. Rosette était un port très-dangereux; cependant on le comptait. Ici, je crois qu'il y en a une douzaine. Combien peuvent-ils contenir de frégates, de bricks et de gabares? L'escadre de l'amiral Ganteaume entrerait-elle à Alger et y serait-elle à l'abri d'une force supérieure? Quelle est la saison où la peste n'est plus à craindre et où l'air est bon? Je suppose que ce doit être en octobre.

Après avoir étudié l'expédition d'Alger, étudiez bien celle de Tunis. Écrivez-en confidentiellement à Ganteaume, qui, avant de venir à Paris, peut prendre des renseignements; ils peuvent s'étendre jusqu'à Oran et s'appliquer à la terre et à la mer. Les renseignements à prendre par terre sont s'il y a des chemins et de l'eau. Je suppose que cette expédition demande 20,000 hommes. Vous sentez bien que cette expédition, l'ennemi la supposerait pour la Sicile, et qu'il serait bien déjoué si, au lieu de cela, elle se rendait à Alger.

Je ne vous demande une réponse que dans un mois; mais, pendant ce temps, recueillez des matériaux tels qu'il n'y ait pas de *mais*, de *si*, de *car*. Envoyez un de vos ingénieurs discrets sur un brick, qui puisse causer avec le sieur Thainville: mais il faut que ce soit un homme de tact et de talent. Il faudrait que cet ingénieur fût un peu officier de marine et un peu ingénieur de terre. Il faut qu'il se promène lui-même en dedans et en dehors des murs, et que, rentré chez lui, il écrive ses observations, afin qu'il ne nous rapporte pas de rêveries. Vous pourriez même vous concerter avec Sanson pour avoir un homme capable. Vous devez trouver des renseignements dans les archives des relations extérieures et de la guerre. Faites faire des recherches dans ces archives et dans les vôtres. De tout temps on a demandé en France des renseignements sur ces pays.

NAPOLÉON.

D'après l'original comm. par Mme la duchesse Decrès.

13761. — AU VICE-AMIRAL GANTEAUME,
COMMANDANT L'ESCADRE DE LA MÉDITERRANÉE, À TOULON.

Bayonne, 18 avril 1808.

Monsieur le Vice-Amiral Ganteaume, je reçois votre lettre de Toulon du 10. Les contrariétés de temps que vous avez éprouvées sont inouïes. Mais c'est une nouvelle obligation que j'ai à mon escadre d'avoir si bien rempli mes instructions. Au 5 avril, les mers de Corfou se trouvaient libres. Cette place avait 10,000 hommes de garnison, 300 milliers de poudre, 2 millions de cartouches et des vivres pour deux ans; et, au moment où l'on m'écrivait, tout filait encore. Je charge mon ministre de la marine de témoigner mon mécontentement au contre-amiral Cosmao de la fausse interprétation qu'il a donnée à vos instructions; il a, par cette malhabileté, compromis mon escadre. Il ne devait pas non plus laisser *la Baleine*, puisque le but de l'expédition était de ravitailler Corfou : puisqu'il n'y avait que deux flûtes chargées, il était absurde d'en abandonner une. Mon ministre vous fera connaître la marque éclatante de ma satisfaction que j'ai voulu vous donner, et j'attends son rapport pour accorder des distinctions aux officiers de votre escadre dont vous avez particulièrement à vous louer.

NAPOLÉON.

D'après l'original comm. par Mme la comtesse Ganteaume.

13762. — A EUGÈNE NAPOLÉON,
VICE-ROI D'ITALIE, À MILAN.

Bayonne, 18 avril 1808.

Mon Fils, j'ai reçu votre lettre du 6 avril. Le 6° bataillon du train va se rendre à l'armée d'Italie. Il doit être recruté insensiblement en Italie. Il n'a pas besoin de chevaux du train pour porter les équipages de pont : les moyens du pays les charrieront facilement.

J'ai vu dans votre projet d'organisation de l'armée que vous portez le 7° de ligne; il n'y faut plus penser : ce régiment est en Espagne. Vous pouvez seulement compter sur le 4° bataillon; mais il serait bientôt remplacé par un régiment que, le cas arrivant, je tirerais de Naples.

La dépense de 600,000 francs que vous me proposez de faire pour le camp m'effraye un peu. Il me semblerait qu'en faisant des coupes vers le haut Tagliamento le soldat pourrait se faire lui-même ses baraques, comme au camp de Boulogne; on lui donnerait les bois, il ferait le reste. Cela ne coûterait pas plus de 100,000 francs. Toutefois je pense que c'est de cette manière que vous devez faire votre camp. Il ne durera pas deux ans, mais huit ou dix ans. Il y a cinq ans que celui de Boulogne est fait, et il en durera encore plus de cinq; il n'a pas coûté plus de 100,000 écus, et le bois est précieux dans le nord. S'il y avait trop de difficultés, vous commenceriez par le faire ainsi pour deux régiments, dans les environs d'Udine et d'Osoppo, et on ferait cantonner le reste. On aurait l'avantage de pouvoir ainsi les faire manœuvrer successivement par brigade. Il me semble qu'il y a des bois nationaux au delà d'Udine, où l'on pourrait faire une coupe extraordinaire que l'on charrierait par le Tagliamento. Il ne faut pas charger de ces baraques des ingénieurs; le soldat les construira lui-même. Une partie des troupes serait campée, et le reste cantonné dans les villages et environs, de manière à se réunir une fois par semaine pour manœuvrer par brigade, c'est-à-dire par six bataillons. Les troupes resteront ainsi cantonnées pendant les mois de juin, juillet, août et septembre.

Il ne faut pas penser aux tentes; cela n'est bon à rien qu'à donner des maladies; il pleut souvent en Italie. Si vous commencez à disposer votre camp ainsi, faites-le tracer en carré à Osoppo, et même, s'il est possible, dans les lignes que j'ai ordonnées. Mon premier but est de mettre les troupes dans un pays sain; camper, qui est aussi très-utile, n'est que mon second but.

NAPOLÉON.

P. S. J'ai donné des ordres au ministre de la marine, à Paris, de faire restituer au consul de Russie tout ce qui lui appartient sur le bâtiment autrichien *le Bizarre*. Donnez, de votre côté, les mêmes ordres.

<small>D'après la copie comm. par S. A. I. Mme la duchesse de Leuchtenberg.</small>

13763. — A JOSEPH NAPOLÉON, ROI DE NAPLES,
À NAPLES.

Bayonne, 18 avril 1808.

Je reçois votre lettre du 7 avril. Je vois avec plaisir ce que vous me dites de Corfou. Je suis fort aise de voir cette île dans une si bonne situation. J'apprends également avec plaisir que vous fortifiez Scilla. Vous connaissez assez le pays pour savoir comment vous devez placer vos troupes pendant cette saison pour conserver surtout le poste important de Scilla. Ce que je désire par-dessus tout, c'est qu'elles soient placées dans des lieux sains et à l'abri des maladies.

Vous faites fort bien de diriger des recrues sur Barcelone. J'ai monté vos chasseurs. Toutes ces troupes prennent une habitude d'exercice et un esprit qui seront fort avantageux à votre royaume. Envoyez-moi des régiments napolitains tant que vous voudrez, pourvu qu'ils soient forts de 140 hommes par compagnie.

Remerciez Julie et Zénaïde des lettres qu'elles m'ont écrites; je leur répondrai, mais j'ai à présent trop d'affaires. Vous avez dû être heureux de recevoir vos enfants bien portants et qui m'intéressent sous tous les rapports.

L'Infant don Carlos est ici. Ce jeune prince, qui a vingt ans, est tombé malade à son arrivée, de sorte que je n'ai pas pu le voir. Il a avec lui plusieurs grands d'Espagne. Le prince des Asturies, qui s'intitule Ferdinand VII, est à vingt lieues de la frontière avec une grande suite. Le roi Charles et la reine sont en route pour venir. Il a protesté et en a appelé à mon arbitrage. Mes troupes sont à Madrid, Barcelone, Figuières, Saint-Sébastien, Burgos. L'armée espagnole n'est pas redoutable. Le peuple est en fermentation. Le grand-duc de Berg et le maréchal Moncey sont à Madrid. Le général Dupont est à Tolède, et le maréchal Bessières, à Burgos.

J'ai ici près de 100,000 hommes de régiments provisoires. Ils gagnent tous les jours par l'exercice et le mouvement. Ce sont tous de gros enfants de vingt ans, dont j'ai lieu d'être satisfait. Pas un homme de ma Grande Armée n'a augmenté ces corps en infanterie, cavalerie, artillerie.

Renvoyez en Italie un régiment de cavalerie et le 6º bataillon du train que je vous ai demandé plusieurs fois. Vous avez acquis assez d'habitude à présent à Naples pour trouver des charretiers napolitains; les hommes français du train me sont nécessaires, et il faut que ma Grande Armée soit prête à me seconder, s'il le faut, dans le courant de l'été.

Mon escadre est rentrée à Toulon en bon état. La flûte *la Baleine* est arrivée à Minorque. Je n'ai rien perdu, et j'ai fait naviguer cette escadre, ce qui forme d'autant mes matelots.

Une escadre sort tout armée de l'Escaut. J'ai déjà huit vaisseaux en rade à Flessingue, qui ont été construits à Anvers. J'en aurai autant dans le courant de l'été. Veillez et faites exécuter mes mesures sur le blocus.

Tout bâtiment américain qui se présente dans vos ports vient d'Angleterre; partez de ce principe.

Jusqu'à cette heure toute mon armée d'Espagne est à mes frais et me coûte des sommes énormes. La conscription que je lève, celle que je vais peut-être bientôt lever, mes régiments de cavalerie que je porte à 1,200 chevaux, tout cela m'entraîne dans d'immenses dépenses; mais les circonstances veulent que je couvre l'Europe de mes troupes. L'Angleterre commence à souffrir. La paix seule avec cette puissance me fera remettre le glaive dans le fourreau et rendre à l'Europe la tranquillité.

Il ne serait pas impossible que je vous écrivisse dans cinq ou six jours de vous rendre à Bayonne. Vous laisseriez le commandement des troupes au maréchal Jourdan, et la régence de votre royaume à qui vous voudrez. Votre femme resterait à Naples. Les relais seront préparés, dans ce cas, sur votre route. Cependant, jusqu'à présent, cela est encore incertain.

Napoléon.

D'après l'expédition originale comm. par les héritiers du roi Joseph.

13764. — AU GÉNÉRAL JUNOT,
COMMANDANT L'ARMÉE DE PORTUGAL, À LISBONNE.

Bayonne, 19 avril 1808.

Vous violez la loi du blocus contre l'Angleterre en Portugal, et vous recevez des navires neutres chargés de denrées coloniales censées venir d'Amérique, et que tout le monde sait venir de Londres. Donnez des ordres pour que tous vaisseaux américains ou autres arrivant à Porto chargés de marchandises coloniales soient mis sous le séquestre. Vous laissez également expédier des vins de Porto sur des bâtiments de Kniphausen et hambourgeois; cela va en Angleterre. Si mes corsaires les prennent, ils seront de bonne prise. Tout bâtiment portant pavillon de Kniphausen est au compte des Anglais et doit être confisqué. Il serait absurde que, lorsque Bordeaux ne peut exporter un tonneau de vin, que la Hollande ne peut faire sortir un navire, le Portugal eût la liberté de faire le commerce avec l'Angleterre. Cette affaire est de la plus grande importance; veillez-y sérieusement. L'Angleterre est aux abois, et, si on lui ouvre des débouchés en Portugal, elle nous fera un mal immense.

D'après la minute. Archives de l'Empire.

13765. — NOTE POUR LE GÉNÉRAL CLARKE,
MINISTRE DE LA GUERRE, À PARIS.

Bayonne, 19 avril 1808.

Le projet sur Mayence n'est pas adopté; cependant rien n'est plus urgent, ni plus important que de travailler, cette année, à fortifier Kastel. Si dans la situation actuelle de cette place, l'ennemi se portait devant Kastel, soit pendant que l'armée se trouverait en Pologne, soit parce qu'elle aurait été battue, soit que ses efforts se fussent tournés autre part, dans toutes ces hypothèses, il y aurait grand inconvénient à avoir Kastel dans son état actuel.

Partant de l'hypothèse d'aujourd'hui, si une division de 20,000 hommes se portait devant Kastel pendant le temps que l'armée est éloignée, le mauvais état des fortifications exigerait que le commandant de Mayence tînt là au moins 2,000 hommes, qui seraient probablement de nouvelles levées et faiblement organisés. En ouvrant la tranchée et en supposant un peu de vigueur de la part de l'assiégeant, il serait possible que Kastel fût pris, ce qui serait un très-grand malheur.

Dans le cas ordinaire où une armée de 100,000 hommes serait devant Mayence, c'est-à-dire devant une place qui a besoin de 12,000 hommes à la rigueur et où, avec ce nombre de troupes, on sera faible partout, on sera cependant obligé d'en tenir 2,000 à Kastel. Ces 2,000 hommes seront fort embarrassés pour le passage. Quel malheur pour un commandant de voir ces 2,000 hommes inutiles au reste de la garnison et de ne pouvoir pas les porter au point de l'attaque! Si au contraire Kastel était revêtu, avec le relief convenable, à vingt-quatre pieds, avec ses contrescarpes, ses demi-lunes, ses chemins couverts, selon le tracé ordinaire, dans l'un et l'autre cas, une compagnie d'artillerie, 2 ou 300 gardes nationaux pour aider au service des pièces et deux ou trois compagnies d'infanterie assureraient la tranquillité de ce point important.

Dans le premier cas, on n'aurait pas le moyen de le prendre, parce qu'on n'aurait pas celui de faire un siége. Dans le second, on n'irait pas s'amuser à faire un siége si considérable et qui n'aboutirait à rien ; car, quand on aurait Kastel après un long siége, on n'aurait encore rien ; tandis que la même attaque donnerait le fort Meusnier ou l'autre fort du côté de l'ouvrage à corne, c'est-à-dire avancerait de beaucoup la reddition de la place. Il est donc urgent de mettre en bon état Kastel.

Dès cette année, avec les 1,300,000 francs destinés par l'Empereur à Kastel, on peut commencer à achever trois demi-lunes qui sont construites en avant de la place, les environner d'un chemin couvert, outre celui qui est autour de Kastel, chemin couvert utile parce qu'il peut servir d'une espèce de camp retranché et contenir l'arrière-garde et les bagages pendant qu'ils défileraient. Mais il est vrai de dire que, pour commencer à travailler d'une manière permanente, il faut un projet approuvé. En attendant, on peut faire connaître à l'ingénieur que les fonds sont faits pour Kastel, qu'il peut faire un grand approvisionnement de matériaux. 1,300,000 francs sont une somme qu'on peut employer en cinq ou six mois, surtout quand on en a employé trois à faire les approvisionnements. Enfin, s'il reste 2 ou 300,000 francs à dépenser, on les emploiera la campagne suivante.

On avait eu le projet de ne rien faire à Kastel et d'inonder tout le terrain sur la rive droite du Rhin, en se servant du Main ; on raisonnait ainsi : pour revêtir Kastel, il faut trois ou quatre millions ; avec les trois ou quatre millions, on peut détourner le Main, faire un pont éclusé et inonder à volonté tout le terrain jusque vis-à-vis l'île Saint-Pierre. Dès lors ce côté n'est plus attaquable ; dès lors l'ennemi ne s'y présentera pas. Deux redoutes en terre et noyées dans l'inondation, une vis-à-vis l'île Saint-Pierre, l'autre sur le haut Rhin, construites à un millier de toises de Kastel, éloigneraient l'ennemi de ce point. Alors le passage ne pourrait plus être inquiété d'aucune manière, l'ennemi ne pouvant approcher du pont qu'à une grande distance, parce que l'inondation l'en empêcherait. Cette idée, je désire qu'on me la présente sur un huilé et qu'on me dise si cela est impossible d'après le nivellement, ou du moins si la dépense pour creuser ou aplanir le terrain serait assez forte pour qu'il fallût y renoncer.

Alors il n'y aurait besoin de rien faire à Kastel. On aurait sur la droite du Rhin un camp d'une étendue immense, puisqu'on se conserverait, au moyen des glacis, autant de terrain qu'on voudrait à l'abri de l'inondation. Le Rhin ne serait plus rien; on le passerait comme on voudrait; l'ennemi serait si éloigné qu'il ne pourrait empêcher le passage, ni même voir les mouvements. D'ailleurs, ayant trois ponts, les mouvements seraient très-rapides, et le gouverneur oserait, à la pointe du jour, avec les trois quarts de la garnison, déboucher par Kastel, culbuter tout ce qu'il trouverait, fourrager plusieurs lieues sans inquiétude et, avant la moitié du jour, rentrer dans la place et se porter sur un autre point d'attaque, à Mayence, si l'ennemi s'était dégarni de ce côté, car on ne suppose pas que ce puisse être Kastel qui soit attaqué.

Quand il sera prouvé que ce projet ne peut se réaliser et qu'on ne peut tirer parti de l'inondation du Main, il faudra donner successivement aux fortifications de Kastel un bon tracé et un bon relief. Il faudra tâcher de se procurer le plus d'espace que l'on pourra, afin que les troupes puissent déboucher et repasser le Rhin sans confusion. Mais on n'aura encore rempli qu'une partie du but.

L'autre but à remplir, c'est de mettre le pont à l'abri de toute insulte. L'ennemi ne doit pouvoir établir aucune espèce de batterie sur le bord du fleuve, à mille toises du pont. Du côté du bas Rhin, il semble que cela est facile à cause de l'île Saint-Pierre; du côté du haut Rhin, cela est plus difficile. Si ce qui existe à Kastel n'était d'aucune valeur, la première question à examiner serait celle-ci : où convient-il de placer le pont? et peut-être trouverait-on qu'il convient de le placer plusieurs cents toises plus bas que Kastel.

Il faudrait donc dans le projet, indépendamment de Kastel, conserver une tête de pont à l'île Saint-Pierre, qui tirât sa défense de cette île. Le canal n'a là que cent toises de largeur. On passerait de la rive gauche à l'île Saint-Pierre, comme on voudrait, par un pont qui ne serait vu d'aucun côté, et de l'île Saint-Pierre au fort, par un petit pont de peu d'importance, parce qu'il aurait moins de cent toises, et que ce n'est pas là le principal courant. Ce point occupé sur la rive gauche aurait le grand avantage d'empêcher l'ennemi de voir le pont de Kastel de ce côté-là.

Il ne faut pas compter sur les ouvrages de campagne. Ils ont l'inconvénient d'affaiblir une garnison qui, quelle qu'elle soit, sera trop faible dans une place qui a tant d'étendue. Il ne faut point citer l'exemple du dernier siége : on sait trop bien qu'il y avait alors, non une garnison, mais une armée dont une grande partie n'avait pas pu sortir. Sans doute, quand on ne peut pas faire autrement, il faut faire des ouvrages de campagne; mais en organisant une place, il faut tâcher de n'en pas avoir besoin, afin d'avoir économie d'hommes et sûreté, ce qui est la propriété de la fortification permanente.

NAPOLÉON.

D'après la copie. Dépôt des fortifications.

13766. — A EUGÈNE NAPOLÉON,
VICE-ROI D'ITALIE, À MILAN.

Bayonne, 19 avril 1808.

Mon Fils, il ne faut pas envoyer les troupes du Pape à Mantoue, ce serait leur perte. Il faut les placer à Ancône, Rimini ou Bologne; les bien traiter et organiser; mais ne leur faire faire aucun mouvement rétrograde. Si elles sont à Ancône, il faut les y laisser. Envoyez un inspecteur pour voir leur comptabilité et la mettre dans le meilleur état. Il faut en former un beau régiment.

NAPOLÉON.

D'après la copie comm. par S. A. I. Mme la duchesse de Leuchtenberg.

13767. — DÉCISION.

Bayonne, 19 avril 1808.

| Le prince de Neuchâtel, major général, demande les ordres de l'Empereur sur la destination à donner au 14e régiment provisoire d'infanterie qui arrive à Bayonne. | Demain ce régiment fera l'exercice à feu : le matin, il tirera à la cible; le soir, on passera la revue de ses souliers et de son armement; |

après-demain, 21, je le passerai en revue. Il se tiendra prêt à partir le 22.

NAPOLÉON.

D'après l'original. Dépôt de la guerre.

13768. — DÉCRET.

Bayonne, 20 avril 1808.

Napoléon, Empereur des Français, Roi d'Italie et Protecteur de la Confédération du Rhin.

Considérant que les navires français ne trouvent depuis longtemps sur les côtes de Sardaigne ni sûreté, ni protection; que plusieurs ont été enlevés par les vaisseaux de guerre et les corsaires anglais, à la vue du rivage de cette île et sans que le Gouvernement sarde ait cherché à faire respecter aux ennemis sa neutralité; que les corsaires anglais arment publiquement en Sardaigne; qu'on y permet de nombreux approvisionnements pour Malte et pour Gibraltar; que le Gouvernement sarde, après s'être engagé envers la France, par une convention conclue le 19 novembre 1807, à réparer ces violations et à en prévenir le retour, s'est ensuite formellement refusé à remplir ses engagements:

Nous avons décrété ce qui suit :

Il sera mis un embargo sur les bâtiments sardes dans tous les ports de nos états et des pays occupés par nos armées.

Nos ministres de la marine, de la guerre, et des finances sont chargés, chacun en ce qui le concerne, de l'exécution du présent décret.

NAPOLÉON.

D'après l'original. Archives de l'Empire.

13769. — A M. DE CHAMPAGNY,
MINISTRE DES RELATIONS EXTÉRIEURES, À BAYONNE.

Bayonne, 21 avril 1808.

Monsieur de Champagny, faites rédiger pour *le Moniteur* un article qui fasse bien connaître les horreurs que commet le gouvernement d'Alger.

et les vexations qu'il fait peser sur toute l'Europe. Un simple narré, extrait de la dépêche du sieur Thainville, remplira ce but.

Faites connaître à M. de Dreyer que j'ai donné l'ordre au prince de Ponte-Corvo de faire passer des troupes en Seeland, coûte que coûte, pour la défense de cette île.

NAPOLÉON.

D'après l'original. Archives des affaires étrangères.

13770. — A M. DARU,
INTENDANT GÉNÉRAL DE LA GRANDE ARMÉE, À BERLIN.

Bayonne, 21 avril 1808.

Monsieur Daru, je reçois votre état de situation des sept bataillons des équipages militaires, d'où il résulte qu'il y a 2,600 hommes présents sous les armes, et 4,500 chevaux, plus de 1,000 voitures, c'est-à-dire de quoi porter un million de rations de pain. Cet état est satisfaisant, si les voitures sont en bon état, et si les chevaux et les harnais sont d'un bon service. Je vois qu'il leur manque quelques objets de détail, que vous vous empresserez sans doute de leur faire fournir. Faites mettre tous ces équipages en état, afin qu'avant le 1er juillet les sept bataillons soient susceptibles de rendre tous les services possibles. Il faut donner à ces bataillons des carabines prussiennes; quoiqu'elles ne soient pas de calibre, c'est égal. Ces bataillons, ne devant pas se battre en ligne, peuvent avoir leurs cartouches particulières. J'approuve fort qu'il y ait à chaque bataillon un moule pour faire les cartouches. J'approuve la répartition que vous me proposez. Vous pouvez laisser en Silésie les 4e et 6e bataillons, sauf, lorsqu'il le faudrait, à en tirer une compagnie pour attacher à l'administration générale.

J'attends la situation des caissons d'ambulance que doit avoir chaque corps. Les 19e, 65e, 72e, 105e, et les 5e, 7e et 16e légers n'ont pas eu leur première mise; il faut la leur faire donner, et qu'ils se procurent leurs caissons d'ambulance. Je ne suis point de l'avis de former un bataillon uniquement destiné au service de l'ambulance. Il faut qu'il y ait, sur les trente-quatre caissons de chaque compagnie, quatre caissons pour le pain et quatre caissons pour l'ambulance. Vous savez vous-même que, le lendemain d'une bataille, on est obligé de se servir des caissons du pain pour évacuer les malades, et *vice versa*. Mais il semble que chaque division d'infanterie a déjà ses quatre caissons d'ambulance appartenant aux régiments, et quatre caissons pris dans ceux des transports militaires qui lui sont attachés; elle en a alors suffisamment.

Quand je vous ai donné l'ordre de faire fournir aux corps les capotes, souliers et autres effets dont ils auraient besoin, je n'ai pas seulement entendu que vous les leur fissiez fournir des magasins de l'armée, mais encore que vous eussiez à m'éclairer sur les ordres qui auraient été donnés aux dépôts de ne rien laisser passer, pour contremander ces ordres, s'ils existaient, afin que les corps soient pourvus de tout avant le 1er juillet.

NAPOLÉON.

D'après la copie comm. par M. le comte Daru.

13771. — A M. DE CHAMPAGNY,
MINISTRE DES RELATIONS EXTÉRIEURES, À BAYONNE.

Bayonne, 22 avril 1808.

Monsieur de Champagny, il paraît à Bayonne une gazette espagnole. Il est nécessaire de veiller à la manière dont elle parlera du prince des Asturies, et à ce qu'elle ne l'appelle pas Roi. Il n'y a pas un moment à perdre puisqu'elle paraît aujourd'hui. Envoyez donc sur-le-champ chercher le rédacteur.

NAPOLÉON.

D'après l'original. Archives des affaires étrangères.

13772. — A JOACHIM, GRAND-DUC DE BERG,
LIEUTENANT DE L'EMPEREUR EN ESPAGNE, À MADRID.

Bayonne, 22 avril 1808.

Je reçois votre lettre du 19 à une heure du matin. J'approuve votre marche et tout ce que vous faites. Ici, j'ai fait connaître mes intentions aux cinq ou six Grands qui accompagnent le prince, et tous conviennent des avantages qui résulteront pour l'Espagne de la consolidation de son indépendance et de son intégrité sous la domination d'un prince de ma dynastie.

Ne laissez rien imprimer à Madrid sur le prince des Asturies. Vous pouvez faire parler de la manière distinguée dont je l'ai reçu, dire que, quoique je ne l'aie pas reconnu roi, j'ai voulu témoigner dans sa personne et dans celle des Grands de sa suite la considération que je porte à l'Espagne.

Je vous ai déjà écrit qu'il fallait envoyer ici le roi Charles et la reine.

Il faut laisser percer que je ne veux rien de l'Espagne; que le royaume conservera son indépendance et son intégrité, mais que je veux une dynastie qui réunisse davantage les deux nations.

<small>D'après la minute. Archives de l'Empire.</small>

13773. — AU MARÉCHAL BESSIÈRES,
COMMANDANT LA GARDE IMPÉRIALE EN ESPAGNE, ETC. À BURGOS.

<small>Bayonne, 22 avril 1808.</small>

Mon Cousin, je reçois votre lettre du 20 avril. Je vous ai écrit hier par d'Hanneucourt que j'avais très-bien reçu le prince des Asturies, voulant honorer l'Espagne en sa personne. Je ne l'ai pas reconnu roi, et je ne pense pas que je le reconnaisse. Toutefois, vous devez dire que je ne veux rien des Espagnes, qu'elles resteront dans leur intégrité et leur indépendance.

Vous devez faire filer les régiments portugais sur Saint-Jean-de-Luz, en me prévenant de leur arrivée, afin que je connaisse leur direction et que je les envoie se reposer dans les meilleurs pays du Languedoc. S'il était vrai qu'il y eût plus de chevaux que d'hommes, vous pourriez en prendre pour monter ma cavalerie.

J'ai donné l'ordre au général Ducos de se rendre avec sa brigade à Tolosa. Le 14ᵉ régiment provisoire est toujours ici avec la division du général Lasalle. Le 4ᵉ escadron de marche part demain et va prendre position à Hernani. Lorsque le général Ducos sera à Tolosa, vous pourrez attirer toute la cavalerie à vous. Le général Ducos est sous les ordres du général Verdier, qui lui donnera des ordres en cas d'événement.

NAPOLÉON.

D'après l'original comm. par Mme la duchesse d'Istrie.

13774. — A L'IMPÉRATRICE,
À BORDEAUX.

Bayonne, 23 avril 1808.

Mon amie, Hortense est accouchée d'un fils; j'en ai éprouvé une vive joie. Je ne suis pas surpris que tu ne m'en dises rien, puisque ta lettre est du 21, et qu'elle est accouchée le 20, dans la nuit.

Tu peux partir le 26, aller coucher à Mont-de-Marsan, et arriver ici le 27. Fais partir ton premier service le 25 au soir. Je te fais arranger ici une petite campagne, à côté de celle que j'occupe. Ma santé est bonne.

J'attends le roi Charles IV et sa femme.

Adieu, mon amie.

NAPOLÉON.

Extrait des *Lettres de Napoléon à Joséphine*, etc.

13775. — A HORTENSE, REINE DE HOLLANDE,
À PARIS.

Bayonne, 23 avril 1808.

Ma Fille, j'apprends que vous êtes heureusement accouchée d'un garçon. J'en ai éprouvé la plus grande joie. Il ne me reste plus qu'à être tranquillisé et à savoir que vous vous portez bien. Je suis étonné que dans une lettre du 20, que m'écrit l'archichancelier, il ne m'en dise rien.

NAPOLÉON.

D'après l'original comm. par S. M. l'empereur Napoléon III.

13776. — RAPPORT A L'EMPEREUR[1].

Bayonne, 24 avril 1808.

Sire, la sûreté de votre empire, l'affermissement de sa puissance, la

---

[1] Ce rapport du ministre des relations extérieures a été placé ici, parce que l'on croit y

nécessité d'employer tous les moyens pour forcer à la paix un gouvernement qui, se faisant un jeu du sang des hommes et de la violation de tout ce qu'il y a de plus sacré parmi eux, a mis en principe la guerre perpétuelle, imposent à Votre Majesté l'obligation de mettre un terme à l'anarchie qui menace l'Espagne et aux dissensions qui la déchirent. La circonstance est grave, le choix du parti à prendre extrêmement important; il tient à des considérations qui intéressent au plus haut degré et la France et l'Europe.

De tous les états de l'Europe, il n'en est aucun dont le sort soit plus nécessairement lié à celui de la France que l'Espagne. L'Espagne est pour la France ou une amie utile ou une ennemie dangereuse. Une alliance intime doit unir les deux nations, ou une inimitié implacable les séparer. Malheureusement la jalousie et la défiance qui existent entre deux nations voisines ont fait de cette inimitié l'état le plus habituel des choses. C'est ce qu'attestent les pages sanglantes de l'histoire. La rivalité de Charles V et de François Ier n'était pas moins la rivalité des deux nations que celle de leurs souverains; elle fut continuée sous leurs successeurs. Les troubles de la Ligue furent suscités et fomentés par l'Espagne: elle ne fut point étrangère aux désordres de la Fronde; et la puissance de Louis XIV ne commença à s'élever que lorsque, après avoir vaincu l'Espagne, il forma, avec la Maison alors régnante dans ce royaume, une alliance qui, dans la suite, fit passer cette couronne sur la tête de son petit-fils. Cet acte de sa prévoyante politique a valu aux deux contrées un siècle de paix après trois siècles de guerre.

Mais cet état de choses a cessé avec la cause qui l'avait fait naître. La révolution française a brisé le lien permanent qui unissait les deux nations.

Lors de la troisième coalition, lorsque l'Espagne prodiguait à la France des protestations d'amitié, elle promettait secrètement son assistance aux coalisés, comme l'ont fait connaître les pièces communiquées au parle-

---

trouver les idées de Napoléon sur la politique de la France envers l'Espagne. La minute de ce document porte, au reste, les traces d'un travail personnel de l'Empereur : Ce sont de nombreuses corrections, presque toutes de sa main.

ment d'Angleterre. Le ministère anglais se détermina, par ce motif, à ne rien entreprendre contre l'Amérique espagnole, regardant déjà l'Espagne comme son alliée, et l'Espagne, ainsi que l'Angleterre, présageant la défaite de vos armées. Les événements trompèrent cette attente, et l'Espagne resta amie.

Lors de la quatrième coalition, l'Espagne montra plus ouvertement ses dispositions hostiles et trahit, par un acte public, le secret de ses engagements avec l'Angleterre. On ne peut oublier cette fameuse proclamation qui précéda de neuf jours la bataille d'Iena, par laquelle toute l'Espagne était appelée aux armes, lorsque aucun ennemi ne la menaçait, et qui fut suivie de mesures promptement effectuées, puisque l'établissement militaire de ce royaume fut porté de 118,000 hommes à 140,000. Alors le bruit s'était répandu que l'armée de Votre Majesté était cernée, que l'Autriche allait se déclarer contre elle, et l'Espagne crut pouvoir aussi se déclarer impunément. La victoire d'Iena vint confondre ces projets.

Le moment est arrivé de donner à la France, du côté des Pyrénées, une sécurité invariable. Il faut que, si jamais elle se trouve exposée à de nouveaux dangers, elle puisse, loin d'avoir à craindre l'Espagne, attendre d'elle des secours, et que, au besoin, les armées espagnoles marchent pour la défendre.

Dans son état actuel, l'Espagne, mal gouvernée, sert mal ou plutôt ne sert pas du tout la cause de la France contre l'Angleterre. Sa marine est négligée; à peine compte-t-on quelques vaisseaux dans ses ports, et ils sont dans le plus mauvais état. Les magasins manquent d'approvisionnements; les ouvriers et les matelots ne sont pas payés; il ne se fait dans ses ports ni radoubs, ni constructions, ni armements. Il règne dans toutes les branches de l'administration le plus horrible désordre; toutes les ressources de la monarchie sont dilapidées. L'état, chargé d'une dette énorme, est sans crédit. Les produits de la vente des biens du clergé destinés à diminuer cette dette ont une autre destination. Mais enfin, dans la pénurie de ses moyens, l'Espagne, en abandonnant totalement sa marine, s'occupe cependant de l'augmentation de ses troupes de terre. De si grands maux ne peuvent être guéris que par de grands changements.

L'objet le plus pressant des sollicitudes de Votre Majesté est la guerre contre l'Angleterre. L'Angleterre annonce ne vouloir se prêter à aucun accommodement. Toutes les ouvertures de Votre Majesté ont été repoussées ou négligées. L'impuissance de faire la guerre la déterminera seule à conclure la paix. La guerre contre elle ne peut donc être poussée avec trop de vigueur. L'Espagne a des ressources maritimes qui sont perdues pour elle et pour la France. Il faut qu'un bon gouvernement les fasse renaître, les améliore par une judicieuse organisation, et que Votre Majesté les dirige contre l'ennemi commun, pour arriver enfin à cette paix que l'humanité réclame, dont l'Europe entière a si grand besoin. Tout ce qui conduit à ce but est légitime. L'intérêt de la France, celui de l'Europe continentale ne permettent pas à Votre Majesté de négliger les seuls moyens par lesquels la guerre contre l'Angleterre peut être poursuivie avec succès.

La situation de l'Espagne compromet la sûreté de la France et le sort de la guerre contre l'Angleterre. Le pays de l'Europe qui offre le plus de moyens maritimes est celui qui en a le moins.

Sire, l'Espagne ne sera pour la France une amie sincère et fidèle, la guerre avec l'Angleterre ne pourra être continuée avec l'espérance d'arriver à la paix, que lorsqu'un intérêt commun unira les deux Maisons régnant sur la France et sur l'Espagne. La dynastie qui gouverne l'Espagne sera toujours, par ses affections, ses souvenirs, ses craintes, l'ennemie cachée de la France, l'ennemie d'autant plus perfide qu'elle se présente comme amie, cédant tout à la France victorieuse, prête à l'accabler du moment où sa destinée deviendrait incertaine.

Il faut pour l'intérêt de l'Espagne, comme pour celui de la France, qu'une main ferme vienne rétablir l'ordre dans son administration et prévenir la ruine vers laquelle elle marche à grands pas. Il faut qu'un prince, ami de la France par sentiment, par intérêt, n'ayant point à la craindre et ne pouvant être un objet de défiance pour elle, consacre toutes les ressources de l'Espagne à sa prospérité intérieure, au rétablissement de sa marine, au succès de la cause qui lie l'Espagne à la France et au continent. C'est l'ouvrage de Louis XIV qu'il faut recommencer.

Ce que la politique conseille, la justice l'autorise. L'Espagne s'est réellement mise en guerre avec Votre Majesté. Ses intelligences avec l'Angleterre étaient un acte hostile; sa proclamation du 5 octobre, une véritable déclaration de guerre, qui aurait été suivie d'une agression, si Votre Majesté n'avait pas vaincu à Iena. Alors, le midi de la France était envahi, et les départements de la gauche de la Loire, que Votre Majesté avait laissés sans troupes, auraient été obligés d'accourir pour repousser ce prétendu allié de la France, devenu son plus dangereux ennemi. Votre Majesté a dissimulé ses justes ressentiments. Les commerçants français en Espagne ont perdu leurs anciens priviléges. Les lois de douanes ont été dirigées principalement contre le commerce français. Elles étaient remarquables par leur arbitraire et leurs perpétuelles variations; ces variations ne pouvaient être connues; elles n'avaient aucune publicité; ce n'était que dans les bureaux de douanes que l'on apprenait que la loi de la veille n'était plus celle du lendemain. Les marchandises confisquées, souvent sans prétexte, n'étaient jamais rendues. Toutes les réclamations faites par des Français ou pour des intérêts français étaient repoussées. Pendant que l'Espagne faisait ainsi la guerre en détail aux Français et à leur commerce, tous ses ports, et principalement ceux du golfe de Gascogne, étaient ouverts au commerce anglais. Les lois de blocus, proclamées en Espagne comme en France, n'étaient qu'un moyen de plus de favoriser cette contrebande des Anglais, dont les marchandises se répandaient de l'Espagne dans le reste de l'Europe.

D'ailleurs, les circonstances actuelles ne permettent pas à Votre Majesté de ne point intervenir dans les affaires de ce royaume. Le roi d'Espagne a été précipité de son trône. Votre Majesté est appelée à juger entre le père et le fils; quel parti prendra-t-elle? Voudrait-elle sacrifier la cause des souverains, celle de tous les pères, et permettre un outrage fait à la majesté du trône? Voudrait-elle laisser sur le trône d'Espagne un prince qui ne pourra se soustraire au joug des Anglais qu'autant que Votre Majesté entretiendra constamment une armée puissante en Espagne?

Si, au contraire, Votre Majesté se détermine à replacer Charles IV sur son trône, elle sait qu'elle ne peut le faire sans avoir à vaincre une grande résistance et sans faire couler le sang français. Ce sang que la nation prodigue pour la défense de ses propres intérêts, peut-il être versé pour l'intérêt d'un roi étranger dont le sort n'importe nullement à la France? Enfin votre Majesté peut-elle, ne prenant aucun intérêt sur ces grands différends, abandonner la nation espagnole à son sort, lorsque déjà une extrême fermentation l'agite et que l'Angleterre y sème le trouble et l'anarchie? Votre Majesté doit-elle laisser cette nouvelle proie à dévorer pour l'Angleterre? Non, sans doute. Ainsi Votre Majesté, obligée de s'occuper de la régénération de l'Espagne d'une manière utile pour elle, utile pour la France, ne doit donc ni rétablir, au prix de beaucoup de sang, un roi détrôné, ni sanctionner la révolte de son fils, ni abandonner l'Espagne à elle-même; car, dans ces deux dernières hypothèses, ce serait la livrer aux Anglais, dont l'argent et les intrigues ont amené les déchirements de ce pays, et assurer leur triomphe.

J'ai exposé à Votre Majesté les circonstances qui l'obligent à prendre une grande détermination. La politique la conseille, la justice l'autorise, les troubles de l'Espagne en imposent la nécessité. Votre Majesté doit pourvoir à la sûreté de son empire et sauver l'Espagne de l'influence de l'Angleterre.

D'après la minute. Archives de l'Empire.

13777. — A ALEXANDRE, PRINCE DE NEUCHÂTEL,
MAJOR GÉNÉRAL DE LA GRANDE ARMÉE, À BAYONNE.

Bayonne, 24 avril 1808.

Mon Cousin, envoyez sur-le-champ l'ordre suivant au général de brigade Ducos, par un officier de votre état-major, de partir avec le 3ᵉ escadron de marche, tout le 13ᵉ régiment provisoire et ses deux pièces de canon, et de se rendre à Mondragon et à Placencia, de se saisir de 15,000 armes qui sont dans ces magasins et de les faire évacuer sur Saint-Sébastien. Vous lui ferez comprendre l'importance d'arracher le plus tôt possible ces armes à la révolte, et de veiller à ce qu'à fur et mesure qu'il y aurait des armes à Mondragon, elles soient évacuées sur Saint-Sébastien. Vous lui prescrirez de prendre des informations sur les armes qui pourraient exister dans d'autres parties de la province, et de les faire également évacuer sur Saint-Sébastien. Donnez l'ordre que les 200,000 cartouches, parties hier pour Vitoria, si elles ne sont pas utiles au général Verdier, il les fasse filer sur Madrid. Pour cela, il faut que le général Verdier fasse fournir 50 cartouches à chacun des hommes des deux régiments provisoires qui sont à Vitoria, et qu'il ait ses caissons remplis; le surplus, il le fera diriger sur Madrid. De la position de Mondragon, le général Ducos sera en mesure de recevoir les ordres du général Verdier. L'officier que vous enverrez continuera sa route sur Vitoria et portera le duplicata de ces ordres au général Verdier, auquel vous ferez sentir la nécessité de s'assurer des armes qui pourraient se trouver dans la province. Vous donnerez l'ordre au général de division Lasalle de partir avec le 14e provisoire, le 22e de chasseurs et deux pièces de canon de 4, et de prendre position à Tolosa. De là il correspondra avec le général de brigade Ducos, chargé de prendre à Mondragon le magasin de 15,000 armes qui s'y trouve et de l'évacuer sur Saint-Sébastien. Il se mettra en correspondance avec le général Thouvenot à Saint-Sébastien, qui pourrait lui fournir, en cas d'événement, une colonne de renfort; avec le général Verdier à Vitoria, qui lui enverra des ordres, comme son ancien. Il correspondra également avec vous pour vous informer de tout ce qui arriverait à sa connaissance. Il tiendra ses troupes le plus réunies possible, et aura soin de les faire exercer tous les jours, cavalerie et infanterie. Il aura soin qu'il y ait toujours à Tolosa des vivres pour huit jours. Ainsi, vous ferez connaître au général Verdier qu'une brigade sous ses ordres est réunie à Vitoria, que celle du général Ducos, composée d'un régiment d'infanterie, le 13e provisoire, d'un escadron de cavalerie, et de deux pièces de canon, et que le 14e provisoire, avec un autre régiment de cavalerie et deux pièces de canon, composant la division Lasalle, mais dont il ne pourra disposer qu'en cas des plus extrêmes événements, sont sous ses ordres. Le général Lasalle aura soin que ses chasseurs aient leurs

20 cartouches par homme, en partant de Bayonne et de Saint-Jean-de-Luz, et que toutes les armes soient continuellement chargées. Le 1er escadron du 10e de chasseurs partira demain avec le colonel pour se rendre à Saint-Jean-de-Luz. Le 2e escadron restera à Bayonne jusqu'à nouvel ordre, ayant soin que chaque homme ait ses cartouches. Les dépôts du 22e et du 10e régiment de chasseurs, ainsi que tous les hommes malades et éclopés, resteront à Bayonne ou aux environs, et le commandant de la place en aura toujours l'état.

NAPOLÉON.

D'après l'original. Dépôt de la guerre.

13778. — A M. DE TALLEYRAND, PRINCE DE BÉNÉVENT,
VICE-GRAND ÉLECTEUR, À PARIS.

Bayonne, 25 avril 1808.

Mon Cousin, j'ai reçu votre lettre du 21 avril. Je vous remercie de la part que vous prenez à l'heureux accouchement de la reine de Hollande.

J'ai reçu vos différentes lettres sur le langage des ambassadeurs à Paris. J'ai peine à croire que M. Tolstoï ait tenu le langage qu'on lui prête; c'est un quolibet parisien. On pourrait lui répondre que le premier courrier de M. Caulaincourt a apporté la nouvelle de la rupture de l'armistice de Moldavie; le second, la conquête de la Finlande; le troisième, l'envoi de nouvelles troupes en Moldavie. Mais les deux cours sont au mieux. Je puis avoir des démêlés avec Rome et avec l'Espagne, cela ne regarde pas la Russie; c'est pour moi les frontières de la Chine. Je suis bien avec tout le monde, et en mesure d'être mal avec qui voudra.

Il faut que mon système s'achève; mon habitude n'est jamais de rester en chemin. Toutefois donnez à dîner quelquefois à M. de Tolstoï. Guérissez M. de Dreyer de sa peur; dites-lui que 25,000 hommes que le Danemark a en Seeland répondent à tout; que les Anglais ne sont pas hommes à envoyer en Suède autre chose que quelques flibustiers; que l'expédition de Scanie exigeait 40,000 hommes; que j'en ai 30,000, que les Danois devaient y joindre 10,000 hommes; mais que ces 40,000 hommes devaient débarquer à la fois et non en deux parties; car, si 20,000 hommes débarquaient, et que les 20,000 autres ne pussent pas passer, l'expédition était manquée et la moitié des troupes très-exposée; que le prince de Ponte-Corvo s'est rendu à Copenhague, qu'il s'est assuré par lui-même qu'il n'y avait de moyens de transport que pour 15,000 hommes à la fois, que dès lors rien n'était possible qu'en cas de gelée, mais qu'elle n'a pas eu lieu; que sans doute l'année prochaine les gelées auront lieu, ou que les moyens d'embarquement seront plus puissants. Vous comprenez bien que, dans le fait, je ne pouvais pas aussi légèrement porter mes soldats contre la Suède, et que ce n'est pas là que sont mes affaires.

Le prince des Asturies est ici; je le traite fort bien. Je l'accompagne au haut de l'escalier, je le reçois de même, mais je ne le reconnais pas.

Le Roi et la Reine seront ici dans deux jours. Le prince de la Paix arrive ce soir. Ce malheureux homme fait pitié. Il a été un mois entre la vie et la mort, toujours menacé de périr. Diriez-vous que, dans cet intervalle, il n'a pas changé de chemise, et qu'il avait une barbe de sept pouces? La nation espagnole a montré là une inhumanité sans exemple. On débite sur son compte les faits les plus absurdes. On dit qu'on lui a trouvé 500 millions, et hier encore les meneurs disaient : « Qu'a-t-il donc fait de son argent? nous n'avons trouvé « que le courant d'une grande maison. » Faites faire des articles, non qui justifient le prince de la Paix, mais qui peignent en traits de feu le malheur des événements populaires, et attirent la pitié sur ce malheureux homme; aussi bien ne tardera-t-il pas à arriver à Paris.

Je continue mes dispositions militaires en Espagne. Cette tragédie, si je ne me trompe, est au cinquième acte; le dénoûment va paraître.

Le roi de Prusse est un héros en comparaison du prince des Asturies. Il ne m'a pas encore dit un mot; il est indifférent à tout, très-matériel, mange quatre fois par jour et n'a idée de rien.

D'après la minute. Archives de l'Empire.

13779. — AU VICE-AMIRAL DECRÈS,
MINISTRE DE LA MARINE, À PARIS.

Bayonne, 25 avril 1808.

Je suppose que vous avez envoyé différents agents au Mexique et à Montevideo. Il serait convenable d'en envoyer de nouveau.

Il serait bon que quelques bricks, goëlettes et frégates pussent se rendre au fond du Mexique, à Cayenne, à Rio de la Plata et même qu'on fît passer des informations à la Guadeloupe, où le capitaine général a beaucoup de moyens de communication avec le continent d'Espagne. Occupez-vous de ces objets sans attendre mes ordres, et faites les expéditions. Les agents doivent s'étudier à faire connaître que les changements qui arrivent en Espagne sont avantageux aux colonies, puisque, dans les nouveaux rapports que l'Espagne va avoir avec la France, il y aura plus d'unité dans les mesures et plus de moyens de les secourir.

D'après la minute. Archives de l'Empire.

13780. — A JOACHIM, GRAND-DUC DE BERG,
LIEUTENANT DE L'EMPEREUR EN ESPAGNE, À MADRID.

Bayonne, 25 avril 1808, minuit.

Mon Frère, je reçois votre lettre du 23 à deux heures du matin, où je vois que le prince de la Paix est parti le 22 à dix heures du soir. Je suppose, aujourd'hui 25, le roi Charles à Burgos.

Il serait nécessaire que l'on connût à Madrid la protestation que le roi Charles a faite à la commission, et la résolution qu'a prise la commission de gouverner au nom du roi, sans désigner quel prince. Ce préalable me paraît indispensable pour faire marcher l'opinion. Immédiatement après la réception de cette lettre, faites donc imprimer dans la *Gazette de Madrid* l'une et l'autre de ces pièces. Prenez la haute main sur tout ce qui est imprimerie. Faites mettre dans les gazettes un extrait de ma lettre au prince des Asturies, à Vitoria; tout peut même en être imprimé, si cela est nécessaire. Il est essentiel de bien caractériser dans l'opinion qu'on se trouve sans roi.

Empêchez qu'il ne soit brûlé aucune maison, et contenez sévèrement le peuple. Quand vous aurez fait les publications ci-dessus, vous réunirez chez vous les principaux de la ville et vous leur déclarerez que je les rends responsables de la tranquillité du royaume; que j'attends l'arrivée du roi Charles à Bayonne pour faire connaître ce qui aura été arrêté; mais que, dans tout état de choses, l'indépendance et l'intégrité des Espagnes seront maintenues; que je n'en veux pas même un village. Cette déclaration, faite avec un peu d'art, pourra être imprimée le lendemain.

Faites ensuite imprimer dans les journaux des articles sur la mauvaise administration de l'Espagne depuis plusieurs années, et sur la nécessité d'y porter remède pour recouvrer l'éclat et la gloire des anciens Espagnols, et de marcher constamment avec la France, qui est le seul pays par lequel l'Espagne communique avec le continent.

En résumé : 1° après la réception de cette lettre, vous ferez imprimer dans la *Gazette de Madrid* la protestation de Charles IV et l'engagement qu'a pris la régence; que le prince de la Paix s'est rendu à Bayonne, que mon intention n'est pas même de le voir, mais de l'envoyer en exil dans le fond d'un village, à cent lieues de l'Espagne.

2° Le lendemain, assemblée des principaux de la ville pour s'assurer du maintien de la tranquillité, et déclarer que, dans aucun état de choses, l'indépendance et l'intégrité de l'Espagne ne seront compromises. Le lendemain de cette réunion, faites mettre cette déclaration dans les journaux.

3° Le surlendemain, mettre un article sur la bonne réception que j'ai faite au prince des Asturies et aux Espagnols qui l'accompagnent, en lui déclarant que je ne pouvais le reconnaître s'il était vrai que le Roi son père eût protesté. Enfin, mettre tous les jours des articles sur la nécessité de marcher d'accord avec la France et de réformer plusieurs parties importantes du gouvernement. Pour cela, à quelque prix que ce soit, emparez-vous de l'administration.

D'après la minute. Archives de l'Empire.

13781. — A LOUIS NAPOLÉON, ROI DE HOLLANDE,
À LA HAYE.

Bayonne, 25 avril 1808.

Je vous envoie la liste de toutes les personnes qui font la contrebande chez vous, et infestent mes frontières. C'est une véritable hostilité qu'ils me font. J'ai fait arrêter ceux qui sont sur la frontière de France; je vous engage à en faire autant sur la vôtre. Vous n'aurez pas par là à vous plaindre de méfaits de ma part; mais je ne puis souffrir ce scandale plus longtemps. Cela équivaut à un rassemblement de gens armés. Le tort qu'ils font au commerce est tel, qu'il y a des gens qui ont gagné une vingtaine de millions dans ces fraudes.

D'après la minute. Archives de l'Empire.

13782. — AU MARÉCHAL BESSIÈRES,
COMMANDANT LA GARDE IMPÉRIALE EN ESPAGNE, ETC. À BURGOS.

Bayonne, 25 avril 1808, minuit.

Mon Cousin, l'estafette qui m'arrive ne m'apporte point de lettre de vous. Il faudrait cependant vous arranger pour être instruit du passage de l'estafette et écrire à moi ou au major général; il y a toujours quelque chose à dire.

Je suppose que le roi Charles et la reine ont dépassé Burgos. J'ai bien traité le prince des Asturies, mais je ne l'ai pas reconnu. Vous pouvez dire, dans la conversation, que je lui avais fait connaître depuis Vitoria que je ne le reconnaîtrais pas si le roi Charles avait protesté. Dites que je n'accorde un refuge au prince de la Paix que pour éviter tout scandale et empêcher l'effusion du sang.

Appelez à vous toute la cavalerie qui se trouve depuis Irun jusqu'à Burgos, hormis le 3ᵉ escadron de marche de cuirassiers qui est avec le général de brigade Ducos, et la division du général Lasalle, dont un régiment, le 22ᵉ de chasseurs, se rend avec un régiment provisoire d'infanterie à Tolosa. J'ai retenu ici le 10ᵉ régiment de chasseurs. J'attends, ces jours-ci, plusieurs escadrons de marche. Ainsi vous pouvez appeler à vous toute la cavalerie qui est sur la route de Burgos. Le pays où vous êtes est un pays de cavalerie, où l'on ne saurait en avoir trop. La cavalerie du général Lasalle et celle qui arrive sont suffisantes pour garder les derrières. Vous pouvez laisser les détachements de la Garde qui sont à Vitoria, puisqu'ils pourraient me servir. Je suppose que vous me donnez de grands détails sur le passage du Roi.

NAPOLÉON.

D'après l'original comm. par Mme la duchesse d'Istrie.

13783. — A M. DE CHAMPAGNY,
MINISTRE DES RELATIONS EXTÉRIEURES, À BAYONNE.

Château de Marracq, 26 avril 1808.

Monsieur de Champagny, faites faire un présent de ma part au chirurgien dont parle M. Clérambault. Faites mettre dans les petits journaux des articles sur la situation de Bucharest, sur l'éloignement du divan et sur l'espèce de prise de possession des Russes. Faites mettre les nouvelles d'Amérique dans les journaux et le message du Président, s'il n'y a pas déjà été mis.

NAPOLÉON.

D'après l'original. Archives des affaires étrangères.

13784. — A ALEXANDRE, PRINCE DE NEUCHÂTEL,
MAJOR GÉNÉRAL DE LA GRANDE ARMÉE, À BAYONNE.

Bayonne, 26 avril 1808.

Mon Cousin, témoignez mon mécontentement au grand-duc de Berg de ce qu'il s'est donné le droit de commuer la peine à laquelle un militaire a été condamné. Il n'a pas ce droit; faites-lui connaître que j'ai annulé sa décision. Cette demande de grâce doit être envoyée au grand juge, pour être examinée en conseil privé. Avant tout, le grand-duc de Berg doit connaître les lois du pays et ne pas usurper les droits de souveraineté. Je ne puis qu'être extrêmement mécontent de ce qu'il s'est permis de faire.

NAPOLÉON.

D'après l'original. Dépôt de la guerre.

13785. — NOTE
EN MARGE D'UN RAPPORT DU MAJOR GÉNÉRAL.

Bayonne, 26 avril 1808.

Réitérer les ordres pour que le territoire du grand-duché de Varsovie ne soit violé d'aucune manière.

NAPOLÉON.

D'après l'original. Dépôt de la guerre.

13786. — AU VICE-AMIRAL DECRÈS,
MINISTRE DE LA MARINE, À PARIS.

Bayonne, 27 avril 1808.

Je reçois votre lettre du 23. Je vois avec plaisir que, moyennant les travaux que vous ordonnez et qu'il faut pousser avec la plus grande activité, le bassin de Flessingue pourra contenir vingt vaisseaux de guerre; ces vingt vaisseaux, nous pouvons les avoir l'année prochaine; quel immense résultat! Et ce sera un grand objet de menace pour l'Angleterre.

Je pense qu'il est nécessaire de visiter et radouber *le Tourville*, *l'Aquilon*, *le Républicain* et *le Wattignies*. Ces quatre vaisseaux doivent pouvoir servir, soit comme vaisseaux de guerre, soit comme flûtes. Vous avez une partie de l'été pour ces opérations. Dans tous les cas, soit qu'ils servent comme vaisseaux ou comme flûtes, ils pourraient aller finir leurs destins dans les opérations qui auraient été méditées, soit au Brésil, soit dans l'Amérique espagnole.

D'après la minute. Archives de l'Empire.

13787. — AU VICE-AMIRAL DECRÈS,
MINISTRE DE LA MARINE, À PARIS.

Bayonne, 27 avril 1808.

J'accorde la Légion d'honneur au capitaine Grassin, commandant le corsaire *le Général-Ernouf*. Faites connaître dans *le Moniteur* les prises faites sur les Anglais par les corsaires de la Guadeloupe.

Je désapprouve l'incorporation du bataillon du 26e dans le 66e: vous le direz au capitaine général pour que cela n'arrive plus. Rendez compte de cela au ministre de la guerre, pour que ce bataillon soit reformé au 26°, qui est en France.

Présentez-moi un projet de décret pour destituer le général......
Prenez des mesures pour envoyer 800 hommes à la Guadeloupe. Les trois aventuriers qui viennent de la Guadeloupe, ainsi que ceux que Bordeaux, Bayonne et Nantes veulent expédier, pourraient porter chacun une vingtaine d'hommes.

Faites connaître dans *le Moniteur* le voyage de l'amiral Duckworth dans le golfe du Mexique.

Faites connaître le nom des soixante et onze prises qui ont été faites à la Guadeloupe.

Pourriez-vous envoyer des secours à la Martinique avant octobre? Serait-il prudent de faire partir deux frégates de Lorient dans cette saison? ou bien de Brest?

D'après la minute. Archives de l'Empire.

13788. — AU VICE-AMIRAL DECRÈS,

MINISTRE DE LA MARINE, À PARIS.

Bayonne, 27 avril 1808.

Le mémoire des sieurs Sganzin et Cachin sur l'Adour ne dit rien et ne répond pas à la question. Les travaux qui ont été faits ont considérablement amélioré la rade, et l'Adour, qui se jetait à deux ou trois lieues de Bayonne en suivant la mer, s'y jette aujourd'hui directement. Il est nécessaire que vous envoyiez le sieur Sganzin sur les lieux. Le raisonnement sur l'inutilité du prolongement de la digue ne me paraît point porter sur les faits; sans doute, la barre sera éloignée de 30 toises; mais, s'il y a 40 pieds de fond, comme le disent les marins, il faudra 150 ou 200 ans avant que la barre soit refaite. Cela est assez important pour que vous donniez ordre aux sieurs Prony et Sganzin de venir sur les lieux. Il est très-intéressant pour ces départements que des bâtiments de commerce entrent franchement à Bayonne. Il est également avantageux pour la marine d'y construire des frégates, des vaisseaux, pour employer des bois qu'on ne peut transporter ailleurs sans des frais immenses. Je suis d'autant plus étonné des conclusions du sieur Sganzin, qu'il me propose la même chose pour Venise, des travaux qui éloignent la barre et fondés sur les mêmes raisons.

D'après la minute. Archives de l'Empire.

13789. — NOTE
EN MARGE D'UN RAPPORT DU MINISTRE DE LA MARINE.

Bayonne, 27 avril 1808.

Quand on voit les côtes de l'Océan, on gémit sur l'abandon où elles sont. Point de chaloupes canonnières, point de péniches pour protéger le cabotage; cette incurie lui fait courir des risques, le rend difficile, et cela par la seule faute de la marine. Le cabotage serait aussi sûr qu'en temps de paix, s'il y avait la moindre organisation et si l'on prenait la moindre précaution.

NAPOLÉON.

D'après l'original. Archives de la marine.

13790. — NOTE POUR LE MINISTRE DE LA MARINE.

Bayonne, 27 avril 1808.

Le général Morand assure que la forêt de Libio, située dans le département du Liamone, a fourni aux arsenaux de Toulon et de Gênes 250,000 pieds cubes de bois d'aussi bonne qualité que celui du Nord. Ce fait est facile et important à vérifier. Le ministre demandera que, dans les comptes qui lui seront rendus, on divise les quantités par essence de chêne, de bois blanc et de sapin. Si le fait est constaté, il ordonnera que des essais soient faits à Toulon, et que l'on emploie des mâtures de Corse pour des bricks et pour des frégates. L'exploitation de la forêt de Libio mérite toute son attention. Cet objet aurait le double avantage de procurer des travaux à la Corse et des bois à notre marine.

D'après la copie. Archives de l'Empire.

13791. — DÉCISION.

Bayonne, 27 avril 1808.

Le prince de Neuchâtel, major général, rend compte, d'après le rapport du maréchal Davout, de la violation du territoire du duché de Varsovie par des hussards autrichiens. Le colonel Niepperg, commandant le cordon autrichien en Galicie, a fait de fausses déclarations pour éluder la satisfaction exigée. Le maréchal Davout a renvoyé au dépôt un officier de son corps d'armée, qui, sans y être autorisé, a eu des relations avec un officier russe mêlé à cette affaire.

Il faut donner ordre pour que cet officier soit mis en prison. Il est ridicule que le maréchal Davout l'ait envoyé dans le 3ᵉ bataillon; le 3ᵉ bataillon a besoin de bons officiers comme les deux premiers. Il devait lui infliger une punition. Aujourd'hui M. de Niepperg est publiquement connu pour avoir été l'ennemi des Français; il faut donc lui fermer toute entrée à Varsovie. C'est lui qui a fait déserter un petit chirurgien, neveu de Precy, qui est aujourd'hui lieutenant-colonel au service de Russie.

NAPOLÉON.

D'après la copie. Dépôt de la guerre.

13792. — A ALEXANDRE Iᵉʳ, EMPEREUR DE RUSSIE,
À SAINT-PÉTERSBOURG.

Bayonne, 29 avril 1808.

Monsieur mon Frère, j'ai reçu par M. de Czernitchef la lettre de Votre Majesté, du 24 mars, avec les publications qu'elle a jugé à propos de faire sur l'occupation de la Finlande et sur la prohibition des marchandises anglaises. J'ai vu l'un et l'autre de ces actes avec le plaisir que j'éprouve à tout ce que fait Votre Majesté. La saison avance; la présence des Anglais, le peu de moyens des Danois me font craindre que l'expédition du maréchal Bernadotte n'éprouve des retards. Tout cependant est en mesure, les circonstances feront le reste. J'ai ici le prince des Asturies, qui s'est fait proclamer Ferdinand VII. J'attends demain le roi

Charles IV, son père. Celui-ci proteste. Cette querelle de famille et les symptômes de révolution qui s'annoncent en Espagne me donnent quelque embarras; mais je serai bientôt libre pour concerter la grande affaire avec Votre Majesté. Le travail de M. de Romanzof est loin de pouvoir concilier les différents intérêts; c'est cependant là où il faut travailler à arriver. J'ignore tout ce que fait l'Autriche, et n'ai aucune liaison ni intelligence sur ses mouvements; Votre Majesté peut compter là-dessus. J'ai bien du tracas et des embarras avec la Porte et ses cent pachas, qui tous font à leur guise. Mes escadres ont eu le petit succès de ravitailler Corfou pour deux ans en munitions de toute espèce, de guerre et de bouche, et sont rentrées à Toulon. Je désire fort le moment de revoir Votre Majesté et de lui dire de vive voix tout ce qu'elle m'inspire.

NAPOLÉON.

D'après la copie comm. par S. M. l'empereur de Russie.

13793. — A CHARLES IV, ROI D'ESPAGNE.

Château de Marracq, 29 avril 1808.

J'ai reçu toutes les lettres de Votre Majesté. Elle sera instruite à cette heure que j'en ai fait usage. Je n'ai pas reconnu et ne reconnaîtrai jamais le prince des Asturies comme roi d'Espagne; je le lui ai fait dire officiellement. Je me réjouis de voir Votre Majesté, mais je suis fâché de la savoir incommodée. Elle peut compter sur mon désir de lui être agréable et de lui donner des preuves de l'intérêt qu'elle m'inspire et de la véritable amitié que j'ai pour elle.

D'après la minute. Archives de l'Empire.

13794. — AU GÉNÉRAL DUROC,
GRAND MARÉCHAL DU PALAIS, À BAYONNE.

Bayonne, 30 avril 1808.

Donnez des ordres pour que les troupes soient sous les armes depuis la porte de la ville jusqu'au logement du roi Charles IV. Le commandant de la place le recevra à la porte de la ville au moment de son arrivée. La citadelle ainsi que tous les bâtiments qui sont en rade tireront soixante coups de canon. Vous recevrez le roi Charles à la porte de son palais. L'aide de camp Reille fera les fonctions de gouverneur du palais du Roi. Un de mes chambellans attendra également le Roi à la porte de son palais, ainsi que M. d'Oudenarde, écuyer, qui aura soin du service des voitures. Le sieur Dumanoir, chambellan, sera de service près de la Reine. Vous présenterez au Roi et à la Reine ceux de mes officiers qui sont de service près Leurs Majestés. Toutes les mesures seront prises pour qu'ils ne manquent de rien et qu'ils soient nourris à mes frais, par ma cuisine. Un de mes maîtres d'hôtel et un cuisinier seront affectés à ce service. Si le Roi a des cuisiniers, ils pourront assister les miens. Le gouverneur du palais du Roi prendra tous les jours ses ordres pour les consignes. Il y aura un piquet de cavalerie et de garde d'honneur. On mettra à la porte deux cuirassiers à cheval, et on retiendra pour ce service le détachement de cuirassiers qui est ici.

P. S. Les autorités civiles de Bayonne se trouveront également à la porte de la ville pour recevoir le Roi, etc.

D'après la minute. Archives de l'Empire.

13795. — AU MARÉCHAL BESSIÈRES,
COMMANDANT LA GARDE IMPÉRIALE EN ESPAGNE, ETC. À BURGOS.

Bayonne, 30 avril 1808, huit heures du matin.

Il arrive à l'instant une estafette partie le 28 de Burgos. Il n'y a aucune lettre de vous, ni de qui que ce soit, si ce n'est quelques lettres particulières insignifiantes. J'ignore si le roi Charles est parti le 27 ou non de Burgos. Il est nécessaire que vous écriviez tous les jours au major général, et plutôt deux fois qu'une. Il me semble qu'il faut peu de soin pour se faire instruire du passage de l'estafette, et lui faire remettre vos lettres. Je n'ai jamais vu si peu de rapports que ceux de Burgos. Écrivez tous les jours à moi ou au major général.

J'ai deux pages à Burgos: renvoyez-les-moi. Faites-moi connaître les officiers d'ordonnance qui s'y trouvent.

Il eût été très-intéressant pour moi de savoir si le roi Charles était arrivé à Burgos le 27, et ce qu'il faisait le 28.

Votre état-major remet sans précaution ses paquets pour Saint-Sébastien et Pampelune à l'estafette qui les apporte à Bayonne, au lieu d'adresser les dépêches pour Pampelune à Vitoria, au général Verdier, qui les ferait passer, et à Hernani celles destinées pour Saint-Sébastien. Tout cela a l'air d'un état-major qui n'a jamais servi.

Vous devez ordonner au commandant de la place de Burgos de vous faire un rapport journalier que vous enverrez, tous les jours, par l'estafette. Donnez le même ordre à Vitoria.

D'après la minute. Archives de l'Empire.

13796. — AU GÉNÉRAL VERDIER,
COMMANDANT LA 2ᵉ DIVISION D'OBSERVATION DES PYRÉNÉES OCCIDENTALES, À VITORIA.

Bayonne, 30 avril 1808.

Vous trouverez ci-joints plusieurs exemplaires de la *Gazette de Bayonne*. Vous la communiquerez aux principaux de la province, et vous causerez avec eux de la situation actuelle des choses. J'ai chargé mon chambellan Tournon de parcourir les différents points de la Biscaye dans le même objet. Vous ferez sentir la nécessité qu'on se comporte bien; qu'on gagnera à cela la conservation des priviléges, la tranquillité, d'avoir peu de troupes, car, dès que je serai sûr que la tranquillité ne sera point troublée, je ferai rentrer mes troupes en Espagne. Faites bien comprendre que, plus voisins de la France, ils sont plus intéressés que d'autres à se bien conduire; que la perte de leurs priviléges et leur ruine totale seraient le résultat de toute autre conduite. Engagez les États, les évêques, les alcades à faire des publications pour exhorter tout le monde à se tenir tranquille. Correspondez tous les jours avec le major général, et rendez-moi compte souvent de la direction de l'esprit public, et influez de manière à maintenir la tranquillité de la Biscaye. Si voisins de la France, la moindre imprudence les perdrait.

D'après la minute. Archives de l'Empire.

13797. — A M. DE TALLEYRAND, PRINCE DE BÉNÉVENT,
VICE-GRAND ÉLECTEUR, À PARIS.

Bayonne, 1er mai 1808.

J'ai reçu votre lettre du 27 avril. Le ministre d'Espagne a écrit une lettre assez ridicule à Champagny pour se plaindre que les journaux disaient que le roi Charles a été forcé d'abdiquer. Il faut que vous lui disiez qu'il doit avoir lu *le Moniteur*; que j'ai vu le roi Charles et la reine, qui ont fort mal reçu leurs fils; qu'ils ont été sous les poignards pendant plusieurs heures, et qu'ils auraient péri si le Roi n'avait signé son abdication. Vous direz cela au corps diplomatique, et vous ajouterez que le Roi a été très-surpris que les ministres étrangers, à Madrid, eussent reconnu le nouveau roi; que le ministre de France, qui représentait la seule puissance qui pouvait influer sur ses affaires, ne l'avait pas reconnu; que, ce ministre lui ayant demandé si son abdication avait été volontaire, il lui avait répondu, « Je me réserve d'en écrire à monsieur mon frère l'empereur des Français; » que ce seul indice avait suffi à M. de Beauharnais, qui avait eu le bon esprit de ne pas reconnaître Ferdinand VII; que sa vie et celle de la reine n'avaient été rachetées qu'au prix de son abdication; que, le lendemain, il fit écrire par sa fille, la reine d'Étrurie, au grand-duc de Berg, ce qui donna lieu aux pièces qu'on a lues dans *le Moniteur*.

Le prince des Asturies est très-bête, très-méchant, très-ennemi de la France. Vous sentez bien qu'avec mon habitude de manier les hommes, son expérience de vingt-quatre ans n'a pu m'en imposer; et cela est si évident pour moi, qu'il faudrait une longue guerre pour m'amener à le reconnaître pour roi d'Espagne. Je lui ai de plus fait notifier que, le roi Charles étant sur mes frontières, je ne devais plus avoir de rapports avec lui. J'ai fait arrêter, en conséquence, ses courriers, sur lesquels on a trouvé des lettres pleines de fiel et de haine contre les Français, qu'il appelle à plusieurs reprises : *ces maudits Français*.

Le prince de la Paix est ici. Le roi Charles est un brave homme. Je ne sais si c'est sa position ou les circonstances, il a l'air d'un patriarche franc et bon. La reine a son cœur et son histoire sur sa physionomie; c'est vous en dire assez. Cela passe tout ce qu'il est permis de s'imaginer. L'un et l'autre dînent aujourd'hui avec moi. Le prince de la Paix a l'air d'un taureau; il a quelque chose de Daru. Il commence à reprendre ses sens; il a été traité avec une barbarie sans exemple. Il est bon qu'on le décharge de toute imputation mensongère, mais il faut le laisser couvert d'une légère teinte de mépris.

D'après la minute. Archives de l'Empire.

13798. — A M. DE CHAMPAGNY,
MINISTRE DES RELATIONS EXTÉRIEURES, À BAYONNE.

Bayonne, 1er mai 1808.

Monsieur de Champagny, donnez ordre au sieur Lefebvre, mon chargé d'affaires à Rome, de rentrer à Paris.

NAPOLÉON.

D'après l'original. Archives des affaires étrangères.

13799. — A M. FOUCHÉ,
MINISTRE DE LA POLICE GÉNÉRALE, À PARIS.

Bayonne, 1er mai 1808.

Je reçois votre lettre du 28 avril. Vous aurez vu dans *le Moniteur* la direction à donner aux journaux, d'après les pièces que j'y ai fait imprimer. Il ne faut cependant pas aller jusqu'à louer et dire du bien du prince de la Paix, dont l'administration a réellement révolté toute l'Espagne. Il faut repousser toutes les imputations calomnieuses qu'on répand sur son compte, et se récrier sur l'arbitraire et l'inhumanité des procédés à son égard; mais il faut désapprouver son administration honteuse et corrompue.

D'après la minute. Archives de l'Empire.

13800. — A JOACHIM, GRAND-DUC DE BERG,
LIEUTENANT DE L'EMPEREUR EN ESPAGNE, À MADRID.

Bayonne, 1er mai 1808.

Je reçois votre lettre du 27 à minuit. Je vous ai envoyé hier la lettre que le prince des Asturies écrivait à don Antonio. Vous aurez reçu la note que M. Champagny a remise avant-hier pour déclarer que je ne peux reconnaître Ferdinand VII. J'ai fait arrêter le courrier de la junte qui, après l'engagement qu'elle a pris de gouverner au nom du roi, sans le nommer, continuait à correspondre avec Ferdinand VII. Dans des lettres interceptées, du 25, on dit que l'opinion a changé en faveur des Français, et que cela est une nouvelle preuve de l'instabilité de l'opinion.

Aujourd'hui je vous expédie votre aide de camp; il vous fera connaître comment le roi Charles a été reçu ici. Je l'ai vu, et il m'a confirmé de vive voix tout ce qu'il m'a écrit. Tout ce qui est ici, même l'Infantado et Escoïquiz, ont été baiser la main au Roi et à la Reine, le genou en terre. Cette scène a indigné le Roi et la Reine, qui, pendant tout ce temps, les regardaient avec mépris. Ils entraient dans leurs appartements que le maréchal Duroc leur montrait; les deux princes voulaient les suivre; mais le Roi, se retournant vers eux, leur dit : « Princes, c'est trop fort ! « vous avez couvert de honte et d'amertume mes cheveux blancs; vous venez « d'y ajouter la dérision; sortez! que je ne vous revoie jamais! » Ils furent confondus et sortirent avec tout leur monde. Une demi-heure après, je me rendis chez le Roi pour m'enfermer deux heures avec Leurs Majestés, qui dînent aujourd'hui chez moi. Depuis ce temps, les princes paraissent fort étourdis et étonnés. Je ne sais pas encore à quoi ils se sont résolus.

Immédiatement après que d'Hanneucourt sera arrivé, je vous expédierai Exelmans. Je ne puis que vous répéter ce que je vous ai dit : Emparez-vous des journaux et du gouvernement. Envoyez ici Antonio et les autres princes de la Maison. Je pense que trois régiments de Solano se rendront à Cadix pour renforcer le camp de Saint-Roch. Vous pouvez, du reste, laisser les ministres qui existent.

J'ai donné ordre à Bessières de retenir à Burgos toutes les personnes que vous m'envoyez, jusqu'à ce que mon plan soit entièrement conçu ici.

J'attends avec impatience de connaître l'effet qu'aura produit la connaissance de la protestation du Roi et les autres pièces.

D'après la minute. Archives de l'Empire.

13801. — A JOACHIM, GRAND-DUC DE BERG,
LIEUTENANT DE L'EMPEREUR EN ESPAGNE, À MADRID.

Bayonne, 2 mai 1808, onze heures du soir.

Je reçois votre lettre du 30 avril à une heure du matin. Je vous réponds sur-le-champ, en vous envoyant la réponse du roi d'Espagne[1], en espa-

---

[1] LETTRE DU ROI CHARLES À FERDINAND, PRINCE DES ASTURIES.

Mon Fils, les conseils perfides des hommes qui vous environnent ont placé l'Espagne dans une situation critique; elle ne peut plus être sauvée que par l'Empereur. Depuis la paix de Bâle, j'ai senti que le premier intérêt de mes peuples était de vivre en bonne intelligence avec la France : il n'y a pas de sacrifices que je n'aie jugé devoir faire pour arriver à ce but important. Même quand la France était en proie à des gouvernements éphémères, j'ai fait taire mes inclinations particulières pour n'écouter que la politique et le bien de mes sujets. Lorsque l'Empereur des Français eut rétabli l'ordre en France, de grandes craintes se dissipèrent, et j'eus de nouvelles raisons de rester fidèle à mon système d'alliance. Lorsque l'Angleterre déclara la guerre à la France, j'eus le bonheur de rester neutre et de conserver à mes peuples les bienfaits de la paix. L'Angleterre, depuis, saisit quatre de mes frégates et me fit la guerre avant même de me l'avoir déclarée; il me fallut repousser la force par la force. Les malheurs de la guerre atteignirent mes sujets. L'Espagne, environnée de côtes, devait une grande partie de sa prospérité à ses possessions d'outre-mer, et souffrit de la guerre plus qu'aucun autre état. La cessation du commerce et les calamités attachées à cet état de choses se firent sentir à mes sujets. Plusieurs furent assez injustes pour les attribuer à moi et à mes ministres. J'eus la consolation, du moins, d'être assuré du côté de la terre et de n'avoir aucune inquiétude sur l'intégrité de mes provinces, que, seul de tous les rois de l'Europe, j'avais maintenue au milieu des orages de ces derniers temps.

Cette tranquillité, j'en jouirais encore sans les conseils qui vous ont éloigné du droit chemin. Vous vous êtes laissé aller trop facilement à la haine que votre première femme portait à la France, et bientôt vous avez partagé ses injustes ressentiments contre mes ministres, contre votre mère, contre moi-même. J'ai dû me ressouvenir de mes droits de père et de roi; je vous fis arrêter. Je trouvai dans vos papiers la conviction de votre culpabilité; mais, sur la fin de ma carrière, en proie à la douleur de voir mon fils périr sur l'échafaud, je fus sensible aux larmes de votre mère, et je vous pardonnai. Cependant mes sujets étaient agités par les rapports mensongers de la faction à la tête de laquelle vous vous étiez placé. Dès ce moment je perdis la tranquillité de ma vie, et aux maux de mes sujets je dus joindre ceux que me causaient les dissensions de ma propre famille. On calomnia même mes ministres auprès de l'Empereur des Français, qui,

gnol et en français, à la lettre du prince des Asturies que je vous ai envoyée ce matin. Cette réponse a atterré le prince des Asturies.

croyant voir les Espagnes échapper à son alliance, et voyant les esprits agités même dans ma famille, couvrit, sous différents prétextes, mes états de ses troupes. Tant qu'elles restèrent sur la rive droite de l'Èbre et parurent destinées à maintenir la communication avec le Portugal, je dus espérer qu'il reviendrait aux sentiments d'estime et d'amitié qu'il m'avait toujours montrés. Quand j'appris que ses troupes s'avançaient sur ma capitale, je sentis la nécessité de réunir mon armée autour de moi, pour me présenter à mon auguste allié dans l'attitude qui convenait au roi des Espagnes. J'aurais éclairci ses doutes et concilié mes intérêts. J'ordonnai à mes troupes de quitter le Portugal et Madrid, et je les réunis de différents points de la monarchie, non pour quitter mes sujets, mais pour soutenir dignement la gloire du trône. Ma longue expérience me faisait comprendre d'ailleurs que l'Empereur des Français pouvait nourrir des désirs conformes à ses intérêts, à la politique du vaste système du continent, mais qui pouvaient blesser les intérêts de ma Maison. Quelle a été votre conduite? Vous avez mis en rumeur tout mon palais; vous avez soulevé mes gardes du corps contre moi; votre père lui-même a été votre prisonnier. Mon premier ministre, que j'avais élevé et adopté dans ma famille, fut traîné sanglant de cachot en cachot. Vous avez flétri mes cheveux blancs; vous les avez dépouillés d'une couronne portée avec gloire par mes pères, et que j'avais conservée sans tache. Vous vous êtes assis sur mon trône. Vous avez été vous mettre à la disposition du peuple de Madrid, que vos partisans avaient ameuté, et de troupes étrangères qui, au même moment, faisaient leur entrée. La conspiration de l'Escurial était consommée, les actes de mon administration livrés au mépris public. Vieux et chargé d'infirmités, je n'ai pu supporter ce nouveau malheur. J'ai eu recours à l'Empereur des Français, non plus comme un roi à la tête de ses troupes et environné de l'éclat du trône, mais comme un roi malheureux et abandonné. J'ai trouvé protection et refuge au milieu de ses camps. Je lui dois la vie, celle de la Reine et de mon premier ministre.

Je vous ai suivi sur vos traces à Bayonne. Vous avez conduit les affaires de manière que tout dépend désormais de la médiation et de la protection de ce grand prince. Vouloir recourir à des agitations populaires, arborer l'étendard des factions, c'est ruiner les Espagnes et entraîner dans les plus horribles catastrophes vous, mon royaume, mes sujets et ma famille. Mon cœur s'est ouvert tout entier à l'Empereur; il connaît tous les outrages que j'ai reçus et les violences qu'on m'a faites. Il m'a déclaré qu'il ne vous reconnaîtrait jamais pour roi, et que l'ennemi de son père ne pouvait inspirer de la confiance aux étrangers. D'ailleurs, il m'a montré des lettres de vous qui font foi de votre haine pour la France. Dans cette situation, mes droits sont clairs, mes devoirs davantage encore : épargner le sang de mes sujets; ne rien faire, sur la fin de ma carrière, qui puisse porter le ravage et l'incendie dans les Espagnes et les réduire à la plus horrible misère. Ah certes! si, fidèle à vos devoirs et aux sentiments de la nature, vous aviez repoussé des conseils perfides; si, constamment assis à mes côtés pour ma défense, vous aviez attendu le cours ordinaire de la nature qui devait marquer votre place dans peu d'années, j'aurais pu concilier la politique et l'intérêt de l'Espagne avec l'intérêt de tous. Sans doute, depuis six mois les circonstances ont été critiques; mais, quelque critiques qu'elles fussent, j'aurais obtenu, de la contenance de mes sujets, des faibles moyens qui me restaient encore, et surtout de cette force morale que j'aurais eue en me présentant dignement à la rencontre de mon allié, auquel je n'avais jamais donné de sujets de plainte, un arrangement qui eût concilié les intérêts de mes sujets et ceux

Il est probable que demain je vous enverrai par Exelmans mon acte de médiation. Mais il est nécessaire que la reine d'Étrurie, l'infant don Francisco et surtout don Antonio, partent sans délai pour Bayonne; que les bijoux et diamants de la couronne ne soient pas détournés, et que quelqu'un soit chargé d'y veiller, soit qu'ils passent au nouveau roi, soit qu'ils restent au roi Charles; mais il est essentiel qu'ils ne tombent pas entre les mains de gens pour lesquels ils deviendront des moyens de guerre.

Tout ceci ne peut avoir lieu qu'en agitant les esprits et en les faisant passer par différentes situations. C'est pour cela que j'aurais voulu imprimer les pièces que je vous ai envoyées; je suis fâché que vous ne l'ayez pas fait. C'est lorsque l'Espagne se trouve dans une situation critique qu'elle se regardera comme heureuse d'un arrangement qui y mettra fin. Le but de l'estafette que je vous expédie est donc, 1° de vous envoyer la réponse du roi Charles, que je vous laisse le maître de faire imprimer; 2° de vous assurer de don Antonio et de tous les princes de la famille; 3° de veiller à ce qu'aucun bien de la couronne, diamants, joyaux, ne soient aliénés.

Je suis content du roi Charles et de la reine. Ils sont ici fort heureux. Je leur destine Compiègne.

de ma famille. En m'arrachant la couronne, c'est la vôtre que vous avez brisée; vous lui avez ôté ce qu'elle avait d'auguste, ce qui la rendait sacrée à tous les hommes. Votre conduite envers moi, vos lettres interceptées ont mis une barrière d'airain entre vous et le trône d'Espagne. Il n'est de votre intérêt ni de celui des Espagnes que vous y prétendiez. Gardez-vous d'allumer un feu dont votre ruine totale et le malheur de l'Espagne seraient le seul et inévitable effet. Je suis roi du droit de mes pères; mon abdication est le résultat de la force et de la violence; je n'ai donc rien à recevoir de vous. Je ne puis adhérer à aucune réunion d'assemblée; c'est encore une faute des hommes sans expérience qui vous entourent. J'ai régné pour le bonheur de mes sujets; je ne veux point leur léguer la guerre civile, les émeutes, les assemblées populaires et la révolution. Tout doit être fait pour le peuple et rien par lui. Oublier cette maxime, c'est se rendre coupable de tous les crimes qui dérivent de cet oubli. Toute ma vie je me suis sacrifié pour mes peuples, et ce n'est pas à l'âge où je suis arrivé que je ferai rien de contraire à leur religion, à leur tranquillité et à leur bonheur. J'ai régné pour eux, j'agirai constamment pour eux. Tous mes sacrifices seront oubliés; et, lorsque je serai assuré que la religion de l'Espagne, l'intégrité de mes provinces, leur indépendance et leurs priviléges sont maintenus, je descendrai dans le tombeau en vous pardonnant l'amertume de mes dernières années.

Donné à Bayonne, au palais impérial appelé le *Gouvernement*, le 2 de mai 1808.

CHARLES.

Extrait du *Moniteur* du 11 mai 1808.

Je destine le roi de Naples à régner à Madrid. Je veux vous donner le royaume de Naples ou celui de Portugal. Répondez-moi sur-le-champ ce que vous en pensez, car il faut que cela soit fait dans un jour. Vous resteriez, en attendant, comme lieutenant général du royaume. Vous me direz que vous préférez rester près de moi : cela est impossible. Vous avez de nombreux enfants, et, d'ailleurs, avec une femme comme la vôtre, vous pouvez vous absenter, si la guerre vous rappelait près de moi; elle est très-capable d'être à la tête d'une régence. Je vous dirai, bien plus, que le royaume de Naples est plus beau que le Portugal, puisque la Sicile y sera jointe; vous aurez alors six millions d'habitants.

Si vous pouvez porter les habitants de Madrid à demander le roi de Naples, vous me ferez plaisir, et ce serait ménager l'amour-propre de ces gens-ci. Peut-être la junte pourrait-elle intervenir, et se fera-t-elle un mérite de se prononcer pour le nouveau roi. Il faut vous attacher O'Farrill. Si vous ne faites pas imprimer la lettre du roi Charles, montrez-la-lui, ainsi que la sotte lettre du prince des Asturies.

Il arrive tous les jours des troupes à Bayonne. Je n'ai déjà pas mal d'infanterie et de cavalerie.

Si vous ne pouvez pas gagner les gardes du corps, il faut les licencier.

D'après la minute. Archives de l'Empire.

13802. — AU MARÉCHAL BESSIÈRES,
COMMANDANT LA GARDE IMPÉRIALE, ETC. À BURGOS.

Bayonne, 2 mai 1808, onze heures du soir.

Mon Cousin, je vois avec plaisir que vous faites passer de la cavalerie à Madrid afin de détruire les régiments de marche, qui mettent de la confusion, et de renforcer les régiments provisoires. Je verrais avec plaisir que vous fissiez partir les bataillons de marche qui sont à Aranda et à Burgos, afin de n'avoir aucun corps de marche. Envoyez l'ordre au 22e régiment de chasseurs de se rendre à Burgos; il est à Tolosa. Je donne ordre au 1er escadron du 10e de chasseurs de se rendre à Tolosa, ainsi qu'au 2e escadron qui est ici: l'un et l'autre sont de 200 hommes chacun. La division Verdier est très-belle; elle a seize pièces de canon et 7,000 hommes d'infanterie, avec un escadron de cavalerie composé de détachements qui appartiennent aux régiments de cuirassiers qui étaient en Italie et qui sont à présent à Barcelone; ce sont les 4e, 6e, 7e et 8e de cuirassiers.

Je suis fort content du roi Charles. Nous approchons du dénoûment. Envoyez un officier d'état-major auprès de l'officier qui commande le corps espagnol de Galice pour lui faire sentir la nécessité de marcher d'intelligence; que mon intention est de maintenir l'intégrité de l'Espagne; que je n'en veux pas un village.

Remuez-vous de toutes les manières. Influez sur l'opinion. Le moindre inconvénient de s'éloigner de moi est de s'attirer des malheurs de toute espèce, la guerre civile et la perte de l'Amérique. Mon acte de médiation va bientôt paraître. Dirigez l'opinion sur le roi de Naples. Voulant ménager la fierté de la nation, je voudrais qu'elle me le demandât pour roi. Vous recevrez demain une lettre du prince des Asturies à son père et la réponse de celui-ci. Envoyez auprès des autorités qui peuvent influer sur l'opinion. Faites imprimer à Burgos des ordres du jour, des notes et tout ce qui est nécessaire pour diriger l'opinion.

NAPOLÉON.

D'après l'original comm. par Mme la duchesse d'Istrie.

13803. — A M. FOUCHÉ,
MINISTRE DE LA POLICE GÉNÉRALE, À PARIS.

Bayonne, 3 mai 1808.

Je reçois votre lettre du 29 avril. Je vois, dans le bulletin du 27 avril, des bulletins de Rome qui n'ont pas le sens commun et qui ne mériteraient pas en vérité de m'être mis sous les yeux. Celui qui les a écrits n'a ni sens ni bon esprit. Vous devriez tâcher de mieux choisir vos agents.

D'après la minute. Archives de l'Empire.

13804. — A JOACHIM, GRAND-DUC DE BERG,
LIEUTENANT DE L'EMPEREUR EN ESPAGNE, À MADRID.

Bayonne, 3 mai 1808, dix heures du soir.

Je reçois votre lettre du 1er mai à trois heures du matin. Vous ne pouvez pas avoir le droit de commuer une peine imposée par un jugement d'un tribunal ou d'une commission spéciale, comme mon lieutenant, puisque moi-même je n'ai pas ce droit, ou du moins que je ne l'ai qu'après avoir entendu le conseil privé, dont est membre M. le grand-duc de Berg. Vous autres militaires, vous ne voulez vous assujettir à aucunes formes. Vous avez donc tort de croire que j'aie fait une chose mauvaise pour vous en envoyant votre décision au grand juge; j'ai fait une chose de règle et qui doit être ainsi; vous êtes un enfant de vous en affliger. M. le grand-duc de Berg voudra bien me permettre de lui dire ma façon de penser. Quand il fera bien, je ne lui dirai rien; quand il fera quelque chose qui me déplaira, je le lui ferai connaître. C'est mon habitude.

Je crains que le général ...... ne soit point capable de commander une division; j'aimerais mieux le général Frère; le général ...... est un Suisse qui pourra commander une brigade de régiments suisses-espagnols.

Nos vœux sont remplis.

J'ai arrêté la correspondance avec ici. Les douanes ont ordre d'intercepter toute correspondance par les montagnes.

Vous avez dû voir, par la lettre du prince des Asturies et la réponse du Roi, qu'il n'y avait rien à faire avec le premier. Demain mon traité avec le roi Charles sera signé, et après-demain le prince des Asturies ne sera plus à Bayonne.

Je vous expédierai demain Exelmans.

D'après la minute. Archives de l'Empire.

13805. — A EUGÈNE NAPOLÉON,
VICE-ROI D'ITALIE, À MILAN.

Bayonne, 3 mai 1808.

Mon Fils, retardez, s'il en est temps, de dix jours la publication de mon décret sur Ancône. Vous pouvez aller de l'avant, mais ne rien imprimer encore d'ici au 20 mai.

Le roi Charles, la Reine, les infants d'Espagne sont ici.

NAPOLÉON.

D'après la copie comm. par S. A. I. Mme la duchesse de Leuchtenberg.

13806. — A LOUIS NAPOLÉON, ROI DE HOLLANDE,
À LA HAYE.

Bayonne, 3 mai 1808.

Je vous fais mon compliment sur la naissance de votre fils. Je désire que ce prince s'appelle Charles Napoléon.

D'après la minute. Archives de l'Empire.

13807. — A ALEXANDRE, PRINCE DE NEUCHÂTEL,
MAJOR GÉNÉRAL DE LA GRANDE ARMÉE, À BAYONNE.

Bayonne, 4 mai 1808.

Mon Cousin, mon intention n'est pas que le corps du maréchal Victor campe, ses trois divisions réunies. La raison qu'il n'y a pas de manutentions est une raison ridicule. Il ne manque pas de manutentions à Spandau, et, presque dans toutes les villes, il y en a assez pour nourrir une division. Je désire également que le corps du maréchal Soult campe par division, une à Dirschau, et les autres dans d'autres endroits. Il est important que le cordon de Marienburg et de l'île de Nogat soit gardé.

NAPOLÉON.

D'après l'original. Dépôt de la guerre.

13808. — AU MARÉCHAL BESSIÈRES,
COMMANDANT LA GARDE IMPÉRIALE, ETC. À BURGOS.

Bayonne, 4 mai 1808, midi.

Mon Cousin, je trouve dans le paquet du grand-duc de Berg la lettre ci-jointe d'un officier de ma Garde. Je suis surpris que cet officier ose s'adresser à d'autre qu'à moi pour demander à recruter pour ma Garde. Je ne veux dans ma Garde aucun homme sortant des gardes wallones ou autres troupes espagnoles; s'il y en avait, qu'on les ôte sur-le-champ. Le corps de Mameluks est à 86 hommes; qu'il reste à ce nombre. J'ai créé ce corps pour récompenser des hommes qui m'ont servi en Égypte, et non pour en faire un ramas d'aventuriers. Je suis étonné que Daumesnil aille s'aviser d'une pareille idée.

NAPOLÉON.

D'après l'original comm. par Mme la duchesse d'Istrie.

13809. — A JOACHIM, GRAND-DUC DE BERG,
LIEUTENANT GÉNÉRAL DU ROYAUME D'ESPAGNE, À MADRID.

Bayonne, 4 mai 1808, dix heures du soir.

Je vous expédie Exelmans. Il vous porte la proclamation du roi Charles[1], que vous ferez imprimer, l'ordre à don Antonio de se rendre à Bayonne, et l'ordre aux trois conseils de vous considérer comme lieutenant général du royaume[2].

Vous donnerez le commandement de la brigade de Suisses-Espagnols au général Rouyer, et vous la réunirez au corps du général Dupont. Vous pourriez y joindre quelques escadrons de gardes wallones et de cavalerie dont vous seriez sûr.

Il faut que le conseil de Castille, le conseil de la guerre, s'ils ne l'ont

---

[1] PROCLAMATION DU ROI CHARLES AUX ESPAGNOLS.

Espagnols, mes aimés sujets,

Des hommes perfides cherchent à vous égarer. On voudrait vous mettre les armes à la main contre les troupes françaises, et réciproquement on cherche à animer les Français contre vous et vous contre les Français. Le saccage de toutes les Espagnes, des malheurs de toutes les espèces en seraient le résultat. L'esprit de faction, dont j'ai déjà ressenti les si fâcheux effets, s'agite encore. Dans des circonstances aussi importantes que critiques, je suis occupé de m'entendre avec mon allié l'Empereur des Français pour tout ce qui concerne votre bonheur; mais gardez-vous d'en écouter les ennemis.

Tous ceux qui vous parlent contre la France ont soif de votre sang; ce sont ou des ennemis de votre nation ou des agents de l'Angleterre, qui s'agitent dans ces circonstances, et dont les manœuvres entraîneraient la perte de vos colonies, la division de vos provinces, ou une suite d'années de troubles et de malheurs pour votre patrie.

Espagnols, croyez-en mon expérience, et obéissez à cette autorité que je tiens de Dieu et de mes pères; suivez mon exemple, et songez bien que dans la position où vous vous trouvez, il n'y a prospérité et salut pour les Espagnols que dans l'amitié du grand Empereur, notre allié.

Donné à Bayonne, au palais impérial dit *du Gouvernement*, le 4 mai 1808.

MOI, LE ROI.

Extrait du *Moniteur* du 16 mai 1808.

[2] LE ROI CHARLES A LA JUNTE SUPRÊME DE GOUVERNEMENT.

Ayant jugé convenable de donner une même direction à toutes les forces de notre royaume, afin de maintenir la sûreté des propriétés et la tranquillité publique contre les ennemis soit de l'intérieur, soit de l'extérieur, nous avons cru à propos de nommer lieutenant général du royaume notre cousin le grand-duc de Berg, qui commande en même temps les troupes de notre allié l'Empereur des Français.

Nous ordonnons au conseil de Castille, aux capitaines généraux et gouverneurs dans nos provinces d'obéir à ses ordres. En ladite qualité, il présidera la junte du gouvernement.

Donné à Bayonne, au palais impérial dit *du Gouvernement*, le 4 mai 1808.

MOI, LE ROI.

Extrait du *Moniteur* du 16 mai 1808.

déjà fait, fassent une proclamation, ainsi que la junte, et que vous preniez tous les moyens d'influence pour qu'on écrive dans toutes les provinces de rester tranquille.

Envoyez toutes les brochures qui paraissent à Madrid à Junot. Recommandez-lui d'agir selon les circonstances et d'influer sur les troupes espagnoles qui sont sous ses ordres.

Il y a à Tarragone un régiment suisse de 1,800 hommes. Envoyez un officier à ce régiment pour lui faire connaître que je pense que, dans toutes les circonstances, il se comportera bien. Le général Duhesme me mande que ce régiment est très-bien disposé.

Il est nécessaire que la protestation du roi Charles soit imprimée à Madrid et envoyée partout par le gouvernement provisoire.

D'après la minute. Archives de l'Empire.

13810. — A M. DE CHAMPAGNY,
MINISTRE DES RELATIONS EXTÉRIEURES, À BAYONNE.

Bayonne, 5 mai 1808.

Monsieur de Champagny, je vous envoie une note[1], que vous communiquerez au sieur la Rochefoucauld[2], en lui prescrivant d'insister fortement pour que ces bâtiments ne soient pas reçus dans ces ports: de déclarer même, si les moyens ordinaires ne suffisaient pas, qu'il sera mis embargo sur tous les bâtiments hollandais, et de menacer de se retirer.

NAPOLÉON.

P. S. Je vous renvoie votre portefeuille. Il faut envoyer l'état des biens du grand-duc de Berg au ministre des finances.

D'après l'original. Archives des affaires étrangères.

---

[1] Note sur dix navires américains venant de Londres et demandant à être admis, comme neutres, dans les ports de Hollande. Ces dix navires prétendaient être partis d'Amérique avant d'avoir pu connaître le décret du 17 décembre 1807.

[2] Ministre de France à la Haye.

13811. — AU GÉNÉRAL CLARKE,

MINISTRE DE LA GUERRE, À PARIS.

Bayonne, 5 mai 1808.

Monsieur le Général Clarke, vous recevrez un décret qui appelle 3 à 4,000 conscrits de la réserve 1809 à Bayonne, pour en former le dépôt des régiments provisoires qui sont en Espagne. Il faut que, dans les vingt-quatre heures de la réception de ce décret, Lacuée fasse l'appel de ces conscrits. J'ai choisi les départements qui composent les sept divisions militaires les plus rapprochées de Bayonne. Ce dépôt servira à maintenir les régiments provisoires à leur force actuelle; et, comme ces hommes sont plus acclimatés, ils seront moins fatigués, ayant peu de chemin à faire. Cette mesure présente beaucoup d'économie et d'avantages; sans quoi, j'aurais été obligé d'avoir recours aux dépôts qui sont sur les frontières, pour recruter les corps qui sont en Espagne. L'adjudant commandant Lomet me paraît pouvoir être chargé de cette besogne. Choisissez un bon commissaire des guerres pour administrer ce corps, et faites-lui comprendre que sa réputation dépendra de sa bonne ou mauvaise administration. Le ministre Dejean versera des fonds dans la caisse de ce corps, qui, par ce moyen, pourra pourvoir à tout. Les conscrits de ce corps seront fournis sur ce qui reste de l'appel de la réserve des départements qui composent les sept divisions militaires. Faites-moi rédiger un état général qui me fasse connaître ce que chaque régiment de ligne a aux régiments provisoires, ce qu'ils avaient fourni au 1er mai, c'est-à-dire, la conscription de 1808 étant épuisée, ce qui leur reste encore à fournir, ce qui ne pourra l'être probablement que sur la conscription de 1809. Mon intention est qu'aucun conscrit de 1809 ne bouge de son dépôt sans mon ordre. Dans les états de situation, il faut confondre les conscrits de 1808 avec les autres, mais il faut porter à part les conscrits de 1809. Je désirerais que ces conscrits passassent tout l'été aux dépôts pour se former et s'accoutumer au service.

Je suppose que vous avez donné l'ordre qu'ils arrivent à leurs nouveaux dépôts, et qu'ils y trouveront leur habillement et tout ce qui leur est nécessaire. Ce serait un grand malheur que ces mesures n'eussent pas été prises, et il en résulterait bien du mal.

Écrivez souvent aux majors et aux commandants de ces dépôts.

NAPOLÉON.

D'après la copie. Dépôt de la guerre.

13812. — A JOACHIM, GRAND-DUC DE BERG,
LIEUTENANT GÉNÉRAL DU ROYAUME D'ESPAGNE, À MADRID.

Bayonne, 5 mai 1808, midi.

Vous trouverez ci-joint une lettre que vous écrit le roi Charles. Vous avez dû recevoir par le courrier d'hier l'ordre à la junte, au conseil de Castille et au conseil de la guerre, ainsi que la proclamation du Roi.

Il faut absolument faire partir l'infant don Antonio et tous les princes de la famille. Le prince des Asturies ne s'intitule plus que *prince des Asturies*, même de son aveu. Il m'avait fait demander, il y a plusieurs jours, une entrevue comme *Majesté*, je l'ai refusée; hier, il m'en a fait demander une comme *Altesse Royale*, je la lui ai accordée. Le chanoine a parlé fort longtemps. Ce qu'il m'a paru, c'est que ce prince ne sait trop que faire. Au reste, il n'est plus question de lui. Il m'a assuré qu'il n'influerait point pour ameuter le peuple, et qu'il ne conseillerait jamais aux Espagnols de faire la guerre à la France. Vous avez vu par la lettre de son père combien il est indisposé contre lui. Il est nécessaire actuellement que, de gré ou de force, vous fassiez reconnaître votre autorité. La junte avait reconnu Charles IV; ce prince vous a nommé son lieutenant, il faut qu'elle vous obéisse. Faites bien sentir qu'au défaut de cela les plus grands malheurs vont arriver.

Songez actuellement qu'il est possible qu'on ne doive s'attendre à rien du prince des Asturies, et qu'avec l'ordre du roi Charles vous devez vous faire reconnaître lieutenant général du royaume à Madrid et partout. La première chose est de faire partir don Antonio. S'il arrive quelques accidents, on en accusera ceux qui mettent le feu en Espagne et ne prennent aucun soin pour l'éteindre. Ayez soin que les diamants et les biens de la couronne ne soient point dilapidés.

D'après la minute. Archives de l'Empire.

13813. — A JOACHIM, GRAND-DUC DE BERG,
LIEUTENANT GÉNÉRAL DU ROYAUME D'ESPAGNE, À MADRID.

Bayonne, 5 mai 1808.

Je vous ai expédié hier les actes qui vous nomment lieutenant général du royaume. Je vous ai mandé qu'il fallait envoyer à Bayonne l'infant don Antonio et le reste de la famille; qu'il fallait, d'une manière ou d'autre, vous faire reconnaître par la junte. Si elle s'y refuse, il faut l'exiler et vous arranger de manière à vous emparer de toutes les branches de revenus. Si, comme je n'en doute pas, après quelques difficultés, la junte se soumet, vous la conserverez et vous ferez confirmer par elle tout le monde dans ses emplois.

Le prince des Asturies est toujours ici. Il ne se résout à rien; tantôt il veut reconnaître son père, tantôt il ne le veut plus. Il est tiraillé en différents sens. En attendant, il faut aller de l'avant. La protestation du roi Charles rend nul l'acte d'abdication, et, dès ce moment, le prince des Asturies n'a aucun pouvoir.

Le maréchal Bessières me mande que l'idée d'un changement de dynastie a été répandue dans toute la Biscaye, dans la Vieille-Castille. Partout on promet de rester tranquille et on a commencé à discuter.

Six heures du soir.

Je reprends ma lettre à six heures du soir. D'Hanneucourt est arrivé à quatre heures avec votre lettre du 2, qui me donne la nouvelle de l'insurrection de Madrid. Je suis fort aise de la vigueur que vous avez mise. J'espère que vous procéderez au désarmement avec la plus grande activité. Immédiatement après avoir reçu votre lettre, je me suis rendu chez le roi Charles; j'y ai fait venir les deux princes. Le Roi et la Reine leur ont parlé avec la plus grande indignation. Quant à moi, je leur ai dit : « Si « d'ici à minuit vous n'avez pas reconnu votre père pour votre roi légitime « et ne le mandez à Madrid, vous serez traités comme rebelles. » Demain le prince des Asturies et son père seront loin de Bayonne. Ainsi tout sera fini. J'ai des preuves que c'est don Antonio et la junte qui ont tramé cette insurrection; je les ai trouvées sur des courriers interceptés.

Je suppose que l'infant don Antonio est en route pour Bayonne, sous une bonne et sûre garde. Faites-le marcher jour et nuit, et prenez des mesures pour qu'il ne puisse s'échapper. Otez de la junte les membres auxquels vous ne pouvez pas vous fier, et mettez la plus grande vigueur dans l'administration.

Je vous recommande de bien vous garder, et je vous défends expressément d'aller dans les rues.

S'il y avait des Anglais à Madrid, vous les aurez fait arrêter.

J'ai envoyé dans la Biscaye. Personne ne remuera. La Catalogne est bien gardée. Vous avez tout le corps du général Dupont et les régiments suisses au service d'Espagne pour courir le pays dans les points où ils seront nécessaires. Il faut désarmer les gardes du corps. Le corps espagnol qui est près de Tolosa a promis de se bien comporter. Le régiment suisse qui est à Tarragone l'a promis de même; mais il est nécessaire que vous envoyiez des officiers sûrs partout où il y a des régiments suisses, pour leur parler. Vous commandez les troupes espagnoles : avancez quelques bons sergents et faites-les sous-lieutenants; faites-les fraterniser avec les troupes françaises. Faire des repas de corps. Que les Suisses au service de France invitent les Suisses au service d'Espagne à manger et à boire. Je suppose que la solde et le régime français sont plus avantageux que la solde et le régime espagnols; déclarez qu'à dater du 1er juin les troupes espagnoles seront traitées comme les troupes françaises.

Je vous expédierai ce soir Exelmans, qui vous portera des nouvelles du prince des Asturies.

D'après la minute. Archives de l'Empire.

13814. — PROJET D'ACTE DE MÉDIATION.

.... [1]

Napoléon, par la grâce de Dieu et les constitutions, Empereur des Français, Roi d'Italie, Protecteur de la Confédération du Rhin, etc.

[1] Sans date à la minute.

À tous ceux qui les présentes verront, salut :

Des dissensions intestines agitent, depuis six mois, la maison royale d'Espagne. Le désordre et l'anarchie menacent cette belle partie du continent. Après des trames, dont un procès contre le prince des Asturies avait été le résultat, le fils s'est assis sur le trône de son père. Toutes les voies de conciliation que nous avons proposées pour mettre fin à ces différends et parvenir avec rapidité et sans secousse à la régénération des Espagnes ont échoué. Des malheurs incalculables pour la France, l'Espagne et le continent, seraient l'effet d'une plus longue incertitude. La guerre civile et étrangère déchirerait cette intéressante portion de l'Europe, dont le concours est si nécessaire pour le rétablissement de la paix maritime et la défense des mers. Les Amériques, inquiètes sur les destins de la mère patrie, perdant toute considération pour un sceptre faible et pour un trône renversé par les membres mêmes de la famille royale, pourraient se laisser aller aux suggestions des ennemis du continent, et priver pour jamais l'Europe des avantages qui sont attachés à leur possession. Il est en même temps nécessaire que le trône d'Espagne soit occupé de manière à ce que, sans exercer sur lui aucune influence et en lui laissant toute son indépendance, nous ayons une garantie pour nous et pour nos peuples, garantie que nous ne pouvons trouver dans la situation actuelle des princes de la maison régnante.

En notre qualité de souverain, de voisin, d'allié, comme médiateur reconnu, et sur la demande expresse du roi Charles, notre allié et notre ami, nous sommes convenu et convenons du présent acte de médiation :

1° La convention passée entre nous et le roi Charles relativement à divers arrangements stipulés pour lui, la Reine, le prince des Asturies et les autres membres de la maison royale, sera entièrement et religieusement exécutée.

2° Nous assurons et garantissons par les présentes l'intégrité de toutes les provinces des Espagnes, n'entendant porter aucun changement à leurs limites naturelles.

3° Nous garantissons l'intégrité des colonies espagnoles d'Asie et d'Amérique.

4° Nous garantissons les priviléges et constitutions de chaque province, les priviléges, constitutions et propriétés de tous les ordres de l'État.

5° Nous garantissons qu'aucun autre culte que celui de notre sainte religion ne sera toléré en Espagne, et qu'il ne sera porté aucun changement aux prérogatives, revenus, propriétés et organisation des diocèses et des ordres religieux, stipulant seulement et spécialement la suppression de l'Inquisition comme attentatoire à la loi civile et à l'autorité séculière.

6° Enfin nous reconnaîtrons le choix qui sera fait d'un roi par la nation espagnole, à la seule condition qu'il soit de notre sang et de notre famille, sans avoir pour but d'exercer aucune souveraineté sur les Espagnes, mais dans la seule intention de resserrer l'union entre les deux nations et de garantir à nos peuples que, dans aucun cas et surtout dans les cas de malheur, les Espagnes ne feront jamais cause commune avec nos ennemis contre notre Empire et notre Maison.

Nous reconnaîtrons le nouveau roi d'Espagne comme roi des Espagnes et empereur du Mexique.

L'acte de médiation sera signé par le roi Charles et successivement par tous ceux des princes de la maison royale qui voudront avoir part aux avantages stipulés dans la convention qui y est mentionnée.

A la suite de cet acte, qui sera imprimé, seront placées : 1° la lettre écrite par le prince des Asturies à son père, 2° la réponse du roi Charles à son fils.

Cet acte et les pièces ci-dessus seront envoyés aux députations de Biscaye et de Navarre, à Madrid, et à toutes les provinces du royaume.

D'après la minute. Archives de l'Empire.

13815. — A M. DE TALLEYRAND, PRINCE DE BÉNÉVENT,
VICE-GRAND ÉLECTEUR, À PARIS.

Bayonne, 6 mai 1808.

Vous verrez dans *le Moniteur* des pièces qui vous feront connaître l'état des choses en Espagne. Je vous dirai, mais pour vous seul, parce que je n'ai pas besoin que cela soit connu avant le temps, que je donne au roi Charles le château de Compiègne pour habitation, sa vie durant, et le château de Chambord et la forêt en toute propriété, avec 30 millions de réaux de pension, et une pension proportionnée pour chaque prince de sa famille. Par le même traité, il me cède tous ses droits à la couronne d'Espagne. Le roi Charles est un bon et brave homme. Il va se mettre en route dans deux jours : il en mettra quatre pour se rendre à Bordeaux, séjournera deux jours à Bordeaux et se rendra en six jours à Fontainebleau. Je désire que vous donniez des ordres pour que son logement et celui de la Reine soient préparés à Fontainebleau. Il me semble qu'on pourrait le loger dans l'appartement du roi de Hollande. Il restera dix jours à Fontainebleau ; après quoi, il se rendra à Compiègne. Prenez des mesures pour que tout soit prêt à Compiègne, au 1er juin, pour le recevoir. Je crois qu'il pourra occuper les grands appartements. Parlez de cela à Desmazis. Comme j'ai nommé depuis longtemps Laval gouverneur du château de Compiègne, donnez-lui l'ordre de s'y rendre et de tenir tout prêt, sans lui dire cependant que c'est pour le roi Charles.

Quant au prince des Asturies, c'est un homme qui inspire peu d'intérêt. Il est bête au point que je n'ai pu en tirer un mot. Quelque chose qu'on lui dise, il ne répond pas : qu'on le tance ou qu'on lui fasse des compliments, il ne change jamais de visage. Pour qui le voit, son caractère se dépeint par un seul mot : un sournois.

Je regarde donc le plus gros de la besogne comme fait. Quelques agitations pourront avoir lieu ; mais la bonne leçon qui vient d'être donnée à la ville de Madrid, celle qu'a reçue dernièrement Burgos, doivent nécessairement décider promptement les choses. Après la lecture des pièces du *Moniteur*, votre langage avec le corps diplomatique doit être que la populace d'Espagne a la fièvre ; que personne ne peut la contenir ; qu'elle ne craint point les troupes espagnoles, qui ne tirent pas sur elle ; que les honnêtes gens et les gens comme il faut d'Espagne le sentent bien, et qu'ils se trouvent heureux qu'il y ait une forte protection qui les mette à l'abri de tous événements.

Je vous envoie la traduction française d'une brochure espagnole qui court en Espagne; je désire qu'elle ne soit pas connue à Paris. Chargez d'Hauterive de faire une notice sur l'abdication de Charles V et sur celle de Philippe V, pour faire connaître que l'abdication de ces princes, depuis le commencement où il en a été question jusqu'au moment où elle a été consommée, a été l'ouvrage de deux ou trois ans.

D'après la minute. Archives de l'Empire.

13816. — AU GÉNÉRAL CLARKE,
MINISTRE DE LA GUERRE, À PARIS.

Bayonne, 6 mai 1808.

Monsieur le Général Clarke, donnez l'ordre à un général de brigade de se rendre à Breskens pour prendre le commandement de l'île de Cadzand. Vous lui formerez une compagnie de 60 à 80 chevaux des régiments de chasseurs qui se trouvent dans la 24ᵉ division militaire. Il faut que ce général se porte sur les différents points de la côte pour l'inspecter et renforcer les batteries où cela serait nécessaire. Il doit avoir avec lui deux officiers d'artillerie pour faire exercer les gardes-côtes et tenir les batteries en bon état. J'ai une escadre de huit vaisseaux à Flessingue: il est nécessaire que les batteries de Breskens soient gardées et en état de protéger la rade. Il peut être utile de diriger là une autre compagnie de canonniers vétérans, et de lever dans l'île de Cadzand 200 hommes de garde nationale, qui, accoutumés à l'air du pays, seront plus propres à faire le service sur la côte, et que ce général organisera. Ces moyens, joints à ceux des douanes et aux troupes qu'on pourrait retirer de Flessingue, seront suffisants pour faire la police en cas d'événement. Il faut que vous ordonniez au général Chambarlhac, qui commande la 24ᵉ division militaire, de compléter deux compagnies de 2 à 300 hommes de chacun des 72ᵉ, 65ᵉ, 108ᵉ et 48ᵉ régiments, pour en former deux petits bataillons de 500 hommes chacun, qui formeront un régiment provisoire. Mon intention est qu'ils soient réunis, pour le 1ᵉʳ juin, à une marche de Breskens, dans des lieux sains. Si ces régiments ne peuvent pas fournir sur-le-champ les deux compagnies, ils en fourniront d'abord une. L'air de l'île de Cadzand étant mauvais, le général de brigade ne les appellera qu'en cas de nécessité. Donnez ordre au général Vandamme, qui commande la 16ᵉ division militaire, de réunir à Blankenberghe, pour le 1ᵉʳ juin, un régiment provisoire formé de détachements tirés du régiment suisse, du 13ᵉ régiment d'infanterie légère et de la légion de réserve qui est à Lille, de manière à avoir un millier d'hommes auxquels on joindra une soixantaine de chevaux. Cette petite colonne sera prête à Blankenberghe à se rendre à l'appel du général de brigade, du moment qu'il en aurait besoin. De Blankenberghe à Breskens on placera des piquets de cavalerie pour communiquer promptement. Il serait aussi nécessaire de convenir des signaux pour, au moindre événement, s'avertir rapidement et se réunir sur le point menacé.

NAPOLÉON.

D'après la copie. Dépôt de la guerre.

13817. — A JOACHIM, GRAND-DUC DE BERG,
LIEUTENANT GÉNÉRAL DU ROYAUME D'ESPAGNE, À MADRID.

Bayonne, 6 mai 1808, dix heures du matin.

Vous trouverez ci-jointe la copie d'une lettre que j'ai reçue du prince des Asturies[1]. Je ferai partir dans la journée Exelmans avec la notification de ce prince à la junte. Je n'ai point reçu de lettres de vous depuis celle que m'a apportée d'Hanneucourt.

J'ai vu avec peine que l'arsenal n'avait pas été occupé. Comment n'avez-vous pas mis un bataillon dans ce poste important? Si cet arsenal

---

[1] COPIE DE LA LETTRE DU PRINCE DES ASTURIES AU ROI CHARLES IV.

Sire,

Mon vénérable Père et Seigneur, pour donner à Votre Majesté une preuve de mon amour, de mon obéissance et de ma soumission, et pour céder au désir qu'elle m'a fait connaître plusieurs fois, je renonce à ma couronne en faveur de Votre Majesté, désirant qu'elle en jouisse pendant de longues années.

Je recommande à Votre Majesté les personnes qui m'ont servi depuis le 19 mars; je me confie dans les assurances qu'elle m'a données à cet égard.

Je demande à Dieu de conserver à Votre Majesté des jours longs et heureux.

Fait à Bayonne, le 6 mai 1808.

Je me mets aux pieds de Votre Majesté Royale.

Le plus humble de ses fils,
FERDINAND.

Extrait du *Moniteur* du 11 mai 1808.

est entouré d'un mur, comme je le pense, il faut en faire une espèce de forteresse, telle qu'un bataillon puisse y garder les fusils, armes, canons et tout ce qui s'y trouverait. Aucun des officiers ne couche avec les soldats, de sorte que personne n'est à son poste. Faites du Palais-Neuf une espèce de grande caserne avec des portes et des créneaux, dans laquelle vous logerez la garnison et les officiers. Logez aussi beaucoup d'officiers dans le palais actuel; laissez les appartements du Roi libres, mais remplissez le reste du palais d'officiers. Par ce moyen, il n'y aura personne en ville. S'il n'y avait pas de portes, profitez de la circonstance pour en faire faire, afin de pouvoir le fermer et empêcher qu'on ne rôde dans les escaliers et corridors de l'intérieur, comme on dit que cela est; ce serait une troisième forteresse. Si une partie des troupes quittait Madrid, l'arsenal et les deux palais ainsi fortifiés, on serait maître de la ville. Souvenez-vous des services que m'a rendus le vieux château de Vérone, qui m'a sauvé 2,000 Français et a contenu la ville; le château de Pavie également. Il ne faut pas que les officiers logent dans les grandes maisons des seigneurs espagnols, pour vivre à leurs dépens; cela ne vaut rien. Il faut au moins que, s'il ne restait plus que 4 ou 5,000 hommes à Madrid, ils soient logés dans les trois points désignés, et que ce soient des points forts. Il faut aussi avoir dans le palais quelques palissades et chevaux de frise pour jeter dans les rues en cas d'événement. Je vous recommande cela.

Donnez des ordres conformes à ceux que j'ai donnés pour qu'insensiblement l'hôpital de Valladolid soit évacué, et qu'en général il n'y ait pas d'hôpitaux dans les campagnes, exposés à la barbarie et à la férocité de ces gens-là.

Des escadrons et des régiments de marche doivent être arrivés à Madrid. Donnez ordre qu'ils soient incorporés dans les régiments provisoires, ce qui donnera beaucoup de consistance à ces régiments.

Il faut que les deux ou trois retranchements que vous aurez à Madrid puissent en imposer et donner le temps aux troupes de revenir de trois ou quatre marches. J'attends avec un grand intérêt les détails ultérieurs que vous aurez à me donner.

Je suppose que vous aurez envoyé chercher tous les chefs d'ordres, provinciaux et prieurs des couvents, et que vous leur aurez fait sentir le danger et les conséquences de se mal comporter.

D'après la minute. Archives de l'Empire.

13818. — A JOACHIM, GRAND-DUC DE BERG,
LIEUTENANT GÉNÉRAL DU ROYAUME D'ESPAGNE, À MADRID.

Bayonne, 6 mai 1808, dix heures du soir.

Mon Frère, je reçois votre lettre du 4. Je vois avec plaisir l'énergie que vous avez déployée dans cette circonstance. C'est ainsi que je veux qu'on fasse. Ne donnez pas trop sur le ventre aux gardes du corps ni aux troupes espagnoles; ces gens sont si vaniteux et si présomptueux qu'il ne faut pas trop les flatter.

Donnez ordre au général Solano d'aller à Cadix pour garder la ville. Je vous charge expressément de lui dire que, l'ayant connu, je compte plus spécialement sur lui pour la protection de ma flotte. Il peut mener avec lui la moitié de ses troupes.

Vous trouverez ci-jointe la lettre du prince des Asturies à la junte[1]. Cela finit entièrement les affaires. Il a quitté l'uniforme de colonel des gardes et ne porte plus que celui de prince des Asturies. Le roi Charles est en tout d'accord avec moi. Tout est donc conclu.

J'attends votre courrier du 5, et, après l'avoir reçu, je réunirai une

---

[1] LETTRE DU PRINCE DES ASTURIES À LA JUNTE SUPRÊME DE GOUVERNEMENT.

En vertu de la renonciation que je fais à mon père bien-aimé, je retire les pouvoirs que j'avais accordés, avant mon départ de Madrid, à la junte pour l'expédition des affaires importantes et urgentes qui pouvaient se présenter pendant mon absence. La junte suivra les ordres et commandements de mon bien-aimé père et souverain, et les fera exécuter dans les royaumes.

Je dois, en finissant, témoigner aux membres de la junte, aux autorités et à toute la nation ma reconnaissance de l'assistance qu'ils m'ont donnée. Je leur recommande de se réunir d'effort et de cœur au roi Charles et à l'empereur Napoléon, dont la puissance et l'amitié peuvent, plus que toute autre chose, garantir les premiers biens des Espagnes : leur indépendance et l'intégrité du territoire. Je vous recommande de ne pas donner dans le piège de nos éternels ennemis, et de vivre unis entre vous et avec nos alliés, d'épargner le sang et d'éviter les malheurs qui seraient le résultat des circonstances actuelles, si on se laissait aller à l'esprit de vertige et de désunion.

A Bayonne, le 6 mai 1808.

FERDINAND.

D'après la copie du registre du maréchal duc d'Istrie.

assemblée des États à Bayonne pour prendre les mesures convenables. On dit que le ministre des finances est un homme très-habile. Veillez à ce que tout se fasse avec la plus grande pureté et en règle, et que le service des flottes espagnoles ne manque pas.

Envoyez à Barcelone auprès du général Duhesme, qui, du reste, m'a écrit qu'il est sur ses gardes. Il n'y a encore rien de nouveau à Pampelune ni dans la Biscaye. Faites veiller sur les magasins d'armes, afin qu'on ne les pille pas.

Vous trouverez ci-joint, par duplicata, la lettre que je vous ai écrite ce matin par l'estafette, en cas qu'elle ne vous parvienne pas.

J'ai fait un traité[1] avec le roi Charles, par lequel il me cède tous ses droits au trône d'Espagne.

<small>D'après la minute. Archives de l'Empire.</small>

13819. AU MARÉCHAL BESSIÈRES,
COMMANDANT LA GARDE IMPÉRIALE, ETC. À BURGOS.

<small>Bayonne, 6 mai 1808, dix heures du soir.</small>

Mon Cousin, je reçois votre lettre. Vous dites que les pamphlets ne servent à rien en Espagne; ce sont des contes. Les Espagnols sont comme les autres peuples et ne font pas une classe à part. Répandez en Galice et dans les environs les écrits que je vous ai envoyés.

Je vous ai déjà mandé que le grand-duc était nommé par le roi Charles lieutenant général du royaume. Le prince des Asturies a entièrement renoncé au trône. Vous trouverez ci-joint copie de la lettre qu'il a écrite à la junte. Tout est parfaitement fini à Bayonne. Le roi Charles, par un

---

[1] Ce traité a été inséré au *Moniteur*, n°* du 7 septembre 1808 et du 5 février 1810. Mais ni à l'une ni à l'autre de ces dates *le Moniteur* n'a publié l'article qui suit :

ARTICLE SÉPARÉ ET SECRET.

« Dans le cas où le Portugal restera en possession à la France, Sa Majesté l'empereur Napoléon s'engage à donner à la reine d'Étrurie et au prince de la Paix une rente en France en dédommagement des provinces de ce royaume qui leur ont été cédées par le traité de Fontainebleau du 27 octobre 1807.

« Le présent article sera ratifié, et l'échange des ratifications se fera en même temps que l'échange de la convention.

« Fait à Bayonne, le 5 mai 1808.

« Le traité a été ratifié le 8 mai et les ratifications échangées le même jour. »

<small>D'après la copie. Archives de l'Empire.</small>

traité (cela est pour vous seul), m'a cédé tous ses droits au trône. Le prince des Asturies avait remis, avant, la couronne à son père. Je vais m'occuper demain des autres actes et mesures à prendre.

Si vous vous fiez aux soldats portugais, peut-être feriez-vous bien de ralentir leur marche, car enfin, si les sous-officiers sont bons, ces troupes nous serviront à miracle. Mandez au général Verdier de garder le régiment qu'il avait ordre de faire filer, jusqu'à ce qu'il ait des ordres de moi. Un régiment de cavalerie serait fort utile dans la Navarre, à Pampelune.

NAPOLÉON.

D'après l'original comm. par Mme la duchesse d'Istrie.

13820. — AU PRINCE CAMILLE BORGHESE,
GOUVERNEUR GÉNÉRAL DES DÉPARTEMENTS AU DELÀ DES ALPES, À TURIN.

Bayonne, 6 mai 1808.

Mon Cousin, je reçois votre lettre de Turin. Je vois avec plaisir l'heureuse arrivée de la princesse et de vous dans cette ville. Il est nécessaire que vous m'envoyiez tous les quinze jours l'état des troupes qui sont dans votre gouvernement et l'état des conscrits qui arrivent et qui passent. Faites-moi connaître également tous les quinze jours le progrès des travaux. Envoyez-moi également toutes les nouvelles de mer qui parviennent à votre connaissance. Écrivez-moi tous les jours par l'estafette qui passe à Turin; ce qui n'empêche pas les comptes qui doivent être rendus officiellement aux différents ministres.

D'après la minute. Archives de l'Empire.

13821. — A JÉRÔME NAPOLÉON, ROI DE WESTPHALIE [1],
À CASSEL.

Bayonne, 6 mai 1808.

Mon Frère, vous trouverez ci-joint une brochure qui vous fera connaître la situation des affaires d'Espagne. Nous approchons du dénoûment. Le roi Charles m'a cédé tous ses droits au trône, et il se retire à Compiègne avec la Reine et une partie de ses enfants. Quelques jours avant

[1] Même notification faite, le même jour, au roi de Naples, au roi de Hollande et au vice-roi d'Italie.

la signature de ce traité, le prince des Asturies s'est démis de la couronne et l'a remise au roi Charles. Le grand-duc de Berg a été nommé lieutenant général du royaume et président de tous les conseils. Il y a eu une insurrection à Madrid le 2 mai. 30 ou 40,000 individus s'étaient rassemblés dans les rues et dans les maisons, et faisaient feu par les fenêtres. Deux bataillons de fusiliers de ma Garde et quatre à cinq cents chevaux ont tout mis à la raison. Plus de 2,000 hommes de cette populace ont été tués. J'avais à Madrid 60,000 hommes qui n'ont rien pu faire. On a profité de cet événement pour désarmer la ville.

NAPOLÉON.

D'après la copie comm. par S. A. I. le prince Jérôme.

13822. — A M. FOUCHÉ,
MINISTRE DE LA POLICE GÉNÉRALE, À PARIS.

Bayonne, 7 mai 1808.

Je reçois votre lettre du 4. Les affaires ici sont entièrement terminées. Reste actuellement à employer des moyens de réaliser tout cela en Espagne.

D'après la minute. Archives de l'Empire.

13823. — A JOACHIM, GRAND-DUC DE BERG,
LIEUTENANT GÉNÉRAL DU ROYAUME D'ESPAGNE, À MADRID.

Bayonne, 7 mai 1808, six heures du soir.

L'escadre espagnole est à Mahon. Cette escadre était partie le 10 février de Carthagène pour se rendre à Toulon. Elle y aurait pu être en même temps que mon escadre de Toulon est sortie, et partir avec elle; elle n'en a rien fait et s'est rendue à Mahon, où elle est depuis ce temps-là. Il est bien nécessaire que le ministre de la marine envoie des ordres et des officiers dans les ports pour secourir cette escadre et surtout Mahon. Il faut faire partir des troupes de tous les côtés. Rendez-moi compte de ce qu'aura fait là-dessus le ministre de la marine. Une escadre anglaise est devant Mahon.

Je vous ai déjà mandé de penser au camp de Saint-Roch et à Cadix.

Il faut que la division Solano se dirige à marches forcées sur Cadix; qu'il s'y rende de sa personne en poste, et que toutes les mesures soient prises pour contenir les Anglais. J'attends l'état de situation de toutes les troupes espagnoles; aussitôt que je l'aurai reçu, je déciderai de quelle manière ces troupes doivent être disposées. Ayez donc des conférences avec les ministres de la guerre et de la marine sur les moyens de sauver Mahon et le camp de Saint-Roch, et de garder le point de Cadix en force.

Envoyez des officiers du génie au camp de Saint-Roch, qui examinent bien la situation de Gibraltar.

Je vous envoie par duplicata ce que je vous ai expédié hier au soir par Exelmans, et par triplicata ce que je vous ai expédié par le courrier d'hier matin.

Pensez à Cadix et à Mahon. Je pense qu'il faudrait, entre Cadix et le camp de Saint-Roch, au moins 10,000 hommes, infanterie, cavalerie, milice et troupes régulières, de peur que les Anglais n'essayent à entreprendre quelque chose.

D'après la minute. Archives de l'Empire.

13824. — AU PRINCE CAMBACÉRÈS,
ARCHICHANCELIER DE L'EMPIRE, À PARIS.

Bayonne, 8 mai 1808.

Mon Cousin, je reçois votre lettre du 5. J'approuve que l'on mette sur les armoiries des grands dignitaires le bonnet d'électeur, mais non pas la couronne fermée.

Le secrétaire d'état n'a pas besoin de contre-signer les titres, puisqu'il ne garde pas copie des lettres patentes. En général, mon intention est que les actes du conseil du sceau ne soient pas contre-signés; c'est multiplier la besogne inutilement. A quoi bon d'ailleurs le contre-seing? Le secrétaire d'état garderait-il l'original et enverrait-il la copie? Cela ne remplirait pas le but. Les familles sont bien aises d'avoir la signature de l'Empereur. Vous ferez constater cette décision dans les registres du conseil du sceau.

Vous pouvez donner les lettres patentes; mais, pour faire l'acte de constitution, c'est-à-dire le procès-verbal, il faut que les biens y soient détaillés. Il faut faire la même chose pour les comtes et pour les barons. Vous pouvez faire délivrer les lettres patentes, avant l'acte de constitution, à ceux auxquels j'ai accordé des titres.

D'après la copie comm. par M. le duc de Cambacérès.

13825. — A M. DE CHAMPAGNY,
MINISTRE DES RELATIONS EXTÉRIEURES, A BAYONNE.

Bayonne, 8 mai 1808.

Monsieur de Champagny, écrivez à mon ambassadeur à Constantinople contre Ali-Pacha, et portez les mêmes plaintes à l'ambassadeur turc à Paris, en demandant l'élargissement de tous les habitants de Corfou qu'il a fait arrêter. Faites mettre dans *le Moniteur* des extraits relatifs aux affaires du Maroc.

NAPOLÉON.

D'après l'original. Archives des affaires étrangères.

13826. — A M. FOUCHÉ,
MINISTRE DE LA POLICE GÉNÉRALE, A PARIS.

Bayonne, 8 mai 1808.

J'ai reçu votre lettre du 5. Écrivez à Metz qu'on prenne des mesures pour réprimer cette impertinence des élèves de l'École au théâtre. La police du théâtre appartient au maire. Ainsi, jeunes gens ou autres qui se conduiraient mal doivent être sévèrement punis.

Je vous envoie une lettre qu'il est très-important que vous preniez en considération. S'il y a des embaucheurs, faites-les arrêter.

D'après la minute Archives de l'Empire.

13827. — A ALEXANDRE, PRINCE DE NEUCHÂTEL,
MAJOR GÉNÉRAL DE LA GRANDE ARMÉE, A BAYONNE.

Bayonne, 8 mai 1808.

Mon Cousin, je désire que vous écriviez au préfet des Hautes-Pyrénées d'envoyer des espions à Saragosse et sur différents points de l'Aragon, pour savoir ce qui s'y dit, surtout ce qui s'y fait, être instruit si l'on arme, et enfin avoir un rapport sur ce pays. Je désire qu'il y envoie huit ou dix hommes du pays, accoutumés à faire le commerce et quelques gendarmes déguisés.

NAPOLÉON.

<small>D'après l'original. Dépôt de la guerre.</small>

13828. — AU VICE-AMIRAL DECRÈS,
MINISTRE DE LA MARINE, À PARIS.

Bayonne, 8 mai 1808.

Je vous ai donné l'ordre d'envoyer des bâtiments en Amérique. Vous voyez combien les circonstances sont urgentes. Expédiez plusieurs goëlettes et bricks. Il y a ici un brick bon marcheur appartenant au commerce et qu'on pourrait acheter. Il y a de ces goëlettes partout. Il faudrait mettre à bord des fusils, car on en manque en Amérique. Faites embarquer 1,000 fusils et pistolets sur chacune; c'est la meilleure recommandation en Amérique que d'y porter les moyens de résister aux Anglais.

<small>D'après la minute. Archives de l'Empire.</small>

13829. — AU VICE-AMIRAL DECRÈS,
MINISTRE DE LA MARINE, À PARIS.

Bayonne, 8 mai 1808.

Je vois avec plaisir que vous ayez fait armer les frégates du Havre. J'approuve ce que vous voulez faire des équipages venant des villes hanséatiques. Si *le Vétéran* n'est pas désarmé, tenez-le armé; il pourra sortir d'un moment à l'autre. D'ailleurs, puisqu'il occupe deux vaisseaux anglais, il remplit son but. Tout cela fait faire aux Anglais beaucoup de dépenses et dissémine leurs forces, car ils sont obligés d'avoir des vaisseaux dans les mers d'Espagne, de Portugal, en Amérique, dans la Baltique, etc. Faites partout armer les bâtiments en suivant ce principe.

<small>D'après la minute. Archives de l'Empire.</small>

13830. — A JOACHIM, GRAND-DUC DE BERG,
LIEUTENANT GÉNÉRAL DU ROYAUME D'ESPAGNE, À MADRID.

Bayonne, 8 mai 1808, midi.

Je reçois vos lettres du 4 à huit heures du soir, et du 5 à deux heures du matin. Je vois avec grand plaisir que vous vous êtes logé au palais, que vous vous êtes mis à la tête de la régence et que vous avez pris le commandement des troupes espagnoles. Les lettres du roi Charles, du prince des Asturies à la junte, que je vous ai depuis envoyées, auront mis tout en règle.

Je vois avec grand plaisir que le ministre de grâce et justice, qui est un homme d'esprit et dont je sais que le prince des Asturies se méfiait beaucoup, s'est rangé dans le bon parti. Témoignez-lui-en ma satisfaction. Je sais que c'est un homme d'esprit.

J'attends l'état de situation des troupes espagnoles, pour savoir ce que j'en dois faire.

Je vous ai déjà mandé hier de réunir au camp de Saint-Roch et à Cadix 10,000 hommes espagnols, afin d'être en mesure contre toute entreprise des Anglais. Il faudrait aussi avoir 3,000 hommes d'infanterie espagnole à Carthagène, afin que ce port fût en sûreté, et au moins 4,000 hommes au Ferrol. Mais j'attendrai l'état des troupes pour donner tous les ordres là-dessus.

Exelmans vous aura fait connaître le traité que j'ai fait avec le roi Charles. L'infant don Antonio est arrivé. Les trois infants partiront demain pour se rendre du côté de Paris. Le roi Charles se rend à Compiègne.

Il me semble que, pour arranger toutes les choses, il serait convenable de convoquer à Bayonne une assemblée des députés de toutes les provinces. La junte peut faire connaître que le roi Charles et le prince des Asturies m'ont cédé tous leurs droits; que je désire consulter la nation sur le choix d'un nouveau souverain, et que je désire qu'il soit choisi dans ma Maison, afin que l'union des deux nations soit perpétuelle, et que les chefs comme les peuples aient le même intérêt.

Je vous ai mandé hier de prendre des mesures pour défendre Mahon et ravitailler l'escadre qui se trouve dans ce port. Il faut à présent expédier des bâtiments en Amérique avec des proclamations de la junte. J'en ai fait expédier de mon côté de tous les ports de France. Il faut faire charger à bord de ces bricks une vingtaine de milliers de fusils, puisqu'on en manque en Amérique. De mon côté, j'en fais expédier autant. Il faut espérer que sur ces 40,000 il en arrivera un bon nombre. Aussitôt que j'aurai l'état de la marine dans tous les ports, je donnerai des ordres. Faites-moi envoyer ces livrets.

Je vous enverrai ce soir la copie du traité que j'ai fait avec le roi Charles, mais qui, je crois, doit rester encore secret.

P. S. Je vois par différentes lettres d'officiers que malheureusement ils sont disséminés en ville, et qu'au lieu d'être tous réunis dans un ou deux endroits ils sont répandus dans toutes les maisons. Ainsi le général la Riboisière n'a pas pu sortir de sa maison. On dit que mon ancien page Legrand a été tué dans les rues. Que cela serve d'expérience; que personne ne soit logé en ville, mais que tout le monde soit placé au Palais, au Palais-Neuf, enfin dans une ou deux grandes maisons. Arrangez-vous là-dessus.

<small>D'après la minute. Archives de l'Empire.</small>

13831. — AU MARÉCHAL BESSIÈRES,
COMMANDANT LA GARDE IMPÉRIALE, ETC. À BURGOS.

Bayonne, 8 mai 1808.

Mon Cousin, je n'ai point de vos nouvelles depuis le 5; la dernière estafette ne m'a rien porté. L'infant don Antonio est arrivé. J'attends aujourd'hui la reine d'Étrurie. Le grand-duc de Berg vous aura instruit qu'il est lieutenant général du royaume et président de la junte.

Il est nécessaire que vous reteniez les chevaux de main du régiment portugais qui passeront et ceux des hommes qui auraient déserté, afin de monter les dépôts et d'en augmenter l'effectif des corps. Il est nécessaire que vous me fassiez connaître la quantité de cartouches que vous avez à Burgos, à Vitoria, ainsi que l'approvisionnement de vos canons. Faites votre arsenal de quelque maison hors de la ville de Burgos et qui soit dans une position à être aisément défendue. Ayez là un demi-approvisionnement à canon, une réserve de 500,000 cartouches, les caisses de fusils espagnols qui sont à Burgos, et que vous emploierez à remplacer les mauvais fusils qu'auraient mes troupes, et enfin 300,000 rations de biscuit. Faites de cette maison une espèce de forteresse, à laquelle on fera un fossé, un palissadement, des créneaux, afin qu'en cas qu'une partie des troupes abandonne Burgos pour se porter ailleurs, un ou deux bataillons avec six ou sept pièces de canon pussent se trouver là en sûreté contre les émeutes de la canaille. Vous devez avoir des officiers du génie, à défaut d'officiers d'artillerie, pour faire ce petit travail.

Envoyez tous les escadrons et régiments de marche de cavalerie à Madrid; il faut en excepter cependant les trois escadrons de marche qui sont à la division du général Verdier. Votre cavalerie sera composée de la division du général Lasalle, c'est-à-dire du 10ᵉ et du 22ᵉ régiment de chasseurs. Le 22ᵉ doit être arrivé à Burgos; le 10ᵉ est à Tolosa.

Ne laissez faire aucun mouvement aux troupes espagnoles sur Valladolid sans en être instruit, et veillez à ce qu'il n'y ait aucun rassemblement du côté de la Galice qui puisse donner de l'inquiétude.

Il me semble que j'ai donné ordre que des convois de cartouches d'infanterie et à canon et de pierres à feu vous fussent envoyés; il doit en être arrivé à Burgos. Chaque homme doit avoir 50 cartouches dans sa giberne, et vous devez en avoir 500,000 en réserve, indépendamment des caissons d'infanterie que vous avez.

Les infants partent demain pour se rendre du côté de Paris; le roi Charles part après-demain. Vous avez reçu la lettre du prince des Asturies à la junte, que je vous ai envoyée.

Envoyez quelques agents espagnols en Aragon pour savoir ce qui se passe.

Il y a à Saint-Sébastien 40 cavaliers appartenant à l'armée du Portugal, 52 appartenant au corps du maréchal Moncey, 33 appartenant au corps du général Dupont, 2 au vôtre, et 1 grenadier à cheval de la

Garde, ce qui fait à peu près 130 hommes, pour lesquels il faudrait 130 chevaux. Si vous pouviez monter tout cela, cela ferait un petit escadron.

Le dépôt du 10ᵉ et celui du 22ᵉ de chasseurs à Bayonne ont près de cent hommes non montés; une cinquantaine de chevaux que vous y enverriez serait nécessaire.

Napoléon.

D'après l'original comm. par Mᵐᵉ la duchesse d'Istrie.

13832. — A EUGÈNE NAPOLÉON,
VICE-ROI D'ITALIE, A MILAN.

Bayonne, 8 mai 1808.

Mon Fils, je reçois le rapport du général Chasseloup. Je ne veux point dépenser 500,000 francs à la Rocca d'Anfo. Ce sont de folles dépenses que me fait faire Chasseloup. Il faut adopter un plan d'après lequel je dépenserai 200,000 francs en quatre ans; je ne veux pas dépenser davantage. Tout ce qui a été fait là est ridicule. J'approuve que vous dépensiez 30,000 francs pour faire arriver un filet d'eau au camp de Montechiaro et entretenir les plantations. Il faudrait en Italie une ligne, et que cette ligne couvrît Trévise; car du moment qu'on est obligé de passer Trévise on découvre Venise, et dès lors on affaiblit l'armée d'une vingtaine de mille hommes, et l'on perd les ressources que l'on trouverait dans cette ville. Quelle est la ligne qu'il faudrait prendre? Je désire qu'on étudie celle de la Piave. Faites-en lever le plan à grands points et qu'on l'étudie depuis les montagnes jusqu'à la mer. Elle se termine, je crois, dans des terrains marécageux où une armée ne pourrait agir, et commence dans des montagnes inaccessibles. La partie qu'il faudrait défendre ne me paraît pas d'une défense très-difficile; trois ou quatre têtes de pont en terre, avec des petits réduits en maçonnerie, pourraient donner des avantages à une petite armée sur une plus forte, car elle pourrait déboucher par une de ces têtes de pont pour attaquer l'armée ennemie, tandis que les trois autres seraient défendues par quelques troupes qu'on laisserait dans ces réduits. On pourrait d'autant moins passer entre ces têtes de pont que la rive droite domine la rive gauche; je crois l'avoir observé, il y a plusieurs années, lorsque j'ai passé cette rivière près d'Asolo.

NAPOLÉON.

<small>D'après la copie comm. par S. A. I. Mme la duchesse de Leuchtenberg.</small>

13833. — AU GÉNÉRAL MARMONT,
COMMANDANT L'ARMÉE DE DALMATIE, À RAGUSE.

Bayonne, 8 mai 1808.

La solde de l'armée de Dalmatie est arriérée parce que vous avez distrait 400,000 francs de la caisse du payeur pour d'autres dépenses. Cela ne peut marcher ainsi. Le payeur a eu très-grand tort d'avoir obtempéré à vos ordres. Comme c'est le trésor qui paye ces dépenses, ce service ne peut marcher avec cette irrégularité. Vous n'avez pas le droit, sous aucun prétexte, de forcer la caisse. Vous devez demander des crédits au ministre; s'il ne vous les accorde pas, vous ne devez pas faire ces dépenses.

<small>D'après la minute. Archives de l'Empire.</small>

13834. — A M. MOLLIEN,
MINISTRE DU TRÉSOR PUBLIC, À PARIS.

Bayonne, 9 mai 1808.

Monsieur Mollien, j'ai conclu avec le roi Charles un traité qui est secret. Je ne vous écris donc que pour vous instruire des dispositions qui vous regardent : 1° vous devez faire payer à ce prince, par douzième, à compter du 1er mai, une somme annuelle de 30 millions de réaux, en forme de liste civile; 2° vous devez faire payer à tous les infants 400,000 francs par an; ils sont, je crois, cinq. Ce sera donc deux millions qui, avec les 7,500,000 francs à payer au roi Charles, feront 9,500,000 que vous aurez à payer par an. Ces 9,500,000 francs doivent leur être payés définitivement, mais ne doivent pas être portés sur le budget. Ils doivent figurer comme emprunt qui sera remboursé par l'Espagne. Il est probable que je donnerai 500,000 francs de plus au prince des Asturies; ce qui fera 10 millions. Toutes ces sommes seront remboursées par l'Espagne.

NAPOLÉON.

D'après l'original comm. par Mme la comtesse Mollien.

13835. — A JOACHIM, GRAND-DUC DE BERG,
LIEUTENANT GÉNÉRAL DU ROYAUME D'ESPAGNE, À MADRID.

Bayonne, 9 mai 1808, midi.

J'ai reçu vos lettres du 5 et du 6; j'en approuve le contenu. Je trouve que vous avez suivi la véritable marche. J'attends l'adresse du conseil de Castille; cela finira tout. Je vous envoie une copie de mon traité avec le roi Charles, qu'il est bon de tenir secret. Les soixante hommes de cavalerie espagnole qui sont partis de Pampelune, et les troupes sorties de Burgos pour aller ailleurs, peuvent l'être en vertu d'ordres donnés antérieurement. Ayez soin de vous faire instruire de cela, et de vous assurer que ce mouvement n'a pas pour but des projets de rassemblement, ou autres, qui pourraient donner de l'inquiétude. Vous trouverez ci-joint quelques exemplaires de la *Gazette de Bayonne* où se trouve la lettre du prince des Asturies à la junte, que vous devez avoir reçue.

Je vous ai mandé que j'attendais l'état de la marine espagnole ainsi que celui de l'armée de terre. Je vous ai mandé également qu'il fallait mettre les deux régiments suisses-espagnols sous les ordres du général de division Rouyer, et les envoyer à Tolède pour être joints à la division Dupont, en les mettant sur le pied de guerre. Ce sera un renfort considérable, qui sera fort utile au général Dupont. Peut-être serait-il convenable de retirer de Tarragone le régiment suisse qui s'y trouve, de le mettre sur le pied de guerre et de l'attacher à une division française où il y ait déjà des Suisses. Par là on sera maître de ces troupes et l'on en tirera du profit. Il faut aussi mettre quelques troupes espagnoles à Alicante et à Malaga; cela a l'avantage de garder les côtes et de disséminer les troupes espagnoles. Vous pourriez joindre à chaque division française un ou deux bataillons de Wallons.

Quant aux troupes espagnoles qui sont en Portugal, il est nécessaire que le général Junot en ait 8,000 hommes en tout, pour l'aider à garder les côtes; il en mettra 4,000 à Porto et 4,000 dans les Algarves.

Les choses ainsi combinées, le général Junot, ayant 24,000 Français, aura 32,000 hommes, desquels je tirerai 6,000 Français que je dirigerai sur Cadix.

J'ai pour consul général à Tanger le sieur Ornano; il m'écrit que les Marocains veulent déclarer la guerre aux Anglais s'ils n'évacuent pas la petite île qu'ils ont occupée près de Cadix. Faites-lui écrire de continuer à approvisionner Ceuta. J'écrirai à l'empereur de Maroc quand j'aurai le rapport d'O'Farrill. Je vous ai écrit hier sur l'importance de faire ravitailler Mahon et d'envoyer en Amérique des bricks et des goëlettes chargés de fusils.

D'après la minute. Archives de l'Empire.

13836. — A JOACHIM, GRAND-DUC DE BERG,
LIEUTENANT GÉNÉRAL DU ROYAUME D'ESPAGNE, À MADRID.

Bayonne, 9 mai 1808, cinq heures du soir.

Je reçois votre lettre du 7 à deux heures du matin. Vous aurez vu que je n'ai rien signé avec le roi Charles qu'après que j'ai su l'histoire de Madrid. Le prince des Asturies ne partira qu'après-demain mercredi avec les deux autres infants. J'attends quelle aura été l'issue du conseil de Castille. Je suppose que vous aurez reçu alors les ordres du roi Charles, qui vous nomme lieutenant général du royaume, et les lettres à la junte.

On m'assure ici qu'O'Farrill avait envoyé, il y a quelques jours, à Barcelone, avec de l'argent pour y exciter du mouvement, un nommé Capellini, que vous devez avoir connu à Bologne. Ce qu'il y a de certain, c'est que j'aperçois différents mouvements dans les troupes espagnoles. J'attends avec impatience l'état de situation des troupes espagnoles que je vous ai demandé.

Je vous enverrai par le prochain courrier ma lettre au roi de Maroc, par laquelle je lui déclarerai que, s'il ne donne pas tous les secours à Ceuta et ne protége pas l'arrivée des bâtiments espagnols, ce serait une insulte qu'il me ferait.

Je vois, dans votre proclamation, que trois soldats se sont laissé désarmer. Donnez ordre que, pendant un mois, ces soldats soient obligés d'assister à la parade avec un bâton au lieu de fusil, et que leurs noms soient mis à l'ordre de l'armée.

D'après la minute. Archives de l'Empire.

13837. — AU MARÉCHAL BESSIÈRES,
COMMANDANT LA GARDE IMPÉRIALE, ETC. À BURGOS.

Bayonne, 9 mai 1808, cinq heures du soir.

Mon Cousin, je reçois votre lettre du 8 mai. J'étais instruit de la correspondance du prince des Asturies avec le duc d'Angoulême. Il n'y a pas de mal à accréditer cela, en faisant sentir combien il était difficile qu'il y eût de l'harmonie et de l'union entre les deux états, tandis qu'il existait de si grands sujets de défiance. Vous pouvez réunir la brigade du général Ducos à Vitoria, ce qui renforcera d'autant le général Verdier. Vitoria est un bon point; je désire que le général Verdier y soit en force, puisqu'il peut facilement se porter de là sur Burgos et sur Pampelune. Je tiendrai le général Lasalle à Tolosa pendant le temps qu'y seront les gardes du corps.

NAPOLÉON.

D'après l'original comm. par Mme la duchesse d'Istrie.

13838. — A M. MOLLIEN [1],
MINISTRE DU TRÉSOR PUBLIC, À PARIS.

Bayonne, 10 mai 1808.

Monsieur Mollien, mon intention est qu'il soit tiré 6 millions du Portugal, en y comprenant les 2 millions qui en ont déjà été tirés, pour subvenir aux dépenses des armées d'Espagne. Donnez l'ordre à l'administrateur général d'envoyer ces 6 millions, soit à Paris, soit à Madrid. Il paraît qu'il y a plus de facilités pour les faire passer à Paris. Cela favorisera le commerce et rétablira le change à Lisbonne.

NAPOLÉON.

D'après l'original comm. par Mme la comtesse Mollien.

[1] Même lettre au général Junot.

13839. — A JOACHIM, GRAND-DUC DE BERG,
LIEUTENANT GÉNÉRAL DU ROYAUME D'ESPAGNE, À MADRID.

Bayonne, 10 mai 1808, huit heures du soir.

Je reçois votre lettre du 8 mai à huit heures du matin. Le prince des Asturies, l'infant don Carlos et l'infant don Antonio partent demain pour Valençay. Le roi Charles et la Reine, la reine d'Étrurie et l'infant don Francisco partent demain pour Fontainebleau et Compiègne. Quand vous recevrez cette lettre, il n'y aura plus d'Espagnols à Bayonne.

Le prince des Asturies envoie à Madrid un agent pour retirer ses effets. Comme il est le seul prince de son rang qui n'ait pas d'argenterie, j'ai permis qu'on lui en fît une de celle du Roi; je vous en enverrai l'état demain. Ce prince avait donné au chanoine Escoïquiz l'Ordre de Charles III et le brevet de conseiller d'état. Ces nominations ont été antidatées et envoyées au conseil de Castille. Vous fermerez les yeux là-dessus, et cela aura l'effet de paraître mettre de l'accord dans tout.

Je vous enverrai par Monaco[1] la lettre de notification aux différents conseils[2], par laquelle le roi Charles fait connaître qu'il m'a cédé tous ses droits. Après cela, je laisserai passer quelques jours pour donner le temps aux esprits de se calmer. Après cela, je ferai ma proclamation aux Espagnols pour leur annoncer que j'ai nommé le roi de Naples pour roi d'Espagne.

Donnez en toute sûreté à O'Farrill la confiance qu'il restera ministre de la guerre; donnez la même assurance au ministre des finances. Attachez-vous Caballero; dites-lui que je compte sur lui et que je lui donnerai dans l'occasion des preuves de ma reconnaissance. Quand je serai content de l'état des esprits, j'irai à Madrid.

Je vous recommande de pousser la délicatesse jusqu'au scrupule; il ne faut rien distraire de ce pays-là, ni chevaux, ni autre chose, enfin ne pas avoir l'air d'être venu pour le gruger.

Je vois avec plaisir que la brigade suisse va être organisée et à la suite du corps du général Dupont; on m'assure qu'elle est d'environ

[1] Officier d'ordonnance de l'Empereur. — [2] Voir le Moniteur du 16 mai 1808.

4,000 hommes. J'ai une grande impatience de voir le général Dupont à Cadix. Je vous laisse le maître, si vous jugez qu'il soit prudent de le faire, de le mettre en marche avec ses deux premières divisions, avec sa cavalerie et la brigade suisse; ce qui doit faire une vingtaine de mille hommes. Vous garderiez la 3ᵉ division à Madrid. Mais, avant, il faut voir comment les affaires prendront en Aragon et dans la Grenade. Envoyez des officiers d'artillerie, du génie et d'état-major à Cadix. Envoyez auprès de Solano, auquel il faut écrire très-souvent.

D'après la minute. Archives de l'Empire.

13840. — A L'AMIRAL SINIAVINE,
COMMANDANT L'ESCADRE RUSSE, À LISBONNE.

Bayonne, 10 mai 1808.

J'ai reçu votre lettre du 21 avril, avec l'état de situation qui y était joint. La première fois que vous vous donnerez la peine de m'envoyer ledit état de situation, je vous prie d'y faire ajouter le nombre de mois de vivres qu'a chaque bâtiment. Quant à présent, ce qui est surtout nécessaire, c'est que vous vous mettiez en mesure de pouvoir toujours appareiller, afin de tenir vos équipages en haleine, et que vous vous complétiez de quelques matelots. Le vaisseau *le Saint-Raphaël* me paraît avoir beaucoup d'incomplet dans son équipage. Il doit y avoir à Lisbonne des matelots suédois, hambourgeois et de différents ports du Nord; vous pouvez vous entendre avec le général Junot pour presser ces matelots et les employer à votre bord. J'écris à ce général sur différents arrangements qui pourraient avoir lieu et qui tendent à augmenter votre escadre. Je suppose que vous avez votre complet en boulets et en poudres, et que vous avez assez de rechanges pour une navigation. Dans tous les cas, il vous sera facile de vous pourvoir de ces différents objets à Lisbonne.

La frégate que vous aviez détachée à Palerme a été prise dans ce port par la reine Caroline. J'attends à Toulon les deux vaisseaux russes qui sont à Porto-Ferrajo.

D'après la minute. Archives de l'Empire.

13841. — AU GÉNÉRAL JUNOT,
COMMANDANT L'ARMÉE DE PORTUGAL, À LISBONNE.

Bayonne, 10 mai 1808.

J'ai reçu la lettre de l'amiral russe Siniavine et l'état de situation de son escadre. Cette escadre a été mise sous mes ordres par l'empereur de Russie. Je vois, dans l'état de situation, un transport appelé *le Kildjen*, qui a vingt-six canons et 200 hommes d'équipage, et le sloop *le Spialergen*, qui a trente-deux canons et 220 hommes d'équipage. Je désire que vous causiez de ces bâtiments avec l'amiral Siniavine, et que vous lui proposiez un arrangement qui pourrait avoir lieu dans ce sens : je joindrais à l'escadre de l'amiral Siniavine un des vaisseaux qui sont à Lisbonne; les deux bâtiments de transport russes seraient désarmés, et les équipages serviraient pour armer ce vaisseau, en échange duquel l'amiral me donnerait un des deux vaisseaux russes qui sont à Porto-Ferrajo et que j'attends à Toulon. Il prendrait à Lisbonne un vaisseau de 74 ou de 64, et celui qu'il me céderait à Toulon serait de 74 ou de 64. Faites-lui fournir la poudre et les boulets dont il aurait besoin.

D'après la minute. Archives de l'Empire.

13842. — AU GÉNÉRAL JUNOT,
COMMANDANT L'ARMÉE DE PORTUGAL, À LISBONNE.

Bayonne, 10 mai 1808.

Complétez l'équipage du vaisseau *le Vasco-de-Gama* et de *la Maria-Primeira*. Faites réparer, armer et compléter l'équipage du *Saint-Sébastien*. Faites armer et compléter les équipages des frégates *la Carlotta*, *le Phénix* et *l'Amazone*, et des corvettes *l'Ondorinha*, *le Benjamim* et *la Gaïvota*. Je désire que les équipages de ces neuf bâtiments soient complétés de manière que tous aient les trois quarts d'officiers français, le tiers de leur maistrance et le tiers de leurs matelots. Vous ferez mettre à bord de chaque vaisseau de ligne une garnison de 150 Français et non d'auxiliaires, à bord de chaque frégate 60 Français, et à bord de chaque corvette 40. Chaque vaisseau de ligne aura de plus à bord 60 canonniers de marine français, chaque frégate 30, et chaque corvette ou brick 10. Le reste des équipages sera formé de Portugais, de Danois, de Suédois et de matelots de différentes nations qu'on pressera. Il faut que ces neuf bâtiments soient approvisionnés de vivres pour six mois, hormis le pain, dont ils ne prendront qu'un mois; les six mois de pain seront complétés après la récolte. J'ai des projets sur cette escadre. Faites-moi connaître quand elle pourra être dans cet état. Mon intention est que le vaisseau *la Maria-Primeira* porte le nom de *la Ville-de-Lisbonne*, et le *Saint-Sébastien* celui du *Brésil*. Le vaisseau qui est en construction portera le nom du *Portugais*.

Par le premier exprès que vous m'enverrez, faites-moi un état de situation des hommes d'équipage français, portugais et étrangers, avec une colonne pour chaque espèce d'hommes.

D'après la minute. Archives de l'Empire.

13843. — AU GÉNÉRAL JUNOT,
COMMANDANT L'ARMÉE DE PORTUGAL, À LISBONNE.

Bayonne, 10 mai 1808.

Votre correspondance ne me dit rien. J'ignore la situation de votre armée, sa force, les pays qu'elle occupe. Je désire que vous m'envoyiez, tous les cinq jours, un état pareil à celui que je vous envoie (que je reçois du général Marmont), et que vous me rendiez compte de ce qui peut m'intéresser, indépendamment des rapports que vous faites aux ministres. Les maréchaux qui commandent les corps de la Grande Armée, le prince Eugène, le roi de Naples me rendent ces comptes. Par ce moyen, je suis instruit avant les ministres, et je suis à même de donner les ordres les plus pressants. Je n'ai aucun état qui me fasse connaître les diamants, meubles et biens appartenant à la Couronne, trouvés en Portugal. Je n'ai point non plus de situation des finances, l'état de la rentrée des contributions extraordinaires ni des contributions ordinaires.

Faites passer à Madrid ou à Paris six millions, en y comprenant les deux millions que vous avez envoyés. Mon intention est que tout le produit des contributions soit pour l'armée, et qu'il n'en soit rien distrait sous prétexte de l'administration du pays.

Il est un autre objet plus important encore, c'est l'introduction des marchandises coloniales en Espagne. Vous recevez des bâtiments américains sous prétexte qu'ils viennent d'Amérique : c'est un mensonge ; ils viennent d'Angleterre. Les Américains ont mis un embargo général dans leurs ports, et il n'en sort pas un bâtiment. Le commerce se fait en Portugal par l'Angleterre. Par là on ruine la France, la Hollande, et l'Angleterre se ressent moins du blocus. Faites arrêter toutes les denrées coloniales qui sont entrées en Portugal depuis le blocus. Vous avez à Lisbonne des directeurs des douanes français, qui vous mettront au fait de la législation actuelle, de cette partie de notre législation qui fait le plus grand mal à l'Angleterre, qui fait du tort à la France, qui en fait encore plus à la Hollande, mais qu'elle souffre parce qu'elle en sent la nécessité, et dont le seul Portugal ne se ressent pas, parce que vous êtes dans l'ignorance du grand but de ces mesures. Par là vous rendez la conquête du Portugal inutile, et ce n'est que pour cela que je l'ai conquis.

C'est avec peine que j'ai entendu parler de colliers, de diamants et autres babioles envoyés à Paris. Cela n'est bon à rien qu'à fournir des prétextes à la malveillance, et à exciter l'envie et la jalousie.

D'après la minute. Archives de l'Empire.

13844. — A JOSEPH NAPOLÉON, ROI DE NAPLES,
À NAPLES.

Bayonne, 10 mai 1808.

Mon Frère, vous trouverez ci-joint la lettre[1] du roi Charles au prince des Asturies, et la copie de mon traité avec le premier[2]. Le grand-duc de Berg est lieutenant général du royaume, président de la junte et généralissime des troupes espagnoles. Le roi Charles part dans deux jours pour Compiègne. Le prince des Asturies se rend du côté de Paris. Les autres infants vont occuper des maisons de plaisance aux environs de Paris. Le roi Charles, par le traité que j'ai fait avec lui, me cède tous

[1] Voir la note de la pièce n° 13800. — [2] Voir *le Moniteur* du 7 septembre 1808.

ses droits à la couronne d'Espagne. Le prince des Asturies avait renoncé avant à son prétendu titre de roi, parce que le roi Charles avait allégué que son abdication avait été forcée. La nation, par l'organe du conseil suprême de Castille, me demande un roi. C'est à vous que je destine cette couronne. L'Espagne n'est pas ce qu'est le royaume de Naples : c'est onze millions d'habitants, plus de cent cinquante millions de revenus, sans compter les immenses revenus et la possession de toutes les Amériques. C'est une couronne d'ailleurs qui vous place à Madrid, à trois jours de la France, et qui couvre entièrement une de ses frontières. A Madrid, vous êtes en France; Naples est le bout du monde. Je désire donc qu'immédiatement après avoir reçu cette lettre vous laissiez la régence à qui vous voudrez, le commandement des troupes au maréchal Jourdan, et que vous partiez pour vous rendre à Bayonne par le chemin de Turin, du mont Cenis et de Lyon. Vous recevrez cette lettre le 19 ; vous partirez le 20, et vous serez ici le 1er juin. Laissez, avant de partir, des instructions au maréchal Jourdan sur la manière de placer vos troupes, et faites vos dispositions comme si vous deviez être absent jusqu'au 1er juillet. Gardez, du reste, le secret ; on ne s'en doutera peut-être que trop : mais vous direz que vous vous rendez dans l'Italie supérieure pour conférer sur des affaires importantes avec moi.

NAPOLÉON.

D'après l'expédition originale comm. par les héritiers du roi Joseph.

13845. — **NOTE POUR LE PRINCE DE NEUCHÂTEL,**
MAJOR GÉNÉRAL DE LA GRANDE ARMÉE, À BAYONNE.

Bayonne, 10 mai 1808.

Mon intention est qu'on n'accorde aux Russes aucun prisonnier, ni de ceux qui sont à Leipzig, ni de ceux incorporés dans les troupes polonaises. Si l'adjudant-commandant Dentzel a fait autre chose, il aurait grossièrement manqué. Dans ce cas, comme il n'y aurait plus de remède, il doit se servir de cette décision pour règle, sans rien dire aux Russes.

NAPOLÉON.

D'après la copie. Dépôt de la guerre.

13846. — AU PRINCE CAMBACÉRÈS,
ARCHICHANCELIER DE L'EMPIRE, À PARIS.

Bayonne, 11 mai 1808.

Vous trouverez ci-joint un sénatus-consulte pour la réunion de Parme et Plaisance et de la Toscane à la France. Vous le présenterez au conseil privé, et, lorsqu'il aura été délibéré, vous le porterez au Sénat. Les orateurs diront que Parme et Plaisance sont réunis à l'Empire parce qu'ils forment le complément du territoire de Gênes; que la réunion de la Toscane est nécessaire pour augmenter nos côtes et, dès lors, le nombre de nos matelots, et aussi pour rendre central le port de la Spezia, où j'ai ordonné l'établissement d'un port militaire comme celui de Toulon; que ces dispositions sont donc le résultat de la nécessité, où nous placent nos ennemis, de nous mettre en mesure pour arriver au rétablissement de la liberté des mers.

NAPOLÉON.

D'après la copie comm. par M. le duc de Cambacérès.

13847. — AU VICE-AMIRAL DECRÈS,
MINISTRE DE LA MARINE, À PARIS.

Bayonne, 11 mai 1808.

Monsieur Decrès, aucune communication ne doit avoir lieu avec la Sardaigne. Tout bâtiment qui en viendrait doit être mis sous le séquestre. Ce prince vient de renouveler des traités avec l'Angleterre, et un ministre de cette puissance vient d'arriver à Cagliari.

NAPOLÉON.

D'après l'original comm. par Mme la duchesse Decrès.

13848. — AU VICE-AMIRAL DECRÈS,
MINISTRE DE LA MARINE, À PARIS.

Bayonne, 11 mai 1808.

Monsieur Decrès, je suis décidé à porter tous les établissements maritimes militaires de Gênes à la Spezia. J'ai été retenu jusqu'à cette heure par la seule considération que le sort de la Toscane était indécis : mais, résolu à réunir la Toscane à mon empire, je ne vois plus d'inconvénient à réaliser mon projet. Les bois des Apennins et les ressources de Livourne arriveront à la Spezia. Donnez donc tous les ordres nécessaires pour y établir un chantier de construction pour trois vaisseaux de 74 et deux frégates à la fois. Je viens de prendre toutes les dispositions militaires pour qu'il y ait toujours là une forte garnison. La mise sur le chantier des vaisseaux et des frégates doit être faite sans délai, et mon intention est qu'avant le 1er juillet un vaisseau soit commencé.

Présentez des projets de décret pour transférer tous les établissements militaires du port de Gênes à la Spezia, et pour organiser les travaux de l'arsenal sur un bon plan, en y faisant progressivement tout ce qui est nécessaire. Il y a à la Spezia un lazaret ; je désirerais fort qu'on pût le convertir en arsenal. On dit qu'il est très-beau. Cela économiserait beaucoup de temps et épargnerait des dépenses énormes. On m'assure que les forts sont en très-bon état, et que les cales ne coûteraient rien à établir, parce que le terrain ne manque pas.

NAPOLÉON.

D'après l'original comm. par Mme la duchesse Decrès.

13849. — AU VICE-AMIRAL DECRÈS,
MINISTRE DE LA MARINE, À PARIS.

Bayonne, 11 mai 1808.

Je reçois votre lettre sur le sieur .... Le décret[1] vous fera connaître ma façon de penser sur ces brigandages. Je ne conçois rien à votre lettre. Vous me dites : Le sieur .... S'est-il livré à ce trafic ? La chose est incontestable ; que faut-il de plus ? Cet homme doit être éloigné de tous les bureaux ; et je ne sais pas pourquoi on aurait une lâche condescendance pour cet homme. Il y a encore des honnêtes gens

---

[1] A cette lettre est joint un projet de décret portant : «Article 1er. Le sieur....... employé des bureaux de la marine, convaincu d'avoir acheté, pour son compte, des créances en retard du ministère à un prix inférieur, afin de profiter de sa place pour les faire ordonnancer, est destitué. — Art. 2. Il est déclaré incapable d'occuper aucune place dans l'administration.»

en France, et on n'en est pas réduit à avoir besoin des services de pareils hommes.

D'après la minute. Archives de l'Empire.

13850. — AU VICE-AMIRAL DECRÈS,
MINISTRE DE LA MARINE, À PARIS.

Bayonne, 11 mai 1808.

Je reçois votre rapport du 5 mai sur l'escadre de l'amiral Ganteaume. Il faut, pour compléter ce rapport, noter que l'escadre anglaise est revenue probablement le 20, puisqu'elle s'est laissé voir sur Mahon le 17. Cela prouve que sur mer, dans la position où nous sommes, nous pouvons faire ce que nous voulons.

Recueillez des renseignements afin de rédiger l'historique de l'escadre anglaise et de tout ce qu'elle a fait.

D'après la minute. Archives de l'Empire.

13851. — AU VICE-AMIRAL DECRÈS,
MINISTRE DE LA MARINE, À PARIS.

Bayonne, 11 mai 1808.

Il est nécessaire que vous teniez à Livourne, pour favoriser la communication avec la Corse et l'île d'Elbe, quelques bâtiments supérieurs aux corsaires de la Méditerranée et qui n'aient à craindre que les frégates. Faites-moi connaître si des frégates peuvent entrer dans le port de Livourne.

D'après la minute. Archives de l'Empire.

13852. — AU VICE-AMIRAL DECRÈS,
MINISTRE DE LA MARINE, À PARIS.

Bayonne, 11 mai 1808.

Je viens de visiter l'arsenal de Bayonne. J'ai donné verbalement les ordres suivants; je vous les fais connaître pour que vous les donniez par écrit et que vous prescriviez les dispositions convenables.

1° J'ai ordonné la mise en construction, avant le 1ᵉʳ juin, de deux frégates de 18, sur les deux cales découvertes de l'arsenal.

2° Les deux bricks dont vous avez ordonné la construction seront construits dans l'arsenal, mais dans un autre emplacement.

3° Celle des deux gabares qui est la plus avancée sera mise à l'eau, et, après qu'elle sera lancée, une troisième frégate de 18 sera mise en construction sur la cale que cette gabare laissera vacante.

4° Le petit brick qui vient d'être lancé sera acheté par la marine, sera armé et mis en état de partir, sous dix jours, pour l'Amérique espagnole. Il sera embarqué à bord 1,000 fusils, et son lest sera composé de 4,000 boulets de tout calibre.

5° La mouche qui appartenait à l'amiral Cochrane, et qui a été prise à la Martinique et qui est arrivée dans ce port depuis plusieurs mois, sera envoyée dans l'Amérique espagnole. Il y sera embarqué 300 fusils, 300 paires de pistolets, 300 sabres et 1,000 boulets.

6° Il sera mis en construction à Bayonne six mouches pareilles, qui seront achevées dans le plus court délai, pour servir de communication. Toute la marine de Bayonne s'accorde à dire que ces petits bâtiments, qui coûtent 10 à 12,000 francs, marchent comme le vent. C'est, à proprement parler, de triples chaloupes, mais qui seront excellentes pour expédier dans les colonies. Je désire qu'on en fasse construire dans tous mes ports. Ils seront connus sous le titre de *mouches*. La petite mouche qui est à Bayonne était la corvette de l'amiral Cochrane, qui en faisait grand cas.

Tout cela n'empêche pas de travailler à la membrure du vaisseau de 110 canons. Quoi qu'en disent les ingénieurs, il y a dans l'arsenal place pour tout.

En général, on se plaint que vos bricks sont lourds et trop forts. Recommandez à l'ingénieur de les alléger et de les rendre moins coûteux.

D'après la minute. Archives de l'Empire.

13853. — AU VICE-AMIRAL DECRÈS,
MINISTRE DE LA MARINE, À PARIS.

Bayonne, 11 mai 1808.

Vous pensez que le cabotage est insuffisamment favorisé en France; je suis loin de le croire. Supposé que j'aie à Bayonne deux corvettes bonnes marcheuses; que j'aie dans la rivière de Bordeaux deux vaisseaux de 50 à 60 canons, deux frégates et deux bricks, sous le commandement d'un contre-amiral ayant l'ordre d'appareiller tous les jours; que j'aie en rade de l'île d'Aix une escadre de quelques vaisseaux; que j'aie dans la Loire un ou deux vaisseaux de 50 ou de 60 avec deux ou trois frégates, commandés par un contre-amiral ayant les mêmes ordres; que j'aie dans la Vilaine un vaisseau et deux frégates : pensez-vous que les stations ennemies pourraient bloquer Bordeaux, par exemple, avec deux frégates? Il faudrait une escadre de plusieurs vaisseaux. Les Anglais ne tarderaient pas à être convaincus que ces croisières leur coûteraient trois ou quatre fois les prises qu'elles pourraient faire, et ils prendraient sur-le-champ le parti de renoncer à bloquer cette rivière. Croyez-vous actuellement que si, sous les ordres de ces chefs d'escadre, il y avait quelques péniches, quelques chaloupes canonnières entre Bordeaux et Rochefort, la Rochelle, les Sables, etc. les péniches ennemies pourraient se présenter? Le cabotage est le plus grand bien de la France, et l'on envoie des vaisseaux pour être maîtres au loin, lorsqu'on ne cherche pas à l'être près. Le blocus des côtes de la France ne coûte à l'Angleterre que quelques frégates; il faudrait organiser la défense des côtes de manière à obliger les Anglais à y tenir plusieurs vaisseaux. Pour bloquer un vaisseau qui serait toujours en appareillage, il en faudrait aux Anglais au moins quatre dans un an.

Je me résume : la Garonne à Bordeaux, la Loire à Nantes, sont les deux grandes artères de la France; il faut y avoir deux contre-amiraux, six vaisseaux de 50 à 60 et six frégates. Il faut que ces contre-amiraux soient chargés de donner le mouvement aux bâtiments légers qui seraient sous leurs ordres, et se tiennent constamment en appareillage. Il faut me faire construire deux vaisseaux de 64 à Bordeaux et deux à Nantes. Ces vaisseaux seront destinés à protéger la côte et à défendre ces deux grandes artères de l'Empire. Au lieu de cela, il n'y a rien en appareillage au bas des rivières de Bordeaux et de Nantes, si ce n'est de mauvaises corvettes qui ne marchent pas et qui ne sont d'aucun résultat. Il faudrait aussi, à l'escadre de Flessingue, un ou deux vaisseaux de 50 ou 60.

Quant à la question de la marche, il me semble qu'ils devraient aussi bien marcher que des vaisseaux de 74, en les proportionnant en conséquence dans toutes leurs dimensions.

Donnez l'ordre aux officiers qui commandent les vaisseaux en rade de Toulon et de Lorient de faire de fréquents appareillages, de sortir et de présenter le combat aux croisières inférieures à leur force, et de se tenir en état de mobilité continuelle. Donnez le même ordre au contre-amiral Missiessy, qui doit avoir à présent sous ses ordres les deux frégates hollandaises.

Envoyez un officier au Texel pour prendre connaissance de l'état des vaisseaux. Parlez à Paris à Ver Huell, et dites-lui que je suis fâché de ne pas voir au Texel 8 vaisseaux; ils occuperaient 8 vaisseaux anglais, qui ne seraient pas occupés ailleurs.

Faites mettre un vaisseau sur la cale du *Superbe*, à Gênes, et passez des marchés pour en mettre en construction à la Spezia; cela emploiera les bois des Apennins, de la Toscane, mettra de l'activité dans un beau port et donnera la vie à l'extrémité de l'Empire.

Donnez-moi tous les jours des nouvelles de mes ports. Pourquoi, à Brest, n'y a-t-il pas déjà un vaisseau en appareillage, comme du temps de Ganteaume? Cela effrayerait les Anglais, leur ferait tenir une escadre plus forte et exercerait nos matelots.

D'après la minute. Archives de l'Empire.

13854. — AU VICE-AMIRAL DECRÈS,
MINISTRE DE LA MARINE, À PARIS.

Bayonne, 11 mai 1808.

Les gabares qui étaient chargées de bois dans ce port restent chargées. Au mois d'octobre vous aurez soin d'ordonner que les matelots des classes qui doivent se rendre à Rochefort passent ici. On en armera les trois gabares et on les enverra, dans l'hiver, chargées de bois à Rochefort, où l'on s'en servira pour armer l'escadre.

Il est nécessaire de faire deux choses, 1° d'ordonner qu'une partie des fournisseurs de bois à Bayonne versent dans la Garonne en augmentant un peu leurs prix, car Bayonne est encombrée de bois qui pourrissent : il faut donc faire un changement aux arrondissements : il est des localités où, avec 30 à 40 sous de plus par pied cube de bois, on verserait à Bordeaux; 2° faire le transport des bois par terre. Les bois de Bayonne s'arrêteraient à Mont-de-Marsan, où l'Adour les conduira facilement, et de Mont-de-Marsan ils seraient conduits par terre jusqu'à Langon, où on les embarquerait sur la Garonne. De Mont-de-Marsan à Langon il n'y a que trois journées de charrette. Les frais de ce transport ne peuvent pas revenir à plus de 2 ou 3 francs par pied cube, ce qui n'est rien en comparaison de ce que coûte le transport par mer. Il serait même facile d'exiger que les Landes fournissent quatre ou cinq cents voitures pour transporter le bois d'ici dans la Gironde.

Il y a ici un petit aviso. J'ai ordonné qu'on l'armât sur-le-champ. Je le ferai charger de fusils et je l'expédierai pour Montevideo.

Ce port est très-favorable pour l'expédition des mouches. Il n'est jamais bloqué, et, quoiqu'il soit dans un enfoncement, la mer devient si large qu'on a beaucoup de chances pour sortir.

La manière dont on se laisse bloquer à Bordeaux est ridicule. Il ne coûte au roi d'Angleterre qu'une frégate pour couper la communication de l'Espagne et du Portugal avec Bordeaux. Cette frégate se tient sur la Teste. Une autre frégate intercepte la communication entre Brest et Bordeaux. Cela est par trop fort. Je vous ai prescrit dans ma lettre de ce jour des dispositions à ce sujet.

J'irai, avant un mois, à Nantes et à Rochefort. Je désire beaucoup avoir quelque chose à voir là. Maintenez les ordres à *la Vénus* et à *la Junon*, au Havre, de se rendre à Cherbourg. Rendez-moi un compte général de ce que j'aurai dans mes ports au mois de septembre prochain, afin de ne pas attendre au dernier moment, soit en vaisseaux, soit en frégates, soit en gabares.

Faites-moi connaître les petits bâtiments, corvettes, lougres, etc. que vous avez expédiés dans l'Amérique espagnole.

Je désire qu'on arme au Havre *l'Amazone* pour la joindre à *la Vénus* et à *la Junon;* ce qui, joint à *l'Élisa,* qui va être mise à l'eau cette année, fera 4 frégates, qui obligeront les Anglais à tenir 4 frégates devant le Havre, si elles ne trouvent pas à sortir avant l'équinoxe.

La Pallas, *l'Elbe*, *la Renommée* et *la Clorinde* vont bientôt être mises à l'eau à Nantes. Quatre ou cinq frégates là obligeront les Anglais à multiplier leurs moyens.

Je suppose que *la Bellone* et *l'Adélaïde* sont à l'eau à Saint-Malo.

D'après la minute. Archives de l'Empire.

13855. — AU PRINCE CAMILLE BORGHÈSE,
GOUVERNEUR GÉNÉRAL DES DÉPARTEMENTS AU DELÀ DES ALPES, À TURIN.

Bayonne, 11 mai 1808.

Vous trouverez ci-joint un décret que j'ai pris pour l'établissement d'un port militaire à la Spezia. Ce port étant dans votre gouvernement, je désire que vous y envoyiez le meilleur ingénieur militaire que vous ayez, et que vous chargiez le sieur Lescalier, préfet maritime de Gênes, d'y envoyer de son côté le meilleur officier de marine de Gênes et un ingénieur constructeur, pour dresser un mémoire détaillé, avec des plans, sur ce port, dans le double but de la terre et de la mer. Vous leur donnerez à résoudre les questions suivantes : L'air est-il sain? Quel est le lieu où l'on doit établir l'arsenal de la marine? Peut-on donner cette destination au lazaret actuel? Quel est l'emplacement où il faut établir des cales pour la construction des vaisseaux? L'établissement de ces cales sera-t-il difficile? Combien cela coûtera-t-il? Quand pourront-elles être établies? Pourra-t-on, dès le mois de juillet, mettre sur la cale un vaisseau de 74? En quoi consistent les fortifications de terre, et quelles dépenses faut-il faire pour défendre l'arsenal et mettre les différents établissements à l'abri d'un coup de main de la part de l'ennemi? Y a-t-il de l'eau en quantité suffisante pour une escadre?

D'après la minute. Archives de l'Empire.

13856. — A JOACHIM, GRAND-DUC DE BERG,
LIEUTENANT GÉNÉRAL DU ROYAUME D'ESPAGNE, À MADRID.

Bayonne, 11 mai 1808, dix heures du matin.

Vous trouverez ci-joint la lettre du roi Charles au conseil de Castille[1]. C'est une espèce de proclamation à la nation, par laquelle ce prince annonce qu'il m'a cédé tous ses droits. Communiquez-la au conseil, en accélérant ou retardant sa publication, selon les circonstances.

Le prince des Asturies m'a aussi cédé tous ses droits comme prince des Asturies[2]. On signe dans ce moment le traité, qui est commun à l'infant don Carlos, à l'infant don Antonio et à l'infant don Francisco. Le chanoine est resté pour signer.

Les trois princes sont partis ce matin à cinq heures; ils couchent à Mont-de-Marsan et seront demain soir à Bordeaux. Le prince des Asturies mène avec lui le duc de San-Carlos, son ancien gouverneur, et quelques chambellans qui n'ont pas de nom. Le duc de l'Infantado est resté ici.

Il faut savoir ce que vous voulez faire des gardes du corps. Rappelez ceux qui sont à Tolosa et à Vitoria, et tenez-les réunis; c'est le moyen de les empêcher d'être dangereux. Je pense qu'il ne faut point les tenir

---

[1] AU CONSEIL SUPRÊME DE CASTILLE, ETC.

Dans ces circonstances extraordinaires, nous avons voulu donner une nouvelle preuve de notre amour à nos aimés sujets, dont le bonheur a été pendant tout notre règne le constant objet de nos sollicitudes. Nous avons donc cédé tous nos droits sur les Espagnes à notre allié et ami l'Empereur des Français, par un traité signé et ratifié, en stipulant l'intégrité et l'indépendance des Espagnes, et la conservation de notre sainte religion, non-seulement comme dominante, mais comme seule tolérée en Espagne.

Nous avons en conséquence jugé convenable de vous écrire la présente pour que vous ayez à vous y conformer, à le faire connaître et à seconder de tous vos moyens l'Empereur Napoléon. Montrez la plus grande union et amitié avec les Français, et surtout portez tous vos soins à garantir les royaumes de toute rébellion et émeute. Dans la nouvelle position où nous allons nous trouver, nous fixerons souvent nos regards sur vous, et nous serons heureux de vous savoir tranquilles et contents.

Donné au palais impérial dit *du Gouvernement*, le 8 mai 1808.

Moi, LE ROI.

Extrait du *Moniteur* du 16 mai 1808.

[2] Voir *le Moniteur* du 7 septembre 1808.

à Madrid. Vous pouvez diriger sur France celui qui est à Madrid. On m'assure que celui qui porte des revers jaunes s'est mal comporté. Faites connaître aux Suisses que je ratifie leurs capitulations, et que je compte sur leurs services. Je pense que vous pouvez appeler à vous le régiment suisse qui est à Tarragone, et le mettre sous les ordres du général Rouyer. Il faudra alors deux généraux de brigade, que vous pouvez prendre dans ceux au service de l'Espagne. Je ne sais pas s'il y a un autre régiment suisse. Si l'on pouvait en former une division de quatre régiments, formant 6 à 7,000 hommes, cela pourrait être utile, car il est très-important d'occuper en force le point essentiel de Cadix.

Je suppose que vous recevez des nouvelles de l'Aragon. Écrivez aux archevêques, évêques, intendants et aux personnages influents du pays. Envoyez-y des moines des couvents de Madrid, et, enfin, envoyez auprès du capitaine général.

D'après la minute. Archives de l'Empire.

13857. — A JOACHIM, GRAND-DUC DE BERG,
LIEUTENANT GÉNÉRAL DU ROYAUME D'ESPAGNE, À MADRID.

Bayonne, 11 mai 1808.

Il y a à Madrid une grande quantité de cartes et de papiers sur un voyage en Égypte, en Afrique, dans l'Asie Mineure, fait, depuis 1803, par un Espagnol qui vient d'arriver ici et qui a porté dans ces voyages le nom d'Ali-bey-el-Abassi. Ces cartes et papiers sont chez un nommé Amoros, secrétaire du Roi, ou dans les bureaux du prince de la Paix. Faites prendre tous ces papiers, où il y aura sans doute des renseignements utiles.

D'après la minute. Archives de l'Empire.

13858. — A JOACHIM, GRAND-DUC DE BERG,
LIEUTENANT GÉNÉRAL DU ROYAUME D'ESPAGNE, À MADRID.

Bayonne, 11 mai 1808, sept heures du soir.

Je vous envoie l'état de l'argenterie que demande le prince des Asturies; il n'y a aucun inconvénient à la lui envoyer.

Je vous ai déjà mandé qu'il était nécessaire que, sur tous les bâtiments qu'on expédierait en Amérique, on embarquât des fusils et des pistolets, dont on a grand besoin dans ce pays-là. Il sera bon d'embarquer aussi sur chaque bâtiment un certain nombre de recrues. Quand on ne mettrait que trente ou quarante hommes sur chaque bâtiment, cela ferait un très-bon effet en Amérique, parce que ces colonies verront qu'on pense à elles. Chargez le ministre de la marine de faire le relevé des bâtiments envoyés en Amérique et d'y faire embarquer des fusils et des recrues.

Faites-moi connaître s'il est vrai que les Espagnols ont en dépôt à Rio-Janeiro plusieurs millions de piastres.

Quel est le nombre de petits bâtiments, mouches, avisos, etc. qu'on expédie en Amérique? Il faudrait qu'il y en eût au moins douze. Ces petits bâtiments devraient être chargés de lettres de la junte, avec les pièces à l'appui et des lettres du ministre de la marine, dont on ferait douze copies. Je pense que les points où il faut surtout envoyer ces expéditions sont le Mexique et Rio de la Plata. Il faudrait donc destiner pour chacun de ces points six frégates bonnes marcheuses. Envoyez un des paquets à Junot, qui fera partir de son côté une goëlette de Lisbonne. Il faut profiter de toutes les circonstances. Le ministre de la marine fera faire en outre un grand nombre de copies des pièces, et les enverra par le commerce et par toutes les occasions. Envoyez-m'en trois ou quatre copies, que je ferai partir par les petits bâtiments de mes ports, qui restent à expédier.

J'attends avec impatience l'état de situation des troupes de terre et de marine. Faites envoyer par le ministre l'ordre à l'escadre espagnole qui est à Mahon de se rendre à Toulon. Il ne faut pas qu'elle reste à Mahon. Elle a pour points de relâche les ports d'Ajaccio, de Saint-Florent, où elle sera à l'abri d'une force supérieure; elle a Gênes, la Spezia, le golfe Juan, qui sont bien armés et bien protégés. Enfin, quel que soit celui de mes ports où elle arrivera, je me charge de la nourrir et de l'entretenir.

P. S. Vous trouverez ci-joint un traité[1] que j'ai fait avec le prince des

---
[1] Voir le *Moniteur* du 7 septembre 1808.

Asturies, par lequel il me cède tous ses droits. Je vous enverrai demain la proclamation[1] de ce prince.

<small>D'après la minute. Archives de l'Empire.</small>

13859. — A JOACHIM, GRAND-DUC DE BERG,
LIEUTENANT GÉNÉRAL DU ROYAUME D'ESPAGNE, A MADRID.

<small>Bayonne, 11 mai 1808, minuit.</small>

Je reçois votre lettre du 9 à une heure et demie du matin. Je vous ai mandé que le prince des Asturies était parti hier. Je ne vous enverrai que demain la proclamation de ce prince aux Espagnols.

Vous êtes dans l'erreur quand vous croyez que je dois quelque chose à l'Espagne pour mon escadre de Cadix. Les dépenses qu'elle a faites l'ont été à mes frais. Je suis en compte double avec eux, et ils me doivent au contraire beaucoup. Le fait est que c'est un pays où il n'y a pas d'ordre. Engagez le sieur Laforest à me faire un mémoire sur la situation des finances d'Espagne. Il y a de l'argent dans les ports et dans les villes, et l'on trouverait facilement quelques millions pour pourvoir aux dépenses.

Il est minuit; il y a deux heures que le feu a pris à une mauvaise baraque dans la ville; dans ce moment, il est éteint.

J'attends avec impatience la situation de la marine, des forces de terre et des finances. Je désire beaucoup avoir des nouvelles de Cadix : cela m'intéresse fort.

Faites écrire par la junte à Valladolid et en Galice, où il paraît qu'il y a quelque fermentation. Fixez bien vos regards pour bien connaître les troupes qui sont en Galice, en distinguant celles qui sont à Porto sous les ordres du général Junot; il est très-important d'avoir des idées claires là-dessus. J'attends des nouvelles d'Aragon.

Le sieur Laforest fera connaître dans son mémoire à combien se monte la dette publique.

Envoyez-moi un mémoire sur les quatre places que l'Espagne possède en Afrique, sur la force des garnisons, sur l'état des fortifications, sur

[1] Voir le Moniteur du 19 mai 1808.

la quantité de munitions de guerre et de bouche, sur l'état des ports ; si un brick, une frégate et un vaisseau à deux ponts peuvent y entrer, et si on communique de l'un à l'autre.

<small>D'après la minute. Archives de l'Empire.</small>

13860. — AU MARÉCHAL BESSIÈRES,
COMMANDANT LA GARDE IMPÉRIALE, ETC. À BURGOS.

<small>Bayonne, 11 mai 1808, minuit.</small>

Mon Cousin, je reçois votre lettre du 10. Mes malades courent risque d'être assassinés à Valladolid ; vous pourriez y laisser deux ou trois régiments portugais. Vous avez deux régiments qui n'arrivent que le 15, le 16 et le 17, à Burgos. Vous devez être à même de réunir ces troupes à Valladolid, où elles seraient en force pour contenir la populace. Il faut placer les 2e et 3e régiments d'infanterie portugais, qui sont arrivés le 11 et le 12, sur la route de Burgos à Vitoria et sur celle de Burgos à Santander. Laissez le régiment de chasseurs à cheval à l'endroit où il se trouve, entre Valladolid et Burgos, et donnez l'ordre au 4e et au 5e régiment d'infanterie et au 3e de cavalerie de se réunir à Valladolid. Chargez un général portugais de se tenir entre Valladolid et Burgos pour protéger mes malades à Valladolid. Par ce moyen, pour peu qu'il y ait la moindre insulte dans cette ville, vous vous y porteriez avec trois régiments portugais ; vous feriez rétrograder à grandes marches deux autres régiments portugais ; vous joindriez à cela une partie du 22e de chasseurs, 10 pièces de canon et la moitié de l'infanterie que vous avez à Burgos, et vous donneriez à cette ville une si sévère leçon qu'elle ne serait pas tentée de recommencer. Vous donneriez l'ordre au général Verdier de faire filer deux régiments sur Burgos ; il resterait à Vitoria avec un régiment, et enverrait l'ordre au régiment provisoire qui est à Tolosa de venir le joindre.

Envoyez un officier au général Junot pour qu'il réunisse à Almeida, sous le commandement d'un général de division, 4,000 hommes pour contenir les villes de Ciudad-Rodrigo, Salamanque et Valladolid. Vous trouverez ci-joint un ordre que vous lui ferez passer à cet effet. Ce corps sera à votre disposition en cas de mouvements en Galice. Écrivez à Valladolid et à Salamanque pour leur faire sentir le danger qu'elles courent si elles ne restent point tranquilles. Je suis surpris qu'à la première nouvelle que vous avez eue que l'esprit était mauvais dans ces villes vous n'y ayez pas écrit.

En résumé, le 3ᵉ régiment de cavalerie portugais de 270 hommes, les chasseurs à pied portugais formant 600 hommes, le 5ᵉ régiment d'infanterie portugais de 600 hommes, le 4ᵉ d'infanterie portugais de 500 hommes et le régiment de chasseurs à cheval portugais de 100 hommes, ce qui fera 2,000 hommes sous les ordres du général Brito Mozinho, doivent rester cantonnés à Valladolid et entre Valladolid et Burgos. Au moindre événement, les troupes se concentreront sur Valladolid, avec une partie du 22ᵉ de chasseurs français, l'artillerie de la Garde et celle du général Merle, c'est-à-dire avec dix à douze pièces de canon et la moitié de votre infanterie; et, étant ainsi en force de 7 à 8,000 hommes, vous donnerez une sévère leçon à la ville de Valladolid. Ce cas arrivant, les 17ᵉ et 18ᵉ régiments provisoires, qui forment la brigade du général Sabatier, avec 8 pièces de canon, se rendraient en toute diligence à Burgos. Le général Verdier resterait à Vitoria avec le 13ᵉ régiment provisoire et le 14ᵉ, qu'il ferait venir de Tolosa, 8 pièces de canon et le 10ᵉ de chasseurs. Il réunirait à lui les 1ᵉʳ, 2ᵉ et 3ᵉ régiments portugais formant près de 2,000 hommes, ce qui, avec la brigade française, lui ferait encore près de 6,000 hommes. Ainsi, pendant que vous arriveriez à Valladolid, les troupes que vous auriez tirées de Burgos, y seraient à peu près remplacées.

Pour peu que vous continuiez à avoir des inquiétudes sur la Galice, Salamanque et Valladolid, attirez à vous la brigade du général Sabatier, que vous ferez remplacer à Tolosa par la brigade portugaise du général Carcome Lobo, composée des 1ᵉʳ, 2ᵉ et 3ᵉ régiments d'infanterie. Le général Verdier aura les 3ᵉ et 14ᵉ régiments provisoires et le 10ᵉ de chasseurs. Au moindre événement, il serait secouru par un régiment de deux bataillons de 1,200 hommes, qui pourront sortir de Saint-Sébastien.

Je vous recommande de parler haut, de faire faire des démarches auprès des villes de Valladolid et Salamanque, d'y envoyer des prêtres et des chefs de couvents. C'est en parlant haut que vous empêcherez ces gens-là de faire des sottises. Si vous croyez qu'ils aient besoin d'une correction, faites avancer à une marche 4,000 Français avec 10 pièces de canon, que vous placerez de manière à y être en une marche forcée ou, au plus, en deux petites marches.

NAPOLÉON.

D'après l'original comm. par Mme la duchesse d'Istrie.

13861. — AU GÉNÉRAL JUNOT,
COMMANDANT L'ARMÉE DE PORTUGAL, À LISBONNE.

Bayonne, 11 mai 1808.

Mon intention est qu'immédiatement après la réception du présent ordre vous envoyiez le général Loison avec 400 hommes de cavalerie, 16 pièces de canon et 3,200 hommes d'infanterie, à Almeida, de manière à y réunir en tout 4,000 hommes. Il s'y rendra en toute marche. D'Almeida il se mettra en correspondance avec le maréchal Bessières, à Burgos. Il contiendra les villes de Ciudad-Rodrigo, Salamanque et Valladolid. S'il se faisait la moindre insulte aux Français, il punirait sévèrement les villes qui en seraient coupables. Il marchera au secours du maréchal Bessières, si cela est nécessaire.

D'après la minute. Archives de l'Empire.

13862. — DÉCISION.

Bayonne, 11 mai 1808.

Le prince de Neuchâtel, major général, met sous les yeux de l'Empereur un rapport de M. Denniée, intendant général de l'armée d'Espagne, duquel il résulte que cette armée, conservant son effectif actuel, aura besoin, pour la fin d'août, de farines et de viande, que les ressources du pays ne peuvent offrir et qu'il faudra faire venir de France.

Le major général, prince de Neuchâtel,

Il faut lui répondre qu'on ne doit s'attendre ni à l'arrivée de farines ni à l'arrivée de viande de France; que ce rapport est ridicule; que, si l'armée restait campée aux environs de Madrid, cela serait juste; mais, quand elle sera dans la Grenade ou dans la Murcie, il ne demande les ordres de l'Empereur au sujet des conclusions du rapport de l'intendant général Denniée.

manquera pas de ressources pour qu'elle soit parfaitement nourrie. On ne doit s'attendre à rien recevoir de France.

NAPOLÉON.

D'après l'original. Dépôt de la guerre.

13863. — DÉCISION.

Marracq, 11 mai 1808.

M. Bigot de Préameneu, ministre des cultes, écrit à l'Empereur pour lui proposer un moyen de correspondre avec la cour de Rome sans l'intervention de la légation, qui vient d'être supprimée. M. Multedo, directeur de la poste aux lettres de France à Rome, lui semble pouvoir servir d'agent au Gouvernement impérial.

Renvoyé à l'évêque de Poitiers, pour faire un mémoire sur cette question : Quels moyens y aurait-il de n'avoir aucune autre communication avec la cour de Rome que pour ce qui est porté dans le Concordat, c'est-à-dire l'institution des évêques, et, pour tout le reste, n'avoir affaire qu'aux évêques et aux métropolitains?

NAPOLÉON.

D'après l'original. Archives de l'Empire.

13864. — A M. DE CHAMPAGNY,
MINISTRE DES RELATIONS EXTÉRIEURES, A BAYONNE.

Bayonne, 12 mai 1808.

Monsieur de Champagny, donnez ordre à mes consuls à Carthagène, à Alicante, à Cadix, à Mayorque, à Minorque et à Barcelone, que, indépendamment des comptes qu'ils vous rendent, ainsi qu'à mon ministre de la marine, sur ce qui se passe dans la Méditerranée, ils envoient exactement les mêmes rapports au préfet maritime de Toulon sur les événements de la mer et les mouvements de l'ennemi, afin qu'il en instruise les commandants des escadres espagnoles.

NAPOLÉON.

D'après l'original. Archives des affaires étrangères.

13865. — A M. BIGOT DE PRÉAMENEU,

MINISTRE DES CULTES, À PARIS.

Bayonne, 12 mai 1808.

Monsieur Bigot de Préameneu, j'ai reçu votre lettre du 4 de ce mois. Il n'y a pas d'inconvénient à faire une circulaire aux évêques et à leur faire connaître que la mission du légat est terminée, que, dès ce moment, ils rentrent dans la plénitude de leur autorité apostolique, et que, quant à leur correspondance avec Rome pour les bulles, les nouveaux évêques doivent faire passer leurs demandes par le canal du sieur Multedo, directeur des postes à Rome. Il convient que vous écriviez au sieur Multedo que toutes les dépêches de la cour de Rome soient adressées au conseiller d'état directeur général des postes, qui les transmettra aux individus. Vous écrirez aussi à ce directeur général qu'il doit s'assurer que ces correspondances ne renferment rien de contraire au bien de l'état.

Quant à l'autorisation d'avoir recours à Rome pour autre chose que les bulles, c'est un objet très-contentieux. Les évêques ont ces pouvoirs pour l'année; ils peuvent les prendre pour toujours. Plusieurs évêques de France avaient conservé ces droits; d'autres les ont cédés à la cour de Rome. D'après des lois comme celles du Concordat, j'entends qu'il soit dit que tous les évêques de France ont été institués dans la plénitude de leurs pouvoirs; qu'ainsi, pour donner les dispenses, ils n'ont pas besoin de la cour de Rome. Je veux m'en passer, voilà mon but. Mais il est nécessaire de faire sur cela un mémoire et de bien consulter la question. Ce qui m'importe, c'est que trois ou quatre mauvais sujets qui sont à Rome n'exercent pas d'influence sur les consciences. En résumé, faire connaître aux évêques que la mission du légat est terminée et qu'ils rentrent dans leurs pouvoirs; faire passer les demandes des nouveaux évêques par le canal du sieur Multedo, et lui ordonner de faire passer toutes les lettres au directeur général des postes; enfin faire un rapport sur ce qu'il convient de faire pour mettre mes peuples à l'abri des intrigues et des mauvaises dispositions de la cour de Rome.

NAPOLÉON.

D'après l'original comm. par Mme la baronne Nougarède de Fayet.

13866. — A M. CRETET,

MINISTRE DE L'INTÉRIEUR, À PARIS.

Bayonne, 12 mai 1808.

Monsieur Cretet, je reçois votre rapport du 4 de ce mois. Je désire que vous continuiez à m'envoyer de semblables renseignements, parce que je veux mettre des hommes sur tous les bâtiments expédiés, ce qui aura le double avantage de renforcer les équipages et de recruter les garnisons de mes colonies. Engagez les armateurs à en faire la demande. L'assurance me paraît bien forte à 40 pour 100. Vous avez vu la mesure que j'ai prise dans mon décret en faveur du commerce de Bordeaux : j'ai supposé qu'on ferait quinze expéditions, et j'ai ordonné la mise en réserve du quinzième du produit de chaque expédition au retour. La valeur de chaque expédition au retour est à celle de la première mise comme 1 est à 4; ainsi, en retenant le quinzième de l'expédition au retour, c'est comme si on avait retenu le quart de l'expédition au départ. Par cette retenue du quinzième sur quinze bâtiments, on a donc de quoi couvrir et indemniser la perte de quatre bâtiments. Cette assurance est la plus raisonnable de toutes. A Bayonne, où le commerce est dans l'intention d'expédier quatre bâtiments qui mettent tous leurs risques en commun, s'il en arrive un en retour, il n'y aura ni gain ni perte; s'il en arrive deux, il y aura un bénéfice de 40 pour 100.

De ce qui a été fait pour Bordeaux est venue l'idée de former à Paris, à la Banque ou ailleurs, une chambre d'assurances. Le fonds de l'assurance serait fait, 1° par le versement dans la caisse de la chambre de 5 pour 100 de la valeur de l'expédition au départ de tous les bâtiments expédiés pour les colonies; 2° par la retenue d'un quinzième de la valeur de chaque expédition au retour, dont le versement serait aussi fait dans la caisse de la chambre. Les bâtiments qui viendraient à périr par accident de mer ou à être pris par l'ennemi seraient remboursés aux armateurs sur la caisse de la Banque, en totalité ou au marc la livre du produit des 5 pour 100 et du quinzième de réserve. Ce remboursement se ferait à raison de la valeur de l'expédition, non au retour, mais au départ. Cette idée ne doit être considérée que comme un aperçu ; mais, au moyen d'un peu de discussion avec la chambre de commerce et avec les hommes qui ont pratiqué des opérations de cette espèce, on pourra parvenir à la réaliser. Le projet de décret vous fera mieux connaître mes vues.

NAPOLÉON.

D'après la copie. Archives de l'agriculture, du commerce et des travaux publics.

13867. — A M. CRETET,
MINISTRE DE L'INTÉRIEUR, À PARIS.

Bayonne, 12 mai 1808.

Monsieur Cretet, vous recevrez un décret par lequel j'ai modifié l'emploi des deux centimes de non-valeurs. Les deux centimes de non-valeurs forment une somme annuelle de 4 à 5 millions ; le tiers, que je mets à votre disposition pour les accidents extraordinaires, fera donc une somme de plus de 1,500,000 francs. Entendez-vous avec les ministres des finances et du trésor public, afin que les dispositions pour assurer la rentrée de ce fonds soient prises sur-le-champ. Aussitôt que j'en connaîtrai le montant, je vous donnerai un crédit considérable pour le Piémont. Il est ridicule que, pour de tels accidents, on ne puisse pas disposer de moyens suffisants. Je ne vois pas de difficulté à vous accorder le quart du montant du tiers des centimes de non-valeurs pour le Piémont ; je vous donnerai ensuite ce qu'il faudra pour les incendiés. Il est nécessaire que vous suiviez avec activité l'exécution de mon décret, parce que le ministre des finances ne manquera pas de se faire tirer l'oreille.

NAPOLÉON.

D'après la copie. Archives de l'agriculture, du commerce et des travaux publics.

13868. — A M. GAUDIN,
MINISTRE DES FINANCES, À PARIS.

Bayonne, 12 mai 1808.

Les deux centimes de non-valeurs se distribuent de deux manières : un centime est mis à la disposition des préfets ; l'autre centime est distribué par le ministre des finances en vertu de mon autorisation. Vous recevrez sur ce sujet un décret qui doit avoir un effet rétroactif. Par ce décret, le montant des deux centimes de non-valeurs sera divisé en trois parties : un tiers sera mis à la disposition des préfets; un autre tiers sera distribué par le ministre des finances pour les accidents ordinaires, et le dernier tiers par le ministre de l'intérieur pour les accidents extraordinaires, tels que tremblements de terre, incendies, inondations. Ce tiers donnera à peu près une somme de 1,500,000 francs, qui sera plus utilement employée que ne le sont les deux centimes en suivant le mode actuel.

D'après la minute. Archives de l'Empire.

13869. — A M. GAUDIN,
MINISTRE DES FINANCES, À PARIS.

Bayonne, 12 mai 1808.

Les choses vont très-mal en Toscane. Vous recevrez un décret que je viens de prendre pour l'établissement d'une junte extraordinaire pour administrer ce pays. Vous l'enverrez par l'estafette au général Menou. Vous l'enverrez par l'estafette au préfet de Bruxelles [1], qui se rendra en poste à Florence et devra y être arrivé avant le 1er juin. Vous donnerez les mêmes ordres aux deux maîtres des requêtes Janet et de Gérando, qui sont à Paris, et à l'auditeur faisant fonction de secrétaire général [2]. Vous chargerez spécialement un de vos chefs de division de suivre les affaires de Toscane, et le secrétaire général de la junte s'entendra avec lui.

Voici l'instruction que vous donnerez à la junte. Mon intention est qu'au 1er janvier 1809 la Toscane soit organisée comme le Piémont et les états de Parme et de Plaisance, et puisse être régie par les mêmes lois. Il faut donc qu'au 1er janvier la ligne des douanes soit portée sur les confins de la Toscane et enferme Livourne. Il sera nécessaire pour cela que le sieur Collin fasse une tournée en Italie dans le courant de l'été. L'imposition directe doit être sur le même pied qu'en Piémont; mais les unes et les autres ne doivent subir de changements qu'à partir de 1809.

[1] Chaban, maître des requêtes. — [2] Balbe-Crillon.

Vous devez avoir envoyé en Toscane des employés de la loterie, de l'enregistrement, des douanes, des contributions directes, etc. Il ne faut y envoyer que des chefs et donner le plus possible les emplois secondaires aux hommes du pays. D'ici au 1er janvier prochain, l'intérêt de la dette doit être exactement payé, les contributions doivent être exactement perçues, et la justice rendue à tout le monde. Des pensions militaires, civiles, et à toute la maison du prince, doivent être accordées en suivant le même système qu'en Piémont et en les proportionnant à la quotité des impositions qu'on payait en Toscane.

Des arrêtés de la junte pourront, sans délai, pourvoir à tout cela et à diminuer autant que possible le nombre des mécontents. Les arrêtés que la junte croira urgents, elle les prendra de sa propre autorité; ceux auxquels un délai ne peut être nuisible, elle les rédigera et vous les enverra pour être soumis à mon approbation; mais de manière cependant à pouvoir marcher et tout établir sur un bon pied. Il faut tout préparer dans le courant de l'été, tant pour l'administration générale que pour l'administration départementale et des villes. Le maître des requêtes, Chaban, connaît parfaitement les habitudes des départements de France et pourra diriger les préfets. Les maîtres des requêtes Janet et de Gérando connaissent parfaitement l'administration de l'intérieur. Le général Menou et le conseiller d'état Dauchy ont l'expérience de ce qui s'est fait en Piémont. Je désirerais qu'au 1er janvier 1809 l'organisation de la régie des sels et tabacs, telle qu'elle est établie en Piémont, pût passer en Toscane. Vous avez dans la junte des hommes instruits qui travaillent, qui pourront répondre à vos questions et préparer entièrement votre travail. La correspondance officielle doit être signée du président, comme de raison; mais, indépendamment de ce, vous aurez la correspondance avec tous vos chefs d'administration.

Vous vous arrangerez de manière que l'estafette de Rome passe par Florence, afin que la communication soit plus active et plus rapide, et vous aurez soin de m'instruire exactement de tout ce qui se passera là.

D'après la minute. Archives de l'Empire.

13870. — A M. MOLLIEN,
MINISTRE DU TRÉSOR PUBLIC, À PARIS.

Bayonne, 12 mai 1808.

Monsieur Mollien, je viens d'ordonner, par un décret qui vous sera envoyé, que les deux centimes de non-valeurs seraient distribués en trois parts; qu'un tiers serait mis à la disposition des préfets, un tiers à la disposition du ministre des finances, comme cela a toujours été, et qu'un tiers resterait en réserve au trésor comme fonds spécial destiné à des dépenses imprévues. Ce fonds sera distribué chaque mois, par mon ordre, pour accorder des indemnités pour de grandes pertes. Entendez-vous avec le ministre des finances pour l'exécution de cette disposition, et faites-moi connaître à combien ce fonds se montera cette année, vu que je suis pressé de donner des secours pour les tremblements de terre qui viennent d'avoir lieu en Piémont.

NAPOLÉON.

D'après l'original comm. par Mme la comtesse Mollien.

13871. — AU GÉNÉRAL CLARKE,
MINISTRE DE LA GUERRE, À PARIS.

Bayonne, 12 mai 1808.

Vous recevrez un décret pour l'établissement d'une junte extraordinaire en Toscane, où il y a beaucoup de plaintes. Mon intention est qu'au 1er janvier 1809 la Toscane fasse partie de l'Empire. Il faut donc organiser là une division militaire, une direction d'artillerie, et des services. Le génie aura sans doute déjà fait le plan de Livourne, des fortifications qui existent, et le plan des côtes et de tout ce qui regarde la partie militaire.

D'après la minute. Archives de l'Empire.

13872. — AU VICE-AMIRAL DECRÈS,
MINISTRE DE LA MARINE, À PARIS.

Bayonne, 12 mai 1808.

Des bâtiments sont partis de Nantes pour l'île de France; il en part pour la Martinique et la Guadeloupe. Des expéditions se préparent à la Rochelle, à Saint-Malo, à Bordeaux, à Rouen, au Havre. J'aurais désiré que vous eussiez profité du départ des bâtiments qui ont été expédiés, pour y mettre 12 ou 15 hommes, afin de recruter les garnisons de mes colonies. Il convient que vous en fassiez passer sur tous les bâtiments qui partiront, et que, à cet effet, vous me préveniez un mois d'avance du nombre qui sera convenu avec les armateurs, pour que je mette des hommes à votre disposition. Mon intention est que vous encouragiez tous ces armements.

D'après la minute. Archives de l'Empire.

13873. — AU VICE-AMIRAL DECRÈS,
MINISTRE DE LA MARINE, À PARIS.

Bayonne, 12 mai 1808.

Je lis votre état de situation de la marine. Je vois qu'il manque à Toulon deux frégates qui devraient être portées en rade, les deux qui sont venues de Bordeaux. Vous ne portez que 5 frégates, savoir : les 3 qui faisaient partie de la division de Toulon et les 2 venues avec l'escadre de Rochefort et la vieille frégate *l'Incorruptible*. Je suppose que cela est une erreur. Je vois par cet état de situation qu'à Anvers il n'y a qu'un seul bâtiment, *le Dalmate*, qui est aux 14 vingt-quatrièmes, qui commence à avancer. Tous les autres sont également retardés. Il serait cependant bien important d'avoir à Anvers au moins 3 vaisseaux, qui, avec *le Royal-Hollandais* et les 8 que j'ai à Flessingue, feraient 12 vaisseaux; ce serait déjà un beau commencement de forces. Je désirerais que ces 12 vaisseaux pussent appareiller avant le mois de novembre. J'avais jadis ordonné qu'on construisît un vaisseau à deux ponts à Saint-Malo. Je vous ai mandé par ma lettre d'hier de faire mettre à l'eau *l'Élisa* au Havre, afin d'avoir 4 frégates, qui finiront par arriver à Cherbourg.

Dans tous les temps, on a mis des frégates en rade à Dunkerque. Il y a peu de difficultés à les faire venir à Flessingue. Il serait fort à désirer que *la Vistule*, *l'Oder*, *la Milanaise* pussent être placées en rade de Dunkerque; il y a d'autant moins à craindre pour elles qu'il y a là des bâtiments de la flottille pour les protéger dans les passes. Ces frégates obligeraient les Anglais à tenir devant Dunkerque quatre ou cinq frégates pour les observer. Avant le mois de novembre, ces 3 frégates arriveraient à Flessingue ou feraient le tour de l'Écosse ou iraient dans un autre de mes ports.

Je suppose que *la Bellone* est lancée à Saint-Malo. Je suppose que *le Tonnerre* est lancé et qu'il sera en rade avant juillet. J'attends votre rapport sur les 10 vaisseaux que j'ai à Brest; il faudrait en avoir 6 prêts à toute mission et 4 à armer en flûte. Je ne vois à Lorient que *le Polonais*, qui sans doute va être mis à l'eau; il est fâcheux qu'on ne pense pas à y mettre *l'Eylau*. Je n'ai qu'une frégate à Nantes; j'espère que *l'Elbe*, *la Renommée* et *la Clorinde* vont y aller. Faites en sorte que je trouve ces 4 frégates quand j'irai à Nantes. Activez la mise à l'eau de *la Ville-de-Varsovie* à Rochefort. Faites activer la frégate *le Niemen* à Bordeaux. Il est honteux qu'il n'y ait pas 2 frégates au bas de cette rivière. Prenez des mesures pour qu'à Toulon *l'Austerlitz*, *le Donawerth* et *l'Ulm* soient en rade au mois de septembre; ce qui, avec *le Breslau* de Gênes, ferait 14 vaisseaux français, et avec les 2 vaisseaux russes, 16. Ce serait une escadre telle, qu'il serait impossible à l'ennemi de la doubler.

Je pense que vous comprenez mon système de guerre. L'Angleterre a, cette année, emprunté un milliard. Il faut la harasser de dépenses et de fatigues. Ses expéditions en Suède et en Sicile lui coûtent immensément. Ses escadres dans la Baltique et dans la Méditerranée lui deviennent très-chères. La Suède manque de tout. Je désire donc mettre toutes mes forces en jeu dans mes rades, mais en appareillage; que les 6 vaisseaux de Brest et les 4 frégates sortent souvent, et que cela passe l'été à faire le jeu de barres. Je désire avoir bientôt 3 frégates en rade de Dunkerque. Je vois qu'il y a à Dunkerque 3 chaloupes canonnières et 8 bateaux canonniers hollandais. Faites descendre les 2 chaloupes canonnières, les 2 péniches et les 4 caïques d'Anvers à Flessingue pour la surveillance de l'escadre. Faites passer de Calais à Dunkerque les 2 péniches et les 4 caïques qui s'y trouvent, ainsi que les 2 chaloupes canonnières hollandaises, afin de protéger les frégates dans la rade de Dunkerque. Les 3 frégates de Dunkerque, les 4 frégates du Havre, celle de Cherbourg, les 6 vaisseaux et les 4 frégates de Brest, la frégate de Saint-Malo, les 3 frégates de Nantes, le *Vétéran* à Concarneau, les 3 vaisseaux et les 6 frégates de Lorient, les 3 vaisseaux de Rochefort, la frégate de Bordeaux, les 3 vaisseaux et les 3 frégates de Lisbonne outre les 9 vaisseaux russes, les 12 vaisseaux de Cadix y compris les espagnols, les 6 vaisseaux espagnols de Mahon et les 16 vaisseaux de Toulon y compris les russes, tout cela, avec la flottille surtout, mettra promptement l'Angleterre sur les dents.

Il faut que mes frégates du Havre aient l'ordre de se rendre à Cherbourg, ou à Flessingue, ou à Rochefort, et que mes frégates de Nantes se rendent à Rochefort.

Adoptez un bon modèle de petit vaisseau de 60, qui sera destiné pour l'Inde, et mettez-en 2 en construction à Bordeaux et 1 à Dunkerque.

Vous devez avoir reçu mon décret sur la Spezia; il faut qu'il y ait en juin 2 vaisseaux sur le chantier. Les moyens de la Toscane et de l'Italie afflueront là.

Je fais expédier un grand nombre de bâtiments des ports de l'Espagne en Amérique. De Nantes, de Rochefort, de Lorient, de petits bâtiments peuvent partir pour cette destination. Les deux bâtiments que vous avez expédiés pour l'Amérique, vous les avez pris tous deux à Lorient; ce n'est pas multiplier les chances en votre faveur. Les belles frégates sont très-chères; de simples mouches suffisent pour ces missions.

Du moment que j'aurai l'état de la marine espagnole, je donnerai des ordres pour mettre de l'activité dans tous ses ports.

D'après la minute. Archives de l'Empire.

13874. — AU VICE-AMIRAL DECRÈS,
MINISTRE DE LA MARINE, À PARIS.

Bayonne, 12 mai 1808.

Je vous ai déjà fait connaître que la manière dont vous faites vos états de situation n'est pas commode pour moi. Je voudrais que les bâtiments à la mer et non rentrés, les bâtiments en partance, les bâtiments employés à la protection des côtes, les bâtiments en armement, les bâtiments désarmés, les bâtiments en réparation, en construction, fussent répétés autant de fois qu'il y a d'arrondissements. Par exemple : le premier arrondissement serait divisé en sept feuillets dont l'un présenterait les bâtiments à la mer, le second les bâtiments en partance, etc. le second arrondissement serait divisé de même; le troisième, de même, et ainsi de suite. En général, je préfère avoir réuni sous les yeux tout ce qu'il y a dans un port à l'avoir ainsi disséminé.

D'après la minute. Archives de l'Empire.

13875. — A ALEXANDRE, PRINCE DE NEUCHÂTEL,
MAJOR GÉNÉRAL DE LA GRANDE ARMÉE, À BAYONNE.

Bayonne, 12 mai 1808.

Mon Cousin, donnez l'ordre au 1er régiment d'infanterie de la Vistule, qui arrive le 15 à Poitiers, d'en partir le 17 pour Bordeaux. Donnez ordre que tous les escadrons de marche, même ceux qui sont sous le commandement des généraux Lagrange et Caulaincourt, se rendent à Madrid et soient incorporés dans les régiments provisoires, afin de donner de la consistance à ces régiments. Le 3e escadron de marche fait exception à cet ordre, parce qu'il est composé de détachements dont les régiments provisoires sont à Barcelone; s'il est encore à Vitoria, il y restera; s'il est parti pour Burgos, donnez ordre qu'il ne dépasse pas cette ville. Dans ce dernier cas, vous donnerez ordre au 1er escadron du 10e régiment de chasseurs de se rendre à Vitoria, car il est nécessaire que le général Verdier ait 150 à 200 chevaux. Le général Lasalle resterait alors à Tolosa avec un escadron du 10e de chasseurs et le 14e provisoire. Les bataillons de marche qui sont à Aranda se rendront à Madrid pour être incorporés dans les régiments provisoires. Le 1er régiment de marche, qui est à Burgos, se rendra à Aranda. La brigade du général Sabatier, composée des 17e et 18e régiments provisoires avec six pièces de canon et quatre caissons d'infanterie, partira de Vitoria pour Burgos. Cette brigade continuera à être sous les ordres du général Verdier, mais restera à Burgos. La 2ᵉ division portugaise, forte de 2,000 hommes et qui n'a pas encore dépassé Burgos, restera cantonnée entre Burgos et Valladolid. Le maréchal Bessières aura ainsi 5,000 hommes de renfort, qui lui permettront de se porter sur Salamanque, dans la Galice et sur les points qui seraient inquiétés, avec 10,000 hommes et quinze pièces de canon, et il aurait encore de quoi laisser une bonne garnison à Burgos pour garder les hôpitaux. La 1ʳᵉ division portugaise, qui a déjà dépassé Burgos, sera concentrée à Vitoria; elle est également de 2,000 hommes. Le général Verdier aura donc 2,000 Portugais, les 13ᵉ et 14ᵉ régiments provisoires formant plus de 3,000 hommes, et le 10ᵉ de chasseurs, ce qui lui fera plus de 6,000 hommes, indépendamment de 2,000 hommes qu'il pourra tirer de Saint-Sébastien; si cela arrivait, il aurait donc 8,000 hommes, avec lesquels il pourra répondre de la province. Vous préviendrez le général Verdier qu'aussitôt que les gardes du corps seront partis de Tolosa le 14ᵉ provisoire se rendra à Vitoria. En général, je désire que mes troupes soient réunies le plus possible, par la raison que le peuple, qui a l'habitude d'en voir, se révolte dès qu'il apprend qu'elles se sont portées ailleurs.

NAPOLÉON.

D'après l'original. Dépôt de la guerre.

13876. — A JOACHIM, GRAND-DUC DE BERG,
LIEUTENANT GÉNÉRAL DU ROYAUME D'ESPAGNE, À MADRID.

Bayonne, 12 mai 1808, deux heures après midi.

Il y a à Vitoria un bataillon wallon : faites-lui donner l'ordre de se rendre à Auch; je m'en servirai en France. S'il y a dans l'Aragon un bataillon de 800 Aragonais, faites-lui donner l'ordre de se rendre à Toulouse; ces régiments serviront à renforcer mes troupes et seront employés en France. Je vous ferai connaître mes intentions plus en détail quand j'aurai reçu l'état de l'armée espagnole que je vous ai demandé.

Il ne faut point disposer de l'Ordre de Charles III; cet Ordre ne peut être conservé, et il faudra lui en substituer un autre.

J'ai fait, comme vous l'avez désiré, le sieur Fréville maître des requêtes, et légionnaire un gendarme qui a été blessé à la journée du 2 à Madrid. J'ai donné la Légion d'honneur au prince de Hohenzollern.

Vous savez que l'Espagne ne m'a rien rendu et que je n'ai point d'argent. Il est donc nécessaire de voir ce qu'il y aura à faire pour les officiers.

J'ai donné ordre que votre régiment s'arrêtât à l'endroit où il se trouvera; mais on ne peut pas l'arrêter avant Bordeaux. Je vous enverrai ce soir la proclamation du prince des Asturies et de tous les infants au peuple espagnol[1].

Je désire que le conseil de Castille se réunisse pour demander le roi de Naples pour roi d'Espagne, et qu'il fasse une proclamation pour faire sentir l'avantage pour l'Espagne d'avoir pour roi un prince éprouvé et qui a l'expérience d'un règne de plusieurs années.

Je désire qu'il me fasse connaître quelles sont ses idées sur la convocation d'une assemblée de députés des provinces, que je voudrais faire à Bayonne. Par ce moyen, je ne ferais point de proclamation, et je ne paraîtrais que dans cette assemblée avec le nouveau roi. Chaque province ferait ses cahiers de charges pour demander ce qu'elle croirait convenable et exposer le vœu du peuple. Il faudrait que cette assemblée pût être réunie à Bayonne au 15 juin, et qu'elle fût composée, par tiers, de la noblesse, des prêtres choisis moitié dans le haut clergé et moitié dans le bas clergé, et du tiers état. Elle ne devrait pas être de plus de cent à cent cinquante personnes. Je m'en rapporte à l'opinion de la junte sur les moyens de faire choisir les députés.

Mais, avant tout, il faut qu'on me fasse, sous peu de jours, la demande du roi de Naples, et qu'on me l'envoie par une députation du conseil de Castille. Je l'accorderai, et, dès ce moment, le roi sera convenu en l'Espagne, et les Amériques sauront à quoi s'en tenir.

<small>D'après la minute. Archives de l'Empire.</small>

[1] Voir *le Moniteur* du 19 mai 1808.

13877. — AU VICE-AMIRAL DECRÈS,
MINISTRE DE LA MARINE, À PARIS.

Bayonne, 13 mai 1808.

Monsieur Decrès, je désire que vous me répondiez sur les questions suivantes.

Pensez-vous que je puisse avoir à Toulon, au 1ᵉʳ septembre, 3 vaisseaux à trois ponts portant 2,400 hommes, 2 vaisseaux de 80 portant 1,400 hommes, 7 vaisseaux de 74 portant 4,200 hommes, 7 frégates portant 2,100 hommes, 10 corvettes ou bricks portant 1,000 hommes, 20 chebecs, demi-chebecs, lougres, tartanes, avisos, portant 1,000 hommes; total, 50 bâtiments de guerre et portant 12,000 hommes et 100 chevaux, à raison de 2 chevaux par bâtiment? Flotte de transport : 1 vaisseau de 64, 1 frégate et 4 flûtes de 450 à 600 tonneaux portant 4,000 hommes et 100 chevaux; 30 transports de 150 à 300 tonneaux portant 3,000 hommes et 750 chevaux; total, 19,000 hommes et 900 chevaux portés sur 86 bâtiments approvisionnés pour deux mois et demi d'eau pour tout le monde, même les passagers, et pour quatre mois de vivres? Si les vaisseaux russes sont arrivés, l'on portera dans le nombre ces bâtiments. Quelles sont les mesures à prendre pour arriver à ce résultat? Vous remarquerez que j'ai mis 800 hommes pour un vaisseau à trois ponts, parce qu'on peut mettre 100 hommes d'équipage de moins; ces 100 hommes pourront être rendus par la flotte de transport.

Pourrais-je également avoir à Lorient 3 vaisseaux de 74, 6 frégates, 4 corvettes ou bricks, et 7 flûtes, en tout 20 bâtiments, portant, les 3 vaisseaux 1,200 hommes, les 6 frégates 1,200, les 4 bricks ou corvettes 400 hommes, les 7 flûtes ou gabares 1,800 hommes; total, 4,600, avec trois mois d'eau pour l'équipage et les passagers, réduisant l'équipage autant que cela peut se faire, et ayant des vivres pour six mois, ration complète, et deux mois en sus en farine? Les deux belles flûtes neuves que vous avez à Nantes peuvent être armées d'ici à ce temps-là et envoyées à Lorient.

L'expédition de Brest serait ainsi composée : 1 vaisseau de 118 canons portant 1,125 hommes, dont 525 marins et 600 soldats; 1 de 80, portant 1,050 hommes, dont 500 marins et 550 soldats; 4 de 74 portant 1,000 hommes, dont 450 marins et 550 soldats; total, 3,350 hommes; 4 frégates portant 500 hommes, dont 300 soldats et 200 marins; 4 corvettes portant 60 marins et 120 soldats; total, 5,000 hommes : 1 flûte de 118 canons, lestée de manière à avoir de l'eau pour 1,400 hommes pour trois mois, dont 500 matelots et 900 soldats; 4 vaisseaux-flûtes de 74 portant 1,200 hommes, dont 400 matelots et 800 soldats; total, 9,100 hommes; enfin, 10 flûtes faisant, l'une portant l'autre, 3,000 tonneaux, et disposées de manière à porter 3,000 hommes : total, 29 à 30 bâtiments et 12,100 hommes, ayant de l'eau pour trois mois, des rations complètes pour six mois, de la farine et du biscuit pour deux.

De ces deux dernières expéditions, celle de Lorient partira la première, au commencement d'octobre, arriverait à l'île de France, y porterait 4,500 hommes de renfort et 500 tonneaux de mer, c'est-à-dire 10,000 quintaux de farine, avec lesquels on ferait sur-le-champ à l'île de France 1,800,000 rations, c'est-à-dire des rations pour 18,000 hommes pendant cent jours. Si cette expédition seule arrive, elle mettra l'île de France à l'abri de toute attaque. Les vaisseaux et frégates neuves croiseront et feront du mal à l'ennemi. L'expédition de Lorient partie, celle de Brest partira, et alors j'aurai à l'île de France 9 vaisseaux de guerre et 15,000 hommes, qui, avec 3,000 hommes qui pourraient les joindre, feraient une diversion de 18,000 hommes dans les Indes. Au même moment, j'enverrai mon escadre de Toulon prendre 20,000 hommes dans le golfe de Tarente pour les porter en Égypte.

Le concours de ces opérations portera l'épouvante à Londres. Une seule, celle de l'Inde, y fera un horrible mal. L'Angleterre alors n'aura aucun moyen ni de nous inquiéter, ni d'inquiéter l'Amérique. Je suis résolu à cette expédition.

Les 5 vaisseaux armés en flûte, et même un ou deux des 6 armés en guerre, qui partiraient de Brest, resteraient à l'île de France; leur gréement servirait à équiper les autres vaisseaux. Il y aurait alors plus de matelots qu'il ne faut pour équiper ces 5 vaisseaux, qui, réunis à ceux de Lorient, formeraient une escadre de 8 vaisseaux qui s'en reviendraient par Rio de la Plata ou par toute autre croisière. Je vous prie de me faire le calcul exact de ces expéditions, comme je l'avais fait il y a deux ans. Vous avez dû mettre les flûtes de Brest dans le bassin pour les réparer. Faites tout ce qui est possible pour que la frégate de Saint-Malo augmente à Brest l'expédition. La frégate *le Niemen*, qui est à Bordeaux, celles qui sont au Havre et à Cherbourg, chargées de quelques centaines de tonneaux de vivres, quelques autres bonnes frégates escortant une ou deux flûtes bonnes marcheuses, essayeront également de se rendre à l'île de France.

Il n'y a aucune espèce de doute qu'il ne faille donner l'ordre aux deux vaisseaux douteux qui sont en rade de Brest de rentrer dans le bassin, car il serait bien avantageux d'avoir 7 vaisseaux armés en guerre au lieu de 6.

Dans tous ces calculs, je ne fais entrer pour rien l'Espagne; mais l'Espagne sera tellement organisée avant ce temps, que mon expédition de Toulon en sera augmentée de plusieurs vaisseaux (ce qui permettra de porter l'expédition à 24,000 hommes), que l'escadre de Cadix attirera davantage la sollicitude des Anglais et que plusieurs flûtes chargées de farine pourront être expédiées du Ferrol et d'autres ports d'Espagne.

Je vous ai écrit pour que 3 vaisseaux soient mis en état à Lisbonne, parce que je désire leur donner l'ordre de se rendre à Toulon. Cependant, alors, mon armée sera considérable à Boulogne, et la flotte de Flessingue et la flottille de Boulogne menaceront l'Irlande. Il n'y a point de doute, alors, que l'Angleterre se croira menacée dans son intérieur ou en Irlande et n'aura point de soupçon que ces grandes expéditions sont destinées pour les Indes.

Donnez d'abord tous les ordres, comme si cette lettre, au lieu d'être un mémoire, était un ordre définitif. Ensuite vous me ferez un mémoire raisonné, non pour accroître les difficultés, mais pour les résoudre. Ici j'ai tout le temps, et toutes les difficultés doivent être levées en correspondant souvent avec Brest et en partageant ma volonté, qui est forte.

Il doit y avoir à Morlaix de gros transports danois, américains ou autres qui pourraient être utiles. D'ailleurs, l'expédition de Lorient peut être faite de manière à porter plus de 4,500 hommes, surtout en renonçant à deux ou trois vieilles frégates qu'on laisserait là-bas.

NAPOLÉON.

D'après l'original comm. par Mme la duchesse Decrès.

13878. — AU VICE-AMIRAL GANTEAUME,
COMMANDANT L'ESCADRE DE LA MÉDITERRANÉE, À TOULON.

Bayonne, 13 mai 1808.

Monsieur l'Amiral Ganteaume, le ministre de la marine vous a fait connaître ma satisfaction sur les opérations de votre escadre; elles ont été horriblement contrariées par le temps. Je vous expédie un de mes officiers d'ordonnance [1] pour connaître la situation de votre escadre et des 2 vaisseaux russes qui doivent se trouver sous vos ordres; traitez-les bien et approvisionnez-les de tout. Je réitère l'ordre à l'escadre espagnole qui est à Mahon de se rendre à Toulon. Si vous pouvez lui envoyer un aviso ou faire quelque chose qui puisse protéger son arrivée, faites-le, sans toutefois compromettre mon escadre. Je viens d'ordonner que le port de la Spezia fût converti en port de guerre. Il y a dans ce moment une nombreuse garnison, de fortes batteries, et l'on va y établir incessamment un arsenal pour remplacer celui de Gênes. Si vous pouvez y envoyer un chebec avec un officier de confiance pour voir tout et m'en instruire, cela ne peut être que d'un bon résultat.

Je désire bien que *l'Austerlitz*, *l'Ulm* et *le Donawerth* puissent être mis à l'eau au mois de juillet, ainsi que *le Breslau*, qui est à Gênes, afin que ces vaisseaux puissent renforcer mon escadre de la Méditerranée et entrer en ligne à la fin d'août; ce qui, avec les 2 vaisseaux russes, porterait mon escadre à 16 vaisseaux. Je désire aussi que *le Frontin*, *la Muiron* et les grosses flûtes soient mis en état. Je voudrais jeter 20,000 hommes et 800 chevaux sur un point important. Prenez des renseignements sur une expédition qui aurait pour but Tunis et Alger. Si l'escadre de Mahon parvenait à vous joindre, vous auriez alors 20 à 22 vaisseaux.

[1] M. de Tascher.

La nouvelle situation politique de l'Espagne, où va régner un prince de ma Maison et qui va se trouver sous mon influence, donnera une nouvelle activité aux ports de Cadix et du Ferrol.

Ne vous laissez pas bloquer par de petites forces. Les Anglais ont à faire de tous les côtés, dans la Baltique, en Hollande, à Flessingue, où j'ai 10 vaisseaux de guerre en rade. Si, pour mon expédition, j'avais besoin d'une vingtaine de transports, il me semble qu'il devrait exister des danois, des suédois et autres bâtiments étrangers, à Toulon et à Marseille.

NAPOLÉON.

D'après l'original comm. par Mme la comtesse Ganteaume.

13879. — A JOACHIM, GRAND-DUC DE BERG,
LIEUTENANT GÉNÉRAL DU ROYAUME D'ESPAGNE, À MADRID.

Bayonne, 13 mai 1808.

Je reçois votre lettre du 10 mai à midi. J'ai lu avec intérêt l'état de situation des troupes espagnoles; pour le mieux connaître, je le fais traduire. Je vous écrirai là-dessus dans la journée. Je désirerais que ces états fussent faits à ma manière, c'est-à-dire qu'il y eût une colonne pour le complet selon l'ordonnance, une des présents, une des hommes détachés et dans quel lieu, une des hommes aux hôpitaux et une dernière colonne d'effectif. Je sais, par exemple, que des corps ont de forts détachements aux régiments qui sont à Hambourg, et je ne les vois point portés là. Je ne vois point la situation de l'artillerie.

Je vous ai déjà mandé que je ne pouvais pas envoyer d'argent; je suis obligé à trop de dépenses, et l'Espagne n'a jamais eu besoin de secours étrangers.

Il ne faut faire aucun changement dans les affaires; j'irai peut-être à Madrid. Il ne faut pas envoyer ici les diamants de la Couronne; il faut les garder en vous assurant que personne ne les enlève.

Il serait convenable d'envoyer un officier d'artillerie et un officier du génie, avec un officier de marine, à Ceuta, pour reconnaître l'état de cette place et des quatre Présides que les Espagnols ont en Afrique. Pressez le départ des bataillons de renfort qu'on doit y envoyer de Cadix.

Je vous ai demandé l'état de situation de la marine.

Faites-moi connaître depuis combien de temps les milices sont sur pied; quel âge elles ont et pour combien de temps elles sont au service.

Vous n'avez pas compris mes intentions et fait une chose qui ne vaut rien, en envoyant les deux régiments suisses à Séville : c'est alors les mettre à la disposition du général espagnol qui commande là et qui les fera agir selon l'esprit des troupes espagnoles, qui peut-être est mauvais. Je vous avais dit de les mettre avec le général Dupont, parce qu'avec ce général ils agiront suivant l'impulsion française. Ils sont actuellement à Talavera; il faut les y laisser, Talavera n'étant pas éloigné de Tolède. Que le général Dupont les passe en revue et les tienne dans sa main, de manière à les influencer. Les mettre avec le général Dupont, c'est comme si vous lui donniez 3 ou 4,000 hommes de plus; les envoyer à Séville, c'est donner au général espagnol, dont les troupes peuvent être dans un mauvais esprit, 3 ou 4,000 hommes de plus.

Vous avez une confiance qui vous attirera quelque malheur. Qu'est-ce que les gardes du corps qui font la garde près de vous? Ils vous assassineront. Je vous avais dit de les mettre hors de la ville, à l'Escurial, par exemple. Vous mettez avec les Suisses deux bataillons espagnols; ces bataillons ont un mauvais esprit et le communiqueront aux Suisses. Je vous prie de vous conformer entièrement aux dispositions que je prescris. Mon hôpital de Valladolid a été fortement compromis quand vous avez donné l'ordre d'évacuer cette ville. Envoyez les gardes du corps à l'Escurial. Il ne faut point donner des embarras au nouveau roi, auprès duquel je ne souffrirai pas qu'ils restent. Ils seront à l'Escurial sous la surveillance du général qui y commande une division. Réunissez les deux régiments espagnols que vous avez sortis de Madrid dans un point quelconque, mais à deux marches des Suisses, de manière à ne pas les influencer. Isolez les Suisses des Espagnols et rapprochez-les des Français. Continuez à faire évacuer l'hôpital de Valladolid sur l'Escurial, qui est un point à garder. Vous avez, je vous le répète, une trop grande confiance; c'est votre défaut. J'aurais perdu 20 hommes de moins à la révolte de Madrid, si vous aviez inspiré un peu de méfiance aux Français, qui, de toutes les nations, est celle qui a le plus besoin qu'on lui inspire ce sentiment. Je vous ai écrit de faire fermer l'intérieur de votre palais et d'y faire mettre des portes, et de faire des espèces de forteresses de l'arsenal et du Palais-Neuf : vous ne me répondez pas; vous avez tort de penser que cela soit inutile. Vous avez, en vérité, une confiance d'enfant. Il est possible que je retire toute mon armée de Madrid et que je n'y laisse que 4 à 5,000 hommes. Que feront ces troupes? Se laisseront-elles égorger? Fortifiez le Palais-Neuf, l'arsenal et les casernes, et logez-y la garnison; renvoyez les gardes du corps à l'Escurial; logez les Français au Château, au Palais-Neuf et dans un couvent hors de la ville. En général, vous flattez trop les Espagnols, et vous nous conduirez bientôt à une nouvelle insurrection, qui peut être plus dangereuse que la première, en ce que la première n'a été dirigée par personne. J'ai plus d'expérience des Espagnols que vous. Quand vous me disiez que vous étiez très-tranquille à Madrid, je disais à tout le monde que vous ne tarderiez pas à avoir une insurrection.

Répondez en détail à toutes mes lettres. Faites bien comprendre que je n'ai point d'argent. Le ministre des finances est un sot s'il ne sait pas en trouver en Espagne. Envoyez-moi un mémoire sur la situation des finances, domaines et revenus du pays. Dans le rapport que me fera le sieur Laforest, il me fera connaître la quantité de papier-monnaie, combien il perd, et sur quoi il est hypothéqué.

Il ne faut point prendre d'aides de camp espagnols, puisque vous ne devez point rester en Espagne. Vous pouvez vous attacher quatre officiers d'ordonnance espagnols; bien entendu que vous ne les admettrez pas dans votre intimité et que vous les tiendrez toujours en course.

On a envoyé au payeur ici 200,000 francs pour le prince Ferdinand, qui n'avait pas d'argent : faites-les sur-le-champ rembourser à la caisse française par les Espagnols. Quand ils vous disent qu'ils n'ont pas d'argent, c'est qu'ils espèrent que je leur en enverrai et qu'ils voient que le pays est en révolution. Il en est de même de votre intendant Denniée, qui demande des bœufs et des farines de France, prétendant que je dois nourrir mon armée. Il est difficile d'être plus maladroit. Comme si, dans un pays de 11 millions d'habitants, la nourriture de 80 ou 100,000 hommes était quelque chose.

J'attends avec impatience des nouvelles de Cadix.

On m'a parlé de dragons jaunes qui s'étaient mal comportés. Envoyez-les en France, en les dirigeant par Barcelone sur Perpignan.

P. S. Je vous envoie deux lettres, que vous ferez passer au général Junot et à l'amiral Rosily, à Cadix.

D'après la minute. Archives de l'Empire.

13880. — AU GÉNÉRAL JUNOT,
COMMANDANT L'ARMÉE DE PORTUGAL, À LISBONNE.

Bayonne, 13 mai 1808.

Je vous ai envoyé l'ordre de réunir 4,000 hommes d'infanterie, cavalerie et artillerie à Almeida, de manière à avoir 500 chevaux et 10 pièces de canon attelées. Je n'ai pas besoin de vous dire que ces troupes doivent être toutes françaises.

Je désire que vous teniez également à Elvas 2,400 hommes d'infanterie française et 400 chevaux, avec 4 pièces de canon, afin de contenir Badajoz et de se porter où ils seront nécessaires. Il faut que cette colonne soit également composée de Français, sans la mêler de Suisses ni d'aucunes troupes étrangères. Vous donnerez le commandement de la colonne d'Elvas à un officier intelligent, qui pût, s'il y avait lieu, agir sans attendre d'ordres.

Ces deux corps vous seront remplacés par les 6,000 hommes de la division Carrafa; c'est plus qu'il ne vous en faut.

Le général Loison enverra sa situation au maréchal Bessières, et le général qui commandera à Elvas, au général le plus près de lui. Aujourd'hui c'est le général Dupont, qui est à Tolède.

D'après la minute. Archives de l'Empire.

13881. — AU VICE-AMIRAL ROSILY,
COMMANDANT L'ESCADRE FRANÇAISE EN RADE DE CADIX.

Bayonne, 13 mai 1808.

Je désire connaître l'état de situation de mon escadre; envoyez-moi au plus tôt cet état.

Pourriez-vous, si l'on vous donnait 600 hommes de bonne infanterie, les répartir sur vos vaisseaux et en tirer des matelots pour armer deux vaisseaux de plus et porter ainsi mon escadre de 5 vaisseaux à 7? Dans ce cas, quels sont les vaisseaux que la marine espagnole pourrait vous fournir? Combien avez-vous de mois de vivres et de rechanges pour votre navigation? Si vous aviez eu l'ordre de gagner un de mes ports quelconques de l'Océan, Rochefort ou Lorient, par exemple, auriez-vous pu sortir? Si je vous donnais cet ordre, pourriez-vous l'exécuter? Pouvez-vous faire sortir de Cadix des bricks et des frégates pour envoyer dans les Amériques? A combien revient la ration à Cadix; s'en procure-t-on autant qu'on en a besoin? Quelles sont les difficultés qu'il faudrait lever pour faire passer une armée à Ceuta? Quels moyens offrent pour cela Cadix, Algésiras et la côte? Combien les Espagnols ont-ils de vaisseaux armés et pouvant vous servir? Quelle confiance peut-on y avoir? Répondez-moi à ces différentes questions.

D'après la minute. Archives de l'Empire.

13882. — A M. FOUCHÉ,
MINISTRE DE LA POLICE GÉNÉRALE, À PARIS.

Bayonne, 14 mai 1808.

J'ai vu avec plaisir l'arrestation du brigand sur le chasse-marée *le Bristol*. J'écris au ministre de la marine; écrivez-lui de votre côté, et faites-lui sentir vivement ce que le résultat de ces tracasseries peut avoir de nuisible pour mon service; que, s'il avait prévenu la police, plusieurs des brigands auraient été arrêtés, qui probablement sont cachés dans l'intérieur. Faites-lui comprendre qu'un jour ou l'autre il arrivera des événements dont l'opinion le rendra responsable.

Je vous ai écrit il y a plusieurs jours sur les élèves de l'école de Metz. Écrivez au maire qu'au théâtre et dans les lieux publics ces élèves sont justiciables de la police de la ville comme tous les autres citoyens; qu'il les fasse mettre en prison; faites connaître que c'est mon ordre. Le premier devoir de ces jeunes gens est le respect à l'autorité civile. Qu'ils ne se croient point autorisés à commettre les impertinences et à imiter l'insolente pétulance que se permettaient autrefois les jeunes officiers; qu'ils sachent que les citoyens sont leurs pères et qu'ils ne sont que les enfants de la famille.

D'après la minute. Archives de l'Empire.

13883. — A M. DE TASCHER,
OFFICIER D'ORDONNANCE DE L'EMPEREUR, A BAYONNE.

Bayonne, 14 mai 1808.

Vous vous rendrez en diligence à Toulon, où vous arriverez le plus tôt possible. Vous porterez la lettre ci-jointe à l'amiral Ganteaume; s'il n'y était plus, vous la rapporteriez. Vous remettrez aussi la lettre ci-jointe au préfet maritime. Vous resterez quatre jours à Toulon, pendant lesquels vous irez voir les bâtiments en construction, pour me faire connaître quand ils seront mis à l'eau; vous prendrez des renseignements sur les bâtiments de l'escadre. Vous irez voir les bâtiments russes dans le port, et prendrez l'opinion des officiers de marine sur les bâtiments tant au personnel qu'au matériel. Vous irez une fois par jour en rade et une fois par jour à l'arsenal. Vous verrez le commandant d'armes pour savoir si les conscrits arrivent. Vous vous assurerez si le fort Lamalgue est suffisamment bien gardé et si toutes les batteries sont suffisamment bien servies. Vous verrez le directeur d'artillerie pour savoir s'il est arrivé suffisamment de poudres et d'affûts. Avant de partir, vous prendrez les ordres de l'amiral, du préfet maritime, du commandant russe, et vous prendrez la situation de l'escadre, que vous m'apporterez.

Vous direz à tout le monde que j'ai été fort content de l'escadre et des services qu'elle a rendus en ravitaillant Corfou.

En revenant de Toulon, vous passerez à Avignon pour y prendre la situation du régiment toscan, qui doit y être arrivé.

D'après la minute. Archives de l'Empire.

13884. — AU CONTRE-AMIRAL EMERIAU,
PRÉFET MARITIME, À TOULON.

Bayonne, 14 mai 1808.

J'expédie un de mes officiers d'ordonnance à Toulon pour avoir des renseignements sur mes escadres et sur le port. Les vaisseaux le *Donawerth*, l'*Ulm* et l'*Austerlitz*, et le *Breslau*, à Gênes, pourront-ils être lancés en rade avant le mois d'août? L'*Austerlitz* devrait être lancé avant le 1er juin. Ayant le projet de faire sortir mon escadre avant la fin de la saison, je désire que vous fassiez toutes les dispositions nécessaires pour la mettre en état, et que vous preniez même des mesures extraordinaires, si cela est nécessaire, en consultant la prudence et le bien de mon service.

Je vous recommande les vaisseaux russes qui viennent d'arriver à Toulon. Faites-leur fournir toutes les munitions navales et de bouche dont ils auraient besoin.

Si l'amiral Ganteaume n'était pas à Toulon, je vous charge d'envoyer un officier à Mahon pour réitérer à l'amiral espagnol l'ordre, que je lui fais donner de tous les côtés, de se rendre à Toulon. Cet officier fera des reconnaissances, prendra l'état de situation des escadres. Vous pourriez, dans tous les cas, diriger cette escadre sur Gênes, Villefranche et la Spezia. J'ai une forte garnison et des batteries formidables dans ce beau port; je compte y établir un arsenal et en faire la succursale de Toulon. Envoyez un officier le reconnaître, afin de s'assurer du mouillage, si une escadre y est à l'abri de toute attaque, et si tout ce qui s'y fait pour la protection de la marine est fait avec intelligence.

Il y a une contestation sur les mâtures de Corse pour savoir si elles sont bonnes ou non. Il n'y a pas d'inconvénient à essayer sur des gabares, dans la pénurie où l'on se trouve de mâtures. Je compte pour tout cela sur votre attachement et votre zèle pour mon service. Écrivez à mes consuls à Barcelone, à Carthagène, à Cadix, de vous donner des nouvelles de la Méditerranée; je leur ai donné l'ordre de vous les adresser directement. Cette correspondance sera très-utile aux vaisseaux des deux nations.

D'après la minute. Archives de l'Empire.

13885. — A JOACHIM, GRAND-DUC DE BERG,
LIEUTENANT GÉNÉRAL DU ROYAUME D'ESPAGNE, À MADRID.

Bayonne, 14 mai 1808, six heures du matin.

Je reçois votre lettre du 11 mai à une heure du matin. J'approuve fort ce que vous faites relativement à la demande du roi de Naples par le conseil de Castille; je l'attends avec impatience et vous ai déjà écrit sur cela.

Les employés de la légation qui était à Bayonne étaient très-mauvais: il ne faut pas se presser de les envoyer à Madrid. Il faut nommer un autre ministre des affaires étrangères; Cevallos est mauvais. Faites conduire en France, sous bonne escorte, l'agent anglais. Il n'y a pas de doute qu'il ne faille séquestrer tous les bâtiments américains, parce qu'il est certain qu'ils ont tous subi la visite des Anglais. Il faut dire au chargé d'affaires d'Amérique que son gouvernement n'a qu'à maintenir l'indépendance de son pavillon; que nous ne reconnaissons pas le pavillon qui s'est laissé violer; que ce sont là nos principes; que la même chose se fait en Russie, en Danemark, en Italie, en Hollande. Moquez-vous donc de tout ce que dira ce chargé d'affaires.

Réitérez l'ordre à l'escadre espagnole qui est à Mahon de se rendre à Toulon. Faites-lui connaître que j'ai là 12 vaisseaux français, 2 vaisseaux russes; qu'il sera ravitaillé à Toulon, mis en état de faire une bonne expédition. Je vous ai mandé qu'il avait pour relâche tous les ports de Corse, ceux de Gênes, de la Spezia, de Villefranche et du golfe Juan. Écrivez à cet amiral pour lui faire sentir l'importance de cette réunion. Si cette escadre parvient à arriver à Toulon, je me trouverai avoir là réunis plus de 20 vaisseaux, ce qui gênera beaucoup les Anglais.

Je vous envoie une lettre[1] pour l'empereur de Maroc, par laquelle je l'invite à approvisionner Ceuta, et lui fais connaître que j'attends cela de sa bonne amitié. Il n'en faut pas moins ravitailler cette place par tous les moyens. Je lui dis que l'île de Peregil ne peut être occupée par les Anglais, mais je la crois dans ce moment occupée par les Marocains.

J'approuve que le général Solano se porte à Arcos et à Medina-Sidonia pour renforcer le camp de Saint-Roch et protéger Cadix; mais je n'approuve pas que vous envoyiez à Séville 5,000 hommes commandés par le général Rouyer : c'est réunir trop les forces espagnoles dans un même point. Que la division de Reding, composée de deux régiments suisses, reste à Talavera jusqu'à nouvel ordre et fasse partie du corps du général Dupont; que le bataillon d'Aragon se dirige sur Carthagène pour y remplacer le régiment suisse de Traxler qui est dans cette ville; que le bataillon de Savoie se dirige sur Malaga pour y remplacer le régiment suisse de Reding n° 2; et que ce régiment, avec le régiment suisse de Traxler, forme une seconde brigade suisse à Grenade, qui sera commandée par le général Schramm, et qui fera également partie du corps du général Dupont. Par ce moyen, j'aurai deux brigades suisses commandées par des généraux français parlant allemand. Il faut y attacher des adjudants-commandants et des officiers d'état-major. Ils mèneront avec eux du canon, s'ils en ont; sans quoi, l'artillerie française leur en fournira. Par ce moyen, ces deux brigades de 6 à 7,000 hommes deviendront françaises, ainsi organisées. Le général Dupont pourra se porter avec ces troupes partout où il sera nécessaire, et il sera partout le plus fort. Je crois vous avoir déjà expliqué cela dans ma lettre d'hier. Les Suisses marcheront et se battront suivant le courant d'opinions où ils seront : s'ils sont dans un courant d'opinions françaises, ce sera 6,000 bras de plus ajoutés à nos forces; s'ils sont dans un courant d'opinions espagnoles, ils pourraient être contre nous. Vous avez trop de sagacité et d'expérience pour ne pas sentir cela.

Il faut qu'il n'y ait pas à Grenade un Espagnol; veillez-y. Quand j'aurai des notes sur l'esprit qui les anime, je pourrai mettre avec eux un

---
[1] Cette lettre n'a pas été retrouvée.

bataillon suisse à la solde de France, ou un bataillon français. Il y a entre le camp de Saint-Roch et Cadix bien du monde. Je suis persuadé que, lorsque le général Solano sera arrivé à Medina-Sidonia, il y aura là 18,000 Espagnols; il faut bien se garder d'augmenter ce nombre. Vous donnerez également l'ordre au régiment suisse qui est à Tarragone de se diriger sur Grenade. Par ce moyen, les Suisses feront une opinion. Vous ferez remplacer ce régiment à Tarragone par un bataillon de 900 à 1,000 hommes tiré de Madrid. Par ce moyen, votre garnison espagnole de Madrid, qui était de 10,000 hommes, sera réduite de 3,000 Suisses, des deux bataillons d'Aragon et de Savoie, valant 2,000 hommes, et d'un autre bataillon d'à peu près 1,000 hommes. Il ne restera donc que 4,000 hommes de garnison espagnole à Madrid, Aranjuez et environs : c'est juste ce qu'il faut. Je vous prie de bien vous pénétrer du contenu de cette lettre.

Il y a aussi des régiments irlandais sur lesquels on doit pouvoir compter. Faites-moi un rapport là-dessus. Faites-moi également connaître quel est l'esprit des gardes wallones, qu'on pourrait aussi réunir pour marcher avec eux.

Vous recommanderez au général Rouyer, qui commande la division suisse de Talavera, et au général Schramm, qui commande celle de Grenade, de réunir leurs troupes, de les exercer et de ne les laisser manquer de rien. Vous ordonnerez que le régiment suisse de Tarragone, celui de Reding et celui qui est à Carthagène laissent chacun un fonds de dépôt dans les villes où ils laisseront les ouvriers, les hommes malades, les bagages et les éclopés, afin de ne traîner avec eux que le nécessaire. Chargez Belliard de faire un mémoire sur l'armée espagnole, régiment par régiment, compagnie par compagnie, sur sa composition, sur les raisons qui font qu'il y a des régiments si faibles, sur la paye, sur les masses, sur son recrutement, etc.

Je vous ai envoyé une lettre pour l'amiral Rosily ; vous avez à Madrid de mes officiers d'ordonnance; faites porter cette lettre par un d'eux, et expédiez-les sur Lisbonne, sur Cadix, sur le Ferrol; vous pouvez en expédier un pour porter les ordres à l'escadre de Mahon.

Je vous ferai connaître, par le courrier de demain, mes observations sur l'état de situation que vous m'avez envoyé, que j'ai lu et relu et que je sais par cœur. J'attends avec impatience l'état de situation de la marine. J'attends avec une égale impatience le mémoire que j'ai chargé Laforest de faire sur les finances, et que le ministre des finances pourrait faire encore mieux; je ne manque pas de gens ici qui savent l'espagnol et qui pourront le traduire. Ce mémoire doit me faire connaître exactement la situation des finances du pays, la dette publique, les *vales*, les différentes branches de revenus, ce qu'ils ont produit en 1805, 1806 et 1807, l'emploi des dépenses de ces trois années, ce que coûtent la marine et l'armée de terre, etc.

<small>D'après la minute. Archives de l'Empire.</small>

13886. — AU MARÉCHAL BESSIÈRES,
COMMANDANT LA GARDE IMPÉRIALE, ETC. À BURGOS.

<small>Bayonne, 14 mai 1808, six heures du matin.</small>

Mon Cousin, j'ai reçu l'état de situation des troupes espagnoles. Voici la partie qui vous concerne. Il y a dans la Galice et les Asturies 5,000 hommes effectifs de troupes de ligne. Il y a dans la Galice 7,600 hommes de gardes-côtes ou milices, et dans les Asturies 1,100 hommes de milice. Il y a dans la Castille-Vieille, à Burgos, etc. 280 hommes de milice et 300 hommes de cavalerie. Il y a donc, dans tout votre arrondissement, 14,000 hommes, savoir: à Ares, le 3ᵉ bataillon du Roi, 262 hommes; le 3ᵉ bataillon du Prince, 193; à la Corogne, le 1ᵉʳ bataillon de Navarre, 827; une partie du 2ᵉ bataillon de Catalogne, 350; le régiment de Séville, 1,100; le 2ᵉ et le 3ᵉ bataillon des Volontaires de la Corogne, 500; au Ferrol, le 2ᵉ et le 3ᵉ bataillon d'Hibernia, 400; le régiment de Naples, 280; une partie du bataillon de Volontaires de Navarre, 360; à Vivero, le 2ᵉ bataillon de Tolède, 90; à Vigo, le 2ᵉ et le 3ᵉ bataillon de Léon, 450; à Puente de Ume, le 3ᵉ bataillon d'Aragon, 100.

Ainsi ces 5,000 hommes composent 16 ou 17 bataillons. Il est probable qu'il y a au moins par bataillon 100 hommes à réformer, tant écloppés qu'ouvriers; il ne resterait donc plus d'effectif que 3,400 hommes; en ôtant le sixième pour la différence de l'effectif au présent sous les armes, cela ne ferait guère que 2,800 à 2,900 hommes.

La milice se compose de la manière suivante : Vieille-Castille, à Ciudad-Rodrigo, 2 compagnies des régiments provinciaux, 280 hommes; Galice, au Ferrol, 1 bataillon des grenadiers provinciaux de Galice, 700 hommes; de Lugo, 580; de Santiago, 450; de Pontevedra, 580; de Ruy, 580; de Mondonedo, 570; de Monterey, 570; à Ares, le régiment provincial de Léon, 590; celui de Valladolid, 590; à Vigo, celui d'Orense, 590; à la Corogne, le régiment provincial de Betanzos, 450; de Ségovie, 580; de Compostelle, 400; à Montefaro, le régiment provincial de Salamanque, 470; total, 14 corps formant 7,980 hommes. En ôtant 50 hommes par corps pour les dépôts, ouvriers, estropiés, etc. restent 7,000 hommes; et en ôtant le sixième, restent 5,800 hommes.

Dans les Asturies, à Gijon, le bataillon provincial d'Oviedo, 590; à Santander, le bataillon provincial de Laredo, 570 hommes.

Prenez des renseignements pour savoir de combien ces corps devraient être composés au complet, s'ils sont exercés, combien d'hommes ils peuvent mettre en campagne. A la manière dont ils sont répartis, ils me paraissent être des gardes-côtes. Je ne pense donc pas qu'en dégarnissant toute la Galice, les Asturies, la Biscaye, la Vieille-Castille, le royaume de Léon, l'ennemi pût vous opposer plus de 8,000 hommes de troupes.

NAPOLÉON.

D'après l'original comm. par Mme la duchesse d'Istrie.

13887. — A L'INFANT DON FERDINAND, PRINCE DES ASTURIES,
EN ROUTE POUR VALENÇAY.

Bayonne, 14 mai 1808[1].

Je reçois la lettre de Votre Altesse, du 10 mai. Le traité qui a été signé et dont les ratifications ont été échangées ayant aplani toutes les

[1] Lettre envoyée, le 16, à M. de Talleyrand. (*Note de la minute.*) Voir ci-après, pièce n° 13899.

difficultés entre nous, j'adhère à la demande que vous me faites, et, aussitôt que possible, nous conclurons le mariage que vous désirez contracter avec une de mes nièces. J'espère que vous y trouverez le bonheur, et moi un nouveau motif de prendre intérêt à tout ce qui vous concerne.

D'après la minute. Archives de l'Empire.

13888. — AU PRINCE CAMBACÉRÈS,
ARCHICHANCELIER DE L'EMPIRE, À PARIS.

Bayonne, 15 mai 1808.

Le roi Charles doit arriver aujourd'hui à Bordeaux et dans dix jours à Fontainebleau. Il ne doit lui être rendu aucun honneur extraordinaire, pas plus qu'à Compiègne. Il n'y a pas d'inconvénient que vous alliez le voir à Fontainebleau pour vous assurer qu'il ne manque de rien. Il est inutile également qu'on lui rende des honneurs à Orléans; il faut se borner à des devoirs d'honnêteté. Il ne doit pas venir à Paris sans mon ordre. Demandez à Fontaine si le palais de Compiègne est prêt, et si le Roi peut s'y établir au 1er juin. Ce prince a très-peu de train; outre la Reine et le jeune infant don Francisco, il n'a pas plus de sept ou huit officiers d'honneur et le triple ou le quadruple de domestiques. Il a quelques chevaux.

L'opinion de l'Espagne se ploie selon mon désir. La tranquillité est rétablie partout, et il paraît qu'elle ne sera troublée nulle part.

D'après la copie comm. par M. le duc de Cambacérès.

13889. — AU GÉNÉRAL CLARKE,
MINISTRE DE LA GUERRE, À PARIS.

Bayonne, 15 mai 1808.

Monsieur le Général Clarke, je vous recommande de porter une grande attention à protéger mon escadre de Flessingue, et de tenir sur ce point des officiers d'artillerie et du génie en quantité suffisante. Envoyez un courrier au roi de Hollande pour qu'il renforce la garnison de l'île de Walcheren d'un millier d'hommes de plus, et que sa colonne soit prête à se porter partout où il serait nécessaire, en la réunissant même aux troupes qui partiraient d'Anvers et d'autres points. Écrivez au général Chambarlhac, qui commande la 24° division militaire, de faire l'inspection de l'île de Cadzand, de seconder le général de brigade que je vous ai ordonné d'y placer et d'être lui-même très-actif. Tirez de Boulogne deux compagnies d'artillerie à pied, et envoyez-les en toute diligence dans l'île de Cadzand, pour servir les batteries qui protégent la gauche de l'escadre. Donnez l'ordre à un régiment de ligne de ceux qui sont à Boulogne, fort de 1,500 hommes, de se rendre à Blankenberghe; que le général commandant l'île de Cadzand en soit prévenu et établisse des signaux pour pouvoir l'appeler à lui sur-le-champ. Donnez l'ordre au général Vandamme, qui commande la 16° division militaire, de renforcer le plus possible sa colonne de Blankenberghe en infanterie et cavalerie (j'ai désigné Blankenberghe, parce que le pays est sain), et qu'il s'y porte même de sa personne, pour concourir à protéger mon escadre de Flessingue. Causez de cela avec le ministre de la marine, afin de bien connaître la position de l'escadre dans le cas où l'ennemi aurait opéré un débarquement dans l'île de Cadzand, où nécessairement il ne pourrait se maintenir longtemps. Je ne crois pas que l'ennemi y débarque; cependant cela m'intéresse assez pour me décider à ordonner le départ d'un régiment de Boulogne et de deux compagnies d'artillerie, comme je l'ai dit ci-dessus. Le général de brigade commandant l'île de Cadzand ne doit jamais découcher de Breskens. Vous avez dû lui donner 60 hommes de cavalerie; je désire que vous les portiez à 200. Recommandez-lui d'entretenir une correspondance active avec le général Monnet et l'amiral Missiessy. Je suppose que vous avez donné l'ordre de faire inspecter les batteries de l'île de Cadzand et de les approvisionner à cent coups; que vous avez donné au général commandant plusieurs officiers d'artillerie pour veiller au bon service des batteries; ce qui, au moyen des compagnies d'artillerie que je vous ai ordonné d'y envoyer, mettra ce point à l'abri de tout événement.

P. S. En écrivant au roi de Hollande, faites-lui connaître mon intention qu'il envoie dans l'île de Cadzand 1,200 hommes de ses troupes, sous les ordres du général de brigade qui doit commander dans cette île, et que ces troupes partent vingt-quatre heures après la réception de votre lettre, vu qu'il peut y avoir urgence, car, s'il n'y a pas dans l'île de Cadzand 3 ou 4,000 hommes, mon escadre de Flessingue peut se trouver fortement compromise. Si le général de brigade qui doit commander l'île de Cadzand n'y est pas rendu, envoyez le général le plus à portée, et sans délai; car, si c'est un général de la Grande Armée ou de l'armée d'Italie qu'on destine à ce commandement, l'été se passera avant qu'il soit arrivé. Veillez à la stricte exécution de vos ordres. Si le général Roguet se trouvait à Paris, il serait très-propre à être envoyé là. Mandez au roi de Hollande qu'il est nécessaire qu'il tienne dans l'île de Walcheren, et à portée de l'île de Cadzand, un général de brigade, 400 chevaux et au moins 2,500 à 3,000 hommes d'infanterie, avec six pièces d'artillerie, de sorte que cette colonne, au moindre événement, puisse se porter sur la position de mon escadre, ou passer, s'il était nécessaire, l'Escaut, et appuyer par là mes troupes. Je n'ai pas bien présent à la mémoire si de Blankenberghe on peut arriver à l'île de Cadzand, sans retard, par le bras de l'Escaut, et s'il y a des moyens de passage suffisants; faites-moi connaître cela, et prenez en grande considération les moyens de défense de l'île de Cadzand.

En résumé, il doit y avoir dans cette île, 1° un général de brigade, deux officiers d'état-major, un chef de bataillon, deux capitaines d'artillerie et un officier du génie; tout cela à Breskens et en mouvement perpétuel pour inspecter les batteries, veiller à ce qu'elles soient bien approvisionnées et faire faire l'exercice aux gardes-côtes; 2° deux compagnies d'artillerie de ligne, que le général de brigade portera sur tous les points où il y aurait besoin de renforts. 3° Il faut réunir un escadron provisoire de cavalerie, tiré de la 24° division militaire, qui servira pour patrouilles sur la côte et communiquera avec le camp de Blankenberghe : on exercera cette cavalerie à l'exercice du canon, afin qu'elle puisse se porter partout où il serait nécessaire de renforcer l'activité des pièces. 4° On lèvera dans l'île de Cadzand et environs un bataillon de gardes nationales de 500 hommes pour le service de l'île, lequel sera sous les ordres du général de brigade. 5° Faire venir dans l'île de Cadzand un régiment hollandais de 1,200 hommes. 6° Placer à Blankenberghe un régiment français de 1,200 à 1,500 hommes, tiré de Boulogne. 7° Former un bataillon provisoire de tout ce qui se trouve dans la 16° division militaire, et charger le général Vandamme d'y joindre également 60 à 80 chevaux, de se trouver souvent à ce corps, de le bien discipliner, d'avoir soin qu'il ait ses cartouches, de le placer le long de la mer, entre Blankenberghe et l'île de Cadzand, afin de pouvoir, au moindre signal, se jeter dans cette île. 8° Faire des détachements de la garnison d'Anvers, et dans la 24° division militaire, d'un millier d'hommes, les approcher à une demi-marche de Cadzand, afin de les avoir à Cadzand le plus tôt possible en cas de nécessité ; enfin avoir une colonne de 3,000 Hollandais le plus près possible de mon escadre, et au plus loin à une demi-journée, laquelle correspondra avec le général Monnet et sera prête à se porter sur l'île de Cadzand, si le cas l'exigeait.

Par ce moyen, on peut réunir dans l'île de Cadzand 7 à 8,000 hommes en moins d'un jour. Aussitôt que le général Vandamme serait prévenu, il se porterait avec sa colonne, le général Chambarlhac de même, et, arrivés dans l'île, le général Vandamme commanderait, comme le plus ancien. Il est probable que l'ennemi, s'il voulait attaquer mon escadre, ferait mine de débarquer dans l'île de Walcheren ; je crains peu un débarquement sur ce point ; mais, s'il y était débarqué, la garnison de l'île de Cadzand s'y porterait. Je vous recommande bien que le général Monnet reste à Flessingue, et que cette place soit bien approvisionnée. A ces mesures il faut joindre celle d'avoir six pièces de canon et six obusiers prussiens à Breskens ; on prendra de ces obusiers prussiens dont on a tiré si grand parti à Boulogne ; ils resteront en partie à Breskens avec deux cents coups par pièce. On aura pris des mesures pour, en cas d'événement, lever quelques chevaux dans l'île pour traîner ces pièces et les conduire sur les points où elles seront nécessaires pour battre les chaloupes et vaisseaux anglais qui voudraient s'approcher de la côte. Envoyez dans l'île de Cadzand quelques-uns de vos aides de camp pour s'assurer qu'il y a quelqu'un pour y commander, qu'elle est en état de défense, et pour vous faire connaître où sont placés les camps, et s'ils sont en rapport avec l'ensemble du système.

Je suppose que l'ennemi, voulant brûler mon escadre, se présenterait avec une escadre supérieure, mouillerait dans la rade et débarquerait 5 ou 6,000 hommes dans l'île de Cadzand pour s'en tenir maître pendant quelques jours, s'emparerait pendant ce temps des batteries, et tournerait mes propres batteries contre mon escadre : où débarquerait l'ennemi, comment se conduirait-il, et que doit faire le général français ? Voilà la question. Causez de cela avec le ministre de la marine.

NAPOLÉON.

D'après la copie. Dépôt de la guerre.

13890. — AU VICE-AMIRAL DECRÈS,
MINISTRE DE LA MARINE, À PARIS.

Bayonne, 15 mai 1808.

J'ai été voir hier la mouche que j'ai fait préparer ici. Elle sera partie, si le temps le permet, quand vous recevrez cette lettre. Les officiers de marine disent qu'il est sans exemple que le port de Bayonne ait été bloqué ; que l'ennemi ne se tient même pas au large, et que de petits bâtiments qu'on expédierait pour les colonies ont mille chances en sortant d'ici, vu qu'ils peuvent faire impunément les trente premières lieues n'étant pas observés, et que, les trente premières lieues faites, on est alors en pleine mer. Je ne conçois pas comment l'évidence de cela n'est pas connue à Paris, et comment il n'y a pas toujours ici une quinzaine de petits bâtiments pour envoyer dans les colonies. Par ce moyen, mes colonies auraient des nouvelles. La marine me paraît livrée à une grande routine établie dans des temps fort différents de ceux-ci.

J'ai donné ordre à Lisbonne qu'on préparât six mouches pour les Amériques espagnoles, trois d'un côté et trois d'un autre, avec des fusils. Il me semble que vous pourriez faire ainsi expédier des goëlettes de Nantes, de Bordeaux et de Rochefort. Parmi les bâtiments qui servent à la protection de la côte, il y en a un nombre suffisant qui sont propres à porter une lettre en Amérique.

D'après la minute. Archives de l'Empire.

13891. — A ALEXANDRE, PRINCE DE NEUCHÂTEL,
MAJOR GÉNÉRAL DE LA GRANDE ARMÉE, À BAYONNE.

Bayonne, 15 mai 1808.

Mon Cousin, écrivez au général Duhesme de tenir ses troupes réunies, et que le capitaine général peut renforcer le fort de Rosas en y mettant 100 hommes de plus, Irlandais, de manière à le mettre à l'abri des entreprises des Anglais.

NAPOLÉON.

D'après l'original. Dépôt de la guerre.

13892. — A ALEXANDRE, PRINCE DE NEUCHÂTEL,
MAJOR GÉNÉRAL DE LA GRANDE ARMÉE, À BAYONNE.

Bayonne, 15 mai 1808.

Mon Cousin, on fait dans mes régiments les changements les plus contraires à mes intentions. On dirait que la France est devenue vassale de la Russie, et que toutes les demandes que font les officiers russes sont des ordres. On retire de mes régiments polonais des hommes, sous le prétexte qu'ils sont russes. J'entends dire qu'il est arrivé de Barcelone à Perpignan 89 hommes qu'on ôte des régiments napolitains, sous prétexte qu'ils sont russes. Je ne conçois rien à cela. Si l'adjudant-commandant chargé de l'échange des prisonniers a rendu des hommes aux Russes sans ordre, faites-le arrêter. Aucun individu à mon service ne doit en sortir sans mon ordre. C'est vraiment un délire que cette conduite : et quand fait-on cela? C'est quand on garde mes prisonniers en Russie comme domestiques, qu'on retient des chefs de bataillon que l'on a débauchés. Il n'appartient d'ailleurs à personne de préjuger mes intentions. Donnez à cet adjudant-commandant qui se nomme...... l'ordre de venir à Paris rendre compte de sa conduite, et donnez-moi des renseignements sur tout cela, si vous en avez. En attendant, donnez l'ordre que les 89 hommes s'arrêtent dans la première place forte, et qu'ils soient envoyés de là sur le 1ᵉʳ régiment d'infanterie de la légion de la Vistule.

NAPOLÉON.

D'après l'original. Dépôt de la guerre.

13893. — A JOACHIM, GRAND-DUC DE BERG,
LIEUTENANT GÉNÉRAL DU ROYAUME D'ESPAGNE, À MADRID.

Bayonne, 15 mai 1808, huit heures du matin.

Je reçois votre lettre du 12 mai à trois heures du matin. Je vous envoie la lettre du prince des Asturies au conseil de Castille; vous en ferez l'usage que vous jugerez convenable.

Je vois, par la note que vous m'avez envoyée, qu'il y a 12,000 hommes de toutes armes à Cadix et 10,000 devant Gibraltar; ce qui fait 22,000 hommes. Il faut bien se garder d'augmenter ce nombre. Faites filer des troupes sur Ceuta et sur Minorque.

La lettre de la junte de Castille ne dit rien, puisqu'elle me remercie de ce que j'ai raccommodé le fils avec le père et fixé leur incertitude. J'attendrai, pour leur répondre, la lettre que vous m'annoncez et que je recevrai probablement aujourd'hui.

Est-ce vous qui avez donné aux carabiniers qui ont escorté le roi Charles l'ordre de retourner à Madrid?

L'état de la marine que vous m'avez envoyé ne dit rien. C'est un état de situation détaillé dont j'ai besoin, présentant les vaisseaux armés, en armement, désarmés, en réparation, en construction, à la mer. J'en sais beaucoup plus sur la marine espagnole que votre état ne m'en apprend.

D'après la minute. Archives de l'Empire.

13894. — A JOACHIM, GRAND-DUC DE BERG,
LIEUTENANT GÉNÉRAL DU ROYAUME D'ESPAGNE, À MADRID.

Bayonne, 15 mai 1808, huit heures du matin.

Des renseignements sûrs, auxquels j'ai lieu d'avoir confiance, me donnent la conviction que le mouvement général qui a eu lieu à Madrid a été commandé par le prince des Asturies et par sa cour, et dès lors opéré par la junte. S'exposer à toute extrémité plutôt que d'adhérer à ce que j'avais demandé, et massacrer tous les Français, voilà ce qui avait été ordonné. Partout il y a eu des hommes sages qui s'y sont refusés; des capitaines généraux ont répondu qu'ils feraient la guerre loyalement, mais qu'ils ne croyaient pas de leur honneur de pousser une populace féroce à l'assassinat de malheureux individus. Les mouvements de Valladolid et de l'Estremadure, auxquels les autorités ont d'abord été favorables, ont été contremandés, dès qu'elles ont eu la première idée des événements de Madrid. Il est donc nécessaire de surveiller pour quelque temps la junte, qui devient inutile. Il suffit que vous fassiez le travail avec chaque ministre. À quoi servent d'ailleurs ces conseils? Vous avez l'autorité légale comme lieutenant général du royaume. Cependant quelques jours de plus ou de moins sont de peu d'importance.

Les gardes du corps me gênent; les envoyer en France serait le plus sûr. Vous pourriez leur dire qu'on les a calomniés; que le meilleur moyen de se justifier est de demander à passer en France pour aller se mettre à la tête des Espagnols qui sont dans le Nord; ce serait une chose fort avantageuse. Si cela ne peut pas réussir, il faut les envoyer à l'Escurial, car, avant l'arrivée du nouveau roi, je ne veux pas qu'il y ait des gardes du corps à Madrid.

Il faudrait me composer un état d'une douzaine de mille hommes d'infanterie, de 3,000 hommes de cavalerie et de 1,000 hommes d'artillerie, total 16,000 hommes, que vous formerez en trois divisions, deux d'infanterie et une de cavalerie. Faites-moi connaître ceux des corps qui ont le plus mauvais esprit et dont il faudrait se défaire. Vous dirigeriez ces trois divisions sur France.

Il faut faire passer de Catalogne un bataillon de plus à Mahon, et deux ou trois bataillons de plus à Ceuta; 4,000 hommes effectifs à Ceuta ne sont rien. Ainsi donc, si l'on faisait passer 16,000 hommes en France, 2,000 hommes à Ceuta et 1,000 hommes à Mahon, l'armée espagnole serait assez affaiblie en Espagne pour n'avoir rien à craindre.

Quant à présent, réitérez l'ordre et prenez des mesures pour que 2,000 hommes d'infanterie se rendent en Afrique et 1,000 hommes à

Mahon. Faites faire ensuite un travail sur les trois divisions à faire venir en France, et envoyez-m'en l'état. Vous en feriez passer une par la Catalogne et les autres par l'occident.

P. S. Faites cesser le recrutement extraordinaire qui a lieu.

<small>D'après la minute. Archives de l'Empire.</small>

13895. — A JOACHIM, GRAND-DUC DE BERG,
LIEUTENANT GÉNÉRAL DU ROYAUME D'ESPAGNE, À MADRID.

Bayonne, 15 mai 1808.

Je reçois votre lettre du 13 mai à trois heures du matin. Vous ne me parlez plus de la lettre du conseil de Castille qui devait être prête à onze heures. On ne doit accorder au Roi que les tableaux qui lui appartiennent, mais non ceux de la Couronne. Gardez tous les diamants à Madrid, et faites une enquête secrète pour connaître ceux qui ont été achetés des voleurs du garde-meuble de France.

Cadix est le point le plus favorable pour des expéditions en Amérique; il paraît qu'on peut en faire partir autant qu'on voudra. Je vous ai déjà fait connaître qu'il fallait que l'escadre de Mahon se rendît à Toulon; réitérez cet ordre; elle sera remise là en bon état; cela est très-important.

Je n'approuve pas la mesure d'envoyer 4,000 hommes à Solano. Je n'ai pas besoin de nouvelles troupes en Portugal. Ne faites aucun mouvement de troupes dans ce pays. Il paraît que le ministre de la guerre fait ce qu'il veut, et non ce que vous voulez. Je pensais que le général Solano devait être au camp de Saint-Roch, entre Medina-Sidonia et Cadix. Je vous ai envoyé l'ordre de faire partir de Madrid plusieurs bataillons pour remplacer, à Carthagène, Malaga et Tarragone, les régiments suisses que je vous ai donné l'ordre de réunir à Grenade. Je n'ai pas besoin de nouvelles troupes dans les Algarves. Le général Junot a 10,000 Espagnols en Portugal, c'est plus qu'il ne lui en faut.

Si les chaleurs vous obligent de lever les camps, placez une division à l'Escurial, une à Aranjuez et une division dans une ville sur la gauche, du côté de la mer, à moins de douze lieues de Madrid.

Il faut congédier les milices; non pas toutes, il y en a qu'il est utile de conserver. Le ministre de la guerre a tort de réclamer les fusils enlevés par le général Ducos; ils ont été enfermés dans Saint-Sébastien, parce que les paysans pouvaient s'en servir, et ils sont en sûreté à Saint-Sébastien, qui est une place forte.

Il est fort singulier que le ministre de la marine ne connaisse pas le nombre de ses vaisseaux, ni leurs noms.

Je vous ai donné l'ordre de retirer les gardes du corps de Madrid et de les envoyer en France ou à l'Escurial.

Vous devez laisser à Mahon le chef d'escadre qui y commande. Le Valdès qu'on veut y envoyer est le plus grand ennemi de la France; il m'a fait manquer une expédition, et c'est une des causes du plus grand mécontentement que j'aie eu contre l'Espagne. Il est fils d'un Valdès de Burgos. Il relâcha à Mahon pour ne pas débarquer à Toulon. Il ne faut point le renvoyer là.

Je vous ai mandé qu'il fallait envoyer aux infants tout ce qui leur appartenait nominativement, mais rien de ce qui ne leur appartenait pas.

Je sens que les affaires de finances méritent toute ma sollicitude. Je désire que vous m'envoyiez à Bayonne le ministre des finances avec trois ou quatre personnes des plus instruites dans cette partie, et munies de tous les papiers et documents qui puissent m'en faire connaître parfaitement la situation et les ressources. Je vous ai chargé de faire faire un travail là-dessus par le sieur Laforest. En trois ou quatre jours, on doit pouvoir me rédiger un mémoire qui me donne une idée des revenus de 1806 et 1807; je serai à même alors de prendre un parti.

Je me rendrais volontiers à Madrid; mais ma présence est encore nécessaire ici pour les affaires générales du Nord.

D'après la minute. Archives de l'Empire.

13896. — AU GÉNÉRAL JUNOT,
COMMANDANT L'ARMÉE DE PORTUGAL, À LISBONNE.

Bayonne, 15 mai 1808.

J'attends avec impatience l'état exact des Espagnols qui sont sous vos ordres et des lieux où ils se trouvent, du nombre d'hommes qu'ils ont aux hôpitaux, du nombre de compagnies qui composent leurs bataillons, enfin les moindres détails sur leur formation.

Je vous ai fait connaître que, compris les deux millions qu'on vous a déjà demandés, vous deviez envoyer six millions à Paris ou à Madrid. Je ne vois pas d'inconvénient à déclarer que la contribution est réduite à cinquante millions en argent; c'est-à-dire que les cinquante autres millions seront payés en domaines. Faites faire cette assignation de domaines pour cinquante millions.

Y aurait-il de l'inconvénient à faire publier le Code Napoléon en Portugal? Occupez-vous toujours de le faire traduire en portugais par des gens capables. Quelle espèce de résistance éprouverait-on pour resserrer les couvents et les réduire à moitié? On aurait par là beaucoup d'argent, puisqu'on dit que ces couvents ont chacun un trésor, et que leurs biens augmenteraient les domaines; ce serait d'ailleurs un grand pas de fait vers la civilisation de ce royaume. Faites dresser l'état des couvents et des biens qu'ils ont, et envoyez-le-moi.

Combien de troupes vous faudrait-il de plus pour maintenir la tranquillité du pays? En touchant à ce point important, vous sentez bien que ce n'est qu'une question que je fais et qu'il faut y mettre le temps.

J'ai ordonné que les régiments portugais que vous envoyez en France envoient en Portugal cinq officiers et dix sous-officiers, sergents et caporaux, pour se recruter. Je vous recommande de faire opérer ce recrutement le plus vite possible, de désigner le lieu où chacun de ces régiments doit recruter, et de prendre tous les moyens pour arriver à les compléter; car que voulez-vous que je fasse de 3,000 hommes qui ont 300 officiers? Ce serait ruineux. Prenez tous les moyens pour rappeler les déserteurs et les envoyer à mesure que vous aurez 100 hommes.

20.

Je vous ai écrit pour m'organiser trois vaisseaux, trois frégates et trois corvettes; de les approvisionner pour six mois de vivres et de les tenir prêts pour toutes sortes d'expéditions. Le vaisseau *le Vasco-de-Gama* et *la Maria-Primeira* sont deux beaux vaisseaux de 74. Vous devez avoir assez de bois pour achever le vaisseau en construction; mais, comme il ne pourra pas être fini pour l'époque où j'en aurai besoin, vous pourrez faire réparer *le Saint-Sébastien* ou *la Princesse-de-Beira*. Vous devez tenir les frégates *la Carlotta* et *le Phénix* prêtes à partir. Mais il est bien nécessaire que ces vaisseaux aient la plus grande partie de leurs officiers, de leur maistrance et de leurs canonniers, français. Vous y mettrez quelques matelots portugais et étrangers et une bonne garnison française. Faites-moi connaître quand, de ces trois vaisseaux, trois frégates et trois corvettes ou bricks, un vaisseau, une frégate et deux bricks seront prêts, et quand les trois vaisseaux, les trois frégates et les trois bricks le seront. Je vois qu'il y a cinq grosses gabares à Lisbonne; de combien de tonneaux sont-elles? Enfin il faut donner une grande activité à la marine et armer le plus de bâtiments que vous pourrez. Je vous ai envoyé de bons canonniers français. Mettez-y de bonnes garnisons, non pas d'auxiliaires, mais de Français. Faites-moi connaître le nombre d'officiers et contre-maîtres français que vous avez. Envoyez à Cadix demander si le vice-amiral ne pourrait pas, sans s'affaiblir, vous en offrir quelques-uns.

Sur le vaisseau *l'Atlas*, qui est à Vigo, il y a 100 marins. Envoyez-leur l'ordre de se rendre à Lisbonne, et envoyez l'ordre à un lieutenant et 25 hommes d'un des régiments qui est le plus près, de tenir garnison sur *l'Atlas* et de veiller à conserver ce vaisseau. Ces 100 marins français peuvent vous être fort utiles.

Faites-moi connaître s'il est facile de sortir de Lisbonne malgré la croisière anglaise. Faites faire un mémoire là-dessus par le capitaine de vaisseau qui est à Lisbonne.

D'après la minute. Archives de l'Empire.

13897. — AU GÉNÉRAL JUNOT,
COMMANDANT L'ARMÉE DE PORTUGAL, À LISBONNE.

Bayonne, 15 mai 1808.

J'ai écrit au grand-duc de Berg de vous envoyer les brochures et autres pièces qui se sont imprimées en Espagne sur les dernières affaires, et un duplicata des dépêches du gouvernement espagnol.

Faites mettre deux de ces paquets sur deux petites goëlettes ou avisos que vous expédierez au Rio de la Plata. Vous leur donnerez pour instruction, si le Rio de la Plata était bloqué, d'avoir soin d'atterrir dans les anses plus bas. De petits bâtiments seront suffisants pour cela. Faites charger sur ces petits bâtiments un millier de fusils; mettez-y des officiers français et assez de Français, marins et soldats, pour être maîtres des Portugais. Faites arranger six mouches pouvant naviguer chacune avec une trentaine d'hommes, ayant un ou deux petits canons. Que ces goëlettes soient doublées en cuivre, bonnes marcheuses, et dirigez-les, à huit jours de distance l'une de l'autre, sur l'Amérique espagnole, chargées de 4 à 500 fusils; trois pour la Vera-Cruz et trois dans le Midi.

Vous enverrez sur chacune deux lettres de vous au vice-roi espagnol du lieu sur lequel vous les dirigerez.

D'après la minute. Archives de l'Empire.

13898. — A LOUIS NAPOLÉON, ROI DE HOLLANDE,
À LA HAYE.

Bayonne, 15 mai 1808.

Je ne suis pas sans penser que l'ennemi pourrait fort bien essayer d'attaquer mon escadre de Flessingue, et, à cet effet, se présenter avec une escadre supérieure, jeter 6,000 hommes dans l'île de Cadzand, les y maintenir quelques jours, s'emparer de mes batteries et les tourner contre mon escadre, et, en même temps, contenir l'île de Walcheren par un débarquement simulé. Voici les dispositions que j'ai cru nécessaire d'ordonner pour s'opposer à ces projets de l'ennemi :

1° Vous devez renforcer la garnison de l'île de Walcheren de

1,000 hommes. Vous laisserez le commandement clair et net de vos troupes au général Monnet; en fait de militaire, il ne faut pas de discussions.

2° Immédiatement après avoir reçu cette lettre, vous ferez partir en toute diligence un bataillon de 1,000 hommes d'infanterie pour l'île de Cadzand, où je le ferai nourrir. Il sera cantonné dans les différents villages et fera le service de la côte. Je vous remplacerai bientôt ce régiment, s'il vous est nécessaire, mais dans ce moment je n'ai rien sous la main.

Mettez sous les ordres d'un général de brigade 2,500 à 3,000 hommes d'infanterie et 3 à 400 hommes de cavalerie, avec six pièces de canon. Réunissez ce corps à une demi-journée de la position où se trouve mon escadre; que ce général établisse des signaux sur la côte et avec les batteries; et, au moindre mouvement, sans attendre l'avis du contre-amiral Missiessy ou du général qui commande dans l'île de Cadzand, il se mettra en marche et passera dans l'île de Cadzand pour soutenir mes troupes. Je donne ordre, dans différents points, de réunir des colonnes afin d'avoir en un moment une force imposante sur le point menacé. Comme je suis aujourd'hui fort loin de ce côté, je désire que vous envoyiez vos aides de camp dans les îles de Walcheren et de Cadzand pour voir la situation des batteries, les mesures qu'on a prises et l'état exact des choses. Vous me ferez connaître le rapport de ces officiers. Je suppose qu'une de vos divisions est rentrée en Hollande; j'en ai donné l'ordre depuis longtemps. Vous n'avez rien à craindre des Anglais, qu'un coup de main qui serait l'affaire de deux ou trois jours. Ainsi il faut avoir au Texel 2 ou 3,000 hommes pour défendre l'escadre, surtout si elle est en rade.

P. S. Je ne vois pas que votre escadre soit en rade au Texel; il est cependant bien important qu'elle y soit. Envoyez-m'en la situation. J'ai vu avec plaisir que les deux frégates étaient arrivées à Flessingue. S'il était possible qu'un ou deux de vos vaisseaux de guerre, de ceux qui sont à Helvoet-Sluys, y vinssent aussi se réunir à mon escadre, ce serait bien avantageux; voyez si c'est possible.

D'après la minute. Archives de l'Empire.

13899. — A M. DE TALLEYRAND, PRINCE DE BÉNÉVENT,
VICE-GRAND ÉLECTEUR [1].

Bayonne, 16 mai 1808.

Mon Cousin, je vous envoie une lettre pour le prince des Asturies[2]. Le service du chef d'escadron Henri, de la gendarmerie, étant inutile, et cet homme leur paraissant peu agréable, vous pouvez le renvoyer ici. Il faut éloigner de ces princes tout ce qui aurait l'air de captivité. D'ailleurs, d'autres événements se sont passés depuis ma dernière lettre ; j'ai conclu avec le prince un traité par lequel il me cède tous ses droits à la couronne d'Espagne, et je lui ai accordé différentes choses qui peuvent le faire vivre heureusement et tranquillement. Faites en sorte qu'ils soient bien traités et qu'ils passent agréablement leur temps. Les affaires d'Espagne vont bien et vont être entièrement terminées, ce qui influera toujours sur la situation de ces princes.

NAPOLÉON.

D'après l'original. Archives des affaires étrangères.

13900. — A M. MOLLIEN,
MINISTRE DU TRÉSOR PUBLIC, À PARIS.

Bayonne, 16 mai 1808.

Monsieur Mollien, le payeur de l'armée de Dalmatie a mis des sommes à la disposition du général Marmont, sans y être autorisé par un crédit et sans résistance. Remplacez ce payeur et ordonnez-lui de venir à Paris avec tous ses papiers pour rendre compte de sa conduite. Vous lui reprocherez sa faiblesse. Le général Marmont n'avait pas d'ordres à lui donner, il n'en devait prendre que de vous. Il devait au moins dresser procès-verbal de violation de caisse, et l'envoi de ce procès-verbal aurait donné l'éveil. Il faut maintenant avoir les comptes de ces sommes. Envoyez là un payeur ferme, et que rien ne puisse le faire dévier de la règle. Qu'il

[1] L'original porte cette adresse : «Au prince de Bénévent, à Valençay; en son absence, au sieur de Tournon.»
[2] Voir pièce n° 13887.

sache bien que les généraux ne sont pas les ordonnateurs, que ce sont les ministres.

NAPOLÉON.

D'après l'original comm. par Mme la comtesse Mollien.

13901. — AU VICE-AMIRAL DECRÈS,
MINISTRE DE LA MARINE, À PARIS.

Bayonne, 16 mai 1808.

La Toscane va être réunie à l'Empire. Il est donc nécessaire que vous prépariez, pour le moment où le décret sera publié, ce qu'il faut pour organiser les classes dans le port de Livourne. Je donne l'ordre que l'on lève 400 bons matelots à Livourne et qu'on les dirige sur Toulon pour renforcer les équipages de l'amiral Ganteaume. Vous devez avoir des agents de la marine à Livourne. Faites toutes les dispositions nécessaires pour l'exécution de mes ordres.

D'après la minute. Archives de l'Empire.

13902. — AU VICE-AMIRAL DECRÈS,
MINISTRE DE LA MARINE, À PARIS.

Bayonne, 16 mai 1808.

J'ai vu avec plaisir que *le Breslau* avait été mis à l'eau sans accident. Il me tarde qu'il soit armé et équipé et prêt à se rendre à Toulon pour le 15 juin, afin qu'on soit sûr qu'il y soit au 1er juillet pour augmenter l'escadre de Toulon. Mon intention est qu'un autre vaisseau soit mis sur la cale du *Breslau;* cela est facile. Faites le marché: cela alimentera toujours la ville de Gênes.

Je désire que, sur le premier état de situation, vous fassiez ajouter des notes sur les qualités qu'on a remarquées aux vaisseaux de l'escadre de Toulon; marchaient-ils unis? etc.

J'ai donné des ordres au ministre de la guerre de prendre des mesures pour garder la rade de Flessingue. Que l'amiral Missiessy y veille; qu'il vous instruise du nom du général de brigade qui commande à l'île de

Cadzand, du général de Flessingue, du général hollandais qui commande sur les derrières, enfin des préparatifs et dispositions qui sont faits là.

Je suppose que, dans ce moment-ci, il y a au moins 4,000 hommes sur l'escadre de Flessingue et qu'il y en aura 5,000 avant le 1er juin. Les exercices sont-ils commencés?

Les moyens que vous proposez pour Cadix se font déjà par les Espagnols; ainsi il est inutile de faire aucuns frais pour cela. Je fais partir un aviso de ce port; je fais partir dans la semaine un petit brick que j'ai acheté; ce sera toujours deux expéditions.

Je dirige la petite mouche sur Cayenne, et j'écris à Victor Hugues de la diriger sur le Caracas, et d'envoyer de son côté des bâtiments de tous côtés pour prévenir de ce qui se passe. J'expédie l'autre sur la Guadeloupe, et j'en profite pour y envoyer 20 hommes; j'écris au général Ernouf d'envoyer dans toute la terre ferme espagnole des avis de ce qui se passe.

Quand m'apprendrez-vous que l'*Austerlitz* a été lancé à Toulon?

Combien de mois de vivres et d'eau aura l'escadre de Flessingue au 1er juin?

Donnez l'ordre que désormais aucune gabare de plus de 200 tonneaux ne sorte de mes ports sans être doublée en cuivre.

J'ai gardé vos dépêches pour Victor Hugues, que je fais partir par la mouche qui part d'ici.

Je vois qu'on pourrait essayer d'avoir trois ou quatre mouches à Cadix toujours prêtes à partir, dont on se servirait avec succès pour donner des nouvelles dans les colonies.

<small>D'après la minute. Archives de l'Empire.</small>

13903. — A M. LACÉPÈDE,
GRAND CHANCELIER DE LA LÉGION D'HONNEUR, À PARIS.

Bayonne, 16 mai 1808.

Je reçois votre rapport du 11 relatif au sieur Gautier, chasseur au 16e d'infanterie légère. Je ne doute pas qu'il ne tienne ce qu'il vous a promis. Renvoyez-le à son corps, où j'espère qu'il méritera bientôt de l'avancement. Écrivez dans ce sens au colonel.

<small>D'après la minute. Archives de l'Empire.</small>

13904. — A EUGÈNE NAPOLÉON,
VICE-ROI D'ITALIE, À MILAN.

Bayonne, 16 mai 1808.

Mon Fils, la réunion des trois départements d'Ancône étant faite, il est nécessaire d'y publier le Concordat et de déclarer que toutes les lois qui régissent l'Église du royaume d'Italie sont exécutoires dans ces trois départements. Il est également nécessaire de mettre sans délai en activité toutes les mesures relatives aux moines; ce qui aura l'avantage, d'ailleurs, de mettre à notre disposition une grande quantité de biens dont on pourra se servir très-utilement. Il faut s'occuper de faire constater les dettes de ces provinces, et me proposer des mesures pour les faire liquider sur le Mont-Napoléon. Je crois convenable que le ministre des finances se rende, à cet effet, à Ancône, où il pourra rester huit ou dix jours. Vous aurez sans doute supprimé dans les trois départements tous les droits qui sont supprimés dans le reste du royaume. Il faut appeler ces trois départements à concourir à la formation des compagnies de gardes d'honneur. Occupez-vous de faire faire le budget de la ville d'Ancône. Il faut aussi s'occuper des fortifications; les fortifications d'Ancône vous sont nécessaires sous deux points de vue : pour réprimer une insurrection et pour mettre les vaisseaux qui seraient dans le port à l'abri d'une descente. Ancône ne sera jamais assiégée, ni par de très-grandes forces, ni par de très-grands moyens militaires; il n'est pas question de faire là une place dans le genre de celle d'Alexandrie; mais l'occupation de deux ou trois points par de bons forts serait, je crois, une chose très-importante. Faites lever la carte d'Ancône et de 2,000 toises autour, avec les côtes.

NAPOLÉON.

<small>D'après la copie comm. par S. A. I. Mme la duchesse de Leuchtenberg.</small>

13905. — A EUGÈNE NAPOLÉON,
VICE-ROI D'ITALIE, À MILAN.

Bayonne, 16 mai 1808.

Mon Fils, je reçois votre état de situation des constructions au 1er mai. Il est plein d'incohérences. Par exemple, article des *Bâtiments en armement*, corvette *la Caroline*, votre état dit que cette corvette a été mise à l'eau en décembre 1807; il dit ensuite qu'elle est aux 21 vingt-quatrièmes de sa construction : mais, si elle a été mise à l'eau en décembre, elle était alors aux 24 vingt-quatrièmes de sa construction; expliquez cela.

Je vois que mes cinq vaisseaux de guerre n'avancent pas. *Le Rivoli* n'est encore qu'aux 8 vingt-quatrièmes; il sera donc impossible de le mettre à l'eau au mois d'août. Quoiqu'il soit très-important de pousser ces travaux avec la plus grande activité, tout dort. *La Bellone* est portée comme devant être mise à l'eau à la mi-mai; cependant elle n'est encore qu'aux 15 vingt-quatrièmes. *La Couronne* est-elle ou non à l'eau? Faites-moi faire un nouvel état, qui me fasse connaître le nombre de jours de vivres qu'ont tous les bâtiments qui sont en rade; ajoutez-y les bâtiments désarmés. Que cet état me fasse connaître pour quelle mission chaque bâtiment est expédié, et quelle est l'époque des dernières nouvelles qu'on en a reçues. Veillez donc aux constructions; cela ne va pas.

Vous ne me rendez pas compte de la marche des divers travaux commencés dans le royaume. Les travaux du Reno au Pô, ceux du canal de Pavie, ceux de Venise, avancent-ils? Il me semble que rien ne marche. Rendez-moi compte plus exactement de l'exécution des travaux que j'ai ordonnés.

Vous m'envoyez un état de situation de l'armée italienne au 1er mai qui n'est pas suffisant. Il n'est pas dans la forme que je veux, et que je vous ai indiquée; ce n'est qu'un résumé qui ne dit rien. Il faut me faire dresser un livret plus complet, où il y ait autant de feuilles que de départements, puisqu'il n'y a pas de divisions militaires dans mon royaume d'Italie. A chaque département, une page indiquera le nombre de casernes qu'il y a pour l'infanterie et la cavalerie, le nombre de lits que la caserne contient, le nom du général qui commande, le nom des officiers d'état-major, du génie, de l'artillerie, et des commissaires de guerre qui y sont employés; une autre page donnera le détail des troupes en garnison dans le département et des compagnies de gendarmerie et de vétérans qui font le service. Après la situation militaire des départements, viendra la partie du livret destinée aux troupes qui sont hors du royaume. Vous mettrez autant de feuilles qu'il y a d'endroits différents où sont placées mes troupes. Il y en a en Espagne, en France, à Naples, à Corfou; pour chacun de ces pays, il faut une feuille séparée. Vous devez faire dresser un autre livret dans lequel il y aura autant de feuilles qu'il y a de régiments d'infanterie, de cavalerie, d'artillerie, etc. et, pour chaque régiment, vous devez réunir sur le même feuillet tous les renseignements qui peuvent faire connaître le détail de sa situation et des détachements qui en dépendent. Un troisième état, consacré aux détails de l'artillerie, doit me faire connaître la quantité de canons, d'affûts, de boulets, de fusils, de poudre, en distinguant ce qui appartient à la France et ce qui appartient à l'Italie. Enfin ce troisième état doit être accompagné d'un autre sur la conscription, et qui me fasse connaître ce que chaque département a dû fournir, ce qu'il a fourni et quelle a été la répartition de son contingent entre les corps.

Envoyez-moi, tous les mois, ces quatre livrets, et j'aurai alors une idée du militaire d'Italie. Depuis deux ans je vous le demande, et vous me laissez toujours dans l'obscur. Je n'ai aucun renseignement; je ne sais pas où sont les dépôts de mes régiments, combien ils ont de bataillons, comment se nomment les colonels, enfin rien. Les états que vous m'envoyez sont des états pour rire; je ne puis pas même y voir ce que chaque régiment a de détaché en Espagne. C'est tout à fait ridicule. Pour mon armée française, le ministre me remet, deux fois par mois, plus de dix-huit volumes in-12 et in-4°, qui me présentent l'état de mon armée sous tous les points de vue. Envoyez-moi exactement les états que je vous demande.

NAPOLÉON.

D'après la copie comm. par S. A. I. Mme la duchesse de Leuchtenberg.

13906. — A JOACHIM, GRAND-DUC DE BERG,
LIEUTENANT GÉNÉRAL DU ROYAUME D'ESPAGNE, À MADRID.

Bayonne, 16 mai 1808.

J'ai lu avec attention une note que le ministre de la marine m'a envoyée sur les vaisseaux espagnols. Je vois qu'il n'y a au Ferrol que *le Saint-Elme*, de 74, *le Saint-Julien*, de 64, *la Prima*, frégate de 44, et *la Vengeance* et *la Magdeleine*, de 34, qui soient armés. Donnez l'ordre sur-le-champ qu'on mette en armement dans ce port *le Saint-Augustin*, de 74, et en réparation *la Conception*, *le Mexicain*, *le Saint-Ferdinand* et *l'Orient*, de manière à avoir, dans le courant de l'été, 7 vaisseaux armés et prêts à faire voile du Ferrol. Il ne manquera peut-être pour cela que de l'argent, mais ce n'est pas en se laissant abattre qu'on arrivera à la paix. De l'argent, il faut s'en procurer.

Il faut mettre en armement à Carthagène *le San-Carlos*, *le San-Joachim* et *le Glorioso*. Il faut réitérer l'ordre que l'escadre de 6 vaisseaux qui est à Mahon se rende à Toulon.

A Cadix, je vois qu'il n'y a que 6 vaisseaux en rade. Il faut sur-le-champ faire entrer dans les bassins et mettre en réparation 6 des 8 meilleurs vaisseaux qui s'y trouvent : *le Santa-Anna*, *le Conde de Regla*, *le Soberano*, *le Saint-Firmin*, *l'Africain*, *le Saint-Jean-Baptiste*, *le San-Gabriel-el-Fermo* et *le Minho*, de sorte qu'on puisse avoir dans le courant de l'été 10 vaisseaux en rade de Cadix.

L'Espagne aurait donc à mettre, pour la cause commune, 6 vaisseaux à Toulon, 3 vaisseaux à Carthagène, 12 à Cadix et 7 au Ferrol; ce qui ferait 28 vaisseaux, ce qui certes est bien peu de chose. Il y a assez de matelots en Espagne. On approvisionnera bientôt l'arsenal. Ce qui manque seulement, c'est de l'argent et de l'activité. Combien en faut-il, de l'argent, pour faire ces armements? Le ministre de la marine est-il habile? Donnez ordre à Mazarredo, vice-amiral espagnol, de se rendre à Bayonne, où je désire causer avec lui.

Je vous recommande de prendre toutes les mesures nécessaires pour donner du mouvement dans l'arsenal. Ce sont là les meilleures proclamations pour se concilier l'affection des peuples. En renvoyant l'escadre de Mahon à Toulon, on sera déjà débarrassé de l'entretien et de la nourriture de celle-là, ce qui donnera sans doute d'autant plus de moyens pour les autres.

Si le département de la marine veut avoir ma confiance, il faut qu'il se donne du mouvement; qu'on passe des marchés et qu'on mette de l'activité dans ces trois ports.

<small>D'après la minute. Archives de l'Empire.</small>

13907. — A JOACHIM, GRAND-DUC DE BERG,
LIEUTENANT GÉNÉRAL DU ROYAUME D'ESPAGNE, À MADRID.

Bayonne, 16 mai 1808.

Il y a en Galice 7,690 hommes de milices. Je désire que vous fassiez un travail avec le ministre de la guerre; que, sur ces 7,690 hommes, vous gardiez seulement un effectif de 2,000 hommes, et que vous licenciiez les 5,690 autres, en ayant soin de retenir tous les fusils, et en supposant que cela ferait plaisir aux milices; car, sans cela, je préférerais les faire passer en France, où je les payerais comme troupes de ligne. Sur les 1,650 hommes de milices de Valence et Murcie, licenciez-en 1,000, en gardant les bataillons le mieux organisés. Il faut garder tout ce qui se trouve à Gibraltar et à Cadix. Ainsi je vous autorise à faire un travail avec le ministre de la guerre pour licencier, sur les 28,000 hommes, 20,000 hommes, en gardant les milices plus instruites et en renvoyant celles des provinces qui ont le plus besoin de bras. Aussi bien voilà le temps de la récolte qui va arriver. On verra, après ce que produira le premier licenciement, si l'on peut continuer le licenciement du reste. Le licenciement des 6,000 hommes de la Galice ne peut être que très-utile sous tous les points de vue.

J'ai lu et relu avec attention l'état de situation de la guerre que vous m'avez envoyé; je vous en ai demandé de plus détaillés. Faites-moi connaître l'esprit des différents régiments, au moins des gardes wallones et des gardes espagnoles. Sur les 10,900 Suisses effectifs, formant les régiments au service d'Espagne, combien y a-t-il de Suisses, de déserteurs de toute nation? Sur les 2,700 gardes wallones, combien y a-t-il d'Espagnols, de Français et d'étrangers? Pourquoi les trois régiments irlandais ne forment-ils ensemble que 1,700 hommes (le régiment d'Ultonia 400, le régiment d'Hybernia 800, le régiment d'Irlande 500)? Combien y a-t-il d'Irlandais? Quel doit être leur complet et le moyen de les y reporter? Pourquoi le régiment d'Estremadure n'est-il que de 700 hommes? Tous ces régiments sont dans un furieux incomplet. Combien le régiment de Naples a-t-il de bataillons? Comment arrive-t-il qu'il n'a que 280 hommes? Je ne trouve que deux bataillons du régiment de Jaen; où est le troisième? Également, au régiment de Girone, je ne trouve que deux bataillons. Combien chaque régiment doit-il avoir de bataillons? Même question pour les Volontaires. Par exemple, les Volontaires de Catalogne ont en France un bataillon de 1,100 hommes; le second bataillon a 700 hommes, partie en Galice et partie à la division Socorro, en Portugal; ce régiment aurait donc 1,800 hommes; combien y a-t-il de bataillons? Même question pour les Volontaires de Barcelone. Même question pour les Volontaires d'Aragon. Tout cela a 2,500 hommes, et on ne connaît pas les bataillons.

Qu'est-ce que c'est que ces Volontaires de Marie-Louise qui n'ont que 200 hommes? Donnez-moi des éclaircissements sur tout cela.

D'après la minute. Archives de l'Empire.

13908. — A JOACHIM, GRAND-DUC DE BERG,
LIEUTENANT GÉNÉRAL DU ROYAUME D'ESPAGNE, À MADRID.

Bayonne, 16 mai 1808, neuf heures du soir.

Vous trouverez ci-joint une lettre pour l'empereur de Maroc. Vous chargerez un officier du génie intelligent, qui prendra l'uniforme d'aide de camp, de se rendre à Ceuta et de là à Tanger, où il prendra mon consul et se rendra avec lui à Fez, où il remettra ma lettre en main propre au roi de Maroc. Il s'entendra avec mon consul pour faire toutes les démarches et tout ce qui est nécessaire pour déjouer l'influence des Anglais. Il observera tout à Fez et sur la route, en bon ingénieur, et se mettra en état de me rendre compte de l'état des fortifications, de la nature du terrain, de la force des armées, de la population, enfin de tout ce qui m'intéresse sous le point de vue militaire.

Faites-moi connaître la situation des Marocains avec les Espagnols. Sont-ils amis ou ennemis?

Le général Marescot part cette nuit pour Madrid. Mon intention est qu'il aille à Cadix et sous Gibraltar, pour voir ce qu'il y aurait enfin moyen de faire sur cette place.

<small>D'après la minute. Archives de l'Empire.</small>

13909. — AU PRINCE CAMILLE BORGHESE,
GOUVERNEUR GÉNÉRAL DES DÉPARTEMENTS AU DELÀ DES ALPES, À TURIN.

Bayonne, 16 mai 1808.

Je vous ai écrit pour la Spezia. J'ai appris avec plaisir qu'à Gênes le vaisseau *le Breslau* avait été mis à l'eau. Prenez des renseignements pour me faire savoir quand ce bâtiment pourra naviguer et se rendre à Toulon. Faites connaître au commissaire de marine à Gênes qu'il doit presser l'achèvement de ce vaisseau, et que j'ai hâte d'en augmenter mon escadre de Ganteaume. Si vous pouvez faire quelque chose pour cela, faites-le.

Rendez-moi compte des travaux d'Alexandrie. Combien y occupe-t-on d'ouvriers? Quel jour y a-t-on ouvert la campagne? Qu'a-t-on fait depuis? Faites presser ces travaux et activez-les par tous les moyens possibles.

J'ai pris un décret, à mon dernier voyage, pour l'organisation du passage du mont Cenis. Y travaille-t-on? Faites-vous représenter mon décret et rendre compte de son exécution. Travaille-t-on à la caserne du couvent? Si l'on n'y travaille pas encore, sachez pourquoi et activez ces travaux.

J'avais ordonné qu'on organisât pour moi un palais à Gênes; parlez à Salmatoris pour savoir si c'est affaire terminée.

<small>D'après la minute. Archives de l'Empire.</small>

13910. — AU GÉNÉRAL CLARKE,
MINISTRE DE LA GUERRE, À PARIS.

Bayonne, 16 mai 1808.

Je vous envoie une lettre que je reçois du vice-roi. Voilà 800,000 francs qui ont été détournés, et dont il faut avoir le compte. Envoyez un officier intelligent auprès du général Marmont. Vous écrirez à ce général pour lui faire comprendre toute l'irrégularité des payements qu'il a ordonnés pour des faux frais et des dépenses extraordinaires; qu'aucune dépense ne peut être faite sans mon ordre; qu'aucun fonds ne peut sortir des caisses sans l'ordre du ministre. Vous ajouterez que je donne ordre que le payeur soit destitué et vienne à Paris pour y rendre compte de sa conduite; qu'ainsi il aura causé la perte de cet homme, dont le cautionnement va être confisqué et les biens mis sous le séquestre.

Causez de cela avec Mollien.

D'après la minute. Archives de l'Empire.

13911. — AU GÉNÉRAL MARMONT,
COMMANDANT L'ARMÉE DE DALMATIE, À RAGUSE.

Bayonne, 16 mai 1808.

Il y a beaucoup de désordre dans l'administration de mon armée de Dalmatie. Vous avez autorisé une violation de caisse de près de 400,000 francs. Cependant le crédit mis à votre disposition, pour les travaux du génie et de l'artillerie, est de 400,000 francs. C'est une somme considérable; comment n'a-t-elle pas pu suffire? La Dalmatie me coûte immensément. Il n'y a pas de régularité, et tout cela met dans les finances un désordre auquel on n'est plus accoutumé. Le payeur est responsable de toutes ces sommes. J'ai ordonné son rappel. Il faut se dépêcher d'envoyer tous les papiers qui pourraient établir ses comptes. Mais tout cela ne justifie pas la dépense. Vous n'avez pas le droit de disposer d'un sou que le ministre ne l'ait mis à votre disposition. Quand vous avez besoin d'un crédit, il faut le demander.

D'après la minute. Archives de l'Empire.

13912. — A M. DE CHAMPAGNY,
MINISTRE DES RELATIONS EXTÉRIEURES, À BAYONNE,

Bayonne, 17 mai 1808.

Monsieur de Champagny, je vous renvoie vos portefeuilles. La dépêche du sieur Otto me paraît importante. La question se réduit à ceci : quand les troupes françaises ont entamé les états des Autrichiens, ils étaient maîtres de tout le Tyrol et de l'évêché de Salzburg. Si la partie de territoire dont il est question a été remise aux Autrichiens par les Français, ils doivent la garder jusqu'à ce que les Français la retirent. Si les Bavarois l'ont reçue des mains des Français, comme je le pense, il faut que le roi de Bavière fasse connaître qu'elle fait partie de la Confédération du Rhin et que personne n'a le droit d'y toucher. Écrivez de votre côté au sieur Andréossy que tout outrage qui serait fait à un village de la Confédération équivaudrait à une déclaration de guerre ; que le village dont il s'agit fait partie du territoire de la Confédération, puisque l'Empereur l'a occupé et que la Bavière l'a reçu de ses mains; qu'il faut bien se garder de faire aucune menace, à moins que les armements que fait l'Autriche depuis longtemps n'aient pour but de recommencer.

NAPOLÉON.

D'après l'original. Archives des affaires étrangères.

13913. — A M. DE CHAMPAGNY,
MINISTRE DES RELATIONS EXTÉRIEURES, À BAYONNE.

Bayonne, 17 mai 1808.

Monsieur de Champagny, écrivez au sieur Laforest que je vois avec peine que mon ambassadeur montre tant de faiblesse; qu'il doit éclairer le grand-duc de Berg et le soutenir, et non le flagorner; servir de contre-poids, et non coopérer à l'entraîner à faire des sottises; que la junte et le conseil de Castille sont plus fins que le lieutenant général; que jusqu'à cette heure ils n'ont pas fait un pas; que le retard qu'ils mettent dans leur demande d'un roi vient de ce qu'ils n'avaient pas la renonciation du roi Charles et du prince des Asturies; qu'ils le feront à cette heure qu'ils ont ces renonciations; qu'il n'y a pas une voix pour le grand-duc; que la nation est encore dans la situation de haine et d'humiliation où les derniers événements l'ont mise; qu'elle désire le grand-duc moins qu'un autre, par cette raison d'amour-propre que le grand-duc vient de permettre, par un décret, aux Catalans de s'armer, ce qui est le comble de l'impolitique et de l'absurdité; que toute l'insurrection des Espagnols a été suscitée par un parti dont il n'a pas su démêler les trames, et que tous les détails qu'on donne de ce qui s'est passé sont altérés; qu'on aurait dû profiter de l'événement de Madrid pour désarmer le plus possible, loin d'encourager à armer; que la Catalogne a toujours été tranquille, et qu'il n'y a rien à en craindre, puisque je suis maître des forts et que j'y ai beaucoup de troupes; que je désire donc qu'il parle clair et que sa correspondance soit plus relevée et plus forte, et qu'il appelle son esprit au secours de son caractère.

Je vous renvoie les dépêches que j'ai ouvertes.

Ajoutez-lui que je désire avoir des notes sur les différents ministres; que je n'ai de celui de la marine aucun renseignement sur la situation des ports, et de celui des finances rien qui me fasse connaître la situation des finances.

NAPOLÉON.

D'après l'original. Archives des affaires étrangères.

13914. — AU GÉNÉRAL CLARKE,
MINISTRE DE LA GUERRE, À PARIS.

Bayonne, 17 mai 1808.

Je reçois votre lettre du 12, où je vois que vous avez commencé à prendre des dispositions pour l'île de Cadzand. Les lettres que je vous ai écrites ces jours derniers vous auront fait connaître que j'ai jugé convenable de donner de nouveaux développements à ces dispositions, car, de tous les points de mon empire, j'ai reconnu que c'était le plus faible, et le seul où l'on pût essayer de me faire un affront.

Le commandement du général commandant l'île de Cadzand doit s'étendre à tous les points de l'Escaut qu'il serait nécessaire d'occuper ou de surveiller pour la défense de mon escadre. Vingt-quatre bouches à feu me paraissent bien peu de chose pour une défense devenue aujourd'hui si importante; augmentez-les de six mortiers à la Gomer et de trois mortiers à grande portée. Vous tirerez ces neuf mortiers de l'endroit le plus rapproché. Ces travaux exigeront la présence des deux nouvelles compagnies d'artillerie que je vous ai ordonné de faire venir de Boulogne. Assurez-vous que les communications des troupes du camp de Blankenberghe avec l'île de Cadzand pourront se faire sans éprouver aucun obstacle des eaux.

Vous aurez écrit au roi de Hollande, qui se sera empressé d'envoyer au moins un bataillon dans l'île de Cadzand.

Consultez vous-même la carte avec des officiers du génie et de marine qui connaissent ce point, et assurez-vous que, par les dispositions qui sont prises, mon escadre sera vigoureusement défendue. Supposez-la attaquée par le double de vaisseaux et une vingtaine de grosses chaloupes canonnières ou prames.

<small>D'après la minute. Archives de l'Empire.</small>

13915. — AU VICE-AMIRAL DECRÈS,
MINISTRE DE LA MARINE, À PARIS.

Bayonne, 17 mai 1808.

Vous trouverez ci-joint des lettres de l'île de France qu'apporte le général Rey, qui vient d'arriver sur un bâtiment américain qui a mouillé au Passage. Il n'y avait que ces pièces. Il me paraît que les nouvelles qu'il porte sont satisfaisantes. Il n'en faut rien faire connaître, pour ne pas éveiller l'attention de l'ennemi sur l'Inde. *La Caroline* et *la Manche* ne pouvaient pas encore être arrivées, puisqu'elles ne sont parties qu'en novembre; mais déjà on peut préjuger le plaisir qu'éprouvera la colonie de l'arrivée successive de ces deux frégates; huit mille quintaux de riz sont un objet assez considérable.

Il paraît qu'il n'y a pas de grandes nouvelles aux Indes. L'Angleterre y est dans une grande pénurie, et l'arrivée d'une expédition ruinerait de fond en comble la colonie anglaise. Plus je réfléchis à cette marche et moins j'y vois d'inconvénient. Si les six frégates et trois vaisseaux de Lorient arrivent seuls, ils porteront un renfort utile et établiront des croisières dont le résultat peut être incalculable. Voilà plusieurs fois que l'on rencontre le convoi de la Chine, et si, comme il y a lieu de l'espérer, le commandant de l'escadre de Brest n'est pas un câlin et veut sortir, et que cette expédition suive la première, c'est un coup mortel porté aux affaires de l'Angleterre. Dans la situation actuelle du monde, il est impossible de savoir où vont ces expéditions. On peut avoir débarqué 12 ou 14,000 hommes, et les vaisseaux qui doivent revenir être déjà sur le retour, avant que les Anglais reprennent la supériorité. Mais, pour arriver à ce résultat, il faut vouloir vaincre les obstacles, ne pas perdre le temps en projets ni en discussions, et donner tous les ordres nécessaires. Après que vous aurez fait ce travail, remettez-moi sous les yeux le mémoire du général Decaen sur l'Inde et ce qu'il a fait, afin de le réétudier et de voir en détail ce qu'il lui faut.

D'après la minute. Archives de l'Empire.

13916. — AU VICE-AMIRAL DECRÈS,
MINISTRE DE LA MARINE, À PARIS.

Bayonne, 17 mai 1808.

Vous me dites que, le 29 avril, neuf smogleurs sont partis de Terneuse, Zéelande : qui les a autorisés à partir? Quelle est votre opinion? Quels sont les avantages ou les inconvénients de cette mesure?

Vous me donnez des renseignements sur *le Moscou* et *le Saint-Pierre*, mais vous ne me dites pas de quel calibre ils sont, en quelle année ils ont été construits, ce qu'ils valent pour nous, quel est le meilleur, et quel est celui que je devrais garder en échange de celui que je donnerai aux Russes à Lisbonne.

Servez-vous des bois de Corse s'ils sont bons. Servez-vous des bois qui sont à Marseille; de quelle nation sont-ils? J'ai ordonné qu'on mît à votre disposition des matelots portugais; envoyez-les à Toulon. J'ai ordonné qu'on levât 400 matelots à Livourne; entendez-vous pour cela avec le général Menou et le commissaire de la marine.

J'ai accordé ce que vous demandez pour le général Sugny.

Puisque *le Vétéran* occupait deux vaisseaux anglais pour le garder, faites-le réarmer. C'est le grand résultat que vous devez avoir en vue.

Au lieu de dix vaisseaux à Toulon et de six devant Mahon, ils ne tiennent qu'une escadre pour les deux. Vous avez vu, de leur propre aveu, leur embarras.

La marine d'Espagne va prendre toute l'activité dont elle est susceptible. Plusieurs milliers de pieds cubes de bois sont déjà en route, par terre, de Bayonne à Bordeaux. Ils iront par eau jusqu'à Mont-de-Marsan par l'Adour. De Mont-de-Marsan ils seront dirigés par terre sur Langon, où ils trouvent la Garonne. Il faut favoriser ces mesures en ordonnant, 1° que les bois qu'on coupe entre Bayonne et Mont-de-Marsan soient transportés à Mont-de-Marsan, au lieu de l'être à Bayonne; 2° que ceux qu'on coupe entre Mont-de-Marsan et la Garonne fassent plutôt huit lieues vers la Garonne que deux pour se rendre à Mont-de-Marsan. Cela exige un peu de travail et d'intelligence; mais avec l'un et l'autre on fait ce qu'on veut en France.

D'après la minute. Archives de l'Empire.

13917. — DÉCISION
EN MARGE D'UN PROCÈS-VERBAL DU CONSEIL DU SCEAU.

Bayonne, 17 mai 1808.

Pour obtenir des lettres patentes de chevalier, il faudra jouir d'un revenu net de 3,000 francs de rente. Ainsi le conseil du sceau ne doit pas délivrer de lettres patentes de chevalier aux membres de la Légion d'honneur, si au préalable ils n'ont justifié d'un revenu de 3,000 francs en biens-fonds, cinq pour cent, ou actions de la Banque. Le conseil s'est écarté de cette règle lorsqu'il a présenté à ma signature des lettres patentes sans exiger la justification de ce revenu.

Quant à la question de savoir si les enfants acquerront ledit titre en prouvant qu'ils ont 3,000 francs de revenus et comme dérivant naturellement leurs droits des lettres patentes du père, c'est une question à ajourner jusqu'au moment où les cas écherront, que l'institution aura marché quatre ou cinq ans et que les effets en seront mieux connus.

D'après la minute. Archives de l'Empire.

13918. — A EUGÈNE NAPOLÉON,
VICE-ROI D'ITALIE, À MILAN.

Bayonne, 17 mai 1808.

Mon Fils, vous pouvez assurer que les pêcheurs d'Ancône n'ont plus rien à craindre des Barbaresques. Je viens d'expédier des ordres pour faire relâcher tous leurs compatriotes qui sont dans les fers de Maroc, Tunis, Alger et Tripoli.

J'ai reçu votre lettre du 23 avril, relative à la construction du pont sur le Tessin. Si ce pont, construit en pierre, ne doit coûter que 1,500,000 francs ou deux millions, nul doute qu'il ne faille le construire en pierre; mais j'ai peine à croire qu'il coûte si peu. Si la dépense de la construction en pierre doit passer deux millions, il faut le faire en bois; voilà ma décision. Quant à sa situation, il faut qu'il soit placé dans la direction la plus immédiate de Turin à Milan et dans un point où la rive droite domine la rive gauche, puisqu'il faut prévoir le cas où l'établissement d'une tête de pont serait nécessaire, et il sera bon qu'il soit sous la domination de la rive droite.

NAPOLÉON.

D'après la copie comm. par S. A. I. Mme la duchesse de Leuchtenberg.

13919. — A EUGÈNE NAPOLÉON,
VICE-ROI D'ITALIE, À MILAN.

Bayonne, 17 mai 1808.

Mon Fils, je vois par les états que vous m'avez envoyés que les trois nouveaux départements rendent cette année huit millions. Cela produit donc une augmentation notable au budget de l'année. Je pense que le nouveau système des contributions du royaume ne pourra pas être mis en activité à Ancône avant le 1er janvier prochain; mais, comme le pays fait partie du royaume depuis le 1er mai, ce qui fera huit mois pour cette année, on peut compter que cela fera au budget une augmentation de six millions. Je pense qu'il est nécessaire, pour ce reste d'année, de porter, sur des états supplémentaires au budget général du royaume, un budget particulier des recettes et dépenses pour les trois nouveaux départements. Présentez-moi le plus tôt possible le budget de ces trois départements.

Mon intention est d'employer 300,000 francs pour les fortifications d'Ancône, d'employer tout ce qui sera nécessaire. Je crois que cela monte à 400,000 francs pour le nettoyage du port et pour les batteries qui en défendent l'approche. Un second objet de dépenses doit être la formation du nouveau régiment, composé des troupes du Pape. Troisièmement, il y a aussi à évaluer ce que coûtera l'entretien des troupes françaises qui sont dans les trois départements. Quatrièmement, les dépenses générales de l'administration du Pape, des juges, des préfets du pays. Faites donc le plus tôt possible ce budget des recettes et des dépenses, et envoyez-le à mon approbation.

Activez le nettoyage du port; c'est là le grand objet, puisque mon intention est que les vaisseaux et frégates qui se trouvent à Venise, au lieu d'aller à Pola, aillent à Ancône. Je n'ai pas besoin de vous en faire sentir les raisons : ils seront à Ancône comme à Milan. Il doit y avoir à Ancône un ingénieur français, et j'avais arrêté les moyens pour le nettoiement du port. Il faut aujourd'hui activer tout cela.

Indépendamment du nettoiement du port, il faut que sur-le-champ vous fassiez travailler aux fortifications. Je ne veux pas qu'on travaille au corps de la place. Autant que je puis me souvenir des localités, ce qui me paraît nécessaire, c'est d'occuper deux ou trois hauteurs par des forts qui se correspondent entre eux. Je ne veux pas établir là des forts comme le propose le génie, ce qui coûterait deux ou trois millions: tout cela est très-bon quand on considère l'argent pour rien. Je veux des forts qui ne me coûtent pas plus de 300,000 francs, sauf à être mis, par la suite, dans un meilleur état de défense. A cet effet, je veux sur les deux ou trois plateaux établir des carrés ou des pentagones, en terre, dont les dimensions soient assez raisonnables, et établir au centre un réduit maçonné, avec escarpe et contrescarpe, et une caserne casematée, dans le milieu. Par la suite l'on pourra, si l'on veut, s'amuser à revêtir l'ouvrage, que d'abord je veux faire faire en terre: on pourra en revêtir un bastion ou un demi-bastion tous les ans, et avoir ainsi, dans vingt ou trente ans, de très-belles fortifications. Ce que je veux donc aujourd'hui, c'est qu'on me trace l'enceinte des carrés ou des pentagones, et que l'on travaille à tous les réduits. Avec 300,000 francs je dois faire chacun de ces réduits: et, quand il n'y aurait que cela, cela obligerait déjà à des siéges très-sérieux. Ces réduits faits, on masserait le carré ou pentagone, et enfin on le revêtirait, comme j'ai dit, en plusieurs dizaines d'années.

Si Ancône ne peut pas être assiégé tant que nous sommes maîtres de ces hauteurs isolées, il ne peut être que bloqué. On ne se hasardera pas à débarquer de la grosse artillerie quand, d'un moment à l'autre, une armée peut descendre de la haute Italie. On ne pourra également l'assiéger qu'avec de faibles moyens pendant tout le temps qu'on se disputera en Italie, et même dans le Piémont. C'est donc une place qui a besoin de fortifications qui tiennent le milieu entre la fortification de campagne et celle permanente.

Donnez ces instructions à un officier du génie intelligent. Causez-en avec le général Chasseloup. Envoyez-moi le projet, afin qu'on puisse travailler promptement. Qu'il y ait de nombreuses batteries, et surtout faites travailler au nettoiement du port, afin que, dès le mois d'octobre, les deux vaisseaux que je mets en construction à Venise puissent se rendre à Ancône et partir de là pour défendre la mer.

NAPOLÉON.

D'après la copie comm. par S. A. I. Mme la duchesse de Leuchtenberg.

13920. — A M. DE CHAMPAGNY,
MINISTRE DES RELATIONS EXTÉRIEURES, À BAYONNE.

Bayonne, 18 mai 1808.

Monsieur de Champagny, le 21 avril, le sieur David fils, consul à Otrante, n'était pas dans cette place. Cependant j'y avais eu besoin de lui et lui avais fait envoyer différents ordres, de sorte que le service a souffert de ce qu'il n'était pas arrivé.

NAPOLÉON.

D'après la copie. Archives des affaires étrangères.

13921. — A M. CRETET,
MINISTRE DE L'INTÉRIEUR, À PARIS.

Bayonne, 18 mai 1808.

Monsieur Cretet, faites connaître au sieur Chambaudoin, préfet de l'Eure, que ses bureaux ont besoin d'être surveillés, et qu'il y a souvent lieu d'en suspecter la fidélité.

NAPOLÉON.

D'après la copie. Archives de l'agriculture, du commerce et des travaux publics.

13922. — AU GÉNÉRAL DEJEAN,
GRAND-TRÉSORIER DE LA LÉGION D'HONNEUR, ETC. À PARIS.

Bayonne, 18 mai 1808.

Je vois, dans l'état de situation de la trésorerie de la Légion, que les recettes se montent, au 1er mai, à 23,880,000 francs; la dépense, à 23,470.000 francs. Mais cet état ne m'apprend rien et ne me fait pas connaître la situation du trésor de la Légion. Je désire que vous me fassiez un état, divisé par exercices, depuis la création de l'institution, indiquant exactement l'origine des recettes; toutes proviennent des biens affectés à la Légion d'honneur. Vous n'avez rien sur les effets militaires. La caisse d'amortissement peut vous avoir prêté là-dessus, mais cela n'a point été affecté à vos dépenses. Présentez-moi le budget des recettes pour 1808, et ce que vous croyez que chaque branche de revenus vous rendra dans l'année, celui des dépenses pour la même année, faisant connaître à combien se monteront dans l'année les traitements et pensions des légionnaires, officiers, commandants, grands officiers et grands cordons, divisés en cinq chapitres, les frais de bureau de la chancellerie, de la trésorerie, les dépenses pour la maison d'Écouen, etc. tout cela par chapitres. Ce ne sera que quand j'aurai cet état que je connaîtrai bien la situation du trésor de la Légion. Je désire l'avoir le plus tôt possible. Vous y joindrez une revue de la Légion, que vous devez avoir, puisque vous ne payez que les membres de la Légion existants.

D'après la minute. Archives de l'Empire.

13923. — A M. MOLLIEN,
MINISTRE DU TRÉSOR PUBLIC, À PARIS.

Bayonne, 18 mai 1808.

Monsieur Mollien, je réponds à votre rapport du 11 mai. J'ai lu avec intérêt la réponse du payeur. Il en résulte pour moi qu'il est impossible qu'il n'y ait pas d'immenses abus dans la solde; il faut que vous écriviez au sieur Villemanzy de porter une sévère attention sur cet objet; qu'on me fait payer tous les soldats tués; que cela est scandaleux et fera la fortune de beaucoup de quartiers-maîtres, sans rien produire pour le bien-être du soldat. Quant aux 17 millions qui restaient à payer au 1er janvier 1808, il faut écrire à l'intendant général de faire faire un budget général de tous les restes de crédits au 1er janvier 1808, et qui n'ont pas été soldés, afin de connaître ce qu'on pourra gagner sur ces 17 millions. La comptabilité de la Grande Armée devient une machine si considérable qu'il est nécessaire que le payeur me rende un compte, tous les mois, de ce qu'il a payé et de ce qu'il a reçu, que vous joindrez à la suite du compte général que vous me remettrez. Écrivez à l'intendant général et au payeur pour qu'il soit établi un compte des dépenses fixes en 1808. Un compte supplémentaire sera établi pour le 1er trimestre de 1808, et, le mois de juin passé, on établira le compte au 1er juillet. La solde doit avoir diminué; l'état-major, les employés, les troupes mêmes ont dû éprouver quelque diminution. Comment les six premiers mois de l'année peuvent-ils coûter 28 millions, c'est-à-dire 4,700,000 francs par mois, quand l'armée a essuyé une si grande diminution? Écrivez encore là-dessus au sieur Villemanzy. Du reste, le budget de la guerre et celui de l'administration de la guerre, pour les six premiers mois de 1808, n'atteignent pas même ce que j'avais supposé.

NAPOLÉON.

D'après l'original comm. par Mme la comtesse Mollien.

13924. — AU GÉNÉRAL CLARKE,

MINISTRE DE LA GUERRE, À PARIS.

Bayonne, 18 mai 1808.

Je reçois votre rapport du 11 relativement aux 30 milliers de poudre que vous donnez à la marine. Je désire avoir un rapport particulier sur les magasins de Toulon. J'aurais besoin d'y avoir, avant le 1er août, un équipage de 40 pièces de campagne avec double approvisionnement, des outils pour 3,000 ouvriers, 6,000 outils de pionniers, 4 millions de cartouches avec les pierres à feu nécessaires, les harnais nécessaires pour atteler toutes ces voitures, six mortiers, six pièces de 24 et six pièces de 16 approvisionnées à 100 coups par pièce, avec affûts de rechange, des artifices de toute espèce, des forges de campagne, bois et fers de toute espèce, enfin tout ce qui serait nécessaire pour l'approvisionnement d'une armée de 20,000 hommes destinés pour une expédition d'outre-mer. Faites-moi dresser ces états; et, pour mieux comprendre mon idée, comparez ce que je vous demande à ce que possédait l'armée d'Égypte à son débarquement. Faites-moi connaître après cela ce qu'il y a à Toulon, et d'où vous pouvez tirer ce qui manque. Vous me ferez le même travail pour le génie, en instruments à lever, de dessin, etc. équipages de mineurs nécessaires pour deux compagnies. Vous aurez soin de me faire connaître combien il faudrait de bâtiments pour embarquer tout cela. Vous supposerez que les bâtiments doivent être des flûtes de 400 tonneaux.

D'après la copie. Archives de l'Empire.

13925. — AU VICE-AMIRAL DECRÈS,

MINISTRE DE LA MARINE, À PARIS.

Bayonne, 18 mai 1808.

J'ai fait demander un rapport au vice-amiral Martin sur la situation des travaux au port de Rochefort. Je vous l'envoie; vous y verrez qu'il me fait espérer *le Jemmapes* et *le Triomphant*; ce qui me donnerait, pour le 1er octobre, une escadre de quatre vaisseaux prête à partir de Rochefort. Autorisez Martin à faire acheter les bois qui lui sont offerts. Cet achat serait un marché d'or aux prix courants, puisque, le bois que j'enverrais de Bayonne à Rochefort coûtant 4 francs le pied cube, et son transport par terre par Bordeaux devant revenir au moins à 5 francs, le pied cube reviendrait ainsi, à Rochefort, à 10 francs. Il est donc convenable d'épuiser à Rochefort tout ce qu'on peut se procurer dans les départements environnants pour finir *le Triomphant* et *le Jemmapes*. On s'occupe à force d'envoyer des bois de Bayonne; mais désormais il vaudrait bien mieux diriger les versements des entrepreneurs sur Rochefort que sur l'Adour, où les bois pourrissent et où ils ne servent pas plus que s'ils étaient restés sur pied. Le commissaire de la marine à Bordeaux m'a tenu le même langage que le vice-amiral Martin sur les ressources des départements environnants. Il y a encore des cantons absolument intacts. Il résulte de tout cela qu'il faut sortir de la routine et prendre tous les bois qui se trouvent dans des lieux d'où l'on peut facilement les conduire dans les ports. Le vice-amiral Martin demande aussi du fer; faites-lui-en expédier par terre.

Le Polonais est sans doute en rade à Lorient. Qu'est-ce qui empêche d'avoir *l'Eylau* avant la fin d'août? J'aurais ainsi à Lorient quatre bons vaisseaux, ce qui serait inappréciable, vu mes projets. *L'Eylau* est déjà aux 7 vingt-quatrièmes; dans tous les temps, on a dans trois mois achevé un vaisseau de guerre.

<small>D'après la minute. Archives de l'Empire.</small>

13926. — A EUGÈNE NAPOLÉON,
VICE-ROI D'ITALIE, À MILAN.

<small>Bayonne, 18 mai 1808.</small>

Mon Fils, je vous envoie votre décret sur l'Institut. Vous ne trouverez pas à Milan le nombre de savants que vous demandez, et il résulterait de tout cela plus de mal que de bien. Ou l'on serait obligé de nommer des hommes sans talent, ou l'on nommerait alors ce qu'il y a de mieux dans le royaume, et alors ils ne resteraient plus à Milan. Voici comment je conçois l'organisation de l'Institut : il faut déclarer. 1° que l'Institut du royaume se constitue des académies de Pavie, Bologne, Venise et Padoue; 2° que chaque académie sera organisée de la manière suivante (à peu près comme vous organisez l'Institut); 3° que les membres de l'académie ne prendront pas le titre de membres de l'Institut d'Italie, mais celui de membre de l'académie de .... (en répartissant le nombre total entre ces cinq villes, en proportion de leur importance), et qu'ils toucheront la somme de .... du trésor; qu'une réunion des classes aura lieu à Milan, où l'on décidera ce qui sera digne d'être imprimé dans les mémoires de l'Institut; qu'une place venant à vaquer dans l'Institut d'Italie, l'académie dans le sein de laquelle doit résider le membre nommera, à la pluralité absolue, six candidats. Cette liste sera envoyée aux quatre autres académies, et il faudra réunir les suffrages de trois académies pour se trouver nommé. Si sur ces six membres présentés aucun ne réunissait le suffrage des trois académies, l'académie présenterait d'autres sujets; et, dans le cas que cette troisième présentation n'eût pas plus de succès, la place resterait vacante pendant un an. Peuvent être nommés des individus de tout le royaume, pourvu qu'ils prennent l'engagement de résider dans les académies où ils seraient nommés. Appelez quatre membres de l'Institut et discutez avec eux ces idées; c'est le seul moyen de créer un Institut en Italie. En France, tout est à Paris; en Italie, tout n'est pas à Milan: Bologne, Pavie, Padoue, peut-être Venise, ont leurs lumières à eux.

NAPOLÉON.

D'après la copie comm. par S. A. I. Mme la duchesse de Leuchtenberg.

13927. — A EUGÈNE NAPOLÉON,
VICE-ROI D'ITALIE, A MILAN.

Bayonne, 18 mai 1808.

Mon Fils, en réfléchissant aux travaux à faire cette année à Palmanova, je me suis arrêté à l'idée suivante. On achèvera de revêtir la contrescarpe des lunettes, comme cela est convenu, mais on n'entreprendra les escarpes que de deux lunettes; et les 250,000 francs qui étaient destinés pour l'escarpe de la troisième lunette seront employés à construire quatorze réduits en maçonnerie, ou bien quatorze traverses casematées, à l'extrémité du chemin couvert, en flanquant les chemins couverts des lunettes. Je remets quatorze au lieu de dix-huit, parce qu'on pourra ne pas faire cette année les quatre qui flanquent le chemin couvert des lunettes dont on entreprendra le revêtement. Par ce moyen, à la fin de l'année, la place aura acquis un nouveau degré de force.

Écrivez là-dessus au général Chasseloup, et faites-lui connaître que j'attache de l'importance à ces travaux, qui mettent parfaitement un ouvrage en terre à l'abri d'un coup de main.

NAPOLÉON.

D'après la copie comm. par S. A. I. Mme la duchesse de Leuchtenberg.

13928. — A EUGÈNE NAPOLÉON,
VICE-ROI D'ITALIE, À MILAN.

Bayonne, 18 mai 1808.

Mon Fils, j'ai reçu votre lettre relative aux réponses du ministre de l'intérieur aux reproches que je lui ai faits de n'avoir point suivi son budget. Les raisons qu'il donne sont pitoyables. Il serait bien nécessaire d'avoir enfin un bon ministre de l'intérieur. Les directions sont sous ses ordres et ne font aucune dépense que sur ses ordonnances. Témoignez mon mécontentement à Paradisi de ce qu'il demande des fonds que je ne lui avais pas accordés, de ce qu'il a fait dépenser de l'argent pour le Reno. C'est se faire un jeu de mon temps et de mes occupations.

NAPOLÉON.

D'après la copie comm. par S. A. I. Mme la duchesse de Leuchtenberg.

13929. — A ALEXANDRE, PRINCE DE NEUCHÂTEL,
MAJOR GÉNÉRAL DE LA GRANDE ARMÉE, À BAYONNE.

Bayonne, 18 mai 1808.

Mon Cousin, envoyez par un courrier extraordinaire l'ordre au grand-duc de Berg de faire partir pour Cadix le général Dupont avec sa première division composée de 6,200 hommes d'infanterie. Il attachera à cette division un autre général de brigade, qui sera le général Liger-Belair. La brigade de chasseurs à cheval forte de 1,200 hommes, le 6ᵉ régiment provisoire de dragons fort de 320 hommes et le 2ᵉ régiment provisoire de dragons fort de plus de 600 hommes, en tout plus de 2,000 chevaux, et 18 pièces d'artillerie, feront partie de cette division, qui sera ainsi de près de 9,000 Français. Le général Dupont aura de plus sous ses ordres deux brigades suisses, l'une de trois régiments, qui se réunit à Grenade sous les ordres du général Schramm; l'autre, de deux régiments, sous les ordres du général de brigade Rouyer, part de Talavera. Vous donnerez l'ordre, par le même officier qui passera à Madrid, au général Junot de faire partir sur-le-champ un général de brigade avec 450 dragons français, le 70ᵉ régiment de ligne fort de 1,800 hommes, et la légion du Midi forte de 800 hommes; il joindra à cette brigade 10 pièces d'artillerie attelées avec approvisionnement et demi, 10 caissons d'infanterie chargés de cartouches, et 10 caissons d'équipages militaires chargés de biscuit. Cette brigade, forte de 3,500 Français, se dirigera droit de Lisbonne sur Cadix et sera sous les ordres du général Dupont, avec lequel elle continuera sa marche. Le général Junot enverra avec cette brigade un colonel d'artillerie, un capitaine en résidence, outre ceux nécessaires au service, et un officier du génie. Le général Dupont mènera avec lui les commandants du génie et de l'artillerie de son corps d'armée. Par ce moyen, le général Dupont aura 9,000 Français avec lui, près de 4,000 Français tirés de l'armée de Portugal, et 8,000 Suisses. Il combinera sa marche de manière à être secouru par la brigade de Portugal, si cela était nécessaire. Il concentrera toutes ses forces dans Cadix, de manière à être parfaitement maître de ce point important. Il dirigera sa marche de manière que la division qui part avec lui, ou la brigade du Portugal, passe à Séville et y séjourne quelque temps; il pourra même y envoyer sa division suisse, pendant qu'il se concentrera à Cadix. La 2ᵉ division du général Dupont, que commande le général Vedel, se rendra à Tolède. Il lui sera attaché un millier de chevaux. Moyennant ce, Aranjuez deviendra vacant et pourra recevoir d'autres troupes.

Vous ferez remarquer au général Junot que cet affaiblissement de

4,000 hommes lui laisse encore 20,000 Français, ce qui, joint aux 8,000 Espagnols qu'il a, est plus qu'il ne lui faut pour garder le pays; que les Anglais ne sont en mesure de rien tenter, parce qu'ils savent bien qu'au moment même ils seraient écrasés par des forces supérieures très-considérables; que la brigade qui suit le corps du général Dupont, n'étant que détachée, fait toujours partie de son armée; il continuera à la solder et à recevoir ses états de situation; que je tiens à ce que ce soit un vieux régiment qui soit avec cette brigade, soit le 70°, soit un autre aussi beau; que, quant à la légion du Midi, le général Junot est maître d'y mettre ou la légion du Midi ou le bataillon du 31° léger. Au moyen de ces dispositions, aucune réunion de troupes à Elvas ne deviendra nécessaire.

Vous ordonnerez au grand-duc de Berg de joindre le bataillon des marins de ma Garde à la division du général Dupont.

NAPOLÉON.

P. S. Vous expédierez cet ordre avant minuit, et demain à midi par duplicata, l'un par un officier, l'autre par un courrier, et vous recommanderez au général Junot de mettre la plus grande célérité dans l'exécution du présent ordre.

<small>D'après l'original. Dépôt de la guerre.</small>

13930. — A JOACHIM, GRAND-DUC DE BERG,
LIEUTENANT GÉNÉRAL DU ROYAUME D'ESPAGNE, À MADRID.

Bayonne, 18 mai 1808.

Je reçois votre lettre du 15 mai à trois heures du matin, avec la lettre de la junte.

Je pense qu'une seule division française serait suffisante à Cadix, et que l'absence de deux divisions du centre de la monarchie pourrait affaiblir trop l'armée.

Le général Dupont, partant avec 10,000 Français, infanterie, cavalerie et artillerie, et ayant les brigades suisses des généraux Rouyer et Schramm, se trouverait avoir sous ses ordres 17 à 18,000 hommes; ce qui serait suffisant pour lui assurer l'occupation de Cadix et la supériorité sur la côte. En plaçant sa 2ᵉ division à Tolède, elle peut le joindre si cela était nécessaire; et la division du Portugal, qui est à Elvas, pourrait le joindre également par une autre route. 10,000 hommes, au moins dix-huit pièces de canon attelées, et les Suisses, suffisent au général Dupont, en plaçant, comme je l'ai dit, sa 2ᵉ division à Tolède.

Il faut que le ministre des finances se procure une soixantaine de millions de réaux, afin de donner un peu d'activité aux arsenaux et de payer ce qui est dû.

Il me paraît que le ministre de la marine est un homme médiocre: je voudrais le remplacer par Mazarredo. Cevallos est un homme trop médiocre pour rester aux affaires étrangères. Que dit-on de Florida Blanca? Que dit-on de cet homme? J'attends. En faisant passer en France un corps de troupes, on soulagerait considérablement les finances.

<small>D'après la minute. Archives de l'Empire.</small>

13931. — AU GÉNÉRAL JUNOT,
COMMANDANT L'ARMÉE DE PORTUGAL, À LISBONNE.

Bayonne, 18 mai 1808.

Vous recevrez un décret que j'ai pris pour organiser les troupes portugaises, que vous m'avez envoyées, en une légion. Elle séjournera deux mois en Languedoc, sera traitée comme les troupes françaises, habillée, armée et mise en bon état. Mais il faut la recruter; les compagnies ne sont qu'à 40 hommes : elles doivent être de 140 hommes; c'est une furieuse différence. J'ai envoyé un certain nombre d'officiers et sous-officiers en Portugal pour chercher des recrues. Activez ce recrutement par tous les moyens, fournissez des hommes, surtout d'anciens soldats, tant pour purger le pays que parce qu'ils seront d'un meilleur service. Il faut former les trois compagnies d'artillerie, choisir de bons officiers et les envoyer.

Je vous ai demandé d'envoyer six millions à Paris, en y comprenant les deux millions que vous avez envoyés à Madrid.

Envoyez-moi tous les renseignements possibles sur le Brésil, sur les fortifications, approvisionnements, places, rades, armée, population, car il est possible que je fasse une expédition sur ce point.

J'ai vu avec plaisir par l'état de situation que le général Kellermann était à Elvas avec un corps de troupes. J'ai ordonné que le général Solano rentrât à Cadix. 8,000 Espagnols vous suffisent, 4,000 à Porto et 4,000 sur la gauche du Tage; ils vous rendront le service de garder la côte, et vous serez maître de tout. La Suède, la Sicile et les mille et un points que les Anglais sont obligés de surveiller ou d'occuper, et les événements d'Espagne, donnent lieu de penser qu'ils ne tenteront rien en Portugal. J'attends de connaître le nombre des officiers et maistrances français qui sont sur les vaisseaux de Lisbonne, et ce qu'il manque.

<small>D'après la minute. Archives de l'Empire.</small>

13932. — AU MARÉCHAL BESSIÈRES,
COMMANDANT LA GARDE IMPÉRIALE, ETC. À BURGOS.

<small>Bayonne, 18 mai 1808, midi.</small>

Mon Cousin, je reçois votre lettre du 16 avec le rapport sur les troupes de Galice. Ce que je vous ai envoyé vous donne des idées claires là-dessus. Je crains beaucoup qu'un camp au milieu d'une plaine sans arbres ne soit très-malsain par la grande chaleur qu'il va faire.

NAPOLÉON.

<small>D'après l'original comm. par Mme la duchesse d'Istrie.</small>

13933. — AU MARÉCHAL BESSIÈRES,
COMMANDANT LA GARDE IMPÉRIALE, ETC. À BURGOS.

<small>Bayonne, 18 mai 1808, midi.</small>

Mon Cousin, envoyez un courrier à l'amiral Mazarredo, qui doit se trouver dans la Biscaye, pour l'inviter à venir vous trouver à Burgos. Quand il sera attiré là, vous lui ferez connaître que je désire le nommer ministre de la marine. Vous me manderez ce qu'il vous dira.

NAPOLÉON.

<small>D'après l'original comm. par Mme la duchesse d'Istrie.</small>

13934. — A M. DE CHAMPAGNY,
MINISTRE DES RELATIONS EXTÉRIEURES, À BAYONNE.

Bayonne, 19 mai 1808.

Monsieur de Champagny, je désire voir demain, à mon lever, MM. de Musquiz, de Frias et de Medina-Celi; vous me les présenterez; immédiatement après, ils pourront partir pour Madrid.

Assurez-vous que M. de Labrador part pour Florence ou au moins pour Bordeaux. Quant à M. de Cevallos, je désirerais que vous le vissiez pour savoir ce qu'il pense et dans quel système il reste placé.

NAPOLÉON.

D'après l'original comm. par M. le baron Chaillou des Barres.

13935. — A M. DE CHAMPAGNY,
MINISTRE DES RELATIONS EXTÉRIEURES, À BAYONNE.

Bayonne, 19 mai 1808.

Monsieur de Champagny, je vous renvoie votre compte de dépenses secrètes pour 1806 et 1807. Je ne conçois pas comment il vous reste à ordonnancer une somme de 334,990 francs sur 1806. Je désire que vous me présentiez ces comptes avec les pièces ci-après, qui me sont nécessaires : 1° le décret qui reçoit le compte des dépenses secrètes de 1806; 2° l'indication de la somme à laquelle les dépenses secrètes étaient portées pour 1807, et de ce qui reste à recevoir sur cette somme; 3° enfin les pièces à l'appui de la dépense, pour que je puisse les remplacer par mon décret de *quitus*.

NAPOLÉON.

D'après la copie. Archives des affaires étrangères.

13936. — A JOACHIM, GRAND-DUC DE BERG,
LIEUTENANT GÉNÉRAL DU ROYAUME D'ESPAGNE, À MADRID.

Bayonne, 19 mai 1808, huit heures du matin.

Je reçois votre lettre du 16 à deux heures du matin. J'attends, pour prendre un parti, ce que vous m'écrivez après avoir publié la proclamation du prince Ferdinand et des infants.

Le motif de la conduite du ministre de Russie est tout simple, mais il devait ne rien dire; en cas pareil, on est malade et on demande les ordres de sa cour.

J'ai reçu avec plaisir l'adresse de Madrid; mais, comme je viens de vous le dire, j'attends.

Je ne saurais trop vous le répéter, il faut armer et mettre tout en activité dans les trois ports de Cadix, de Carthagène et du Ferrol.

J'approuve que vous mettiez Cabarrus à la tête de l'amortissement; c'est un homme de qui j'ai ouï dire du bien et dont personne ne conteste les talents. Je vous ai écrit que je désirais nommer Mazarredo au ministère de la marine. Il faudrait aussi un bon ministre des relations extérieures; Cevallos est tout à fait incapable.

Comme vous voyez, je ne me presse en rien. Dans les affaires de cette nature, c'est le grand art de savoir attendre.

Je n'approuve point que vous laissiez les gardes du corps à Madrid. Ils savent que j'ai dit du mal d'eux et ne seront pas dupes de cela. Il serait plus convenable de les placer à l'Escurial, à moins qu'on ne puisse les résoudre à demander eux-mêmes à aller servir activement avec la division espagnole qui est en Allemagne.

En général, ne donnez pas d'ordres à Junot, à moins que ce ne soit dans des cas pressés. Par exemple, le mouvement que vous venez de lui faire faire sur le Ferrol contrarie celui de 4,000 hommes que je lui fais faire sur Cadix. Le Portugal est très-étendu, et il y faut des troupes. Si cependant vous n'aviez pas assez de monde en Galice, il serait possible d'y mettre 6,000 hommes.

Je vous ai mandé que je n'approuvais pas le licenciement de toutes les milices. Il faut seulement licencier les plus mauvaises, et garder les corps d'élite, les grenadiers, les chasseurs, etc.

Je vous le dis encore une fois, il faut qu'on trouve de l'argent pour les armements de Cadix, de Carthagène et du Ferrol. Quand la nation saura que tout est en mouvement dans ces ports, ce sera pour elle la plus belle proclamation qu'on puisse lui faire. D'ailleurs, moi-même j'ai besoin de ne pas perdre de temps; il me faut des vaisseaux, car je veux frapper quelque grand coup vers la fin de la saison.

Vous pouvez répandre que j'ai déjà envoyé quelques bâtiments aux colonies, et que, de ce port de Bayonne, j'en fais partir trois aujourd'hui même.

Le roi Charles est fort content. L'infante Marie-Louise et son fils sont partis aujourd'hui. Le chanoine est parti hier soir pour Valençay. Le prince de Bénévent est allé à Valençay recevoir les princes

<small>D'après la minute. Archives de l'Empire.</small>

13937. — A JOACHIM, GRAND-DUC DE BERG,
LIEUTENANT GÉNÉRAL DU ROYAUME D'ESPAGNE, À MADRID.

<small>Bayonne, 19 mai 1808, huit heures du matin.</small>

Il est certain qu'une expédition à Buenos-Ayres serait nécessaire. Mais cette expédition doit partir du Ferrol. *Le San-Eleno, le San-Firmino, la Vengeance* et *la Magdeleine* sont armés; mais ces quatre bâtiments ne peuvent porter que 1,400 hommes. Il faut donc sur-le-champ faire envoyer 500,000 francs au Ferrol pour mettre en état six vaisseaux et trois frégates. Ces six vaisseaux et trois frégates porteront 3,000 hommes, qui, débarqués à Buenos-Ayres, mettraient l'Amérique à l'abri de tout événement. Il faut que le ministre des finances trouve de l'argent, qu'il engage même les diamants de la Couronne; c'est égal, on les dégagera lors de l'arrivée des piastres. Qu'il se procure soixante millions de réaux, environ quinze millions de francs, dont une partie servira à payer les employés, et l'autre à la marine. Faites sentir la nécessité de faire des efforts pour secourir les colonies, et que le commerce y est intéressé; qu'on se débarrasse de l'escadre de Mahon en l'envoyant à Toulon, où elle sera promptement mise en état et ne sera pas longtemps oisive; j'y ai déjà quatorze vaisseaux français.

Le major général vous envoie l'ordre de faire marcher une division du général Dupont sur Cadix. Vous y joindrez les marins de ma Garde.

Le général Dupont doit se rendre avec cette division droit sur Cadix, et se rendre parfaitement maître de ce point important.

Pour approvisionner et armer les vaisseaux que j'ai désignés dans ma dernière dépêche, un secours de cinq à six millions de francs doit être suffisant.

D'après la minute. Archives de l'Empire.

13938. — A JOACHIM, GRAND-DUC DE BERG,
LIEUTENANT GÉNÉRAL DU ROYAUME D'ESPAGNE, À MADRID.

Bayonne, 19 mai 1808, huit heures du matin.

Le major général vous envoie un de ses officiers avec des ordres pour vous et pour le général Junot. Ces ordres sont que le général Junot fasse marcher directement, de Lisbonne sur Cadix, 3,000 hommes d'infanterie, 400 chevaux et dix pièces de canon, en tout 4,000 Français, et de bonnes troupes; que cette petite division soit sous les ordres du général Dupont; que vous, vous fassiez partir la première division du général Dupont, qui doit être de 6,200 hommes d'infanterie, sa brigade de chasseurs de 1,200 hommes, le régiment de dragons qui fait partie de son corps et qui est de 300 hommes, le 2e provisoire, qui est de 600 hommes, en tout 2,000 hommes de cavalerie; plus, le bataillon des marins de la Garde, dix-huit pièces de canon attelées, le général de brigade Belair et un autre général de brigade, des officiers du génie et d'artillerie, et enfin des officiers attachés à l'état-major du général Dupont. Au lieu de 2,000 hommes, portez plutôt sa cavalerie à 2,500 chevaux. Par ce moyen, le général Dupont aura à Cadix 12 à 13,000 Français. Il se dirigera sur Cadix par Cordoue, tandis que le général Junot enverra sa troupe par la route la plus courte. La brigade suisse du général Rouyer et celle du général Schramm sont sous les ordres du général Dupont; ce qui portera son corps à plus de 20,000 hommes. Le général Dupont se rendra de sa personne à Cadix; il y réunira toutes ses troupes, pour rester maître de cette place ainsi que de la rade. La seconde division, commandée par le général Vedel, se rendra à Tolède;

vous lui donnerez 8 ou 900 hommes de cavalerie. Je ne suppose pas qu'elle ait déjà dépassé Tolède ; si cela était, vous savez que je ne veux pas de mouvements rétrogrades, vous l'arrêteriez où elle se trouverait et le plus près possible de Tolède. Par ce moyen, Aranjuez deviendrait disponible, et on pourrait y placer une division pendant les chaleurs.

Vous devez avoir plus de 10.000 hommes de cavalerie française. Vous avez le 1er régiment provisoire de cuirassiers, 610 hommes ; le 2e, 568 ; le régiment de marche qui doit être incorporé, 269 ; les 1er, 2e et 4e escadrons de marche, 131 ; en tout, 1,578 cuirassiers, qui doivent former les deux régiments, l'un portant l'autre, à 800 hommes chacun. Je ne sais pas si ces régiments et escadrons de marche ont été incorporés ; cette mesure est urgente, et vous ne m'en avez pas encore rendu compte. Vous avez en outre à Barcelone le 3e provisoire, qui est de 430 hommes, et le 3e escadron de marche, de 150 hommes, qui est à Vitoria et qui doit être incorporé dans le 3e provisoire ; total, 2,100 cuirassiers. En suivant ce calcul, vous avez encore 2,700 chasseurs, y compris le 10e et le 22e, qui sont de 900 hommes et se trouvent à Burgos ; 1,400 hussards ; 2,300 dragons ; 800 Napolitains et Italiens, et enfin 1,000 hommes de la Garde ; total, 10,300 hommes de cavalerie. Mais il faut que vous donniez des ordres pour que tous les régiments et escadrons de marche soient incorporés dans les régiments provisoires ; alors ces régiments acquerront une consistance et seront bons à tout.

Ainsi, d'après ces dispositions, vous avez à Madrid les deux régiments de cuirassiers, 1,500 hommes ; de la Garde, 800 ; et les hussards, 1,400. Vous avez plus de 4,000 hommes de cavalerie ; c'est beaucoup plus qu'il ne vous faut.

D'après la minute. Archives de l'Empire.

13939. — A JOACHIM, GRAND-DUC DE BERG,
LIEUTENANT GÉNÉRAL DU ROYAUME D'ESPAGNE, À MADRID.

Bayonne, 19 mai 1808, deux heures après midi.

Je reçois votre lettre du 16 mai à six heures du soir. Vous avez dû voir, par les ordres que vous a transmis le major général et dont je vous ai moi-même parlé, que le général Dupont serait suffisamment fort à Cadix; que j'avais tiré 4,000 hommes de l'armée de Portugal, ce qui maintient deux divisions du général Dupont, les trois divisions du maréchal Moncey, vos cuirassiers, la plus grande partie de la cavalerie de la Garde et quelques régiments de dragons ou hussards, c'est-à-dire près de 35,000 hommes, autour de Madrid.

J'ai renforcé le maréchal Bessières, qui fait camper ses troupes. Il a aujourd'hui, indépendamment de la division Merle, la brigade Sabatier, composée des 17e et 18e provisoires, et les 22e et 10e de chasseurs, deux très-beaux régiments. Je lui ai donné ordre d'envoyer tous ses régiments de marche, de cavalerie et infanterie, à Madrid. Faites-moi donc connaître s'ils sont tous arrivés et incorporés. Ce n'est qu'alors que j'aurai confiance dans mon armée, puisque les régiments provisoires auront acquis la force convenable. Cependant le général Verdier a avec lui le 13e et le 14e provisoire, à Vitoria, et le 3e escadron de marche; ce qui est une force suffisante, d'autant plus que j'ai ici du monde à envoyer sur l'un et l'autre point.

La légion de la Vistule, forte de 1,000 hommes à cheval et 7 à 8,000 hommes à pied, qui arrive ici dans peu de jours, pourra se porter également partout où il sera nécessaire.

Je vois avec plaisir qu'on va prendre un parti sur les gardes du corps. Celui qui me paraît le plus raisonnable serait celui-ci : qu'ils disent à la junte : «Nous sommes encore militaires; nous n'avons pas fait la guerre longtemps; nous avons été mêlés dans une révolution; nous désirons faire une campagne avec la partie des troupes espagnoles qui est à la Grande Armée, afin de cueillir là de nouveaux lauriers, de nous rendre dignes des bontés de notre souverain et de l'estime de l'Empereur.»

La proclamation du prince des Asturies n'est partie d'ici que le 15; vous la recevrez donc le 18; j'attends pour prendre un parti que vous m'ayez annoncé sa réception.

Il ne vous aura pas échappé, par la lettre du général Solano, qu'à l'issue des événements de Madrid tout était en mouvement dans le pays.

Les corps d'observation de l'armée de Portugal, à Almeida et à Elvas, doivent avoir lieu dans tous les cas. Je recevrai avec grand plaisir les papiers d'Afrique que vous m'annoncez. La lettre que vous avez écrite au vice-roi[1] me paraît bien et convenable sous tous les points de vue. L'alerte de Madrid n'est rien. C'est un événement que toute la prudence du monde ne peut empêcher et qui a l'avantage de tenir tout le monde en alerte.

Vous pouvez annoncer au général Grouchy que j'ai écrit que la Couronne de fer lui soit envoyée. J'accorderai aussi les autres grâces que vous avez demandées, en signe de satisfaction de votre conduite.

Demain partiront pour Madrid MM. de Musquiz, Frias et Medina-Celi, et les deux premiers commis des relations extérieures. Labrador est autorisé à aller en Toscane, Fernan Nuñez et de Hijar à aller en Flandre. San-Carlos a suivi le prince des Asturies.

Il faut avoir soin, dans chaque camp, de faire établir des tentes horizontales, en manière de ciels de lit, qui soient attachées soit à des arbres, soit à des piquets, et qui donnent beaucoup de frais. Les tentes interceptent le soleil et non le vent. Il faut que le dessous soit arrosé fréquemment par des hommes de corvée. Le soldat peut avoir là-dessous des tables et des chaises, et ne souffrira pas de la chaleur. C'est le moyen de remédier au défaut d'arbres, et c'est ainsi que font les Arabes dans le désert. Faites-en, je vous prie, établir partout.

Sondez le conseil de Castille pour savoir ce qu'on pense du Code Napoléon, et si l'on pourrait l'introduire en Espagne sans inconvénient.

Donnez-moi des renseignements sur don Francisco Xavier Duran, membre de la junte, qui s'est prononcé le premier pour le roi d'Espagne, et sur chacun des membres de la junte.

D'après la minute. Archives de l'Empire.

13940. — DÉCISION.

Bayonne, 19 mai 1808.

Le général Clarke, ministre de la guerre, J'entends que cette carte soit

[1] Le vice-roi de Navarre.

demande les ordres de l'Empereur relativement à l'impression et à la publication de la carte d'Égypte, qui est au moment d'être terminée.

imprimée, mais qu'elle reste sous les sceaux pour être distribuée dans un événement extraordinaire, et reste un secret d'état.

NAPOLÉON.

D'après la copie. Archives de l'Empire.

13941. — AU GÉNÉRAL CLARKE,
MINISTRE DE LA GUERRE, À PARIS.

Bayonne, 20 mai 1808.

Monsieur le Général Clarke, je reçois vos états de situation de la quinzaine. Je vois avec peine, dans celui de l'intérieur, qu'on ne porte pas les conscrits de 1809, de sorte que j'ignore le disponible de chaque régiment. J'y vois que le 2e léger a 750 hommes présents sous les armes; le 4e léger, 450; le 12e, 560; le 15e, 200; le 32e de ligne, 260; le 18e, 100; la 4e légion de réserve qui est à Versailles, 600; le 12e de ligne, 350; le 14e, 440. Pourrait-on, en cas d'événement, former de ces régiments deux bataillons provisoires composés, l'un de deux compagnies du 2e léger, de deux du 12e léger, d'une du 4e et d'une du 15e, de 150 hommes chacune, ce qui ferait un bataillon de six compagnies de 900 hommes? Le second bataillon serait composé d'une compagnie du 32e régiment de ligne, d'une du 12e, d'une du 14e et de deux de la 4e légion de réserve, ce qui ferait également 900 hommes. Ce régiment provisoire, de 1,800 hommes, pourra devenir utile pour Cherbourg et pour le Havre. Je désire qu'il soit formé seulement sur le papier, et que vous me fassiez connaître s'il serait composé d'hommes ayant la première teinture d'instruction, habillés, armés, et du nombre d'officiers et sous-officiers suffisants. Dans l'état que vous m'avez envoyé des régiments provisoires, il y a beaucoup d'erreurs. Il est dit, par exemple, que le 13e d'infanterie légère n'a fourni que 600 hommes au corps des Pyrénées orientales ou aux régiments provisoires de l'armée d'Espagne, tandis qu'il a fourni 750 hommes. Il y a beaucoup d'erreurs de ce genre. Dans l'état intitulé *Régiments d'infanterie et de troupes à cheval par ordre numérique*, au 27e régiment d'infanterie légère, on porte que ce régiment a au 1ᵉʳ corps de la Grande Armée, 1,437 hommes. Le 27ᵉ léger a au 1ᵉʳ corps de la Grande Armée 2,500 hommes, dont 2,243 présents et 157 détachés ou malades dans le territoire de l'armée ; total, 2,500 hommes. Je ne sais d'où provient cette erreur. Il y en a beaucoup d'autres de cette espèce, puisqu'en ouvrant je tombe sur celle-ci : le 26ᵉ léger n'est porté que pour 1,841 hommes sur le même état, tandis qu'en réalité ce régiment a 1,940 hommes. Le 24ᵉ léger n'est porté à la Grande Armée que pour 1,661 hommes, tandis qu'il en a 1,768. Je suppose donc que, dans les bureaux, on ne se donne pas la peine de faire des recherches, mais qu'on copie les états les uns sur les autres. Je dois le croire ainsi, car les états du mois de mai n'ont point de concordance entre eux.

Dans la réserve de Rennes, il n'y a pas de général de brigade pour la cavalerie ; cela est pourtant bien nécessaire, vu que ces jeunes gens ont besoin d'être instruits et d'être remués sans cesse.

NAPOLÉON.

D'après la copie. Dépôt de la guerre.

13942. — AU PRINCE CAMILLE BORGHESE,
GOUVERNEUR GÉNÉRAL DES DÉPARTEMENTS AU DELÀ DES ALPES, À TURIN.

Bayonne, 20 mai 1808.

Les comptes que vous me rendez, en forme d'états, doivent être en petits carnets de la grandeur de quatre à six pouces, parce qu'alors je les garde sur ma table. Il faut distinguer sur vos états de situation les conscrits de 1809. Faites-moi connaître les mouvements qui se sont opérés dans vos dépôts. Vous devez avoir dans votre gouvernement : à Turin, les dépôts des 6ᵉ, 7ᵉ, 37ᵉ de ligne et 14ᵉ léger ; à Plaisance, celui du 10ᵉ de ligne ; à Verceil, celui du 20ᵉ de ligne ; à Asti, celui du 29ᵉ ; à Gênes, ceux du 52ᵉ et du 101ᵉ ; à Savone, celui du 102ᵉ ; à Mondovi, celui du 23ᵉ léger ; à Alexandrie, ceux des 2ᵉ, 56ᵉ et 93ᵉ de ligne, et à Parme, celui du 3ᵉ léger. Ces dépôts sont-ils arrivés dans votre gouvernement, ou sont-ils annoncés ? Faites-vous remettre par les majors l'état des effets d'habillement qu'ils ont aux anciens dépôts, la quantité de conscrits qu'ils ont à recevoir et celle qu'ils ont déjà reçue, le nombre de conscrits de 1809 arrivés aux nouveaux dépôts et ce qui y est attendu. Vous donnerez l'ordre que les corps qui auraient des conscrits à leur nouveau dépôt et des effets d'habillement à l'ancien fassent marcher des conscrits, en proportion de ces effets d'habillement, sur les anciens dépôts, pour y être habillés et incorporés dans les 4es bataillons.

D'après la minute. Archives de l'Empire.

13943. — A JOACHIM, GRAND-DUC DE BERG,
LIEUTENANT GÉNÉRAL DU ROYAUME D'ESPAGNE, À MADRID.

Bayonne, 20 mai 1808.

Je vois dans le rapport du 16 mai, du ministre de la marine, qu'il craint que Porto-Rico et la Havane ne manquent de vivres par l'embargo mis sur les bâtiments américains. D'abord, la Havane peut s'approvisionner par les Florides, et Porto-Rico par le continent espagnol. Faire semer plus de patates et autres objets capables de diminuer la consommation du blé. Engagez le commissaire à expédier des aventuriers chargés de vins, blés et farines.

D'après la minute. Archives de l'Empire.

13944. — A M. DE CHAMPAGNY,
MINISTRE DES RELATIONS EXTÉRIEURES, À BAYONNE.

Bayonne, 21 mai 1808.

Monsieur de Champagny, vous témoignerez mon mécontentement à mon chargé d'affaires à Stuttgart de l'imprudence qu'il a faite de seconder les demandes du sieur Daru. Vous lui ferez connaître qu'il ne doit jamais adhérer aux demandes qui lui sont faites par les intendants ou les généraux, mais répondre qu'il vous en rend compte et qu'il demande vos ordres, sans lesquels il ne doit rien faire; que les demandes du sieur Daru sont tout à fait contraires à mes intentions; que la cour de Wurtemberg a très-bien répondu, puisque aucun article du traité de la

Confédération ne parle en effet de recrutement; que le sieur Daru a été autorisé à recruter quelques hommes dans les pays soumis à la France et régis par des intendants français, mais non à faire aucune demande d'hommes aux princes de la Confédération et à passer des notes diplomatiques. Vous témoignerez mon extrême mécontentement au sieur Daru sur toutes ces démarches qui n'ont pas de sens, et vous lui écrirez qu'il doit se tenir dans les bornes de ses attributions; que je ne l'ai jamais autorisé à écrire à mes ministres et encore moins à demander des hommes aux princes de la Confédération; que je l'ai chargé de recruter, pour compléter les bataillons du train, dans les provinces occupées par mes troupes et soumises à ma domination, mais non de faire des démarches en règle et de passer des notes officielles aux cours étrangères, ce qui est de la dernière gravité. Faites, à cette occasion, une circulaire à tous mes ministres et agents à l'étranger pour leur renouveler l'injonction de ne faire aucune démarche diplomatique que d'après mes ordres.

Faites connaître par les journaux la ruse dont se sert l'armateur hollandais.

NAPOLÉON.

D'après l'original comm. par M. le baron Chaillou des Barres.

13945. — A M. GAUDIN,
MINISTRE DES FINANCES, À PARIS.

Bayonne, 21 mai 1808.

Je reçois votre lettre du 16 mai. Vous m'y dites : « Je suppose que ces diverses branches d'administration ne doivent pas se rattacher aux administrations générales correspondantes en France, et que, provisoirement, la Toscane doit continuer à faire un gouvernement séparé. » Voici ma réponse : Tout doit être préparé dans l'année, et, au 1er janvier 1809, la Toscane doit être gouvernée comme l'Italie française; à cette époque elle entrera dans le régime constitutionnel. Jusque-là, les revenus doivent être mis dans une caisse particulière, dont six millions doivent entrer dans la caisse générale. Il faut tout préparer afin qu'au mois de septembre on me présente des mesures pour que l'administration soit entièrement française à partir du 1er janvier 1809.

J'ai reçu de la caisse d'amortissement le dernier état des fonds de la Grande Armée. Je désire que vous me fassiez connaître où en est la fabrication de tous les papiers relatifs à la ville de Paris, à la vente du canal du Midi, et enfin de tous les bons, soit pour les........[1] soit pour les décomptes de la caisse d'amortissement.

<small>D'après la minute. Archives de l'Empire.</small>

13946. — AU GÉNÉRAL CLARKE,
MINISTRE DE LA GUERRE, À PARIS.

<small>Bayonne, 21 mai 1808.</small>

Vous trouverez ci-joint un rapport sur Corfou, qui vous fera juger combien il est nécessaire que vous vous occupiez de cette île. Le général Donzelot porte son budget à un million par mois. Vous avez les états de tout ce qui se trouve dans les Sept Iles; entendez-vous avec le général Dejean pour refaire ce budget ce qu'il doit être. Il ne faut pas accorder au génie plus de 25,000 francs, à l'artillerie plus de 6,000. Il ne faut accorder aucuns fonds pour les dépenses imprévues et frais de mission. Cela diminuera tout d'un coup le budget du ministère de la guerre de 519,000 francs à 300,000 francs. Ce serait encore bien considérable : mais j'ai peine à penser que les troupes françaises, italiennes et napolitaines puissent coûter 150,000 francs seulement pour la solde. Le calcul exact que vous ferez vous fera connaître si cela est.

Le budget de l'administration de la guerre est susceptible de réductions. Les subsistances à 220,000 francs sont beaucoup trop chères; la marine à 121,000 francs, *idem*. En prenant les états de situation, vous ferez un budget raisonnable, et vous l'enverrez au général Donzelot. Cela fait, vous séparerez les troupes italiennes des françaises, et tout ce qui est troupes italiennes et napolitaines. Vous enverrez à Naples et à Milan l'état de ce qui doit être payé par ces gouvernements pour la solde de ces troupes, afin qu'ils en fassent passer le montant chaque mois à Otrante.

Vous écrirez au général Donzelot qu'il ne doit pas espérer d'autres

<small>[1] Cette lacune est dans le texte.</small>

ouvriers; qu'il a des calfats dont il peut se servir; que Corfou n'est pas le seul point de France auquel j'aie à penser; qu'il faut donc faire des demandes modérées; qu'avec vingt-cinq ouvriers d'artillerie et cent de la marine, indépendamment des ouvriers qu'on trouve dans une place comme Corfou, on a dix fois ce qu'il faut; que le personnel de l'artillerie est plus que suffisant, puisqu'il a six cents canonniers; qu'il a des pièces de canon en nombre plus que suffisant; qu'il n'a pas besoin de pièces de 36; qu'il a trente-cinq pièces de 24, de 18, ou de 12 françaises; qu'il en a plus de quatre-vingt-dix depuis 4 jusqu'à 11; que les cinquante-neuf pièces qui sont portées à la colonne *manquants* ne sont pas nécessaires; qu'il a trente et un mortiers de calibre supérieur à 6 pouces, et plus de trente du calibre inférieur, qu'il est donc absurde de demander des mortiers de plus: qu'indépendamment de cela il a près de cent canons en fer, d'un calibre supérieur à 12, ce qui fait en tout trois cent cinquante pièces en état de servir; c'est le double de ce qu'il faut; que la quantité d'affûts qu'il demande n'est pas nécessaire, mais qu'elle est cependant plus raisonnable; qu'il y en a cent vingt-quatre existant; que les affûts marins sont très-bons pour la défense des places, en élevant un peu la plate-forme; que les cent quarante-six affûts portés hors de service sont dans le cas d'être réparés; qu'il résulte des états que la situation en poudre est également très-satisfaisante, puisqu'il y en a de portés sur les états 81,000 kilogrammes, qu'il y en avait 25,000 kilogrammes sur la flûte *le Var*, et 19,000 kilogrammes appartenant aux Russes, c'est-à-dire 250 milliers, et qu'il y a en outre 650,000 cartouches et 400,000 qui étaient sur *le Var*, ce qui fait plus d'un million de cartouches; qu'après cet aperçu on voit donc que la situation de l'artillerie est satisfaisante; qu'il faut faire des demandes, mais ne pas alarmer mal à propos: qu'on demande, par exemple, 50,000 kilogrammes de poudre, tandis qu'on en porte 45,000 en sus, non encore vérifiés, dit-on.

D'après la minute. Archives de l'Empire.

13947. — AU GÉNÉRAL CLARKE,
MINISTRE DE LA GUERRE, À PARIS.

Bayonne, 21 mai 1808.

Monsieur le Général Clarke, vous aurez reçu le décret par lequel je forme une légion de douze bataillons ou de six régiments portugais, qui doit former 10 ou 12,000 hommes. La tête de ces troupes est déjà arrivée à Bayonne; elles vont être cantonnées dans les départements des Hautes et Basses-Pyrénées et du Gers. La cavalerie portugaise actuelle se compose de deux régiments et d'un escadron de chasseurs. Le 1er régiment de cavalerie est de 220 hommes montés, le 3e régiment est de 367 hommes, et l'escadron de chasseurs est de 108 hommes; total, 680 hommes montés. L'infanterie actuelle se compose de cinq régiments de ligne et d'un régiment d'infanterie légère. Le 1er régiment est de 800 hommes; le 2e, de 700; le 3e, de 300; le 4e, de 500; le 5e, de 680; et le régiment d'infanterie légère de 620 hommes; environ 4,000 hommes. Il y a avec ce corps plusieurs généraux de brigade et de division; le major général vous en enverra l'état. Ces troupes doivent être traitées comme les troupes françaises. J'ai ordonné qu'on envoyât en Portugal cinq officiers et dix sous-officiers par régiment, pour les recruter et les porter au complet fixé par mon décret. Le général qui les commande, et qui est un homme très-considérable, pense qu'elles seront bientôt portées à 14,000 hommes. Concertez-vous avec le général Dejean sur les mesures à prendre pour l'habillement et l'équipement de ces corps.

NAPOLÉON.

D'après la copie. Dépôt de la guerre.

13948. — AU VICE-AMIRAL DECRÈS,
MINISTRE DE LA MARINE, À PARIS.

Bayonne, 21 mai 1808.

Le 12 mai, il est parti des bâtiments de Carthagène et de Barcelone portant des ordres à l'escadre de Mahon de se rendre en France. Il faut donner des ordres à Toulon, et dans ceux des ports où elle peut toucher, de lui fournir tout ce dont elle peut avoir besoin et de la mettre en état.

P. S. Prenez des mesures pour qu'à la Spezia, à Villefranche, au golfe Juan, elle ne soit pas prise par l'ennemi, et qu'à Toulon même on se mette en appareillage pour aller à son secours, si cela était nécessaire.

D'après la minute. Archives de l'Empire.

13949. — AU PRINCE CAMILLE BORGHESE,
GOUVERNEUR GÉNÉRAL DES DÉPARTEMENTS AU DELÀ DES ALPES, À TURIN.

Bayonne, 21 mai 1808.

J'ai reçu la lettre par laquelle vous m'instruisez que les corsaires chicanent le cabotage sur les côtes de Gênes, et que Port-Maurice, entre autres, est exposé à leurs insultes. Envoyez un aide de camp sur les lieux pour vous rendre compte de ce qui se passe, et donnez des ordres pour que ce point soit muni et approvisionné de tout ce qui est nécessaire. Donnez ordre que le bataillon valaisan qui est à Gênes se rende à Port-Maurice pour protéger ce canton. Écrivez aux habitants de Port-Maurice, de San-Remo et autres points de la côte, pour qu'ils arment de gros corsaires pour éloigner les ennemis. Écrivez aussi à Toulon pour qu'on envoie de ce port des chebecs et autres bâtiments supérieurs aux corsaires ennemis, pour prendre position devant Port-Maurice et protéger le cabotage; mais il faut que ce soient des bâtiments qui puissent entrer dans ce port et être protégés par les batteries de côte.

D'après la minute. Archives de l'Empire.

13950. — A EUGÈNE NAPOLÉON,
VICE-ROI D'ITALIE, À MILAN.

Bayonne, 21 mai 1808.

Mon Fils, j'ai dicté à Bertrand des notes qu'il vous enverra pour que vous les communiquiez à Chasseloup. Il faut s'occuper de la guerre d'Italie, en supposant que l'ennemi soit momentanément supérieur à vous:

abandonner Palmanova avec 3 ou 4,000 hommes de garnison, et pouvoir tenir derrière la Piave; par ce mouvement, l'armée se rapprocherait de ses dépôts et des secours, et l'ennemi s'affaiblirait d'autant. Les hommes laissés à Palmanova et à Osoppo vous affaibliraient d'autant, mais l'ennemi serait obligé de laisser 6,000 hommes pour les masquer, et s'affaiblirait davantage encore. Tout ce que pourrait prendre l'ennemi ne serait pas considérable; le pays, jusqu'à la Piave, n'a rien de bien important. Mais, s'il n'y avait pas moyen de se défendre derrière la Piave, et qu'on fût obligé de passer l'Adige, on serait au moment même obligé de jeter une garnison dans Venise, c'est-à-dire de s'affaiblir d'un corps de plus de 10,000 hommes. Lorsque ensuite on voudrait repasser l'Adige pour dégager Venise, l'ennemi pourrait se battre avec l'armée d'observation et employer les trois quarts des troupes qu'il aurait devant Venise; par là l'armée française se serait affaiblie de 10,000 hommes, et l'ennemi seulement de 2 ou 3,000, au moment de la bataille. Il faut donc, si cela est possible, fortifier la Piave, afin de garder Venise et d'avoir le temps de recevoir des renforts. Je désire que vous alliez vous-même à Bassano, avec des ingénieurs géographes et des officiers du génie; que là vous montiez à cheval, que vous suiviez les gorges de la Brenta, en passant par Primolano et Feltre, et de Feltre descendant également à cheval sur Asolo; là, vous vous assurerez bien, par un aide de camp, de la nature du chemin de Feltre à Conegliano.

Vous-même, d'Asolo allez visiter le cours de la Piave, en suivant toutes les sinuosités jusqu'à la mer. Pour que la Piave puisse être une barrière, il faudrait y établir trois petites places, l'une sur le grand chemin, au point le plus près de Conegliano, la seconde au débouché des montagnes, et la troisième ne laissant que des marais entre elle et la mer. Trois places, situées sur la rive gauche, avec trois ponts, offriraient à l'armée des avantages pour manœuvrer par son centre, sa droite et sa gauche. L'ennemi chercherait-il à passer entre Asolo et la place près de Conegliano et à jeter là un pont? Mais il me semble, si j'ai bonne mémoire, qu'il y a là une montagne qui domine et rendrait ce projet impraticable. Ou bien il se porterait pour jeter un pont entre la place près de Conegliano et celle du côté de la mer : mais il craindrait de voir l'armée déboucher par Conegliano ou Asolo pour lui tomber dessus. Ou bien l'ennemi ferait un fort détachement par Feltre, et l'armée déboucherait par Conegliano et tomberait sur ses derrières. Ainsi, pour peu que la localité s'y prête, ce qui doit être l'objet d'un examen des ingénieurs et de vous-même, que la rive offre un obstacle, je crois que plus bas qu'Asolo on ne peut plus passer à gué, ou que, si l'on peut passer à gué, il n'y a qu'un certain nombre de gués, que l'on peut gâter; que la rive droite domine la rive gauche; enfin, après l'examen qui aura été fait, on verra si l'on peut s'arrêter à l'idée de prendre cette barrière et de la fortifier.

Quant aux fortifications, je ne voudrais que des pentagones en terre, de l'eau dans les fossés et quelques réduits maçonnés. Il y a longtemps que j'ai ordonné que cette partie de la carte, de Feltre à la mer, fût levée avec les hauteurs, pour bien connaître le cours de la Piave. Cette ligne étant près de Venise, Trévise en est le point d'appui, Venise en est le point de retraite. Ainsi les mouvements par Feltre ne peuvent jamais alarmer sérieusement pour les derrières de l'armée. Cette ligne évacuée, il faut prendre celle de l'Adige; elle serait meilleure, sans contredit, sans l'inconvénient d'abandonner Venise. La ligne de l'Adige est toute organisée; il ne faudrait qu'une place à Ronco ou à Arcole, avec un troisième pont sur l'Adige. Cette deuxième ligne forcée, il reste celle du Mincio avec un ouvrage à Valeggio, et un en avant de Goito, de manière à avoir Peschiera et ces deux points pour manœuvrer. Cette ligne a l'avantage d'être assez courte et de maintenir encore le blocus de Mantoue.

NAPOLÉON.

D'après la copie comm. par S. A. I. Mme la duchesse de Leuchtenberg.

13951. — A JOACHIM, GRAND-DUC DE BERG,
LIEUTENANT GÉNÉRAL DU ROYAUME D'ESPAGNE, À MADRID.

Bayonne, 21 mai 1808, quatre heures après midi.

Je vous ai déjà dit que les fusils de Placencia restaient aux Espagnols, et qu'ils n'avaient été transportés à Saint-Sébastien que comme dans un lieu de dépôt et une place forte, pour être sûr qu'ils ne seraient pas enlevés. Ceux que le ministre voudra embarquer, le seront donc sur son ordre.

Si le général....... est à Madrid, retenez-le. Il est ridicule qu'il ait quitté Lisbonne sans ordre, sous prétexte qu'il y a des maladies. Ce sont les plaisirs de Milan que cherchent ces messieurs, et qui les ont accoutumés à l'oisiveté. Je l'ai fait général pour qu'il servît. Gardez-le à Madrid, et, quand il sera rétabli, dirigez-le sur Cadix.

J'ai vu, dans le rapport de M. O'Farrill, que l'insurrection de Séville n'était pas terminée, qu'on avait enrégimenté le peuple pour l'apaiser. Cela continue-t-il? Le peuple est-il en effet armé? Enfin est-on sur ce point en situation de résistance ou tranquille? Il serait bon d'envoyer quelqu'un pour voir ce qui s'y fait.

D'après la minute. Archives de l'Empire.

13952. — A JOACHIM, GRAND-DUC DE BERG,
LIEUTENANT GÉNÉRAL DU ROYAUME D'ESPAGNE, À MADRID.

Bayonne, 21 mai 1808, quatre heures après midi.

J'ai lu, avec le plus grand intérêt, les rapports des ministres de la guerre et de la marine sur les moyens de secourir Rio de la Plata. Il n'y a pas un moment à perdre. Il faut armer *la Concepcion* et *le San-Fernando*, qui, avec *la Vengeance*, *la Magdeleine*, *la Diane* et la corvette *l'Indagadora*, porteront facilement 3,000 hommes. Il faut nommer sur-le-champ le contre-amiral qui doit commander cette escadre, envoyer au Ferrol les fonds nécessaires, et faire le choix du corps de 3,000 hommes qui doit être embarqué pour cette expédition. Je pense qu'il faudrait un bataillon d'infanterie légère, un régiment d'infanterie de ligne, faisant 2,200 hommes d'infanterie, un régiment de cavalerie à pied de 500 hommes et 400 hommes d'artillerie. Que le ministre de la guerre désigne ces corps, qu'il nomme un général de brigade, un adjudant-commandant, un colonel d'artillerie, plusieurs officiers d'artillerie à la suite et trois officiers du génie. On embarquera 10,000 fusils sur les bâtiments de l'expédition, 12 pièces de canon de campagne, avec 300 coups à tirer par pièce, 500,000 cartouches d'infanterie et 4,000 outils de pionniers. Cette opération me paraît extrêmement importante. En envoyant les 5 ou 600,000 francs demandés, tout cela peut être prêt dans le courant du mois de juin, et avant que les Anglais puissent être instruits de l'activité extraordinaire portée sur ce point et renforcer leur escadre. Ils n'ont qu'un vaisseau, et, quand ils en auraient deux, ils prendraient bien vite chasse devant l'escadre espagnole. Il faut donc que tout cela se fasse secrètement et sans ostentation. Quant à l'atterrage, il faudrait avoir soin d'ordonner que l'escadre abordât plus dans le sud, afin que, si elle trouvait les Anglais supérieurs devant Montevideo, elle pût débarquer plus bas.

Quant à Cadix, il n'est pas probable que de tout l'été l'escadre puisse sortir; mais il faut y attirer l'ennemi en augmentant, par tous les moyens, le nombre des vaisseaux français et espagnols. Il n'y a que 5 vaisseaux espagnols en rade: il faut les augmenter de plusieurs autres, en compléter les équipages et payer les ouvriers. C'est surtout de l'argent qu'il faut là. A Carthagène, *le San-Carlos* est prêt: il faut promptement mettre en état *le San-Joachim*, de 74, et *le Saint-Pierre-d'Alcantara*, de 64, et 4 frégates, afin d'avoir là une nouvelle escadre, indépendamment de celle de Mahon.

Résumé : il faut activer l'armement du Ferrol, arranger tout sur mer et sur terre, pour que l'expédition soit prête à partir dans le courant de juin, avec 2 ou 3,000 hommes de débarquement. Il faut faire travailler à mettre en rade à Cadix *le Santa-Anna*, de 112 canons, *le Conde de Regla*, de 112, qui est dans le bassin, *le Soberano*, de 74, qui peut être prêt avant le mois d'août, *le Saint-Fulgent*, *le Saint-Léandre* et *le Minho*, petits vaisseaux de 50 à 60 canons, la frégate *l'Atocha*, la frégate *la Paz* et la corvette *le Mercure*, qu'il est bon d'avoir sous la main pour une expédition; de manière à avoir, en rade de Cadix, 3 vaisseaux de 112 canons, savoir: *le Prince-des-Asturies*, actuellement existant; *l'Anna*, radoubé et qui peut être en rade avant un mois, et *le Conde de Regla*, qui peut y être en même temps avec un peu d'activité; 5 vaisseaux de 75, savoir : *le Saint-Just*, *le Montañez* et *le Terrible*, actuellement existants, *le Don Juan*, qui est dans le bassin, et *le Soberano*, qui peut y être mis sur-le-champ; et 3 vaisseaux de 50 à 60, savoir : *le Saint-Fulgent*, *le Saint-Léandre* et *le Minho*; en tout, 11 vaisseaux, qui, avec les 5 vaisseaux français qui sont en rade, feront 16 vaisseaux de ligne, et 3 frégates : *la Flora*, actuellement existante, *l'Atocha* et *la Paz*, en réparation, avec la corvette *le Mercure*. Enfin, ces 11 vaisseaux et 3 frégates en rade, on travaillerait sans retard à armer *le Saint-Firmin* et *l'Argonaute*, de 74, ce qui porterait le nombre des vaisseaux espagnols en rade de Cadix à 13. Faites-moi connaître combien il faut d'argent pour arriver à ce résultat. On ne manque à Cadix que d'argent; avec cela on lèvera tous les obstacles. Or, de l'argent, il faut en trouver.

Il faut mettre en rade à Carthagène *le San-Carlos*, qui est prêt, *le San-Joachim*, de 74, *le Saint-Pierre-d'Alcantara*, qui est de 64, et 4 frégates, qui peuvent être promptement radoubées, afin d'avoir là 3 vaisseaux et 4 frégates. Il serait à propos de mettre à Carthagène 4 vaisseaux sur le chantier.

Tout cela ne demande pas immensément d'argent. Le désordre et le gaspillage ont empêché jusqu'ici de rien faire. Quand on verra les travaux qui seront ordonnés, ce sera la meilleure proclamation qu'on puisse faire. Il faut donc, avant tout, avoir de l'argent; procurez-vous-en; il y a mille moyens d'en avoir. Quand je connaîtrai l'état des finances, je trouverai des ressources. En attendant, il faut trouver soixante millions de réaux, dussiez-vous mettre en gage les diamants de la Couronne; je ne m'y oppose pas, mais il faut que, deux jours après la réception de cette lettre, on ait fait partir de l'argent pour Cadix, le Ferrol et Carthagène, et qu'on s'aperçoive que le gouvernement a changé. Écrivez vous-même aux commandants de ces ports que vous attendez de leur zèle et de leurs efforts le prompt armement des vaisseaux désignés, et que la plus grande activité va être déployée. Avant tout, qu'on se défasse de l'escadre de Mahon en l'envoyant à Toulon; elle ne coûtera rien dans ce port et sera promptement mise en état. J'ai déjà là seize vaisseaux français et russes.

quand cette nouvelle escadre y sera, les Anglais seront obligés d'y tenir vingt à vingt-cinq vaisseaux. A Cadix, ils seront obligés de tenir dix à douze vaisseaux. J'ai à Flessingue huit vaisseaux construits à Anvers, j'en ai à Brest, j'en ai partout. Les Anglais ne suffiront pas pour bloquer tous les ports, et on en profitera pour frapper de grands coups. Répondez-moi, en détail, ce que disent les ministres de la guerre et de la marine. Vous sentez combien il serait glorieux pour vous que, sous votre courte administration, quatre vaisseaux s'élevassent sur les chantiers de Carthagène, et que quelques mois de paye fussent donnés aux ouvriers et aux matelots. Il ne faut que de l'argent; il y en a en Espagne, il ne s'agit que d'en trouver. La première expédition à faire, sans doute, est d'envoyer des troupes à Buenos-Ayres; la seconde doit être de reprendre la Trinité. Demandez un rapport sur les vaisseaux qui sont à la Havane.

D'après la minute. Archives de l'Empire.

13953. — A M. DARU,
INTENDANT GÉNÉRAL DE LA GRANDE ARMÉE, À BERLIN.

Bayonne, 21 mai 1808.

Monsieur Daru, je ne suis point content de tout ce qu'on fait à Berlin. Qu'y avait-il besoin de faire tant de cérémonies pour camper quelques divisions? Le public ne devait l'apprendre que quand cela aurait été fait. J'ai déjà fait connaître que mon intention n'était pas que les corps d'armée campassent ensemble, mais par divisions. Je voulais que cela fût ainsi pour ne point alarmer l'Europe et faire le moins d'éclat possible. Qu'y avait-il besoin de passer des marchés, de faire des magasins, et mille autres babioles pareilles? Cela ressemble à une armée de l'ancien régime. Il fallait se mettre sur la lisière d'un bois, y couper du bois, faire des baraques, et voilà l'armée campée. Pour les vivres, il n'y a pas de petite ville de Prusse qui ne pût fournir à la subsistance de 8,000 hommes.

Vous avez fait une chose plus inconvenante en faisant des démarches diplomatiques auprès des princes de la Confédération pour lever deux ou trois hommes nécessaires pour compléter les bataillons du train. Vous vous êtes constitué mon ministre des relations extérieures. Il y a là plus que de la légèreté. Je vous avais chargé de recruter ces hommes dans les provinces de Bareuth, Fulde, Erfurt, Munster et autres provinces qui sont immédiatement à ma disposition.

En général, je désire qu'on ne mette rien sur mon armée dans les journaux. A Berlin, on dirait qu'on prend à tâche de faire le plus de fracas possible avec des riens. Je vois qu'il y avait à Berlin 8,000 quintaux de seigle; cet approvisionnement était certainement seul suffisant pour donner le temps de prendre toutes les mesures; il y en a 6 ou 7,000 à Spandau, 6,000 à Magdeburg. Tous ces embarras étaient donc inutiles. Je vois qu'il y a du biscuit partout; il y en a 50,000 rations à Berlin.

NAPOLÉON.

D'après la copie comm. par M. le comte Daru.

13954. — A M. DARU,
INTENDANT GÉNÉRAL DE LA GRANDE ARMÉE, À BERLIN.

Bayonne, 21 mai 1808.

Monsieur Daru, le ministre des relations extérieures vous envoie un état qu'il reçoit de mon chargé d'affaires à Varsovie, duquel il résulte que je dois au duché de Varsovie 2,900,000 francs depuis le 1er septembre 1807 jusqu'au 1er avril 1808, indépendamment de tout ce qui a été fourni pour l'armée, et que le service d'avril est évalué à 700,000 francs. La convention avec le roi de Saxe ayant été signée, il faut presser la confection des bons. Les députés polonais m'ont représenté l'impossibilité où ils étaient de faire sortir de l'argent pour se procurer de la viande, qu'ils ne peuvent point payer en billets. Il est donc nécessaire que vous fassiez passer au maréchal Davout des bœufs de Magdeburg et des différentes parties de la Prusse, même de la Poméranie, à compte de la contribution. Et enfin, si cela n'est pas possible, il faut faire une masse de tant par homme au maréchal Davout, et il sera chargé de se procurer de la viande.

NAPOLÉON.

D'après la copie comm. par M. le comte Daru.

13955. — A M. DE CHAMPAGNY,
MINISTRE DES RELATIONS EXTÉRIEURES, À BAYONNE.

Bayonne, 22 mai 1808.

Monsieur de Champagny, je vous envoie une dépêche de Madrid. Il faut préparer un courrier pour la Russie, et témoigner à Caulaincourt que le mémoire qu'il a remis à l'empereur sur les affaires actuelles n'est pas d'un ambassadeur de France; qu'il devait dire cela en conversation, mais qu'il ne devait rien écrire; que je n'ai rien à gagner à voir les Russes à Stockholm. Vous lui annoncerez que dans trois jours vous lui enverrez votre mémoire sur les affaires de Constantinople. Vous donnerez aussi des nouvelles des affaires d'Espagne telles que nous les connaissons.

NAPOLÉON.

D'après l'original comm. par M. le baron Chaillou des Barres.

13956. — A M. GAUDIN,
MINISTRE DES FINANCES, À PARIS.

Bayonne, 22 mai 1808.

Je reçois votre lettre du 17. Le sieur Collin saura trouver, à la fin de l'été, une quinzaine de jours pour faire une tournée en Italie. Il faut qu'un chef de douanes voie par lui-même, sans quoi il fait de la mauvaise besogne. Je n'ai pas de foi au travail de ceux qui ne quittent pas la banlieue de Paris.

D'après la minute. Archives de l'Empire.

13957. — A M. MOLLIEN,
MINISTRE DU TRÉSOR PUBLIC, À PARIS.

Bayonne, 22 mai 1808.

Monsieur Mollien, la somme de 1,591,000 francs qui forme le tiers des fonds de deux centimes de non-valeurs doit être prise de la manière suivante : 790,000 francs sur les 2,387,000 francs qui sont soumissionnés, et 790,000 francs sur ce qui est laissé à la disposition des préfets, qui doit, sans délai, être soumissionné et versé au trésor, de sorte que ces 15 à 1,600,000 francs soient sur-le-champ disponibles pour pourvoir aux événements imprévus qui auraient lieu dans l'année.

NAPOLÉON.

D'après l'original comm. par Mme la comtesse Mollien.

13958. — A M. MOLLIEN,
MINISTRE DU TRÉSOR PUBLIC, À PARIS.

Bayonne, 22 mai 1808.

Monsieur Mollien, les banquiers refusent d'avancer de l'argent aux troupes espagnoles qui sont au corps du prince de Ponte-Corvo. Je pense que le meilleur parti à prendre pour venir à leur secours est que le sieur Daru leur prête, par l'intermédiaire d'un banquier de Hambourg, une somme de 500,000 francs, et qu'elles donnent des lettres de change pour pareille somme, qui seront envoyées au payeur de l'armée française en Espagne. Faites connaître cela par un courrier aux sieurs Daru et Bourrienne, mais ajoutez que ce ne serait que dans le cas où les banquiers ne voudraient point fournir d'argent aux Espagnols.

NAPOLÉON.

D'après l'original comm. par Mme la comtesse Mollien.

13959. — AU GÉNÉRAL CLARKE,
MINISTRE DE LA GUERRE, À PARIS.

Bayonne, 22 mai 1808.

Monsieur le Général Clarke, j'ai donné ordre que les trois régiments de cavalerie portugais formant 600 chevaux et qui doivent faire partie de la légion portugaise, dont vous avez reçu le décret, se rendissent à Auch, département du Gers. Il est nécessaire d'envoyer sur-le-champ un inspecteur aux revues à Auch pour former les livrets, donner l'habitude de l'administration à ces corps et faire les retenues sur la masse de linge et chaussure. Ils ont reçu à Burgos le mois de mai et on ne leur a rien retenu. Il serait nécessaire d'envoyer à Auch un vieux général de brigade français qui les instruise et qui corresponde avec vous sur les moyens de pourvoir à leur harnachement et équipement, qui sont dans un état affreux. La sellerie a quarante ans; aussi est-elle toute en pièces. Cette cavalerie n'est ni dragons, ni cavalerie légère, ni grosse cavalerie. Mon intention est qu'elle soit l'arme des chasseurs. On peut leur conserver leur uniforme actuel; leur habit est court comme celui des chasseurs. Leurs chevaux sont en général de la taille des chevaux de chasseurs. Les régiments d'infanterie se réuniront à Pau, à Tarbes et dans les trois départements du Gers et des Hautes et Basses-Pyrénées. Il faudrait attacher à chacun de ces régiments un adjoint de commissaire des guerres ou un officier ayant été quartier-maître, qui pût les aider, au moins provisoirement, jusqu'à ce que la première organisation soit faite. Il faut charger le général Muller, qui a l'inspection de ces troupes, d'en prendre le commandement et de faire toutes les démarches auprès des préfets et commissaires des guerres pour que ces troupes soient munies de tout ce qui leur revient.

NAPOLÉON.

D'après la copie. Dépôt de la guerre.

13960. — AU VICE-AMIRAL DECRÈS,
MINISTRE DE LA MARINE, À PARIS.

Bayonne, 22 mai 1808.

Je reçois votre lettre du 18, relative aux expéditions d'Espagne pour l'Amérique. Les Espagnols font partir de Cadix tout ce qui est possible. Si les Français se mêlaient de faire des expéditions dans leurs ports, cela ne servirait à rien qu'à donner l'éveil. Quant à vous, vous ne devez vous occuper d'en faire partir que de Bordeaux, de Bayonne, et de partout où cela se peut. Je ne puis pas donner des ordres à un ministre comme à un factionnaire; puis, quand je lui donne un ordre, c'est à lui à chercher les moyens de l'exécuter. Au reste, je vous dispense de rien expédier pour l'Amérique. Je vous dispense également de me comparer à Dieu. Il y a tant de singularité, et d'irrespect pour moi, dans cette phrase, que je veux croire que vous n'avez pas réfléchi à ce que vous écriviez. Je plains votre jugement........ mais je m'arrête. Envoyez-moi des états bien détaillés, qui me fassent connaître la situation des bâtiments, leurs qualités, ce que j'en puis faire enfin, puisque je suis réduit à désigner moi-même une goëlette qui doit partir. S'il y avait eu un ministre de sens à la tête de ma marine, depuis que j'ai parlé il y aurait quarante bâtiments de partis, bricks, corvettes, avisos, goëlettes, doubles chaloupes, pinques, etc. et si ces quarante bâtiments avaient été pris, du moins le ministre aurait fait son devoir. Les trois seuls bâtiments qui soient encore partis, c'est moi qui les ai expédiés. Il faut être bien ridicule, après cela, pour croire qu'il n'y a au-dessus de sa raison que les miracles et la raison de Dieu. Je suis surpris également qu'après vous avoir dit et répété que je voulais avoir des vaisseaux de 64 à Bordeaux vous veniez me conter tant de balivernes.

On ne devrait pas laisser non plus les colonies françaises si longtemps sans nouvelles. Le général Decaen s'est plaint avec raison que, bien longtemps après Tilsit, il ignorait la paix, qu'il n'a apprise que par le hasard d'un bâtiment américain. Il y a cependant mille moyens de lui donner des nouvelles, d'Amérique à l'île de France, de nos ports à l'île de France, etc. Il n'y a pas besoin d'être Dieu pour cela. Depuis un an que je demande quelques expéditions pour aider nos colonies, on ne me répond que par des babioles. Mon temps est employé à autre chose, et rien ne part. Vous pouviez, avec quelque envie de secourir nos colonies, faire partir de plusieurs ports des bâtiments chargés de farine, etc. Il ne faut pas être Dieu pour cela. Si je n'avais à m'occuper que de la marine, j'aurais voulu faire partir suffisamment d'expéditions pour assurer les subsistances des colonies.

D'après la minute. Archives de l'Empire.

13961. — AU VICE-AMIRAL DECRÈS,
MINISTRE DE LA MARINE, À PARIS.

Bayonne, 22 mai 1808.

Je vois, dans votre dernière lettre, que vous ne comptez avoir à Toulon, d'ici en septembre, que *l'Austerlitz* et *le Donawerth*. Donnez des ordres pour qu'on ait aussi *l'Ulm*. Ce vaisseau est à plus de moitié; ainsi il peut être facilement mis à l'eau. Il me faut quatorze vaisseaux français à Toulon avant le 15 août. Je ne vois pas, sur votre état, à Flessingue, *le Royal-Hollandais*; ce bâtiment pourrait être mis à l'eau. Ne pourrait-on pas mettre à Lorient un autre vaisseau en place du *Polonais*? *La Pallas*, *l'Elbe*, *la Renommée* et *la Clorinde* formeront une division de frégates, bien nécessaire pour Rochefort. Les frégates *l'Adélaïde* et *la Bellone* seraient bien nécessaires à Brest, si elles pouvaient s'y rendre. Je vois, par votre état, que j'aurai, cette année, neuf vaisseaux mis à l'eau. Je compte sur un de plus à Toulon, sur un de plus à Flessingue, sur un de plus à Lorient, sur un de plus à Rochefort; ce qui ferait treize. Tout me fait espérer qu'à Rochefort on pourra avoir un vaisseau de 74 de plus.

D'après la minute. Archives de l'Empire.

13962. — AU VICE-AMIRAL DECRÈS,
MINISTRE DE LA MARINE, À PARIS.

Bayonne, 22 mai 1808.

Je viens d'avoir une conférence avec l'ingénieur qui est chargé du martelage des bois pour les chantiers de Rochefort, Bordeaux et Bayonne. Il m'a assuré qu'il avait marqué 350,000 pieds cubes de bois cette année; que plus de la moitié se dirigeait sur Bayonne, où il y en a 250 milliers; que 20 milliers se pourrissent déjà. Je lui ai donné l'ordre de diriger sur Bordeaux et sur les bassins de la Garonne et de la Gironde, et d'attendre vos ordres pour que la partie du martelage obligément dirigée sur Bayonne ne fût point abattue. Il m'a assuré qu'il y a une grande quantité de réserves nationales dont les bois affluent sur la Garonne et sur la Charente. Voyez pour cela le conseiller d'état Bergon, et, quarante-huit heures après la réception de ma lettre, vous me présenterez, de concert avec ce conseiller d'état, un projet de décret :

1° Pour faire couper, dans les réserves ou autres bois nationaux, 60,000 pieds cubes de bois pour en tirer des plançons et autres pièces dont on a besoin à Rochefort; ces bois seront pris dans ceux des départements qui peuvent facilement verser sur la Charente, la Dordogne et la Garonne; ce secours extraordinaire de 60,000 pieds cubes de bois, avec la coupe ordinaire, mettra à même de border six vaisseaux;

2° Pour faire une coupe extraordinaire, dans les réserves ou bois nationaux de la Bretagne, d'une centaine de milliers de pieds cubes de bois, pour les chantiers de Brest;

3° Pour faire une coupe extraordinaire de 60,000 pieds cubes de bois, dans l'arrondissement de Toulon, pour les besoins de ce port. Le fait est que rien n'avance à Toulon, et qu'il y a cependant encore des bois. A Nantes de même, parce que les arrivages sont difficiles; il y a des bois dans la Vilaine, dans le Blavet et dans d'autres rivières à portée. Enfin il faut prendre, s'il le faut, des mesures extraordinaires. Je ne suis pas éloigné de faire couper même les bois des particuliers (hormis ceux des parcs, jardins ou d'embellissement), qui seraient utiles à la marine. Le transport des bois par terre s'essaye ici; si Lorient est, comme on le dit, dans une grande pénurie de bois, on pourrait aussi le faire de Nantes à Lorient par terre. Ce ne serait toutefois qu'autant que cela serait nécessaire pour avoir un vaisseau de plus.

D'après la minute. Archives de l'Empire.

13963. — AU VICE-AMIRAL DECRÈS,
MINISTRE DE LA MARINE, À PARIS.

Bayonne, 22 mai 1808.

Le ministre de la marine d'Espagne me rend compte que, le 7, est entrée à Tarragone la flûte *la Baleine*, commandée par le capitaine Gaudran, qui était à Majorque; elle a mis à la voile le 9 pour se rendre à Toulon.

La mouche *le Rapide*, que j'ai dirigée sur Cayenne avec les dépêches espagnoles, les miennes et des instructions pour les capitaines généraux de Vera-Cruz, etc. a passé ce matin, à la pointe du jour, la barre de Bayonne. Le brick que j'ai acheté sera prêt dans la semaine; je le dirige sur Montevideo. Un beau corsaire, pareil au brick que j'ai acheté, vient de rentrer ici, après avoir fait quatre prises; je vais l'expédier à la Guadeloupe.

Avec des mouches à Bayonne et à Bordeaux, vous communiquerez avec les colonies tant que vous voudrez.

D'après la minute. Archives de l'Empire.

13964. — AU VICE-AMIRAL DECRÈS,
MINISTRE DE LA MARINE, À PARIS.

Bayonne, 22 mai 1808.

Il faut faire demander en Corse 400 marins, à l'île d'Elbe 60, à l'île de Capraja 50. Écrivez au général Morand[1] que cela est indispensable, et qu'il faut que ces matelots s'embarquent sur les gabares qui reviennent chargées de bois. Je suppose que vous en avez 400 de Livourne. L'équipage du *Breslau* doit être fait sans peine à Gênes.

D'après la minute. Archives de l'Empire.

13965. — A JOACHIM, GRAND-DUC DE BERG,
LIEUTENANT GÉNÉRAL DU ROYAUME D'ESPAGNE, À MADRID.

Bayonne, 22 mai 1808.

Je reçois votre lettre du 19 à une heure et demie du matin. Vous avez dû recevoir la lettre au roi de Maroc. Je ne crois pas que les Anglais veuillent rien entreprendre contre Ceuta; ils ne sont pas en mesure. Ils ont bien d'autres choses à faire dans ce moment-ci.

Vous aurez dû recevoir mon ordre pour licencier la partie des milices qui est dans la Corogne. Du moment que le général Solano sera arrivé à Cadix, il faut licencier la partie des milices de ces provinces qui est la plus mauvaise. Il faut garder les grenadiers et licencier seulement de 1,000 à 1,200 hommes. Ce licenciement fait, ce sera déjà un bon soulagement pour le trésor public. Il me semble que le corps de Solano serait très-bien à Medina-Sidonia, où vous vouliez le placer. J'ai intérêt qu'il n'y ait pas trop d'Espagnols à Cadix, afin que le général Dupont soit parfaitement maître de cette place.

Écrivez au général Junot qu'il a peu de troupes espagnoles, et qu'il les traite bien; que d'ailleurs tout a changé aujourd'hui.

---

[1] Commandant la 23ᵉ division militaire (Corse et île d'Elbe).

J'attends la députation que vous m'annoncez. Vous ne me dites pas qui on m'a envoyé; je suppose que ce sera des hommes d'esprit et de conseil.

Vous pouvez annoncer à Madrid que six bâtiments sont déjà partis des ports de France avec des lettres, des proclamations et des instructions pour les autorités espagnoles dans les Amériques.

Faites-vous remettre sous les yeux les dépêches du général de Liniers. Accordez tous les avancements qu'il a demandés; envoyez aussi quelques croix aux principaux habitants de Buenos-Ayres. Envoyez-moi des duplicata de tout cela, je les expédierai par les ports de France. Mettez quelques mouches en départ à Cadix, qui est le point le plus favorable sans contredit pour arriver promptement dans les colonies espagnoles.

Faites écrire par toutes les corporations de commerce, par les cinq premiers Mayores, les Philippines, la banque Saint-Charles, les consulats de Barcelone, de Malaga, de Cadix, de Corogne, de Santander, etc. que rien n'a changé; qu'au contraire le nouvel ordre de choses sera utile aux colonies, puisque, n'ayant désormais rien à craindre du côté de la France, tout est porté vers la marine, et que les opérations maritimes se combinent pour l'avantage des colonies; enfin donner confiance dans la nouvelle dynastie. Vous sentez que ces circulaires, que feront ces corps, auront le double avantage de les attacher.

Les 1,600 hommes de milices qui sont attachés aux bataillons d'artillerie peuvent être licenciés sans difficulté, puisqu'il y a déjà 4,500 hommes d'artillerie de campagne et 2,000 d'artillerie fixe, ce qui fait au delà de 6,000 hommes d'artillerie; ce qui est plus qu'il n'en faut à l'Espagne.

J'ai reçu votre mémoire sur Ceuta et sur les présides d'Afrique. J'aurais voulu qu'une carte du pays et des plans y eussent été joints.

Tous les bâtiments américains venant en Espagne doivent être confisqués. Tout ce qui arrive en Espagne et dans les autres ports comme bâtiment américain vient d'Angleterre et ne navigue que par la permission des Anglais.

D'après la minute. Archives de l'Empire.

13966. — AU MARÉCHAL BESSIÈRES,
COMMANDANT LA GARDE IMPÉRIALE, ETC. À BURGOS.

Bayonne, 22 mai 1808.

Mon Cousin, le grand-duc de Berg m'annonce qu'une députation du conseil de Castille se rend à Bayonne. Si elle s'arrête à Burgos, traitez-la bien et donnez-lui de bons dîners. Annoncez-les-moi afin que je sache quand ils arriveront, en me faisant connaître le nom de chaque membre et ce que vous avez pu recueillir sur eux. 140 chevaux du 10° de chasseurs et d'autres détachements se rendent à Burgos; ceux qui ont leurs corps à Madrid continueront leur route sur cette ville. Vous ne m'avez pas envoyé le croquis du château de Burgos, pour que je puisse juger ce que c'est.

NAPOLÉON.

D'après l'original comm. par Mme la duchesse d'Istrie.

13967. — A JOACHIM, GRAND-DUC DE BERG,
LIEUTENANT GÉNÉRAL DU ROYAUME D'ESPAGNE, À MADRID.

Bayonne, 23 mai 1808, dix heures du soir.

Vu la pénurie des finances, j'autorise le licenciement des milices, en exceptant les grenadiers. Vous pouvez diriger sur la France les régiments d'infanterie et de cavalerie que vous jugerez convenable, sans rien presser.

Par l'état des recettes faites dans la semaine, je vois qu'il existait, au 15 mai au matin, 10 millions de réaux en caisse, dont 6 millions en *vales*. Faites-moi envoyer tous les jours un état qui me fasse connaître ce que perd la négociation des différents effets.

Je vois également dans l'état de la Caisse d'assurance, au 30 avril, 15,800,000 francs, dont 14 millions de *vales* royaux et un million d'argent effectif. Quand les *vales* perdraient 50 p. 0/0, cela ferait toujours entre les deux caisses 10 millions de *vales*, c'est-à-dire 2 ou 3 millions d'argent. Du moment que le ministre des finances arrivera et que je connaîtrai la situation des finances, vous ne manquerez pas d'argent. La première chose à faire est de se procurer une soixantaine de millions de réaux pour le premier mois.

Vous trouverez ci-joint un projet de statut constitutionnel; remettez-le aux sieurs Laforest et Fréville, et assemblez cinq ou six des hommes les plus considérables de la junte et du conseil de Castille pour les consulter sur les changements et améliorations dont ce projet serait susceptible.

<small>D'après la minute. Archives de l'Empire.</small>

13968. — AU GÉNÉRAL JUNOT,
COMMANDANT L'ARMÉE DE PORTUGAL, À LISBONNE.

Bayonne, 23 mai 1808.

J'ai vu une proclamation de l'amiral Cotton. Je suppose que vous n'y avez répondu d'aucune manière. Ce n'est qu'un moyen d'intriguer dans le pays et de savoir ce qui se passe. Quant à la capitulation maritime, je ne sais pas ce que veut dire M. l'amiral Cotton. Une capitulation est un acte déshonorant en termes militaires. Il ne faut répondre que par des coups de canon.

Nous sommes dans la saison des légumes, et, à présent, le plus mauvais pas est fait.

Je vous ai écrit ces jours-ci pour la formation d'une escadre à Lisbonne. Les Espagnols qui sont sous vos ordres se plaignent que vous ne les payez pas; il faut les payer et les ménager autant que possible.

<small>D'après la minute. Archives de l'Empire.</small>

13969. — A M. DE TALLEYRAND, PRINCE DE BÉNÉVENT,
VICE-GRAND ÉLECTEUR, À VALENÇAY.

Bayonne, 24 mai 1808.

Mon Cousin, le prince Ferdinand, en m'écrivant, m'appelle son *Cousin*. Tâchez de faire comprendre à M. de San-Carlos que cela est ridicule, et qu'il doit m'appeler simplement *Sire*.

NAPOLÉON.

<small>D'après l'original. Archives des affaires étrangères.</small>

13970. — AU GÉNÉRAL CLARKE,
MINISTRE DE LA GUERRE, À PARIS.

Bayonne, 24 mai 1808.

Écrivez au général Marmont qu'un commandant particulier, en temps de paix, n'a pas le droit de composer ni de décomposer les cadres: ce qui porte du désordre dans l'administration.

D'après la minute. Archives de l'Empire.

13971. — A JOACHIM, GRAND-DUC DE BERG,
LIEUTENANT GÉNÉRAL DU ROYAUME D'ESPAGNE, À MADRID.

Bayonne, 24 mai 1808, deux heures du matin.

Je reçois votre lettre du 21 à une heure du matin. J'ai blâmé votre mesure d'armer les Catalans, mais, par là, sans cesser d'être content de vos services.

J'attendais hier la députation du conseil de Castille que vous m'annoncez; elle n'est pas encore arrivée.

Je vous envoie un projet de sénatus-consulte. Ayez soin de n'en laisser prendre aucune copie. Communiquez-le aux quatre ou cinq membres de la junte et du conseil de Castille qui ont le plus d'esprit et sont de meilleur conseil, et faites-moi connaître leur opinion. Je suppose que le 26 au soir vous recevrez cette lettre; vous pourrez, dans la journée du 27, recueillir les observations et me les expédier le 28. Je compte que, le 31 mai ou le 1er juin, je pourrai recevoir votre réponse et signer le sénatus-consulte, et prendre un parti définitif. Ces affaires-là ne demandent pas à être faites légèrement, et il faut toujours laisser un intervalle nécessaire.

Je désire connaître l'esprit qui a porté le conseil de Castille à ne pas intervenir dans ces affaires. Est-ce influence étrangère? est-ce avocasserie?

J'apprends avec plaisir que le désarmement de Madrid a produit plusieurs choses. Le général Belliard n'envoie aucun rapport, il n'écrit jamais; son métier cependant serait de donner tous les détails.

Il y a des corps de cavalerie qui ont envoyé jusqu'à Aranda et Bayonne 4 ou 5 hommes à cheval pour escorter les équipages; cela n'a pas de sens; défendez qu'aucun homme ne revienne sans un ordre de votre état-major.

D'après la minute. Archives de l'Empire.

13972. — A JOACHIM, GRAND-DUC DE BERG,
LIEUTENANT DU ROYAUME D'ESPAGNE, À MADRID.

Bayonne, 24 mai 1808, huit heures du soir.

J'approuve le licenciement des 9,900 hommes de milices. Donnez ordre qu'ils soient sur-le-champ licenciés et les fusils remis. Ce sera un soulagement notable pour le trésor public. Je vous autorise à en supprimer encore 8 et 10,000 hommes, si vous le jugez nécessaire, en conservant toutefois les compagnies de grenadiers. Je donne l'ordre au général Junot d'envoyer 3,000 hommes en Galice pour remplacer les milices. Quand je dis que le général Junot doit garder 8,000 Espagnols, c'est selon les états que j'ai; il n'y a en Portugal que 10,000 hommes présents sous les armes.

Je reçois votre lettre du 22 mai à deux heures du matin; je vois avec peine ce qu'elle contient. Je n'ai jamais pensé que vous puissiez être en contradiction avec ma volonté. J'ai le droit de me plaindre de vous, qui n'avez pas craint de soupçonner que j'aie eu l'idée de vous faire une pareille injure.

Je croyais Aranjuez un très-bon pays; puisque c'est un mauvais air, il n'y faut plus penser.

Je vous ai déjà écrit que vous deviez nommer ministre de la marine Mazarredo.

Vous avez dû recevoir l'ordre pour que Junot expédie 4,000 hommes sur Cadix. Pressez le départ des deux bataillons de Jaen pour Ceuta.

Je désire en général que des mémoires qui me fassent connaître le désordre et le délabrement introduits dans les différentes branches de l'administration me soient adressés. Ces pièces me sont nécessaires pour publier un jour et faire voir dans quel état de décadence était tombée l'Espagne. Demandez à chaque ministre un mémoire détaillé sur les différentes parties de son département; dites que l'Empereur ne croit rien de ce qui existe. Que le ministre de la guerre vous fasse connaître, par exemple, de quelle année est l'habillement et la solde des troupes, enfin tout ce qui peut servir à faire connaître la déchéance de la monarchie, soi-disant pour m'en convaincre; mais, en réalité, vous comprenez pour quel but je désire avoir ces renseignements.

D'après la minute. Archives de l'Empire.

13973. — AU GÉNÉRAL JUNOT,
COMMANDANT L'ARMÉE DE PORTUGAL, À LISBONNE.

Bayonne, 24 mai 1808.

J'ai reçu votre lettre du 17. Faites passer 2,000 hommes d'infanterie et 500 hommes de cavalerie dans la Galice, pour remplacer les milices qu'on va licencier. Ainsi une des demandes de votre lettre se trouve remplie.

Envoyez 3,000 Espagnols, de ceux que vous avez autour de Lisbonne, dans les Algarves; alors vous en aurez 4,000 à Porto, 4,000 à Lisbonne et 3,000 dans les Algarves, ce qui fera 11,000.

J'approuve ce que vous proposez sur la forme de la réduction des contributions. Vous pouvez donc publier que la moitié sera en argent et l'autre moitié en biens-fonds de la Couronne, évalués à vingt capitaux pour un.

Je vous envoie le sieur Lacuée, auditeur, qui a servi longtemps dans la marine et neveu du ministre d'état Lacuée. On peut compter sur sa probité. Mettez-le à la tête de l'administration de la marine, il fera l'impossible; il court cette carrière depuis longtemps et a intérêt de s'y distinguer.

Je suis instruit indirectement que les Anglais ne bloquent plus Lisbonne. Je suppose que vous avez actuellement un vaisseau, une ou deux frégates, ou bricks, en état de prendre la mer, et que vous avez complété les équipages en y mettant de bonnes garnisons françaises.

D'après la minute. Archives de l'Empire.

13974. — A JÉRÔME NAPOLÉON, ROI DE WESTPHALIE,
À CASSEL.

Bayonne, 24 mai 1808.

Mon Frère, j'ai reçu votre lettre du 14 mai. Je pense que, dans la situation où vous vous trouvez, il ne faut pas vous presser d'envoyer un ministre à Vienne. C'est dépenser beaucoup d'argent sans une grande utilité. Mais enfin, quand vous en enverrez un, envoyez un Français. Le prestige de l'empire germanique n'est pas encore passé. Quant à M. de Winzingerode, la seule raison pour ne pas l'envoyer à Vienne est qu'il est membre de la noblesse immédiate.

NAPOLÉON.

D'après la copie comm. par S. A. I. le prince Jérôme.

13975. — AU PRINCE CAMBACÉRÈS,
ARCHICHANCELIER DE L'EMPIRE, À PARIS.

Bayonne, 25 mai 1808.

Mon Cousin, je reçois votre lettre des 21 et 22 mai. J'ai vu avec plaisir que le sénatus-consulte[1] n'avait éprouvé aucune difficulté.

Je désire que le fils du roi de Hollande qui vient de naître s'appelle *Charles-Louis-Napoléon*.

NAPOLÉON.

D'après la copie comm. par M. le duc de Cambacérès.

13976. — A M. DE CHAMPAGNY,
MINISTRE DES RELATIONS EXTÉRIEURES, À BAYONNE.

Bayonne, 25 mai 1808.

Monsieur de Champagny, je vous envoie une lettre du maréchal Davout sur une corporation religieuse établie à Varsovie. Je désire que vous en fassiez un extrait, que vous en écriviez à mon ministre en Saxe, que vous en parliez au ministre de Saxe qui est ici, et que vous fassiez des instances en Westphalie, en Bavière, à Bade, etc. pour que ces gouver-

[1] Sénatus-consulte pour réunir à la France les états de Parme et de Toscane.

nements aient l'œil sur ces moines, et même que la police du pays soit requise de les chasser comme ennemis du repos public. Vous enverrez copie de cette lettre à mes ministres de la police et des cultes, pour que l'un et l'autre de ces ministres exercent leur surveillance sur ces corporations en France. Écrivez à mon chargé d'affaires à Varsovie pour que des renseignements plus précis soient pris sur ces moines. Il faut demander que ces moines de Varsovie soient chassés; c'est une résurrection des Jésuites, qui ont été chassés dans toute l'Europe. Tout ce qu'on me dira contre ces moines ne m'étonnera pas; ils ont la plus grande haine contre la France. Il paraît donc convenable qu'ils soient chassés de Varsovie; que leur compagnie soit dissoute, leur maison fermée, et chacun tenu de se rendre au lieu de sa naissance.

Écrivez aux rois de Saxe et de Westphalie pour que tous les soldats prussiens natifs de leurs états, qui seraient dans l'armée prussienne, soient rappelés, et pour que tous ceux qui seraient en congé soient tenus de déclarer qu'ils quittent le service de Prusse, et, s'il le faut, de prendre du service dans l'armée de leur pays.

NAPOLÉON.

D'après l'original. Archives des affaires étrangères.

13977. — NOTE POUR LE GÉNÉRAL CLARKE,
MINISTRE DE LA GUERRE, À PARIS.

Bayonne, 25 mai 1808.

En suivant l'ancien système de fortifications, il serait difficile d'asseoir un bon projet de fortifications pour la Spezia sans en porter la dépense à une vingtaine de millions, et on ne les a pas. Cependant il faut pourvoir à la défense de la rade et du port. Combien faut-il de forts pour mettre en sûreté la rade, le port et les établissements maritimes, qu'on suppose placés dans la langue de terre où est situé le lazaret qu'on convertit en arsenal? A quelle distance ces forts seront-ils entre eux? Quelles faveurs recevront-ils des localités, et combien y aura-t-il dans ces forts de côtés exposés aux attaques?

Il faut considérer trois choses à la Spezia :

1° La défense des établissements, qui comprennent le magasin général où sera la manutention, le magasin des vivres, la machine à mâter, le bassin qu'on fera construire, les ateliers et forges, les chantiers de construction (si on les place dans la localité indiquée, celle du lazaret, ce n'est qu'un cap à défendre) : combien faudra-t-il de forts pour les préserver d'une attaque et d'un bombardement?

2° La défense de l'arsenal et des chantiers de construction n'est pas le seul but à remplir : il faut défendre l'anse qui constitue le port que l'on adopte; je dis, que l'on adopte, parce qu'il y en a cinq ou six à choisir; il faut que l'ennemi venant par terre ne puisse point se placer sur l'autre côté de l'anse pour brûler l'escadre qui sera dans le port; il ne pourra point se placer sur le cap où sont les établissements, on y a pourvu par l'article 1er : combien faut-il de forts de l'espèce indiquée pour que l'ennemi ne puisse s'établir sur l'autre côté du port?

Ces deux points remplis, il ne reste plus qu'à pourvoir à la sûreté du golfe. Au premier coup d'œil, il paraît impossible, par les moyens de fortifications, d'en défendre tous les points; c'est-à-dire qu'il est impossible à 2 ou 6,000 hommes, qu'on suppose être la garnison de la Spezia, d'empêcher 30,000 hommes de s'établir sur plusieurs de ces points. Mais il est de ces points qui sont plus ou moins importants; il faut les analyser tous et faire connaître les effets d'une batterie qui serait placée sur chacun de ces points.

L'ennemi peut s'emparer d'une des deux pointes d'entrée : quelle est celle des deux dont il aurait plus d'intérêt de s'emparer? Pour répondre à cette question, il faut voir quelle est celle qui peut le plus gêner l'entrée et la sortie d'une escadre par les circonstances des passes, des courants, des vents régnant habituellement. Pour cela, il faudra faire ce raisonnement, que l'ennemi a établi une batterie sur le cap de droite, puis sur celui de gauche, et enfin sur l'un et sur l'autre.

Dans toutes ces hypothèses, que devra faire l'escadre qui est dans la rade ou qui, étant en pleine mer, voudra rentrer dans le port? S'il est reconnu que les deux caps avancés sont les plus importants à occuper, les localités permettent-elles qu'ils soient occupés par les forts qu'on propose?

Enfin, si le premier but est de protéger les établissements maritimes, et le second d'assurer le mouillage du port, le troisième est de protéger l'entrée et la sortie des bâtiments.

D'après la minute. Archives de l'Empire.

13978. — AU GÉNÉRAL CLARKE,
MINISTRE DE LA GUERRE, À PARIS.

Bayonne, 25 mai 1808.

Monsieur le Général Clarke, j'approuve le projet que vous m'exposez dans votre lettre du 20. J'ai pris un décret[1], que vous recevrez, pour organiser huit divisions de petits bâtiments dans mes différents ports, voulant donner un plus grand développement à l'idée du ministre de la marine. Chaque division sera montée par un détachement commandé par un chef de bataillon, que vous désignerez. Envoyez des hommes de vigueur, et auxquels vous voudrez du bien, pour les mettre en évidence.

Vous donnerez l'ordre pour que tous les détachements soient exercés à tirer à la cible deux fois par jour, en leur donnant des récompenses et excitant leur adresse. On exercera les hommes à aiguiser leurs baïonnettes sur les trois tranchants, pour que l'ennemi ne puisse pas les empoigner à l'abordage. Chaque officier sera armé d'une bonne épée pouvant servir, et non d'une épée de parade, et d'une paire de pistolets portés sur la poitrine. Le ministre de la marine désignera des officiers de marine pour s'entendre avec vos officiers. Chaque soldat aura une paire de pistolets qui lui sera fournie par la marine, et il sera exercé au tir de cette arme. Les bâtiments seront également munis de sabres d'abordage, de haches et de quelques lances.

Le ministre de la marine donnera des instructions à l'officier de marine sur les manœuvres à faire pour attirer les chaloupes ennemies et les prendre.

Vous donnerez l'ordre à l'officier de terre qui commandera ces hommes de les faire exercer un peu à la rame, et de les amariner le plus qu'il pourra.

[1] Décret du 25 mai 1808 pour la protection du cabotage et la surveillance de la pêche.

Il faut choisir, pour commander chaque détachement, huit jeunes gens instruits, braves et intelligents. Vous vous ferez rendre un compte journalier de leur situation et de tout ce qu'ils feront.

NAPOLÉON.

D'après la copie. Dépôt de la guerre.

13979. — AU VICE-AMIRAL DECRÈS,
MINISTRE DE LA MARINE, À PARIS.

Bayonne, 25 mai 1808.

Monsieur Decrès, vous recevrez un décret que je viens de prendre pour la protection des côtes et du cabotage. Je désire qu'il soit mis sur-le-champ à exécution. Il faut nommer, pour commander ces bâtiments, des officiers de marine intelligents qui aient envie de se distinguer. On ne tardera pas à sentir les bons effets de cette mesure, et l'idée de former un noyau de forces actives dont les commandants peuvent disposer à leur gré portera la terreur dans les péniches anglaises. Donnez des instructions particulières aux commandants des huit points désignés dans mon décret, pour qu'ils s'entendent avec les douanes pour la disposition des bâtiments qu'elles peuvent avoir, tout comme les officiers de terre s'entendront avec les inspecteurs des côtes.

Voici comme je conçois que la chose doit être faite. La 1re division, par exemple, se grouperait autour du *Patriote* en rade de l'île d'Aix. Les 180 hommes d'infanterie qui doivent monter les bâtiments de cette division resteraient à bord du *Patriote*, et, de son bord, le contre-amiral dirigerait ses neuf bâtiments sur Bordeaux, et autour des îles depuis Bordeaux jusqu'aux Sables, en les partageant toujours en trois. Cela lui serait utile pour éclairer les mouvements de l'ennemi; et, selon les cas, il combinerait des opérations pour prendre les péniches ennemies et protéger nos côtes. Vous laisserez au contre-amiral l'autorisation d'appareiller avec ses bâtiments de guerre toutes les fois qu'il le jugera convenable. Comme cette mesure ne souffre point de délai, choisissez sur-le-champ à Rochefort les neuf bâtiments, péniches, doubles chaloupes, chebecs, pinques, etc. qui doivent former cette division. Insensiblement on rectifiera les vices que pourra présenter cette première organisation, et on arrivera à s'arrêter à l'espèce de bâtiments qui sera la plus propre à ce genre d'expéditions. Comme le contre-amiral ne pourra partir que quinze ou dix-huit jours après qu'il en aurait reçu l'ordre de vous, il pourra disposer de 50 ou 60 hommes de son bord pour augmenter, dans un cas exigé, l'équipage des petits bâtiments. Ce sera même un moyen d'amariner davantage les jeunes matelots. A Nantes, vous pouvez réunir la 2º division dans la baie de Fromentine, comme vous le désirez, et lui donner la station de la Loire, en attendant que *la Pallas* s'y trouve. A Lorient, j'ai une escadre en rade; à Brest, j'ai une escadre en rade; à Cherbourg, j'ai une frégate; à Saint-Malo, j'ai une frégate; au Havre, j'ai des frégates; à Flessingue, j'ai une escadre en rade. Les mêmes observations que j'ai faites pour Rochefort s'appliquent à chacun de ces ports. Vous remarquerez que vous pouvez très-bien vous servir provisoirement des escadres en rade pour fournir aux équipages.

D'après la copie. Archives de la marine.

13980. — AU VICE-AMIRAL DECRÈS,
MINISTRE DE LA MARINE, À PARIS.

Bayonne, 25 mai 1808.

Envoyez-moi un mémoire sur l'établissement des signaux et télégraphes pareils à ceux de la côte d'Espagne et de Cadix, afin que je puisse savoir en peu d'instants ce qui se passe de Toulon au détroit, au cap Finistère et au cap Saint-Vincent. Faites-moi un mémoire court et bien clair, qui me fasse connaître quels sont les nouveaux télégraphes que vous venez d'établir. Sont-ce des combinaisons de lettres de l'alphabet, comme le télégraphe de terre, ou des signaux? Peut-on envoyer, par ces télégraphes, l'ordre à l'escadre de Cadix de faire un mouvement, ou la prévenir de la sortie d'une escadre de Toulon ou de Brest?

D'après la minute. Archives de l'Empire.

13981. — AU VICE-AMIRAL DECRÈS,
MINISTRE DE LA MARINE, À PARIS.

Bayonne, 25 mai 1808.

Je pense qu'il est convenable que vous chargiez les commissaires de marine de la Rochelle, Nantes, Lorient, le Havre et Bordeaux, d'écrire, par toutes les occasions du commerce et autres, aux intendants, capitaines généraux des colonies, pour leur donner des nouvelles authentiques de ce qui se passe et expédier à chacun un mois du *Moniteur*, du *Journal de l'Empire*, de manière que les bâtiments apportent toujours des nouvelles d'un mois. Vous enverrez, à cet effet, une cinquantaine d'exemplaires de chaque *Moniteur* et *Journal de l'Empire* à chacun des commissaires de ces ports. Cette mesure est très-importante. Quand on est dans les ports, on sent combien il est difficile de faire cela de Paris. Depuis que je suis ici, j'ai fait partir trois bâtiments pour l'Amérique. J'en ai vu, de Bordeaux, deux pour Cayenne. Il est ridicule que les colonies voient des bâtiments de commerce arriver sans leur porter un journal ni aucune nouvelle des affaires. En Égypte, j'ai senti l'inconvénient de cette ....[1] Il arrivait souvent des bâtiments du commerce qui ne savaient rien et dont on ne pouvait pas tirer une nouvelle. Si le commissaire de marine du port d'où l'expédition était partie avait mis un mois de journaux, ce serait un avantage incalculable. Si nous ne pouvons secourir physiquement les colonies, il le faut moralement; cela, on le peut. Il ne peut y avoir aucun inconvénient qu'un commissaire de marine se confie et sache écrire une lettre de deux ou trois pages, qui donne d'authentiques nouvelles, en mettant dans sa lettre un bulletin de ce qui se passe sur le continent et en supplément aux journaux.

D'après la minute. Archives de l'Empire.

13982. — AU VICE-AMIRAL DECRÈS,
MINISTRE DE LA MARINE, À PARIS.

Bayonne, 25 mai 1808.

J'ai été hier à l'arsenal. J'ai vu avec peine que les deux frégates de 18

[1] Mot illisible.

n'étaient pas encore sur le chantier. Les cales étaient prêtes, mais on attendait les plans; pressez-en l'envoi. Faites faire des frégates dans la plus grande dimension.

J'ai vu avec plaisir six mouches déjà élevées et qui pourront être en mer en moins de quinze jours. Il faut leur donner à toutes un numéro pour les mieux connaître. La mouche qui est partie portera le n° 1. La première qui sera mise à l'eau portera le n° 2, et ainsi de suite jusqu'à 7. Donnez ordre qu'elles soient prêtes dans le plus court délai, afin de pouvoir en expédier une dans le mois de juin, une en juillet, deux en août et deux en septembre.

J'ai fait venir à Bayonne une chaloupe canonnière de Saint-Sébastien. Comme ces chaloupes ont beaucoup de réputation, j'ai donné ordre que l'ingénieur en prît le plan et qu'il en fût mis une en construction ici. Je désire également que vous fassiez construire à Boulogne une chaloupe canonnière sur le modèle de celles que les Espagnols ont à Cadix et qu'on dit fort bonnes, et une à Flessingue, afin de servir de terme de comparaison. Faites-moi connaître votre opinion quand vous aurez vu le plan de la canonnière espagnole qui est à Bayonne.

Il faut envoyer ici des caronades; il y a eu beaucoup de difficultés pour armer le brick qui va partir pour Montevideo.

Puisque mon escadre continue à être inactive à Cadix, je désirerais attacher à chaque vaisseau six chaloupes canonnières; ce qui ferait trente, avec lesquelles mes marins et les troupes que j'ai à Cadix (je viens d'y envoyer le général Dupont avec son corps d'armée) inquiéteraient les ennemis dans les détroits, en se combinant avec les Espagnols. D'ailleurs, cela tiendra les équipages et les troupes en haleine et les fera aller aux coups de canon. J'écris au grand-duc de Berg en conséquence. Si l'escadre n'a pas de chaloupes, on en fera acheter. Ces chaloupes, étant bonnes, pourraient facilement venir à Toulon et nous être utiles.

D'après la minute. Archives de l'Empire.

13983. — A M. GAUDIN,
MINISTRE DES FINANCES, À PARIS.

Bayonne, 25 mai 1808.

Monsieur Gaudin, je reçois votre lettre du 20 mai. Vous demandez si tous les règlements faits par M. Dauchy[1], antérieurement à la création de la junte, peuvent être conservés comme règlements de finances, et si la junte peut les reviser. Tout ce qu'a fait le sieur Dauchy a été fait légitimement, puisqu'il était investi de l'autorité nécessaire pour cela; la junte n'est que la continuation de l'administration du sieur Dauchy, mais organisée d'une manière plus précise et plus solennelle. Ses pouvoirs sont dans ces mots du décret : « Les arrêtés de la junte ont force de loi. » Elle peut donc tout. Mais la prudence et la première règle d'une bonne administration veulent qu'elle ne fasse rien qui puisse décréditer l'administration française. En lisant avec attention le projet d'arrêté du sieur Dauchy, il me paraît que ce décret ne prévoit que peu de cas et est imparfait; il faudra donc que la junte le revoie et statue définitivement sur ce qui est relatif à cet objet.

Il y a dans la Toscane un ou deux couvents célèbres. Je ne sais pas bien si ce sont des Chartreux ou d'un autre ordre; mais je désire que le couvent soit conservé comme un lieu de retraite qui peut être avantageux. Je désire également conserver un ou deux couvents de religieuses.

NAPOLÉON.

D'après l'original comm. par M. Lefebvre.

13984. — AU MARÉCHAL BESSIÈRES,
COMMANDANT LA GARDE IMPÉRIALE, ETC. À BURGOS.

Bayonne, 25 mai 1808.

Mon Cousin, j'ai donné l'ordre que le général de brigade Habert partît de Saint-Sébastien avec le second régiment supplémentaire formé des 4es bataillons de la 1re et de la 2e légion de réserve pour se rendre à Burgos. On dit ces deux bataillons très-beaux; ils feront partie de la divi-

[1] Administrateur général de la Toscane.

sion du général Merle, ce qui portera cette division à 5,000 hommes. Je vous recommande beaucoup de faire manœuvrer les troupes tant au détail qu'à l'école de bataillon, et de les accoutumer à se déployer rapidement pendant que ceux qui arrivent sur le rang font des feux de file. Je vais également, aussitôt que possible, faire diriger sur Burgos les bataillons des 70ᵉ et 15ᵉ de ligne qui se trouvent à Pampelune, ce qui complétera à 2,000 hommes chacune des trois brigades du général Merle; de sorte que vous aurez, réunis à Burgos, une douzaine de mille hommes d'infanterie, de cavalerie et d'artillerie. Dans votre état de situation je n'ai point vu le 22ᵉ de chasseurs ni le 10ᵉ; quant au 10ᵉ, je ne sais pas s'il était alors arrivé. Moyennant ces 12,000 hommes, vous pouvez détacher deux colonnes de 4 à 5,000 hommes chacune pour mettre tout à la raison, et avoir, outre cela, une garnison dans le point important de Burgos. Si vous campez, tâchez de faire camper toute votre infanterie, et faites votre camp en carré, afin que l'espace soit moins grand et qu'il puisse être facilement défendu. En laissant dans ce camp 1,500 hommes et 300 hommes dans le fort, le reste serait disponible pour se porter partout où il serait nécessaire, soit pour se combiner avec la division d'Almeida, soit pour toute autre opération. Une compagnie de marche est partie d'ici, il y a quatre jours, forte de 150 hommes, toute composée d'hommes appartenant à votre corps d'armée. À la même époque, trois compagnies de 400 hommes sont parties de Saint-Sébastien; une autre compagnie de 150 hommes part d'ici aujourd'hui, bien réparée et en bon état. Voilà donc encore un renfort de 700 hommes qui doit réparer vos pertes et maintenir votre effectif. Faites-moi connaître les hommes que vous avez appartenant, soit à l'armée de Portugal, soit aux corps qui sont à Madrid. Je suppose que vous avez donné l'ordre que tous les régiments, escadrons et bataillons de marche qui étaient à Aranda se rendissent à Madrid pour être incorporés.

Napoléon.

D'après l'original comm. par Mᵐᵉ la duchesse d'Istrie.

13985. — DÉCISION.

Bayonne, 25 mai 1808.

M. Mollien, ministre du trésor public, présente un rapport concluant à faire rembourser par le royaume d'Italie une perte de 197,730 francs résultant de la démonétisation des monnaies vénitiennes. Dans le cas où l'Empereur n'approuverait pas cette mesure, le ministre propose d'imputer une pareille somme sur le fonds de réserve de l'exercice an XIV.

Il n'est pas convenable de vouloir faire payer au royaume d'Italie ce que lui-même ne fait pas payer aux particuliers. Pour la deuxième proposition, je l'approuve; mais elle doit être renvoyée au conseil d'état pour être discutée comme affaire contentieuse, afin d'être certain qu'on n'a pas profité de la circonstance pour abuser.

NAPOLÉON.

D'après la copie. Archives des finances.

13986. — A ALEXANDRE, PRINCE DE NEUCHÂTEL,
MAJOR GÉNÉRAL DE LA GRANDE ARMÉE, À BAYONNE.

Bayonne, 25 mai 1808.

Mon Cousin, donnez l'ordre au capitaine de la frégate *la Comète* de compléter ses vivres pour quatre mois. Envoyez-lui l'ordre de sortir, seulement pour essayer la marche de son bâtiment. Vous lui ferez connaître que mon intention serait de l'expédier sur la Havane avec 2,000 fusils et des dépêches. Comme il y a là des moyens de réparations, il se réparera et se mettra en état d'entreprendre une croisière. Je lui donnerai carte blanche et manœuvre indépendante jusqu'à l'hiver. Se croit-il dans le cas de faire cette mission? Le tout se réduit à savoir si sa frégate marche. Dans la situation actuelle, si elle marche, elle doit pouvoir gagner facilement la Havane.

NAPOLÉON.

D'après l'original. Dépôt de la guerre.

13987. — AU MARÉCHAL DAVOUT,
CHARGÉ DU 1ᵉʳ COMMANDEMENT DE LA GRANDE ARMÉE, À VARSOVIE.

Bayonne, 25 mai 1808.

Mon Cousin, tâchez de bien vivre avec le gouvernement et les autorités saxonnes. Vous prenez les affaires un peu trop chaudement. Il n'y a point de doute que, dans la position où se trouve la Pologne, il n'y ait des frottements, des intrigues, de l'inadvertance. Leur armée manque d'armes, mais toutes les armées de l'Europe, hormis les nôtres, en manquent. Le nombre de leurs troupes est trop considérable pour eux. Je viens de permettre qu'il en passe 8,000 à mon service. Il ne serait pas pardonnable de ne pas tenir le reste sur un bon pied. Dans la position où vous vous trouvez, plus que dans toute autre, il faut de la patience et du sang-froid.

J'ai lu avec la plus sérieuse attention votre mémoire sur les moines établis à Varsovie. Il paraîtrait qu'ils sont de la même affiliation que ceux que j'ai fait chasser d'Italie et de France. Je fais faire les instances les plus fortes auprès des cours d'Allemagne pour qu'ils soient chassés. Je fais faire également les instances convenables auprès du roi de Saxe. Ces moines ont été créés, il y a plusieurs années, et on a essayé effectivement d'en inonder la France. Outre que j'ai défendu leur réunion, j'ai fait fermer leurs maisons et les ai fait renvoyer chacun chez eux. Je ne doute point que le roi de Saxe ne donne des ordres pour chasser ces moines des états de Pologne. Vous me rendrez compte, dans un mois, de ce qui aura été fait.

NAPOLÉON.

D'après l'original comm. par Mᵐᵉ la maréchale princesse d'Eckmühl.

13988. — A JOACHIM, GRAND-DUC DE BERG,
LIEUTENANT GÉNÉRAL DU ROYAUME D'ESPAGNE, À MADRID.

Bayonne, 25 mai 1808, onze heures du soir.

Je reçois votre lettre du 23. Je fais ce soir une proclamation aux Espagnols pour leur annoncer que je vous ai confirmé lieutenant général du royaume, et que j'ai confirmé toutes les autorités dans leurs emplois. On m'a fait entendre que cet acte est nécessaire pour attendre la réunion de l'assemblée qui doit avoir lieu au 15 juin. J'attends cette assemblée. Je vous ai envoyé avant-hier un projet de constitution. Je suis bien aise de recueillir toutes les lumières sur un objet de cette importance. Vous aurez gardé le profond secret que je vous ai recommandé.

Donnez l'ordre à M. d'Urquijo, ancien ministre, de se rendre à Bayonne.

Il y a, entre les Algarves et Cadix, un petit port d'où il est très-facile de faire partir des avisos pour l'Amérique. De petits bâtiments partiront difficilement de Cadix, qui est un entonnoir; ils sortiront, au contraire, très-aisément d'un petit endroit.

J'ai renvoyé le duc de Medina-Celi et Frias, parce que vous m'avez mandé qu'il était nécessaire de renvoyer à Madrid quelques-uns des Espagnols qui étaient à Bayonne; mais, lorsqu'ils auront passé deux ou trois jours à Madrid, il n'y a pas d'inconvénient que vous les renvoyiez pour l'assemblée.

P. S. Je prends le parti de vous envoyer le général Lebrun, mon aide de camp, avec ma proclamation. Le général Lebrun ne partira que demain matin. Cette dépêche vous parviendra par l'estafette. Renvoyez-moi mes deux premières pages, qui m'apporteront successivement vos dépêches. Renvoyez-moi aussi le général Mouton, puisque vous avez des généraux pour commander vos divisions. Gardez Lebrun huit ou dix jours, pour qu'il ait le temps de voir Madrid.

Je ne vois aucun inconvénient à ce que vous fassiez mettre dans les journaux l'extrait des lettres des capitaines généraux, ainsi que l'extrait de ma lettre à l'empereur de Maroc, dans laquelle je lui dis que, s'il écoutait les Anglais, il aurait affaire à 300,000 Français et Espagnols réunis.

D'après la minute. Archives de l'Empire.

13989. — PROCLAMATION AUX ESPAGNOLS.

Bayonne, 25 mai 1808.

Espagnols, après une longue agonie, votre nation périssait. J'ai vu vos maux; je vais y porter remède. Votre grandeur, votre puissance fait partie de la mienne.

Vos princes m'ont cédé tous leurs droits à la couronne des Espagnes. Je ne veux point régner sur vos provinces, mais je veux acquérir des titres éternels à l'amour et à la reconnaissance de votre postérité.

Votre monarchie est vieille : ma mission est de la rajeunir. J'améliorerai toutes vos institutions, et je vous ferai jouir, si vous me secondez, des bienfaits d'une réforme, sans froissements, sans désordres, sans convulsions.

Espagnols, j'ai fait convoquer une assemblée générale des députations des provinces et des villes. Je veux m'assurer par moi-même de vos désirs et de vos besoins.

Je déposerai alors tous mes droits, et je placerai votre glorieuse couronne sur la tête d'un autre moi-même, en vous garantissant une constitution qui concilie la sainte et salutaire autorité du souverain avec les libertés et les priviléges du peuple.

Espagnols, souvenez-vous de ce qu'ont été vos pères; voyez ce que vous êtes devenus. La faute n'en est pas à vous, mais à la mauvaise administration qui vous a régis. Soyez pleins d'espérance et de confiance dans les circonstances actuelles; car je veux que vos derniers neveux conservent mon souvenir et disent : *Il est le régénérateur de notre patrie!*

Donné en notre palais impérial et royal de Bayonne, le 25 mai de l'an 1808.

NAPOLÉON.

Extrait du *Moniteur* du 18 juin 1808.

13990. — DÉCRET.

Bayonne, 25 mai 1808.

Napoléon, Empereur des Français, Roi d'Italie, etc.

Le roi et les princes de la maison d'Espagne nous ayant cédé leurs droits à la couronne, ainsi qu'il résulte des traités des 5 et 10 mai et des proclamations adressées à la junte et au conseil de Castille,

Nous avons décrété et décrétons, ordonné et ordonnons les dispositions suivantes :

Article 1er. L'assemblée des Notables, déjà convoquée par le grand-duc de Berg, se réunira à Bayonne le 15 juin.

Les députés seront munis des vœux, demandes, plaintes et doléances de leurs commettants, pour servir à poser les bases de la nouvelle constitution qui doit gouverner la monarchie.

Art. 2. Notre bien-aimé beau-frère le grand-duc de Berg est continué dans ses fonctions de lieutenant général du royaume.

Art. 3. Les ministres, le conseil d'état, le conseil de Castille et toutes les autorités religieuses, civiles et militaires, sont confirmés en tant que de besoin.

La justice continuera à être administrée de la même manière et suivant les mêmes formes que par le passé.

Art. 4. Le présent décret sera enregistré au conseil de Castille et publié partout où besoin sera, afin que personne n'en prétende cause d'ignorance.

Donné en notre palais impérial et royal de Bayonne, le 25 mai 1808.

NAPOLÉON.

Extrait du *Moniteur* du 18 juin 1808.

13991. — AU CAPITAINE GÉNÉRAL GREGORIO DE LA CUESTA,
À VALLADOLID.

Bayonne, 25 mai 1808.

La bonne opinion que nous avons conçue de votre personne nous porte à désirer que vous vous rendiez au Mexique, en qualité de vice-roi, pour assurer cette colonie importante à la métropole, et pour éviter les mauvais effets qui pourraient résulter du mécontentement qu'a inspiré le gouvernement actuel. Notre intention est aussi que vous désigniez trois ou quatre colonels, brigadiers ou maréchaux de camp, pour s'embarquer avec vous, et que vous pourrez destiner au commandement des points importants. Nous écrivons au lieutenant général et à la junte pour vous expédier vos brevets et commissions, et pour que vous puissiez vous embarquer sur une frégate ou un vaisseau de 64, le meilleur de l'escadre. On fera préparer en même temps, dans les ports voisins, des avisos sur lesquels vous vous embarqueriez, si le vaisseau éprouvait trop de retard. Donnez-moi une nouvelle preuve de votre zèle en partant sur un aviso. Cette importante mission sera un nouveau titre que vous acquerrez à notre estime et aux bonnes grâces du Roi, votre maître.

D'après la minute. Archives de l'Empire.

13992. — A M. DE CHAMPAGNY,
MINISTRE DES RELATIONS EXTÉRIEURES, À BAYONNE.

Bayonne, 26 mai 1808.

Monsieur de Champagny, écrivez au sieur Andréossy pour qu'il insiste auprès de M. de Stadion, afin que les bâtiments américains chargés de denrées coloniales, qui se présenteraient à Trieste, n'y soient point reçus, parce qu'ils ne sont que des courtiers des Anglais, les Américains ayant mis un embargo sur leurs bâtiments.

NAPOLÉON.

D'après l'original. Archives des affaires étrangères.

13993. — A M. CRETET,
MINISTRE DE L'INTÉRIEUR, À PARIS.

Bayonne, 26 mai 1808.

Monsieur Cretet, voici une proposition qui me paraît étrange. Je vous prie de me faire un rapport sur les mesures à prendre pour s'assurer que ces bâtiments algériens chargés de denrées coloniales arrivent réellement d'Amérique. Concertez-vous pour cela avec le ministre des finances. Je ne fais pas de difficulté d'accorder ce qu'on demande, aux conditions suivantes : 1° que ces bâtiments n'auront rien payé en mer aux Anglais; 2° que ces bâtiments arrivent non-seulement avec des certificats des capitaines généraux, préfets coloniaux et des douanes de la Martinique et de la Guadeloupe, mais encore auront à leur bord au moins quatre passagers venant de ces colonies, soit soldats, soit créoles, qui rentrent; 3° que ces bâtiments n'auront été retenus ni en Angleterre ni à Gibraltar. J'ai bien de la peine à croire que les Anglais veuillent laisser passer des vivres à la Martinique qu'ils tiennent en état de blocus, et laisser entrer en France des denrées coloniales en exigeant tant pour cent sur ces marchandises. Écrivez là-dessus à ces négociants, en leur faisant connaître que, si leur proposition est un prétexte pour frauder, ils n'en viendront pas à bout.

NAPOLÉON.

D'après la copie. Archives de l'agriculture, du commerce et des travaux publics.

13994. — A M. CRETET,
MINISTRE DE L'INTÉRIEUR, À PARIS.

Bayonne, 26 mai 1808.

Monsieur Cretet, je reçois votre lettre du 18 mai. Le ministre des finances m'avait déjà prévenu qu'il avait pris, de concert avec vous, des mesures pour empêcher l'exportation des cotons filés. J'ai approuvé cette mesure, qui m'a paru fort sage et nécessaire dans ces circonstances; cela est tellement évident que la prohibition de l'exportation des cotons filés n'est pas une question, et qu'il reste à savoir s'il ne faudrait pas même prohiber celle des toiles de coton, afin de s'opposer autant que possible à leur excessif renchérissement, et de nous conserver en France cette précieuse ressource pour le plus de temps possible.

J'ai appris avec plaisir que le pont de Strasbourg à Kehl était fini et livré au commerce.

NAPOLÉON.

D'après la copie. Archives de l'agriculture, du commerce et des travaux publics.

13995. — AU VICE-AMIRAL DECRÈS,
MINISTRE DE LA MARINE, À PARIS.

Bayonne, 26 mai 1808.

Je vois qu'il y a devant Flessingue un vaisseau, deux frégates et une corvette anglaise. Il est possible que cette croisière ne soit pas renforcée d'ici à quelque temps. Nous voici au mois de juin, et mon escadre doit commencer à prendre couleur. Si les Anglais ne tenaient devant Flessingue qu'un, deux ou trois vaisseaux, ne pourrait-on pas faire sortir trois ou quatre vaisseaux, en profitant des circonstances favorables pour les enlever? Il faudrait pour cela que nos vaisseaux eussent trois mois de vivres et carte blanche, s'ils ne rentraient pas à Flessingue, pour rentrer dans quelque port que ce fût.

J'ai en rade de Rochefort un vaisseau; je suppose qu'il a ses vivres; si l'ennemi ne tenait qu'une frégate devant ce port, autorisez le contre-amiral Baudin à la chasser et à tâcher de la surprendre. Je suppose toujours qu'il est approvisionné de ses trois mois de vivres, pour pouvoir opérer son retour où il jugerait convenable.

D'après la minute. Archives de l'Empire.

13996. — AU VICE-AMIRAL DECRÈS,
MINISTRE DE LA MARINE, À PARIS.

Bayonne, 26 mai 1808.

Je vous envoie l'état de ce que le général Martin[1] croit nécessaire pour finir *l'Iena*. Il est de la plus grande nécessité que j'aie bientôt quatre ou cinq vaisseaux en rade de Rochefort, d'abord pour fatiguer les Anglais par des blocus ruineux, ensuite pour donner satisfaction à la Russie et au Danemark, qui commencent à envoyer des agents dans mes ports, et qui sont découragés, parce qu'ils ne voient aucune espérance, même éloignée, de voir les Anglais réduits. Il faut que *l'Iena* et le *Triomphant* soient mis en rade avant le 1er octobre. Il résulte du rapport du général Martin que *le Patriote* est déjà en rade, que *la Ville-de-Varsovie* y sera avant le 24 juin, que *le Jemmapes* y sera en juillet; il paraît qu'en faisant des efforts *le Triomphant* pourra y être avant la fin d'août. Vous verrez, dans les questions que je fais faire au préfet maritime, quelles sont mes intentions. Tâchez que *le Patriote*, *la Ville-de-Varsovie*, *le Jemmapes*, puissent mettre à la voile avant le mois d'octobre, et *l'Iena* avant le 15 novembre.

Faites-moi un rapport particulier sur le lieutenant de vaisseau Guiné;

[1] Le vice-amiral Martin, préfet maritime de Rochefort.

il paraît que voilà deux actions brillantes qu'il fait. Quel âge a-t-il? A-t-il du talent? Cette manière d'enlever des bâtiments anglais avec des péniches, à l'abordage, annonce de la résolution et du caractère.

<small>D'après la minute. Archives de l'Empire.</small>

13997. — AU VICE-AMIRAL DECRÈS,
MINISTRE DE LA MARINE, À PARIS.

Bayonne, 26 mai 1808.

Je reçois votre lettre sur l'expédition de Toulon et le mémoire qui y est joint. Vous ne comprenez pas *l'Austerlitz* dans les nouveaux vaisseaux, vous ne comprenez que *le Donawerth*. Après des renseignements que je reçois, *le Donawerth* doit être mis à l'eau le 15 juin et *l'Austerlitz* le 15 août; il faut donc comprendre *l'Austerlitz* dans les vaisseaux composant l'expédition. Vous ne comprenez pas la frégate *l'Amélie*; cependant elle doit être mise à l'eau avant la fin de juin. Le vaisseau *l'Ulm* ne doit, dit-on, être mis à l'eau qu'en octobre, parce que l'avant-cale ne sera finie qu'à cette époque; mais on peut travailler à l'avant-cale de manière à la terminer avant le 1er septembre et à pouvoir mettre ce vaisseau à l'eau avant cette époque. Il y a de faits à ce vaisseau 12 vingt-quatrièmes; les bois nécessaires pour le terminer existent; on est donc très-fort le maître de l'avoir.

Vous ferez connaître à Toulon que mon intention est qu'il soit donné 10,000 francs de gratification aux entrepreneurs et ouvriers de *l'Austerlitz*, si ce vaisseau est mis à l'eau avant le 15 juillet, et 10,000 francs pour *l'Ulm*, si ce vaisseau est mis à l'eau avant le 15 août, jour de ma fête. Je pense que ces gratifications feront sentir l'importance que j'attache à voir finir ces trois vaisseaux, stimuleront les ouvriers à travailler la nuit, et enfin mettront le préfet maritime à même de prendre des moyens plus efficaces. *L'Austerlitz* peut porter 900 hommes; *l'Ulm*, 700; la frégate *l'Amélie*, 300; ce qui fait 1,900. Six tartanes canonnières sont indispensables, soit pour remonter le Nil, si c'est de ce côté que se dirige l'expédition, soit pour s'approcher de la côte. Il faut y joindre les bricks *l'Adonis*, *le Janus* et *la Ligurie*, et quelques autres chebecs, demi-chebecs, grosses felouques. En mettant sur les petits bâtiments 600 hommes, on aurait 2,500 hommes. Il ne vous en manque que 2,400 : vous auriez encore tout ce qui vous est nécessaire. Il ne s'agit plus que de trouver des chevaux. Vous en avez 300 sur les bâtiments actuellement existants; il s'agirait de trouver des moyens d'en porter 300 autres. Je compte, de plus, sur *la Baleine*, qui doit être actuellement arrivée à Marseille. Serait-il donc impossible que, des huit flûtes que vous avez ordonnées, on en eût quatre d'ici à cette époque? Vous sentez la différence qu'il y a de dépenser son argent pour finir de belles flûtes, ou acheter des carcasses du commerce. *La Philippine* et *l'York* sont convenables. Si on trouve d'autres bâtiments de cette force, bien; mais je ne suis point d'avis d'acheter un tas de petits bâtiments qui ne font que surcharger les ports de ruines et de réparations.

Je vois, dans l'état de situation de la marine au 1er mai, *le Rhinocéros* de 350 tonneaux et plusieurs autres transports, les uns armés, les autres désarmés. Ces bâtiments, qui appartiennent à la marine, n'exigeront aucun achat.

Mettez en construction dans les petits ports de la Méditerranée une dizaine d'écuries bien faites et appropriées au service; en en faisant faire deux à Marseille, une à la Ciotat, une à Cassis, une à Saint-Tropez, une à Nice, une à Villefranche, une à San-Remo, une à Port-Maurice, deux à Savone, vous auriez dix écuries pouvant porter 30 chevaux, ce qui nous ferait 300 chevaux. Ces écuries peuvent être faites en six semaines de temps, c'est-à-dire au 1er août, et être mises à l'eau au 15 septembre. Elles s'armeront dans le lieu même, et on trouvera assez de matelots pour cela. Ces écuries devront être numérotées. Elles seront d'une bonne ressource pour le port de Toulon, quand même quelques-unes ne pourraient servir à l'expédition. Vous aurez soin qu'elles soient armées de deux ou trois pièces de 6. Un port comme Toulon, d'où nous devons partir pour être maîtres de cette Méditerranée, a toujours besoin d'une pareille garniture.

Livourne a des bâtiments qui appartenaient au grand-duc ou au roi. La Toscane avait ordinairement deux frégates. Je crois qu'on les construisait à Livourne. Si cela est, il faut les mettre en construction, parce que j'en ai besoin, d'abord pour donner de l'occupation aux ouvriers de Livourne et pour dépenser de l'argent dans le pays, et ensuite pour offrir une protection à cette côte. En attendant, donnez ordre que les bâtiments de l'état qui ont quelque valeur, à Livourne et à Gênes, soient concentrés sur Toulon.

Je désire que l'expédition soit prête à partir du 1er au 15 septembre. Mais partira-t-elle? Les ennemis n'y mettront-ils point obstacle? Je désirerais donc qu'avant le 1er novembre *le Danube* fût mis à l'eau. Cela doit être possible; *le Danube* est aux 10 vingt-quatrièmes. Si mon expédition ne pouvait partir qu'en décembre, elle serait composée de quinze vaisseaux français et de deux russes.

Quant aux équipages, vous avez déjà dirigé une certaine quantité de conscrits, qui se trouveront amarinés et stylés. En dernière analyse, dix frégates armées en guerre sont inutiles pour une expédition comme celle-là, et, en mettant quatre frégates en flûtes, on donnerait des équipages à deux vaisseaux de guerre. Je ne parle que pour un cas de nécessité, car je pense qu'on pourvoira aux équipages.

J'arrive actuellement à la discussion de vos différentes demandes. Les vivres n'occasionneront aucune dépense extraordinaire et ne doivent pas être pris sur l'ordinaire. Mon expédition est destinée ou pour Alger ou pour la Sicile ou pour l'Égypte. Si elle va en Sicile ou à Alger, les vivres ne seront aucun embarras. Je vais donc raisonner dans l'hypothèse qu'elle serait arrêtée pour l'Égypte.

Je suppose que, sur l'ordinaire de la marine, vous arriverez à fournir l'escadre de six mois de vivres, ration complète, et d'un septième mois de biscuit. Mon escadre aura besoin, pour se rendre à Aboukir, de quarante-cinq jours pour les équipages et pour les passagers, que je suppose être le double des équipages; ce qui fait trois mois. Elle débarquera, avec les passagers, sur la plage d'Aboukir du biscuit et de l'eau-de-vie pour un mois. Il lui resterait donc encore des vivres pour trois mois pour les équipages, vivres suffisants pour se rendre à Tarente ou opérer son retour sur Toulon. L'extraordinaire ne doit être, 1° que pour les hommes embarqués sur les flûtes, gabares et bâtiments de commerce, ce que je suppose monter à 6,000 hommes; 2° pour les vivres à débarquer, c'est-à-dire pour un mois de biscuit; 3° j'évalue à 10,000 quintaux de farine ou 500 tonneaux ce qu'il faudra débarquer en sus; 4° pour le fourrage.

Le premier objet de 6,000 hommes pendant 45 jours ferait 270,000 rations, qui, à 20 sous l'une, coûteraient 270,000 francs. 6,000 hommes, pendant un mois, consommeront 180,000 rations de biscuit et d'eau-de-vie, que j'évalue à 8 sous la demi-ration, à 10 sous même si vous voulez, et qui coûteront 90,000 francs. J'évalue les 10,000 quintaux de farine à 200,000 francs. Pour les fourrages, j'adopte l'évaluation que vous fixez vous-même à 100,000 francs. Cela fera donc, pour les vivres, un extraordinaire de 660,000 francs.

Quant à l'eau, ce ne peut pas être un embarras. Les vaisseaux portent 4 mois et demi d'eau ou 135 jours; j'en ai besoin de 90 pour l'aller; il restera donc à bord de l'escadre 45 jours, ce qui est suffisant pour opérer son retour. Mais il y aurait un moyen d'augmenter l'eau, ce serait de mettre les rations en eau-de-vie, en ne mettant que très-peu de vin. Un vaisseau devrait alors porter 6 mois d'eau. Si cela était, le vaisseau aurait 90 jours d'eau pour son retour. Mais cela est inutile. N'auraient-ils que 30 jours d'eau après le débarquement, ce serait suffisant pour aller en faire à Tarente.

Le principal est que l'escadre ne doit avoir besoin de rien du pays; le débarquement effectué, elle doit laisser ses grosses flûtes, gabares, etc. et reprendre le large au plus tard trois ou quatre jours après avoir mouillé.

Je viens actuellement à votre article de dépenses extraordinaires. Je ne veux acheter aucun transport, si ce n'est l'*York* et la *Philippine*, et tout au plus une ou deux autres flûtes de même force; je mets pour cela 500,000 francs. Je mets, pour réparations de bâtiments appartenant à l'état, 250,000 francs, et 250,000 francs de dépenses diverses; cela fait un million; avec les 650,000 francs que j'ai mis pour les vivres, cela fait 1,600,000 francs. Voulez-vous mettre 400,000 francs pour achever quatre des huit gabares qui sont en construction cette année? Les quatre autres sont sur le........[1] Les dépenses extraordinaires seraient donc de 2 millions, que je vous allouerai sur le budget de cette année, aussitôt que j'aurai les autres projets d'expédition arrêtés, ne voulant faire qu'un décret.

Vous sentez que si, au lieu d'aller en Égypte, cette expédition allait à Alger ou en Sicile, tout cela devient bien plus facile. Ainsi donc il n'est pas dans mon intention de faire aucune expédition dans la Méditerranée avant que j'aie pu réunir à Toulon au moins 14 vaisseaux français. Cette expédition peut partir au 15 septembre, si l'arsenal de Toulon est conduit avec activité et, en supposant que les renseignements soient vrais, s'il y a les bois nécessaires pour finir l'*Austerlitz*, le *Donawerth* et l'*Ulm*. Il faut en conséquence calculer les moyens de transport sur cette hypothèse. Je ne compte les vaisseaux russes que comme transports; je veux même supposer qu'ils m'abandonnent dans un combat; vous sentez que c'est une supposition fort hasardée. Les Anglais ne pourront avoir dans la Méditerranée 14 vaisseaux, outre leur escadre principale. Au contraire, il ne serait pas aujourd'hui impossible qu'ils eussent deux escadres, chacune de 14 vaisseaux. Mais, pour que mon expédition de Toulon puisse agir, il me faut à Rochefort 4 vaisseaux en rade, 3 ou 4 à Lorient; que mon escadre de Flessingue soit en état et leur donne une véritable inquiétude. Le roi de Hollande m'assure qu'il aura, avant quinze jours, 6 vaisseaux en rade. Il faut qu'à la même époque j'aie à Cadix 6 vaisseaux français avec des troupes à bord, et des flûtes et bâtiments de transport, menaçant d'une expédition; que l'escadre de Mahon soit à Toulon ou à Carthagène, renforcée de 2 autres vaisseaux, appareillant tous les jours et obligeant les Anglais à tenir une escadre pour la bloquer; que j'aie ma flottille de Boulogne prête et 30,000 hommes de troupes de terre prêts à s'embarquer, et une telle confusion de mouvements que l'ennemi ne puisse pas savoir si tout cela ne doit pas débarquer chez lui; que mes 3 vaisseaux de Lisbonne soient en état. Il y manque de la maistrance, et cependant il n'en manque pas en France;

[1] Lacune dans la minute.

rien qu'à Bayonne, je trouve beaucoup d'officiers de la marine marchande, qui ont beaucoup navigué, et dont le grade dans la maistrance est, je crois, maître ou contre-maître. Je mets en fait que, si j'ai à Lisbonne sur mes vaisseaux des officiers de marine, tous Français, une marine française, 60 ou 80 canonniers français, 150 hommes de garnison de vieux soldats français et troupes d'élite, et 50 conscrits de ceux destinés aux équipages, je mets en fait, dis-je, qu'ayant par ce moyen 300 Français sur ces vaisseaux et 350 à 400 matelots portugais et étrangers, ces vaisseaux peuvent sortir, manœuvrer, entrer en ligne, et donner une consistance à l'escadre russe.

Au moment de la mauvaise saison, les Anglais seront obligés de renforcer leur croisière de la Baltique, car mes troupes feront de nouveaux mouvements pour entrer en Scanie. C'est l'ensemble de toutes ces dispositions qui rendra possibles les expéditions que je médite.

Je viens de prendre un décret pour organiser quatre équipages à Lisbonne.

D'après la minute. Archives de l'Empire.

13998. — A JOACHIM, GRAND-DUC DE BERG,
LIEUTENANT GÉNÉRAL DU ROYAUME D'ESPAGNE, A MADRID.

Bayonne, 26 mai 1808, huit heures du matin.

Je viens d'écrire à don Gregorio de la Cuesta, capitaine général de la Vieille-Castille, pour lui faire connaître que je l'avais nommé vice-roi du Mexique. Faites-lui expédier ses brevets et commissions en règle, et donnez l'ordre que la frégate *la Flora* soit prête à Cadix pour le conduire au Mexique.

Vous ferez donner l'ordre à ce vice-roi d'emmener avec lui quatre ou cinq maréchaux de camp, brigadiers ou colonels, pour leur confier le gouvernement de la Vera-Cruz et autres points importants. Vous ferez également préparer des avisos dans les petits ports qui existent entre Cadix et le Portugal, d'où l'on peut, mieux que de partout ailleurs, partir pour l'Amérique, afin que, si la frégate tardait trop à mettre à la voile, le vice-roi pût s'embarquer sur un des avisos. Vous ferez placer sur *la Flora*

3,000 fusils et les autres objets jugés nécessaires au Mexique. Des deux vaisseaux de 64 qui sont à Cadix, un marche très-bien, c'est *le San-Fulgencio*. Faites-le bien commander, faites compléter son équipage et tenir prêt pour une mission; mon intention est de le destiner pour Buenos-Ayres. Il faut embarquer sur ce bâtiment 400 hommes et 4,000 fusils. Mais il est nécessaire que ses cuivres soient visités, afin d'être sûr de sa marche. Il faut compléter son approvisionnement pour six mois.

Vous avez nommé le maréchal de camp pour l'intendance de la Vera-Cruz. On m'assure que c'est un officier qui n'a aucun mérite et qui a gagné son grade avec de l'argent. Mon intention est de nommer pour commandant de la province de Caracas le brigadier don Vicente de Imbaran, qui est à présent à Madrid et qui a été gouverneur de Cumana. Il est nécessaire que cet officier se rende sans délai au Ferrol, où il s'embarquera sur le brick *le Descobridor* et appareillera le plus tôt possible. On embarquera sur ce brick 1,500 à 2,000 fusils.

Ainsi donc faites d'abord expédier à Cadix *la Flora* et le vaisseau de 64 *le San-Fulgencio*; faites-le approvisionner d'autant de vivres qu'il pourra en porter. Faites donner des ordres pour que trois avisos soient placés dans les petits ports entre Cadix et les Algarves : on dit qu'il y a un de ces petits ports très-bon pour ces expéditions. Faites donner ordre que *le Descobridor*, au Ferrol, se tienne prêt à partir; que le nouveau commandant de la province de Venezuela parte de Madrid vingt-quatre heures après la réception du présent ordre, pour se rendre au Ferrol et s'y embarquer.

Je ne sais pas si le capitaine général de la Vieille-Castille, M. de la Cuesta, acceptera la place de vice-roi du Mexique. Faites-lui écrire, et qu'il parte sans délai.

Indépendamment du *San-Fulgencio*, vous ferez préparer à Cadix la corvette *le Mercure*, destinée également pour une expédition.

Vous ne manquerez pas d'envoyer au conseil des Indes ma proclamation, pour qu'elle soit envoyée en Amérique par toutes les voies possibles.

Ordonnez qu'on ne perde pas un moment au Ferrol pour faire des vivres, car il est urgent qu'on envoie un secours à l'Amérique méridionale. *La Concepcion* est prête, il ne s'agit que de presser son équipage ; *le Saint-Elme* et *le Saint-Firmin* sont en rade, ainsi que deux frégates ; *le San-Fernando* est également prêt ; on peut donc, avec un peu d'activité, avoir 4 vaisseaux et 2 frégates au Ferrol, qui peuvent porter 3,000 hommes, ce qui, avec les 400 hommes du *San-Fulgencio* de Cadix, assurera la possession de cette partie de l'Amérique.

Faites sentir au conseil des Indes, à la compagnie des Philippines, à la caisse de consolidation, l'importance de cette mission et la nécessité de fournir quelques millions, qui leur seront rendus.

Quel est le vice-amiral qui commandera l'escadre du Ferrol ? Il faut qu'il s'y rende sans bruit. Il faudrait que cette expédition pût être improvisée. Ce qui arrêtera le plus, je crois que ce seront les vivres, car il faut que chaque bâtiment en ait pour six mois.

Si le temps est bon, demain partira d'ici un brick avec des paquets et des fusils pour Buenos-Ayres. Ces fusils sont tous de bons fusils français. Il est possible que je fasse partir *la Comète*, qui est au Passage. Faites donner à Saint-Sébastien l'ordre de fournir 2,000 fusils à cette frégate, que j'ai l'intention d'expédier à la Havane.

D'après la minute. Archives de l'Empire.

13999. — A JOACHIM, GRAND-DUC DE BERG,
LIEUTENANT GÉNÉRAL DU ROYAUME D'ESPAGNE, À MADRID.

Bayonne, 26 mai 1808, onze heures du soir.

Il paraît qu'on vous a envoyé ce matin, par erreur, deux proclamations, au lieu d'une proclamation et d'un décret. Vous trouverez ci-joint le décret qui devait accompagner la proclamation [1].

Il faut, pour communiquer avec les Amériques, avoir trois ou quatre felouques au petit port d'Ayamonte. Ce port est celui dont je vous ai parlé dans ma lettre d'hier, qui se trouve entre Cadix et les Algarves. On pourra expédier de là autant de petits bâtiments que l'on voudra.

J'ai vu l'amiral Mazarredo, qui se rend à Bilbao, où vous lui adresserez ses lettres de nomination au ministère de la marine. Il est nécessaire

[1] Voir pièce n° 13990.

qu'il soit fait capitaine général à la date de 1799, ayant connaissance que le roi Charles voulait le nommer à cette place de capitaine général. Le chef d'escadre....... vient d'être nommé gouverneur de Montevideo; il commandait à Montevideo lors de la reddition; c'est un homme qui ne jouit d'aucune considération dans le pays. Le général Liniers avait nommé, après l'évacuation, le brigadier don Francisco Xavier de Ilio; c'est un excellent choix; faites envoyer des ordres à Saint-Sébastien pour que le chef d'escadre....... ne s'embarque pas, et faites confirmer la nomination qu'a faite le général Liniers.

D'après la minute. Archives de l'Empire.

14000. — A M. CRETET,
MINISTRE DE L'INTÉRIEUR, À PARIS.

Bayonne, 27 mai 1808.

Monsieur Cretet, j'ai reçu le compte que vous me rendez sur les teintures des étoffes de Lyon. Je vois avec plaisir le soin que vous vous donnez pour les comparer avec celles des Gobelins. Soumettez-moi un projet de règlement sur cet objet. Portez la plus grande attention sur les teintures de Lyon; vous savez que c'est une grande partie de nos richesses. Je voudrais établir une chaire de chimie à Lyon; le chimiste qui y est est médiocre; occupez-vous d'y en envoyer un très-bon. Présentez-moi un projet pour former là un établissement de chimie qui ait quelque valeur. Une dépense annuelle de 10,000 francs sera bien employée, et peut entrer très-bien dans le chapitre de votre budget relatif à l'encouragement des arts.

NAPOLÉON.

D'après la copie. Archives de l'agriculture, du commerce et des travaux publics.

14001. — A M. CRETET,
MINISTRE DE L'INTÉRIEUR, À PARIS.

Bayonne, 27 mai 1808.

Monsieur Cretet, je lis votre rapport du 11 mai. Je vois avec plaisir l'activité que met le commerce dans ses expéditions pour les colonies.

J'approuve que les constructeurs conservent les ouvriers nécessaires pour leurs constructions, et j'autorise la marine à donner tous les moyens pour faciliter la formation des équipages.

Pour la troisième demande, je ne puis y consentir. Il faut parler clair : si c'est pour masquer une connivence avec les croiseurs anglais, comme cela s'est déjà fait, le Gouvernement, qui a l'œil fixé sur des affaires si importantes, en sera instruit et prendra des mesures. Qu'est-ce que les bâtiments français ont à discuter avec les douanes? S'ils viennent réellement de la Martinique, de la Guadeloupe, de Cayenne, il ne pourra pas y avoir de doute sur cela; il y aura toujours à bord, 1° un ou deux passagers de ces colonies; 2° une grande quantité de lettres des colonies à la métropole; 3° des papiers signés du préfet colonial. Tout commerce entre la métropole et les colonies ne peut être simulé : on ne peut pas dire qu'on vient de la Martinique et venir en réalité de Londres. Il ne faut pas non plus que le bâtiment ait été visité par les Anglais; leur visite aurait dénationalisé mon pavillon, et le bâtiment qui se présenterait dans mes ports avec cette tache, certes, n'y serait pas reconnu. Et, en effet, il est facile de voir que ce commerce ne serait favorisé par l'ennemi que comme commerce interlope, et parce qu'il aurait souscrit à la condition déshonorante qu'il a imposée. L'intérêt de l'état n'est pas toujours celui des négociants; un négociant peut vouloir se ployer sous le joug de la législation anglaise, le Gouvernement ne peut le souffrir. Ainsi donc un bâtiment venant des colonies n'a rien à craindre; trop de caractères s'opposent à sa simulation.

Je n'approuve point les mesures que vous proposez pour le quinquina; l'exportation de cette denrée doit être libre; l'Espagne et le Portugal nous en fourniront. Il ne faut pas donner au continent l'exemple de s'isoler. Je préfère que, comme ministre de l'intérieur, vous preniez vos précautions, et que vous en fassiez venir du Portugal ou de Cadix, afin d'en agir comme vous en agirez à l'égard des blés à Paris, de manière que vous puissiez en envoyer où le besoin s'en ferait sentir.

NAPOLÉON.

D'après la copie. Archives de l'agriculture, du commerce et des travaux publics.

14002. — AU GÉNÉRAL DEJEAN,
MINISTRE DIRECTEUR DE L'ADMINISTRATION DE LA GUERRE, À PARIS.

Bayonne, 27 mai 1808.

Monsieur Dejean, je désirerais accorder à toutes les troupes qui sont en Espagne deux paires de souliers et une chemise; mais je voudrais comprendre là-dedans tout ce que je leur ai déjà fait donner en gratification, en souliers et en chemises. Vous devez avoir les états de tout cela à Paris; faites-moi un rapport. L'armée d'Espagne est de 80,000 hommes présents; ce serait donc 160,000 paires de souliers et 80,000 chemises. Je crois déjà avoir accordé une paire de souliers par homme, et tout le monde doit l'avoir reçue. Il faut faire entrer dans ce compte tous les souliers que vous avez envoyés de Paris, les 20,000 paires que le maréchal Moncey a fait faire, les 20,000 paires que le grand-duc a fait faire, ceux que j'ai moi-même ordonnés ici. J'ai déjà envoyé plusieurs chemises. Vous devez avoir un compte général avec l'intendant de l'armée d'Espagne, qui doit s'arranger de manière à se retrouver.

NAPOLÉON.

D'après l'original. Dépôt de la guerre.

14003. — A M. DE CHAMPAGNY,
MINISTRE DES RELATIONS EXTÉRIEURES, À PARIS.

Bayonne, 28 mai 1808.

Monsieur de Champagny, écrivez au sieur Andréossy, par un courrier extraordinaire, que les gazettes parlent d'une levée de 180,000 hommes que voudrait faire l'Autriche; que, cependant, il n'en dit rien dans ses dépêches; que, si cette nouvelle est controuvée, il ne doit faire aucun cas du présent courrier; mais que, si elle est réelle, il doit s'en expliquer avec le ministre des affaires étrangères, lui dire que je demande que cette levée de milices n'ait pas lieu, et qu'il ne soit fait aucun armement extraordinaire; que je considérerai tout armement comme fait contre moi, car ce n'est que contre moi qu'ils peuvent être dirigés, lorsque l'Autriche ne se contente pas de 300,000 hommes sur pied; que voici l'état des choses : si la levée des milices se faisait, je convoquerais sur-le-champ toutes les troupes de la Confédération à Passau; que je ferais de nouvelles levées en France; qu'il faudra bien que quelqu'un paye les frais de ces armements, et qu'il n'est pas difficile de prévoir que ce sera l'Autriche. Vous écrirez au sieur Andréossy que, si l'on insiste et qu'on ne lui donne pas une réponse satisfaisante, il déclare qu'il demande ses passe-ports: il laissera dans ce cas un chargé d'affaires, disant qu'il n'est pas de la dignité d'un ambassadeur de France d'être témoin d'armements qui menacent la puissance qu'il représente.

Il se plaindra aussi de ce qui se passe du côté de Varsovie, où, dans le temps qu'on fournit tout aux Russes, on ne fournit rien à l'armée française.

Si la nouvelle des levées est hasardée et n'est pas prouvée, le sieur Andréossy en parlera légèrement à M. de Stadion, et lui fera entendre que, si elle avait lieu, nous interviendrions, sans dire qu'il a des ordres positifs de s'expliquer là-dessus.

NAPOLÉON.

P. S. Le même courrier pourra continuer sur Constantinople pour porter des plaintes sur la conduite qu'on tient envers moi en Morée, en Bosnie.

D'après l'original. Archives des affaires étrangères.

14004. — A M. CRETET,
MINISTRE DE L'INTÉRIEUR, À PARIS.

Bayonne, 28 mai 1808.

Monsieur Cretet, il est nécessaire que vous ayez une conférence avec Aldini, pour purger le territoire du royaume d'Italie. Il y a près de la Spezia des parties qui appartiennent à l'Italie, entre Pontremoli et Sarzane; il faut qu'elles soient réunies au département des Apennins. Pontremoli pourrait y être réuni également. Je prévois que j'établirai la préfecture des Apennins à la Spezia. Faites-moi connaître s'il y a une communication de la Spezia à Lucques, et si l'on communique de la Spezia à Livourne. Enfin il faut s'occuper sérieusement d'une communication de la Spezia avec Parme, laquelle pourra donner le moyen d'arriver de Parme à Florence sans passer dans le royaume d'Italie. Je suppose que la communication de la Spezia avec Parme est plus facile qu'avec Plaisance; je préférerais de beaucoup cette dernière. De la Spezia à Gênes, la communication existe par mer; ainsi celle par terre est moins importante. Je désire que vous m'envoyiez, avant le 1er juillet, les projets de communication de la Spezia à Sarzane et à Pise en côtoyant la mer, de la Spezia à Plaisance ou à Parme, de la Spezia à Gênes. Mon intention est d'établir à la Spezia un autre Toulon; des communications par terre deviennent donc indispensables. Je ne serais pas éloigné de faire faire une route dans le royaume d'Italie par Reggio, surtout si nous faisions celle de la Spezia à Plaisance.

NAPOLÉON.

D'après la copie. Archives de l'agriculture, du commerce et des travaux publics.

14005. — AU VICE-AMIRAL DECRÈS,
MINISTRE DE LA MARINE, À PARIS.

Bayonne, 28 mai 1808.

Monsieur Decrès, je désire que vous me fassiez connaître les mesures qu'il y a à prendre dès aujourd'hui pour l'accroissement notable de notre marine d'ici à l'année prochaine.

J'ai aujourd'hui 8 vaisseaux en rade à Flessingue, 3 en rade à Rochefort, 4 en rade à Lorient (je compte le *Polonais* comme lancé, et le *Vétéran* comme rentré à Lorient), 7 en rade à Brest (je compte le *Tonnerre* comme en rade), 2 en rade de Lisbonne, 5 en rade de Cadix, 12 en rade de Toulon (je compte l'*Austerlitz* et le *Donawerth* comme lancés), 1 à Gênes; total, 42. Ceci sera la situation de ma marine au mois d'août prochain.

Je désire, du mois d'août prochain au mois de septembre 1809, lancer 35 vaisseaux, ce qui, l'automne prochain, portera la situation de ma marine à 77 vaisseaux. Voici comment je calcule :

J'ai aujourd'hui, sur les chantiers d'Anvers, 9 vaisseaux; sur celui de Flessingue, 1, plus 2 qui seront mis sur le chantier le 1er septembre prochain en remplacement des 2 qui seront mis à l'eau à cette époque : total, vaisseaux de nouvelle construction, 12, que j'aurai à Flessingue avant le mois de septembre 1809; ce qui, avec les 8 vaisseaux que j'ai aujourd'hui, me fera 20 vaisseaux sur cette rade.

J'ai aujourd'hui 7 vaisseaux à Brest, plus 1 vaisseau qui a été démonté et remisé sous le hangar; donnez ordre que ce vaisseau soit remonté et placé dans le bassin; il faut qu'il soit fini avant mai 1809; entrez pour cela dans les détails, et, s'il le faut, donnez l'ordre d'apporter par terre tous les bois qui seraient nécessaires; total, 8.

J'ai aujourd'hui 4 vaisseaux à Lorient; indépendamment de ce, j'en ai 4 autres en construction; enfin je dois compter le vaisseau qui sera mis sur le chantier en place du *Polonais*; total, 9.

A Rochefort, j'ai 3 vaisseaux en rade; j'en ai sur le chantier 3 autres, auxquels j'ajoute celui qui sera mis sur le chantier en place de *la Ville-de-Varsovie* et celui qui y sera mis en place du *Triomphant*; total, 8.

J'ai 2 vaisseaux de 64 en construction à Bordeaux.

J'ai 2 vaisseaux à Lisbonne, et je fais achever celui de 74; total, 3.

J'ai à Toulon 12 vaisseaux, y compris *l'Austerlitz* et *le Donawerth*, plus 2 vaisseaux déjà avancés, et 2 vaisseaux mis sur les chantiers en place de *l'Austerlitz* et du *Donawerth*; total, 16.

J'ai 1 vaisseau à Gênes, plus 1 qu'on mettra sur le chantier; total, 2.

A la Spezia, j'en fais mettre 1 sur le chantier.

Enfin, à Venise, j'ai 3 vaisseaux actuellement sur le chantier.

En résumé, j'ai ou j'aurai sur les chantiers, pour être terminés avant septembre 1809, 35 vaisseaux, et ces 35 vaisseaux de nouvelle construction, joints aux 42 que j'ai actuellement, me donneront, l'année prochaine, 77 vaisseaux. Mais quel est l'argent nécessaire, quelles sont les mesures à prendre pour obtenir ce résultat?

Si nous allions avoir 19 vaisseaux dans la Méditerranée; dans l'Adriatique, à Ancône, 3; à Flessingue, 20; à Brest, Lorient et Rochefort, 25; à Bordeaux, 2; à Cadix et Lisbonne, 8; total, 77 vaisseaux français; plus 10 vaisseaux que le roi de Hollande a dans ses ports, 1 vaisseau du

Danemark, 12 que l'empereur de Russie a dans la Baltique, 11 que l'empereur de Russie a à Lisbonne et Toulon, 20 que les Espagnols ont ou auront; total, 54 vaisseaux étrangers; cela formera une masse de 131 vaisseaux; et, si l'on en excepte les 12 vaisseaux russes qui sont dans la Baltique, cela fera 119 vaisseaux de guerre qui seront sous ma direction immédiate et appuyés par des camps, de 7,000 hommes au Texel, de 25,000 à Anvers, de 80,000 à Boulogne, de 30,000 à Brest, de 10,000 à Lorient et à Rochefort, de 6,000 Espagnols au Ferrol, de 30,000 hommes à Lisbonne, de 30,000 à Cadix, de 20,000 à Carthagène, de 25,000 à Toulon, de 15,000 à Reggio et de 15,000 à Tarente. Il me semble que ce serait là un damier qui, sans trop exiger de la fortune, sans exiger même une habileté extraordinaire dans nos marins, doit nous conduire à de grands résultats.

La mise à l'eau de 35 vaisseaux en France, dans une année, pourrait paraître chimérique au premier coup d'œil; mais il faut ôter de ce nombre 12 vaisseaux de Flessingue, celui de Lisbonne, celui de Gênes, celui de la Spezia et les 3 de l'Adriatique, en tout 18 vaisseaux, dont la construction a lieu dans des pays qui n'appartiennent pas à l'ancienne France. Reste donc seulement 17 vaisseaux à construire sur les chantiers français, savoir: 1 à Brest, 5 à Lorient, 5 à Rochefort, 2 à Bordeaux et 4 à Toulon; total, 17 vaisseaux. Mais, sur ces 17 vaisseaux, on a déjà fait au moment où je parle, au Havre, 18 vingt-quatrièmes; à Lorient, *idem*; à Rochefort, *idem*; à Bayonne, 12 vingt-quatrièmes; à Toulon, 18 vingt-quatrièmes; total, 84 vingt-quatrièmes, et, par réduction, 21 sixièmes, ou la valeur de près de 4 vaisseaux. Il ne reste donc vraiment à construire que 14 vaisseaux au plus, qui, tout armés, ne doivent pas faire une affaire de plus de 21 millions. J'aurai donc, au mois de septembre 1809, 77 vaisseaux, dont 3 à trois ponts (en supposant l'*Austerlitz* remplacé par un autre vaisseau à trois ponts), et tous les autres de 80 et de 74, hors 2 qui seront de 64.

Je désire que vous m'établissiez ainsi en hypothèse la situation de ma marine au 1er septembre 1809, en y ajoutant le nombre nécessaire de frégates, corvettes et autres petits bâtiments: car, pour bien diriger les opérations de cette année, il faut d'abord savoir ce qu'on a à espérer dans un espace de temps si rapproché qu'un an.

NAPOLÉON.

D'après l'original comm. par Mᵐᵉ la duchesse Decrès.

14006. — AU VICE-AMIRAL DECRÈS,
MINISTRE DE LA MARINE, À PARIS.

Bayonne, 28 mai 1808.

Si les Anglais continuent à détruire les bateaux pêcheurs, il faut ordonner à nos pêcheurs d'attaquer les leurs. On leur a renvoyé leurs pêcheurs de Dieppe avec beaucoup trop de cérémonies, ce qui n'a fait que leur montrer combien on était sensible à ces pertes.

D'après la minute. Archives de l'Empire.

14007. — AU VICE-AMIRAL DECRÈS,
MINISTRE DE LA MARINE, À PARIS.

Bayonne, 28 mai 1808.

Les nouvelles que je reçois de mes ports m'annoncent qu'il y a du mécontentement de ce que la marine ne se donne aucun soin pour les protéger contre les entreprises de l'ennemi. Ce n'est pas avec des vaisseaux à trois ponts qu'ils nous attaquent, mais avec des péniches. Nous ne manquons, en France, ni de péniches, ni de bras, non; mais la marine manque d'activité. Le 14, à Fromentine, les habitants se sont embarqués sur de petits bâtiments de transport, ont attaqué le cutter anglais le *Lion*, qui se trouvait en calme à deux lieues de terre, et l'ont pris. Comment n'y a-t-il pas dans tous les petits ports des péniches, une organisation enfin? Puisqu'il faut que je m'occupe de tous les détails, j'ai pris un décret pour organiser une flottille de gardes-côtes. Faites-le exécuter rigoureusement; pas de *si*, de *mais*, de *car*, ne faites pas d'objections, mais levez-les. Quand on voit les ports, on se convainc des immenses ressources qu'il y a et de ce qu'on peut faire pour favoriser et défendre le cabotage.

D'après la minute. Archives de l'Empire.

14008. — AU VICE-AMIRAL DECRÈS,
MINISTRE DE LA MARINE, À PARIS.

Bayonne, 28 mai 1808.

Il faut 15,000 pieds cubes de plançons pour border un vaisseau de 74; il paraît que ceux nécessaires à Rochefort y manquent; il y en a ici 15 à 20,000 pieds cubes. Un plançon de première espèce a pour dimension 30 pieds cubes (le pied cube de chêne pèse 80 livres); il pèse donc 24 quintaux, c'est-à-dire la charge d'une grosse voiture. 4,000 pieds cubes de bois sont déjà arrivés de Bayonne à Langon par terre. Je viens de donner l'ordre qu'il soit passé un marché régulier pour transporter 15.000 pieds cubes de Bayonne à Langon, à raison de 500 pieds cubes par jour, à dater du 1er juin. Ainsi, à dater du 1er juin, il y aura à Langon 500 pieds cubes ou seize voitures qui y arriveront tous les jours. Ces bois iront par eau de Bayonne à Mont-de-Marsan; mais de Mont-de-Marsan à Langon il y a quatre journées de bœufs pour l'aller et trois journées pour le retour; ce service emploiera donc au moins cent douze voitures à l'entrepreneur. J'ai accordé deux prix : l'un par pieds cubes de bois de grande dimension qui pèseront plus de 20 quintaux par pièce, l'autre par pieds cubes de bois qui pèseront moins de 20 quintaux par pièce. J'ai ordonné que l'artillerie de terre fournît soixante porte-corps qui sont ici. J'ai ordonné qu'à dater du 1er juillet on doublerait les transports, c'est-à-dire qu'il y aurait par jour trente-deux voitures, au lieu de seize, conduisant 1.000 pieds cubes au lieu de 500.

Ne parlons d'abord que des 15,000 pieds cubes qui seront transportés en juin. 15,000 pieds cubes font la charge de cinq gabares. Cinq gabares ne faisant qu'un voyage par an me coûtaient l'entretien de 500 hommes, c'est-à-dire 500 francs par jour, rien que pour les vivres, ce qui faisait une dépense de 15,000 francs par mois et 180,000 francs par an; il m'en coûtait au moins autant pour la solde. Joignez à cela les frais de réparation et d'entretien des bâtiments, et de plus 20 pour 100 pour assurances, ce qui est bien peu de chose, car, en dernière analyse, il s'en perdait par accident, au bout de plusieurs années, plus d'un cinquième. Voilà donc une dépense de plus de 5 à 600,000 francs, et ce qu'il y a de pis, c'est que tout cela n'arrivait pas; au lieu que, par les moyens que je viens d'ordonner, les 15,000 pieds cubes qui seront transportés dans le mois ne coûteront que 4 francs le pied cube, c'est-à-dire 60,000 pour le tout. Il y a donc une économie immense. Sans doute que cette dépense de 60,000 francs est encore trop forte; aussi je pense que vous devez ordonner que le transport n'aura lieu que pour les bois précieux et dont Rochefort manque. Ici, il y a environ 50 à 60,000 pieds cubes de bois utiles, nécessaires même et dont Rochefort a besoin. Laisser pourrir ces bois serait un si grand malheur qu'il ne faut rien épargner pour empêcher cette perte, surtout pour les pièces importantes.

Donnez ordre au préfet maritime à Rochefort de dresser l'état de l'assortiment de 15,000 pieds cubes de bois dont il aura besoin dans le courant de juin, et des 30,000 pieds cubes qu'on aura à lui envoyer dans le courant de juillet. Il dressera cet état d'après la situation de l'approvisionnement de Bayonne, que vous lui communiquerez.

Il vous faudra aussi prendre des mesures pour que les entrepreneurs ne prennent pas d'autres bois que ceux de Bayonne, car, avec les prix qu'on leur accorde, il ne serait pas impossible qu'ils ne trouvassent des bénéfices à prendre des bois à moitié chemin. Mais ici il n'est pas seulement important de faire arriver des bois, mais encore que ce soient les bois de Bayonne, pour que les entrepreneurs de la marine trouvent ensuite les autres qu'on aura laissés en réserve.

Enfin il est nécessaire de prendre des mesures, comme je vous l'ai déjà marqué, pour que toutes les coupes versent sur les affluents de la Gironde, de la Dordogne et de la Charente, et le moins possible sur le bassin de l'Adour.

D'après la minute. Archives de l'Empire.

14009. — AU VICE-AMIRAL DECRÈS,
MINISTRE DE LA MARINE, À PARIS.

Bayonne, 28 mai 1808.

Vous recevrez un décret que je viens de prendre pour la formation de cinq nouveaux équipages de vaisseau pour le port de Lisbonne. Vous verrez que j'ai donné à ces équipages une organisation particulière; il le fallait. Mon intention est que sur le bâtiment il y ait toujours 100 Français de plus que d'étrangers. Or comment cela pourrait-il être autrement? Il a bien fallu augmenter le nombre des canonniers et celui de la garnison. Il faut même que les mousses soient aussi Français, de sorte qu'il n'y ait dans l'équipage que 350 Portugais, c'est-à-dire de bons matelots, que nous ne pouvons pas autrement nous procurer. J'ai cependant laissé le quart de la maistrance aux Portugais; cela était nécessaire pour encourager les Portugais et parler aux matelots leur langue. Ainsi, au lieu de porter les équipages à 700, cela les élève à 800, à 850. Cela est d'autant plus avantageux que les Français seront toujours en nombre suffisant pour servir les canons et se battre. On pourra aussi mettre à bord quelques enseignes ou mieux quelques officiers portugais, qui seront en dessus du nombre fixé par l'organisation et feront le service; mais on conservera toujours moyen de les surveiller, et il devra toujours y avoir un officier français de quart; ce qui sera facilement motivé, puisqu'on pourra dire que le grand nombre de matelots novices et de soldats de garnison exige cette surveillance. La présence de ces officiers portugais sera surtout avantageuse pour les communications avec les matelots et soldats des deux nations; ils devront savoir les deux langues et serviront de truchements.

D'après la minute. Archives de l'Empire.

14010. AU VICE-AMIRAL DECRÈS,
MINISTRE DE LA MARINE, À PARIS.

Bayonne, 28 mai 1808.

J'apprends avec intérêt que le corsaire *le Hasard* s'est emparé de deux péniches anglaises qui croisaient à la hauteur d'Ostende. Je désire que vous me fassiez un rapport pour donner une récompense à ce corsaire.

Une frégate, deux corvettes et un cutter anglais sont mouillés à deux lieues du fort du Pilier, près Noirmoutiers. Quand les deux frégates de Nantes seront-elles prêtes et pourront-elles aller débusquer ces lurons-là?

Faites-moi connaître si, pendant la saison, ma flottille de Boulogne va en rade. Faites connaître au général Lacrosse[1] de garnir constamment la ligne d'embossage, de manière que toute la ligne, depuis le fort de l'Heurt jusqu'à la Crèche, soit garnie de chaloupes canonnières, de bateaux canonniers, péniches et de quelques prames.

D'après la minute. Archives de l'Empire.

14011. — AU PRINCE CAMILLE BORGHESE,
GOUVERNEUR GÉNÉRAL DES DÉPARTEMENTS AU DELÀ DES ALPES, À TURIN.

Bayonne, 28 mai 1808.

Je reçois votre lettre du 22 mai sur Alexandrie. Vous ne me dites pas quelle est la quantité des travailleurs, ce que je désire savoir; combien de maçons, de tailleurs de pierres; combien de manœuvres. L'approvisionnement en briques est-il considérable ?

D'après la minute. Archives de l'Empire.

14012. — A ALEXANDRE, PRINCE DE NEUCHÂTEL,
MAJOR GÉNÉRAL DE LA GRANDE ARMÉE, À BAYONNE.

Bayonne, 28 mai 1808.

Mon Cousin, donnez ordre à toute la division portugaise qui est à Hernani de se rendre à Bayonne. Donnez également à tous les Portugais qui sont à Vitoria l'ordre de rentrer.

NAPOLÉON.

D'après l'original. Dépôt de la guerre.

14013. — A JOACHIM, GRAND-DUC DE BERG,
LIEUTENANT GÉNÉRAL DU ROYAUME D'ESPAGNE, À MADRID.

Bayonne, 28 mai 1808, neuf heures du matin.

Mon Frère, je reçois votre lettre du 25 à une heure du matin. J'espère que vous aurez été content de ma proclamation. Mazarredo est parti. Demain partiront d'ici deux très-beaux bricks avec 2,000 fusils français pour Montevideo. Vous pouvez l'annoncer. Trois sont déjà partis.

[1] Contre-amiral commandant la flottille de Boulogne.

On prépare ici le local et tout ce qui est nécessaire pour l'assemblée. Je désire beaucoup que deux vaisseaux soient mis sur le chantier à Carthagène. J'ai vu avec plaisir que vous aviez trouvé de l'argent; mais je vois que vous n'envoyez que 500,000 francs au Ferrol et 500,000 francs à Cadix; cela ne fait qu'un million. Le ministre des finances arrive demain; tout s'arrangera. Je laisserai sortir de l'argent de France tant qu'on voudra. On trouvera facilement à emprunter 20 millions en engageant les diamants de la Couronne, ou sur les *vales*. Il y a un autre moyen d'avoir sur-le-champ deux millions; parlez-en à Laforest. Je ferais volontiers un traité par lequel j'achèterais les deux vaisseaux *le Santa-Anna*, à Cadix, et *le San-Carlos*, à Carthagène. Je nommerai pour mon expert le sieur Le Roy, mon consul à Cadix. Ces deux bâtiments, armés et munis de tous leurs gréements, doivent bien valoir deux millions. Ces deux millions peuvent être touchés à Madrid vingt-quatre heures après que la convention sera faite. Si les choses se font ainsi, sans que cela fasse un mauvais effet, vous ordonnerez à l'amiral Rosily de prendre le commandement des marins de ma Garde, de les diviser en deux, de mettre 200 hommes sur *le San-Carlos* et 200 hommes sur *le Santa-Anna*. Vous ferez fournir, des troupes du général Dupont, 1,100 hommes, qui s'embarqueront comme garnison, savoir : 120 hommes sur chacun des cinq vaisseaux français de mon escadre de Cadix, 250 sur *le San-Carlos* et 250 sur *le Santa-Anna*. Le général Dupont choisira des Français et formera ses détachements de compagnies complètes. Par ce moyen, l'amiral Rosily aura 1,000 matelots disponibles avec les marins de ma Garde; il en placera 500 sur *le San-Carlos* et 500 sur *le Santa-Anna*. Cela aura l'avantage de mettre ces vaisseaux en ligne. En y pensant mieux, comme il serait possible que de vendre deux vaisseaux effarouchât les Espagnols, il faudrait prendre une mesure plus simple. Ce serait de conclure une convention par laquelle les deux vaisseaux *le San-Carlos* et *le Santa-Anna* seraient mis à ma disposition, que je les ferais monter par mes marins, et que je ferais verser dans la caisse de la marine espagnole deux millions, pour mettre en construction deux vaisseaux à Carthagène; et, aussitôt que ces deux vaisseaux seraient achevés, je rendrais *le Santa-Anna* et *le*

San-Carlos. Je gagnerai à cet arrangement d'avoir deux vaisseaux neufs; il y aura deux vaisseaux de plus pour la cause commune, et tout le monde y gagnera. J'attache une grande importance à avoir *le Santa-Anna* à Cadix, parce que mon amiral aura son pavillon sur un vaisseau à trois ponts, et que mon escadre en acquerra une grande consistance. J'attache la même importance à voir deux vaisseaux en construction à Carthagène. Écrivez à l'amiral Rosily de mettre le capitaine Daugier sur *le San-Carlos*. Enfin, si l'escadre de Mahon se rend à Carthagène, ce vaisseau s'y joindra, et il y aura là une belle escadre.

Si vous prenez le parti de faire mettre les deux vaisseaux de Carthagène sur le chantier, à mes frais, vous aurez soin qu'ils soient construits sur le même plan que mes vaisseaux, et qu'il soit inséré dans la convention la stipulation que des ingénieurs français en surveilleront la construction. Vous trouverez ci-joint le projet de cette convention, comme je désire qu'elle soit conçue. Si cette convention n'éprouve aucun obstacle, aussitôt qu'elle sera signée, vous ferez verser un million dans la caisse de la marine, sur les deux millions que le payeur a à ma disposition pour le service public.

Envoyez-moi, par le retour du courrier, l'état de la caisse du payeur, que je ne reçois pas. Il doit avoir en réserve, à ma disposition, deux millions, hors du service ordinaire. J'ai d'ailleurs, dans ma caisse particulière, un million à Bayonne et à Burgos.

Renvoyez de nouveau l'ordre à l'escadre de Mahon de se rendre à Toulon ou dans quelqu'un de mes ports. Si elle ne le pouvait pas, et qu'elle pût avec sûreté retourner à Carthagène, je l'autorise à le faire.

Voici un autre moyen d'avoir 4 millions sur-le-champ : vous vous souvenez que les diamants de la couronne de France ont été volés au commencement de la révolution. Le Sancy et plusieurs autres diamants ont été achetés et sont passés en Espagne. J'aurais le droit de les reprendre, mais je veux les racheter à un prix équitable. Chargez Laforest de s'entendre pour cela avec qui de droit. J'en achèterai pour 4 millions, que je ferai verser sur-le-champ dans le trésor espagnol. Ces ressources réunies donneront tout de suite 6 millions ou 24 millions de réaux. Je vous recommande de ne pas me laisser perdre trop sur l'achat des diamants. L'Espagne refera ses diamants, mais j'attache beaucoup de prix à ravoir ceux qui appartenaient à la couronne de France.

NAPOLÉON.

D'après l'original. Archives des affaires étrangères.

14014. — A JOACHIM, GRAND-DUC DE BERG,
LIEUTENANT GÉNÉRAL DU ROYAUME D'ESPAGNE, À MADRID.

Bayonne, 28 mai 1808.

Je réponds au rapport de l'ingénieur de marine. Il est nécessaire que vous donniez sans délai des ordres pour que des bois de Cuenca, de Caravaca, Mosqueruela, Tortose et autres forêts de la Catalogne soient dirigés sur Carthagène. Il faut que la marine prenne des moyens de transport avec ostentation. On aura suffisamment de charrettes de village pour ce transport en les payant exactement. Vous donnerez également des ordres et prendrez des mesures pour que des bois de la côte de Cantabrie soient dirigés sur le Ferrol, où ils sont nécessaires pour construire deux vaisseaux. Ce que propose l'ingénieur de marine est bien, de démolir le *Conde de Regla*, ainsi que le *Souverain* et le *Saint-Firmin*. J'approuve donc que ces trois vaisseaux soient dépecés avant qu'ils ne coulent à fond. Il faut faire mettre les fers de côté. Il n'aboutit à rien de faire travailler sur des vaisseaux qui sont hors de service. Prenez un arrêté pour cela. Ordonnez qu'on répare l'*Argonaute* et qu'on dépèce le *Saint-Gabriel*.

Je vois qu'à Carthagène le *Saint-Pierre-d'Alcantara* doit coûter 135,000 francs de réparation : soit; mais que le *Joachim* doit coûter 735,000 francs, si j'ai bien lu; qu'au Ferrol le *Mexicain* coûtera un million de réparation : tout cela est trop cher. On demande aussi trop cher pour la réparation du *Saint-Sébastien*; mieux vaut travailler à des vaisseaux neufs.

Dans cette situation, il vous faut arrêter un travail. Faites dépecer les quatre ou cinq vaisseaux qui ne valent rien, en ayant soin de faire mettre de côté les fers et les bons bois. Faites mettre sur-le-champ en rade *la Concepcion*, *le Santa-Anna*, *le Saint-Charles*, *le Minho* et *le Glorieux*. Vous aurez soin que, dans la rédaction de votre arrêté, ces dispositions soient présentées dans les formes suivantes :

Article 1er. Tel vaisseau sera démoli.

Art. 2. Tels vaisseaux seront armés sans délai.

Art. 3. Tels vaisseaux seront radoubés.

Art. 4. Tels vaisseaux seront mis en construction au Ferrol, à Carthagène et à Cadix.

Et, dans un titre second, vous ordonnerez : Les bois de tels endroits seront transportés sans délai sur les ports; et telles mesures seront prises pour ce transport.

D'après la minute. Archives de l'Empire.

14015. — A JOACHIM, GRAND-DUC DE BERG,
LIEUTENANT GÉNÉRAL DU ROYAUME D'ESPAGNE, À MADRID.

Bayonne, 28 mai 1808.

J'ai vu, dans le rapport du ministre de la marine du 23 mai, qu'un parlementaire anglais a eu une correspondance avec le capitaine général; mais je n'y ai pas vu ce que ce dernier a répondu.

Les deux bataillons de Jaen ne sont pas suffisants à Ceuta; il faut y faire passer 6,000 hommes pour en imposer aux Marocains; la perte de cette place serait immense pour l'Espagne et pour la France. J'ai fait connaître au roi de Maroc que, s'il se refusait à l'approvisionnement de Ceuta ou faisait la moindre chose contre la France, je passerais en Afrique avec 200,000 hommes, Français et Espagnols. Il est donc nécessaire d'y faire passer d'avance des forces, toutefois jusqu'à la concurrence de 6,000 hommes.

J'ai reçu la note que vous m'avez envoyée sur la baie de Tanger, sur Ceuta et sur les autres présides; mais j'aurais désiré que des plans fussent joints à ces notes. En général, il paraît qu'en Espagne vous n'êtes pas forts pour les plans. Donnez-moi plus de détails sur la baie de Tanger; une escadre peut-elle y entrer?

Vous pouvez faire mettre dans les journaux que l'amiral Mazarredo a été présenté à l'Empereur à Bayonne, et que, pendant les trois jours qu'il est resté dans cette ville, il a passé plusieurs heures chaque jour avec Sa Majesté; lorsqu'il a pris congé, Sa Majesté lui a fait remettre par le grand maréchal du palais son portrait enrichi de diamants.

J'aime assez Caballero, mais il a une très-mauvaise réputation. C'est tout dire que de dire qu'il était l'homme de confiance de la Reine. D'ailleurs on pourrait supposer que la France s'est servie de lui pour retenir le Roi et l'empêcher de partir; il est donc convenable de ne pas lui rendre le portefeuille et de le laisser où il est, car vous savez combien il importe, dans les commencements surtout, de ne mettre en place que des gens bien famés.

P. S. Faites passer la lettre ci-incluse au cardinal-archevêque de Tolède.

<small>D'après la minute. Archives de l'Empire.</small>

14016. — A L'AMIRAL ROSILY,
COMMANDANT L'ESCADRE FRANÇAISE DE CADIX.

Bayonne, 28 mai 1808.

Monsieur l'Amiral Rosily, je désire que vous m'envoyiez un mémoire sur la baie de Tanger, et que vous y joigniez un plan. Y a-t-il des facilités pour faire de l'eau à la côte et sur les côtes environnantes? Quelle est la population du pays? Combien y a-t-il de brasses au mouillage? Y est-on à l'abri des vents? Un vaisseau à trois ponts pourrait-il y entrer? Une escadre de trente vaisseaux de guerre y trouverait-elle un abri? Y a-t-il des batteries sur la côte, et les localités permettraient-elles d'en établir qui protégeassent une escadre?

<small>D'après la minute. Archives de l'Empire.</small>

14017. — A M. DE CHAMPAGNY,

MINISTRE DES RELATIONS EXTÉRIEURES, À BAYONNE.

Bayonne, 29 mai 1808.

Monsieur de Champagny, vous pouvez répondre à Tolstoï que j'ai donné des ordres pour qu'on ne donnât pas de suite aux différents événements de la Dalmatie, quoique ce fût contraire à mes principes.

Répondez à M. de Gallo que la situation des Napolitains dans les bagnes d'Alger m'afflige sensiblement; que je reconnais les principes énoncés dans la note de M. de Gallo; que j'ai, dans ces moments de guerre, des ménagements à garder avec ces barbares; que je viens de faire des instances dont je n'espère pas de succès : il faudrait les appuyer par des menaces. Ces considérations et d'autres encore doivent faire sentir au Roi la nécessité de concourir à la restauration de la marine française. La conquête de la Sicile, l'affranchissement d'Alger, la protection de ses côtes, tout lui en fait une obligation. Il y a deux manières de me seconder : la remière est d'avoir dans ses ports trois vaisseaux et quatre frégates; le Roi devrait déjà les y avoir. De toutes les dépenses à faire, celle de ces constructions est la plus urgente. Je m'étais confié que les chantiers de Naples seraient en activité et que ces trois vaisseaux et quatre frégates auraient déjà plusieurs vingt-quatrièmes. Ces travaux sont plus utiles que tous autres. Une seconde manière d'aider à renforcer la marine de France, c'est de fournir 2,000 matelots, non 2,000 bras, mais 2,000 véritables matelots, ayant cinq ou six ans de navigation, et pouvant former seuls le fond d'équipage de cinq vaisseaux de ligne. Cet objet est le plus important de tous. Dans un moment où le Danemark et les villes hanséatiques envoient des matelots pour armer mon escadre de Flessingue, pourquoi le roi de Naples n'enverrait-il pas des matelots pour armer les deux vaisseaux qui vont être mis à l'eau à Toulon?

En résumé, l'Empereur va faire de nouvelles instances auprès du dey d'Alger pour obtenir la reddition des sujets napolitains, et, aussitôt qu'il sera à même de le faire, il y emploiera même la force. Le roi de Naples fera mettre sur le chantier trois vaisseaux et quatre frégates et prendra les mesures nécessaires pour qu'ils soient lancés avant le mois d'août de l'année prochaine. L'Empereur désire que le roi de Naples prenne des mesures efficaces pour lui envoyer 2,000 bons matelots, qui puissent servir avec avantage sur son escadre de Toulon.

NAPOLÉON.

Écrivez à mon ambassadeur pour qu'il suive cette affaire de matelots.

D'après l'original. Archives des affaires étrangères.

14018. — A M. DE CHAMPAGNY,
MINISTRE DES RELATIONS EXTÉRIEURES, À BAYONNE.

Bayonne, 29 mai 1808.

Monsieur de Champagny, écrivez à mon consul à Janina qu'il a mal fait de donner la déclaration que lui a demandée Ali-Pacha; que désormais cela ne lui arrive plus.

Vous témoignerez à mon consul à Scutari mon mécontentement de sa lettre et de son ton. Le sang français a-t-il coulé, oui ou non, à Antivari? Un colonel, un commissaire des guerres, deux officiers ont été assassinés, et, au lieu de demander vengeance de cet horrible attentat, mon consul est le vil complaisant d'Ali-Pacha! J'attends le rapport des généraux français pour savoir s'il les a secondés et s'il est digne ou non de ma confiance. Quant aux forces qu'a Ali-Pacha, cela ne le regarde pas. Réitérez à ce consul l'ordre de demander officiellement vengeance de l'assassinat d'Antivari, et, s'il n'obtient pas satisfaction, de se retirer avec tous les Français qui sont dans ce pachalik. Faites-moi un rapport sur ce consul, qui me paraît bien incapable de remplir une pareille mission. Il faut que ce ne soit pas un Français. Enfin écrivez de nouveau à Constantinople pour avoir vengeance de l'attentat d'Antivari.

NAPOLÉON.

D'après l'original. Archives des affaires étrangères.

14019. — A M. GAUDIN,
MINISTRE DES FINANCES, À PARIS.

Bayonne, 29 mai 1808.

La Toscane est réunie à l'Empire: les douanes doivent être reculées à la frontière du côté de Rome, et les barrières qui séparent Parme et Plaisance, enlevées. Les lois sur les douanes doivent être mises dès à présent en activité, et les postes des douanes doivent être établis sur les frontières et le long de la côte jusqu'à Rome. La loi de l'entrepôt doit être organisée à Livourne. Avant le 1er janvier, les douanes qui séparent Parme et Plaisance de la Toscane doivent être reportées aux frontières de l'État romain. On sera, il est vrai, gêné par l'État de Lucques; mais mon intention est que l'État de Lucques soit soumis, pour le sel et le tabac, aux lois françaises, et que cette côte soit occupée par les douanes françaises sans interruption. Il est juste d'indemniser l'État de Lucques de la perte de ses douanes; c'est un traité à faire avec cet état. Il y a à Paris un chargé d'affaires de Lucques, conférez-en avec lui. J'ai à Lucques un chargé d'affaires auquel vous pouvez envoyer des instructions. Le plus tôt que l'on pourra établir l'impôt du sel et du tabac dans toute l'Italie française sera le mieux; mais il faut que ce soit indispensablement au 1er janvier.

<small>D'après la minute. Archives de l'Empire.</small>

14020. — A M. MOLLIEN,
MINISTRE DU TRÉSOR PUBLIC, À PARIS.

Bayonne, 29 mai 1808.

Monsieur Mollien, j'ai lu avec intérêt votre rapport sur le débet des négociants-réunis. Je vois avec peine qu'il est encore dû 13 millions. Quels sont vos moyens de payement? Il me semblait que la maison Hope s'était engagée à payer 8 millions de l'emprunt, et que vous aviez vendu les piastres. J'ai ici le ministre des finances d'Espagne qui en sait moins que vous. Les finances de ce pays sont dans un désordre extrême. On m'a apporté toutes les pièces; je vais voir s'il est possible de leur débrouiller tout cela. J'apprends avec plaisir que les négociants-réunis ont des garants, de sorte que vous n'aurez rien à perdre. Faites-moi un rapport sur l'emprunt que M. Hope a payé sur les piastres. J'entends dire que l'Espagne a 12 millions en dépôt à Londres. Le grand-duc de

Berg a déjà emprunté même quelques millions là-dessus. Je suppose que ce ne sont pas mes piastres.

NAPOLÉON.

D'après l'original comm. par Mme la comtesse Mollien.

14021. — AU VICE-AMIRAL DECRÈS,
MINISTRE DE LA MARINE, À PARIS.

Bayonne, 29 mai 1808.

Je viens de prendre un nouveau décret pour la Spezia. Que soixante et douze heures après la réception de cette lettre le contre-amiral Dordelin parte avec vos instructions pour Nice; que de là il parcoure en felouque ou à cheval toute la côte. Qu'il visite tous les petits ports et chantiers de commerce de la Rivière de Gênes, tels que Sestri, Rapallo, Savone. Qu'il reste quelques jours à Gênes pour visiter l'arsenal et les établissements maritimes, et qu'il arrive à la Spezia avant le 20 juin.

Envoyez à la Spezia quelques gendarmes de marine pour garder l'arsenal. Donnez ordre que les ingénieurs de marine, gardes-magasins, officiers militaires, etc. y soient rendus avant le 1er juillet, ainsi que tous les ouvriers et canonniers de la marine qui iront de Gênes. Je crois qu'il y a à Gênes quelques pontons inutiles que le préfet maritime peut faire venir à la Spezia. Le sieur Lescalier continuera ses fonctions de préfet maritime à Gênes jusqu'au 1er juillet; après quoi il ira à la Spezia et à Livourne pour voir les localités. Il ne quittera Gênes que lorsqu'il sera assuré que les ordres donnés pour l'armement du *Breslau* sont pleinement exécutés; que le préfet maritime de la Spezia y est établi, et que le commissaire de marine qui doit le remplacer est arrivé à Gênes. Tenez la main à ce que les officiers forestiers et les contre-maîtres soient arrivés pour le 1er juillet à la Spezia.

Écrivez à mon chargé d'affaires à Lucques de faire les démarches nécessaires pour faire fournir, soit de Piombino, soit de la principauté de Lucques, les bois nécessaires pour l'approvisionnement de la Spezia. Enfin, on trouvera des bois dans les départements du Crostolo et du Reno. Il faut que les ingénieurs excitent l'industrie des habitants et prennent des mesures pour faire marquer des bois dans le pays au profit de la Spezia. Choisissez à Livourne ou à Toulon un gros bâtiment pour servir d'amiral. Faites faire le projet d'un bassin avec les plans et devis, et faites choisir son emplacement. Faites établir là aussi une machine à mâter. Comme le préfet maritime du 7e arrondissement va se trouver dans une parfaite indépendance de celui du 6e, donnez-lui quelques bricks et bâtiments légers pour surveiller la côte; rapproché de Porto-Ferrajo et de Livourne, il sera plus à même de prendre des mesures qui tendent à la protéger et à en éloigner les corsaires.

D'après la minute. Archives de l'Empire.

14022. — AU VICE-AMIRAL DECRÈS,
MINISTRE DE LA MARINE, À PARIS.

Bayonne, 29 mai 1808.

Je viens d'ouvrir deux malles de lettres qu'a apportées le brick *l'Oreste*. Je vous enverrai successivement celles qui vous sont adressées, pour ne point trop surcharger l'estafette. J'y ai vu deux choses : d'abord qu'il y avait eu un combat dont l'issue a été heureuse; ensuite que les frégates et bricks sont arrivés. Je me suis confirmé dans mon opinion sur l'extrême imprévoyance de la marine. Comment n'y a-t-il pas une organisation pour que les lettres de Paris pour les colonies soient envoyées dans des ports pour être expédiées par toutes les occasions? Si vous aviez suivi mes idées de charger de farine mes bâtiments de guerre, mes colonies seraient dans le meilleur état. Les quatre bricks auraient pu porter 50 tonneaux de farine chacun; les deux frégates chacune 200 tonneaux, ce qui eût fait 600 tonneaux, c'est-à-dire 10 à 12,000 quintaux de farine, ou pour 4,000 hommes pendant un an, et ainsi les Européens de la colonie auraient eu des vivres assurés par nous. Indépendamment de cette mesure, on aurait pu charger également quelques centaines de tonneaux sur de petites goëlettes comme celles du commerce. Avec rien on ne fait rien. Si, dans des temps extraordinaires, on n'a recours qu'aux moyens de 1788, on risque de tout perdre.

Je viens de donner ordre, à Rochefort, qu'on fasse un rapport sur les bricks *le Teaser*, *l'Auguste* et *le Dragon*. J'en ai deux à Cherbourg; j'en ai à Lorient, mais ils ne peuvent pas sortir. Il faut charger ces bricks d'autant de farine qu'ils peuvent en porter, et les expédier aux colonies. Faites-moi un projet pour faire partir une grande quantité de bâtiments lorsque les nuits seront assez longues. L'impulsion que j'ai donnée au commerce me fait espérer qu'il ne restera pas oisif; mais il ne faut pas que la marine entrave. Il faut que tous les bâtiments qui partiront soient chargés de beaucoup de farine.

Je suis étonné de n'avoir pas trouvé dans les états de situation des troupes de la Martinique celui du mois de février; ils sont tous de l'année passée. Toutes les lettres particulières ont été mises à la poste; c'est la règle; on ne le fait pas à la marine et on a tort. Faites faire un article pour *le Moniteur* sur la bonne situation de la Martinique, sans dire de quel port sont partis, ni de quelle espèce sont les bâtiments qui ont apporté des vivres et des troupes.

D'après la minute. Archives de l'Empire.

14023. — AU GÉNÉRAL JUNOT,
COMMANDANT L'ARMÉE DE PORTUGAL, À LISBONNE.

Bayonne, 29 mai 1808.

Monsieur le Général Junot, je vous ai écrit, il y a déjà quelque temps, relativement à mon escadre de Lisbonne; je n'ai pas reçu de réponse. Cependant le moment arrive où j'ai besoin de déployer mes moyens nautiques, déjà assez considérables, pour donner de l'embarras à l'Angleterre. Vous trouverez ci-joint expédition d'un décret que j'ai pris, qui vous reviendrait trop tard par Paris. Vous avez deux vaisseaux de ligne, l'un de 74 et l'autre de 64, pour lesquels vous avez besoin de deux équipages; il vous en faut un troisième pour les deux frégates que vous avez en état. Pour ces trois équipages, 450 bons soldats, commandés, chaque détachement, par un officier et deux autres officiers, vous sont nécessaires; vous n'avez point de difficulté pour cela; il vous faut 300 canonniers de la marine, vous devez les avoir; des officiers de marine, de la maistrance, vous devez en avoir pour trois vaisseaux. Vous devez même avoir quelques matelots français; je crois vous avoir mandé de prendre 100 matelots sur l'*Atlas*, qui est à Vigo. Vous ne devez pas avoir de peine à trouver 1,200 matelots portugais, ce qui fera 650 hommes pour chacun de vos deux vaisseaux; cela doit manœuvrer au canon, se styler et s'amariner. Exigez que tout le monde se tienne à bord. Approvisionnez chaque bâtiment de vivres pour six mois; puisque le pain vous manque, ne mettez qu'un mois de biscuit. Mettez plus de quatre mois d'eau. Enfin prenez toutes les mesures pour que cette escadre soit en état de mettre à la voile au 1er juillet. 500 conscrits matelots vont vous arriver. Vous pouvez joindre aux officiers de marine français quelques officiers portugais dont vous seriez sûr, et qui seraient d'ailleurs en sus du nombre nécessaire. Votre vaisseau de 74 est bon, et on m'assure qu'il marche bien; vous avez deux frégates; ainsi cette escadre légère peut éclairer et instruire de ce qui se passe.

Vous devez avoir envoyé 4,000 hommes à Cadix et 3,000 hommes sur Almeida. Quoique cela devienne moins nécessaire, je n'en veux pas moins être en mesure. Vous n'avez rien à craindre de sérieux des Anglais.

J'apprends que vous avez des généraux qui pillent; mettez-y ordre. Le pays est content de vous; faites qu'on le soit aussi de vos subordonnés.

En calculant qu'une de mes escadres se présente devant Lisbonne pour faire une expédition sur le Brésil, combien de transports de l'échantillon au-dessus de 300 tonneaux pourrez-vous fournir, appartenant soit au roi, soit aux particuliers? Combien faudrait-il de temps pour les réparer et les mettre en état? Dois-je compter que vous mettrez à l'eau pour ma fête le vaisseau de 74, et qu'il sera en rade au 15 septembre? L'entrée du port de Lisbonne est-elle facile? 50 vaisseaux de guerre et 100 bâtiments de transport y seraient-ils en sûreté? L'eau s'y fait-elle facilement? Le blocus est-il facile?

Je vous ai demandé des cartes, des plans et des renseignements sur le Brésil; il m'importe beaucoup d'avoir tout cela.

NAPOLÉON.

D'après l'original comm. par Mme la duchesse d'Istrie.

14024. — NOTE
POUR LES MINISTRES DE LA MARINE ET DES FINANCES.

Bayonne, 30 mai 1808.

Beaucoup de bâtiments vont des colonies en France et de France aux colonies; mais les particuliers qui n'habitent pas dans les ports d'où partent ces bâtiments n'ont pas de moyen de correspondance. Faites une circulaire, en forme de règlement, pour prévenir qu'il y aura aux bureaux des postes à Paris un bureau particulier intitulé *Bureau de correspondance des colonies*; que toute personne qui voudra envoyer des lettres aux colonies adressera ses lettres à ce bureau, à Paris, par quadruplicata, ayant soin de mettre sur ces lettres *primata*, *duplicata*, *triplicata*, *quadruplicata*. Le bureau des postes des colonies aura soin de classer ces lettres de manière que les *primata*, *etc.* partent par des bâtiments ou paquebots différents, dont vous aurez soin de faire connaître le départ au directeur général des postes, M. Lavallette.

Les ports principaux doivent être Bayonne, Bordeaux, Nantes, et tout autre point que vous indiquerez et d'où il devra partir des paquebots ou autres petits bâtiments.

Vous sentez combien cela sera important, puisque, par ce moyen, la correspondance des particuliers deviendra très-facile avec nos colonies.

Il faudra que le directeur général des postes soit chargé de cette affaire, et qu'il fasse les recherches des bâtiments de particuliers qui seraient dans le cas de partir. Il devra s'entendre, à cet égard, avec vos bureaux et dans les ports. L'essentiel est de ne jamais mettre de *duplicata*, *etc.* dans le même bâtiment.

D'après la minute. Archives de l'Empire.

14025. — AU VICE-AMIRAL DECRÈS,
MINISTRE DE LA MARINE, À PARIS.

Bayonne, 30 mai 1808.

Donnez des ordres pour que les bricks *la Jenny* et *le Colibri*, qui sont en construction au Havre, la corvette *la Diane*, du même port, les corvettes *l'Hébé* et *la Sapho*, de Bordeaux, soient mis incessamment à l'eau et puissent mettre à la voile le plus tôt possible.

Donnez des ordres, à Bayonne, pour que les deux bricks qui vont y être mis en construction soient prêts au 1ᵉʳ septembre.

Envoyez les plans pour la construction de deux belles corvettes, dans le sens de *la Diligente*, qui soient bonnes marcheuses et qui puissent facilement entrer à Bayonne et en sortir. Ces corvettes serviront à l'approvisionnement de mes colonies.

Donnez des ordres pour que *l'Oreste*, qui vient d'arriver à Saint-Sébastien, soit remis en état dans le port de Bayonne, afin de repartir au premier instant pour la Martinique, chargé de 120 à 130 tonneaux de farine. *L'Oreste*, après avoir débarqué sa farine à la Martinique, si le capitaine général ne l'emploie pas à des objets relatifs à la colonie, pourra revenir en France avec 100 ou 120 tonneaux de sucre, café ou autres denrées coloniales, pour le compte des différents colons négociants. Le nolis serait payé à la marine. Vous sentez que ce n'est pas pour le nolis que je prends cette mesure, mais pour avoir des denrées. Le nolis se payerait par un droit de douane, que vous prendrez d'autant plus fort que ces marchandises coloniales seront venues sur mes bâtiments.

Vous destinerez de la même manière, et pour le même usage, les deux bricks que j'ai à Cherbourg, et vous les ferez sortir quand les nuits seront assez longues pour le faire prudemment. Destinez *le Sylphe* et *l'Espiègle*, qui sont à Lorient, au même objet. J'ai encore à Lorient le brick *le Plumberg*; à Rochefort, la corvette *les Landes*, *l'Auguste*, *le Dragon*, *le Teaser*: destinez ces quatre bâtiments également pour le même objet. J'ai à Dunkerque la corvette *l'Iris*, le brick *le Conflit*; au Havre, la corvette *le Vésuve*; à Lorient, le brick *le Souffleur*.

Tous ces bâtiments formeraient donc 15 bricks et 6 corvettes, chaque brick portant 120 tonneaux, chaque corvette 200, ce qui ferait 3,000 tonneaux ou 60,000 quintaux. Ces 60,000 quintaux fourniraient des grains, formeraient des vivres pour 60,000 hommes pendant 100 jours. En supposant que le tiers soit pris, mes colonies se trouveraient approvisionnées pour 40,000 hommes pendant 100 jours.

Ces bâtiments doivent être divisés entre la Guadeloupe, la Martinique, Cayenne et enfin l'île de France, où il faut de préférence envoyer les corvettes.

En ne mettant les équipages de ces bâtiments qu'à 70 hommes, vous pourrez, sur chacun, mettre 50 soldats; ce qui ferait 300 hommes pour les bricks et 750 pour les corvettes, et, au total, un envoi de 1,200 hommes.

Vous donneriez l'ordre aux colonies qu'à l'arrivée de ces bâtiments on complète leurs équipages soit en canonniers, et hommes valides en état de servir le canon, et avec des matelots de la colonie, de manière que ces bricks soient encore bien armés pour leur retour.

Le retour de 60,000 quintaux de sucre, café ou épiceries n'est pas moins important pour la métropole. Le quintal valant aujourd'hui au moins 200 francs, le retour formerait un objet de 12 millions, et, quand le droit de nolis ne serait que de 12 pour 100, ainsi que celui de douane, cela ferait une somme équivalente à la valeur des bricks.

J'ai, dans les états de mes ports, armés, en armement ou désarmés, 20 goëlettes, lougres ou autres bâtiments : mon intention est de leur donner les mêmes destinations que ci-dessus, de sorte que ces bâtiments aillent aux colonies chargés de farine et de vins, et en reviennent chargés en sucre et en café, de manière cependant à ne jamais compromettre la marche et la défense du bâtiment. A cet effet, vous réglerez les quantités de sucre, café et épiceries que devra prendre chaque brick, corvette ou autre bâtiment. Ces mesures, jointes à celles du commerce, sauveront les colonies et nous procureront les objets nécessaires à la métropole.

Commencez d'abord par donner des ordres dans les ports, conformément aux dispositions de la présente lettre. Donnez-moi ensuite un plan général et raisonné sur cette opération. Bayonne, Bordeaux, la Rochelle, Nantes peuvent jouer un grand rôle dans cette opération, qui peut être l'objet de constructions particulières. Je ne serais même pas éloigné d'envoyer quelques frégates, qui ne seraient pas nécessaires à mes grands projets, pour être employées au même objet. Une frégate, qui pourrait porter aux colonies 300 tonneaux de farine, lui porterait 6,000 quintaux, c'est-à-dire pour 3,000 hommes pendant 200 jours; c'est-à-dire que l'arrivée seule d'une frégate sauverait mes troupes de la Martinique, et, si au retour elle portait 300 tonneaux de sucre ou 6,000 quintaux, qui vaudraient 1,200,000 francs, jugez quelle somme immense! Quant aux instructions que vous aurez à donner, vous devez donner carte blanche aux commandants des bâtiments pour acheter les sucres, qui arriveraient dans mes dépôts en France, pour mon compte. Ils pourraient en faire prendre aussi pour le compte des planteurs créoles, sauf par eux à se soumettre aux mesures que j'aurai établies en France, mesures qui seront justes et équitables; c'est-à-dire leur faire supporter une retenue égale au nolis et à l'assurance. Dans des circonstances extraordinaires, il faut faire des choses extraordinaires.

D'après la minute. Archives de l'Empire.

14026. — NOTE POUR LE GÉNÉRAL CLARKE,
MINISTRE DE LA GUERRE, À PARIS [1].

Bayonne, 30 mai 1808.

J'approuve assez le projet tracé sur le plan n° 2, mais en adoptant un système de fortification plus économique, sans quoi on ne pourrait l'exécuter. Le moment où Mayence sera assiégé est, d'ailleurs, éloigné des circonstances actuelles. Le point d'attaque de Mayence ne peut être sur la rive droite du Rhin. On désirerait donc que l'ouvrage vis-à-vis l'île Saint-Pierre ne fût qu'une simple lunette ou flèche de 30 toises de face, contenant des magasins et casernes, conformément à peu près au plan ci-joint. Avec 170 ou 200,000 francs, cet ouvrage devrait être revêtu, ainsi que sa contrescarpe. On tracerait cet ouvrage en l'appuyant à la rivière, de manière qu'il n'y eût pas besoin de contrescarpe à la gorge, et que les fossés des faces et des flancs fussent battus par des points pris

[1] Cette note, de la main du général Bertrand, est placée, dans les papiers de l'ancienne secrétairerie d'état, parmi les minutes des dictées de l'Empereur.

dans l'île Saint-Pierre. On conserverait derrière la gorge un emplacement où deux ou trois bataillons pourraient se placer, l'un derrière l'autre, couverts par le fort. Un bataillon en bataille occupe 50 toises : en supposant de 4 à 6 toises pour l'épaisseur de chaque bataillon et de son intervalle, 15 à 20 toises suffiraient à la gorge.

Autour du réduit, on tracerait un ouvrage en terre; on remplirait les fossés d'eau et l'on mettrait dans les places d'armes des réduits casematés.

Alors ce fort en terre contiendrait assez de monde pour tenir l'ennemi suffisamment éloigné, et coûterait peu de chose. Avec 400,000 livres on peut avoir ce fort. Il remplira le but qu'on se propose, de pouvoir être défendu avec peu de monde. En plaçant 25 hommes dans chaque réduit de place d'armes et dans les caponnières, 100 hommes dans le réduit central, 100 hommes dans les bastions, en tout 300 hommes, on mettra cet ouvrage à l'abri de l'insulte. La garnison, avec ce léger sacrifice, sera tranquille sur ce point important, d'autant plus qu'il y a aussi dans l'île Saint-Pierre quelques troupes qui, au premier coup de fusil, déboucheraient dans le réduit. Avec ce simple détachement, on garde un point dont le résultat est immense; on oblige l'ennemi à étendre sa ligne de circonvallation; enfin ces 300 hommes concourent tellement à la défense des ouvrages de Kastel, que, sans cela, il les faudrait de plus à Kastel. On ne perd donc pas un homme, et les mouvements imprévus que cet ouvrage facilite peuvent obliger l'ennemi à avoir une division de plus.

Il faut que l'ouvrage en terre soit flanqué des deux côtés par l'île Saint-Pierre, afin que, Kastel pris, cet ouvrage puisse résister encore.

On ne fait aucune observation sur Kastel, sinon qu'on voudrait que le second chemin couvert enveloppât les trois ouvrages, de sorte que les troupes passées par les trois ponts se trouvassent en bataille derrière les chemins couverts, formant un seul camp retranché sous le feu des forts; et le moindre mouvement dans le camp retranché ferait trembler la division ennemie qui serait restée sur la rive droite.

Quant à l'ouvrage sur la rive droite du fleuve à l'embouchure du Main, on fait le même raisonnement que pour l'ouvrage de l'autre côté. On voudrait le faire de la même manière avec peu de dépense. Un seul front suffirait.

Par le projet d'occuper Kastel, l'embouchure du Main et un point vis-à-vis l'île Saint-Pierre, par des ouvrages en terre d'un bon relief, tel qu'il est de règle de le donner aux ouvrages de fortification permanente, avec un réduit en maçonnerie ayant des casemates et une contrescarpe et deux revers dans le fossé, on réduit la dépense au quart. Ainsi j'économiserai à peu près 1,500,000 francs sur chacun des ouvrages de droite et de gauche de Kastel, c'est-à-dire près de trois millions, qui peuvent avec avantage être rapportés au véritable point d'attaque de la place, c'est-à-dire les forts Meusnier et Charles.

Il faudrait que l'ennemi fût insensé pour attaquer la rive droite; c'est la rive gauche qu'il faut attaquer de suite.

Ces deux problèmes résolus, il reste à résoudre celui des marais de Mombach. On peut dire que la place n'est pas défendue de ce côté; un ennemi qui ouvrirait la tranchée à 300 toises du fort Meusnier, de manière que la parallèle fût à l'abri des sorties du fort, tournerait les marais de Mombach, obligerait l'assiégé à évacuer toutes ces lunettes en terre qui ne sont pas fermées, et ouvrirait la tranchée dans le lieu le plus faible de la place, c'est-à-dire le long du bas Rhin. Aussi le génie a-t-il toujours demandé que ces fronts fussent refaits. On ne croit point ce travail urgent, et l'on peut à Mayence mieux employer deux ou trois millions qu'il faudra pour cet objet. On désire qu'on occupe les marais de Mombach par un carré défendu sur tous les fronts par l'inondation, et qu'on place dans le milieu un réduit en maçonnerie avec contrescarpe et quelques casemates. Si l'ennemi voulait attaquer sérieusement par Mombach, soit en profitant des glaces, soit après avoir saigné l'inondation ou après une extrême sécheresse, il serait arrêté par les difficultés du terrain et par celles d'un bon ouvrage qui aurait un bon relief et qui serait fraisé et palissadé autant qu'il serait nécessaire; enfin, l'ouvrage pris, il faudrait encore prendre le réduit. Si, au contraire, l'ennemi, comme il est probable, ne s'enfonçait point dans des bas et des marais, dirigeait ses attaques sur la hauteur, les ouvrages de Mombach étant faits, le commandant de la place pourrait dormir tranquille en laissant 100 hommes dans ce point important; sans cela il en faudrait 600, et il ne serait pas tranquille. Enfin cela offrira un motif de sécurité dans un événement bien fréquent à Mayence, qui est celui de la gelée. On désire donc à Mombach un ouvrage pareil à ceux indiqués.

L'ouvrage de Mombach, ceux des îles Saint-Jean et Saint-Pierre, et la tête de pont vis-à-vis, sur la rive droite, formeraient alors un ensemble qui aurait un commandant particulier, et qui serait une sorte de citadelle dont l'action s'étendrait sur les deux rives du fleuve.

Je désire que les 1,300,000 livres destinées à Kastel soient employées de la manière suivante : Kastel, pour achever les quatre demi-lunes, revêtir les escarpes, contrescarpes, etc. 600,000 francs; pour les escarpes des deux fronts d'attaque, 400,000 francs; tête de pont de l'île Saint-Pierre, pour les escarpes et contrescarpes du réduit, 200,000 francs; pour les déblais des deux fronts en terre, 100,000 francs; pour les ouvrages de Mombach, revêtir le réduit, 150,000 francs; total, 1,450,000 francs.

Nota. Le budget de 1808 est parti pour Paris, mais je crois me rappeler que Sa Majesté a destiné aux ouvrages de Mayence 200 ou 300,000 francs.

D'après la minute. Archives de l'Empire.

14027. — A ALEXANDRE, PRINCE DE NEUCHÂTEL,
MAJOR GÉNÉRAL DE LA GRANDE ARMÉE, À BAYONNE.

Bayonne, 30 mai 1808.

Donnez l'ordre que demain, à deux heures du matin, le 6⁰ bataillon de marche, avec deux pièces de canon et approvisionnement complet, quatre caissons à cartouches chargés, quarante cartouches par homme dans la giberne, et trois jours de pain, parte pour se rendre à Pampelune par la route la plus directe et en trois jours. Vous ferez partir, par la même occasion, le colonel qui a servi dans le 55⁰ et que j'ai vu hier. Faites partir avec la même colonne le régiment de lanciers polonais (tout son dépôt restera à Bayonne, vous le placerez dans un village voisin); de sorte que cette colonne sera composée de 800 hommes de lanciers. de 600 hommes du 6ᵉ bataillon de marche et d'une petite division d'artillerie. Il serait nécessaire d'ordonner que les lanciers prissent des cartouches pour leurs pistolets, des carabines pour leurs sous-officiers, et également du pain pour trois jours. Je désirerais qu'il y eût un général de brigade pour commander cette colonne.

Expédiez sur-le-champ un officier d'état-major, qui arrivera dans la nuit à Pampelune, qui fera connaître au général d'Agoult l'envoi de ces troupes; qu'il se trouvera ainsi avoir près de 1,200 hommes de cavalerie disponibles et pouvant se porter partout; qu'indépendamment de cela il aura le 15ᵉ, le 47ᵉ, le 70ᵉ et le 6ᵉ de marche, ce qui ferait une force de 2,000 hommes. Il aurait donc une colonne de 3,000 hommes, qui pourrait se porter partout où il serait nécessaire, réservant pour la garde de la citadelle de Pampelune les hommes isolés. Il faut que de ces quatre bataillons il forme deux colonnes, et qu'il ait deux colonels pour commander chacun deux bataillons.

Cet officier d'état-major rapportera la situation exacte des troupes qui sont à Pampelune, ainsi que le nom des colonels et chefs de bataillon qui s'y trouvent.

Il prendra également des renseignements sur toutes les nouvelles qu'on aurait de Saragosse et de l'Aragon.

D'après la minute. Dépôt de la guerre.

14028. — A ALEXANDRE, PRINCE DE NEUCHÂTEL,
MAJOR GÉNÉRAL DE LA GRANDE ARMÉE, À BAYONNE.

Bayonne, 30 mai 1808.

Le général Verdier a douze pièces de canon, dès l'organisation de sa division; il en a quatre autres, deux qui lui sont venues avec le général Ducos et deux avec le général Lasalle : mon intention est que ces quatre pièces, avec leurs approvisionnements, leurs canonniers et six caissons d'infanterie chargés, de ceux qui sont venus avec l'un des deux généraux, partent le 1ᵉʳ juin pour Pampelune, où ils arriveront le 2 au soir ou le 3. Vous donnerez avis de ces dispositions au général d'Agoult. Vous lui direz également qu'au lieu de deux pièces de canon il en part demain quatre, avec six caissons d'infanterie chargés; ce qui lui fournira un parc assez considérable pour marcher avec les colonnes, si cela est nécessaire pour apaiser les troubles. Il fera connaître au capitaine général que ces mesures sont prises à cause des nouvelles qu'on a apprises des troubles qu'il y avait à Saragosse.

Donnez l'ordre au général de division Lefebvre, qui est à Burgos, de se rendre à Pampelune, où il prendra le commandement de la colonne mobile, composée du régiment de lanciers, de deux escadrons de marche, de quatre bataillons d'infanterie et quatre pièces de canon; il commandera aussi Pampelune. Tant qu'il y restera, le général d'Agoult sera sous ses ordres, étant spécialement chargé de la défense de la forteresse et de la ville.

Réexpédiez le courrier du général Duhesme pour lui faire connaître que j'ai envoyé l'ordre au grand-duc de faire partir la division Chabran avec neuf pièces d'artillerie et trois pièces servies par l'artillerie légère, 6,500 hommes d'infanterie ou de cavalerie, dont au moins 900 de cavalerie; total de la division, artillerie, infanterie, cavalerie, 7,000. Donnez ordre de la faire partir pour se rendre à Saragosse. Si les mouvements de l'Aragon continuent, une forte division s'y rendra de Pampelune. Le maréchal Moncey part avec une forte division; il serait nécessaire de combiner son mouvement avec celui du général Chabran, pour arriver ensemble et en masse à Valence.

Enfin envoyez l'ordre au général de brigade Habert, avec le régiment supplémentaire de la réserve qui est à Saint-Sébastien, de changer de route et de se diriger, par le plus court chemin, sur Pampelune.

D'après la minute. Dépôt de la guerre.

14029. — A JOACHIM, GRAND-DUC DE BERG,
LIEUTENANT GÉNÉRAL DU ROYAUME D'ESPAGNE, À MADRID.

Bayonne, 30 mai 1808, cinq heures après midi.

Je vois avec peine votre indisposition; la consultation des médecins me rassure; j'espère apprendre bientôt que l'émétique et un peu de sueur vous auront fait du bien.

Je viens de travailler trois heures avec le ministre des finances.

Le roi et la reine d'Espagne sont très-contents à Fontainebleau, et vont se mettre en chemin pour Compiègne. Les princes sont à Valençay, où ils paraissent fort satisfaits.

La rareté des subsistances, la nécessité de faire voir mes troupes, et l'agitation de Valence me portent à ordonner les mouvements suivants. Le maréchal Moncey, avec toute sa première division d'infanterie, ses douze pièces d'artillerie, 800 hommes de cavalerie française et quatre pièces d'artillerie légère, total près de 9,000 hommes, infanterie, cavalerie et artillerie, et seize pièces de canon, se mettra en mouvement pour prendre position à Cuenca, chef-lieu de la province de ce nom.

Le général de division Chabran, avec sa division d'infanterie française telle qu'il l'a amenée, 800 chevaux, parmi lesquels le 3ᵉ régiment de cuirassiers, et douze pièces de canon dont trois d'artillerie légère, se mettra en marche pour prendre position entre Barcelone et Valence. Vous désignerez un endroit convenable et sain. Je ne sais pas si Tortose réunit ces qualités. Il sera là à portée de Saragosse et de Valence.

Si Valence se soumet et rentre dans la tranquillité, les choses resteront dans cet état. S'il en était autrement, le maréchal Moncey marcherait avec sa division et combinerait sa marche de manière à arriver à Valence avec la division Chabran, c'est-à-dire avec 12,000 hommes d'infanterie française, 2,000 de cavalerie et vingt-huit pièces de canon, en tout 15,000 hommes.

Pour témoigner de la confiance aux Espagnols et les employer, vous désignerez un général de brigade espagnol, homme dont vous soyez sûr, qui, avec 1,500 hommes d'infanterie espagnole et 400 chevaux, fera partie du corps du maréchal Moncey; ce qui portera la force du corps du maréchal Moncey à 11,000 hommes, et, réuni à la division Chabran, à 17,000 hommes.

Si cependant Valence s'apaise, le maréchal Moncey restera à Cuenca, et le général Chabran à Tortose. Le général Chabran correspondra avec le maréchal Moncey, mais restera sous les ordres du général Duhesme.

Vous resterez à Madrid avec les deux divisions du général Dupont (je compte la division qui est à l'Escurial et celle qui est à Tolède comme étant à Madrid, puisqu'elles peuvent y être en deux jours), les deux divisions du maréchal Moncey, ma Garde et tous les cuirassiers, c'est-à-dire avec près de 30,000 hommes. Vous donnerez ordre au 1er régiment de marche d'infanterie, qui est à Aranda, de se rendre à Madrid, où vous ferez incorporer chaque détachement dans son régiment provisoire; ce sera un renfort de 1,200. Le maréchal Bessières le fera remplacer à Aranda par d'autres troupes.

Vous chargerez le maréchal Moncey de correspondre de Cuenca avec mes consuls de Valence, d'Alicante et de Carthagène.

La position de Cuenca me paraît fort importante, puisqu'elle rapproche mes troupes de tous les points de la côte et en impose partout.

L'ordre que j'avais envoyé à vos gardes de venir à Bordeaux ne leur est pas parvenu. Ils viennent d'arriver ici; ils sont très-beaux.

D'après la minute. Archives de l'Empire.

14030. — AU VICE-AMIRAL DECRÈS,
MINISTRE DE LA MARINE, À PARIS.

Bayonne, 31 mai 1808.

Je reçois votre lettre du 26 mai. Voici ce que je pense. Aussitôt qu'on pourra le faire, sans nuire à l'activité des travaux de Toulon, on réparera les deux vaisseaux russes, et on les mettra en état d'entrer en campagne. Je ne me soucie pas d'acquérir un de ces deux vaisseaux, par la raison qu'un mauvais vaisseau ne sert à rien et n'est bon qu'à brûler.

Je n'ai point reçu le rapport de l'officier que vous avez envoyé à Trieste, sur les bâtiments russes qui vont à Venise. J'aurais voulu avoir un état qui me fît connaître le nombre et le calibre des canons, la force des équipages, enfin un mémoire qui m'instruisît parfaitement de leur situation. L'amiral Siniavine a besoin de deux frégates; je puis lui en donner une ou deux et d'autres petits bâtiments, et prendre en échange des petits bâtiments qu'il a à Venise ou même le vaisseau turc le *Soul-el-Bahr*, de 80 canons. Faites-moi un rapport sur ce vaisseau, et s'il peut nous être bon à quelque chose. Si cela était, je désirerais l'acquérir pour le tenir à Ancône. Si les renseignements qui me seront donnés me décident à faire venir ce vaisseau à Ancône, je formerai son équipage d'Italiens et j'y mettrai une bonne garnison française. Cela obligera les Anglais à tenir un vaisseau de 74 devant Ancône. Alors je réunirai à Ancône la frégate russe *le Legkoï* à ce vaisseau turc. Je ne m'arrangerai du *Soul-el-Barh* qu'autant que vous m'aurez assuré que ce vaisseau peut être réparé à Ancône ou à Corfou, sans entrer dans les bassins ; vous savez que je n'en ai dans aucun de ces endroits. J'attendrai, pour prendre un parti, que vous m'ayez envoyé l'état, bâtiment par bâtiment, de la flotte russe qui est dans l'Adriatique, soit à Trieste, soit à Venise.

Écrivez aux Russes qu'ils ne se laissent point bloquer par des frégates, et qu'ils obligent les Anglais, en se tenant toujours en situation d'appareillage, à tenir des vaisseaux de guerre devant eux. Or ils sont tellement pourchassés qu'ils ne peuvent en avoir partout.

D'après la minute. Archives de l'Empire.

14031. — A JOACHIM, GRAND-DUC DE BERG,
LIEUTENANT GÉNÉRAL DU ROYAUME D'ESPAGNE, À MADRID.

Bayonne, 31 mai 1808.

Dans la crainte que vos communications soient interceptées avec le général Duhesme, je lui fais envoyer par la France l'ordre de réunion de la division Chabran. Je viens de donner l'ordre de faire partir d'ici 2,000 hommes d'infanterie, 1,000 hommes de cavalerie et six pièces de canon pour renforcer la garnison de Pampelune. J'ai fait donner l'ordre au général Lefebvre, qui commande les chasseurs de ma Garde, de se rendre à Pampelune, pour prendre le commandement de ces 3,000 hommes et des six pièces de canon, pour se porter du côté de l'Aragon, si les troubles ne cessent pas là et si cela devient nécessaire.

D'après la minute. Archives de l'Empire.

14032. — AU GÉNÉRAL JUNOT,

COMMANDANT L'ARMÉE DE PORTUGAL, À LISBONNE.

Bayonne, 31 mai 1808.

Je reçois vos lettres du 21 mai. Les deux vaisseaux russes qui sont à Toulon sont nécessaires pour monter les deux équipages russes. D'ailleurs j'ai besoin de tous les vaisseaux à Lisbonne. Je consens donc à ce que, par la convention que vous ferez avec l'amiral Siniavine, vous lui cédiez une belle frégate portugaise de 40 canons et un brick, et il me céderait en échange une belle frégate et un beau brick de ceux de son escadre qui sont à Trieste ou à Venise. Voilà la meilleure et l'unique manière d'arranger cette affaire.

Il me semble que la marine de Bayonne aurait pu réaliser les ordres que j'ai donnés d'envoyer des blés, puisque des chaloupes canonnières espagnoles escortent le cabotage de Saint-Sébastien au Ferrol, et que vous êtes à même de prendre des mesures pour le protéger depuis le Ferrol jusqu'à Porto et Lisbonne. Je viens d'ordonner qu'on embarquât 200,000 rations de biscuit pour le Portugal. Je les fais escorter de Saint-Sébastien au Ferrol par des chaloupes canonnières espagnoles. Prenez des mesures pour les faire arriver du Ferrol à Porto et à Lisbonne sans danger; ou, s'il n'était pas prudent de les amener par mer de Porto à Lisbonne, faites-les débarquer à Porto et faites-les venir par terre. J'ai également ordonné qu'on embarquât sur de petits bâtiments 10,000 quintaux de blé. Tenez une correspondance avec mon consul au Ferrol pour faire venir ces 200,000 rations de biscuit et les 10,000 quintaux de farine. Ce secours vous sera fort utile. J'ai fait engager le commerce à envoyer en Portugal, par la même voie, une trentaine de milliers de quintaux de farine. Combien le quintal de blé ou de farine vaut-il à Lisbonne? Entendez-vous pour cela avec la chambre de commerce de Bayonne, et faites-lui comprendre les facilités qu'il y a pour l'expédition de petits bâtiments et ce qu'il y a à gagner.

J'ai accordé la pension que vous avez demandée pour la veuve du sergent portugais tué à la bataille d'Austerlitz.

Vos courriers sont longs à venir de Lisbonne ici. Je n'ai reçu vos lettres du 21 que le 29, c'est-à-dire huit jours après. Les courriers devraient venir en cinq jours. Je recevrai avec plaisir l'état des finances que vous m'annoncez. Je suis fort dans l'obscur là-dessus. Je vous ai demandé de m'envoyer tous les cinq jours l'état de situation de votre armée, en un petit livret, avec les lieux qu'occupe chaque détachement.

D'après la minute. Archives de l'Empire.

14033. — A EUGÈNE NAPOLÉON,
VICE-ROI D'ITALIE, À MILAN.

Bayonne, 31 mai 1808.

Mon Fils, vous trouverez ci-joint différents projets de fortification et de tactique générale pour la campagne d'Italie ; il faut que vous en confériez avec le général Chasseloup et les officiers dans le cas de vous entendre, comme je vous l'ai déjà mandé. Faites faire une reconnaissance soignée de la Piave, du Mincio et de l'Adige. J'attends le plan de défense de Venise. Une place au centre est nécessaire ; je voudrais une place en terre ayant un réduit en maçonnerie. Je joins des idées sur les fortifications que je veux faire à Ancône. Si je laisse faire le génie, il ne demandera pas moins de 2 ou 3 millions pour chaque hauteur d'Ancône, il y en a trois ou quatre ; et, selon mes idées, avec 3 ou 400,000 francs, on peut les mettre à l'abri d'un coup de main avec un peu de monde, et les défendre aussi bien que si la place eût été construite dans toutes les règles et avait coûté fort cher.

NAPOLÉON.

D'après la copie comm. par S. A. I. Mme la duchesse de Leuchtenberg.

14034. — PREMIÈRE NOTE.
ÉTABLISSEMENT D'UNE LIGNE DE DÉFENSE.

Il est de fait qu'il n'y a jamais eu de ligne dans aucune guerre d'Italie. Celle que l'on pourrait préférer serait celle qui couvrirait Venise. La Piave a cet avantage. Deux ou trois petites places en terre, avec un réduit en maçonnerie d'une trentaine de toises de côté, pourraient être entremêlées de quelques redoutes, de quelqes filets d'eau. Avec une somme médiocre on pourrait avoir trois ou quatre de ces places.

En supposant une de ces places du côté d'Asolo, sur la rive gauche de la Piave, une vis-à-vis le pont, une vis-à-vis les marais entre le pont et la mer, il semble qu'une armée inférieure devrait pouvoir se rallier à l'abri de ces trois places et guetter l'occasion de faire tomber l'ennemi dans quelque piége.

Avec les places que je propose, 3, 4 ou 500 hommes défendraient suffisamment une de ces places pour la mettre à l'abri d'un coup de main, donneraient le temps aux secours d'arriver, et mettraient dans le cas de pouvoir déboucher, ou par la droite, ou par le centre, ou par la gauche, sans affaiblir l'armée; ainsi, avec des forces inférieures, on se trouverait supérieur sur le point qu'on attaquerait.

Mais pour savoir si ce projet peut être exécuté, il faudrait avoir une reconnaissance bien détaillée depuis la mer jusqu'à Feltre. Quelle est la distance de cette place à la mer? Qu'y peut-on faire pour la rendre défendable? Quelle est la largeur de la rivière, le nombre de gués qu'il y a, le rapport des deux rives? Quelles sont les communications de Feltre avec Bassano, Asolo, Conegliano et Sacile qui est supposé le centre de l'armée ennemie?

On remarque qu'il serait avantageux de cantonner les principales forces de l'armée sur le bas de la Piave, parce qu'on croit que les communications de Conegliano avec Feltre sont fort difficiles et que l'ennemi serait obligé d'opérer par Feltre avec un corps détaché, et qu'avant que l'ennemi fût arrivé à Bassano par Feltre, l'armée aurait le temps de pénétrer par une de ces places sur le bas de la Piave et de cerner tout ce qui serait devant elle. Enfin la ligne d'opération de l'armée française étant sur Venise, et la retraite derrière l'Adige se faisant de cette position par la ligne la plus courte, elle ne peut jamais être menacée sérieusement par les opérations du corps de Feltre.

On serait donc porté à croire que, si l'armée française ne se trouve pas en mesure sur l'Isonzo, qu'elle juge à propos de laisser 2 ou 3,000 hommes à Palmanova et quelques centaines d'hommes à Osoppo, il faudrait la porter le long de la Piave; au moyen de trois ou quatre places d'une nature nouvelle et particulière, qui se lieraient avec Venise, elle serait à même de défendre Venise et d'attendre des secours.

Quand l'ennemi a pris tout le pays compris entre l'Isonzo et la Piave, il n'a rien; il a obligé l'armée française à laisser une garnison de 2,000 hommes dans Palmanova; lui-même s'est affaibli de plus de troupes. L'armée française a fait cinq à six marches au-devant de ses secours, et chaque jour quelle peut gagner derrière la Piave lui en rallie davantage.

Au contraire, si l'ennemi profite de ce premier mouvement pour passer la Piave et jeter l'armée française derrière l'Adige, dès ce moment il faut laisser 15 à 20,000 hommes dans Venise; ce qui est un considérable affaiblissement et n'occupera à l'ennemi que la moitié de son nombre, vu la dissémination de la garnison de Venise. On sent bien que, dans toutes les batailles qu'on pourra livrer pour débloquer Venise, on aurait contre soi l'armée d'observation et une grande partie du corps qui bloque Venise, sans pouvoir tirer aucun parti de la garnison de Venise.

Ainsi donc l'isolement de la place de Palmanova occasionne un affaiblissement à l'ennemi; mais la place de Venise, si on devait l'isoler, occasionne un grand affaiblissement à l'armée française. Il faut donc étudier la ligne de la Piave, et voir tout le parti qu'il est possible d'en tirer pour pouvoir fixer ses idées.

Le terrain une fois ainsi préparé, il serait de règle que, si l'armée française croyait avoir des chances à courir pour livrer bataille au commencement de la campagne, elle approvisionnerait Palmanova et prendrait position derrière la Piave.

Le Tagliamento ne peut pas avoir ce même avantage. Quoique la Piave soit guéable à plusieurs endroits, elle est cependant une grosse rivière en comparaison du Tagliamento, qui habituellement se passe à sec. Enfin cette ligne est beaucoup trop loin de Venise et laisserait des craintes de se voir coupé de cette place. On croit aussi que depuis le pied des montagnes près d'Osoppo jusqu'à la mer, la ligne est d'une plus grande étendue.

Après la Piave, la ligne la plus importante est celle de l'Adige, parce qu'elle permet de ne pas isoler Porto-Legnago, Mantoue et Peschiera, et qu'on peut faire concourir à l'armée active les 10 ou 12,000 hommes qui forment la garnison de ces places; mais cette ligne n'exige rien. Vérone est un poste de campagne; avec le château, il a à peu près la propriété qu'on désire. Un général prudent fera autour de Vérone et du vieux château une tête de pont aussitôt que la guerre paraîtra devoir se faire sur la défensive. Il ferait faire également une tête de pont à Arcole, pour être maître du débouché des marais. Un général qui a étudié son terrain ne doit jamais abandonner Arcole, et se réserver là une place sur la rive droite.

Legnago ne laisse rien à désirer. Avec ces trois points, Vérone, Ronco et Legnago, on a absolument les moyens qu'on demande à organiser sur la Piave.

Tout ce qu'on pourrait désirer serait peut-être de faire sur la rive gauche, vis-à-vis Ronco, un ouvrage en maçonnerie qui pourrait être le réduit de la place qu'on propose. Il n'y aurait aucun inconvénient à en reconnaître l'emplacement, à faire les plans et devis.

La ligne du Mincio a aussi son importance, parce que, pendant tout le temps qu'on la tient, Mantoue n'est point abandonnée. Un plan qui déterminerait les points à occuper sur la rive gauche du Mincio, tels que celui de Valeggio à Goito, qui assurerait la possession de deux ou trois points, outre celui de Peschiera, et qui contiendrait les devis et plans des ouvrages à faire, pourrait être utile.

Il y a aussi des marais le long de cette rivière, qui en favorisent la défense.

Les projets de la Piave, de l'Adige, du Mincio étant faits, il restera à comparer la dépense, la résistance et les avantages de chacun, afin qu'on décide celui par lequel on doit commencer.

Cette note servira d'espèce de préface au plan de ma place, que je veux envoyer en Italie.

D'après la minute. Archives de l'Empire.

14035. — DEUXIÈME NOTE
SUR UN PROJET DE FORT EN TERRE, AVEC RÉDUIT EN MAÇONNERIE.

On désirerait un carré en terre, de 150 à 160 toises, avec réduit casematé dans les places d'armes, comme ceux d'Alexandrie, pouvant contenir 25 hommes chacun; dès lors les chemins couverts sont inabordables et les places d'armes hors d'insulte; fossé de 10 toises au réduit; surtout un chemin couvert, avec réduit casematé aux deux angles opposés. Le réduit central carré, avec des bâtiments voûtés tout autour.

On établirait l'ordre du travail ainsi qu'il suit : *Première année*. On ferait la moitié des maçonneries du réduit et le chemin couvert de l'ouvrage en terre; on fonderait les trois réduits des places d'armes rentrantes et l'on masserait l'ouvrage en terre. *Deuxième année*. Le tout serait achevé. Ainsi le fort devrait soutenir un siège en octobre 1809. Un tel fort ne devrait coûter que 400,000 francs: ainsi 200,000 francs par année.

Si les localités exigeaient un pentagone, on le tracerait; la dépense serait en sus des 400,000 francs. Enfin, si le réduit devait être plus fort d'un côté que de l'autre, on le ferait rectangulaire. Dans les deux réduits de places d'armes saillantes, on pratiquerait une casemate inférieure, à feux de revers, pour flanquer le fossé et mettre l'ennemi dans la nécessité de s'emparer de ces réduits avant de rien tenter contre l'ouvrage.

On pourrait au besoin placer sur une face du réduit central huit pièces de canon. On pourrait marquer la place pour deux mortiers, afin de renforcer la voûte en cet endroit.

Le carré de l'ouvrage, ayant 600 toises de côtés et environ 900 toises de développement, exigerait 900 hommes pour une belle défense. Ces 900 hommes, forcés, se retireraient dans le réduit, dont le chemin couvert a 240 toises de développement et peut au besoin contenir toute la garnison de l'ouvrage. Tous les magasins de vivres et de guerre seraient retirés dans le réduit. Ainsi l'ouvrage serait complet. On aurait soin que la citerne fût dans le réduit.

Dans le cas d'une faible garnison de la place, avec 300 hommes on n'a rien à craindre; alors, en mettant 10 hommes dans chaque réduit de l'ouvrage en terre (pour les quatre, 40 hommes), 40 hommes dans chaque bastion (total, 160 pour les quatre bastions), on défendrait l'ouvrage en terre avec 200 hommes, et les glacis seraient inabordables; on y servirait près de vingt pièces de canon, les autres 100 hommes en réserve dans le réduit central et pour servir les dix à douze pièces qui tireraient par-dessus; ainsi une colonne serait détruite avant d'arriver. Voilà le problème résolu : *défendre avec peu de monde un ouvrage qui peut en contenir davantage*, puisqu'au besoin 4 à 5,000 hommes peuvent s'y tenir, c'est-à-dire 3,000 dans les chemins couverts, qui ont plus de 900 toises de développement, et 2,000 dans le fort.

Ainsi cet ouvrage serait à l'abri d'un coup de main et exigerait un siége en règle. Dans le siége en règle, il faudrait détruire toute l'artillerie de la place pour couronner le chemin couvert, et détruire ensuite les réduits des places d'armes. Cela fait, il faudrait encore s'emparer du réduit.

C'est une question à décider s'il faudrait revêtir l'ouvrage. Il est certain que la maçonnerie ne fait que nuire pour le passage des fossés, vu qu'ils sont à moitié comblés en jetant bas la contrescarpe. De manière qu'ayant un fort pareil situé en plaine, avec des fossés pleins d'eau, et sur un mamelon avantageux, avec une demi-lune sur le côté exposé, j'aimerais autant qu'il ne fût pas revêtu. Un des avantages de l'escarpe et de la contrescarpe est de mettre moins de garnison: cet avantage est rempli par le réduit. Si avec 400,000 francs on peut construire un ouvrage de cette espèce, on obtiendrait le même but que s'il était entièrement revêtu, ce qui coûterait alors 2 millions. Le réduit est la chose la plus coûteuse; le même servirait à un hexagone, dont la dépense n'augmenterait pas sensiblement. Un ouvrage de cette sorte offrirait un bel avantage pour la défense d'une rivière.

S'il était possible que le canon du réduit pût, par-dessus l'ouvrage en terre, labourer les glacis de son chemin couvert, on sent que ce serait un grand avantage. Lorsque, sans donner un trop grand relief, les localités permettent de se procurer cet avantage, il sera très-important d'en profiter. Lorsque, par exemple, le réduit pourra être situé sur un mamelon, alors on pourrait abandonner entièrement l'ouvrage en terre, n'avoir dans le réduit que 25 hommes et quelques pièces de canon, et ôter à l'ennemi l'envie de l'insulter. En effet, sur le glacis, l'ennemi sera labouré par la mitraille du réduit; arrivé dans le chemin couvert, il est attaqué par la fusillade de nos places d'armes retranchées; enfin, en traversant le fossé, il faut qu'il soit battu par les feux d'une caponnière voûtée, casematée et faisant un avec les réduits des places d'armes.

On demande ce que coûterait une communication souterraine du réduit central aux réduits des places d'armes. Il suffit que cette communication soit bonne pour un homme à pied, afin que les hommes, n'ayant jamais aucune inquiétude pour leur retraite, puissent se retirer ou recevoir des renforts; alors les cinq ouvrages en maçonnerie sont un système à part, qu'on peut occuper en négligeant l'ouvrage en terre.

D'après la minute. Dépôt de la guerre.

14036. — TROISIÈME NOTE.
FORTIFICATIONS D'ANCÔNE.

On ne se souvient pas assez de la position d'Ancône pour déterminer d'avance où doivent être établis des ouvrages comme ceux dont le plan est ci-joint; mais on a assez de souvenir qu'il y a une hauteur sur la gauche, qui peut croiser ses feux avec ceux de la citadelle, de manière que, ces deux points occupés, l'enceinte de la ville, si mauvaise qu'elle soit, devient inattaquable.

Des officiers du génie et ingénieurs géographes doivent lever le plan de la place et des terrains environnants à 1,500 toises, avec des notes qui fassent connaître les niveaux.

Le plan ci-joint suppose l'ouvrage placé dans une plaine, où les quatre côtés sont également opposés aux attaques de l'ennemi; ce n'est pas le cas d'Ancône.

Le côté de droite est défendu par la citadelle, puisqu'il n'en est éloigné que d'environ 400 toises, autant qu'on puisse s'en souvenir; le côté gauche est défendu par la mer, la gorge n'est éloignée que de 4 à 500 toises de la ville. Le point d'attaque sera donc à peu près déterminé sur un front.

On peut alors n'établir de réduit de place d'armes et de caponnière qu'au front d'attaque, donner moins de relief aux côtés qui sont moins exposés, surtout si l'ouvrage, situé sur une hauteur, a, sur le terrain environnant, un commandement naturel, indépendant du relief de son profil.

Le profil qu'on présente ici est celui d'un ouvrage en plaine et doit être modifié sur le terrain; il y aura une grande économie à diminuer le relief de l'ouvrage en terre, et, pour remplir les intentions de l'Empereur, il faut beaucoup d'économie : sans entrer dans aucune discussion là-dessus, c'est sa volonté.

Dans un pays de plaine, l'ouvrage indiqué pourrait coûter 6 à 700,000 francs; situé sur un mamelon, lorsque trois côtés seront défendus par la citadelle, la mer ou la place, l'économie sera considérable.

Personne ne peut prescrire les modifications que l'ingénieur doit adapter à un tracé sur le terrain, mais il doit être bien entendu et fait avec économie.

Au projet qui sera rédigé et envoyé au ministre de la guerre devront être joints un devis et un mémoire qui fera connaître la raison du profil qui aura été adopté.

D'après la minute. Archives de l'Empire.

14037. — A M. DE CHAMPAGNY,
MINISTRE DES RELATIONS EXTÉRIEURES, A BAYONNE.

Bayonne, 1er juin 1808.

Monsieur de Champagny, l'armée de Portugal a besoin de vivres. Il paraît que la communication de Saint-Sébastien avec le Ferrol, sous l'escorte de chaloupes canonnières espagnoles, est fréquente, et que la communication du Ferrol avec Porto est également très-fréquente. Il serait donc convenable d'essayer cette voie pour faire passer du blé en Portugal. Il faudrait le faire par le commerce, qui comprendra facilement l'avantage immense qu'il y trouvera, puisqu'il a cent pour cent à gagner. Voyez pour cela la chambre de commerce. On pourrait expédier, soit par des chasse-marée, soit par les bâtiments qui servent au cabotage, 1,000 tonneaux de blé, qui feraient cent jours de vivres pour 20,000 hommes. Il me semble qu'on emploie au cabotage ici des bâtiments qui peuvent porter quarante à cinquante tonneaux; or une trentaine de ces bâtiments porteraient tout cela. L'achat ne serait pas ici un objet de 300,000 francs, et la vente produirait 900,000 francs à Lisbonne. Je désire que vous vous occupiez de cela. Je voudrais aussi faire transporter pour mon compte 200,000 rations de biscuit; mes gabares seraient-elles propres à cette expédition? Mais, d'ailleurs, ne pourrait-on pas porter ces 200,000 rations sur deux goëlettes ou chasse-marée? Je les destine à l'approvisionnement de trois vaisseaux et de trois frégates que j'ai à Lisbonne. Je ne serais pas éloigné non plus de diriger sur ce point dix milliers de quintaux de blé pour l'armée, ce qui ferait 500 tonneaux. Faites-moi, je vous prie, un rapport sur tout cela.

Il est bon de mettre dans les journaux une note sur les foires de Leipzig et de Francfort, en la rédigeant dans les termes les plus favorables à notre commerce, et en donnant des renseignements aux commerçants.

NAPOLÉON.

<small>D'après l'original comm. par M. le baron du Havelt.</small>

14038. — A M. CRETET,
MINISTRE DE L'INTÉRIEUR, À PARIS.

Bayonne, 1er juin 1808.

Monsieur Cretet, je n'entends plus parler des maisons destinées à l'extinction de la mendicité. Les travaux des trois grands canaux sont-ils en activité? Y dépense-t-on tout l'argent que j'ai accordé? Les travaux de Paris ne vont plus; on n'a encore pris aucun argent à la caisse d'amortissement. Les prêts sur les vins faits au commerce de Bordeaux ne marchent pas davantage, puisqu'il n'a encore été rien pris.

Le ministre des finances me mande que les vingt et une portions deux tiers du canal du Midi ne rendent que 450 à 500,000 francs par an, et que, dès lors, le prix demandé est trop fort de deux cinquièmes.

<small>D'après la copie. Archives de l'agriculture, du commerce et des travaux publics.</small>

14039. — A M. CRETET,
MINISTRE DE L'INTÉRIEUR, À PARIS.

Bayonne, 1er juin 1808.

Monsieur Cretet, j'entends dire souvent qu'on manque de laines en France et qu'elles sont fort chères; cependant il y a en Espagne trois récoltes de laines dont on ne sait que faire; écrivez-moi un mot là-dessus.

Il m'est revenu des foires de Leipzig et de Francfort que Lyon ne fournissait pas assez, et que les négociants chargés de fournir à la Saxe, à la Pologne, au Danemark, à la Russie, se plaignent que les commandes qu'ils font à Lyon ne se remplissent pas, quoique cependant ils fassent les avances.

NAPOLÉON.

<small>D'après la copie. Archives de l'agriculture, du commerce et des travaux publics.</small>

14040. — AU GÉNÉRAL CLARKE,
MINISTRE DE LA GUERRE, À PARIS.

Bayonne, 1er juin 1808.

La batterie du cap Camarat, à Saint-Tropez, n'a pu protéger la pinque *la Vierge-de-Miséricorde*, qui a été prise par l'ennemi. On dit qu'au premier coup de canon le terre-plein s'est enfoncé. Ordonnez au directeur d'artillerie de faire une visite extraordinaire des batteries de la côte; donnez le même ordre au général Cervoni; qu'ils partent à cheval de la tour de Bouc et suivent la côte jusqu'à San-Remo; qu'ils inspectent les batteries et présentent un rapport sur chacune; qu'ils voient les canonniers gardes-côtes, et s'assurent qu'elles sont propres à faire un bon service.

<small>D'après la minute. Archives de l'Empire.</small>

14041. — AU VICE-AMIRAL DECRÈS,
MINISTRE DE LA MARINE, À PARIS.

Bayonne, 1er juin 1808.

Est-ce que les sept flûtes et gabares neuves qui sont au Havre ne pourraient pas aller à Brest pour l'expédition projetée? Elles sont près de 3,500 tonneaux. Les trois de 350 tonneaux, de Saint-Malo, ne peuvent-elles pas également aller à Brest pour le même objet?

Si le lieutenant Guiné n'est pas membre de la Légion d'honneur, proposez-moi un décret pour le nommer. Faites-moi un rapport sur les deux enseignes qui ont monté à l'abordage. Ce corsaire, s'il est bon marcheur, pourrait être armé comme mouche.

La corvette *la Baleine* a quitté Rosas; elle sera probablement arrivée à Marseille.

J'approuve que les ouvriers de Flessingue remontent au milieu d'août pour rester à Anvers jusqu'en octobre. Je désire que *le Royal-Hollandais* puisse être mis à l'eau avant la fin d'octobre, afin que sa cale soit remplie par un autre vaisseau. Serait-il possible d'avoir la frégate? Je me contenterai d'avoir trois vaisseaux de plus à Anvers; ce qui, avec les huit à Flessingue, me fera onze vaisseaux. On mettra trois autres vaisseaux sur la cale; ce qui me mettra à même d'avoir quatorze vaisseaux au mois de septembre 1809; ce qui, avec *le Royal-Hollandais* et les cinq autres d'Anvers, me ferait vingt-deux vaisseaux de guerre dans la rade de Flessingue.

D'après la minute. Archives de l'Empire.

14042. — AU VICE-AMIRAL DECRÈS,
MINISTRE DE LA MARINE, À PARIS.

Bayonne, 1er juin 1808.

Je désirerais faire construire un vaisseau de 74 à Bayonne, parce que le cœur me saigne de voir les bois se pourrir, et que je dépense 500,000 francs pour faire transporter 100,000 pieds cubes de bois dans la Garonne, et davantage pour les transporter jusqu'à Rochefort.

Il y a sur la barre 14 pieds d'eau; il y a 36 à 40 pieds d'eau en dehors de la barre; le tout est donc de passer la barre. Je ne sais pas pourquoi un vaisseau de 74, qui tire 16 pieds, ne passerait pas, étant allégé par les chameaux, qui allègent de 6 à 7 pieds.

Je désire que vous fassiez venir de Hollande l'officier hollandais qui a déjà été à Venise; qu'il se rende en poste ici; car si, après avoir causé avec le pilote et vu lui-même la barre, il juge possible de la faire franchir à un vaisseau de 74, je le ferai mettre sur-le-champ en construction. Jadis, un vaisseau de 50 canons a passé la barre avec beaucoup de peine, mais sans chameaux. L'autre jour j'ai vu la mer calme à la barre, et cependant nous ne sommes pas dans les mois calmes; les bâtiments qui y passaient n'éprouvaient aucun mouvement.

On ne devrait jamais construire à Rochefort, qui n'est qu'un port de réparation; Lorient, le Havre, Anvers, voilà les ports de construction de la France.

D'après la minute. Archives de l'Empire.

14043. — A M. DE LA CUESTA,
CAPITAINE GÉNÉRAL DE LA CASTILLE-VIEILLE, À VALLADOLID.

Bayonne, 1er juin 1808.

J'ai reçu votre lettre du 29 mai. Je vous prie de me faire connaître qui, dans l'armée espagnole, n'ayant que cinquante ans, est assez fort et assez bien dans l'opinion pour occuper le poste important[1] que j'aurais désiré que votre santé vous eût permis d'accepter.

D'après la minute. Archives de l'Empire.

14044. — A M. CRETET,
MINISTRE DE L'INTÉRIEUR, À PARIS.

Bayonne, 2 juin 1808.

Monsieur Cretet, faites-moi un petit rapport sur les travaux que j'ai ordonnés. Où en est la Bourse? Le couvent des Filles Saint-Thomas est-il démoli? Le bâtiment s'élève-t-il? Qu'a-t-on fait à l'Arc-de-Triomphe?

[1] Voir la lettre n° 13991.

Où en est-on de la gare aux vins? Où en sont les magasins d'abondance? la Madeleine? Tout cela marche-t-il? Passerai-je sur le pont d'Iena à mon retour? Voilà pour Paris.

Je vous ai demandé déjà des renseignements sur les trois grands canaux. Dépensera-t-on, cette année, trois millions au canal de l'Escaut au Rhin, trois millions au canal de Bourgogne, trois millions au canal Napoléon?

Les travaux que j'avais ordonnés à Paris sur l'emprunt de huit millions marchent-ils?

Faites aussi exécuter mon décret sur Bordeaux; je pensais que tout cela était en mouvement; lorsque j'y repasserai, rien ne sera commencé.

NAPOLÉON.

D'après la copie. Archives de l'agriculture, du commerce et des travaux publics.

14045. — AU VICE-AMIRAL DECRÈS,
MINISTRE DE LA MARINE, À PARIS.

Bayonne, 2 juin 1808.

Dans l'état des croisières anglaises que vous m'avez envoyé, je ne vois point de croisière devant Dunkerque. Pourquoi donc les deux frégates que j'ai dans ce port ne partent-elles point pour Flessingue, où on en a besoin?

Au Havre, la croisière ennemie ne se compose que d'une frégate et d'un brick, et j'ai dans ce port deux frégates en armement, une qui est tout armée et bientôt une quatrième. Pourquoi ces quatre frégates ne partiraient-elles pas?

Je ne vois pas de croisière devant Rochefort, ce qui doit permettre à mes bricks et aux autres petits bâtiments de partir.

D'après la minute. Archives de l'Empire.

14046. — AU VICE-AMIRAL DECRÈS,
MINISTRE DE LA MARINE, À PARIS.

Bayonne, 2 juin 1808.

Monsieur Decrès, l'escadre russe n'a rien à craindre à Trieste, puisqu'elle est en dedans des jetées. Les Anglais ont bien autre chose à faire que d'aller insulter les quatre cadavres qui sont là.

On vient de me rendre compte qu'un petit paquebot anglais appartenant à un armateur de Bordeaux se trouve au Passage. Il est doublé en cuivre et bon marcheur. Je viens d'ordonner au capitaine Beaulieu de le visiter, et je l'achèterai s'il est bon. J'attends le brick *l'Oreste* ici demain. La frégate *la Comète* s'allége pour passer la barre de Bayonne. Cette frégate est une vieille carcasse toute déliée, et qui ne peut même pas marcher; il faut en faire un ponton et une machine à mâter pour ce port. Les ingénieurs m'ont fait un rapport sur ce port; ils me proposent d'y dépenser un million, et en espèrent de bons effets. Je vais y dépenser 400,000 francs en plusieurs années, et, si je m'aperçois qu'ils produisent quelques bons résultats, je les ferai continuer.

J'ai écrit au ministre d'état Lacuée pour qu'il vous fournisse 500 conscrits, qu'il dirigera sur Bayonne, pour former les cinq équipages qui se réunissent à Lisbonne.

Une des mouches qui sont ici pourra partir avant le 10 août; envoyez des ordres ici pour l'expédier sur Cayenne. Il faut la charger de dix ou douze tonneaux de farine; cela fait toujours deux cents quintaux, c'est-à-dire de quoi nourrir 200 hommes pendant cent jours, ce qui fait toute ma garnison de Cayenne. Il faut expédier la seconde, qui sera prête avant le 20 juin, sur la Martinique; elle portera des dépêches, des nouvelles et de la farine pour mes troupes de la Martinique pendant dix jours. Recommandez qu'elles reviennent chargées de marchandises coloniales. Je vous ai déjà écrit pour ce grand objet.

Je viens d'avoir des renseignements et des plans sur la Spezia. J'ai pris un décret pour en augmenter les batteries, qui me paraissent déjà très-formidables. Le lazaret me paraît propre à contenir tous les magasins. La localité me paraît extrêmement favorable pour la défense du côté de terre, puisqu'en défendant un isthme de cinq à six cents toises, on défend toute la presqu'île, qui a six milles de tour. Le Porto-Venere, la cale des Corses et les autres petites cales, chacune de trois à quatre cents toises de profondeur sur deux à trois cents toises de largeur, seront à l'abri de toute attaque. Il est nécessaire d'avoir un commissaire de marine à Livourne pour correspondre avec le préfet maritime de la Spezia et organiser tout cela.

Qui doit désigner l'emplacement de chaque établissement à la Spezia? Est-ce un seul individu ou une commission? J'ai besoin de le savoir pour la direction à suivre pour centraliser tout dans le seul point que je veuille défendre. Je désire qu'on ne perde pas un moment. On m'assure que les cales pour des vaisseaux ne coûteront pas plus de 20,000 francs. La côte de la Spezia à Livourne, qui n'avait aucune importance, va en avoir. Il n'y a sans doute pas de batterie; jetez un coup d'œil sur la carte, et entendez-vous avec le ministre de la guerre pour établir des batteries où elles sont nécessaires. Écrivez à mon chargé d'affaires à Lucques et au général Menou pour ce qui les regarde. Il me semble, après ce que l'on me dit, qu'on peut faire au lazaret des magasins pour tout. Il n'y aura donc à s'occuper sérieusement que de la machine à mâter et de la corderie. Comme nous n'aurons pas de vaisseau à la mer avant un an, nous avons le temps de penser à la machine à mâter. Quant à la corderie, c'est un objet d'une grande dépense. Je ne sais pas s'il y en a une à Gênes ou à Livourne. Donnez vos ordres au préfet maritime, et tracez vos directions sur tout. Il faut pour cela avoir un grand plan sous les yeux. Il me semble que tous les objets d'artillerie seraient fort bien placés au fort Saint-Barthélemy.

NAPOLÉON.

D'après l'original comm. par Mme la duchesse Decrès

14047. — AU PRINCE BORGHESE,
GOUVERNEUR GÉNÉRAL DES DÉPARTEMENTS AU DELÀ DES ALPES, À TURIN.

Bayonne, 2 juin 1808.

L'établissement qui va avoir lieu à la Spezia va rendre plus intéressante la côte de Gênes à la Spezia. Donnez ordre au général Montchoisy et au directeur d'artillerie de la parcourir à cheval, et de prendre des notes sur les batteries qui existent et sur les points où il en faudrait. Vous m'en rendrez compte pour que j'ordonne tout ce qui sera nécessaire.

Faites venir l'ingénieur des ponts et chaussées et demandez-lui un rapport sur les communications de Parme et de Plaisance avec la Spezia. Si les plans de ces deux routes sont faits, envoyez-les-moi; s'ils ne sont pas faits, faites-les faire.

Faites répondre à cette question : Quelle est la communication la plus facile et la moins coûteuse de Plaisance ou de Parme à la Spezia? Combien l'une ou l'autre coûterait-elle?

Assurez-vous à la Spezia si l'île de Palmaria et les deux îles en avant sont gardées. Vous donnerez des ordres pour qu'on y mette des troupes et qu'elles s'y placent de manière à se mettre à l'abri d'être enlevées.

<small>D'après la minute. Archives de l'Empire.</small>

14048. — A LA PRINCESSE PAULINE BORGHESE,
À STUPINIGI.

Bayonne, 2 juin 1808.

J'ai reçu votre lettre. Ce que vous éprouvez est une suite nécessaire du printemps. Stupinigi est peut-être un peu humide; Turin est préférable. Je ne vois pas pourquoi vous n'iriez pas aux eaux de Lucques. Je ne vois pas d'inconvénient que vous alliez aux eaux de Saint-Didier, puisqu'elles sont dans le gouvernement; mais il ne faut point quitter le gouvernement sans mon ordre.

<small>D'après la minute. Archives de l'Empire.</small>

14049. — AU GÉNÉRAL MENOU,
GOUVERNEUR GÉNÉRAL DE LA TOSCANE, À FLORENCE.

Bayonne, 2 juin 1808.

Le préfet maritime se rend à la Spezia, et tout va se mettre en mouvement pour organiser ce port important. Les côtes de la Spezia à Livourne, qui n'avaient que peu d'intérêt, vont en acquérir beaucoup aujourd'hui. Envoyez les officiers du génie les visiter jusqu'à la Spezia et reconnaître les points où il faut établir des batteries, s'il n'y en a pas, afin que le cabotage se fasse librement et soit protégé. Voyez quels moyens Livourne peut fournir à l'arsenal de la Spezia.

D'après la minute. Archives de l'Empire.

14050. — AU GÉNÉRAL MENOU,
GOUVERNEUR GÉNÉRAL DE LA TOSCANE, À FLORENCE.

Bayonne, 2 juin 1808.

Je vais bientôt avoir besoin de beaucoup de bois pour l'arsenal de la Spezia. Voyez ce qu'on pourrait couper, non-seulement en Toscane, mais encore dans les pays de Piombino, de Lucques et dans les portions du territoire d'Italie qui ont le versant des eaux sur la Méditerranée. Je désire bien en avoir dès ce moment une centaine de milliers de pieds cubes, afin de commencer les travaux de l'arsenal; sur quoi peut-on compter?

D'après la minute. Archives de l'Empire.

14051. — A JOACHIM, GRAND-DUC DE BERG,
LIEUTENANT GÉNÉRAL DU ROYAUME D'ESPAGNE, À MADRID.

Bayonne, 2 juin 1808.

Faites imprimer sans délai dans la *Gazette de Madrid* les deux lettres du 11 et du 13 mai que m'a écrites la junte d'état. Par la dernière, elle me demande pour roi le roi de Naples. Faites imprimer aussi l'adresse de la ville de Madrid.

Vous ferez faire un article qui dira que l'Empereur, ayant reçu des lettres de la junte, du conseil de Castille, de la ville de Madrid et de plusieurs autres corps de l'état, a expédié un courrier au roi de Naples, qui vient de répondre à son illustre frère qu'il s'est mis sur-le-champ en route; qu'il est arrivé le 3 juin à Bayonne, et qu'incontinent il va se rendre à Madrid.

Faites tout préparer pour que le Roi soit bien reçu à Madrid, à Burgos et sur toute la route. Faites écrire aux provinces de Navarre, de Biscaye, etc. par les différents ministres, pour que tout soit préparé sur la route pour le recevoir avec le plus d'éclat possible.

Il suffit de citer l'adresse du conseil de Castille sans l'imprimer, vu qu'elle est trop entortillée. Le conseil de Castille profitera de l'acte que je ferai pour nommer le Roi, pour faire une espèce de proclamation et la répandre partout.

<small>D'après la minute. Archives de l'Empire.</small>

14052. — A M. MOLLIEN,
MINISTRE DU TRÉSOR PUBLIC, À PARIS.

Bayonne, 3 juin 1808.

Monsieur Mollien, j'ai besoin de venir au secours de l'Espagne. Le ministre des finances d'Espagne envoie des pouvoirs au banquier Baguenault, qui fait les affaires d'Espagne. Ce banquier viendra vous trouver. Voici mes intentions : La banque de France fera avec lui un traité dont voici les conditions. La Banque prêtera au trésor d'Espagne vingt-cinq millions de francs ou environ cent millions de réaux. Cet argent sera transporté par terre à Bayonne, moyennant une commission de tant; vous ferez vos calculs. Le versement sera fait à compter du présent mois de juin, à raison de cinq millions par mois pour les mois de juin, juillet, août et septembre, et de cinq millions pour le mois d'octobre. L'intérêt en sera payé entre 5 et 6 pour 100. Il sera versé à la banque de France, pour garantie du prêt, des diamants de la Couronne pour une égale valeur, conformément à la loi générale de la Banque, qui s'oppose à ce qu'elle fasse aucun prêt sans nantissement. Ce prêt devra être remboursé en dix ans, et plus tôt, si faire se peut; il devra l'être nécessairement un an après la paix maritime. Vous ferez mettre dans le considérant que ce n'est que pour obliger l'Espagne et après mon autorisation, etc. Si la Banque veut faire cette opération à ses frais, je ne m'y oppose pas; mais, comme je pense qu'elle ne le voudra pas, je ferai moi-même ces avances; et, comme il ne me convient pas de prêter sur gages, la Banque prêtera pour moi sous son nom, et la caisse d'amortissement fera les fonds. Vous ferez ajouter, pour une des conditions de l'acte, que la restitution se fera en francs et à Paris. Arrangez cette affaire le plus tôt possible.

NAPOLÉON.

<small>D'après l'original, comm. par Mme la comtesse Mollien.</small>

14053. — AU GÉNÉRAL JUNOT,
COMMANDANT L'ARMÉE DE PORTUGAL, À LISBONNE.

Bayonne, 3 juin 1808.

Monsieur le Général Junot, je reçois votre lettre du 27 mai et celles des 24 et 25 en même temps. Les vaisseaux espagnols doivent mettre en mer avec des équipages portugais, conformément au décret que vous avez reçu. Je vois par l'état de vos marins que vous avez un capitaine de vaisseau; il vous en faut trois : ce sont deux qui vous manquent; que vous avez trois capitaines de frégate; il vous en faut trois pour les frégates et trois pour les vaisseaux : il vous en manque trois; que vous n'avez que cinq lieutenants de vaisseaux; il vous en faut vingt-quatre. Je croyais que vous aviez beaucoup de maistrance, et je vois que vous n'en avez pas du tout; j'écris au ministre de la marine pour qu'il vous en envoie.

Je ne suis pas fâché que l'amiral russe n'ait pas voulu de mon vaisseau. Peut-être préférera-t-il une frégate; il aura alors assez de monde pour l'armer sans affaiblir ses équipages. Quant à la demande qu'il fait de pouvoir réunir deux vaisseaux français à son escadre, je n'y vois pas d'inconvénient; je vais en faire armer trois.

Si Almeida est dans une position malsaine, les troupes pourront être placées à Branco, où elles seront à portée de se réunir aux troupes du maréchal Bessières et seront dans un pays plus sain; je leur fais donner cet ordre.

J'approuve la mesure que vous me proposez de faire payer les cinquante millions que je me suis réservés, partie en biens appartenant aux émigrés, partie en domaines de la Couronne et partie en biens de l'Ordre de Malte.

Je vais vous envoyer un commissaire de justice, qui sera un jurisconsulte versé et qui pourra vous être utile.

Je verrai avec plaisir que le code Napoléon soit imprimé et publié.

Il faut laisser passer l'été et arriver au mois de novembre avant de remuer l'affaire des couvents; les affaires d'Espagne seront finies, et l'hiver est une bonne saison pour nous.

Je vous réitère de mettre des matelots français sur votre escadre avec quelques matelots portugais et danois, des officiers de marine français et les trois quarts de la maistrance français. Il ne faut pas envoyer un matelot français pour porter des nouvelles en Amérique. Douze Portugais donnant caution, un patron sûr, dont la femme soit à Lisbonne, un contre-maître français sachant bien la manœuvre, et dix ou douze soldats français sont bons pour les expéditions dans les colonies, sans y employer les matelots français que vous avez.

Le marquis d'Alorna, qui commande les troupes portugaises, va se rendre ici; je le garderai deux jours, et je le renverrai en Portugal pour présider au recrutement. Ne violentez pas les Portugais pour ce motif: je désire sans doute renforcer ces régiments de quelques milliers d'hommes, mais je veux que votre tranquillité ne soit pas troublée avant tout. Il faut employer principalement des moyens de persuasion.

NAPOLÉON.

D'après l'original comm. par Mme la duchesse d'Istrie.

14054. — AU MARÉCHAL BESSIÈRES,
COMMANDANT LA GARDE IMPÉRIALE, ETC. À BURGOS.

Bayonne, 3 juin 1808, une heure après midi.

Mon Cousin, le major général vous écrit sur l'insurrection de Santander. Il paraît que l'aide de camp que vous y avez envoyé y a été arrêté, ainsi que des officiers espagnols partis de Madrid, et même, dit-on, un officier du grand-duc de Berg. Dans tous les cas, la place de Santander est nécessaire à occuper. La Biscaye paraît d'un bon esprit. D'ailleurs, j'ai ordonné que les trois régiments portugais fissent halte à Tolosa, Vitoria et Irun, et j'aurai bientôt ici d'autres forces à y envoyer, si cela devenait nécessaire. Vous devez donc ordonner au général Verdier de partir avec les 13e et 14e provisoires, ses deux escadrons de cavalerie et son artillerie, et de se diriger sur Santander. Donnez l'ordre au général Lasalle de partir avec un régiment de cavalerie, le général Sabatier et sa brigade, et son artillerie, et de se diriger de Burgos sur Santander. Si l'insurrection est grave, comme on le dit, mon intention est que ces

6,000 hommes séjournent à Santander et envoient des détachements dans les Asturies; si l'insurrection n'était pas aussi grave, le général Verdier se rendrait toujours à Santander, mais le général Sabatier s'approcherait seulement à moitié chemin de Santander à Burgos, c'est-à-dire en joignant l'Èbre à Villarcayo. Par ce moyen, il protégerait la marche du général Verdier et lui servirait de réserve. Le général Lasalle peut prendre deux routes : l'une, la route de poste qui passe par Reinosa, et l'autre, en suivant la grande route jusqu'à Castrojeriz. passe l'Èbre et se dirige par Villarcayo sur Espinosa. Cette dernière route est plus courte d'un quart, et elle offre surtout l'important avantage de se rapprocher de celle du général Verdier, de sorte que, si les événements étaient sérieux, ce général pourrait facilement réunir les deux colonnes à Espinosa et même en avant, si cela était nécessaire. Vous sentez donc combien cette route-ci est préférable.

Le général Verdier peut prendre deux routes, l'une par Orduña et de là à Santander, et l'autre en rétrogradant sur Miranda, venant à Frias et de là à Medina et à Espinosa. Étant sur les lieux, vous pouvez prendre des renseignements à ce sujet. Les routes qui tendent à rapprocher la marche de mes colonnes sont les meilleures. Pour ne pas agglomérer une aussi grande quantité de troupes à Santander, le général Lasalle pourra s'arrêter à Espinosa, Medina et Villarcayo, et, en une marche forcée ou deux marches, se porter de là au secours du général Verdier.

De la célérité et de la vigueur. Commencez par ordonner ces mouvements. Que le général Lasalle se mette en marche et qu'il commence toujours à occuper l'Èbre et Villarcayo jusqu'à ce que la division du général Verdier arrive. Ayez soin que le général Lasalle ait avec lui pour dix jours de biscuit, ses huit pièces de canon approvisionnées, que les hommes aient leurs cartouches et qu'il y ait un bon nombre de caissons à la suite de cette troupe. Veillez à la même chose pour la division Verdier. Recommandez à ces deux généraux de faire prompte et sévère justice. On m'assure que les révoltés occupent déjà Reinosa au nombre de 400 ou 500. Il est très-nécessaire d'arriver promptement, car déjà les Anglais tâchent de jeter des émissaires et vont bientôt jeter des armes. Faites-moi connaître la population de Reinosa. Aussitôt que toutes les troupes seront en mouvement, et quand elles se trouveront à mi-chemin de Santander, envoyez-y en avant deux ou trois bons prêtres de Burgos pour faire connaître aux habitants combien est grand leur aveuglement d'avoir des intelligences avec les Anglais et qu'ils courent à leur ruine totale. Une fois arrivé à Santander, qu'on désarme les habitants, et, si on y entre les armes à la main, que l'on fasse un exemple. Lorsque les troupes seront en marche, vous écrirez au capitaine général de la Cuesta pour que ce brave homme envoie un de ses officiers dans les Asturies, qui fasse connaître aux habitants de cette province les malheurs que la révolte attirerait sur toute l'Espagne et sur eux-mêmes.

NAPOLÉON.

D'après la copie. Dépôt de la guerre.

14055. — AU MARÉCHAL BESSIÈRES,
COMMANDANT LA GARDE IMPÉRIALE, ETC. À BURGOS.

Bayonne, 3 juin 1808.

Mon Cousin, j'ai reçu votre lettre du 1er juin à six heures du soir. Si le sieur Balbiani, qui arrive de Buenos-Ayres, veut y retourner ou quelques-uns des siens, cela serait bien; j'aurai bientôt ici un brick prêt à partir. S'il préfère se rendre à Madrid, d'où le gouvernement le ferait partir par Cadix ou par d'autres ports, il en est le maître.

Je vous ai écrit il y a une heure, et j'ai dicté des ordres au major général pour agir vigoureusement sur Santander et pour donner aux deux colonnes qui partent, l'une de Vitoria et l'autre de Burgos, une marche concentrique. Cette ville de Santander paraît avoir besoin d'un exemple. Je ne pense pas que des forces plus considérables soient nécessaires; si cela était, vous feriez soutenir le général Verdier par le général Merle.

Les généraux Lefebvre et Bazancourt doivent être partis pour Pampelune. Je compte avoir là demain près de 5,000 hommes, tant infanterie que cavalerie et artillerie; et, si les affaires d'Aragon ne se calmaient pas, cette force pourrait se diriger sur Saragosse, de concert avec une colonne de 6,000 hommes que le général Chabran amènerait de Tortose. Le maréchal Moncey marche avec 12,000 hommes sur Valence; le général Dupont, avec 10,000 hommes de ses troupes et 5,000 Français tirés du Portugal, sur Cadix. Je vous ai mandé d'envoyer l'ordre au général Loison de venir prendre position à Miranda sur le Duero. Cette division de 4,000 hommes avec les divisions Verdier et Merle et, s'il était nécessaire, votre réserve, pourraient se porter de concert pour mettre à la raison le royaume de Léon et les Asturies. Comme la montagne de Santander est du gouvernement de la Castille-Vieille, dont M. de la Cuesta est capitaine général, il sera bon que ce général imprime une proclamation pour faire connaître au peuple les malheurs dont la révolte sera suivie. Il serait aussi convenable que de semblables proclamations fussent faites par le tribunal d'appel et le métropolitain d'où ressortit Santander; l'évêque métropolitain est, je crois, celui de Burgos. Toutefois ces mesures ne devront être prises qu'après que mes troupes auront deux jours de marche. On me suppose que l'évêque de Santander, un Santa-Cruz et son beau-frère Miranda sont à la tête de cette révolte; il me paraît extraordinaire que des hommes de sens veuillent ainsi compromettre leur état; si cela est, il n'y aura pas à les épargner.

NAPOLÉON.

P. S. Je reçois votre lettre du 2 juin. Vous avez fait marcher la division Merle, ainsi il n'y a plus lieu à faire marcher le général Lasalle; mais je ne trouve pas que la division Merle soit suffisante. J'envoie directement au général Verdier l'ordre de se mettre en marche. Il se mettra probablement en marche demain, 4. Faites partir la brigade Sabatier pour soutenir le général Merle et rester en réserve sur l'Èbre. Vous ne dites pas par quelle route vous faites marcher le général Merle. L'insurrection paraissant sérieuse, il faut se montrer en force, et ce n'est pas de trop que la colonne du général Verdier, qui est de 4,000 hommes, celle du général Sabatier et celle du général Merle; cela fera 9 à 10,000 hommes sur ce point, et il n'y a pas d'inconvénient à cela. Vous resterez à Burgos avec ma Garde, ce qui est suffisant pour maintenir la ville. Il y a un rassemblement à Oviedo, et la moindre incertitude dans la marche de mes troupes serait dangereuse; j'estime donc que vous avez fait marcher trop peu de monde.

<small>D'après l'original comm. par Mme la duchesse d'Istrie.</small>

14056. — AU MARÉCHAL BESSIÈRES,
COMMANDANT LA GARDE IMPÉRIALE, ETC. À BURGOS.

Bayonne, 3 juin 1808.

Mon Cousin, donnez ordre au général Loison, qui est avec sa colonne à Almeida, de faire un mouvement sur sa gauche et de prendre position à Miranda sur le Duero et à Bragance. Par ce moyen, il sera à portée de se diriger sur les Asturies, sur le royaume de Léon ou sur la Galice, selon les circonstances. L'officier que vous enverrez à Almeida vous rapportera l'état de situation du général Loison, et vous fera connaître le jour précis où il sera arrivé à sa nouvelle position. Par ce mouvement, ce général se trouvera bien plus près de Valladolid que dans sa position actuelle, et vous vous trouverez bien plus rapproché de lui. Vous pourrez concerter vos opérations ensemble, si les circonstances l'exigent. Il doit y avoir un bataillon de gardes wallones ou de gardes espagnoles arrivé dans votre commandement; s'il en est ainsi, vous pouvez écrire au capitaine général de la Cuesta, qui prendra ce bataillon sous ses ordres et le dirigera partout où il sera nécessaire pour la tranquillité du pays.

NAPOLÉON.

Trois heures après midi.

Il est trois heures après midi. Je reçois votre lettre du 2. Je trouve que le général Merle est trop faible. J'ordonne à Verdier de doubler de marche afin de soutenir ce général. Si Merle a pris la route qui passe par Pesadas, Puente-Arenas, Villarcayo, Espinosa, le général Verdier sera en mesure de le soutenir; si, au contraire, Merle a pris la route de poste qui passe par Reinosa, il est urgent de faire partir Lasalle avec la brigade Sabatier, 200 chevaux et six pièces de canon pour se porter en réserve à Villarcayo. Reliez les deux colonnes. Il faut beaucoup de force pour frapper un coup de tonnerre.

Vous pouvez disposer de Loison selon les circonstances; mais il faut écraser Santander, soumettre les Asturies.

D'après l'original comm. par Mme la duchesse d'Istrie.

14057. — AU GÉNÉRAL VERDIER,
COMMANDANT LA DEUXIÈME DIVISION DES PYRÉNÉES OCCIDENTALES, À VITORIA.

Bayonne, 3 juin 1808.

Il est trois heures après midi. Je reçois un courrier du maréchal Bessières qui m'apprend que, le 2, il a fait partir le général Merle avec 3,700 hommes pour Santander, sans me dire par quelle route. Cette force n'est pas suffisante; il est donc instant de ne pas perdre un moment; mon intention est que vous vous mettiez vous-même en marche sur-le-champ sur Santander, en vous mettant en mesure de vous réunir au général Merle. Mandez votre route au maréchal Bessières, et tâchez de prévenir le général Merle du lieu où vous serez, afin que vous puissiez le soutenir. Je mande au maréchal Bessières d'envoyer la brigade du général Sabatier à mi-chemin de Burgos à Santander. Il faut écraser les rebelles, en force. Si le maréchal Bessières a fait partir le général Merle par la route de gauche, c'est-à-dire par Reinosa, il fera partir le général Sabatier par la route du centre qui passe par Villarcayo et Espinosa.

D'après la minute. Archives de l'Empire.

14058. — A JÉRÔME NAPOLÉON, ROI DE WESTPHALIE,
À CASSEL.

Bayonne, 3 juin 1808.

Mon Frère, je reçois votre lettre. Je vois avec plaisir ce que vous me dites du bon esprit qui anime vos peuples. Les dépenses immenses auxquelles je suis obligé pour recréer mes flottes et entretenir mes armées m'empêchent d'adhérer à votre demande. La province de Magdeburg est la plus riche; la contribution qui a été frappée est ancienne; il faut qu'elle paye comme les autres provinces m'ont payé.

On se plaint que les Français qui sont dans vos hôpitaux sont maltraités par vos agents; cela n'est bien sous aucun point de vue. J'attends demain le roi de Naples.

NAPOLÉON.

<small>D'après la copie comm. par S. A. I. le prince Jérôme.</small>

14059. — A ALEXANDRE Ier, EMPEREUR DE RUSSIE.

Bayonne, 3 juin 1808.

Monsieur mon Frère, j'ai reçu la lettre de Votre Majesté du 28 avril. J'ai appris avec plaisir les succès que ses armes ont obtenus. La prise de la flottille suédoise est bien importante et bien précieuse pour Votre Majesté.

Les affaires d'Espagne me retiendront ici encore le mois; après quoi, je pourrai me rendre où Votre Majesté le jugera nécessaire pour l'entrevue, afin de concilier les différents intérêts de nos empires.

L'Espagne change de souverain. Je ne garde rien pour moi. La grandeur de la France n'y gagnera rien, si ce n'est plus de sûreté pour l'avenir. Je me réserve d'écrire dans peu de jours à Votre Majesté sur toutes ces affaires. Je la prie, en attendant, de ne pas douter de mes inaltérables sentiments pour elle.

NAPOLÉON.

<small>D'après la copie comm. par S. M. l'empereur de Russie.</small>

14060. — A ALEXANDRE, PRINCE DE NEUCHÂTEL,
<small>MAJOR GÉNÉRAL DE LA GRANDE ARMÉE, À BAYONNE.</small>

Bayonne, 4 juin 1808.

Mon Cousin, le dépôt du 12e bataillon du train, principal et *bis*, a près de 200 hommes, et cependant rien n'est encore arrivé; donnez ordre que 25 hommes de chaque bataillon soient laissés dans ce dépôt, et que le reste soit incorporé dans le dépôt du 15e régiment provisoire. Il faut que ces 50 hommes soient habillés. Informez-vous quand le dépôt arrive.

Il y avait aujourd'hui près de 100 hommes du dépôt des régiments provisoires; vous y allez incorporer 150 hommes, ce qui fera 250 hommes. Il faut former avec cela les cadres des quatre premières compagnies du 1er bataillon et des quatre premières du 2e, ce qui fera à peu près une trentaine d'hommes par compagnie. Remettez-m'en l'état de situation, qui me fasse connaître ce qui manque de chefs de bataillon, de capitaines, de lieutenants, de sous-lieutenants, de sergents-majors, sergents et caporaux. Faites-moi connaître où les sergents et les caporaux doivent être pris, selon mon décret; je crois que les fusiliers de ma Garde doivent en fournir; on pourrait en prendre quelques-uns dans les fusiliers qui sont ici. Remettez-moi sous les yeux mon décret. Je désire que, dans la journée de demain, les cadres soient formés, et que, dans la journée de lundi, au plus tard, ces 250 hommes soient habillés. Les hommes qui arriveront désormais seront partagés en huit et attachés à chacune des huit compagnies des deux premiers bataillons. Vous savez que la première compagnie doit porter le nom de compagnie du 1er régiment provisoire, la deuxième, du 2e, etc. Aussitôt que ces deux premiers bataillons seront formés et seront à un complet de 100 hommes par compagnie, c'est-à-dire qu'ils auront plus de 800 hommes, on formera le 3e bataillon.

NAPOLÉON.

D'après l'original. Dépôt de la guerre.

14061. — A ALEXANDRE, PRINCE DE NEUCHÂTEL,

MAJOR GÉNÉRAL DE LA GRANDE ARMÉE, À BAYONNE.

Bayonne, 4 juin 1808.

Vous donnerez l'ordre que demain, à sept heures du matin, le régiment polonais parte pour se rendre à Pampelune. Il escortera trois pièces de 8, sept caissons, un obusier, quatre caissons; total, quinze voitures.

Vous aurez soin que chaque homme prenne cinquante cartouches. Ce régiment se trouvera arrivé à Pampelune le 8 au soir. Vous ordonnerez qu'il tienne garnison dans la ville et citadelle de Pampelune, et que, immédiatement après, les deux bataillons de marche qui y sont rejoignent la colonne du général Lefebvre, qui se trouvera ainsi avoir deux escadrons français formant 300 hommes; quatre escadrons de lanciers polonais, 700 hommes; un bataillon du 47ᵉ, un bataillon du 15ᵉ, un bataillon du 70ᵉ, 1,300 hommes; la réserve, sous les ordres du général de brigade Bazancourt; un régiment supplémentaire, 1,100 hommes; deux bataillons de marche, 1,000 hommes; total, 3,400 hommes d'infanterie, 1,000 hommes de cavalerie, 600 hommes d'artillerie; en tout, 5,000.

Il restera à Pampelune 500 hommes isolés, 900 hommes du régiment polonais; total, 1,400 hommes.

Le général Lefebvre doit avoir avec lui quatorze pièces de canon, savoir : huit pièces de 4, dont quatre de Vitoria, deux d'ici, du 31 mai, deux parties hier; cinq pièces de 8, dont deux parties hier, trois partant demain; un obusier partant demain; treize caissons d'infanterie, dont six de Vitoria, un d'ici, du 31 mai, six partis hier.

Vous ferez connaître de nouveau au général Lefebvre qu'il doit concentrer ses forces à Tudela et surtout son artillerie; qu'il doit reposer son infanterie; avoir à son camp pour dix jours de biscuit; ramasser des vivres, des farines et eau-de-vie pour dix autres jours, et s'attendre à recevoir des ordres de marcher le 10 sur Saragosse, si tout n'est pas soumis; et que, avant ce temps-là, il sera renforcé de trois autres mille hommes; qu'il peut, cependant, faire voltiger des patrouilles de cavalerie dans la plaine pour savoir ce qui se passe, sans commettre d'hostilités, à moins que ce ne soit pour représailles.

Vous donnerez l'ordre au général Ritay, qui est à Toulouse, de se rendre à Tarbes pour y prendre le commandement des Hautes-Pyrénées, de réunir, dans tous les départements de la 10ᵉ division militaire, 60 gendarmes à pied et toutes les compagnies de réserve qui font partie de cette division. Avec ces 200 hommes et 300 Portugais qu'il prendra dans le régiment qui est à Tarbes, formant 500 hommes, il arrivera dans la journée du 9, au plus tard, sur les cols et confins de l'Aragon, et fera des reconnaissances dans les vallées, en annonçant qu'un corps nombreux de Français doit entrer dans l'Aragon pour apaiser les troubles.

Vous écrirez au général de la 10ᵉ division de faire marcher les compagnies départementales. Vous ferez former les piquets de Portugais en complétant les compagnies de grenadiers et de chasseurs. Il aura soin de ne se servir des Portugais que pour faire nombre et soutenir.

Vous écrirez au préfet de Tarbes que, s'il peut fournir 2 ou 300 hommes de gardes nationales pour joindre cette colonne dans la journée du 9 ou du 10, je l'autorise à le faire.

Vous nommerez un général ou un colonel pour prendre le commandement des Basses-Pyrénées, qui réunisse également 300 Portugais et 200 hommes des compagnies des départements et quelques gendarmes. Ces 500 hommes se porteront sur les confins de l'Aragon dans la journée du 9, en annonçant l'entrée d'une colonne française pour se porter sur Saragosse.

La colonne partant de Tarbes et celle de Pau, faisant un corps de 1,000 hommes, s'entendront pour se soutenir.

D'après la minute. Dépôt de la guerre.

14062. — A ALEXANDRE, PRINCE DE NEUCHÂTEL,
MAJOR GÉNÉRAL DE LA GRANDE ARMÉE, A BAYONNE.

Bayonne, 4 juin 1808.

Mon Cousin, donnez ordre que les six premières compagnies du 1er bataillon et les six premières du 2e bataillon du régiment polonais, avec les chefs de bataillon, adjudants-majors et autres officiers, se tiennent prêtes à partir. Les compagnies de grenadiers et de voltigeurs seront comprises dans les six premières. Faites compléter ces six compagnies par tous les hommes habillés, de manière qu'elles aient au moins 80 hommes chaque. Les hommes non habillés seront mis dans les trois compagnies restant de chaque bataillon. Le major restera à Bayonne avec ces six compagnies d'hommes non habillés. Vous passerez la revue de ces deux bataillons, ainsi formés à six compagnies, demain à neuf heures du matin.

NAPOLÉON.

D'après l'original. Dépôt de la guerre.

14063. — A ALEXANDRE, PRINCE DE NEUCHÂTEL,
MAJOR GÉNÉRAL DE LA GRANDE ARMÉE, À BAYONNE.

Bayonne, 4 juin 1808.

Je vous prie de me faire connaître l'ordre donné aux différents régiments portugais qui sont passés ici, et le lieu où ils sont aujourd'hui. Vous étiez autrefois dans l'usage de me rendre compte de ces mouvements ; vous avez cessé cette habitude, qui était fort bonne.

D'après la minute. Archives de l'Empire.

14064. — A JOACHIM, GRAND-DUC DE BERG,
LIEUTENANT GÉNÉRAL DU ROYAUME D'ESPAGNE, À MADRID.

Bayonne, 4 juin 1808.

J'ai reçu votre lettre du 31 mai, que Ségur ne m'a apportée que ce matin. Je vois avec peine que votre santé est lente à se rétablir.

J'ai reçu aujourd'hui la députation du conseil de Castille, qui est enfin arrivée. Dans ce moment, tous les grands et députés qui sont à Bayonne sont réunis ; on leur communique la proclamation du chef des rebelles de l'Aragon. Ils vont en rédiger une qui sera portée par une députation, qui partira probablement demain matin ; elle peut être arrivée le 6 ou le 7.

1,000 hommes et six pièces de canon sont partis ce matin pour Pampelune ; 1,000 hommes et six autres pièces de canon partent demain. Le général Lefebvre aura le 8, à Tudela, 1,000 hommes de cavalerie, quatorze pièces de canon et 3,500 hommes d'infanterie.

Le général Merle aura, d'ici à ce temps, dissipé l'insurrection de Santander. Je compte qu'il est aujourd'hui aux prises avec les rebelles. Aussitôt que ce point sera soumis, je renforcerai le général Lefebvre de 3,000 hommes.

Je désire que vous fassiez marcher 1,000 ou 1,500 hommes de cavalerie, douze pièces d'artillerie de ligne et quatre d'artillerie légère avec 4 ou 5,000 hommes d'infanterie, faisant un total de 6 à 7,000 hommes, dans la direction de Saragosse. Vous recevrez cette lettre le 7. Peut-être aurez-vous déjà fait marcher des troupes de votre propre mouvement.

Toutefois cette colonne peut être à mi-chemin de Saragosse le 12 au soir. Ayant une fois gagné la plaine, la cavalerie et l'artillerie légère peuvent prendre les devants. Vous instruirez de la marche de cette colonne le général Lefebvre.

Si le général Chabran était à Tortose, et qu'il fût inutile à Valence, vous pourriez l'envoyer à Saragosse. Deux petites colonnes marchent par la France et entrent par Pau et par Tarbes.

Mais il est indispensable que du 10 au 15 on ait fait un exemple à Saragosse. Faites marcher des obusiers et des pièces de 12; lorsqu'il s'agit d'aller contre des maisons et des villes, il faut beaucoup d'artillerie. Si vous pouvez mettre six pièces d'artillerie de plus, mettez-les. Vous pouvez charger de cette expédition la division qui est à l'Escurial. Saragosse est au milieu d'une plaine immense. Mettez à la tête de la cavalerie un général intelligent et ferme. Que les hommes portent avec eux leurs cartouches et leurs souliers, dix jours de biscuit.

Je suppose que le général Verdier aura donné une bonne leçon à la petite ville de Logroño.

Vous trouverez ci-joint une proclamation des Biscayens, qui leur fait honneur.

D'après la minute. Archives de l'Empire.

14065. — A M. D'AZANZA,
MINISTRE DES FINANCES D'ESPAGNE, À BAYONNE.

Bayonne, 4 juin 1808.

Tous les droits que nous avons acquis sur la couronne d'Espagne par les traités faits avec les princes de cette Maison, nous avons résolu de les céder à notre bien-aimé frère Joseph Napoléon, roi actuel de Naples et de Sicile, afin qu'il jouisse de la couronne d'Espagne dans toute son intégrité et son indépendance. Notre première idée était d'attendre la réunion entière de l'assemblée des Notables; mais les adresses que nous avons reçues de la junte de gouvernement, du conseil de Castille, de la ville de Madrid et d'un grand nombre de corps civils et militaires, nous ont porté à ne plus différer d'un seul moment à rassurer entièrement sur leur avenir toutes les provinces des Espagnes. Nous avons adressé au lieutenant général du royaume, aux ministres, au conseil de Castille, au conseil des Indes et aux autres autorités les lettres patentes qui constatent ladite renonciation. Mais nous avons cru devoir vous en écrire, pour que vous en donniez communication aux députés venus des différents points de la monarchie pour travailler à la restauration de la patrie espagnole.

Nous nous flattons qu'ils éprouveront du contentement de voir un si grand œuvre si promptement achevé, et qu'ils réuniront leurs efforts aux nôtres pour que le roi d'Espagne soit environné de la puissance et de l'assentiment de tous les hommes qui aiment leur patrie, afin que les trames de nos éternels ennemis, qui voudraient semer le désordre en Espagne pour faciliter l'exécution de leurs projets ambitieux sur les Amériques, soient entièrement déjouées.

D'après la minute. Archives de l'Empire.

14066. — A JOACHIM, GRAND-DUC DE BERG,
LIEUTENANT GÉNÉRAL DU ROYAUME D'ESPAGNE, À MADRID.

Bayonne, 5 juin 1808, six heures du soir.

Les députés de l'assemblée qui se trouvent ici se sont réunis. Ils ont rédigé, en espagnol, une proclamation dont je vous envoie la traduction [1].

---

[1] ADRESSE DES DÉPUTÉS À LA JUNTE GÉNÉRALE EXTRAORDINAIRE.

Chers Espagnols, dignes compatriotes !

Vos familles, vos foyers, votre fortune, vos propriétés, votre vie, nous sont aussi chers et aussi précieux que les nôtres mêmes, et nous voudrions vous avoir tous sous nos yeux pour vous détromper.

Nous avons été, autant que vous, fidèles et dévoués à notre ancienne dynastie, jusques au terme fixé par la divine Providence, maîtresse absolue des couronnes et des sceptres. Les plus grands états nous offrent mille exemples de son pouvoir illimité, et notre pays même ne présente pas peu de ces exemples dans son histoire.

Un devoir irrésistible et un but aussi sacré que celui de votre bonheur nous a fait quitter nos foyers et nous a conduits auprès de l'invincible Empereur des Français.

Nous vous l'avouons, la vue de sa gloire et de sa puissance peut en imposer; mais nous arrivions déterminés à lui adresser nos supplications réitérées pour le bien général d'une monarchie dont le sort est nécessairement lié avec le nôtre. Mais quelle a dû être notre surprise quand S. M. I. et R. nous a prévenus par des témoignages de bienveillance et d'humanité d'autant plus admirables que son pouvoir est plus grand ! Il n'a d'autre désir que celui de notre conservation et de notre bonheur. S'il nous donne un souverain

Ils l'ont d'abord envoyée par un courrier à Saragosse, et, ce matin, sont partis, avec l'original, le prince de Castel-Franco qui a commandé en

pour nous gouverner, c'est son auguste frère Joseph, dont les vertus faisaient l'admiration de ses sujets.

S'il s'occupe de modifier, de corriger notre ancienne législation, dans les parties défectueuses, c'est afin que nous vivions selon la raison et l'équité.

S'il veut que nos finances reçoivent une nouvelle organisation, c'est afin de rendre notre marine et notre armée puissantes et redoutables à nos ennemis, en évitant les dépenses superflues, en créant une administration sage et correctrice des abus, en ranimant l'industrie nationale, en détruisant les entraves qui paralysent notre commerce, et en nous soulageant le plus possible du poids des impôts onéreux qui, jusqu'à présent, nous ont écrasés et ont détruit notre agriculture et toutes nos ressources.

Enfin, connaissant votre attachement à la religion et la loyauté de votre caractère, il ne veut point gêner la ferveur de votre zèle religieux; il vous assure que vous conserverez, comme vos aïeux, notre sainte religion catholique dans toute sa pureté, et qu'elle sera, comme jusqu'à ce jour, la seule et unique dominante dans tous nos royaumes.

Et quelle est la récompense que le grand Empereur des Français exige de vous dans des circonstances si intéressantes pour toute la nation? Que vous viviez tranquilles; que vous preniez soin de vos ménages, de vos familles; que vous ne vous abandonniez pas aveuglément aux funestes désordres des émeutes et des insurrections; que vous attendiez avec une confiance pacifique l'amélioration de votre sort et de votre fortune, que vous devez espérer sous le gouvernement d'un monarque vertueux, qui nous apportera cette affection paternelle inséparable de sa bonté et dont ses vassaux ont éprouvé les effets.

Espagnols, dignes d'un meilleur sort, évitez la terrible anarchie qui vous menace, réfléchissez sur vous, sur vos familles, sur vos enfants. Quel fruit espérez-vous recueillir des troubles fomentés par la malveillance et l'inconséquence? Propriétaires riches et aisés, qui jouissez en paix des biens et des avantages qui sont acquis à vos familles par les services ou l'industrie de vos pères; honnêtes laboureurs, qui fournissez aux besoins de vos femmes, de vos enfants par le fruit de vos sueurs; laborieux artisans, qui vous trouvez heureux sur vos foyers entourés de ce qui est cher à votre cœur; industrieux commerçants et fabricants, qui désirez de conserver le produit de vos veilles et de votre économie; citoyens de toutes les classes, qui vivez tranquillement avec une médiocre mais suffisante fortune due à une conduite réglée, considérez tous dans quel abîme vous allez vous précipiter, si vous vous laissez séduire par ceux qui excitent vos inquiétudes. Vous êtes en danger de tout perdre en un moment. Que pouvez-vous espérer pour balancer de si grands sacrifices? Quelle espérance font briller à vos yeux ceux qui veulent vous faire désobéir aux autorités qui vous gouvernent, et vous faire secouer le joug salutaire des lois?

L'anarchie est le plus grand des fléaux que Dieu puisse envoyer aux peuples; pendant son règne, la licence effrénée saccage, brûle, détruit, désorganise tout; les gens de bien sont ordinairement ses plus sûres victimes. Après les désordres, un abîme de maux fait ouvrir les yeux; et que voit-on alors? des ruines et des horreurs; la vue ne peut atteindre ni le fond ni les bords de cette mer de calamités.

Nous croirions manquer à l'affection que nous vous portons comme membres d'une seule et même famille, à l'amour que nous professons à notre chère patrie, enfin à notre conscience, si nous ne vous faisions pas la triste peinture des maux qui vous menacent; elle est triste, sans doute, mais elle n'est point exagérée. Et croyez-vous que ce soient les seuls maux auxquels vous

Aragon, l'alcade de cour et un membre du conseil de Castille, pour leur représenter les malheurs qui allaient fondre sur eux et combien leur con-

exposent l'indocilité et l'insubordination? Ah! heureusement vous ne connaissez pas quelles sont les horreurs de la guerre civile : l'Espagne a été préservée de ce fléau pendant l'espace d'un siècle, et, malgré le laps de temps qui s'est écoulé, elle n'est pas encore guérie des maux que, dans les premières années de ce siècle, elle a éprouvés par cette cause. Pourquoi ne vivent-ils pas encore ceux qui en ont été les témoins, pour que leur expérience pût aujourd'hui vous en préserver? Vous allez les provoquer et les attirer sur vous, ces maux affreux, si vous n'écoutez pas la voix du Gouvernement, et repoussez nos conseils fraternels.

Eh! comment résisterez-vous aux terribles forces que l'on vous opposera? Personne ne dispute la valeur aux Espagnols; nous savons que vous êtes capables de faire de grands efforts, d'affronter les dangers et d'entreprendre de grandes choses; mais sans direction, sans ordre, sans accord, tous ces efforts seront vains. Les rassemblements les plus nombreux de gens attroupés disparaissent devant une troupe disciplinée, comme un nuage de fumée au moindre vent. Non, ne vous flattez pas d'obtenir des succès dans cette lutte; elle est inégale, sinon en valeur, au moins en moyens; vous succomberez enfin; alors tout sera perdu. Il ne faut pas le dissimuler, le salut de l'état ne peut dépendre aujourd'hui que de l'ensemble et de la sincérité avec laquelle nous nous réunirons tous de cœur au nouveau gouvernement et nous l'aiderons à la régénération qu'il prépare pour le bonheur de notre patrie.

Il est certain que nous sommes parvenus à une situation bien malheureuse. Mais qui nous y a conduits, si ce n'est le gouvernement capricieux, indolent, injuste, sous lequel nous avons vécu pendant vingt ans? Que nous reste-t-il à faire? Nous conformer avec soumission, et contribuer chacun en particulier à ce qu'il s'organise un nouveau gouvernement sur des bases solides, qui

soient la sauvegarde de la liberté, des droits et des propriétés de chaque individu. C'est ce que désire l'invincible Napoléon, qui s'occupe de notre bonheur, qui veut bien mériter de notre patrie et conserver chez nos neveux le nom de son régénérateur. Ne mettons point d'obstacle à cette régénération, et au grand bien qui doit résulter de notre union intime avec ce puissant allié.

Tels sont les sentiments qu'ont cherché à vous inspirer son Altesse Impériale le lieutenant général du royaume, la junte de gouvernement et le conseil de Castille, qui sont les premières autorités de la nation; tels sont aussi ceux dont nous désirons que vous soyez bien pénétrés, afin que, rendus à la tranquillité et à l'ordre, vous attendiez tout de la main puissante et bienfaisante dont notre sort dépend.

Fasse le ciel que cette sincère exhortation, que nous a inspirée le plus pur patriotisme, opère parmi vous le salutaire effet de réprimer les efforts des séditieux qui cherchent à vous émouvoir, et que, dès aujourd'hui, la paix et la confiance règnent parmi nous!

Bayonne, le 8 juin 1808.

Signé : Le comte d'Orgaz, Manuel de Lardizabal, Vincent Alcala Galiano, Sébastien de Torres, Ant. Romanillos, F. le duc d'Hijar, le duc de l'Infantado, le marquis de Santa-Cruz, le comte de Fernan-Nuñez, le duc de Montellano et de l'Arco, le duc d'Ossuna, Joseph Colon, le comte de Santa-Coloma y Fuencarral, Raimond Etenhard y Salinas, Zenon Alonzo, François Amoros, Pierre Tornes, Ignace de Texada, Pierre de Porras, Andres de Herrasti, Christophe de Gongora, Louis Idiaquez, le duc d'El Parque, Domin. Cerviño, Pierre Ceballos, Michel Joseph de Azanza.

Extrait du *Moniteur* du 18 juin 1808.

duite était insensée. Je suppose que vous avez fait marcher des troupes. Il est possible que j'envoie Savary à Tudela pour commander tout cela; car, s'il est absolument nécessaire d'en finir, il faut que cela soit vigoureusement mené.

Le général Lefebvre sera à Tudela le 7, avec 6,000 hommes, dont beaucoup de cavalerie. Du moment que j'aurai des nouvelles de Logroño, où le général Verdier a dû arriver hier 4 pour punir cette ville, qui a mis en prison son alcade, et des nouvelles de Santander, où le général Merle a dû arriver aujourd'hui avec 4,000 hommes, je ferai renforcer le corps du général Lefebvre.

Il serait convenable que la junte, le conseil de Castille et le conseil des Indes écrivissent aux députés qui sont ici pour faire une adresse au Roi, que j'attends demain. Je fais ma proclamation[1] qui le nomme, que je vous enverrai avant de me coucher. Vous la ferez publier et expédier partout par courriers extraordinaires. Je dis que j'attends le Roi demain, parce qu'il est parti de Turin le 30 mai au soir; il y aura donc, ce soir, six jours qu'il est en route.

Il pourrait être convenable que les grandes charges de la Couronne et un détachement de la Maison du Roi vinssent jusqu'à Burgos, pour l'y attendre. Je vous ai déjà écrit, il y a plusieurs jours, pour cela.

D'après la minute. Archives de l'Empire.

---

[1] PROCLAMATION.

La junte d'état, le conseil de Castille, la ville de Madrid, etc. nous ayant par des adresses fait connaître que le bien de l'Espagne voulait que l'on mît promptement un terme à l'interrègne, nous avons résolu de proclamer, comme nous proclamons par la présente, notre bien-aimé Frère, Joseph Napoléon, actuellement roi de Naples et de Sicile, roi des Espagnes et des Indes.

Nous garantissons au roi des Espagnes l'indépendance et l'intégrité de ses états, soit d'Europe, soit d'Afrique, soit d'Asie, soit d'Amérique.

Enjoignons au lieutenant général du royaume, aux ministres et au conseil général de Castille, de faire expédier et publier la présente proclamation dans les formes accoutumées, afin que personne n'en puisse prétendre cause d'ignorance.

Donné en notre palais impérial de Bayonne, le 6 juin 1808.

NAPOLÉON.

Extrait du *Moniteur* du 18 juin 1808.

14067. — AU CARDINAL LOUIS DE BOURBON,
ARCHEVÊQUE DE TOLÈDE.

Bayonne, 6 juin 1808.

Mon Cousin, j'ai reçu votre lettre du 22 mai[1]. J'ai vu avec plaisir les sentiments que vous m'exprimez. Vous, la princesse votre sœur et toute votre famille, pouvez avoir recours à moi avec confiance. Vous me trouverez toujours disposé à vous donner des preuves de l'intérêt que je vous porte.

D'après la minute. Archives de l'Empire.

14068. — A M. GAUDIN,
MINISTRE DES FINANCES, À PARIS.

Bayonne, 7 juin 1808.

Il n'y a pas de doute qu'il ne faille s'emparer de tous les biens de l'Ordre de Malte dans la Toscane. Quant aux biens de l'Ordre de Saint-Étienne, avoir l'œil dessus, en faire faire un état, mais tarder encore à prendre un parti. Demandez à la junte un rapport sur cette question.

D'après la minute. Archives de l'Empire.

---

[1] Le cardinal Louis de Bourbon, archevêque de Tolède, cousin germain du roi Charles IV, avait écrit à l'Empereur la lettre suivante :

« Sire,

« La cession de la couronne d'Espagne qu'a faite à Votre Majesté Impériale et Royale le roi Charles IV, mon auguste souverain, et qu'ont ratifiée LL. AA. le prince des Asturies et les infants don Carlos et don Antonio, m'impose, selon Dieu, la douce obligation de mettre aux pieds de Votre Majesté Impériale et Royale l'hommage de mon amour, de ma fidélité et de mon respect.

« Que Votre Majesté Impériale et Royale daigne me reconnaître comme son plus fidèle sujet, et me faire connaître ses intentions souveraines, pour mettre à l'épreuve ma soumission cordiale et empressée.

« Que Dieu accorde de longues années à Votre Majesté Impériale et Royale pour le bien de l'Église et de l'état !

« Sire, aux pieds de Votre Majesté Impériale et Royale, le plus fidèle sujet,

« Louis de Bourbon, cardinal de Scala, archevêque de Tolède.

« Tolède, le 22 mai 1808. »

Extrait du *Moniteur* du 18 juin 1808.

14069. — A M. FOUCHÉ,

MINISTRE DE LA POLICE GÉNÉRALE, À PARIS.

Bayonne, 7 juin 1808.

Je reçois votre lettre du 3 juin. Nul doute que vous ne devez point laisser entrer en France M. Saint-Priest, par la seule raison qu'il est à un service étranger sans ma permission, et qu'il est inscrit sur une liste d'exception. Vous le préviendrez que, quinze jours après la réception de votre lettre, il ait à s'être éloigné des pays occupés par les troupes françaises, parce qu'il pourra être arrêté.

J'apprends que vous avez suspendu la vente du commentaire de Racine, par Geoffroy [1]. C'est un acte arbitraire bien gratuit. Je suis étonné que vous ayez donné cet ordre sans avoir demandé mon autorisation et sans même m'en avoir rendu compte. Ce sont des actes qui affligent plus les hommes de sens que des choses sérieuses. On dit que c'est en conséquence de quelques querelles de littérateurs; cela est bien pitoyable. Mon intention est que rien de cet ouvrage ne soit cartonné, à moins qu'il ne contienne quelque chose de contraire au Gouvernement. Si quelques particuliers ont à s'en plaindre, il y a des tribunaux. Un acte comme celui que vous avez fait n'est tolérable que lorsqu'il y va de l'intérêt de l'état.

D'après la minute. Archives de l'Empire.

14070. — A EUGÈNE NAPOLÉON,

VICE-ROI D'ITALIE, À MILAN.

Bayonne, 7 juin 1808.

Mon Fils, il est nécessaire de prendre des mesures pour que le Pape ne manque de rien. Voici donc ce que je désire : A dater du 1er juillet prochain, les troupes françaises et italiennes qui sont dans l'état de Rome et dans la marche d'Ancône seront soldées, nourries et habillées par la France et par le royaume d'Italie; il ne sera fourni par le pays que ce

---

[1] *Les OEuvres de Jean Racine*, avec des commentaires par J. L. Geoffroy, 7 volumes in-8°. 1808. 1re édition.

qui peut être nécessaire pour les casernes, le bois, les lumières. Tout ce que produira le pays sera employé à payer les rentes, l'intérêt de la dette et les employés, en donnant au moins 150,000 francs par mois au Pape, pour l'entretien de sa maison.

J'attendrai, avant de prendre un décret général sur ces affaires, un rapport du général Miollis, qui me fasse connaître quel est l'intérêt de la dette, quelles sont les dépenses d'administration actuelles, et quel est le revenu net.

NAPOLÉON.

D'après la copie comm. par S. A. I. Mme la duchesse de Leuchtenberg.

14071. — A JOACHIM, GRAND-DUC DE BERG,
LIEUTENANT GÉNÉRAL DU ROYAUME D'ESPAGNE, À MADRID.

Bayonne, 7 juin 1808, huit heures du soir.

Je reçois votre lettre du 4. Le roi d'Espagne arrive dans une heure. Les députés, ici, ont fait une proclamation. Celle de la junte[1] me paraît

[1] PROCLAMATION
DE LA JUNTE SUPRÊME DE GOUVERNEMENT.

Espagnols, la junte suprême de gouvernement, composée en ce jour des premiers magistrats de la nation, vous adresse la parole pour dissiper les erreurs que la malveillance et l'ignorance s'efforcent d'accréditer et de propager parmi vous; erreurs funestes qui pourraient entraîner des malheurs incalculables, si l'autorité suprême ne s'empressait de les anéantir au moment même de leur naissance. La junte se promet que ceux qui ont écouté avec respect, dans tous les temps et dans toutes les occasions, la voix de leurs magistrats, ne montreront pas moins de soumission quand il s'agit pour eux, ou d'assurer à jamais leur félicité en se réunissant aux premières autorités de l'état, ou de travailler eux-mêmes à la ruine de la patrie en se livrant aux agitations dans lesquelles les éternels ennemis de la gloire et de la prospérité de la nation espagnole cherchent à les précipiter.

Au moment où l'Espagne, ce pays si favorisé de la nature, mais appauvri, épuisé, avili aux yeux de toute l'Europe par les vices et les désordres de son gouvernement, touchait à l'époque de son entier anéantissement; lorsque les efforts mêmes que l'on avait pu faire pour ranimer ses forces abattues n'avaient servi qu'à aggraver ses maux et à le précipiter dans de nouveaux malheurs; lorsqu'enfin il ne restait plus aucune espérance, la Providence nous a offert un moyen non-seulement de préserver la patrie d'une ruine totale, mais même de l'élever à un degré de bonheur et de splendeur auquel elle n'a pas atteint aux époques mêmes les plus brillantes de son histoire. Par une de ces révolutions politiques qui n'étonnent que celui qui ne remarque pas les événements qui les préparent, la maison de Bourbon, dépossédée des trônes qu'elle occupait en Europe, venait de renoncer à celui d'Espagne, le seul sur lequel elle fût encore assise. Après avoir réduit la nation au dernier degré de langueur, privés de l'appui que leur avaient offert jusqu'alors les autres branches de leur famille, parfaitement faite; c'est la première pièce bonne que je vois. Il est malheureux qu'elle n'ait pas été publiée il y a quelques jours.

ne pouvant conserver les relations qui les avaient unis antérieurement avec la France, les Bourbons étaient dans l'impossibilité de se maintenir sur un trône que tous les changements survenus dans le système politique les obligeaient d'abandonner. Le prince le plus puissant de l'Europe a reçu la renonciation des Bourbons, non pas pour incorporer votre territoire à son Empire, déjà si étendu, mais pour fonder sur de nouvelles bases la monarchie espagnole, pour faire servir son irrésistible pouvoir à opérer toutes les réformes salutaires après lesquelles nous soupirons depuis longtemps. C'est dans cette vue qu'il a appelé près de son auguste personne les députés des villes, des provinces et des corps municipaux de l'état, pour les consulter sur les lois fondamentales qui doivent garantir l'autorité souveraine et la fidélité des sujets. Il placera le diadème d'Espagne sur la tête d'un prince généreux, qui saura se concilier tous les cœurs par la douceur de son caractère; il développera des moyens que nul autre n'aurait en son pouvoir, et replacera bientôt l'Espagne au rang dont elle n'est descendue que par la faiblesse des princes qui l'ont gouvernée jusqu'à présent. Quand l'aurore de notre félicité commence à se faire apercevoir, serait-il possible que des hommes incapables de mesurer la hauteur des destinées qu'on nous prépare, qui aspirent au titre honorable de vrais Espagnols, d'amis sincères de leur patrie, cherchassent à vous séduire et à nous livrer à toutes les horreurs d'une guerre civile, au moment même où le héros qui doit être l'objet de nos bénédictions présentes et de l'admiration des siècles à venir s'occupe tout entier de l'exécution des projets qu'il a conçus pour le bonheur de l'Espagne? Certes, la junte de gouvernement ne devait pas craindre un tel égarement de la part des Espagnols, si recommandables par leur patriotisme; et cependant elle a la douleur d'apprendre aujourd'hui que quelques personnes, entraînées par un zèle indiscret et par les scrupules d'une fidélité mal entendue, que quelques autres, induites en erreur sur les vrais intérêts de leur pays, et, plus que tout cela, des agents secrets de la nation ennemie, par système, de la prospérité du continent, sont parvenus à égarer une partie des bons habitants de quelques provinces et à y répandre des semences de sédition et de révolte. Braves Espagnols, vous laisserez-vous séduire par leurs promesses trompeuses? Voudriez-vous devenir les victimes d'erreurs si funestes? La générosité de vos sentiments, dont on abuse, doit-elle entraîner votre perte totale, celle de vos biens et de vos familles? Ne concevez-vous pas que ceux qui, dans des circonstances aussi délicates, se rendent les apôtres de la rébellion et vous conseillent la désobéissance à vos chefs, sont les véritables ennemis de votre patrie? Quel est le but que se proposent ces vils moteurs d'agitations et de désordres? Serait-ce le rétablissement de vos anciens monarques? Ils sont hors de l'Espagne; que doivent-ils attendre de vos efforts impuissants? Voulez-vous défendre des lois dont vous faites dépendre votre félicité future? Qui donc pense à les détruire? Au contraire, ne s'occupe-t-on pas de rétablir la nation dans la possession de son ancienne liberté et de sa constitution primitive, bonheur auquel il y a peu de jours encore il ne lui était pas permis de songer? Que prétendez-vous donc, habitants égarés des provinces? Voulez-vous attirer sur vous toutes les calamités de la guerre, voir ravager vos campagnes, brûler vos cités, renverser vos maisons? Pensez-vous qu'une levée tumultueuse d'habitants braves, mais indisciplinés, sans chefs, sans argent, sans magasins, sans vivres, sans munitions, pourront résister à des armées aguerries, à des soldats vieillis dans l'habitude de vaincre? La junte se flatte encore que vous réfléchirez sur les fatales conséquences que produiraient infailliblement vos premiers pas, si malheureusement une obsti-

Je vous ai déjà fait mander que le maréchal Bessières avait fait marcher sur Valladolid; que le général Merle avait marché sur Santander;

nation insensée vous empêchait de reprendre promptement le chemin de l'obéissance et du patriotisme, qu'un moment d'erreur vous a fait abandonner. Et, pour vous convaincre que son seul désir est de vous désabuser, que le prince qui la préside, que l'Empereur des Français, qui tient en ses mains nos destinées, n'ont d'autre but que d'opérer votre bonheur, la junte veut bien vous faire connaître les intentions du nouveau souverain qui vient vous gouverner. Écoutez et jugez.

Les Cortès, ces antiques garants de nos libertés et de nos priviléges, vont être rétablies, plus puissantes et mieux constituées qu'elles ne l'ont été en aucun temps; elles seront assemblées tous les trois ans au moins, et toutes les fois que les besoins de la nation rendront leur réunion nécessaire.

La dépense annuelle de la maison royale sera fixée; la somme qui lui sera assignée sur le trésor royal ne pourra être augmentée; elle n'atteindra pas la moitié de celle qui a été dépensée jusqu'à présent pour le même objet.

La religion catholique sera exclusive en Espagne; il n'en sera toléré aucune autre.

Enfin la junte de gouvernement a de puissants motifs d'espérer que la contribution personnelle établie pour la présente guerre sera considérablement diminuée par l'effet des améliorations que le nouveau gouvernement se propose de faire dans le mode de perception, et parce que la situation militaire et politique de l'Europe, en exigeant les plus grands efforts pour l'augmentation de la marine, permettra de diminuer l'armée de terre.

Ajoutez à cela que des réformes utiles s'opéreront graduellement dans toutes les parties. Le crédit public sera rétabli, la dette consolidée, et éteinte dans un petit nombre d'années. L'administration de la justice sera soumise à des règles immuables; l'autorité souveraine n'en pourra pas suspendre le cours. L'agriculture sera encouragée; le commerce et l'industrie reprendront une nouvelle vigueur; la population sera augmentée; l'armée et la marine seront rétablies dans leur ancien éclat; tous les moyens qui peuvent assurer la félicité publique seront développés en même temps.

Jugez maintenant s'il est de votre intérêt de prendre les armes pour détruire l'œuvre qui doit consolider votre bonheur, celui de vos enfants et de vos neveux, et si ceux qui souffrent parmi vous le feu de la sédition sont de vrais Espagnols, des amis de leur patrie. Eh bien, Espagnols, tel, cependant, est le sort qui vous est préparé, si vous maintenez parmi vous la tranquillité et le bon ordre, si vous vous unissez de cœur à votre gouvernement et à vos autorités locales. Animés tous du désir de faire le bien, vous touchez au moment d'être heureux. Mais, si vous méprisez cet avis salutaire que vous donne la junte de gouvernement, craignez la juste colère d'un monarque aussi sévère quand il faut punir une obstination aveugle et inutile, que généreux et prompt à pardonner un moment d'erreur. Ignorez-vous que déjà de nombreuses armées françaises sont entrées en Espagne? Ne savez-vous pas que d'autres armées aussi nombreuses s'acheminent vers vos frontières? Les provinces qui ne rentreront pas sur-le-champ dans leur devoir seront occupées par les troupes françaises et traitées avec toute la rigueur des lois militaires. Déjà le lieutenant général du royaume a donné des ordres pour faire marcher plusieurs divisions et punir les soulevés. Mais la junte de gouvernement a voulu soustraire à des dangers inévitables les provinces dans lesquelles il a été commis quelques désordres; elle a demandé pour elles, elle a offert en leur nom de reconnaître leur erreur et de rentrer dans l'ordre. Son Altesse Impériale et Royale a daigné accueillir ses prières avec bonté; elle a suspendu le châtiment des le général Verdier, sur Logroño; que le général Lefebvre marchait sur Tudela, d'où ses coureurs inondent la plaine de Saragosse. J'attends le résultat de tous ces événements.

Je vous ai envoyé hier la proclamation[1] qui nomme le Roi. Je vous la renvoie aujourd'hui, de peur qu'elle n'ait été interceptée.

Je vois, par la lettre du général Dupont, qu'il a dû entrer aujourd'hui à Cordoue; il est probable qu'à l'heure qu'il est il se sera passé des événements sur quatre points.

J'ai trouvé la marche de Moncey bien lente et bien ridicule. Je vous ai déjà mandé que, si Cuenca n'a pas une grande route qui conduise à Valence, il est nécessaire que le maréchal Moncey se dirige sur cette ville directement. J'avais envoyé directement l'ordre au général Chabran de se porter sur Tortose.

D'après la minute. Archives de l'Empire.

14072. — A JOACHIM, GRAND-DUC DE BERG,
LIEUTENANT GÉNÉRAL DU ROYAUME D'ESPAGNE, À MADRID.

Bayonne, 8 juin 1808, quatre heures après midi.

Lebrun arrive à l'instant même; il m'apporte votre lettre du 5 juin à

coupables; mais il sera terrible si les insinuations perfides des malveillants ont plus de pouvoir sur l'esprit des Espagnols que la voix paternelle de leurs magistrats, de leurs ministres et de tous leurs chefs suprêmes, militaires et civils.

Madrid, ce 3 juin 1808.

Signé : don Sébastien Piñuela, conseiller d'état, ministre de grâce et justice; don Gonzalo O'Farrill, conseiller d'état, ministre de la guerre; le marquis Caballero, conseiller d'état, gouverneur du conseil des finances; le marquis de Las Amarillas, conseiller d'état, doyen du conseil de la guerre; don Pedro Mendinueta, conseiller d'état, lieutenant général des armées; don Arias Antonio Mon et Velarde, doyen du conseil de Castille et gouverneur par intérim; le duc de Grenade, président du conseil des Ordres; don Gonza José de Vilches, membre du conseil et chambre de Castille; don José de Navarro et Vidal et don Francisco Xavier Duran, membres du même conseil, le premier avec les honneurs de la même chambre; don Nicolao de Sierra, fiscal du conseil de Castille; don Garcias Gomez Xara, membre du conseil des Indes; don Manuel Vicente Corres, consul, fiscal du conseil des finances; don Ignacio de Alava, lieutenant général et membre du conseil de marine; don Joaquin Maria Sotelo, fiscal du susdit conseil de la guerre; don Pablo Arribas, fiscal de la salle des alcades de Corte, et don Pedro de Mora et Lomas, corrégidor de Madrid.

Extrait du Moniteur du 18 juin 1808.

[1] Voir page 320.

onze heures du soir. J'attends avec intérêt d'apprendre l'événement qui aura lieu le 7 à Cordoue. Je vois que vous avez envoyé le général Frère sur Ségovie ; peut-être serait-il nécessaire de le diriger sur Valladolid. Cette force est nécessaire pour contenir le royaume de Léon et protéger le Ferrol que les Anglais essayeront sans cela d'enlever.

Voici les événements qui se sont passés, que vous saurez probablement déjà. Le général Lasalle est arrivé le 6 au soir à Torquemada, où il a trouvé le pont gardé par 1,200 rebelles. Son piquet d'avant-garde, composé de 100 hommes d'infanterie et de 50 chasseurs à cheval, a dissipé ce rassemblement, a enlevé le pont et sabré une cinquantaine de rebelles. Le général Lasalle a continué sa marche sur Palencia, où il a dû arriver le 7 et avoir une affaire.

Le maréchal Bessières a jugé convenable de se porter sur Valladolid pour appuyer le général Lasalle ; je suppose qu'il arrivera le 9 dans cette ville. Aussitôt que Palencia et Valladolid auront été mis à la raison, il devra marcher sur Santander. Il est donc utile que, l'affaire de Ségovie terminée, le général Frère continue sans délai sa marche dans la direction de Valladolid.

Le général Verdier s'est porté le 6 sur Logroño, et y a trouvé 2,000 révoltés ayant sept pièces de canon. Il les a chargés, en a tué 3 ou 400, leur a pris les sept pièces de canon et est entré dans la ville, où il a trouvé 80,000 cartouches. Logroño est entièrement rentré dans l'ordre. Nous n'avons eu dans ces affaires que trois ou quatre hommes blessés.

J'attends des nouvelles du général Lefebvre, de Tudela, des courses de ses patrouilles dans la plaine de Saragosse. Il a dû arriver à Tudela le 6.

Je vous ai mandé que je désirais que vous fissiez marcher une colonne de Madrid sur Saragosse, composée de 3 à 4,000 hommes d'infanterie et de 500 chevaux avec du canon. Cette force, se joignant au général Lefebvre, pourra être suffisante pour rétablir l'ordre de ce côté. C'est un point bien important à calmer.

Le roi d'Espagne est ici depuis hier. Je vous envoie un article qu'il faut faire mettre dans *la Gazette de Madrid*, dans tous les autres journaux, et répandre partout. Vous y ajouterez que le projet de constitution a été remis à une députation de la junte qui le discute avec l'Empereur et le Roi; que toutes les villes et provinces auront des députés aux Cortès; et qu'après avoir conféré quelques jours avec l'Empereur pour arrêter les bases de la constitution, le Roi compte aller à Madrid.

D'après la minute. Archives de l'Empire.

14073. — A M. DE TALLEYRAND, PRINCE DE BÉNÉVENT,
VICE-GRAND ÉLECTEUR, À VALENÇAY.

Bayonne, 9 juin 1808.

Le roi de Naples est arrivé hier ici. Il est reconnu roi d'Espagne, et il va partir pour Madrid. Il a déjà reçu le serment de plusieurs grands d'Espagne qui sont ici, de la députation du conseil de Castille, du conseil des Indes, de l'Inquisition, etc.

Il y a eu des mouvements dans plusieurs provinces d'Espagne. Le général Dupont, avec 15,000 hommes, est entré à Séville, où l'étendard de la révolte a été arboré. Le capitaine général de l'Andalousie, le général Solano, le commandant du camp de Gibraltar, se sont bien conduits. L'entrée du général Dupont à Séville et les événements qui en ont été le résultat ont tranquillisé l'Andalousie.

Saragosse a levé aussi l'étendard de la révolte; mais une colonne de 10,000 hommes a passé l'Èbre à Tudela pour marcher sur cette ville.

Le maréchal Moncey est entré à Valence.

Le maréchal Bessières a envoyé le général Merle à Santander.

Tous ces petits événements ont été calmés par le mouvement que se sont donné les principaux habitants des villes du royaume; et, plus que tout cela, l'arrivée du Roi achèvera de dissiper les troubles, d'éclairer les esprits et de rétablir partout la tranquillité.

Je vous écris tout cela pour votre gouverne; gardez-en le secret, si l'on ne sait rien de cela à Valençay; mais vous pouvez vous servir de ces renseignements, si l'on avait reçu quelques lettres et que l'on conçût quelques folles espérances. Toutefois il faut que vous vous donniez de nouveaux soins pour faire surveiller autour des princes.

La mort du roi d'Angleterre, que le roi de Hollande m'a annoncée par une lettre du 2 juin, a répandu ici une vive joie; pourvu, toutefois, que cette nouvelle soit sûre.

Ces raisons font qu'il n'est pas encore temps que vous quittiez votre campagne.

D'après la minute. Archives de l'Empire.

14074. — NOTE POUR LE MINISTRE DU TRÉSOR PUBLIC[1].

Bayonne, 9 juin 1808.

Sa Majesté ne se trouve pas assez éclairée pour prendre un parti.

La cour des comptes doit juger tous les comptes. Pourquoi ne les juge-t-elle pas depuis 1791 jusqu'à l'an VI? Pourquoi lui faut-il, à cet égard, un nouveau décret?

Si un décret de l'an VIII a été rendu sur cette matière, il reste à demander pourquoi, en l'an VIII, on a soustrait ces comptes à la Comptabilité nationale. La question qui a été décidée alors était la même que celle qu'on propose de décider aujourd'hui. Il faut donc mettre sous les yeux de Sa Majesté le rapport qui lui a été fait en l'an VIII et le décret qui en a été la suite.

En raisonnant d'après les principes généraux, on ne comprend pas comment il a pu être question de choisir entre le trésor public et la Comptabilité pour donner le *quitus* à des comptables; on ne voit point de connexité entre le trésor et la cour des comptes. L'un ne peut jamais suppléer l'autre, et la cour des comptes doit vérifier ce qui a déjà été vérifié par le trésor. Ainsi tous les comptables sont vérifiés au trésor, qui représente le propriétaire. Si les receveurs et les payeurs n'étaient vérifiés par le trésor, le trésor ne connaîtrait point ses comptes et la situation de ses affaires. Lorsqu'ils cessent leurs fonctions, ils ont besoin d'un acquit de la cour des comptes. C'est d'abord une vérification de

[1] M. Mollien, ministre du trésor public, proposait à l'Empereur de placer sous la surveillance de la cour des comptes les quatre bureaux chargés de la liquidation des comptabilités arriérées; ces bureaux dépendaient du trésor public; il y avait à la cour des comptes des bureaux distincts faisant, en même temps, la même vérification. A la proposition du ministre était joint un projet de décret relatif à la comptabilité arriérée antérieure à l'an VI.

chiffres dont la nécessité a été reconnue pour attirer une certaine crainte aux comptables et leur faire connaître que, quand bien même ils parviendraient à abuser le trésor en posant mal les chiffres, ils ne seraient point encore à couvert, puisque l'arrêté de leurs comptes n'est que conditionnel et qu'il est encore suivi d'une révision.

On a eu encore un autre objet; on a voulu être certain que les pièces justifiaient la dépense. Le trésor a peu d'intérêt à savoir si les pièces dont il a le bordereau sont d'une même nature que la dépense; cela regarderait davantage le ministre du département par lequel la dépense a été ordonnancée. Aussi ce ministre s'est-il probablement assuré que la pièce était véritablement celle de la dépense; mais, comme ses bureaux sont ordonnateurs et parties, qu'ils sont toujours pressés et commandés par le service courant, on a voulu, avant que le compte fût définitivement déchargé, s'assurer que la pièce était régulière, qu'elle n'était pas fausse, qu'elle était celle de la dépense et de même nature que la dépense portée dans le bordereau. On s'est enfin proposé un troisième objet, c'est d'être certain qu'aucun des crédits ministériels n'a été dépassé et que les règlements ont été suivis.

Ces trois vérifications attribuées à la Comptabilité n'empêchent pas le trésor public de veiller à l'exécution des budgets et de faire ses comptes avec la Comptabilité, ni les ministres d'avoir leur comptabilité particulière.

Si les choses sont ainsi, la trésorerie doit avoir vu et vérifié toutes les pièces de la comptabilité arriérée, comme celles des autres comptabilités. Si les pièces et comptes arriérés n'ont pas été vérifiés, ils n'auraient pu l'être que par une commission dépendante du trésor et agissant pour son compte; mais cette commission ne pourrait donner de *quitus*, et son travail fait pour l'intérêt du trésor aurait dû passer à la cour des comptes. Le trésor seul est apte à régler le compte d'un comptable, c'est-à-dire à admettre ce qu'admettrait un propriétaire réglant avec son caissier. La cour des comptes n'est point apte à cela: elle n'a pas le droit de dire que dans tel mois et pour telle opération on ne devait prendre que 2 pour 100; que tel escompte a été trop fort; que tel payement devait être fait en telle ou telle valeur; toutes ces choses regardent le propriétaire ou le trésor, et ne regardent point la cour des comptes. Quand le représentant du propriétaire a reconnu que la somme à la charge du comptable faisait 4, que la dépense faisait 4, que les pièces de cette dépense étaient de la même nature que cette dépense, l'action de la cour des comptes commence. Il lui appartient de dire : la somme ne fait pas 4, les pièces ne font pas 4, elles sont fausses, ou elles ne sont pas de nature à être appliquées à la dépense classée dans le budget.

On sent qu'en agissant ainsi, la cour des comptes non-seulement juge le compte et la question de savoir si le comptable doit avoir son *quitus*, mais aussi elle n'agit en même temps que pour le profit de la trésorerie; et cette dernière partie de son action a paru tellement délicate, qu'elle n'a pas le droit de décider sur autre chose que le *quitus* du comptable, et que, sur tout le reste, elle ne peut qu'informer le ministre des résultats qu'elle a obtenus. Tels sont ses principes.

Si les comptes à réviser l'avaient déjà été par la trésorerie, et si l'on n'avait pour objet que d'arriver à déclarer que la somme fait 4, que la dépense fait 4, et que les pièces sont de même nature que la dépense, pourquoi, en l'an VIII, a-t-on fait prendre un décret pour soustraire cette opération à la Comptabilité? Par ses attributions générales et antérieures, ne s'est-elle pas trouvée saisie de cette matière? Mais si, au contraire, les comptes n'avaient pas été arrêtés à la trésorerie, que par l'effet du désordre du temps, les escomptes n'avaient pas été fixés et le dénominateur déterminé; si enfin le compte du propriétaire avec son caissier n'avait pas été fait, la Comptabilité n'était pas propre à cette opération. Le trésor devait établir son jugement d'escompte avec la partie et donner une valeur à chaque objet. C'est alors seulement que la Comptabilité pourrait intervenir pour vérifier la somme, l'identité de la somme, des pièces, et la validité des pièces.

Sa Majesté est portée à croire que la comptabilité à laquelle on veut pourvoir est dans cette dernière hypothèse, puisque le conseil, à qui ces idées ne sont point étrangères, a pensé qu'il y avait lieu à l'établissement d'une commission. Cependant Sa Majesté n'est point assez éclairée. Elle désire un rapport sur les motifs, la nécessité, les convenances de la mesure proposée, et même sur les principes énoncés dans ces notes.

D'après la copie. Archives des finances.

14075. — A M. CRETET,
MINISTRE DE L'INTÉRIEUR, À PARIS.

Bayonne, 10 juin 1808.

Monsieur Cretet, j'ai signé le décret que vous m'avez présenté pour la réunion de Pontremoli, Bagnone et Fivizzano au département des Apennins. Je n'ai pas jugé à propos de signer celui relatif à la cession de Pietra-Santa, Barga, etc. à la principauté de Lucques, parce que je pense que cela doit être compris dans le décret qui déterminera les limites de cette principauté avec le royaume d'Italie et la France, et que ces pays peuvent servir dans le traité que fera le ministre des finances pour enfermer une partie du territoire de Lucques dans la nouvelle ligne des douanes, moyennant une indemnité. Voyez pour cela le ministre des finances.

Quant à la réunion au département des Apennins de Fosdinovo, Villafranca, etc. il n'y a pas de doute qu'il faut terminer cela le plus tôt possible. Présentez-moi le projet de convention.

NAPOLÉON.

D'après la copie. Archives de l'agriculture, du commerce et des travaux publics.

14076. — AU GÉNÉRAL CLARKE,
MINISTRE DE LA GUERRE, À PARIS.

Bayonne, 10 juin 1808.

Faites partir en poste de Paris deux bataillons de la garde de Paris; chaque bataillon de quatre compagnies; chaque compagnie de 140 hommes; et, si cela n'est pas possible, n'en faites partir qu'un, composé de six compagnies, chacune de 140 hommes. Arrangez-vous de manière que ce bataillon arrive ici en dix ou douze jours.

Pour ne pas faire trop de bruit à Paris, ce régiment peut faire la première marche à pied, comme d'ordinaire, et ne prendre les voitures qu'à une journée de Paris. Ces forces, avec celles que je fais venir de Rennes, me feront ici une réserve de 3 à 4,000 hommes de vieilles troupes, qui peuvent me devenir utiles.

D'après la minute. Archives de l'Empire.

14077. — AU GÉNÉRAL CLARKE,
MINISTRE DE LA GUERRE, À PARIS.

Bayonne, 10 juin 1808.

L'établissement du port militaire de la Spezia est un objet de grande importance. Ce que la guerre a à faire consiste en trois choses : 1° les batteries de côte; 2° les fortifications à faire pour mettre l'arsenal de la marine en état de défense; 3° les établissements militaires. J'ai déjà pris un décret pour les batteries de côte. Après les nouveaux renseignements que j'ai reçus, je me décide à faire placer une batterie sur le cap Maralunga. Quant aux établissements du côté de terre, il paraît que la nature se prête à tout dans cette excellente position, et que le tout se réduit à l'occupation de Castellana et à fermer la presqu'île sur le point culminant. Les établissements militaires, soit pour l'artillerie, soit pour le génie, pour les hôpitaux, les magasins à poudre, les casernes, la boulangerie, doivent être coordonnés avec les établissements de la marine de manière à ne pas les gêner, et aussi avec la population que doivent attirer les nouvelles destinées de la Spezia; il faut qu'il y ait des locaux pour la préfecture, les tribunaux, la prison, la halle, l'église, et pour les habitations de tous les particuliers, de sorte que, dans l'emplacement de la ville actuelle de la Spezia et autour du golfe, toute bâtisse soit défendue, et que les habitants soient tenus de bâtir dans les emplacements qui seront désignés dans l'intérieur des fortifications. La marine prenant pour elle les cales de l'anse des Grâces et de l'anse de Varignano, il restera pour la guerre et pour le civil la cale de Porto-Venere et l'anse de Castagna. Il est nécessaire que vous vous entendiez avec les ministres de l'intérieur et de la marine, et que vous chargiez un ingénieur militaire, le ministre de l'intérieur un ingénieur des ponts et chaussées, et le ministre de la marine un administrateur de la marine bien au fait des besoins de son service, de se concerter pour disposer le local de la manière la plus convenable.

D'après la minute. Archives de l'Empire.

14078. — AU VICE-AMIRAL DECRÈS,
MINISTRE DE LA MARINE, À PARIS.

Bayonne, 10 juin 1808.

Monsieur Decrès, l'expédition de Nantes doit être composée de six frégates armées en guerre (il faut ordonner qu'elles soient toutes à l'eau avant le 15 juillet), de deux flûtes faisant 1,600 tonneaux, de deux gabares faisant 500 tonneaux (en construction, qui sont aux 14 vingt-quatrièmes et qu'il faut mettre à l'eau), et enfin de deux ou trois transports faisant 1,000 tonneaux. L'expédition de Lorient doit être composée de trois vaisseaux, de quatre frégates, de deux corvettes, de deux frégates armées en flûte et de deux gabares ou bâtiments de transport faisant 600 tonneaux. Il y a deux transports à Lorient qui ont ce tonnage.

L'état ci-joint vous fera connaître comment je conçois l'opération. L'expédition de Nantes serait composée de 12 voiles; celle de Lorient de 13; celle de Brest de 31; total, 56 voiles. Ces trois expéditions porteraient 10.600 marins et 19,600 soldats; total, 30,000 bouches. Elles porteraient 4,800,000 rations complètes de vivres, et 280,000 rations seulement de biscuit, et enfin près de 40,000 quintaux de farine, ce qui ferait du pain pour toute l'expédition pendant trois cents jours ou dix mois. savoir: cent vingt jours de vivres de campagne pour tout le monde pour aller, cent jours pour revenir, vingt jours de biscuit pour débarquer avec l'armée, et 40,000 quintaux de farine à débarquer pour servir d'entrepôt pour pourvoir à tous les besoins. 4,800,000 rations de vivres de campagne à 20 sous feraient 4,800,000 francs; 300.000 rations de biscuit et d'eau-de-vie à 10 sous feraient 150,000 francs; 40,000 quintaux de farine à 15 francs feraient 600,000 francs; ce qui ferait un total de 5,550,000 francs pour les vivres. Cette dépense doit être partagée partie sur l'ordinaire et partie sur l'extraordinaire. L'ordinaire peut payer la dépense des vivres pour 10,000 matelots pendant deux cents jours.

c'est-à-dire de deux millions de rations qui coûteraient deux millions de francs. La dépense qui serait supportée par l'extraordinaire pour les vivres serait donc de 3,550,000 francs. Il y aurait peu de bâtiments à acheter; mais en mettant, soit pour achats et réparations, soit pour activer la mise à l'eau des flûtes, transports ou gabares qui n'auraient pas dû être achevés cette année, 2,500,000 francs, l'extraordinaire de l'expédition serait de six millions.

NAPOLÉON.

D'après l'original comm. par Mme la duchesse Decrès.

14079. — AU VICE-AMIRAL DECRÈS,
MINISTRE DE LA MARINE, À PARIS.

Bayonne, 10 juin 1808.

Vous trouverez ci-joint un mémoire que je reçois sur la Spezia. Il paraît que l'opinion est unanime pour convertir le lazaret en magasin de la marine. J'ai pris un décret pour le mettre à votre disposition et pour placer au fort Sainte-Marie les établissements d'artillerie et du port. La construction du quai, que propose l'officier de marine pour l'établissement de six nouvelles cales, est un projet à méditer; mais les deux cales provisoires peuvent d'abord être établies. Vous enverrez copie de ce mémoire au ministre de la guerre, que j'en préviens, en lui donnant l'ordre de faire faire les travaux nécessaires pour l'occupation du point culminant de Castellana. Il paraît que, moyennant une bonne occupation de ce point, on sera à l'abri de tout.

Ce golfe de la Spezia est en vérité merveilleux sous tous les points de vue.

D'après la minute. Archives de l'Empire.

14080. — A ALEXANDRE, PRINCE DE NEUCHÂTEL,
MAJOR GÉNÉRAL DE LA GRANDE ARMÉE, À BAYONNE.

Bayonne, 10 juin 1808.

Mon Cousin, envoyez un courrier à Pampelune pour annoncer les différents envois de troupes et d'artillerie qui se sont faits sur cette place depuis dix jours. Vous réitérerez l'ordre que ces troupes soient envoyées à Tudela sous les ordres du général Lefebvre, en gardant à Pampelune les 600 hommes faisant partie des deux derniers envois, composés d'hommes isolés, d'une compagnie du 1ᵉʳ régiment de la Vistule et des compagnies du dépôt des régiments provisoires. Il placera ces hommes dans la citadelle, en les consignant et les faisant travailler jour et nuit à leur instruction, pour les dégourdir. La colonne du général Lefebvre devra être forte, par ce moyen, de 5,000 hommes d'infanterie, de 1,000 hommes de cavalerie et de quatorze pièces d'artillerie. Avec cette force il doit avoir passé l'Èbre et dépassé Tudela, et s'approcher de Saragosse.

Nous sommes sans nouvelles de Pampelune ni du général Lefebvre depuis le 6. Le général Lefebvre a dû être le 7 à Tudela. Il est nécessaire que le général d'Agoult renforce son corps, afin qu'il se trouve en mesure, s'il est nécessaire qu'il occupe Saragosse, où, de son côté, le grand-duc de Berg a fait marcher des troupes de Madrid. Vous annoncerez au général d'Agoult que le général de division Grandjean, avec 2,000 hommes d'infanterie et une division d'artillerie, va se mettre en marche pour se rendre à Pampelune, et que, successivement, il va recevoir les 2ᵉ et 3ᵉ compagnies du dépôt des régiments provisoires; que ce bataillon de 600 hommes dont 200 sont déjà à Pampelune, tout composé de jeunes soldats, ne doit point sortir de la citadelle, mais doit servir de fondation à sa garnison et y être constamment exercé. Des cartouches et de la poudre ont été envoyées à Pampelune; il doit y avoir des obusiers. Demandez au général d'Agoult de vous faire connaître ce dont il a besoin pour mettre en état la citadelle de Pampelune.

D'après la minute. Dépôt de la guerre.

14081. — A ALEXANDRE, PRINCE DE NEUCHÂTEL,
MAJOR GÉNÉRAL DE LA GRANDE ARMÉE, À BAYONNE.

Bayonne, 10 juin 1808.

Mon Cousin, envoyez l'ordre au commandant de la 12ᵉ division militaire de diriger en toute diligence sur Bordeaux, pour y former un bataillon provisoire, une compagnie du 82°, une compagnie du 66°, une du 31° léger et une du 26° de ligne, chaque compagnie de 140 hommes, ce qui portera ce bataillon à 560 hommes. On nommera un des chefs de bataillon de ce corps pour commander ce bataillon provisoire. Donnez ordre au régiment toscan qui est à Avignon de se diriger sur Perpignan ; donnez de même ordre aux dragons toscans.

Donnez ordre au sénateur Lamartillière de partir de Bordeaux avec les gardes nationales qu'il a à sa disposition, et de se porter sur Pau pour garder les frontières des Pyrénées contre les incursions des bandes de miquelets ou de bandits qui se formeraient en Aragon. Le général Lamartillière fera comprendre aux gardes nationales que leur but est de défendre les vallées françaises des coups de main des bandes que l'absence de gouvernement en Espagne a mises dans le cas de se former. Le général Lamartillière arrivera à Pau sans retard et là vous fera connaître sa situation. Il aura soin de mener avec lui de Bordeaux 150,000 cartouches et les pierres à fusil nécessaires.

Faites-moi connaître ce qu'ont répondu les préfets des quatre départements frontières sur la formation des quatre colonnes de gardes nationales destinées à défendre les frontières et à protéger les vallées françaises.

Envoyez au sous-préfet de Saint-Jean-Pied-de-Port, au préfet de Tarbes, au préfet de Foix et au préfet de Perpignan, cent exemplaires de chacune des proclamations de la junte de Madrid et de l'assemblée de Bayonne, pour qu'ils les répandent sur toute la frontière.

NAPOLÉON.

D'après l'original. Dépôt de la guerre.

14082. — A EUGÈNE NAPOLÉON,
VICE-ROI D'ITALIE.

Bayonne, 10 juin 1808.

Mon Fils, je suppose que vous avez envoyé quelqu'un de confiance pour voir si ce rassemblement de troupes autrichiennes du côté de la Piave est vrai, et que, dans ce cas, vous en aurez écrit à mon ministre à Vienne.

Cependant, je suis bien avec la cour de Vienne, et cette nouvelle me paraît si peu vraisemblable que ce n'est que parce que vous me citez un fait que je vous réponds.

NAPOLÉON.

D'après la copie comm. par S. A. I. Mme la duchesse de Leuchtenberg.

14083. — A JOACHIM, GRAND-DUC DE BERG,
LIEUTENANT GÉNÉRAL DU ROYAUME D'ESPAGNE, À MADRID.

Bayonne, 10 juin 1808, quatre heures du soir.

Vous trouverez ci-joint des lettres du général Duhesme. Réitérez-lui l'ordre de faire marcher le général Chabran sur Valence. Je suppose que le général Moncey aura continué sa marche et sera enfin entré dans cette ville.

Je vous ai annoncé hier l'arrivée du roi d'Espagne. Votre garde fait le service auprès de lui. Ce prince a déjà fait sa proclamation et différents actes qui vous seront envoyés ce soir.

Je suppose que vous aurez fait marcher sur Saragosse et Valladolid. J'attends avec impatience des nouvelles des événements de Cordoue. Le régiment de marche n'a pas pu être à Somo-Sierra, puisqu'il n'a pas bougé d'Aranda. La dernière lettre que j'ai reçue de vous est du 5 à onze heures du soir.

Voici l'adresse des députés qui sont ici[1].

Faites passer la lettre ci-jointe à l'archevêque de Tolède[2].

P. S. Un de vos aides de camp arrive à l'instant et m'apprend que vous êtes retombé malade pour être sorti trop tôt; mais la consultation des médecins me rassure, et j'espère que vous êtes debout à l'heure qu'il est. Jamais les circonstances n'ont rendu cela si nécessaire.

La lettre du chef d'escadre Valdès vous fera sentir combien il est important d'arriver à Valence.

D'après la minute. Archives de l'Empire.

---

[1] Voir la note de la pièce 14066. — [2] Voir pièce n° 14067.

14084. — A ALEXANDRE, PRINCE DE NEUCHÂTEL,
MAJOR GÉNÉRAL DE LA GRANDE ARMÉE, À BAYONNE.

Bayonne, 11 juin 1808.

Mon Cousin, les gardes nationales dont je vous parlais dans ma lettre d'hier sont les 2 ou 300 hommes des compagnies départementales que le préfet des Hautes-Pyrénées doit joindre à la colonne du général Ritay; mais je désire que, indépendamment de ces gardes départementales, il soit formé un bataillon de gardes nationales, organisé en quatre compagnies composées d'un capitaine, d'un lieutenant, d'un sous-lieutenant, d'un sergent-major, de 4 sergents, d'un caporal-fourrier, de 8 caporaux, de 2 tambours et de 120 soldats, commandé par un chef de bataillon et un adjudant-major, ce qui ferait 560 hommes. Je charge le préfet de nommer les officiers et sous-officiers de ce bataillon ainsi que le commandant, provisoirement, en choisissant des hommes qui aient fait la guerre. Ce bataillon se rendra au quartier général du général Ritay, qui le fera sur-le-champ payer comme troupes de ligne. Par ce moyen, le général Ritay aura ce bataillon, une compagnie de gendarmes, 300 Portugais, et 200 hommes de la réserve départementale, ce qui lui fera environ 1,200 hommes. Donnez des ordres pour qu'on organise à Toulouse deux pièces de 4 attelées, et qu'on les fasse partir pour Tarbes pour servir à la colonne du général Ritay.

Quant à la colonne de l'adjudant commandant Lomet, je désire également que, indépendamment des compagnies départementales, de la compagnie de gendarmerie et des 300 Portugais qui la composent, le préfet des Basses-Pyrénées forme un bataillon organisé de même que celui des Hautes-Pyrénées; ce qui portera la colonne de l'adjudant commandant Lomet à 1,200 hommes. Le préfet choisira également de préférence des hommes qui aient servi, et nommera sans délai les officiers de ce bataillon, qui sera payé en arrivant au quartier général de l'adjudant commandant Lomet. Vous ordonnerez que ces deux colonnes aient leurs vivres de campagne.

Recommandez à l'adjudant Lomet d'avoir au couvent de Roncevaux un poste commandé par un officier, qui correspondra avec lui pour lui faire connaître ce qu'il apprendrait de nouveau et veiller à assurer la route.

Recommandez à l'un et à l'autre des commandants de colonne de tenir les Portugais en seconde ligne, afin d'empêcher qu'ils ne communiquent avec les Espagnols, et d'avoir, indépendamment des cartouches que chaque homme doit avoir, une réserve suffisante pour donner une quarantaine de cartouches à chaque homme.

J'attendrai la réponse des préfets de Tarbes et des Basses-Pyrénées, et, si cela peut se faire sans difficulté, je prendrai les mêmes mesures pour les deux autres départements des Pyrénées et pour les quatre départements qui viennent en seconde ligne; ce qui me ferait une force assez importante. Vous ferez connaître aux deux préfets de Tarbes et de Pau qu'il est nécessaire que les fusils soient procurés par les gardes nationales des villes, et que les hommes marchent avec leur uniforme, jusqu'à ce qu'on puisse leur en faire faire un. Vous demanderez à ces préfets si, en leur fournissant l'argent, ils pourraient les faire faire eux-mêmes, et combien il faudrait pour chaque homme. Il faudrait que cet uniforme consistât en casaques légères, propres à la guerre des montagnes. Ordonnez que l'on fasse à Pau 50,000 rations de biscuit et autant à Tarbes. La colonne des gardes nationales du sénateur Lamartillière va arriver à Pau; elle est de 3,000 hommes. Il y aura donc entre Tarbes et Pau bientôt 6,000 hommes; il est nécessaire qu'il y ait des manutentions pour ce nombre d'hommes.

Faites-moi connaître où le général Ritay et l'adjudant commandant Lomet ont placé leur quartier général.

NAPOLÉON.

D'après l'original. Dépôt de la guerre.

14085. — NOTE SUR LA SPEZIA.

Bayonne, 11 juin 1808.

L'Empereur a reçu le mémoire sur la Spezia avec le plan qui y était joint. Voici ce qu'il désire :

Il faut faire le projet pour occuper Maralunga par une batterie fermée à la gorge et défilée à la hauteur, de manière qu'une centaine d'hommes puissent se tenir là pendant le temps du blocus et ne céder qu'à la tranchée ouverte et après les premiers procédés d'un siége.

D'ailleurs l'Empereur ne croit pas qu'il faille occuper le fort Sainte-Thérèse autrement que par une batterie de côte. Il paraît que le fort existant doit être à l'abri d'un coup de main. On en a déjà demandé le profil.

Il y a 1,500 toises du fort Sainte-Thérèse au fort Sainte-Marie. C'est une distance fort raisonnable. Il y en aurait 2,000 du fort Sainte-Thérèse à l'entrée de Porto-Venere. A quoi aboutirait la dépense d'un million du côté du fort Sainte-Thérèse? L'ennemi établira ses batteries à 500 toises de ce fort et serait tout aussi près de l'anse des Grâces et enverrait des bombes et boulets perdus dans cette anse. Il faut donc reconnaître qu'il n'y a aucun moyen d'empêcher un ennemi très-supérieur de placer des batteries à 15 ou 1,600 toises du fond de l'anse des Grâces; mais, outre que cette distance est déjà considérable, on pourrait se retirer alors dans le Porto-Venere. Ainsi les choses sont satisfaisantes sous ce dernier point de vue.

A cette observation s'en joint une autre. Quand on occuperait la côte orientale par quatre ou cinq forts, empêcheraient-ils l'ennemi d'y établir des batteries sur la tour de Pitelli ou de San-Vito et de se trouver également à 1,500 toises de l'anse des Grâces?

Il faudrait donc étendre les fortifications de manière à garder tout le pourtour du golfe, ce qui est une combinaison impossible, d'une dépense immense et qui annulerait la défense pour être trop étendue.

Ainsi, si le projet de fortification pour la Spezia est de 3,600,000 francs, il faut d'abord supprimer cet article du projet.

Tout se réduit donc, pour la côte orientale, à envoyer des plans et profils qui fassent bien connaître la situation actuelle des forts Sainte-Thérèse, Lerici, Barthélemy et Maralunga. Il faut que ces points importants soient occupés par des batteries fermées, de très-peu de dépense, et qui soient à l'abri d'un coup de main; il faut qu'une centaine d'hommes puissent y résister longtemps à un millier d'hommes, jusqu'à ce qu'ils reçoivent des renforts, ou jusqu'à ce qu'on envoie de la place pour les évacuer et retirer l'artillerie, si la supériorité de l'ennemi est trop décidée. Voilà les projets qu'il faut faire pour remplir les intentions de l'Empereur sur la côte orientale.

Quant à la côte occidentale, on a déjà demandé le plan sur une grande échelle de l'extrémité de la presqu'île. Il faut faire faire ce plan avec des cotes et y tracer le projet tel qu'on l'entend, après l'avoir médité de nouveau plusieurs jours sur le terrain.

Le projet doit remplir ces conditions, que cela soit capable de la plus grande résistance, telle qu'on doit l'attendre de toutes les ressources de l'art, afin qu'on puisse venir, soit par terre, soit par mer, au secours de la place, avant qu'on se soit emparé des ouvrages; quarante ou cinquante ou soixante jours de tranchée ouverte est la force qui paraît être nécessaire; ce qui donnera trois ou quatre mois de temps. Ce port est destiné à renfermer des approvisionnements considérables; il faut que la défense y soit proportionnée. On ne pense pas que, pour arriver au but de l'Empereur, un million ou les 1,500,000 francs proposés soient suffisants; mais qu'il faille deux, ou trois, ou quatre, ou cinq millions, cela est indifférent; il faut ce qu'il faut.

Mais, comme ce port ne doit avoir d'intérêt que progressivement, que les travaux ne doivent être faits que progressivement, l'art consiste à diviser le projet et la dépense par articles de 500,000 francs. Ainsi le projet doit faire connaître quel doit être l'emploi des 500,000 francs qu'on suppose devoir être l'emploi de la première campagne, et qu'on puisse dire quelle résistance on pourrait opposer, si l'on était prévenu, un mois ou deux d'avance, qu'on serait attaqué et assiégé par une armée ennemie.

Le deuxième article du projet doit être l'emploi des seconds 500,000 francs; on aurait alors employé un million. Il faut faire connaître également dans quelle situation on se trouverait si on était prévenu qu'on serait attaqué.

Si le projet doit coûter cinq millions, il faut donc le diviser en dix articles. On n'a pas besoin de dire qu'après avoir dépensé ces premiers

500,000 francs on doit se trouver en situation telle que l'ennemi soit obligé à un siége régulier, c'est-à-dire que Castellana doit être occupée par des ouvrages de fortification permanente et l'isthme fermé.

On fera connaître la situation actuelle des forts Sainte-Marie et Pessino. Ces deux forts ne sont d'aucune importance; ils ne peuvent être considérés que comme des batteries de côte fermées à la gorge, ou comme de petites citadelles contre une émeute d'ouvriers ou de matelots d'une escadre.

Il faut pousser de front la défense de l'île de Palmaria. Cette île a près de 3,000 toises de tour; comme elle forme une espèce de trapèze, il faut trois ou quatre batteries, qui croisent leurs feux entre elles. Mais il est difficile de pouvoir espérer de défendre cette petite île sans beaucoup de monde. Il faut donc, dans un point culminant, un réduit qui appuie ces batteries de manière que l'ennemi, venant à débarquer entre elles, ne puisse se maintenir sans prendre le point culminant, qui peut se trouver à trois ou quatre cents toises de tous les points du rivage. Alors, avec 200 ou 300 hommes de réserve dans ce fort intérieur et de petits détachements d'infanterie, avec les canonniers dans chaque batterie, c'est-à-dire moins de 400 ou 500 hommes, on conservera un point si important, et qui, sans fortifications, ne serait point également garanti avec 3,000 hommes de bonnes troupes.

La défense des petites îles de Tino et Tinetto est également importante; il faut là un petit ouvrage de fortification qui, avec une poignée d'hommes, rende ces îles inattaquables.

L'idée d'avoir un fort au milieu du golfe est ridicule et sans aucune espèce de résultat. Les fortifications ne peuvent pas se défendre seules, il faut des hommes; et, s'il y a des hommes aux différentes batteries depuis l'île Palmaria jusqu'au fort Pessino, l'ennemi, qui pourra s'en approcher assez pour faire du mal aux établissements, ne le ferait pas impunément.

La batterie qu'ont démolie les Anglais dans l'île de la Scola ne doit être rétablie qu'autant qu'elle coûterait très-peu; elle n'est qu'à 100 toises de l'extrémité de l'île. Cependant, quoique cette position ne soit pas nécessaire, comme les matériaux doivent exister, six ou huit pièces de canon peuvent être établies à peu de frais.

L'emplacement de la machine à mâter, des établissements de l'arsenal, de la corderie, des établissements de l'artillerie qu'on peut placer au fort Sainte-Marie, se trouve déterminé. Mais un port où l'on aura sept ou huit vaisseaux sur les chantiers, huit à douze vaisseaux en désarmement ou en armement et des établissements aussi considérables, un fond d'état-major et de garnison de 3 à 4,000 hommes, un port qui va se trouver en communication avec le Pô par de grands chemins qu'il est indispensable de faire, est appelé à avoir, en peu d'années, une population de 8 à 10,000 âmes. Elle s'établirait insensiblement dans la ville actuelle de la Spezia, en dehors des fortifications, et serait pour l'ennemi un appui qui lui fournirait des moyens d'abri et de siége contre les fortifications de la Spezia. Il faut donc, soit dans l'anse de Castagna, soit dans celle de Porto-Venere, choisir un bel emplacement pour y tracer une ville de 10,000 âmes.

On sent bien que la nature du terrain, la nature des choses veut peut-être que cette ville ne soit qu'une rue qui longe le rivage, à peu près comme le faubourg de San Pier d'Arena; et, en effet, l'espace, depuis Porto-Venere jusqu'à l'autre côté, a plus de 100 toises de développement. La cale de Castagna jusqu'au fort Sainte-Marie a près de 500 toises de développement. Il faut faire les projets de l'emplacement que doit occuper cette ville dans le lieu le plus favorable, et les faire de manière qu'il y ait de l'espace pour les quais qui pourraient être établis, et même pour des bastions et batteries destinés à se défendre, en supposant l'île de Palmaria enlevée par l'ennemi. Il faut à cette ville une église, un hôpital, une halle, un hôtel de ville, des logements pour le commandant, pour l'état-major, un petit arsenal pour l'artillerie de terre, des casernes pour l'infanterie, un hôpital de terre, une manutention de terre, des magasins, un théâtre, une préture pour les tribunaux, des prisons, un hôtel de préfecture, la Spezia devant être le chef-lieu du département; quelques établissements pour l'instruction publique. Il faut coordonner tout cela, de manière que tout soit prévu d'avance, et que tous les établissements puissent même être défendus par un mur crénelé, soit du côté de terre, soit du côté de mer.

Ce projet est important et doit être établi de suite, afin qu'on puisse défendre de bâtir aucune maison à la Spezia et tout autour du golfe, et obliger à bâtir dans les emplacements déterminés.

Un objet non moins important, c'est l'eau. Il semble, d'après le mémoire, qu'il y a des citernes assez considérables dans le lazaret. Mais il faudrait avoir, dans l'arsenal de la marine et dans la nouvelle ville, des eaux vives qui puissent jaillir en fontaines. Ces montagnes ont-elles des sources? Y a-t-il possibilité d'y faire venir des arbres, et quel devrait être l'emplacement des promenades publiques, de l'esplanade des troupes? Tous ces objets doivent être médités, prévus dans les plans. Si cela est possible, il faut que tout cela soit enfermé dans les fortifications, même les promenades.

On a déjà écrit pour les communications et les chemins. A qui appartient le terrain de l'île de Palmaria et celui compris dans l'enceinte des fortifications? Le terrain est-il couvert d'oliviers, d'arbres, ou sont-ce des montagnes pelées? Dans l'établissement de la marine, il faut désigner un emplacement pour y construire un bassin comme celui de Toulon.

D'après la minute. Archives de l'Empire.

14086. — AU GÉNÉRAL DEJEAN,
MINISTRE DIRECTEUR DE L'ADMINISTRATION DE LA GUERRE, À PARIS.

Bayonne, 12 juin 1808.

Monsieur Dejean, vous avez annoncé depuis un mois 3,000 shakos pour les troupes qui partent de Bayonne, et il n'est rien arrivé; plus de 600 hommes sont déjà partis, et on a été obligé d'en chercher de côté et d'autre. Vous avez annoncé l'envoi de ces shakos par la diligence; ils arriveront quand on n'en aura plus besoin.

NAPOLÉON.

P. S. Pourquoi donc n'exécute-t-on pas vos ordres?

D'après l'original. Dépôt de la guerre.

14087. — A ALEXANDRE, PRINCE DE NEUCHÂTEL,
MAJOR GÉNÉRAL DE LA GRANDE ARMÉE, À BAYONNE.

Bayonne, 12 juin 1808.

Mon Cousin, écrivez au général Ritay, et donnez des ordres pour qu'il soit envoyé de l'argent pour payer les Portugais et la colonne mobile des Hautes-Pyrénées; écrivez au préfet, pour qu'il soit fourni la viande et les vivres de campagne à cette colonne. Écrivez la même chose à l'adjudant commandant Lomet, et envoyez-leur, sans délai, des cartouches.

Écrivez au général Ritay de choisir une position entre Tarbes et Gavarnie pour établir son quartier général, et d'avoir toujours un officier et un détachement de 50 Français sur les cols, pour communiquer avec les vallées et savoir ce qui s'y fait. Vous lui écrirez également de vous faire connaître le lieu où il placera son quartier général. Toutes ses troupes doivent avoir les vivres de campagne. Sa présence est nécessaire pour inquiéter les vallées espagnoles et faire diversion, et aussi pour rassurer les vallées françaises et avoir des renseignements sur ce qui se passe. Tous les jours il doit vous envoyer un rapport. Vous l'instruirez que j'ai demandé au département des Hautes-Pyrénées un bataillon de 560 hommes pour renforcer sa colonne. Vous lui ferez connaître qu'il doit former un petit dépôt de cartouches et un dépôt de vivres suffisant pour pourvoir aux premiers besoins d'une colonne de 1,200 hommes, qu'il doit aller visiter les postes de l'adjudant commandant Lomet. Écrivez la même chose à l'adjudant commandant Lomet: qu'il doit avoir à Bedous un dépôt de vivres et de cartouches, et que j'ai demandé au département des Basses-Pyrénées un bataillon de 560 hommes, voulant réunir là une colonne de 1,200 hommes.

Vous enverrez au général Ritay et à l'adjudant commandant Lomet 150 exemplaires de chacune des proclamations, en espagnol, de la junte de Madrid et de l'assemblée de Bayonne, pour les répandre dans les campagnes, en les adressant aux curés et aux alcades.

Vous instruirez en même temps ces deux officiers supérieurs que le général Lefebvre a passé l'Èbre à Tudela et mis en déroute 12,000 Aragonais, dont 2,000 ont été tués et leurs canons pris.

NAPOLÉON.

D'après l'original. Dépôt de la guerre.

14088. — NOTE POUR M. MARET,
SECRÉTAIRE D'ÉTAT.

Marracq, 12 juin 1808.

L'Empereur désire que M. Maret lui apporte demain, à midi, la note de toutes les pièces à faire imprimer dans *le Moniteur*[1] sur les affaires d'Espagne, depuis les dernières qui y ont été déjà mises, afin qu'elles paraissent toutes dans le même numéro.

D'après la minute. Archives de l'Empire.

14089. — A JOACHIM, GRAND-DUC DE BERG,
LIEUTENANT GÉNÉRAL DU ROYAUME D'ESPAGNE, À MADRID.

Bayonne, 13 juin 1808, une heure du matin.

Le major général me remet une lettre de Belliard, du 8 à neuf heures du soir. Je vous envoie le général Savary pour vous aider, afin qu'on n'ait à vous parler que d'affaires importantes. Votre maladie m'afflige sous tous les points de vue. Cependant, après les rapports des médecins, j'espère que vous êtes à présent sur vos pieds.

J'ai causé longtemps avec Savary sur la situation militaire de l'Espagne. J'attends des nouvelles de Valladolid.

---

[1] *Le Moniteur* a publié, dans son numéro du 18 juin :

1° Adresse de la junte suprême de gouvernement à S. M. l'Empereur et Roi ; 2° adresse de la ville de Madrid à S. A. I. le grand-duc de Berg et de Clèves, lieutenant général du royaume d'Espagne ; 3° lettre de S. Ém. le cardinal-archevêque de Tolède à S. M. l'Empereur et Roi ; 4° proclamation de l'Empereur aux Espagnols ; 5° décret pour la convocation de l'assemblée des notables à Bayonne ; 6° décret proclamant Joseph Napoléon roi des Espagnes et des Indes ; 7° proclamation de la junte suprême de gouvernement aux Espagnols ; 8° adresse de la junte générale extraordinaire de Bayonne ; 9° discours des grands d'Espagne au roi Joseph Napoléon ; 10° discours des députés du conseil de Castille ; 11° discours des députés des conseils de l'Inquisition, des Indes et des finances ; 12° discours de la députation de l'armée.

Je suis assez content de l'esprit qui anime les députés qui se trouvent ici.

Il part demain 2,000 hommes pour Pampelune, pour renforcer la division du général Lefebvre. Savary vous donnera toutes les autres nouvelles.

P. S. Le 13, à neuf heures du matin, je reçois des nouvelles du général Lefebvre en date du 11 : il me mande que tous les villages, à dix lieues à la ronde, avaient arboré le drapeau blanc; on procédait au désarmement et on avait ramassé 20,000 fusils. Le 12, il attendait 3,000 hommes qui lui arrivaient de Pampelune, et se préparait à marcher sur Saragosse. Ses patrouilles avaient été à plusieurs lieues dans l'Aragon, et, partout où elles se présentaient, on se soumettait. Bessières me mande qu'il avait déjà réuni plus de 16,000 armes provenant du désarmement de la Castille et de Palencia.

D'après la minute. Archives de l'Empire.

14090. — AU GÉNÉRAL CLARKE,
MINISTRE DE LA GUERRE, À PARIS.

Bayonne, 13 juin 1808.

Monsieur le Général Clarke, il y a aux environs de Breskens trois batteries : une d'un mortier de 12 pouces, d'une pièce de 24 et de trois pièces de 18. Il y a une de ces pièces qui n'a point d'affût; les autres sont sur de mauvais affûts. Envoyez-y sur-le-champ quatre affûts de côtes. Les épaulements de cette batterie sont détruits; faites-les mettre en état.

La troisième de ces batteries a une pièce de 16 et deux de 12 en fer. Faites retirer ces pièces et remplacez-les par trois pièces de 24 ou de 36; les épaulements de cette batterie sont également détruits.

Quand j'ai donné au général Roguet le commandement de l'île de Cadzand, j'ai entendu que ce commandement s'étendît depuis l'embouchure de l'Escaut jusqu'à Terneuse et aux mouillages que pourrait prendre l'escadre française ou l'escadre ennemie. Quand j'ai ordonné qu'il y aurait 500 gardes nationales accoutumées à l'air de l'île de Cadzand, un bataillon de 500 hommes, un camp français à Blankenberghe, un à Ecloo, un camp hollandais près Berg-op-Zoom, j'ai bien entendu qu'on ne réunît pas tout mon monde dans l'île de Cadzand pour le faire mourir de la fièvre. Les expéditions ennemies ne peuvent être tentées sérieusement contre Flessingue que vers la fin d'août. Si mes troupes restent, en attendant, exposées à l'intempérie de l'île de Cadzand, je n'aurai que des fiévreux lorsqu'il faudra m'en servir. Faites-moi un rapport là-dessus, accompagné d'un huilé, indiquant la situation de l'escadre. des batteries, et l'emplacement des différents camps, afin que je connaisse bien la situation de ce point important.

NAPOLÉON.

D'après la copie. Dépôt de la guerre.

14091. — AU VICE-AMIRAL DECRÈS,
MINISTRE DE LA MARINE, À PARIS.

Bayonne, 13 juin 1808.

J'approuve que le brick *le Surveillant* à Anvers, le brick *l'Iris* et la corvette *le Génie* à Dunkerque, les bricks *le Cygne* et *le Papillon* à Cherbourg, les bricks *le Nisus* et *le Fanfaron* à Brest, la corvette *la Diligente* à Lorient, les bricks *le Sylphe* et *l'Espiègle* à Lorient, le brick *le Colibri* et la corvette *la Diane* au Havre, le brick *le Pluvier* à Rochefort, les corvettes *l'Hébé* et *la Sapho* à Bordeaux et le brick *l'Oreste* à Bayonne, portant 1,100 tonneaux, se dirigent tous sur la Martinique et la Guadeloupe; ce qui assurerait l'approvisionnement de ces îles pour six mois. si on y envoyait du bœuf et du lard; mais, comme on n'y enverra ni bœuf ni lard. et que les garnisons ne seront pas aussi considérables que vous les portez, cet approvisionnement pourra être de neuf mois. Enfin, comme l'on peut donner des patates et du blé de Turquie aux troupes, on peut mettre trois mois de rations de pain de plus et avoir ainsi des vivres pour un an.

Quant à Cayenne, au Sénégal, à Santo-Domingo et aux îles de France et de la Réunion, je ne veux y expédier aucuns vivres.

Vous remarquez que la farine de Bordeaux est la meilleure. Mon intention est que tout ce que vous expédierez depuis la Loire jusqu'à l'Escaut, d'où vous ne pouvez expédier des farines de Bordeaux sans des frais énormes, vous l'expédiiez en biscuit. Faites-moi connaître quelles sont vos objections contre cette idée. Il me semble que le biscuit se conserve sept mois en mer, à l'humidité. Les secours que vous proposez, joints à ceux que les colonies peuvent tirer du commerce, joints à ceux que peuvent leur porter les aventuriers américains et les corsaires, conduisent à un résultat très-satisfaisant.

J'approuve, en outre, que les trois vaisseaux de Rochefort, *le Niemen*, *le Calcutta* et des flûtes prises à Bordeaux et à Rochefort, doublées en cuivre, du tonnage de 2,000 tonneaux, ce qui, avec *le Calcutta*, ferait 3,000 tonneaux, se préparent à Rochefort, chargés de farine, de biscuit, de vins, et soient organisés de manière à aller à l'île de France, à la Martinique, ou partout ailleurs. Cette expédition, ou fera partie de l'expédition générale, ou fera elle-même une expédition particulière.

Il y a de l'effervescence en Espagne. Peut-être se calmera-t-elle promptement. Si elle ne s'apaise pas bientôt, elle se propagera sans doute aux colonies, et alors j'aurai besoin d'expéditions toutes faites pour prendre possession de quelques colonies. Mais je ne désire pas que *la Sapho* et *l'Hébé* soient jointes à l'expédition de Rochefort; je désire qu'elles soient envoyées en aventurières.

En dernière analyse, je veux me préparer trois moyens d'approvisionner mes colonies : 1° les douze expéditions séparées faites à mes frais; 2° les expéditions que fera le commerce; 3° l'expédition de Rochefort.

Quant aux prétentions du commerce de Bordeaux, je ne sais pas assez bien cette question pour la juger. Si le commerce demande que vous preniez le cinquième des tonneaux, cela est juste; je me suis engagé à le prendre. Le prix doit s'en régler à l'amiable et selon le prix de tous les temps. L'avantage que je fais au commerce est de le payer quand même le bâtiment se perdrait. Si, au contraire, le commerce veut tout expédier à ses frais, je ne m'y oppose pas. Quant aux conscrits passagers, c'est encore une faveur que je fais au commerce; toutes les fois qu'il n'en voudra point, je n'insisterai point.

D'après la minute. Archives de l'Empire.

14092. — ORDRES POUR LE MAJOR GÉNÉRAL,
À BAYONNE.

Bayonne, 14 juin 1808.

Donner les ordres suivants :

L'adjudant commandant Lomet aura son quartier général à Bedous, pour observer tous les cols qui de l'Aragon se rendent dans les Basses-Pyrénées. Il aura avec lui une colonne mobile de 1,200 hommes, composée d'un bataillon de 560 hommes des gardes nationales des Basses-Pyrénées, de 15 gendarmes, de la compagnie de réserve départementale des Basses-Pyrénées, de la compagnie de réserve des Landes et de 300 Portugais.

Le général de brigade Viala, qui est dans la 9ᵉ division militaire, recevra ordre de venir prendre le commandement du département des Hautes-Pyrénées. Il aura également avec lui une colonne d'environ 1,200 hommes, composée d'un bataillon de 560 hommes de gardes nationales des Hautes-Pyrénées, de gendarmes et de 300 Portugais. Il observera tous les cols qui protégent Barréges et qui des Hautes-Pyrénées se rendent dans l'Aragon.

Le général de brigade Miquel, qui est dans la 20ᵉ division militaire, recevra ordre de venir prendre le commandement du département de l'Ariége. Il aura avec lui la compagnie de réserve de l'Ariége et plusieurs brigades de gendarmerie.

Le général Ritay se rendra dans les Pyrénées-Orientales et portera son quartier général à Bellegarde. Il réunira les compagnies de réserve départementale du Gers, de la Haute-Garonne, de l'Aude, des Pyrénées-Orientales, du Tarn, de l'Hérault, de l'Aveyron, de la Lozère, de l'Ardèche, du Gard, du Lot et de Lot-et-Garonne. Il fera de tout cela un bataillon. Il formera deux bataillons, de douze compagnies, de ce qu'il y a de disponible du régiment d'infanterie toscan qui se rend à Perpignan. et un escadron des dragons toscans. Il aura un bataillon de 560 hommes des gardes nationales des Pyrénées-Orientales. Il réunira une compagnie de 60 gendarmes à pied et de 40 gendarmes à cheval des compagnies tirées des douze départements nommés ci-dessus, de manière à réunir à Bellegarde une force de 3,000 hommes.

Vous lui donnerez ordre de réunir ces forces sur Bellegarde, et de se mettre au courant de tout ce qui se passe, afin de lier sa communication avec le général Duhesme.

Le général de division Lacombe Saint-Michel se rendra à Toulouse pour y prendre le commandement de l'artillerie et de la 10º division militaire, jusqu'à ce qu'il soit remplacé. Il organisera six pièces de canon et quelques caissons d'infanterie pour la colonne du général Ritay.

Vous donnerez ordre, à Grenoble, qu'un bataillon de six compagnies de la légion de réserve, fortes le plus possible, et formant au moins 600 hommes, partent de cette ville pour se rendre à Perpignan.

Vous donnerez l'ordre au général commandant la 8º division militaire de faire partir, pour Perpignan, quatre compagnies, le plus fortes possible, du 32º léger, ce qui formera un petit bataillon. Donnez-lui également l'ordre qu'un petit bataillon provisoire formé de deux compagnies du régiment suisse, de 150 hommes chacune, et deux compagnies du 16º de ligne, de même force, se rendent à Perpignan, ce qui portera à sept bataillons la force de la colonne du général Ritay.

Donnez ordre que le bataillon valaisan qui est à Port-Maurice se rende à Perpignan.

Donnez ordre qu'il soit formé, dans la 27º division militaire, deux bataillons de marche composés, le premier, bataillon, de trois compagnies du 3º bataillon du 7º de ligne et de trois compagnies du 93º; le deuxième bataillon, de deux compagnies du 37º de ligne, de deux compagnies du 56º et de deux compagnies du 2º de ligne. Chaque compagnie sera complétée à 140 hommes ou au moins à 100 hommes. Écrivez par l'estafette d'Italie au gouverneur général à Turin pour qu'il fasse sur-le-champ former ces deux bataillons de marche, et qu'il les dirige sur Perpignan.

Il sera également formé un escadron de marche de cuirassiers, composé de détachements des 4e, 7e et 8e, formant 120 hommes.

Il sera formé un autre escadron de marche de chasseurs, de 200 chevaux, composé de détachements des 3e, 14e et 24e.

Ces 300 chevaux partiront sous le même commandement que les deux bataillons de marche, et sous les ordres d'un adjudant commandant, qui fera les fonctions de colonel de ce régiment de marche.

Il sera nommé un chef d'escadron pour commander les deux escadrons de marche.

D'après la minute. Dépôt de la guerre.

14094. — A M. BIGOT DE PRÉAMENEU,
MINISTRE DES CULTES, À PARIS.

Bayonne, 15 juin 1808.

Vous trouverez ci-joint une lettre que vous communiquerez au chapitre métropolitain. Vous veillerez à ce que le cardinal de Belloy soit enterré avec la plus grande solennité, et que, dans l'éloge funèbre qui sera prononcé à cette occasion, on appuie sur les vertus qu'a déployées ce prélat, la conciliation, la charité et l'amour de la paix.

D'après la minute. Archives de l'Empire.

14095. — AU GÉNÉRAL CLARKE,
MINISTRE DE LA GUERRE, À PARIS.

Bayonne, 15 juin 1808.

Monsieur le Général Clarke, l'île de Cadzand est un pays très-malsain. La circonstance d'une escadre dans l'Escaut m'oblige cependant à tenir dans l'île de Cadzand des forces considérables pour protéger mon escadre. Par mon décret, j'ai ordonné une batterie de trente bouches à feu près de Breskens. C'est à la marine à décider quel est l'emplacement qui convient le mieux pour cette batterie. Doit-elle être placée près Breskens ou au signal de Breskens, ou à mi-chemin entre ce signal et celui de Wulpen? Qu'est-ce qui est le plus important pour la marine, que la batterie soit rapprochée de 500 toises du banc d'Elboog ou plus près de Flessingue? C'est encore à la marine à décider quelle est la position la plus avantageuse. Une batterie de 30 bouches à feu suppose une garnison de 300 hommes. Si ces 300 hommes, au lieu d'être dans une batterie de côte ouverte, se trouvent dans un fort fermé à la gorge, on sera tranquille sur ce point; et quand même l'ennemi se serait emparé de Cadzand, la batterie restant en notre pouvoir, on aura deux, quatre, cinq jours pour accourir de tous les points de la Belgique pour reprendre l'île. La question se réduit à savoir comment il faudra construire un fort sur cette dune ou sur une digue. Dans cette disposition, on a quatre côtés à défendre. Le côté de la mer peut être facilement garanti avec des pilotis qui s'élèveraient jusqu'au niveau des hautes mers, et qui, à basse mer, formeraient un obstacle naturel et empêcheraient les troupes de débarquer sur la laisse de basse mer. Le côté du continent peut être retranché par des ouvrages en terre et des fossés pleins d'eau. Les côtés de droite et de gauche, dans la dune ou sur la digue, seront les plus difficiles à traiter. Deux ouvrages paraissent là nécessaires, comme des cavaliers dominant de tous côtés et prolongés dans la plaine par des ouvrages plus bas. On pourrait disposer dans ces flèches quelques-unes des pièces de la batterie. L'espace nécessaire pour renfermer 30 bouches à feu exigerait près de 100 toises, si on voulait les placer dans un cavalier en forme de redoute et le revêtir. Il aurait à peu près 100 toises de long sur 30 de large, ce qui ferait un réduit de 260 toises de développement. On n'aurait plus à craindre que de voir les fossés de ce réduit, comme ceux de tous les autres ouvrages, comblés par les sables; mais ne serait-il pas possible de paver toute la dune avec des piquets de deux ou trois pieds de longueur, ou mieux avec des planches contenues par des piquets? Alors tous les glacis, les communications seraient couverts de planches, et la dune n'aurait plus de mouvement. On aurait soin de planter en hoyas les digues aussi loin qu'on pourrait. Mais la question peut se considérer sous un point de vue plus étendu. Le moment n'est pas loin où j'aurai vingt ou trente vaisseaux de guerre dans la rade de Flessingue, et où cette rade sera la principale menace contre l'Angleterre. Si je suis obligé de porter mes forces ailleurs, et que je laisse 12 à 15,000 hommes pour garder ce point, j'aurai des malades à l'infini.

Si, enfin, il se trouve constamment vingt ou trente vaisseaux en armement à Flessingue, l'ennemi peut concevoir l'espérance de s'emparer de l'île de Walcheren.

Maintenir la communication avec la place de Flessingue est chose de grande importance. Il faut, à Breskens, une place de guerre qui contienne une batterie de 30 pièces de canon, des approvisionnements et quelques moyens de passage, un port où l'on puisse faire entrer une division de la flottille, où douze ou quinze péniches et quatre à cinq chaloupes canonnières seraient à l'abri des glaces, du mauvais temps et de l'ennemi. Où cette place doit-elle être située? C'est encore par des considérations maritimes que cette question doit être décidée.

NAPOLÉON.

D'après la minute. Archives de l'Empire.

14096. — A ALEXANDRE, PRINCE DE NEUCHÂTEL,
MAJOR GÉNÉRAL DE LA GRANDE ARMÉE, À BAYONNE.

Bayonne, 15 juin 1808.

Mandez au maréchal Bessières que, immédiatement après qu'il se sera emparé de Benavente, qu'il aura soumis Zamora, Toro et Léon, je désire que son corps d'armée ait l'organisation suivante :

Division Merle, composée de quatre brigades : 1° brigade Darmagnac, Suisses et le 86e, 1,800 hommes; 2° brigade Gaulois, 1er régiment supplémentaire, 1,600 hommes; 3° brigade Ducos, 13e régiment provisoire et un bataillon du 14e, 2,000 hommes; après la prise de Saragosse, les trois autres bataillons rejoindront; 4° brigade Sabatier, 17e et 18e provisoires, 2,800 hommes; total, 8,200 hommes; six pièces de canon de l'ancienne division Verdier et douze pièces de canon de la division, faisant dix-huit pièces de canon.

Division Mouton, composée de deux brigades : 1° brigade Reynaud, 4e léger, 15e de ligne et un bataillon de Paris, 3,000 hommes; 2° brigade Rey, 2º et 12º légers, 2,100 hommes; 5,100 hommes et douze pièces de canon.

Garde impériale : 1,900 hommes et six pièces de canon.

Total de l'infanterie, 15,200 hommes.

Cavalerie : 10º de chasseurs, 450 hommes; 22º *idem*, 450; Garde impériale, 300; 26º de chasseurs qui arrive, 450; l'escadron de dragons commandé par le chef d'escadron Tascher, et l'escadron parti ce matin. 300 hommes; total, 1,950. Ce qui porte le corps actuel du maréchal Bessières à 17,150 hommes, et l'artillerie à trente-six pièces de canon.

Le maréchal Bessières pourrait porter son quartier général à Léon, pour contenir l'ennemi à tous les débouchés des montagnes.

Le général Bonnet occupe Burgos avec 600 hommes de convalescents dans la citadelle.

Il aurait, de plus, disponibles en forme de colonne mobile pour se porter partout où il serait nécessaire : le 4º bataillon du 118º, 450 hommes; le 3º bataillon du dépôt qui est aujourd'hui à Vitoria, 450 hommes; le petit bataillon du 4º léger, 380 hommes, et un escadron de dragons, 150 hommes; deux pièces de canon. Ce qui ferait une force de 2,030 hommes, disponibles pour maintenir la communication avec Léon et la colonne d'Aranda, composée du 1ᵉʳ de marche de 1,000 hommes et de quatre pièces de canon, également sous les ordres du général Bonnet.

Le général de brigade Monthion restera à Vitoria ayant avec lui un escadron de 150 chevaux, qui sera formé du 7º régiment de marche de dragons qui vient de Rennes et qui arrive après-demain; deux compagnies du 15º de ligne formant un petit bataillon de 300 hommes; le 3º bataillon du 2º léger, 600 hommes; le 3º bataillon du 12º léger, 600 hommes; ce qui ferait 1,650 hommes. Le colonel Barrère commandera cette colonne et aura deux pièces de canon.

Le corps du maréchal Bessières se trouverait donc composé de 17.000 hommes en mouvement sur les Asturies et la Galice; de deux colonnes mobiles à Burgos et à Aranda, sous les ordres du général Bonnet, 2,500 hommes; d'une colonne mobile sous les ordres du général Monthion et du colonel Barrère, à Vitoria, et, si cela était nécessaire, à Santander, 1,700 hommes; total, 21,200 hommes, indépendamment de 600 hommes qui sont dans la citadelle de Burgos, et de 1,000 hommes de garnison à Saint-Sébastien; total du corps du maréchal Bessières, près de 22,800 hommes; les colonnes mobiles du général Bonnet à Burgos, du général Monthion à Vitoria, ayant l'une et l'autre deux pièces de canon des quatre qui ont été commandées.

Indépendamment de cela, une division de réserve se réunit à Bayonne.

Le maréchal Bessières, immédiatement après les premiers événements, peut organiser les divisions Merle et Mouton. S'il avait un avantage marquant sur la force des troupes du général Cuesta, peut-être serait-il utile qu'il enlevât les Asturies et la Galice, en profitant de la terreur d'une première victoire.

Vous lui ferez connaître qu'il doit être sans inquiétude sur la formation des colonnes de Burgos et de Vitoria; que tout est en mouvement, et qu'il part du monde d'ici tous les jours; qu'il n'a qu'à penser à former son corps d'armée de Léon. Le général Verdier aura le commandement de l'Aragon et de la Navarre. Il correspondra avec l'état-major du Roi à Madrid, se concertera avec le maréchal Bessières et avec le général Duhesme, qui commandent sur sa droite et sur sa gauche, et correspondra directement avec le major général à Bayonne.

On peut attendre la prise de Saragosse ou le dernier moment que je serai ici pour notifier cette dernière disposition.

<small>D'après la minute. Dépôt de la guerre.</small>

14097. — AU PRINCE FERDINAND,
À VALENÇAY.

Bayonne, 15 juin 1808.

J'ai reçu la lettre de Votre Altesse Royale, du 31 mai. Je vais prendre en considération la demande du duc de San-Carlos. Elle ne doit pas douter du désir que j'ai de faire tout ce qui peut lui être agréable. Je vais donner des ordres pour faire terminer l'affaire de Navarre, et, au commencement du mois prochain. Votre Altesse Royale pourra envoyer pour cet objet son chargé d'affaires auprès du ministre des finances à Paris.

D'après la minute. Archives de l'Empire.

14098. — AU VICE-AMIRAL DECRÈS,
MINISTRE DE LA MARINE, À PARIS.

Bayonne, 16 juin 1808.

Je vous renvoie vos lettres de la Guadeloupe. Je vois avec plaisir que les quatre expéditions y sont arrivées. Vous voulez expédier *la Tactique* pour la Guadeloupe; j'y consens, si elle marche bien; mais, si elle n'est pas bonne marcheuse, il est évident qu'elle sera prise. Si cela était, vous pourriez fréter un petit bâtiment, le meilleur marcheur du port de Bordeaux. *L'Oreste* peut également partir de Bayonne. A ma connaissance, le commerce de Bordeaux a déjà fait partir trois bâtiments pour la Guadeloupe. Moi-même, j'en ai fait partir un d'ici avec une centaine de tonneaux de farine. Enfin vous pouvez en faire partir de Nantes et d'autres ports.

D'après la minute. Archives de l'Empire.

14099. — A JOSEPH NAPOLÉON, ROI D'ESPAGNE,
À BAYONNE.

Bayonne, 16 juin 1808.

Mon Frère, j'écris à M. Laforest. Prenez des renseignements de votre côté auprès du . . . .[1] que vous voyez, sur l'individu dont je vous parle. C'est le chef de la justice criminelle de Madrid. S'il a autant de talents et de fermeté qu'on le dit, étant sûr de sa fidélité, on peut se servir avantageusement de lui.

La junte doit venir vous porter demain une adresse; préparez votre réponse. Il faut que vous parliez de la douleur que vous éprouvez des troubles qui ont lieu en Espagne, de ce qu'on est obligé d'employer la

[1] Mots devenus illisibles par l'altération du papier.

force pour les réprimer et arriver à un résultat que la raison et la conviction auraient seules dû produire; et laisser entrevoir le désir que vous avez de vous rendre bientôt au milieu de vos nouveaux sujets pour concilier tous les intérêts, et commencer votre règne par des actes de pardon et de clémence. Il sera bon que ce discours soit un peu étendu et soigné. Hédouville parle parfaitement espagnol : vous pourriez vous l'attacher comme secrétaire intime. Jusqu'à ce que vous vous le soyez définitivement attaché, je lui conserverai son rang de ministre plénipotentiaire. C'est un homme parfaitement sûr, sur le dévouement et la probité duquel vous pouvez compter.

Il faut vous occuper de nommer un grand maître de la maison, un grand chambellan et un grand écuyer. Causez de cela avec d'Azanza, d'Urquijo et le duc del Parque. Il serait nécessaire que, sous trois ou quatre jours, les grands officiers de la couronne fussent nommés, ainsi que les ministres. Ce sera la plus belle proclamation que vous puissiez faire, que ces nominations.

NAPOLÉON.

D'après l'expédition originale comm. par les héritiers du roi Joseph.

14100. — A ALEXANDRE, PRINCE DE NEUCHÂTEL,
MAJOR GÉNÉRAL DE LA GRANDE ARMÉE, À BAYONNE.

Bayonne, 16 juin 1808.

Renvoyez un nouveau courrier au général Duhesme avec un nouveau paquet, afin qu'il les fasse partir par deux occasions, ce qui fera quatre occasions; on lui dira que j'ai reçu sa lettre du 11, qu'il doit commencer par désarmer toute la ville de Barcelone, de manière à n'y pas laisser un seul fusil et les porter tous dans le château; qu'il approvisionne de vivres le château et Montjouy[1], en faisant convertir en farine et biscuit les 600 quintaux que j'ai envoyés; qu'il les approvisionne également en vin et en tout ce qui est nécessaire, en prenant chez les habitants. Il faut les mener très-militairement, la guerre justifie tout. Au moindre événement, il faut prendre des otages et les envoyer dans le fort.

[1] Castillo de Monjuich.

Le général Lechi doit se rendre pour organiser un corps sur les hauteurs de Bellegarde.

Il faut lui recommander d'agir toujours en masse et jamais isolé. L'Empereur blâme l'attaque qu'a faite le général Duhesme le 9 avec quatre bataillons, quand il pouvait en mettre davantage. Les dépôts dans la citadelle et dans le fort Montjouy étaient suffisants. Qu'il perde cette habitude de disséminer ses troupes, sans quoi il fera plus de mal que de bien.

Lui envoyer les nouvelles de toutes les affaires de Saragosse et autres points. Il faut spécialement maintenir la communication avec Tarragone.

Le général Lefebvre ne tardera pas à être à Saragosse.

Envoyez au général Duhesme une copie de toutes les pièces et proclamations que vous avez, pour qu'il les fasse publier et afficher dans Barcelone.

D'après la minute. Dépôt de la guerre.

14101. — A JOACHIM, GRAND-DUC DE BERG,
LIEUTENANT GÉNÉRAL DU ROYAUME D'ESPAGNE, À MADRID.

Bayonne, 16 juin 1808, huit heures du matin.

Faites mettre dans les journaux que la junte réunie à Bayonne a tenu sa première séance hier à trois heures après midi, sous la présidence de M. d'Azanza, ministre des finances, M. d'Urquijo et un membre du conseil de Castille, secrétaires; que la proclamation, faite par le conseil de Castille, du décret qui nomme le roi d'Espagne, a été lue; que la junte a résolu de se porter en corps chez le Roi, pour lui présenter une adresse à ce sujet; que M. d'Azanza a prononcé un discours dont vous trouverez ci-joint copie; qu'un comité de membres du conseil de Castille s'occupe de recherches sur les lois, et que d'autres comités travaillent à des projets d'amélioration dans les différentes branches de l'administration.

D'après la minute. Archives de l'Empire.

14102. — A JOACHIM, GRAND-DUC DE BERG,
LIEUTENANT GÉNÉRAL DU ROYAUME D'ESPAGNE, À MADRID.

Bayonne, 16 juin 1808, neuf heures du soir.

Je reçois dans ce moment des nouvelles du général Duhesme, du 12. Il avait envoyé le général Chabran à Tarragone pour réduire cette ville à l'obéissance, et, y laissant le régiment suisse pour la contenir sur un bon pied, il avait rappelé le général Chabran dont il avait besoin pour contenir la Catalogne. Une nuée de paysans était accourue autour de Barcelone de manière à l'investir à une demi-lieue. Ils avaient eu la folie de fortifier les bords de la rivière qui passe près de Barcelone, pour empêcher le retour du général Chabran. Le général Duhesme est parti le 10, à la pointe du jour, de Barcelone, a marché sur les rebelles, les a dispersés, a enlevé leurs canons, en a tué 15 ou 1,800 et brûlé six gros villages, entre autres, ceux de San-Boy et Molins de Rey. Le lendemain, le général Chabran est arrivé lui-même sur la route et a brûlé trois villages. La rentrée triomphante des troupes et des canons pris sur l'ennemi, que les habitants regardaient du haut des remparts, a jeté la terreur parmi eux. Tout le monde blâme à présent les insurrections et déclare qu'il veut vivre tranquille. De tous côtés les villages reviennent à l'obéissance. Nous avons perdu peu de monde dans cette affaire de Barcelone : 6 tués et 12 blessés. Si l'on ne fait pas courir des nouvelles de la Catalogne à Madrid, il est inutile de parler de cela. On a trouvé parmi les morts un grand nombre d'officiers espagnols, de prêtres et de moines.

Je suppose que le maréchal Moncey aura marché sur Valence.

On envoie au général Duhesme les dernières pièces relatives à la nomination du Roi et aux affaires de Tudela, Valladolid. Il faut qu'il les fasse imprimer à quatre mille exemplaires, et qu'il les répande partout.

D'après la minute. Archives de l'Empire.

14103. — A JOACHIM, GRAND-DUC DE BERG,
LIEUTENANT GÉNÉRAL DU ROYAUME D'ESPAGNE, À MADRID.

Bayonne, 16 juin 1808, neuf heures du soir.

Le combat de Tudela, qui a eu lieu le 8 juin, a été suivi, le 13, du combat de Mallen. Le général Lefebvre a employé les journées des 9, 10 et 11 à désarmer les villages à dix lieues aux environs et à reconstruire le pont de l'Èbre. Le 12, il s'est mis en marche, et le 13, à la pointe du jour, il a découvert sur les hauteurs l'armée des rebelles de Saragosse, consistant en 12,000 hommes, deux régiments de ligne espagnols, un d'infanterie et un de cavalerie, commandés par Palafox. Le général Lefebvre a aussitôt marché à l'ennemi, avec les lanciers polonais et le 5e escadron de marche, est tombé sur son flanc et en a fait un grand carnage. Plus de 2,000 ont péri. Tous leurs canons, consistant en dix pièces, sont tombés en notre pouvoir. Le régiment de lanciers polonais a traversé l'Èbre à la nage pour poursuivre ce qui s'était échappé. Nous n'avons à regretter qu'un capitaine des lanciers polonais, qui s'est noyé, 4 hommes tués et 8 blessés. Hormis trois compagnies de voltigeurs, l'infanterie n'a pas tiré un coup de fusil. Le 13, le général Lefebvre a couché au village de Gallur; il a dû entrer le 15 à Saragosse.

Vous avez déjà reçu la nouvelle de la soumission de Valladolid. Une colonne de 2,000 hommes serait utile pour nettoyer le pays entre Saragosse et Madrid, et pour rétablir la communication.

Je reçois votre lettre du 12 juin. J'espère que votre santé est meilleure. On me dit que vous êtes en convalescence et que vous pourrez recevoir le Roi à Madrid; il s'y rendra immédiatement après la clôture de la junte.

P. S. J'espère que vous êtes bien portant actuellement. La princesse sera ici dans quinze jours.

D'après la minute. Archives de l'Empire.

14104. — AU MARÉCHAL BESSIÈRES,
COMMANDANT LA GARDE IMPÉRIALE, ETC. À BURGOS.

Bayonne, 16 juin 1808.

Mon Cousin, le major général vous a écrit la nouvelle du combat de Mallen, qui a eu lieu le 13 et qui doit entraîner la prise de Saragosse, où je suppose que le général Lefebvre est entré le 15. Si vous avez mandé au général Verdier de se rendre sur Saragosse, mandez-lui que, s'il apprend en route que le général Lefebvre y soit entré, il retourne sur Vitoria. Quant à la cavalerie, vous pouvez la laisser continuer, vu que l'Aragon est un pays favorable à la cavalerie.

Je ne comprends pas trop le mouvement du général Ducos pour se porter sur Santander. Cela dépend sans doute de la connaissance des localités, que vous avez étudiées. Cependant je désire que vous m'en disiez un mot et que vous m'envoyiez un croquis; je ne trouve rien qui m'explique cela sur les grandes cartes. Une fois maître de Santander de vive force, il faut y imposer une contribution de deux millions, faire mettre le séquestre sur les biens de l'évêque, et, si on ne peut pas le saisir, désarmer la ville et les campagnes et faire quelques exemples sévères. Santander et Saragosse soumis, il faut faire marcher sur Léon et sur les Asturies. Le général Lasalle, que je fais renforcer d'un régiment de la division Frère, et le général Verdier pourront marcher sur le royaume de Léon; le général Merle marcherait par les Asturies. Au reste, comme ce n'est que le 20 qu'on sera entré à Santander, j'aurai le temps de vous donner mes dernières instructions. Santander devait être pris avant Valladolid. Dans cette espèce de guerre, un mouvement rétrograde ne vaut jamais rien. Votre marche de Santander sur Valladolid a manqué de faire soulever toute la Biscaye. La prise de Santander aurait rendu nulle l'insurrection de Valladolid. Le général Merle entrant à Santander le 8 et revenant ensuite à Valladolid, cette dernière ville eût été soumise deux jours plus tard, mais on aurait marché de là sur Léon et on aurait profité de la victoire. Ce que je vous dis là est pour votre gouverne. Les mouvements rétrogrades sont dangereux à la guerre; ils ne doivent jamais être adoptés dans les guerres populaires : l'opinion fait plus que la réalité; la connaissance d'un mouvement rétrograde que les meneurs attribuent à ce qu'ils veulent crée de nouvelles armées à l'ennemi. J'ai fait envoyer de nouveau à Santander un chanoine de Burgos, mais dont je n'attends aucun effet.

NAPOLÉON.

D'après l'original comm. par Mme la duchesse d'Istrie.

14105. — A M. DARU,

INTENDANT GÉNÉRAL DE LA GRANDE ARMÉE, À BERLIN.

Bayonne, 16 juin 1808.

Monsieur Daru, votre lettre du 3 juin ne justifie pas les démarches que vous avez faites. Par sa lettre du 18 janvier, le major général vous dit : « Quant aux 500 hommes qui manquent, l'intention de Sa Majesté est qu'ils soient recrutés parmi les Polonais et Allemands, etc. » Il est impossible de voir là-dedans l'autorisation de s'adresser à la Confédération pour avoir ces hommes. Le mot *recruter* n'est pas synonyme de *contingent*. Dans sa lettre du 8 mars, il explique encore mieux son idée, puisqu'il dit que, si l'on ne peut pas lever ces hommes sans recourir aux princes de la Confédération, il s'adressera à moi pour que je leur fasse connaître directement mes intentions, etc. Par sa lettre du 4 mai, il s'est trompé en approuvant ce que vous avez fait. Au reste, c'est une affaire faite, il n'y a plus de remède.

NAPOLÉON.

D'après la copie comm. par M. le comte Daru.

14106. — AU CARDINAL FESCH,

GRAND AUMÔNIER, À PARIS.

Bayonne, 16 juin 1808.

Mon Cousin, je reçois votre lettre du 10 juin, dans laquelle vous me dites qu'on tremble à Paris sur le choix d'un constitutionnel pour succéder à l'archevêque de Paris. Il me semble qu'il n'y a plus de constitutionnels, et que, selon les principes de l'Église, on ne doit plus se souvenir d'un péché qui est pardonné. Vous dites aussi qu'on tremble du lieu où ce prélat sera enterré : il me paraît que les personnes dont vous me parlez tremblent facilement. J'ai du reste vivement regretté ce bon archevêque ; je le remplacerai difficilement.

NAPOLÉON.

D'après l'original comm. par M. du Casse.

14107. — AU GÉNÉRAL CAULAINCOURT,
AMBASSADEUR À SAINT-PÉTERSBOURG.

Bayonne, 16 juin 1808.

Plusieurs artistes se sont sauvés de Paris pour se réfugier en Russie. Mon intention est que vous ignoriez cette mauvaise conduite. Ce n'est pas de danseuses et d'actrices que nous manquerons à Paris.

D'après la minute. Archives de l'Empire.

14108. — NOTE POUR LE PRINCE DE NEUCHÂTEL,
MAJOR GÉNÉRAL DE LA GRANDE ARMÉE, À BAYONNE.

Bayonne, 17 juin 1808.

Il faut écrire au général Lefebvre qu'immédiatement après être maître de la ville il doit désarmer les habitants, fortifier le château de Saragosse conformément au plan du colonel Lacoste, et faire mettre sur-le-champ la main à l'œuvre.

Qu'il ordonne que tous les fonds qui auront été pris dans les caisses royales soient rétablis sur-le-champ.

Qu'il fasse imprimer les deux adresses de la junte de Bayonne, celle de la junte de Madrid, la proclamation de l'Empereur aux Espagnols, celle qui nomme le roi d'Espagne, telle que l'a fait publier le conseil de Castille ; que toutes ces pièces soient remises à l'Audience de Saragosse, qui les enregistrera et publiera officiellement ; qu'il veille que cela soit imprimé à 2 ou 3,000 exemplaires et répandu partout.

Qu'il fasse prendre des otages, arrêter tous les chefs et mettre le séquestre sur les biens des Palafox et tout ce qu'ils pourraient avoir.

Qu'il envoie dans les montagnes des députés pour qu'on apporte à Saragosse toutes les armes qu'on aura distribuées.

Qu'il fasse faire, par la municipalité, l'Audience (c'est-à-dire le tribunal d'appel) et le Chapitre, des proclamations imprimées à 4,000 exemplaires, dans lesquelles ils déclarent qu'ils reviennent de leur erreur, qu'ils voient le funeste effet des mauvais conseils, qu'ils doivent jurer obéissance à leur nouveau roi, dont l'avénement a été proclamé par le conseil de Castille.

Il fera en sorte que, dans une séance solennelle, l'évêque, les curés, le Chapitre, l'Audience, la municipalité, prêtent le serment de fidélité à leur Roi, et qu'une députation de l'Audience, de la municipalité et des principales villes se rende sur-le-champ à Bayonne, pour implorer le Roi, et demander leur grâce, pour qu'ils ne soient point traités comme pays de conquête.

Quoique toutes ces pièces aient déjà été envoyées au général Lefebvre, il faut envoyer encore une copie de chacune d'elles, et qu'il veille à ce que tout soit promptement imprimé.

Vous donnerez les mêmes ordres au maréchal Bessières pour l'Audience de Valladolid. La députation de la municipalité doit être en route. Mais il est nécessaire que les proclamations de la junte de Castille et du Roi soient imprimées à 2,000 exemplaires et répandues partout.

Que l'évêque, les curés, les couvents et l'Audience aient à prêter leur serment.

Il est nécessaire que vous fassiez partir également, en toute diligence, un officier d'artillerie pour prendre le commandement du fort de Saragosse, et le capitaine du génie Combes, employé à la place de Bayonne, pour faire exécuter les fortifications qu'aura tracées le colonel Lacoste et faire mettre le château dans un état respectable.

Vous ordonnerez au général d'Agoult de tenir prêts trois des plus gros mortiers avec 600 bombes, pour envoyer au château de Saragosse, et pouvoir, par l'aspect de cette batterie, contenir la ville. Il n'enverra cet armement qu'autant que le colonel Lacoste le fera demander.

Expédiez sur-le-champ un officier au général Lefebvre.

D'après la minute. Dépôt de la guerre.

14109. — DÉCISION.

Bayonne, 17 juin 1808.

Le général Clarke, ministre de la guerre, expose que plusieurs corps de l'armée de réserve ont, à la suite de leur 5e bataillon, des officiers qui, d'après la nouvelle organisation, appartiennent au 4e bataillon.

Les laisser à la suite des dépôts pendant deux mois, pour exercer les conscrits. En dresser, pendant ce temps, des états et me les envoyer. Je donnerai des ordres.

NAPOLÉON.

D'après la copie. Archives de l'Empire.

14110. — AU PRINCE CAMBACÉRÈS,
ARCHICHANCELIER DE L'EMPIRE, À PARIS.

Bayonne, 17 juin 1808.

Mon Cousin, on m'assure qu'on tient chez Fouché les propos les plus extravagants. Depuis les bruits sur le divorce, on dit qu'on en parle toujours dans son salon, quoique je lui aie fait connaître dix fois mon opinion là-dessus. Le résultat de tout cela est de déconsidérer le souverain, et de jeter du vague dans les esprits. Prenez des informations, et, si cela est, parlez-en à Fouché et dites-lui qu'il est temps qu'on finisse de s'occuper de cette matière-là, et qu'on est scandalisé de voir la suite qu'il y met. Est-il étonnant, après cela, que des hommes comme Florent Guyot, Jacquemont et autres, sur ces hypothèses, commencent à tramer des complots? Ce n'est pas que j'aie le moindre doute sur la fidélité de Fouché, mais je redoute la légèreté de sa tête, qui, en propageant ces idées, en fait naître d'autres et des projets que, par métier, ensuite il est obligé de réprimer.

NAPOLÉON.

D'après la copie comm. par M. le duc de Cambacérès.

14111. — DÉCISION.

Bayonne, 18 juin 1808.

Le général Clarke, ministre de la guerre,

Cette mesure est mauvaise; surrend compte de la formation, par le maréchal Kellermann, dans chaque dépôt, de grenadiers ou carabiniers et voltigeurs, choisis parmi les plus beaux conscrits de 1809. Ces grenadiers et voltigeurs surnuméraires ne reçoivent aucune haute paye, continuent à faire partie de leurs compagnies respectives, mais ils sont réunis deux fois par semaine, par bataillon, pour être exercés. Le maréchal a fait donner provisoirement aux grenadiers des briquets étrangers, qui rentreront aux arsenaux au premier ordre. tout de leur donner des briquets; des briquets sont inutiles. Il ne s'agit pas d'avoir de beaux hommes, mais de les bien former. Si, pour cette fois, cela est fait, le laisser. Qu'il vous envoie l'état des détachements qui doivent renforcer les compagnies du général Oudinot. Jetez un coup d'œil sur ce corps et proposez-moi des mesures pour porter chaque compagnie à 140 hommes.

NAPOLÉON.

D'après l'original. Dépôt de la guerre.

14112. — AU GÉNÉRAL CLARKE,
MINISTRE DE LA GUERRE, À PARIS.

Bayonne, 18 juin 1808.

Je reçois votre lettre du 13 juin, sur Flessingue. Vous m'interrogez sur sept questions.

Vous me proposez d'augmenter de quarante bouches à feu l'armement de Flessingue; je ne le crois pas nécessaire. Il y a à Flessingue plus de canons qu'il n'en faut, puisqu'il y en a soixante et dix pièces d'un calibre supérieur à 12. Vous avez bien fait d'y envoyer cinq mortiers de 12 pouces. Il me paraît qu'il y a suffisamment de projectiles. 20,000 boulets pour trente-huit pièces sont suffisants. Il faudrait seulement envoyer quelques boulets de 12. Six cents milliers de poudre à Flessingue, c'est énorme; mais il me paraît qu'il n'y en a pas suffisamment, puisqu'il n'y en a que 72 milliers. Mettez-y 80,000 kilogrammes, ou 140 milliers, ce sera suffisant.

Une compagnie et demie d'artillerie à Flessingue suffit. L'infanterie doit fournir les hommes qui seraient nécessaires pour fournir les pièces. D'ailleurs, en cas de siége, une partie des canonniers de l'île de Cadzand doit y passer, comme, en cas de siége, il faudrait y diriger d'Anvers 50 milliers de poudre.

Quant à la proposition de former trois compagnies de canonniers stationnaires, il faut réunir à Flessingue une compagnie de vétérans et la compléter à 120 hommes, en la maintenant toujours à ce complet, avec des hommes étrangers à la Belgique. Ces gens se façonneront au climat. Il faut aussi lever une compagnie de canonniers gardes nationales, non payés, comme cela est d'usage dans les villes de Hollande, qui sera forte de 140 hommes, qu'on fera exercer tous les dimanches, et qu'on fera venir en cas d'alerte. Il faut enfin organiser une compagnie de gardes-côtes de 140 hommes dans l'île.

Quant à la demande d'élever des ouvrages en terre à Breskens, et à l'établissement d'une batterie près l'emplacement d'un des forts projetés, à Flessingue, j'ai répondu à ces deux questions par le décret que j'ai pris et que vous devez avoir reçu.

D'après la minute. Archives de l'Empire.

14113. — AU GÉNÉRAL CLARKE,
MINISTRE DE LA GUERRE, À PARIS.

Bayonne, 18 juin 1808.

Je reçois votre lettre du 13, sur l'organisation des pontonniers. Il paraît que vous me proposez d'augmenter les dépenses de l'état-major. Mais il y aurait un moyen qui pourrait remplir mon but sans nécessiter cette dépense. Les deux bataillons de pontonniers sont égaux, chacun de huit compagnies; il faudrait composer celui qui doit faire le service sur le Rhin de douze compagnies, et celui d'Italie de quatre. On n'augmenterait pas la dépense et on atteindrait le but que je me propose.

D'après la minute. Archives de l'Empire.

14114. — AU GÉNÉRAL DEJEAN,
MINISTRE DIRECTEUR DE L'ADMINISTRATION DE LA GUERRE, À PARIS.

Bayonne, 18 juin 1808.

Je ne comprends rien à cette lettre. Je me fais représenter mon ordre du 7 juin, et j'y vois que, par erreur, on a mis que la solde, vivres, etc. seraient payés par le *Trésor d'Italie*, au lieu de mettre par le *payeur de l'armée d'Italie*. Avec un peu d'attention, cette interprétation ne devait pas échapper, puisqu'il est dit plus bas que le bois, lumières, indemnité de logement, seraient payés par le pays; il est donc évident que les premières dépenses ne devaient pas l'être. Votre lettre jettera une grande terreur en Italie. Hâtez-vous d'écrire dans ce sens. Pour mieux expliquer mon idée, j'ai pris un décret que vous recevrez.

NAPOLÉON.

D'après la copie. Dépôt de la guerre.

14115. — A M. FOUCHÉ,
MINISTRE DE LA POLICE GÉNÉRALE, A PARIS.

Bayonne, 18 juin 1808.

Je reçois votre lettre du 15. Vous me dites que vous avez interrogé Préjean, et vous ne me dites rien de son interrogatoire. S'il est franc, il doit dire beaucoup de choses; s'il ne vous dit rien, c'est qu'il veut vous tromper et s'échapper. Il faut donc pousser vivement cette affaire et savoir les agents anglais qui sont à Paris et dans nos ports. Cet homme les connaît tous.

D'après la minute. Archives de l'Empire.

14116. — A ALEXANDRE, PRINCE DE NEUCHÂTEL,
MAJOR GÉNÉRAL DE LA GRANDE ARMÉE, A BAYONNE.

Bayonne, 18 juin 1808.

Donnez l'ordre de faire partir demain matin pour Pampelune 30 canonniers des 60 qui sont à Bayonne, commandés par un officier, ou par un sergent s'il n'y a pas d'officier; tous les hommes isolés qui se trouvent à Bayonne, tous les hommes du 1er régiment de la Vistule et une compagnie de 120 hommes, habillés ou non, mais bien armés et avec des cartouches, du 2e régiment de la légion de la Vistule, de manière à faire 250 à 300 hommes. Vous donnerez le commandement de cette colonne à un officier supérieur intelligent. Vous en passerez la revue à six heures du matin. Cette colonne marchera de manière à arriver en trois jours à Pampelune.

Vous donnerez ordre au général d'Agoult de tenir les hommes non habillés de la légion de la Vistule dans la citadelle, jusqu'à ce qu'ils aient leurs habits, qui leur seront envoyés dès qu'ils arriveront à Bayonne. Dirigez les 30 canonniers sur le corps du général Lefebvre, ainsi que les hommes isolés et l'artillerie dont il a besoin pour prendre Saragosse; et, lorsque Saragosse sera pris, ces 30 hommes seront destinés à tenir garnison dans le château de Saragosse. Si vous pouvez joindre à cette colonne 30 hommes des différents dépôts qui sont ici, ce ne sera que bien. Si l'on peut charger, cette nuit, 25,000 rations et 50,000 cartouches sur des mulets à bât, on le fera; sans quoi, on préparera ce convoi pour après-demain.

D'après la minute. Archives de l'Empire.

14117. — NOTE POUR LE GÉNÉRAL SAVARY,
EN MISSION À MADRID.

Bayonne, 19 juin 1808.

L'Empereur a lu la longue lettre que vous avez écrite au major général. Les dispositions qui ont été faites par le grand-duc de Berg lui paraissent bonnes.

Vous avez dû recevoir des nouvelles de Saragosse. Nos troupes serrent la ville; mais on attend quelques mortiers qui sont partis de Pampelune, pour perdre moins de monde.

L'Empereur a écrit de faire activer la marche d'une colonne qui se dirigeait sur Saragosse, parce qu'il la croyait à mi-chemin. S'il y a une faible colonne déjà avancée sur la route de Saragosse, elle pourrait continuer; cela serait utile, ne fût-ce que pour ouvrir la communication; mais cela n'est pas indispensable. Au 25, il y aura plus de 12,000 hommes et vingt mortiers ou obusiers ou bouches à feu devant Saragosse.

S'il y a quelque colonne en chemin, tâchez de lui donner quelques obusiers et deux ou trois pièces de 12. S'il n'y en a pas, vous ne devez pas trop vous occuper de Saragosse; on en viendra à bout sans les secours de Madrid.

Il faudrait que la colonne qu'on place à Madridejos fût placée plutôt à San Clemente. Elle serait là à portée de soutenir le maréchal Moncey et de couvrir Madrid de tout ce qui pourrait venir par Albacete, qui est la communication de la Murcie, de Carthagène et d'Alicante.

Cette colonne, ayant pour but d'appuyer le général Vedel, qui est envoyé à Andujar, il vous sera facile de remarquer qu'il n'y a pas plus loin de San Clemente à Andujar que de Madridejos à Andujar. Ainsi, la colonne du général Frère, placée à San Clemente, sera un appui naturel au maréchal Moncey et protégera son flanc droit, puisqu'elle se trouve à mi-chemin de Madrid à Valence. Secondement, elle couvrira Madrid de tout ce qui pourrait venir de Murcie, Carthagène et Alicante. Enfin elle est également en position de soutenir le général Dupont et le général Vedel. Il faut laisser le général Frère maître de se porter sur Albacete pour dissiper les rassemblements qui pourraient s'y former, et de marcher sur les rebelles de Murcie ou Carthagène qui voudraient inquiéter les derrières du maréchal Moncey.

Enfin, quand on aura des nouvelles satisfaisantes du général Dupont, et qu'on aura lieu de croire que le général Vedel lui suffise, le général Frère pourra se porter sur Valence ou bien servir d'avant-garde pour marcher sur Carthagène, pendant que le maréchal Moncey s'avancera par Alicante.

Le général Duhesme a gardé tous les corps qu'il avait en Catalogne, où il attaque les rebelles, les désarme et leur fait porter la faute de leur révolte.

L'Empereur juge que ce n'est pas assez de rendre les autorités responsables; il faut sans doute les rendre responsables, mais il faut leur en donner les moyens. Pour cela, il faut désarmer et former quatre compagnies des gardes nationales des plus recommandables du pays, pour appuyer les alcades et maintenir la tranquillité; ceux-là seront responsables s'ils ne la maintiennent pas. A cette responsabilité des plus considérables de chaque ville on joindra celle des évêques, des couvents. C'est ainsi qu'en France la tranquillité publique a pu être maintenue. Sans eux, la France fût tombée dès 1789 dans la plus horrible anarchie.

Voilà ce que l'Empereur eût désiré qu'on eût fait à Tolède, à Aranjuez, à Ségovie et partout ailleurs. Comme Aranjuez est une petite ville, on aurait pu former quatre compagnies de 50 hommes.

<small>D'après la minute. Archives de l'Empire.</small>

14118. — A EUGÈNE NAPOLÉON,
VICE-ROI D'ITALIE, À MILAN.

<small>Bayonne, 19 juin 1808.</small>

Mon Fils, dans une lettre au directeur de l'administration de la guerre, dont je vous envoie copie, on a mis par erreur *Trésor du royaume d'Italie*, au lieu de mettre *payeur de l'armée d'Italie*; il était facile de remarquer que, puisque le bois, lumières, etc. doivent être payés par le pays, les premières dépenses ne doivent pas l'être. Quoi qu'il en soit, vous aurez eu une belle épouvante; je m'empresse de vous rassurer.

La solde, l'habillement et la nourriture de ces troupes doivent être payés par le trésor de France; le casernement, le bois, les lumières seront seuls payés par les états de Rome et d'Ancône.

NAPOLÉON.

<small>D'après la copie comm. par S. A. I. Mme la duchesse de Leuchtenberg.</small>

14119. — A EUGÈNE NAPOLÉON,
VICE-ROI D'ITALIE, À MILAN.

<small>Bayonne, 19 juin 1808.</small>

Mon Fils, je reçois vos différents états de l'armée italienne au 31 mai. Le nouveau 7e régiment de ligne, ou le régiment du Pape, n'y est pas compris. Les trois départements d'Ancône sont considérés comme étrangers, puisque les troupes qui s'y trouvent sont portées comme hors du royaume. Les six régiments de ligne sont portés pour un effectif de 15,200 hommes. Il faut me faire connaître combien il y a d'hommes à réformer et combien il y en a en état de faire la guerre. Comme le complet de guerre est de 19,400 hommes, il manquerait donc 4,200 hommes pour le complet. Les trois régiments d'infanterie légère ont 7,500 hommes; ils devraient avoir, au complet, 9,600 hommes; il manquerait donc 2,100 hommes, et, pour compléter tous les régiments d'infanterie, 6,300 hommes.

Les quatre régiments de cavalerie font 2,900 hommes; ils devraient avoir, au complet, 4,000 hommes; il manque donc 1,100 hommes. Ainsi c'est 7,400 hommes qu'il faut pour compléter l'armée italienne. Si vous y joignez ce qui manque pour compléter le régiment formé des troupes du Pape, il faut porter le nombre des hommes manquants à 10,000 hommes.

Dans la conscription que je vois que vous avez levée sont compris les hommes qui avaient vingt ans au 1ᵉʳ janvier 1808, c'est-à-dire nés dans l'année 1788. Ne pourrait-on pas appeler les 10,000 hommes nécessaires parmi les hommes nés en 1789 et ayant vingt ans au 1ᵉʳ janvier 1809? Occupez-vous de ce projet; bien entendu que cet appel ne se fera qu'après la récolte. Si mon armée devait entrer en campagne au mois de septembre, voyons ce qu'elle pourra fournir.

Garde royale. Infanterie : le 3ᵉ bataillon de vélites, 600 hommes; je ne compte ni celui qui est en Espagne, ni celui qui est à Zara; le 1ᵉʳ bataillon de la Garde royale qui est à Milan, 600 hommes; total, 1,200 hommes d'infanterie. Cavalerie : dragons de la Garde, 400 hommes. Artillerie, 100; train d'artillerie attelant huit pièces de canon, 100. Total de ce que peut fournir la Garde royale, infanterie, cavalerie, artillerie, 1,800 hommes.

Infanterie de ligne. Le 1ᵉʳ régiment d'infanterie de ligne pourrait fournir quatre bataillons de six compagnies chacun, formant, présents sous les armes, 2,400 hommes; le 2ᵉ régiment pourrait fournir le 4ᵉ bataillon de six compagnies, formant 600 hommes; le reste est en Espagne et à Corfou; le 3ᵉ régiment pourrait fournir trois bataillons, chacun de 600 hommes, 1,800; le 4ᵉ pourrait fournir également trois bataillons, le reste étant en Espagne, 1,800; le 5ᵉ pourrait fournir un bataillon de 600 hommes; le 6ᵉ pourrait également fournir un bataillon de 600 hommes.

qu'on ferait venir de l'île d'Elbe; le 7ᵉ pourrait fournir deux bataillons, 1,200 hommes; total, quinze bataillons ou 9,000 hommes d'infanterie.

Infanterie légère. Le 1ᵉʳ d'infanterie légère pourrait fournir quatre bataillons, formant 2,400 hommes; le 2ᵉ, également, 2,400; le 3ᵉ, deux bataillons, 1,200 hommes; total, 6,000 hommes.

Total général de l'infanterie, 15,000 hommes.

La cavalerie pourrait fournir, savoir : les chasseurs royaux italiens, trois escadrons de 200 hommes chacun, 600 hommes; le 2ᵉ régiment de chasseurs, un escadron de 200 hommes; les dragons de la Reine, trois escadrons, 600 hommes; les dragons Napoléon, trois escadrons, 600 hommes; total, 2,000.

L'artillerie pourrait fournir à l'armée active, savoir : l'artillerie à pied, 800 hommes; l'artillerie à cheval, 600 hommes; total, 1,400 hommes.

Les sapeurs pourraient fournir ....

Le total de l'armée active italienne serait donc : infanterie, 16,200 hommes; cavalerie, 2,400; artillerie, 1,600; sapeurs.......... total, 20,200 hommes. Ce qui pourrait former une division de cavalerie de trois régiments et deux divisions d'infanterie; ce qui exigera trente-six pièces de canon.

Indépendamment de cela, les dépôts seront remplis de conscrits, pour garder les places fortes et réparer les pertes de la campagne. Faites-moi un rapport sur cela, car il faut avoir, outre l'armée active, 5 ou 6,000 conscrits des dépôts pour occuper les places.

Envoyez les régiments les moins instruits au camp de Montechiaro, pour les faire travailler et les exercer. Toute la conscription de cette année est déjà arrivée; la 27ᵉ et la 28ᵉ division militaire sont remplies de troupes qu'on habille et qu'on exerce. Je ne me presse pas de les envoyer en Italie, pour laisser passer la mauvaise saison; mais, si les circonstances le rendaient nécessaire, je réunirais en août, à Chambéry et à Genève, de fortes colonnes, pour les diriger sur l'Italie. Il n'y a pas d'inconvénient de demander, dans les 27ᵉ et 28ᵉ divisions militaires, qu'on vous envoie les dépôts des armées de Naples et de Dalmatie dont vous avez les corps, car il faut que tous les 4ᵉˢ bataillons des corps de ces deux armées soient complétés à 7 ou 800 hommes présents sous les armes. Pour arriver à ce résultat, il faut d'abord appliquer à mon armée italienne la nouvelle organisation des régiments à cinq bataillons ou vingt-huit compagnies, et assigner à chacun des dépôts, à poste fixe, un chef-lieu de département, d'où il ne sortira pas.

NAPOLÉON.

D'après la copie comm. par S. A. I. Mme la duchesse de Leuchtenberg.

14120. — A ALEXANDRE, PRINCE DE NEUCHÂTEL,
MAJOR GÉNÉRAL DE LA GRANDE ARMÉE, A BAYONNE.

Bayonne, 20 juin 1808.

Mon Cousin, vous donnerez l'ordre au colonel Piré, votre aide de camp, de partir demain à trois heures du matin avec le 9° escadron de marche, le 3° régiment d'infanterie de la Vistule et deux pièces de canon. Lorsque sa colonne sera en marche, il prendra le devant et arrivera le même jour à Saint-Jean-Pied-de-Port. Il fera choisir là, de concert avec le général Lamartillière, les gardes nationales de bonne volonté, en supposant que toutes ne le soient pas, dont il formera un bataillon de six compagnies sous le commandement d'un chef de bataillon; si tous les 1,200 hommes sont de bonne volonté, il prendra ces 1,200 hommes sous son commandement et les fera partir le 22 pour Pampelune. Si les gardes nationales marchent tout entières, il en fera deux bataillons de 600 hommes chacun, ce qui lui fera quatre bataillons, 100 hommes de cavalerie et deux pièces de canon. Arrivé à Pampelune, il fera armer à neuf les gardes nationales avec des fusils espagnols. Avant qu'il soit arrivé à Pampelune, il recevra des ordres sur le lieu où il devra se porter.

Il aura soin qu'avant de partir de Bayonne les Polonais aient leurs cinquante cartouches par homme, de même que la garde nationale avant de partir de Saint-Jean-Pied-de-Port.

Vous écrirez au général Lamartillière que, si les 1,200 hommes de gardes nationales veulent partir, je le verrai avec plaisir; qu'il peut leur donner l'assurance qu'elles sont destinées à occuper Pampelune jusqu'à la prise de Saragosse, et que, lorsque Saragosse sera pris, elles reviendront en France par le plus court chemin, et que les remplaçants continueront à avoir leur haute paye comme à l'ordinaire. Quant au général Lamartillière, immédiatement après que cette colonne sera partie, il retournera à Pau pour y recevoir les autres colonnes.

D'après la minute. Dépôt de la guerre.

14121. — A EUGÈNE NAPOLÉON,
VICE-ROI D'ITALIE, À MILAN.

Bayonne, 20 juin 1808.

Faites partir de Mantoue les deux bataillons du 2º régiment napolitain. Dirigez-les par le plus court chemin sur Avignon. Chacun de ces bataillons laissera une compagnie au dépôt. Vous pourrez y joindre tout ce qu'il y a de disponible du 1ᵉʳ de ligne. Voyez si la route la plus courte est de les faire passer par la rivière de Gênes ou par Grenoble. Faites partir également un escadron du 2ᵉ régiment de chasseurs à cheval napolitain pour Avignon, en le complétant à 200 hommes. Je vois que vous avez beaucoup de troupes à Mestre et à Monselice. Je crains que ce pays ne soit malsain. Il faut placer les dépôts de l'armée de Dalmatie dans les lieux sains. Voilà le temps de la mauvaise saison; éloignez les troupes françaises de tous les bas pays.

NAPOLÉON.

D'après la copie comm. par S. A. I. Mᵐᵉ la duchesse de Leuchtenberg.

14122. — A M. DE CHAMPAGNY,
MINISTRE DES RELATIONS EXTÉRIEURES, À BAYONNE.

Bayonne, 21 juin 1808.

Monsieur de Champagny, répondez au ministre d'Amérique que vous ne savez pas ce qu'il veut dire sur l'occupation des Florides, et que les Américains, étant en paix avec les Espagnols, ne peuvent occuper les Florides sans la permission ou la demande du roi d'Espagne.

NAPOLÉON.

D'après l'original comm. par M. le baron Chaillou des Barres.

14123. — A FRÉDÉRIC-AUGUSTE, ROI DE SAXE,
À DRESDE.

Bayonne, 21 juin 1808.

J'ai reçu la lettre de Votre Majesté du 5 juin. J'ai vu avec plaisir qu'elle avait été satisfaite des derniers arrangements qui ont eu lieu ici. Je désire qu'elle reste intimement persuadée que mon désir est de lui donner, dans toutes les circonstances, des preuves de l'intérêt que je lui porte et de la singulière estime qu'elle m'a inspirée.

D'après la minute. Archives de l'Empire.

14124. — A M. DE CHAMPAGNY,
MINISTRE DES RELATIONS EXTÉRIEURES, À BAYONNE.

Bayonne, 23 juin 1808.

Monsieur de Champagny, faites-moi une petite analyse du mémoire du sieur Mériage, pour voir si ce mémoire peut être bon à quelque chose.

Faites mettre dans les petits journaux, sous la rubrique de Vienne, beaucoup d'articles qui fassent connaître ce qui se passe chez les Serviens. Faites-moi un petit rapport sur toutes les pièces arrivées de Perse, et faites-les classer avec soin pour pouvoir les retrouver dans l'occasion.

NAPOLÉON.

D'après l'original. Archives des affaires étrangères.

14125. — A M. DE CHAMPAGNY,
MINISTRE DES RELATIONS EXTÉRIEURES, À BAYONNE.

Bayonne, 23 juin 1808.

Monsieur de Champagny, le sieur Otto parle dans ses dernières dépêches d'une place forte que font construire les Autrichiens. Voilà la première fois que j'entends parler de cela. Informez-vous de l'endroit où est située cette place forte, depuis quand on y travaille. Demandez des renseignements là-dessus au sieur Andréossy.

NAPOLÉON.

D'après l'original comm. par M. le baron Chaillou des Barres.

14126. — A M. CRETET,

MINISTRE DE L'INTÉRIEUR, À PARIS.

Bayonne, 23 juin 1808.

Monsieur Cretet, je reçois votre lettre du 18 juin. Il me paraît fort nécessaire que vous ordonniez qu'on travaille au canal de Troyes (il paraît qu'il y a des fonds faits pour ces travaux), et que vous ordonniez également la démolition de la porte de la ville, afin de donner de l'occupation aux ouvriers. Il faut aussi faire travailler à Marseille. Pourquoi garder 1,200 prisonniers à Troyes, où il n'y a pas d'ouvrage, tandis qu'on pourrait les employer bien plus utilement aux travaux des canaux de l'Escaut, Napoléon et de Bourgogne? Je n'entends pas dire qu'on ait encore pris de l'argent à la caisse d'amortissement pour ces trois canaux. Les travaux des ponts et chaussées sont menés bien lentement. Quand j'ai accordé des fonds extraordinaires si considérables, j'ai eu en vue non-seulement de faire des travaux, mais aussi d'occuper tous les bras oisifs de l'Empire. Nous voilà au milieu de la campagne, et je vois avec peine qu'aucune des mesures que j'ai prescrites n'aura été exécutée. Je voulais dépenser trois millions cette année à chacun des trois grands canaux, et l'on n'y aura pas dépensé 600,000 francs; j'ai accordé un million pour la route des Landes, et l'on n'y travaille pas; il en sera de même sans doute de tous les autres travaux. Cependant nous voilà au mois de juillet, et le 1er juillet est la moitié de l'année. Faites-moi un rapport qui me fasse connaître si toutes les mesures que j'ai ordonnées pour répartir des travaux dans tout l'Empire sont exécutées.

Je désire également connaître ce qu'a produit la caisse que j'ai établie en Piémont pour les travaux extraordinaires, et que vous m'en présentiez la répartition.

NAPOLÉON.

D'après la copie. Archives de l'agriculture, du commerce et des travaux publics.

14127. — NOTE SUR L'ÉTABLISSEMENT DU JURY
EN WESTPHALIE.

Bayonne, 24 juin 1808.

On peut supprimer le jury d'accusation, mais il faut maintenir le jury de jugement dans son intégrité; il le sera en France, parce que c'est une bonne chose et que la nation le désire. Je tiens à ce qu'il soit établi en Allemagne, parce que les gens éclairés le désirent aussi, et que j'ai eu mes raisons politiques pour prescrire l'établissement du jury en Westphalie. Les motifs exposés dans le mémoire de M. Siméon[1] me paraissent de nulle valeur. Je n'ai pas établi le jury en Italie, parce que je n'y ai vu aucun objet politique et que les Italiens sont trop passionnés; mais aussitôt que le nouveau système français sera conçu, je l'adapterai de même à l'Italie[2]..... La discussion m'a prouvé que ceux qui ne veulent pas du jury ne veulent pas non plus de la publicité[3]..... Ce serait une grande erreur de croire qu'un jury d'accusation est une première instance; il n'en est rien. Ceux qui veulent la publicité sans jury et sans appel disposent légèrement de la vie des hommes.

D'après le registre du secrétaire d'état. Archives de l'Empire.

14128. — A M. DE CHAMPAGNY,
MINISTRE DES RELATIONS EXTÉRIEURES, A BAYONNE.

Bayonne, 25 juin 1808.

Monsieur de Champagny, envoyez par un courrier extraordinaire, au sieur Andréossy, l'extrait de la dépêche du sieur Otto, afin qu'il vérifie si l'on fait effectivement des magasins en Bohême, et qu'il soit alerte sur les démarches de l'Autriche. Il est également nécessaire que vous écriviez à mes ministres à Stuttgart et à Dresde, pour qu'ils envoient quelqu'un voir ce qui se passe en Bohême. Enfin il faut faire une note douce à M. de Metternich, dans laquelle vous lui ferez connaître que le

---

[1] Ministre de la justice et des cultes du royaume de Westphalie.

[2] Le registre de la correspondance du secrétaire d'état ne présente ici que des phrases inintelligibles.

[3] Autres mots inintelligibles.

commerce anglais est protégé dans les états d'Autriche; que, les Américains ayant mis l'embargo dans leurs ports, les bâtiments américains qui se présentent comme venant d'Amérique n'en viennent pas, mais qu'ils viennent de Londres et ont de faux papiers; qu'il est donc convenable que les trois bâtiments américains dernièrement arrivés à Trieste soient séquestrés; que la guerre avec l'Angleterre sera perpétuelle, si on ouvre un seul débouché à son commerce. Vous enverrez la copie de cette note au sieur Andréossy. Il paraît qu'il n'est point ferme sur ce principe, et qu'il ne sait pas qu'aucun bâtiment américain chargé de denrées coloniales ne peut être reçu, parce qu'il ignore qu'il ne peut venir que d'Angleterre. Vous connaissez le système; faites-lui deux pages là-dessus. Engagez le sieur Otto à parler des armements de l'Autriche au gouvernement bavarois, pour qu'il envoie de son côté des agents sûrs sur les lieux, vu qu'il est nécessaire que je sois instruit d'avance de ce qui se ferait, non que j'aie besoin de faire venir des troupes de France, car j'ai à la Grande Armée plus de 300,000 hommes, tous Français. Et il est bon que le sieur Otto sache, pour sa gouverne, qu'au lieu que l'armée ait été diminuée, elle a été au contraire réorganisée, et que j'ai en réserve sur le Rhin toute la levée de cette année, qui, au premier bruit, porterait la Grande Armée à un tiers de plus qu'elle n'a jamais eu. Dites au sieur Otto qu'il faut se tenir sur le qui-vive et se mettre en mesure d'être instruit d'avance, et que, si l'Autriche faisait des mouvements, la Bavière devrait armer ses forteresses et veiller à ce que le château de Passau ne fût pas surpris. Du reste, vous recommanderez au sieur Andréossy de veiller sur toutes ces intrigues des Russes et des Autrichiens au sujet de la Porte, mais de n'y prendre aucune part.

Écrivez au sieur Laforest que je ne suis pas content du traité qu'il a fait; que par ce tarif notre monnaie est dépréciée et regardée comme fausse, tandis qu'elle est la meilleure; et qu'il ne faut point laisser accréditer, par de fausses mesures, des idées qui auraient de longues conséquences à notre détriment.

NAPOLÉON.

D'après l'original. Archives des affaires étrangères.

14129. — AU GÉNÉRAL CLARKE,
MINISTRE DE LA GUERRE, À PARIS.

Bayonne, 25 juin 1808.

Monsieur le Général Clarke, il faut que le bataillon de Neuchâtel ne soit plus chargé de fournir des détachements aux péniches. Les Suisses n'aiment pas à s'embarquer. Il faut faire fournir ces détachements par d'autres régiments.

NAPOLÉON.

D'après la copie. Dépôt de la guerre.

14130. — AU GÉNÉRAL CLARKE,
MINISTRE DE LA GUERRE, À PARIS.

Bayonne, 25 juin 1808.

Il résulte d'un état, au 1er mai, de la Grande Armée, que m'a envoyé M. Villemanzy, qu'il y a soixante et dix régiments d'infanterie légère ou de ligne qui, à un effectif de 2,520, font 176,000 hommes; qu'il y a huit régiments de grenadiers et voltigeurs de la division Oudinot qui, à un effectif de 1.680 hommes, feraient 13,400 hommes. Ainsi l'effectif de l'infanterie de la Grande Armée devrait être de 190,000 hommes; cependant il n'est que de 156,000 hommes. Il faudrait donc 34,000 hommes pour compléter l'effectif de la Grande Armée à 140 hommes par compagnie, dont 5,000 hommes pour la division Oudinot.

Faites-moi un rapport là-dessus.

D'après la copie. Dépôt de la guerre.

14131. — NOTE POUR LE PRINCE DE NEUCHÂTEL,
MAJOR GÉNÉRAL DE LA GRANDE ARMÉE, À BAYONNE.

Bayonne, 25 juin 1808.

Expédiez un courrier au camp de Saragosse.

Vous ferez connaître au général d'Agoult à Pampelune, par un courrier, que les 600 hommes de la garde nationale d'élite sont partis ce matin de Saint-Jean-Pied-de-Port et doivent arriver demain soir à Pampelune; qu'il est très-nécessaire qu'il les laisse reposer la journée du 27; qu'il les passe en revue, rectifie leur organisation s'il y manque quelque chose, les arme à neuf et complétement, et qu'il les fasse partir pour rejoindre la colonne du colonel Piré, sur Saragosse.

Vous lui donnerez les nouvelles de Santander, et lui direz d'envoyer des convois pour alimenter le bombardement de Saragosse.

Vous ferez connaître à Saragosse les nouvelles de Santander, et au colonel Piré la marche de cette nouvelle colonne de gardes nationales.

Vous ferez connaître également à Saragosse qu'une colonne de 2,000 hommes, partie de Madrid, doit arriver le 29 près de Saragosse. Comme il y a déjà assez de monde, il est inutile de les laisser venir jusque-là, mais il faut se mettre en communication avec cette colonne, en faire venir les quatre obusiers qu'elle amène, pour aider au bombardement, et tenir cette colonne à trois ou quatre marches, afin qu'elle soit plus à portée de retourner à Madrid aussitôt qu'il n'en sera plus besoin. Cette colonne peut ainsi rester stationnaire un ou deux jours, prendre du repos et se tenir en communication avec Saragosse, afin de retourner à grandes marches sur Madrid du moment que Saragosse sera pris.

Vous manderez au général qui commande à Pampelune que 20 milliers de poudre partis de Saint-Sébastien ont dû déjà arriver à Pampelune; qu'un convoi de soixante voitures, parti hier, arrivera le 27, et que ces mêmes voitures pourront servir pour faire un voyage sur Saragosse et y porter des munitions de guerre.

D'après la minute. Dépôt de la guerre.

14132. — AU MARÉCHAL BESSIÈRES,
COMMANDANT LA GARDE IMPÉRIALE, ETC. À BURGOS.

Bayonne, 25 juin 1808, six heures du soir.

Mon Cousin, j'ai appris avec un véritable intérêt le bon résultat de l'affaire de Santander. Vous aurez probablement appris par le major général ce qui s'y est passé le 23. Les Anglais ont dû perdre du monde, car on a vu leurs quatre frégates hisser beaucoup de blessés.

Il y a dans ce moment devant Saragosse 14,000 hommes. Le bombardement a dû commencer aujourd'hui, et j'attends demain la nouvelle de la reddition. Le 4e et le 15e de ligne arrivent ici; ils viennent de Rennes en dix jours. Deux autres régiments arrivent de Paris. Cela fera une réserve de 8,000 hommes à la tête desquels le Roi entrera.

Il y a à Santander beaucoup d'argent; ayez soin qu'on fasse payer la contribution que j'ai ordonné de mettre; qu'on fasse mettre le séquestre sur les biens des membres de la junte, et surtout sur les biens de l'évêché, et ordonnez qu'une députation de vingt des principaux de la province se rende à Bayonne, et que le désarmement soit fait scrupuleusement dans tous les environs. Envoyez reconnaître s'il y aurait un petit fort où l'on pourrait mettre quelques troupes à l'abri de toute insulte, car il serait bon de laisser là 8 à 900 hommes pour empêcher les Anglais de tenter d'y pénétrer; mais il faudrait pour cela que cette poignée d'hommes pût se retirer dans un petit fort et y tenir cinq ou six jours. J'espère cependant que la leçon qu'ils viennent de recevoir leur ôtera l'envie de s'insurger de nouveau. J'imagine que vous faites travailler à force à votre château de Burgos. Cela est très-important; n'y mettez que de grosses pièces, sans y employer nos pièces de campagne, qui sont toutes nécessaires ailleurs.

Faites-moi connaître les renseignements que vous avez sur les chemins de Palencia à Léon, et de Léon à Oviedo. Il faut marcher là en force. Aussitôt que Saragosse sera pris, non-seulement le général Verdier retournera avec ce qu'il a, mais je dirigerai encore sur Burgos beaucoup d'autres troupes. Je suppose que le major général vous envoie exactement les imprimés qui se font ici, et que vous avez soin de les faire réimprimer à Burgos.

NAPOLÉON.

D'après l'original comm. par Mme la duchesse d'Istrie.

14133. — AU GÉNÉRAL SAVARY,
AIDE DE CAMP DE L'EMPEREUR, À MADRID.

Bayonne, 25 juin 1808.

Monsieur le Général Savary, vous trouverez ci-joint le septième numéro des nouvelles d'Espagne. Ayez soin qu'il soit imprimé en espagnol et répandu partout. Nous savons que les Anglais qui étaient débarqués à Santander ont perdu du monde, et qu'en s'en allant ils ont tout brûlé sur la côte.

Douze cents hommes de gardes nationales viennent de partir pour Saragosse. Il y a une véritable armée française dans l'Aragon; les troupes qui y étaient sont suffisantes cependant. Ce dont on avait besoin, c'était de quelques mortiers, qui doivent y être arrivés. Je suppose qu'aujourd'hui ou demain dix-huit bouches à feu ou obus vont soumettre cette ville. Ce que l'on pourra tirer de l'Aragon après la prise de Saragosse sera envoyé à Bessières pour conquérir la Galice et les Asturies; mais il sera alors nécessaire, pour avoir une nouvelle division, qu'on renforce le général Dupont.

Le 4e et le 15e de ligne arrivent au moment même. Il n'y a que dix jours qu'ils sont partis de Rennes. Deux bataillons de la garde de Paris arrivent demain; deux autres arrivent dans deux jours. Je vais former une belle division de réserve de vieilles troupes que je ferai rentrer avec le Roi.

Faites appuyer Moncey et Dupont.

NAPOLÉON.

D'après l'original. Archives des affaires étrangères.

14134. — A M. BIGOT DE PRÉAMENEU,
MINISTRE DES CULTES, À PARIS.

Bayonne, 26 juin 1808.

Monsieur Bigot de Préameneu, il était autrefois d'usage que, lorsque les légats terminaient leur mission, ils remissent les papiers de leur légation. Faites mettre cet usage à exécution. Les actes d'un légat n'ayant rapport qu'à des affaires intérieures, tous ses papiers doivent rester dans l'intérieur.

NAPOLÉON.

D'après l'original. Archives des cultes.

14135. — NOTE POUR LE MAJOR GÉNÉRAL.

Bayonne, 26 juin 1808.

J'avais ordonné qu'il fût levé un bataillon de gardes nationales dans le département de l'Ariége, et que 500 fusils fussent dirigés sur Foix à cet effet. Faites partir sur-le-champ ces 500 fusils, et demandez au préfet pourquoi ce bataillon n'est pas levé. Écrire également dans le département de la Haute-Garonne qu'on envoie un bataillon de gardes nationales sur la frontière.

NAPOLÉON.

D'après l'original. Dépôt de la guerre.

14136. — A EUGÈNE NAPOLÉON,
VICE-ROI D'ITALIE, À MILAN.

Bayonne, 27 juin 1808.

Mon Fils, j'ai reçu votre lettre du 20. J'attendrai la reconnaissance que vous aurez faite de la Piave pour prendre un parti sur la ligne à fortifier en Italie. Je ne pense pas que la position de la place de l'Adige soit Albaredo, mais bien vis-à-vis de Ronco, de manière à garder les débouchés des marais, et en jetant un pont sur la petite rivière d'Alpone. Mes raisons sont les mêmes que celles qui m'ont porté, en l'an IV, à jeter un pont à Ronco au lieu de le jeter à Albaredo. Si le point était à Albaredo, l'ennemi intercepterait la communication de cette nouvelle place avec Vérone en jetant peu de monde dans le marais. Cette place doit répondre aux données suivantes : 1° un pont sur l'Adige, le plus près possible du coude du grand chemin de Vérone à Vicence; 2° un point d'où l'on puisse communiquer avec Vérone sans rencontrer aucun obstacle.

NAPOLÉON.

D'après la copie comm. par S. A. I. Mme la duchesse de Leuchtenberg.

14137. — AU PRINCE CAMBACÉRÈS,
ARCHICHANCELIER DE L'EMPIRE, À PARIS.

Bayonne, 27 juin 1808.

Mon Cousin, l'opinion publique accuse . . . . de faire des accaparements de sucre. Je ne pense pas qu'avec sa fortune et sa place il se livre à un trafic aussi odieux, mais je désire qu'il en ôte jusqu'à l'apparence, en rompant toute association avec des hommes connus pour accapareurs.

NAPOLÉON.

D'après la copie comm. par M. le duc de Cambacérès.

14138. — AU VICE-AMIRAL DECRÈS,
MINISTRE DE LA MARINE, À PARIS.

Bayonne, 28 juin 1808.

Je crois qu'il ne faut rien contremander des mouvements de l'escadre de Brest. Les Anglais n'ont rien à faire dans cette saison que de contrarier le passage de mes convois, et tout l'été ils ont fait la même chose; mais il faut protéger, par tous les moyens, l'arrivage des convois.

Je désire qu'avant de vous jeter dans des dépenses qui seraient perdues si l'expédition de Brest n'avait pas lieu, vous me demandiez de nouveaux ordres. Je suppose que vous serez toujours à temps au 15 juillet. Les affaires d'Espagne s'étant fort gâtées depuis un mois, je ne déciderai qu'au 15 juillet si je dois détacher du continent de l'Europe des forces considérables. Je suppose que les préparatifs que vous êtes obligé de faire dès ce moment ne vous engagent point dans des dépenses perdues. Équipez des vaisseaux, terminez la construction des flûtes, faites faire des vivres pour le complément des vaisseaux, faites acheter même quelques belles flûtes; ces dépenses seront toujours utiles. Ce ne serait que la dépense d'une grande quantité de vivres que nous ne consommerions pas, qui serait sans fruit. Il me semble qu'il vous restera assez de temps, depuis le 15 juillet, pour achever ces préparatifs, s'ils n'étaient pas contremandés.

Je ne suis pas sans quelque inquiétude sur l'escadre de Cadix, le général Solano ayant été assassiné par un parti autour de cette ville.

D'après la minute. Archives de l'Empire.

14139. — AU VICE-AMIRAL DECRÈS,
MINISTRE DE LA MARINE, À PARIS.

Bayonne, 28 juin 1808.

L'*Oreste* est en partance depuis trois jours. Il n'a pu charger que soixante-cinq tonneaux de farine, c'est-à-dire 1.300 quintaux. C'est toujours un mois de pain pour la colonie.

Je désire savoir combien une corvette comme la *Diligente* et une frégate peuvent porter de tonneaux. La ....[1] est prête à partir pour la Guadeloupe. La mouche n° 3 va se rendre à Cayenne. Les mouches n°s 4 et 5 vont également être prêtes.

La frégate la *Comète* est entrée hier dans le port, tirant treize pieds et demi d'eau.

J'ai causé longtemps avec le contre-maître hollandais; voici ce qu'il m'a dit : En Hollande, les vaisseaux passent dans des endroits où il n'y a que huit pieds d'eau. S'il fallait faire passer ainsi la barre de Bayonne à un vaisseau, il ne le croit pas possible à cause de la difficulté de la manœuvre; mais, puisqu'une frégate l'a passée avec treize pieds et demi d'eau et qu'il ne s'agit que d'employer, pour un petit vaisseau, un petit chameau élevant d'un pied et demi, comme il y en avait en Hollande et comme il n'y en a plus aujourd'hui, il est dans l'opinion que cela est facile. Il est donc nécessaire que le sieur Sané s'abouche avec lui et que vous envoyiez des ingénieurs intelligents pour prendre les renseignements suivants auprès des constructeurs d'Amsterdam : Quelle est l'espèce de chameau la plus facile à manœuvrer, qui tienne le moins de place? Quel en est le plan et que devrait-il coûter, s'il ne devait avoir pour but que de faire gagner six pouces à un vaisseau de 74? Que devrait-il coûter s'il lui faisait gagner un pied? Combien coûterait-il s'il en faisait gagner deux, trois, quatre et sept pieds? Et quand tous ces plans seront faits,

[1] Lacune dans le texte.

on pourra juger les cas où l'on peut se servir de ces moyens. Les vaisseaux tels que l'on en construit à Anvers peuvent, je crois, être allégés à seize pieds; il ne s'agirait donc que d'élever ces vaisseaux, par le moyen d'un chameau, de deux pieds et deux pieds et demi. Le contre-maître croit que ces chameaux ne déborderaient pas de plus de six pieds de chaque côté. Enfin il est un fait : si je demandais qu'on construisît à Bayonne un vaisseau de 74 qui ne tirât que dix-huit à dix-neuf pieds d'eau, c'est-à-dire qu'on pût alléger jusqu'à ne tirer que treize pieds et demi d'eau, il est clair que le vaisseau serait fort bon; il n'y aurait qu'un inconvénient, c'est qu'il ne tiendrait pas contre le vent. Ne pourrais-je pas par des moyens factices, comme, par exemple, en y adaptant une fausse quille, lui faire franchir la passe et lui ôter cette quille ou chameau lorsqu'il serait en mer? Quant à la barre de Bayonne, nous avons éprouvé hier que, lorsque le temps est beau, on ne la sent pas, et lorsque la mer est agitée, les bateaux disparaissent tout à fait. Hier, les bateaux-pilotes ont passé la barre sans éprouver un mouvement, on ne la sentait qu'avec la sonde, et la frégate l'a passée sans que je m'aperçusse du moment où elle l'a passée.

Occupez-vous de résoudre ces questions. Faites-venir de Hollande des constructeurs de chameaux, et faites faire le plan et prendre les dimensions d'un chameau pour un vaisseau de 74 à construire sur le modèle du *Pluton*, dans le chantier de Bayonne. Il y trouverait de grands avantages. Le bassin de l'Adour a une grande quantité de bois qui ne sont employés qu'à Rochefort; il en coûte trop pour les transporter dans ce port, et ils pourrissent. On pourrait construire à Bayonne deux ou trois vaisseaux avec les bois des Pyrénées, et il n'y a pas de doute qu'un chameau fait avec art et allégeance de deux pieds pourra mettre ces vaisseaux hors de la barre au milieu de l'été et dans un temps propice. On les chargera ensuite suffisamment pour les mettre en état de se rendre à Rochefort ou au Passage.

D'après la minute. Archives de l'Empire.

14140. — AU VICE-AMIRAL DECRÈS,
MINISTRE DE LA MARINE, À PARIS.

Bayonne, 29 juin 1808.

Monsieur Decrès, je reçois votre lettre sur Flessingue, avec le plan de Flessingue qui y était joint. Si un convoi marchand portant 80 millions était mouillé où est mon escadre, une escadre anglaise de quatre ou cinq vaisseaux bons marcheurs ne se hasarderait pas à aller le prendre; mais, lorsqu'il y a une escadre, je ne conçois pas qu'il puisse rien y avoir à craindre. Le mouillage, où il n'y a qu'une seule ancre, n'a que 6 à 700 toises; on ne pourrait donc y mouiller qu'un petit nombre de vaisseaux, et, par conséquent, les miens auraient la supériorité, ou au moins l'égalité. Si toute l'escadre pouvait n'occuper que la place qu'occupe un seul vaisseau de ligne, au beau milieu du mouillage, elle ne pourrait pas y mouiller, car des mortiers qu'on placerait sur-le-champ sur les points du rivage le plus près n'en seraient qu'à 2,000 toises. Le nombre de ces mortiers augmenterait tous les jours, et il ne se passerait pas soixante et douze heures sans que plusieurs bombes ne tombassent à bord. Les mortiers à plaque, à grande portée, vont à 2,100 toises; avec des pièces de 36, on tirerait des obus et des boulets qui vont à 2,300 toises, et ce jeu, auquel on pourrait s'amuser continuellement pendant quinze à vingt jours ou un mois, ne serait probablement pas amusant pour les vaisseaux. Mais l'aile gauche de l'escadre devrait s'approcher de la côte de Flessingue à moins de 1,500 toises, et l'aile droite devrait s'approcher de la côte de France à 16 ou 1,800 toises; les deux ailes, à plus forte raison, souffriraient donc extrêmement. Ainsi il n'y a pas 4,000 toises d'une rive à l'autre; par conséquent, le point milieu n'est pas éloigné de 2,000 toises. Si on place seulement trois vaisseaux, celui de droite et celui de gauche ne seront pas éloignés de plus de 18 à 1,900 toises; si on en place cinq, les vaisseaux des deux ailes ne seront plus éloignés de la côte que de 16 à 1,700 toises. Je tiens pour impossible de mettre un vaisseau; je tiens pour absurde d'en mettre cinq. Je me garderai donc bien d'employer mon argent à construire les forts que propose le général Missiessy : ils sont de toute inutilité. Enfin, si l'ennemi osait mouiller dans les positions indiquées, nous aurions pour nous les brûlots et tous les avantages d'une terre amie. Je crois donc fort inutile de s'occuper même de cette idée et de placer des mortiers sur la côte. Il suffit d'en avoir à Flessingue et à Breskens, pour les porter suivant les circonstances. Avec les batteries de Flessingue et la batterie du signal de Breskens, il est impossible à une escadre d'entrer dans l'Escaut. L'escadre n'y entrerait pas si c'était un détroit de 2,000 toises, c'est-à-dire si, après avoir passé 2,000 toises, elle se trouvait de l'autre côté en pleine mer. Elle recevrait tant de coups de canon de la batterie placée au signal de Wulpen, de celle placée au signal de Breskens, d'une autre qui serait placée à la sortie du détroit, et de trois autres qui seraient vis-à-vis de l'île de Walcheren, que l'escadre serait désemparée, passerait cependant avec un beau temps, mais aurait des mâts cassés, aurait des avaries considérables et ne serait bonne, au sortir de là, qu'à aller dans une rade pour se raccommoder. Toute la défense de l'escadre se réduit donc à une batterie près le signal de Wulpen, et à une énorme batterie près Breskens, aux batteries de Flessingue et à celle de la maison de Nolle. Il faut voir le ministre de la guerre, et veiller vous-même à ce que cette batterie de Breskens existe avant la fin de juillet, et qu'elle existe dans la quantité que j'ai décidée. Il n'y a absolument que cela à faire.

Faites-moi aussi connaître quand l'escadre se rendra dans la rade de Flessingue. Elle est là en appareillage et menacera l'ennemi.

NAPOLÉON.

D'après l'original comm. par Mme la duchesse Decrès.

14141. — ORDRES DICTÉS AU PRINCE DE NEUCHÂTEL,
MAJOR GÉNÉRAL, À BAYONNE.

Bayonne, 29 juin 1808.

Ordre au général de division Reille de partir sur-le-champ pour se rendre à Perpignan ; porter de là son quartier général à Bellegarde, y prendre le commandement, réunir les régiments de lanciers avec sa cavalerie, tous les bataillons de la réserve de gardes nationales de la Haute-Garonne, des Pyrénées-Orientales. et tâcher de communiquer avec Figuières pour ravitailler cette place et y faire entrer un convoi de biscuit. Lui donner l'état de toutes les troupes arrivées ou qui vont arriver. L'autoriser à lever un plus grand nombre de gardes nationales en se concertant avec le préfet.

Ordre au bataillon de Paris de partir à trois heures du matin pour aller coucher demain à Irun et rejoindre à Tolosa.

Ordre au 15e régiment d'aller coucher demain à Tolosa.

Ordre au 4e d'infanterie légère de marcher sur Vitoria.

Ordre, s'il est possible, que deux pièces de 4 partent avec le bataillon de Paris, de sorte que cette division, composée de cinq bataillons, aurait six pièces de canon.

D'après la minute. Dépôt de la guerre.

14142. — ORDRES AU PRINCE DE NEUCHÂTEL,
MAJOR GÉNÉRAL, À BAYONNE.

Marracq, 30 juin 1808.

Le major général écrira au général Verdier qu'il a mis sous les yeux de l'Empereur sa lettre du 28. Sa Majesté a vu avec plaisir que l'ennemi était rejeté dans la place.

Il serait important d'établir une traille ou de transporter dans la rivière une ou deux barques, de manière à avoir un passage de la rive droite à la rive gauche, de faire alors construire sur la rive gauche une tête de pont ou redoute au lieu où cette traille sera établie, ou vis-à-vis un gué s'il y en a un, le plus près possible de la ville, hors cependant de la portée du canon. 4 ou 500 hommes et deux ou trois pièces de canon dans cette redoute seront maîtres de la rive gauche, seront protégés par la redoute et par trois ou quatre pièces de canon établies sur la rive droite. De là on pourra partir pour attaquer le faubourg et s'emparer du débouché du pont, et bloquer entièrement Saragosse.

On pourrait, au moment de l'attaque, affaiblir la colonne sur la rive gauche autant qu'on voudrait, parce que la redoute lui servirait de refuge et qu'on aurait eu soin de construire une redoute sur la rive gauche du débouché du pont.

Il faut recommander au général Verdier de ne point disséminer ses moyens. Le projet de marcher sur un couvent pour s'y loger est le véritable projet. Plusieurs autres travaux peuvent être faits comme contre-attaque et pour partager l'attention de l'ennemi.

Il faut tirer les bombes et obusiers à très-grande distance, à 200 toises des remparts. Une fois qu'on sera bien logé dans un couvent, s'ils ne se rendent pas, il faudra profiter des circonstances pour mettre le feu et continuer alors un vigoureux bombardement.

Il est bien à désirer que la reddition de Saragosse soit prompte; il paraît que cet événement aura une très-grande influence sur la soumission de toute l'Espagne.

Ce qui doit contribuer davantage à faire rendre Saragosse, c'est de voir que leur retraite est coupée. Au défaut de pont, il est donc bien important d'établir une tête de pont sur la rive gauche et un moyen quelconque de passage; cela équivaut alors à un pont. En effet, si faible que soit la colonne qui sera sur la rive gauche, au moment qu'on attaquera sur la rive droite, elle n'a jamais rien à craindre si elle a quelques centaines de chevaux. En supposant même qu'elle soit forcée dans ses retranchements vis-à-vis du pont, elle peut toujours gagner la tête de pont ou la redoute qui couvre le gué; la cavalerie empêchera l'ennemi de l'inquiéter.

D'après la minute. Dépôt de la guerre.

14143. — AU GÉNÉRAL WALTHER,
COMMANDANT LES GRENADIERS À CHEVAL DE LA GARDE, À PARIS.

Bayonne, 30 juin 1808.

J'approuve que les hommes arrivant pour les dragons, qui seraient d'une taille propre aux grenadiers, leur habillement soit suspendu et que leur signalement me soit envoyé, pour que je donne l'ordre.

Faites réformer tous les hommes, dans les fusiliers de ma Garde, qui seraient hors de service, et faites partir les autres pour compléter le bataillon qui est à Bayonne.

Allez voir le roi d'Espagne à Compiègne, pour lui dire que vous avez ordre de lui donner des gardes tant qu'il voudra et entièrement à ses ordres. Effectivement, accordez-lui de l'infanterie, de la cavalerie, de la gendarmerie autant qu'il désirera.

D'après la minute. Archives de l'Empire.

14144. — A EUGÈNE NAPOLÉON,
VICE-ROI D'ITALIE, À MILAN.

Bayonne, 30 juin 1808.

Mon Fils, je reçois votre rapport sur les affaires du royaume d'Italie. Comment est-il possible qu'on n'ait encore rien fait au canal de Pavie? Cela ne fait pas honneur à l'administration italienne. Ici je ne me couche pas sans m'être fait rendre compte de l'état et de la progression des travaux, et l'on en fait d'immenses. Quoique tout soit organisé en France, rien ne va seul. Que voulez-vous que ce soit en Italie? Comment n'a-t-on encore rien fait au canal du Pô? Le projet du canal de Palmanova à la mer n'est pas encore fait. La digue de Mantoue n'a pas eu lieu. De quoi se mêle le général Chasseloup? J'avais ordonné cette digue en arrêtant le projet. Faites-y travailler sur-le-champ. Il n'a encore été rien fait au chemin de Strà à Mestre. Tout cela n'est pas satisfaisant. D'un autre côté, on m'apprend qu'il n'y a rien de fait au port de Venise, rien au port d'Ancône. Que diable fait-on donc en Italie? Ne vous couchez pas sans avoir vu vous-même ce que l'on a fait. Je reviendrai en Italie, en octobre ou en novembre, et je trouverai ces travaux au même point où ils étaient lorsque j'en suis parti. Témoignez-en mon mécontentement à Paradisi. Au reste, cela ne m'étonne pas en Italie, et, si vous ne prenez pas le parti de pousser vous-même ces ouvrages, rien ne se fera jamais.

NAPOLÉON.

D'après la copie comm. par S. A. I. Mme la duchesse de Leuchtenberg.

14145. — NOTE POUR LE MINISTRE DES FINANCES D'ESPAGNE[1].

...............[2]

1° Une partie de la créance du sieur Michel est payée en traites sur le Mexique; une autre partie est payée sur les caisses des provinces d'Espagne. Je crois être certain de ce fait; je désire que le ministre des finances me donne des explications là-dessus. Ce serait une des opérations les plus fausses, dans des circonstances aussi critiques, que d'employer ainsi les ressources de l'état à payer le sieur Michel, qui a le temps d'attendre.

2° On ne m'a encore traduit que le mémoire du ministre. Je désire qu'il me le représente sous la forme d'un état, et que, pour me rendre cet état plus intelligible, il le divise en plusieurs chapitres : *Chapitre Ier*, comprenant tous les genres d'impositions quelconques, qui sont impositions personnelles ou sur les terres, telles que l'imposition de la Catalogne, etc. *Chapitre IIe*, toutes les impositions sur le clergé, telles que le neuvième de la dîme, etc. toutes les impositions diverses, telles que les croisades, etc. toutes les impositions indirectes, telles que les douanes, les tabacs, les sels. Ces distinctions me sont nécessaires pour que je comprenne bien la nature de chaque imposition.

Dans ce premier état, il faut comprendre toutes les impositions quelconques de l'état, soit qu'elles entrent au trésor, soit qu'elles entrent à la caisse de Consolidation; mais je désire qu'il y ait à côté une colonne que vous intitulerez *Cédé à la caisse de Consolidation*, et qui me fasse connaître le montant de ce que chaque imposition verse à cette caisse.

Un second état récapitulera d'abord ce que la caisse de Consolidation retire des impositions, conformément à ce qui aura été établi dans l'état

---

[1] M. d'Azanza, président de la junte réunie à Bayonne, était en même temps ministre des finances d'Espagne. Le 4 juillet 1808, il fut remplacé, comme ministre, par le comte de Cabarrus, qui était déjà surintendant général de la consolidation des *vales* royales, avec le titre de maître des comptes et les fonctions de ministre de la Commission du Gouvernement.

[2] *Bayonne, juin 1808* (date de la minute).

n° 1 dont il vient d'être parlé, et, de plus, l'énonciation de tous les autres revenus annuels qui lui sont donnés.

Je désire un troisième état qui me fasse connaître en quoi consiste la dette publique, ce que paye à ce titre, soit le trésor, soit la caisse de Consolidation, et qu'à cet état vous joigniez un raisonnement qui m'apprenne comment l'intérêt de la dette publique (soit *vales* ou autres) est couvert par le produit des impositions versées à la caisse d'amortissement, et comment le fonds de la dette peut s'amortir par les dotations qui sont accordées comme fonds à la caisse d'amortissement. Il faut donc avoir bien soin de ne pas comprendre dans l'état précédent les fonds tels que les biens des pauvres, ceux des hôpitaux, etc. mais seulement les revenus; ce ne serait que dans le cadre n° 4 qu'on mettrait l'indication des capitaux existant encore pour l'amortissement, tels que les biens des religieux, qui ont été remis précédemment à la disposition du trésor d'Espagne, les biens des communes, ceux des œuvres pies, etc.

Je désire un mémoire qui me fasse connaître comment se vendent les domaines : Est-ce à l'enchère? Quelle est la mise à prix? Comment paye-t-on?

Je désire enfin un cinquième état qui me fasse connaître la quantité de piastres entrées en Espagne ou dont on a disposé par traites en 1805, en 1806 et 1807, la quantité de piastres dont on a disposé pour 1808 et 1809, et ce qui reste de piastres disponibles dans les différents comptoirs des colonies pour les années antérieures, courantes et prochaines.

Comme, sans tous ces renseignements, il est impossible de proposer un bon plan de finances, il serait convenable, si le ministre ne les a pas tous par devers lui, d'écrire pour faire venir ici l'ancien ministre Spinosa et l'ancien directeur de la caisse de Consolidation, pour débrouiller ce chaos, s'assurer s'il n'y a pas eu de dilapidations de commises. Il faudrait aussi que l'administration qui a été chargée de la vente des domaines remît l'état de ce qui a été vendu, afin qu'on pût avoir le contrôle de la caisse de Consolidation et voir si son compte correspond avec ce qu'elle a réellement reçu.

D'après la minute. Archives de l'Empire.

14146. — A M. FOUCHÉ,
MINISTRE DE LA POLICE GÉNÉRALE, À PARIS.

Bayonne, 1er juillet 1808.

Je reçois votre lettre du 28 juin. J'attends de savoir s'il est vrai que le 24 juin les chefs chouans aient débarqué dans l'anse de Paul.

D'après la minute. Archives de l'Empire.

14147. — A ALEXANDRE, PRINCE DE NEUCHÂTEL,
MAJOR GÉNÉRAL DE LA GRANDE ARMÉE, À BAYONNE.

Bayonne, 1er juillet 1808.

Mon Cousin, écrivez au sieur Daru et au maréchal Davout d'envoyer des agents en Bohême pour connaître les mouvements réels des Autrichiens.

NAPOLÉON.

D'après la copie. Dépôt de la guerre.

14148. — A ALEXANDRE, PRINCE DE NEUCHÂTEL,
MAJOR GÉNÉRAL DE LA GRANDE ARMÉE, À BAYONNE.

Bayonne, 1er juillet 1808, onze heures du soir.

Je vous envoie la lettre de l'estafette. Écrivez au maréchal Bessières qu'il me paraît nécessaire de repousser le rassemblement de Benavente; mais, pour cet effet, il faut que le général Lasalle soit appuyé des troupes du général Merle et de celles de Burgos.

Écrivez au général Savary que nous n'avons pas de nouvelles de Saragosse aujourd'hui; qu'il paraît qu'il s'est formé un rassemblement assez considérable à Benavente; qu'il faut avoir à Madrid une colonne prête à réprimer ce qui pourrait se détacher de Benavente; que le général Vedel peut avoir besoin d'être soutenu par le général Frère; que, si le maréchal Moncey ne soumet pas Valence avec la force qu'il a, la force du général Frère n'y fera rien; que, s'il était vrai que le général Castaños fût tué et que le camp de Gibraltar eût marché sur Cordoue, il serait à craindre que le général Vedel fût trop faible pour débloquer le général Dupont; qu'il est nécessaire, si le général Frère apprenait que le maréchal Moncey fût à Valence, qu'il retournât dans la direction d'Albacete; qu'il faut avoir des troupes disponibles pour les envoyer au général Vedel et pour observer les troupes de Galice; qu'il paraît que les troupes espagnoles qui étaient dans la province de Porto se sont jointes aux révoltés de la Galice; qu'on attend que les relais soient placés pour que le Roi parte, et que toutes les observations des membres de la junte sur la constitution doivent être remises demain à l'Empereur.

P. S. Dites-lui bien que les Catalans ont été battus, à douze lieues tout autour de Barcelone, par le général Duhesme, qui en a tué 2 ou 3,000 et a brûlé quelques villages; que mes dernières nouvelles sont du 24; que le général Reille s'est rendu à Bellegarde pour entrer avec 6,000 hommes en Catalogne dans la première semaine du mois.

<small>D'après la minute. Archives de l'Empire.</small>

14149. — AU MARÉCHAL BESSIÈRES,
COMMANDANT LA GARDE IMPÉRIALE, ETC. A BURGOS.

Bayonne, 1er juillet 1808.

Mon Cousin, je reçois votre lettre du 29 à midi. Témoignez ma satisfaction aux troupes des généraux Merle et Ducos. Faites connaître que j'accorde six décorations de la Légion d'honneur pour les sous-officiers et soldats et six pour les officiers de la colonne du général Ducos, et le double pour la colonne du général Merle. Envoyez-moi les procès-verbaux de propositions.

Le major général vous a instruit que la division du général Mouton sera le 2 à Vitoria : ce sont des troupes superbes, tous vieux soldats; elles sont composées du 4e régiment d'infanterie légère, du 15e de ligne et d'un bataillon de Paris. Si quelque événement vous rendait ce renfort nécessaire, vous pourriez lui envoyer des ordres; mais, si le cas n'est pas pressant, il faut les laisser reposer quelques jours à Vitoria. Vous pouvez envoyer l'ordre au bataillon faisant partie de la division Verdier, qui est resté à Vitoria, d'en partir le 2 juillet, à la pointe du jour, pour vous joindre.

. Je viens de recevoir des nouvelles de Saragosse du 28. Le général Verdier commandait. La ville est cernée de tous côtés; on a établi des batteries de mortiers et d'obusiers, et, sous deux ou trois jours, on espérait être maître de la ville. On a enlevé un poste important que l'ennemi occupait; on lui a tué beaucoup de monde, et on lui a pris six pièces de canon. Vous ne devez ajouter confiance à aucun des bruits que les rebelles font courir. Les Aragonais ont fait une proclamation où ils disent qu'ils ont gagné, le 16, sous les murs de Saragosse, une victoire plus célèbre que celles de Marengo, d'Austerlitz et d'Iéna. Le fait est qu'ils s'étaient sauvés de Saragosse, qu'ils ont été atteints dans leur poursuite et dispersés.

Il me semble que vous pourriez déjà établir une partie de votre monde à mi-chemin de Palencia à Burgos, afin d'être à Palencia en une petite marche.

NAPOLÉON.

P. S. Faites multiplier les partis et ne laissez faire aucun mouvement à l'ennemi sur la route de Madrid.

<small>D'après l'original comm. par Mme la duchesse d'Istrie.</small>

14150. — A ALEXANDRE, PRINCE DE NEUCHÂTEL,
MAJOR GÉNÉRAL DE LA GRANDE ARMÉE, À BAYONNE.

Bayonne, 2 juillet 1808.

Envoyez l'ordre au général Cervoni, commandant la 8e division militaire, de faire partir sur-le-champ pour Perpignan une compagnie de 140 hommes, bien armés et bien habillés, de chacun des 1er et 62e de ligne et du 22e léger. Donnez l'ordre au général commandant la 18e division militaire de faire embarquer sur la Saône et sur le Rhône une compagnie du 16e léger de 140 hommes. Donnez ordre au général commandant à Lyon de faire embarquer sur le Rhône une compagnie du 24^e

de ligne de 140 hommes. Donnez ordre au commandant de la 7ᵉ division militaire de faire partir également une compagnie du 5ᵉ de ligne forte de 140 hommes. Ces six compagnies se réuniront à Perpignan, et formeront là un bataillon de 840 hommes. Vous enverrez un des chefs de bataillon à la suite pour commander ce bataillon. Vous donnerez l'ordre au commandant de la 7ᵉ division militaire de faire partir une compagnie de 140 hommes de chacun des 8ᵉ et 18ᵉ légers, et des 23ᵉ, 60ᵉ, 79ᵉ et 81ᵉ de ligne. Ces détachements se dirigeront sur Perpignan, et formeront un bataillon de six compagnies de 840 hommes. Ces troupes profiteront du Rhône pour arriver promptement à leur destination. Vous appellerez le 1ᵉʳ bataillon, *1ᵉʳ bataillon provisoire de Perpignan*, et l'autre, *2ᵉ bataillon provisoire de Perpignan*. Enfin vous donnerez des ordres à Valence, en Dauphiné, pour qu'on fasse partir deux escouades, chacune de trente canonniers à pied ou à cheval, lesquelles se rendront à Perpignan avec ou sans chevaux.

D'après la minute. Archives de l'Empire.

14151. — AU GÉNÉRAL REILLE,
AIDE DE CAMP DE L'EMPEREUR, À BELLEGARDE.

Bayonne, 2 juillet 1808.

Je vous suppose arrivé à Bellegarde. Vous devez avoir le 2ᵉ bataillon du régiment toscan, un bataillon de gardes nationales et un bataillon des compagnies de réserve départementale, deux escadrons de dragons toscans et un détachement suisse de 150 hommes; tout cela doit faire au moins 2,500 hommes. Un bataillon du 32ᵉ léger, fort de 600 hommes, est parti de Toulon ainsi que trois compagnies du 16ᵉ de ligne et deux compagnies du 2ᵉ régiment suisse, faisant ensemble 500 hommes; ce 2ᵉ bataillon de 1,100 hommes doit être arrivé le 6 juillet à Perpignan. Il est parti de Grenoble un bataillon de la 5ᵉ légion de réserve de 500 hommes, qui arrivera le 11 juillet à Perpignan; le bataillon valaisan, qui est parti de Port-Maurice, doit arriver le 12 juillet à Perpignan; ce qui fera un renfort de 2,400 hommes. Indépendamment de ces 2,400 hommes, il est parti deux bataillons et deux escadrons d'Italie, formant en tout 1,500 hommes, qui arriveront vers le 13 ou le 14. Cela complétera donc insensiblement votre corps à 6 ou 7,000 hommes. Six pièces de canon doivent y avoir été organisées.

Aussitôt qu'il vous sera possible, faites lever le blocus de Figuières, pour que cette place ne se rende pas par défaut de vivres. Il doit y avoir à Bellegarde 200,000 rations de biscuit; faites-en faire à Bellegarde et à Perpignan, afin d'approvisionner cette forteresse pour six mois. Prenez position dans cette forteresse du moment que vous serez en force, et réunissez là tout votre corps pour pouvoir, aussitôt qu'il sera tout réuni, vous porter sur Girone. Du moment que vous serez maître de Figuières, il faut vous rendre maître de Rosas. Le général Duhesme a plusieurs fois battu les rebelles à quinze lieues autour de lui. Il s'est même porté le 20 juin sur Girone, et, après une légère fusillade, il n'a pas jugé à propos de tenter sérieusement l'assaut; mais il mande que, dès qu'il apprendra qu'il y a une colonne du côté de Figuières, il pourra aussi envoyer une colonne sur Girone.

Cette lettre vous sera portée par le petit de Salm[1]; faites-le servir activement et ferme près de vous.

<small>D'après la minute. Archives de l'Empire.</small>

14152. — A ALEXANDRE, PRINCE DE NEUCHÂTEL,
MAJOR GÉNÉRAL DE LA GRANDE ARMÉE, À BAYONNE.

<small>Bayonne, 3 juillet 1808.</small>

Répondez au général Savary que la mesure de faire tirer du canon pour les victoires qu'on remporterait en Espagne est inutile, et qu'ainsi il faut s'en dispenser; que des ordres du jour en français, qu'on lira à la tête des compagnies, sont suffisants, indépendamment d'articles de gazettes espagnoles bien faits; que je suis fâché qu'on ait envoyé au général Dupont du biscuit; qu'il fallait le garder à Madrid pour des circonstances plus importantes; qu'il était facile au général Dupont de s'en pro-

[1] Le prince de Salm-Kyrburg.

curer dans la Manche et dans le royaume de Grenade; que le général Dupont, ayant emmené seize pièces d'artillerie, doit en avoir suffisamment; que, quant au bruit répandu à Madrid sur la duchesse d'Ossuna, il faut qu'il leur parle et leur fasse parler; que je suis fâché que tous les aides de camp du grand-duc ne soient pas restés à Madrid; vous enverrez l'ordre au commandant de Vitoria de leur signifier d'y retourner, hormis un, qui accompagnera le grand-duc.

Vous ferez remarquer au général Savary qu'il est contre l'usage de la France de faire tirer le canon, à moins que ce ne soit pour de grandes victoires, comme celles de Marengo, d'Austerlitz, d'Iena, de Friedland; qu'il serait ridicule d'en tirer pour la prise de Saragosse, de Valence, ou pour d'autres événements de cette nature.

Il faut employer M. Laforest pour parler et faire parler aux maisons qui se comportent mal, en leur donnant quelques avertissements et leur recommandant de la circonspection.

D'après la minute. Archives de l'Empire.

14153. A M. CRETET,
MINISTRE DE L'INTÉRIEUR, À PARIS.

Bayonne, 4 juillet 1808.

Monsieur Cretet, je donne ordre au ministre de la guerre de faire diriger les 1,200 prisonniers qui sont à Troyes sur le canal de l'Ourcq, sur le canal de Bourgogne, ou sur celui de Saint-Quentin. Entendez-vous avec ce ministre et prenez des mesures pour cela. Mon intention est que le canal de Troyes soit commencé sans délai, pour donner du travail au peuple. Il me semble que tout cela va plus lentement que cela ne devrait aller. Faites exécuter tous ces travaux sans attendre mes ordres. S'il est nécessaire, il faut que, sur les 800,000 francs de fonds non répartis, affectés à la navigation, vous preniez 3 ou 400,000 francs pour dépenser à Troyes.

NAPOLÉON.

D'après la copie. Archives de l'agriculture, du commerce et des travaux publics.

14154. — AU VICE-AMIRAL DECRÈS,
MINISTRE DE LA MARINE, À PARIS.

Bayonne, 4 juillet 1808.

Je reçois votre lettre du 30 juin. Je ne sais ce que c'est que cet homme arrivé le 26 du mois, seul, à Boulogne; probablement la police me l'apprendra dans ses bulletins.

<small>D'après la minute. Archives de l'Empire.</small>

14155. A M. FOUCHÉ,
MINISTRE DE LA POLICE GÉNÉRALE, À PARIS.

Bayonne, 4 juillet 1808.

Les habitants de Troyes ont besoin de travail. Je désire que les 1,200 prisonniers de guerre qui s'y trouvent soient dirigés, soit sur le canal de l'Ourcq, soit sur le canal de Bourgogne, et que les travaux du canal de Troyes soient commencés sans délai, pour donner de l'occupation au peuple. Veillez à ce que cela soit exécuté, et assurez-vous que les travaux sont commencés. Faites-moi connaître les différents points où, par défaut de travail, le peuple éprouverait des besoins, et quelle espèce de travaux on pourrait faire faire.

<small>D'après la minute. Archives de l'Empire.</small>

14156. — NOTE POUR M. CRETET,
MINISTRE DE L'INTÉRIEUR, À PARIS.

Bayonne, 5 juillet 1808.

Le ministre de l'intérieur trouvera ci-joint une expédition du décret sur la mendicité. Sa Majesté a pour l'établissement des maisons de mendicité le même principe qu'elle a eu pour l'établissement des lycées, c'est-à-dire que l'exécution doit en être successive. Avec des règles générales on n'arrive à rien; il faut agir comme les siècles. Les colléges, les hôpitaux, les maisons de force, etc. ont été des institutions partielles;

un grand seigneur, une princesse, un archevêque, ont fait les frais : c'est avec le temps que ces établissements se sont multipliés et qu'on est parvenu à un système général. Sa Majesté aurait voulu que l'on prît un parti depuis six mois, et déjà les dépôts de mendicité seraient établis. Le ministre peut causer avec les préfets de Paris, de Versailles, de Beauvais et de Melun ; ces quatre départements, qui sont sous sa main, serviront d'exemple. Rien n'empêche qu'avant huit jours on présente à l'approbation de Sa Majesté la constitution des dépôts de mendicité de ces quatre départements ; qu'au 1er du mois d'août la mendicité y soit défendue, et que ces quatre maisons soient remplies de mendiants. On ne dira pas que tous les mendiants de France accourront dans ces maisons, puisque ces établissements n'ont pas d'attrait pour les mendiants, et que les mendiants vagabonds en sont exclus. En organisant ainsi trois ou quatre maisons tous les mois, on arrivera bientôt au moment où tous les dépôts de mendicité de la France seront organisés.

Quant à la dépense, il y a des ressources immenses. Les villes qui ont eu à établir leur lycée ont fait pour cet objet des dépenses considérables avec des moyens qui, ces dépenses terminées, deviennent disponibles.

Sa Majesté désire que le ministre lui fasse connaître :

1° Quelles sont les villes qui ont fait des dépenses pour leur lycée, et quel est le montant de ces dépenses qu'elles n'ont plus à faire et dont on peut disposer ;

2° Ce que peut produire, pour les dépôts de mendicité, le quart du revenu des bois communaux ;

3° A combien s'élève le montant disponible des fonds de non-valeurs non employé dans les divers départements ;

4° Ce dont on peut disposer sur le tiers des fonds de non-valeurs mis à la disposition du ministre.

Ces ressources offriront des moyens suffisants pour pousser vivement cette organisation. Il y a à peu près cent dépôts de mendicité à organiser. En supposant que l'établissement de ces maisons coûtera l'un dans l'autre 100,000 francs, cela ne fera qu'un capital de 10 millions ; et déjà le ministre a à sa disposition, 1° sur les budgets des communes, 11 ou 1,200,000 francs; 2° sur le quart de réserve des bois communaux, une somme encore plus considérable; ce qui fait à peu près 3 millions. Le ministre a sur les fonds de non-valeurs 1,500,000 francs. L'on voit que les fonds ne manqueront pas. En administration, ce ne sont pas seulement des principes généraux qu'il faut poser : l'administration est une affaire d'exécution. Dans huit jours le ministre peut proposer à Sa Majesté l'établissement de quatre dépôts de mendicité avec les moyens qui existent déjà et ceux qui se trouvent dans les localités.

Quant aux fonds communs du produit des bois communaux et des excédants des revenus des communes, le principe de la propriété est facile à maintenir, en déclarant que ce ne sont que des prêts, qui seront rendus aux communes par les départements.

D'après la copie. Archives de l'agriculture, du commerce et des travaux publics.

14157. — A M. DE MONTALIVET,
DIRECTEUR GÉNÉRAL DES PONTS ET CHAUSSÉES, À PARIS.

Bayonne, 6 juillet 1808.

Monsieur de Montalivet, j'ai reçu les trois états que vous m'avez envoyés, le premier intitulé, *Répartition des fonds du service des ponts et chaussées, exercice 1808*, contenant proprement les routes et les ponts; le second intitulé, *Répartition générale des fonds du service de la navigation intérieure, canaux, quais et desséchements*; le troisième intitulé, *Répartition générale des fonds du service des ports maritimes*. Il faudrait, pour l'année prochaine, que ces états fussent arrêtés au 1er février par le ministre de l'intérieur afin qu'on puisse travailler pendant toute la campagne.

Je vois qu'au canal du Nord, c'est-à-dire au canal qui doit joindre l'Escaut au Rhin, vous dépensez 600,000 francs provenant des centimes additionnels, et deux millions provenant du produit de la vente des canaux; qu'au canal de Bourgogne vous dépensez 75,000 francs sur les centimes et un million sur la vente du canal du Midi, et qu'au canal Napoléon vous dépensez 365,000 francs sur les centimes et deux millions sur les fonds provenant de la vente des canaux. Les renseignements que j'ai sur les localités me font penser que ces fonds ne pourront être dépensés, parce qu'il n'y a pas assez d'activité dans ces travaux. Ce n'est cependant pas faute de bras, car j'ai à Troyes 1,200 prisonniers de guerre qui absorbent le travail de la ville, et qu'il faut placer ailleurs, soit au canal de Bourgogne, soit au canal Napoléon. Le canal de Saint-Quentin n'est point porté dans cet état. Je n'y vois pas non plus la Marne; du moins, elle n'y est portée que pour une dépense de 10,000 francs. Il me semble que j'avais destiné deux millions sur un fonds extraordinaire pour cet objet. Je vois bien peu d'argent dépensé cette année à l'écluse de la Somme depuis Saint-Valery. Je désire que vous me fassiez connaître quelle est la partie de ces sommes qui est attribuée aux canaux sur les fonds extraordinaires; quelle sera la partie qui sera dépensée au mois de novembre, c'est-à-dire à la fin de la campagne, et la partie qui ne pourra pas être dépensée et qui sera renvoyée à la campagne prochaine. Faites-moi connaître également le nombre d'ouvriers qui travaillent aux canaux de Saint-Quentin, du Nord, au canal Napoléon et au canal de Bourgogne. J'ai ordonné beaucoup de travaux pour la Seine et la Marne sur des fonds extraordinaires.

NAPOLÉON.

D'après l'original comm. par M. le baron Ernouf.

14158. — A M. GAUDIN,
MINISTRE DES FINANCES, À PARIS.

Bayonne, 6 juillet 1808.

Je reçois votre lettre du 1er juillet avec toutes les pièces relatives à la Toscane. J'approuve que la junte fasse payer provisoirement les rentes portées dans l'état n° 4, se montant à un intérêt annuel de 648,000 francs. Quant au n° 5, on peut encore l'ajourner jusqu'à ce qu'on ait de plus grands renseignements. L'état n° 6 sera définitivement supprimé. Ainsi je vois que, sur 105 millions de capital, 18 millions appartiennent à des particuliers et 21 millions aux hôpitaux, séminaires, colléges et autres établissements publics. La dette de la Toscane se réduirait donc à 40 millions ou à 1,300,000 francs de rente. Les 21 millions qui appartiennent à des colléges, hôpitaux, séminaires, etc. entrent dans notre budget, vu qu'il sera facile, en établissant des octrois, d'arriver à l'extinction des rentes de ces différents établissements. Ce ne sera donc réellement que 600,000 francs de rente que nous devrons à la Toscane, sur lesquels il faut ôter ce que nous devons à des étrangers, Anglais, Autrichiens, etc. et il sera nécessaire d'acquitter cette dette en rescriptions payables en domaines. Il sera nécessaire également de se défaire de la dette du Piémont, de celles de Gênes et de Parme, en les restreignant en dettes de Toscane et de Piémont. Cela est nécessaire pour vendre les domaines que les idées ecclésiastiques pourront empêcher de vendre, et pour produire un déplacement dans les propriétés. Je pense qu'entre Gênes, Parme, la Toscane et ce qui reste à payer au Piémont, la dette peut se monter à une soixantaine de millions. Il faudrait y affecter une soixantaine de millions des biens des moines. Faites-vous faire un rapport là-dessus et préparez ce travail. Vous savez que je voulais faire cette opération en Piémont cette année; vous avez voulu attendre encore un an; mais je pense qu'il faut la préparer dès à présent pour la faire entrer dans le budget de l'année prochaine. C'est une opération qui n'est pas seulement financière, mais qui est aussi politique.

D'après la minute. Archives de l'Empire.

14159. — A M. CRETET,
MINISTRE DE L'INTÉRIEUR, À PARIS.

Bayonne, 7 juillet 1808.

Monsieur Cretet, on me mande de Turin, en date du 1ᵉʳ juillet, que tous les projets de travaux pour la campagne ont été envoyés au conseil des ponts et chaussées; que quelques-uns ont été renvoyés pour être réformés; que d'autres sont restés sans réponse, entre autres ceux qui sont relatifs aux établissements des casernes et autres travaux du mont Cenis, et que, si l'ordre n'arrive pas dans peu de jours, la campagne sera perdue.

NAPOLÉON.

D'après la copie. Archives de l'agriculture, du commerce et des travaux publics.

14160. — AU GÉNÉRAL CLARKE,
MINISTRE DE LA GUERRE, À PARIS.

Bayonne, 7 juillet 1808.

Je reçois les états de situation du 1er au 15 juin. J'ai parcouru l'état rouge intitulé : *Situation des corps*. J'espérais y trouver bien détaillée la situation de chaque corps. J'ai trouvé, à l'ouverture du livre, le 1er d'infanterie légère porté comme ayant les 1er, 2e et 3e bataillons à l'armée d'Italie, sans dire où est le dépôt. Au 6e léger, les 1er et 2e bataillons sont portés à la Grande Armée ; mais le 3e bataillon doit s'y trouver aussi porté. Ensuite il est dit que les grenadiers et voltigeurs du 3e bataillon sont à la division du général Oudinot, et quatre compagnies au corps des côtes de l'Océan : cela est faux ; ce sont les grenadiers et voltigeurs du 4e qui sont à la division Oudinot, et les quatre compagnies de fusiliers qui sont en Espagne. Même observation pour le 9e léger. Aux régiments de ligne, vous portez que le 2e a son 1er et son 2e bataillon à la Grande Armée, et le 3e bataillon au corps des Pyrénées orientales : cela n'est pas exact ; ce régiment n'a que six compagnies aux Pyrénées orientales.

En général, cet état est plein de fautes. Faites-m'en faire un autre où tous les bataillons de guerre et bataillons de dépôt soient bien spécifiés, en mettant en marge les conscrits reçus et à recevoir encore cette année, afin que je connaisse bien la situation de l'armée. Il est bien important que je puisse savoir, non-seulement où sont les bataillons de dépôt, mais encore où sont les compagnies. Toutes les fois qu'il n'y a pas les neuf compagnies, s'il est question de l'ancienne organisation, ou les six, s'il est question de la nouvelle, il faut mettre où sont les autres compagnies. J'aurais désiré trouver aussi, dans cet état, quelles sont les compagnies de cuirassiers et carabiniers, détachées aujourd'hui, qui sont à la suite du régiment.

Ne perdez pas de temps à me faire envoyer un de ces états.

D'après la minute. Archives de l'Empire.

14161. — AU VICE-AMIRAL DECRÈS,
MINISTRE DE LA MARINE, À PARIS.

Bayonne, 7 juillet 1808.

Je pense qu'il serait convenable d'armer *le Jean-Bart* en guerre, ce qui, je crois, porterait l'escadre de Brest à sept vaisseaux armés.

Je vous ai déjà mandé que, les affaires d'Espagne ayant pris, depuis un mois, une tournure assez sérieuse, il ne sera peut-être plus dans mon projet de hasarder une si grande quantité de forces sur les mers, même de terre; mais mon parti ne sera pris que dans le courant de juillet. Dans tout état de choses, quelques expéditions sont nécessaires; mais des expéditions si considérables devront être ajournées, si l'arrivée du Roi en Espagne n'améliore pas promptement l'état des insurrections. Je ne suis pas sans quelque inquiétude sur l'escadre de Cadix.

D'après la minute. Archives de l'Empire.

14162. — A M. MARET,
MINISTRE SECRÉTAIRE D'ÉTAT, À BAYONNE.

Bayonne, 7 juillet 1808.

Monsieur Maret, voyez M. d'Azanza et signez avec lui un petit écrit où il sera convenu, 1° qu'il lui sera remis à Madrid 2 millions de francs de la caisse de l'armée, y compris celui qui aurait été remis au ministère des finances, 500,000 francs à Burgos, et 3,500,000 francs aujourd'hui à Bayonne, total 6 millions, et que le trésor de France retiendra ces 6 millions sur l'emprunt que le sieur Baguenault est chargé de négocier; 2° que, la Banque ne voulant prêter que sur une hypothèque, le ministre des finances d'Espagne enverra à Paris, avant la fin de juillet, 5 millions de diamants à son banquier; que l'Empereur fera remettre en dépôt à la Banque pour 20 millions de ses effets publics, et que le roi d'Espagne, avant le mois de mars prochain, y fera mettre en dépôt, pour que l'Empereur puisse retirer ses effets, des *vales*, *pagares*, ou toute autre espèce d'effets ayant cette valeur. Dès que vous aurez signé cette petite convention, vous m'apporterez à signer des ordres pour autoriser le payeur de l'armée, à Madrid, à remettre au ministère des finances d'Espagne les 2 millions qu'il a à ma disposition, pour autoriser le payeur de ma liste civile, à Burgos, à remettre les 500,000 francs, pour autoriser le payeur qui est ici à remettre les 3,500,000 francs. Vous rendrez compte de tout cela au ministre du trésor public pour qu'il en tienne compte, et fasse rembourser au trésorier général Estève les 500,000 francs que le payeur de Burgos aura avancés. Finissez cette affaire sans délai.

NAPOLÉON.

D'après l'original comm. par M. le duc de Bassano.

14163. — A ALEXANDRE, PRINCE DE NEUCHÂTEL,
MAJOR GÉNÉRAL DE LA GRANDE ARMÉE, À BAYONNE.

Bayonne, 7 juillet 1808.

Il faut donner ordre à 100 hommes de l'escadron du grand-duc de Berg de partir, aujourd'hui 7, pour se rendre à Irun. Les 50 hommes restant partiront demain. Les 100 hommes qui partent aujourd'hui se rendront demain 8 à Tolosa; de sorte que le Roi, qui partira le 9, trouvera 50 hommes à Irun, qui l'accompagneront jusqu'à Saint-Sébastien, où il couchera; le lendemain 10, ils l'accompagneront jusqu'à Tolosa, où il couchera, et le surlendemain 11, ils l'accompagneront jusqu'à Mondragon, où il en trouvera 50 autres qui l'accompagneront jusqu'à Vitoria, où il couchera, et à Vitoria il en trouvera 50 autres, qui y seront rendus le 10 : de manière que le Roi ait les 150 hommes réunis avec lui à Vitoria.

Pendant le séjour qu'il fera à Vitoria, le 1er détachement arrivé à Vitoria se mettra en marche pour Miranda, en calculant de manière que le Roi arrive à Burgos avec ses 150 hommes réunis. Les détachements qui l'auront escorté la veille coucheront toujours où aura couché le Roi, et iront au pas au lieu d'aller comme escorte. Le Roi sera escorté, de Bayonne à Irun, par 50 Polonais de ma Garde. Vous donnerez ordre au 12e léger, qui arrive le 8 à Tolosa, de continuer sa marche le 9, de manière à être le 10 ou le 11 à Vitoria; au 2ᵉ léger, d'attendre le Roi à Tolosa, où il sera le 9.

Vous donnerez ces détails au général Salligny, et vous ferez connaître au général Rey qu'il ait à prendre les ordres de ce général, qui lui transmettra ceux du Roi, afin que ces 150 hommes de cavalerie et les deux régiments d'infanterie, avec leurs six pièces de canon, soient, à partir de Vitoria, toujours avec le Roi, et que, lorsque le Roi arrivera à Burgos, ces troupes soient arrivées ou arrivent avec le Roi.

Je pense que le Roi doit partir le 9, et, au lieu de coucher à Irun, coucher à Saint-Sébastien. On pourrait lui fournir mes relais ici pour le conduire jusqu'à Irun.

Remettez au Roi un état de situation de l'armée, et le lieu où se trouvent les différents corps; il faut le lui faire tracer sur une carte d'Espagne et connaître bien son itinéraire. Voyez-le à cet effet ce matin.

Ainsi je pense qu'il doit partir le 9, aller coucher à Saint-Sébastien; le 10, se rendre à Tolosa; le 11, à Vitoria; y séjourner le 12; aller le 13 à Miranda; le 14, à Burgos. Par ce moyen, le 2ᵉ léger, qui sera le 9 à Tolosa, en partira le 10 au matin et sera le 11 au soir à Vitoria. Le 12ᵉ, qui sera le 10 à Vitoria, pourra en partir le 11 et arriver le 13 à Burgos. Enfin arrêtez un projet là-dessus avec le Roi. En attendant, envoyez l'ordre aux détachements de se mettre en marche.

D'après la minute. Archives de l'Empire.

14164. — A ALEXANDRE, PRINCE DE NEUCHÂTEL,
MAJOR GÉNÉRAL DE LA GRANDE ARMÉE, À BAYONNE.

Bayonne, 7 juillet 1808.

Mon Cousin, expédiez sur-le-champ le décret ci-joint[1] à l'état-major à Madrid. Les colonels seront choisis parmi les majors les plus capables, et le plus possible dans la même division; s'il y a des chefs de bataillon de trop, il faut en affecter aux 5ᵉˢ bataillons, jusqu'à ce qu'il y ait des

[1] Décret du 7 juillet 1808 pour organiser les quinze régiments provisoires en huit régiments définitifs portant les nᵒˢ 114ᵉ, 115ᵉ, 116ᵉ, 117ᵉ, 118ᵉ, 119ᵉ, 120ᵉ de ligne, et 33ᵉ léger.

places vacantes. Vous chargerez l'intendant général de choisir les quartiers-maîtres. Il ne sera pas formé, quant à présent, de compagnies de grenadiers et de voltigeurs; les unes et les autres ne le seront qu'à la fin de la campagne. Ce sera un moyen de récompenser les officiers et soldats qui se seront distingués. Vous donnerez pour instruction que ceux qui seront désignés pour grenadiers et voltigeurs ne recevront de haute paye qu'à partir du 15 août.

Le 1er bataillon du dépôt général des régiments provisoires, qui est à Pampelune, formera le 3e bataillon du 118e. Le 2e bataillon du dépôt, qui est à Burgos, formera le 4e bataillon. Il faudra porter ces deux bataillons à six compagnies. Quant au 3e bataillon du dépôt général des régiments provisoires, on le laissera subsister comme il est, pour être incorporé, soit dans les régiments définitifs qui en auront le plus besoin, soit dans le 15e de ligne.

D'après la minute. Dépôt de la guerre.

14165. — A JOSEPH NAPOLÉON, ROI D'ESPAGNE,
À BAYONNE.

Bayonne, 7 juillet 1808.

Mon Frère, j'ai nommé les généraux Salligny et Maurice-Mathieu comtes de l'Empire, et le général Merlin, baron. J'ai donné l'aigle de la Légion d'honneur au duc de Noya; j'ai nommé aussi comte de l'Empire Stanislas Girardin; j'ai accordé au marquis de Gallo 5,000 ducats de rente.

Quant au maréchal Jourdan, je crains qu'en lui donnant un titre aussi élevé que celui de duc de Fleurus, et une fortune assurée, il ne veuille revenir à Paris. Il faut le laisser venir à Madrid, lui dire que je lui destine un des dix duchés auxquels j'ai encore à nommer, et gagner ainsi quelques mois. Il vous servira en Espagne et s'y accoutumera.

NAPOLÉON.

D'après l'expédition originale comm. par les héritiers du roi Joseph.

14166. — A M. DE CHAMPAGNY,
MINISTRE DES RELATIONS EXTÉRIEURES, À BAYONNE.

Bayonne, 8 juillet 1808.

Monsieur de Champagny, demandez au gouvernement hollandais que les conscrits qui sont sur la rive droite de l'Escaut soient livrés; que les smogleurs qui ont des communications avec les Anglais, et qui leur servent d'espions et les instruisent de ce qui se passe à Flessingue et dans l'Escaut, soient arrêtés, et qu'enfin on ne se relâche point des principes du blocus.

NAPOLÉON.

D'après l'original comm. par M. le baron Chaillou des Barres.

14167. — A ALEXANDRE, PRINCE DE NEUCHÂTEL,
MAJOR GÉNÉRAL DE LA GRANDE ARMÉE, À BAYONNE.

Bayonne, 8 juillet 1808.

Mon Cousin, faites partir la 5e compagnie du dépôt des régiments provisoires, forte de 136 hommes, avec 140 hommes des dépôts des trois régiments de la Vistule. Ces 300 hommes partiront demain avec les 600 qui composent le bataillon de marche du Portugal, ce qui fera une colonne de 900 hommes. Le grand maréchal Duroc avait proposé deux pièces de canon pour cette colonne; s'il n'y en a pas de prêtes, le général commandant à Pampelune pourra en fournir. Ces 900 hommes resteront à Pampelune à la disposition du général d'Agoult, pour assurer les communications avec Tudela et contenir la Navarre. Ces troupes seront demain à cinq heures du matin sur les glacis de la place, où je les verrai; elles seront en bataille au moment où le Roi partira. Quant au 12e escadron de marche, faites-moi connaître de quels régiments et de quelles armes il est composé.

NAPOLÉON.

D'après l'original. Dépôt de la guerre.

14168. — AU GÉNÉRAL REILLE,

AIDE DE CAMP DE L'EMPEREUR, À BELLEGARDE.

Bayonne, 8 juillet 1808.

Le 1er bataillon de marche de Catalogne composé de trois compagnies du 7e de ligne et de trois compagnies du 93e, le 2e bataillon de marche de Catalogne composé de deux compagnies du 37e, de deux compagnies du 2e de ligne et de deux compagnies du 56e, le 3e bataillon de marche de Catalogne composé de deux compagnies suisses et de deux compagnies du 16e de ligne, le 2e bataillon de la 5e légion de réserve, le bataillon du 32e léger et le bataillon valaisan, formant ensemble environ 3,500 hommes, doivent être arrivés à l'heure qu'il est à Perpignan ; ce qui, joint à vos 1,300 Toscans, à vos bataillons de gardes nationales, aux neuf compagnies de la réserve et aux deux escadrons toscans, doit vous faire une force de 6,000 hommes, avec laquelle vous êtes en mesure de dissiper tout rassemblement, de débloquer Figuières et de prendre là position, pour être en mesure de vous porter partout.

Le 1er bataillon provisoire de Perpignan composé de six compagnies des 1er, 62e, 5e et 24e de ligne, et des 16e et 22e légers, formant 840 hommes, le 2e bataillon provisoire de Perpignan composé de six compagnies des 8e et 18e légers et des 23e, 60e, 79e et 81e de ligne, ces deux bataillons formant 1,600 hommes, doivent se trouver réunis du 20 au 22 à Perpignan. Ces deux bataillons arrivent de différents points. Chargez le commandant de la place de les former. Le major général a dû nommer les chefs de bataillon et adjudants-majors pour les commander. Pour la même époque, un escadron composé des détachements des 3e, 14e et 24e de chasseurs, et des 4e, 7e et 8e de cuirassiers, formant 250 chevaux, doit être arrivé à Perpignan ; ce qui portera votre division à près de 8,000 hommes. Deux escouades d'artillerie légère, formant 60 hommes, sont parties de Valence et doivent arriver à Perpignan à la même époque.

Il n'y a qu'une opération pressée, c'est de débloquer Figuières. Une fois maître de cette place, il faut vous occuper de bien organiser votre artillerie, de bien former vos troupes et de vous mettre en mesure d'agir à coup sûr. Vous devez avoir deux généraux de brigade, les généraux Guillot et Ritay. Vous avez également un adjudant commandant. Employez le temps que vous séjournerez à Figuières à mettre cette place en bon état de défense. Vous prendrez avec vous le bataillon qui s'y trouve, et vous laisserez à sa place vos troupes les plus nouvelles. L'opération la plus importante, après le déblocus de Figuières, est de désarmer Rosas.

P. S. Tout ce qui vous arrive de Barcelone, soit dépêches adressées au major général, soit dépêches adressées au ministre des relations extérieures ou à tout autre, doit être adressé au major général. Le commandant d'armes de Collioure, le chef de bataillon Allègre, annonce, en date du 29 juin, une valise contenant des dépêches de Barcelone, partie de Collioure la veille, qui n'est pas encore arrivée.

D'après la minute. Archives de l'Empire.

14169. — A JOSEPH NAPOLÉON, ROI D'ESPAGNE,
À BAYONNE.

Bayonne, 8 juillet 1808.

Chargez le général Merlin de prendre le commandement de la cavalerie qui vous escorte, composée de 150 hommes de la garde du grand-duc de Berg et du 9ᵉ escadron de marche, qui arrive demain et qui est composé de 2 ou 300 chevaux. Il peut partir demain pour prendre la tête de cette cavalerie; il vous écrira par toutes les estafettes. Chargez-le de se concerter avec le général Rey, qui commande l'infanterie. Le général Salligny lui donnera toutes les instructions et votre itinéraire. Il sera avantageux qu'il arrive un jour ou deux avant vous à Vitoria.

Il faut qu'un de vos aides de camp, indépendamment de l'écuyer, soit à la portière pour commander votre escorte et avoir l'œil sur tout.

D'après la minute. Archives de l'Empire.

14170. — A ALEXANDRE Ier, EMPEREUR DE RUSSIE,
À SAINT-PÉTERSBOURG.

Bayonne, 8 juillet 1808.

Monsieur mon Frère, j'envoie à Votre Majesté la constitution que la junte espagnole vient d'arrêter. Les désordres de ce pays étaient arrivés à un degré difficile à concevoir. Obligé de me mêler de ses affaires, j'ai été, par la pente irrésistible des événements, conduit à un système qui, en assurant le bonheur de l'Espagne, assure la tranquillité de mes états. Dans cette nouvelle situation, l'Espagne sera en réalité plus indépendante de moi qu'elle ne l'a jamais été; mais j'aurai l'avantage que, se trouvant dans une position naturelle et n'ayant aucun sujet de méfiance du côté de terre, elle emploiera tous ses moyens au rétablissement de sa marine. J'ai lieu d'être très-satisfait de toutes les personnes de rang, de fortune ou d'éducation. Les moines seuls, qui occupent la moitié du territoire, prévoyant dans le nouvel ordre de choses la destruction des abus, et les nombreux agents de l'Inquisition, qui entrevoient la fin de leur existence, agitent le pays. Je sens bien que cet événement ouvrira un des plus vastes champs pour disserter. On ne voudra pas apprécier les circonstances et les événements; on voudra que tout ait été suscité et prémédité. Cependant, si je n'eusse considéré que l'intérêt de la France, j'aurais eu un moyen plus simple, qui eût été d'étendre mes frontières de ce côté et d'amoindrir l'Espagne; car qui ne sait que les liens de parenté entrent pour peu de chose dans les calculs de la politique et deviennent nuls au bout de vingt ans? Philippe V a fait la guerre à son grand-père. Une province, comme la Catalogne ou la Navarre, ajoutée à la France, eût été plus pour sa puissance que le changement qui vient d'avoir lieu, qui en réalité n'est utile qu'à l'Espagne.

Je n'ai rien de commun avec l'Angleterre. Je n'ai rien de commun avec l'Autriche. Les Anglais escortent de prétendus bâtiments américains jusqu'à Trieste. D'un autre côté, l'Autriche arme de toutes ses forces, et paraît concentrer ses troupes sur les confins de la Servie et en Hongrie;

on m'assure qu'elle a évacué presque toute la Galicie. Ces armements lui sont funestes, puisqu'ils ruinent ses finances; mais ils entretiennent merveilleusement sur l'avenir un nuage qui plaît à l'Angleterre. Je lui ai fait demander légèrement ce que ces armements voulaient dire : elle m'a répondu qu'il était faux qu'elle armât. Il ne me reste plus qu'à prier Votre Majesté de croire mes sentiments pour elle inaltérables; et je ressens une vive satisfaction de l'espérance de la voir cette année.

NAPOLÉON.

D'après la copie comm. par S. M. l'Empereur de Russie.

14171. — AU PRINCE CAMBACÉRÈS,
ARCHICHANCELIER DE L'EMPIRE, À PARIS.

Bayonne, 9 juillet 1808.

Mon Cousin, je vous envoie une copie de la constitution de l'Espagne. Faites-la imprimer dans *le Moniteur*[1], en espagnol. Faites attention qu'il y a, à la fin, une acceptation signée de tous les membres de la junte: ayez soin que cela y soit également mis.

NAPOLÉON.

D'après la copie comm. par M. le duc de Cambacérès.

14172. — A ALEXANDRE, PRINCE DE NEUCHÂTEL,
MAJOR GÉNÉRAL DE LA GRANDE ARMÉE, À BAYONNE.

Bayonne, 9 juillet 1808.

Vous donnerez l'ordre, par l'estafette, au gouverneur général au delà des Alpes, de faire partir de la garnison la plus voisine une compagnie d'artillerie complétée à 120 hommes et une compagnie de sapeurs avec leurs outils, lesquelles se rendront à Perpignan par le plus court chemin et en toute diligence. Mandez au ministre de la guerre qu'il fasse partir de Besançon une escouade d'artillerie à cheval, composée de 30 hommes, une de pareil nombre, de Metz, qui se dirigeront également sur Perpignan. On aura soin que les officiers, sous-officiers et quelques canon-

---

[1] Voir *le Moniteur* du 15 juillet 1808.

niers soient anciens. Ces compagnies gagneront la Saône et le Rhône pour s'embarquer et pouvoir arriver plus tôt.

Vous manderez au ministre de la guerre que j'ai mandé deux escouades de Valence ; qu'aussitôt que Valence pourra fournir une troisième escouade pour former une compagnie, il la fasse partir de Valence. Par ce moyen, il y aura à Perpignan cinq escouades à 30 hommes. 150 hommes, et bientôt la compagnie de Piémont à 130 hommes ; ce qui fera 270 hommes nécessaires pour tenir garnison à Figuières, Rosas, et organiser la division du général Reille. Vous manderez également au ministre de la guerre qu'il fasse remplacer aux îles Saint-Marcouf la compagnie de canonniers qui s'y trouve par de jeunes canonniers, et qu'il retire cette compagnie pour la diriger d'abord sur Rennes. Faire connaître le jour où elle arrivera. Qu'on fasse remplacer la compagnie qui est à Belle-Ile par une escouade de jeunes canonniers, et qu'on fasse revenir celle-ci sur le continent, en la dirigeant sur Bordeaux. Qu'on dirige sur Bordeaux la compagnie qui est à Granville. Qu'on dirige une compagnie de sapeurs qui est à Kehl, d'abord sur Lyon. Enfin qu'on dirige deux des six compagnies du 7ᵉ régiment d'artillerie qui sont à Mayence, savoir, une sur Lyon et une sur Bordeaux, en leur donnant d'abord un point à mi-chemin, afin qu'on puisse les arrêter en route et changer leur destination si elle devenait inutile.

Envoyez au payeur de Perpignan l'ordre de tenir à la disposition du général Reille 100,000 francs, pour employer 80,000 francs en dépenses imprévues et 20,000 francs en dépenses secrètes. Les 80,000 francs devront être employés, soit pour activer les transports des subsistances de la place de Figuières et pour les dépenses de l'artillerie et du génie, soit pour faire payer la gratification de campagne aux officiers qui en auront besoin.

Donnez ordre au commissaire ordonnateur de Perpignan de faire faire 300,000 rations de biscuit, compris les 100,000 qu'il a déjà commencé à faire fabriquer, et les envoyer à Figuières, à mesure qu'ils seront confectionnés. Ordonnez-lui de payer la solde.

Écrivez au général Cervoni d'envoyer à Perpignan, sous les ordres du général Reille, des officiers du génie du grade de lieutenant, capitaine ou chef de bataillon.

Écrire au général Lacombe Saint-Michel de tirer des compagnies gardes-côtes deux escouades de 30 hommes, c'est-à-dire 60 hommes, qui seront à la disposition du général Reille pour les garnisons de Figuières et de Rosas. Qu'il donne un officier supérieur d'artillerie au général Reille, pour commander l'artillerie de sa division; qu'il envoie un officier du grade de capitaine pour commander l'artillerie de la place de Figuières, avec deux ou trois sous-officiers ayant l'habitude de faire le service de gardes. Il peut, s'il est nécessaire, en retirer de Perpignan et de Collioure. Lui mander que deux escouades d'artillerie se dirigent de Valence sur Perpignan; qu'une compagnie d'artillerie est partie d'Alexandrie; qu'une escouade est partie de Metz, une de Besançon, une compagnie à pied de Mayence; que le général Reille va avoir bientôt une division de 7 à 8,000 hommes, qui va se former à Figuières. Il faut qu'il pourvoie d'abord à l'armement. A cet effet, il peut garder tous les fusils qui étaient destinés à Bayonne, où on n'en a plus besoin. Nous avons 30,000 fusils espagnols à Saint-Sébastien. Il doit hâter la réparation et l'arrivée des fusils. La division d'artillerie du général Reille doit être organisée de la manière suivante : trois pièces de canon de petit calibre à la 1re brigade, trois à la 2e, deux à la 3e; de plus, quatre obusiers et quatre pièces de 12 ayant un approvisionnement attelé avec elles et un double approvisionnement dans le fort de Bellegarde. Ces huit grosses pièces, ou obusiers, sont nécessaires pour chasser les rebelles des villages et des couvents. Quant aux moyens d'attelage, il doit, ou faire conclure un marché pour avoir dans quinze jours le nombre d'attelages nécessaire, ou faire requérir dans le département, en ayant soin de faire payer très-exactement; et, comme du temps serait perdu avant que le ministre de la guerre puisse lui envoyer de l'argent, il faut l'autoriser à toucher 50,000 francs chez le payeur général de Perpignan, et lui faire connaître que ce n'est qu'une avance et qu'il faudra la rembourser sur les premiers fonds que le ministre de la guerre mettra à sa disposition.

Le général Ritay pourra être remplacé par le général Augier, qui a reçu l'ordre de se rendre à Perpignan.

Si le général Viala ne peut pas servir dans les montagnes, il pourrait commander la place de Figuières. Il faudrait alors lui donner l'ordre de se rendre à Perpignan.

D'après la minute. Archives de l'Empire.

14173. — A ALEXANDRE, PRINCE DE NEUCHÂTEL,
MAJOR GÉNÉRAL DE LA GRANDE ARMÉE, À BAYONNE.

Au château de Marracq, 9 juillet 1808.

Mon Cousin, je vous envoie vos dépêches arrivées au moment même par l'estafette d'Espagne. Expédiez un courrier au général Merlin pour qu'il dirige la marche de sa cavalerie selon les circonstances, de manière que le Roi soit toujours environné par une force suffisante, et pour qu'il se concerte avec le commandant de Tolosa et des autres endroits par lesquels le Roi doit passer, pour diriger la marche de sa colonne selon la tournure de l'esprit public.

D'après la minute. Dépôt de la guerre.

14174. — AU GÉNÉRAL CLARKE,
MINISTRE DE LA GUERRE, À PARIS.

Bayonne, 10 juillet 1808.

Le grand-duc de Berg et le prince de Neuchâtel ne doivent plus être portés sur la liste des maréchaux de l'Empire, puisqu'ils sont tous deux grands dignitaires. En général, les grands dignitaires ne doivent jouir d'aucun autre traitement que du leur, sous quelque prétexte que ce soit.

D'après la minute. Archives de l'Empire.

14175. — A JOSEPH NAPOLÉON, ROI D'ESPAGNE,
À TOLOSA.

Bayonne, 10 juillet 1808.

Mon Frère, l'officier d'ordonnance que j'avais envoyé hier à Saint-Sébastien m'a appris votre arrivée. A l'heure qu'il est, vous devez être à

Tolosa. J'espère que vous m'avez écrit de cette ville; s'il en était autrement, écrivez-moi par le retour du page que je vous envoie. Je désire que vous m'écriviez tous les jours dans votre voyage.

Le général de division Reille a pris possession de Figuières avec une division. Il y restera quelques jours pour s'y réunir; après quoi il marchera sur les différents points de la Catalogne.

Je pense que vous devez écrire tous les jours au général Savary, à Madrid, et au maréchal Bessières, à Burgos, afin de vous faire mettre au fait de tout ce qui se passe.

Azanza et Urquijo écrivent sans doute tous les jours à la junte de Madrid. Il est nécessaire que Cevallos écrive de Vitoria une dépêche à tous les ministres à l'étranger et à Madrid, pour leur annoncer votre entrée en Espagne, votre arrivée à Vitoria, etc. Il faut que cette dépêche soit bien faite. S'il ne veut pas expédier de courriers, il peut envoyer ses dépêches à M. de Champagny, qui les fera partir. Il devra écrire une seconde circulaire de Burgos, en traçant aux agents diplomatiques le langage qu'ils doivent tenir sur les événements et sur la constitution.

NAPOLÉON.

D'après l'expédition originale comm. par les héritiers du roi Joseph.

14176. — A JOSEPH NAPOLÉON, ROI D'ESPAGNE,
A SAINT SÉBASTIEN.

Bayonne, 10 juillet 1808, six heures du soir.

Mon Frère, je reçois votre lettre d'aujourd'hui. Vous pouvez faire ce que vous voulez sur la contribution imposée à Santander. J'avais ordonné au maréchal Bessières de la frapper au même moment que je faisais marcher les troupes; ils ont traité avec tant d'indignité le consul et les Français qui se trouvaient là, qu'ils méritaient bien cette punition. Quelque parti que vous preniez, ce qui m'importe, c'est que les Français qu'ils ont arrêtés et dont ils ont pillé les propriétés soient indemnisés, ce qui n'est pas un objet considérable.

Je vous prie de m'écrire un peu plus en détail.

J'ai eu des nouvelles de Russie. On y connaissait toute l'affaire d'Espagne; on la reconnaissait.

NAPOLÉON.

D'après l'expédition originale comm. par les héritiers du roi Joseph.

14177. — A M. DE CHAMPAGNY,
MINISTRE DES RELATIONS EXTÉRIEURES, A BAYONNE.

Bayonne, 11 juillet 1808.

Monsieur de Champagny, écrivez au sieur Andréossy d'insister pour que les bâtiments américains ou autres bâtiments neutres ne soient pas reçus à Trieste chargés de marchandises coloniales, parce qu'ils viennent évidemment d'Angleterre et ont de faux papiers. Quant aux Américains. l'embargo qu'ils ont mis chez eux répond à tout. Donnez l'ordre à mon consul à Trieste et dans les autres ports de ne donner aucun certificat d'origine aux marchandises coloniales venant de Trieste, ces marchandises arrivant toutes sous pavillon soi-disant neutre, mais au compte des Anglais.

Écrivez au sieur Ver Huell et à mon ministre en Hollande pour empêcher toute communication entre la Hollande et l'Angleterre.

Écrivez de nouveau au sieur Andréossy pour qu'il fasse entrevoir à M. de Stadion qu'il n'a pas l'instruction précise de demander que la levée des milices soit contremandée, mais qu'il ne tardera pas à la recevoir : qu'il n'est pas probable que l'empereur souffre ces armements sans faire lever toute la Confédération du Rhin; et qu'il n'est pas possible que les grands états de l'Europe se mettent sur pied sans qu'il arrive des événements.

Vous me rendrez compte qui a autorisé le sieur Bourrienne à signer un traité pour le grand-duc de Berg. Si c'est vous qui l'y avez autorisé. je n'ai rien à dire; dans le cas contraire, vous lui témoignerez mon mécontentement de ce que, sans votre ordre, il signe des traités pour des princes étrangers.

Écrivez à mon chargé d'affaires à Scutari de réitérer la demande de satisfaction pour les quatre officiers assassinés, et, à défaut de l'obtenir sous cinq jours, de quitter Scutari.

Napoléon.

D'après l'original. Archives des affaires étrangères.

14178. — A M. BIGOT DE PRÉAMENEU,
MINISTRE DES CULTES, À PARIS.

NOTE SUR UN PROJET DE RÈGLEMENT DES CONGRÉGATIONS RELIGIEUSES DE FEMMES.

Bayonne, 11 juillet 1808.

Au lieu d'établir des principes sur les maisons des femmes, il serait préférable d'instituer ces maisons et de dire : Telle congrégation, soit hospitalière, soit enseignante, existera pour tel objet, dans tel lieu, avec tel nombre de religieuses.

On n'a pas besoin de renouveler des défenses existantes, mais on doit, au contraire, permettre ce que les lois ne permettent pas.

Comment se sont fondées les maisons religieuses? Par des arrêts du conseil enregistrés au Parlement. C'est de là sans doute qu'il convient de procéder. Ainsi le nom des maisons, leur nombre, la maison qu'elles occuperont, etc. doivent être déterminés par l'édit de leur institution.

La police a le droit d'aller partout, mais il y a quelque chose de choquant à ce qu'elle puisse entrer dans la maison d'une congrégation de femmes. Il serait préférable de mettre ces maisons sous la police des procureurs généraux des cours d'appel. Ces magistrats feraient une visite tous les ans, recueilleraient les plaintes, s'assureraient de la liberté des vœux et de l'exécution des édits d'institution; ils seraient les juges des réclamations, et ce seraient eux qui pourraient ordonner qu'une religieuse sortît de la maison, etc.

Il y a, dans le projet de décret, des choses qui pourraient faire supposer qu'une religieuse meurt civilement en prenant le voile, tandis que rien ne paraît empêcher qu'une religieuse, qui ne fait pas de vœux à vie, possède des biens, acquière par héritage et dispose par testament.

Le droit des supérieurs ecclésiastiques est une chose importante à régler. Quelles peines peuvent-ils infliger aux religieuses? Peuvent-ils les mettre en prison? L'autorité ecclésiastique est-elle une chose suffisante pour les choses graves de discipline? Il ne s'agit pas seulement d'établir une autorité contre les religieuses, il faut aussi établir une garantie en leur faveur. Il semble que, n'étant pas mortes au monde, elles ne cessent pas d'appartenir à la société et que la société leur doit défense et protection.

Il convient de donner au règlement par lequel l'autorité publique intervient une couleur d'institution et de protection. On doit ensuite renvoyer à l'évêque ce qui regarde la distribution du temps et toutes choses spirituelles.

D'après la copie. Archives de l'Empire.

14179. — AU GÉNÉRAL DEJEAN,
MINISTRE DIRECTEUR DE L'ADMINISTRATION DE LA GUERRE, À PARIS.

Bayonne, 11 juillet 1808.

Monsieur Dejean, il me semble que, s'il y a un corps qui ne doive pas être habillé de blanc, c'est le corps des vétérans. En habillant les vétérans avec les draps de couleur, cela vous mettrait dans le cas d'habiller vingt régiments de plus. La couleur bleue est la meilleure de toutes les couleurs; d'ailleurs, c'est celle sous laquelle nous sommes connus en Europe. S'il y a impossibilité de conserver le bleu, vu la rareté de l'indigo, je préfère le blanc à toute autre couleur. Pour les vétérans, invalides et autres corps qu'on ne devrait pas habiller de blanc, il faut se servir de drap brun ou de toute autre couleur où il n'entre pas d'indigo.

NAPOLÉON.

D'après l'original. Dépôt de la guerre.

14180. — AU VICE-AMIRAL DECRÈS,
MINISTRE DE LA MARINE, À PARIS.

Bayonne, 11 juillet 1808.

Je reçois votre lettre du 7 juillet. L'*Uranie*, l'*Écureuil*, le *Mercure*, le

Cyclope et la flûte *le Var* doivent être entretenus par vos soins; les bâtiments appartenant à la colonie de Corfou, de même. Vous devez en régler le nombre et l'espèce. Vous voudrez bien vous concerter à cet effet avec le ministre de la guerre. Vous devez payer les équipages et les officiers et contenir tout dans les limites que vous ordonnerez.

Quant au moyen de ravitaillement que vous proposez, il ne me paraît point efficace. D'Ancône à Corfou, cela n'arrivera jamais et cela sera pris en route. Je ne conçois pas pourquoi vous ne feriez pas faire des vivres à Corfou même; il y a du blé, et l'Albanie en fournit beaucoup; il y a aussi beaucoup de viande en Albanie. Je désire donc que les approvisionnements de bouche soient faits à Corfou même. Mais je ne sais pas pourquoi les bâtiments n'ont pas leurs vivres de guerre. Pourquoi n'ont-ils pas conservé les leurs? Ils doivent être nourris du journalier par la place. Cela ne doit être autre chose qu'une affaire d'argent. Ayez un commissaire de marine à Corfou, et tenez une correspondance avec lui par le canal de mon vice-consul à Otrante. Pourvoyez à la nourriture de vos hommes à Corfou même, et faites qu'il y ait toujours à Corfou de quoi compléter les vivres à six mois. Tous les vivres, ensuite, que vous fournirez aux bâtiments italiens, le trésor italien vous les payera.

Indépendamment de ce que je crois ce moyen plus efficace, j'ai une autre intention : c'est de commencer de former un établissement à Corfou, de sorte que, si l'on voulait donner là deux ou trois mois de vivres à une escadre, on sût à quoi s'en tenir. Écrivez au gouverneur que ces dépenses seront supportées par la marine.

Faites-moi connaître quelle est la saison la plus favorable pour faire revenir à Toulon la flûte *le Var*.

Mon intention serait aussi, lorsque le temps sera arrivé, que les équipages français de *l'Uranie* et de deux bricks formassent l'équipage d'un des vaisseaux de 74 que j'ai à Venise et que je voudrais avoir à Ancône, et que la frégate et les deux bricks fussent montés par les matelots des Sept Iles avec une bonne garnison, des officiers et une maistrance française.

D'après la minute. Archives de l'Empire.

14181. — A M. CRETET,
MINISTRE DE L'INTÉRIEUR, À PARIS.

Bayonne, 12 juillet 1808.

Monsieur Cretet, j'ai reçu le rapport que vous me faites sur la situation des différents travaux. Je désire que cet état me soit remis tous les mois dans la forme suivante, faites-en imprimer les modèles; cet état contiendra, 1° le nombre des ouvriers employés dans le mois à chaque espèce de travaux, en distinguant les ouvriers d'art et les ouvriers terrassiers, etc. 2° l'argent qui a été dépensé dans le mois; 3° l'argent qui a été affecté pour l'année; 4° ce qui reste à dépenser, avec une colonne d'observations où l'on fera connaître les ouvriers qu'il sera nécessaire d'augmenter ou de diminuer, l'argent qu'on pourrait dépenser en plus ou en moins selon les différents travaux. Par ce moyen, j'aurai une idée du nombre d'ouvriers qui sont employés sur les différents points, et de la manière dont les travaux sont exécutés.

NAPOLÉON.

D'après la copie. Archives de l'agriculture, du commerce et des travaux publics.

14182. — AU GÉNÉRAL CLARKE,
MINISTRE DE LA GUERRE, À PARIS.

Bayonne, 12 juillet 1808.

Je vous ai renvoyé, il y a longtemps, un projet de règlement du grand-duc de Berg pour la cavalerie. Entre autres changements qu'il proposait, les suivants me paraissaient très-nécessaires : réduire les portemanteaux (il est prouvé que les soldats ont toujours les moyens de les remplir); placer le manteau sur le devant de la selle, surtout pour les dragons et les cuirassiers, et enfin ne laisser à la cavalerie qu'un seul habit; la Garde même, à la Grande Armée, n'a jamais porté que son surtout. Il est important de faire ces petits changements, surtout pour les dragons, qui ont d'énormes portemanteaux et deux habits. Faites-moi connaître où en est ce travail.

D'après la minute. Archives de l'Empire.

14183. — A JOSEPH NAPOLÉON, ROI D'ESPAGNE,
à VITORIA.

Bayonne, 12 juillet 1808, huit heures du matin.

Mon Frère, je fais partir un escadron de 200 dragons pour Vitoria. J'en ai donné le commandement à votre aide de camp Tascher. J'ai eu en cela deux buts : le premier, de former ce jeune homme, qui n'a jamais commandé de troupes; le second, d'avoir un œil sur vos derrières. Vous l'autoriserez à correspondre directement avec vous. Cet escadron arrivera le 14 ou le 15 au matin à Vitoria, où il tiendra garnison. J'ai également ordonné au 3º bataillon du dépôt des régiments provisoires, fort de 400 hommes, de se rendre à Vitoria; ce qui, avec l'escadron de dragons, formera là une garnison suffisante. Je désire que vous laissiez Tascher avec cet escadron, afin qu'il s'exerce, se forme et devienne bon à quelque chose. Lorsque je quitterai Bayonne, il faudra que vous ayez dans cette ville un de vos aides de camp, pour vous instruire de tous les mouvements et avoir une correspondance directe avec vous.

Je vous suppose arrivé, à l'heure qu'il est, à Vitoria. L'escadron que j'envoie à Vitoria couchera aujourd'hui 12 à Irun, demain 13 à Tolosa, et sera au plus tard le 15 au matin à Vitoria. Le bataillon du dépôt des régiments provisoires qui couche demain à Tolosa sera également le 15 à Vitoria. En attendant que cette troupe y soit arrivée, laissez à Vitoria un bataillon du 2º d'infanterie légère, qui en partira, après que la tête de la garnison y sera arrivée, pour rejoindre à Burgos.

J'ai à Burgos, indépendamment des 500,000 francs que je vous ai prêtés, à peu près 300,000 francs. Vous trouverez ci-joint un bon pour les prendre, et vous m'enverrez un bon sur votre trésorier pour me rembourser de ces 300,000 francs sur ce qui reste à vous être payé de votre apanage de prince français pour 1808. Ayant été porté sur le budget, vous devez jouir de ce traitement jusqu'au 1ᵉʳ janvier prochain.

NAPOLÉON.

D'après l'expédition originale comm. par les héritiers du roi Joseph.

14184. — A JOSEPH NAPOLÉON, ROI D'ESPAGNE,
À VITORIA.

Bayonne, 12 juillet 1808, quatre heures après midi.

Mon Frère, je reçois votre lettre du 11. Je suppose que vous êtes aujourd'hui à Vitoria. Il n'y a plus aucunes troupes à Burgos, si ce n'est des dépôts et une garnison dans le château. Je ne pense donc pas qu'il soit prudent que vous arriviez dans cette ville avant que le 12º régiment d'infanterie légère y soit arrivé, c'est-à-dire avant le 15. Vous apprendrez là des nouvelles importantes et vous vous déciderez.

Le maréchal Bessières a dû entrer en opération ce matin 12; il est probable que le 14 il en sera venu aux mains. Une fois qu'il aura battu la Cuesta à Benavente ou à Léon, je crois que le moment sera opportun pour entrer en pourparler avec les troupes de ligne. O'Farrill assure qu'elles ne demandent pas mieux que de se soumettre, et qu'elles comprennent que tout cela est un mauvais jeu. Si vous parvenez à ramener les troupes de ligne de Galice, le plus fort serait fait. On a combiné les choses de manière que le maréchal Bessières pût avoir battu les rebelles au moment de votre arrivée. Faites-leur porter alors des paroles de paix par quelques-uns des Espagnols qui sont auprès de vous, en ayant soin de ne pas envoyer des ministres, ni des personnes en place, de peur qu'ils ne les retiennent. Si de Burgos vous vous décidez à aller à Madrid en poste, vous pouvez y aller en trente heures par la route d'Aranda.

Je viens de faire demander quand partaient les trois millions que vous avez ici; votre agent a répondu qu'ils ne pouvaient partir que jeudi. J'ai ordonné qu'un million partît ce soir; il arrivera à Vitoria sous l'escorte de Tascher.

NAPOLÉON.

D'après l'expédition originale comm. par les héritiers du roi Joseph.

14185. — A FRÉDÉRIC VI, ROI DE DANEMARK,
À COPENHAGUE.

Bayonne, 12 juillet 1808.

Monsieur mon Frère, M. de Rosenkranz, chambellan de Votre Majesté, m'a remis la décoration de l'Ordre de l'Éléphant qu'elle m'envoie. Je la remercie de ce témoignage de son amitié. Tout ce qui me rappelle ses sentiments, tout ce qui est entre nous un nouveau gage d'union aura toujours beaucoup de prix pour moi, et je désire les occasions de la convaincre de l'estime particulière que je lui porte et de l'intérêt que je prends à elle et à sa prospérité.

NAPOLÉON.

D'après la copie comm. par S. M. le roi de Danemark.

14186. — DÉCISION.

Bayonne, 12 juillet 1808.

Le général Clarke, ministre de la guerre, propose à l'Empereur d'adopter, pour l'uniforme de la légion portugaise, un drap bleu de ciel, cette couleur exigeant moins d'indigo que le bleu ordinaire. Le major général avait indiqué le gris de fer brun, et le ministre Dejean, le brun marron.

Je ne comprends rien à toutes ces décisions sur l'habillement. On m'ôte le bleu parce qu'il n'y a pas d'indigo, et l'on me propose de mettre les troupes étrangères en bleu. Une couleur brune serait convenable.

NAPOLÉON.

D'après l'original. Dépôt de la guerre.

14187. — DÉCRET.

Bayonne, 12 juillet 1808.

Napoléon, Empereur des Français, Roi d'Italie, Protecteur de la Confédération du Rhin,

Avons décrété et décrétons ce qui suit :

TITRE Ier. — ÉTABLISSEMENTS PUBLICS.

CHAPITRE Ier. — PRÉFECTURE.

ARTICLE 1er. L'hôtel de la préfecture du département des Landes, les bureaux et les archives seront transférés dans les bâtiments et dépendances du ci-devant couvent de Sainte-Claire, à Mont-de-Marsan. Il y sera fait les constructions et dispositions nécessaires.

Art. 2. Il sera pourvu aux dépenses de translation et construction de la préfecture au moyen de la perception des six centimes supplémentaires votés, pour trois années consécutives, par la délibération du conseil général du département, en date du 24 octobre 1807.

Art. 3. La perception en sera faite dans les délais fixés pour les contributions directes. Elle aura lieu, pour 1808, au marc le franc des contributions foncière, personnelle et mobilière, par addition aux rôles de l'exercice courant.

CHAPITRE II. — HOSPICES.

Art. 4. La somme de 187,771 francs restant due aux hospices du département des Landes, pour solde de leur arriéré des années v, vi et vii, leur sera payée en capitaux de rentes nationales disponibles dans le département de la Roër.

Art. 5. La portion, dont jouissait la sénatorerie de Pau, des biens de la succession Gontaut-Biron situés dans le département des Landes est déclarée faire partie de la concession faite aux hospices de Dax, Tartas et Villeneuve, par la loi du 7 septembre 1807.

Art. 6. Des biens nationaux seront concédés à la sénatorerie de Pau, en remplacement de la portion qui lui était attribuée sur ceux de la succession Gontaut-Biron.

TITRE II. — TRAVAUX PUBLICS.

CHAPITRE Ier. — CANAL DES LANDES.

Art. 7. Il sera ouvert et construit un canal de petite navigation et à point de partage, pour établir une communication entre la Garonne et l'Adour.

Art. 8. Ce point de partage sera situé dans la commune de Saint-Cricq, département du Gers, sur le chemin de Gabarret à Eauze.

Art. 9. Le canal portera le nom de *canal des Landes*. Il partira de l'embouchure de la Baise dans la Garonne et passera à Roquefort et Mont-de-Marsan.

Art. 10. Les projets de ce canal seront faits par un ingénieur en chef, sous la direction de celui du département des Landes, et seront présentés à notre approbation avant le 1er janvier prochain.

CHAPITRE II. — PORT DE PEYREHORADE.

Art. 11. La commune de Peyrehorade est autorisée à faire rétablir à ses frais le port de Peyrehorade, situé sur la rive droite du Gave, et à y faire les changements et améliorations nécessaires, sous la direction et surveillance de l'ingénieur en chef du département des Landes, et conformément aux plans et projets estimatifs qui en portent la dépense à 35,000 francs.

Art. 12. Les constructions seront entièrement achevées au 1er avril 1809.

Art. 13. Pour pourvoir aux dépenses de construction, la commune de Peyrehorade est autorisée à percevoir, pendant sept années, sur tous les objets d'importation et d'exportation audit port, un droit dont le tarif est fixé ainsi qu'il suit :

Pour chaque quintal métrique de marchandises débarquantes. 0^f 10^c
Pour chaque personne qui s'embarquera sur les bateaux. . . 0 05
Pour chaque personne débarquante 0 05

Art. 14. Le transport de la pierre est modéré à 4 francs par bateau, quelle que soit la quantité embarquée.

Art. 15. Les objets, soit d'importation, soit d'exportation, appartenant directement au gouvernement, jouiront d'une entière franchise, sans cependant qu'elle puisse s'étendre au bénéfice des compagnies qui auraient traité avec lui.

Les conducteurs des bateaux et matelots nécessaires à la conduite des bateaux jouiront également d'une entière franchise.

Art. 16. La commune de Peyrehorade sera tenue d'entretenir le port en bon état, et de se conformer, à cet égard, aux avis et instructions qui seront donnés par l'ingénieur en chef et approuvés par le préfet du département.

CHAPITRE III. — PORT DE SAINT-ESPRIT.

Art. 17. Il sera construit un port, en forme de cale, à l'extrémité de la grande place de Saint-Esprit, avec deux terrasses élevées à la hauteur des plus hautes marées. Ces terrasses seront plantées d'arbres.

Art. 18. A cet effet, les deux corps de garde et fossés placés à l'entrée du pont sont concédés à la ville. Ils seront remplacés à ses frais par deux guérites construites en pierre.

Art. 19. Le produit de la démolition des deux corps de garde sera employé à l'établissement de la cale et des deux terrasses. Il sera pourvu au surplus des dépenses sur les revenus de la commune.

CHAPITRE IV. — PONT DE MONT-DE-MARSAN.

Art. 20. Le pont de Mont-de-Marsan sur la Midouze sera reconstruit dans l'emplacement porté au plan approuvé par notre directeur des ponts et chaussées.

Cette reconstruction sera le premier des ouvrages d'art qui seront entrepris sur la route des Landes.

CHAPITRE V. — DESSÉCHEMENTS.

Art. 21. Les plans et projets de desséchement des marais d'Orx, de la contenance d'environ 3,000 arpents, seront dressés sans délai.

A cet effet, une somme de 3,000 francs sera mise à la disposition du préfet des Landes par le ministre de l'intérieur, et sera prise sur le fonds de réserve de son ministère, chapitre ix du budget.

CHAPITRE VI. — PLANTATION DES DUNES.

Art. 22. Il sera établi dans le département des Landes une commission pour la plantation des dunes.

Cette commission sera organisée de la même manière que celle qui a été établie à Bordeaux en exécution de notre décret du 13 messidor an IX.

Art. 23. Il sera nommé par le préfet un inspecteur et un garde forestier, qui résideront à la proximité des travaux. Le traitement de l'inspecteur sera de 800 francs, et celui du garde de 400 francs.

Art. 24. L'état des dépenses sera dressé par la commission et acquitté sur les ordonnances du préfet.

Art. 25. Chaque année, au mois de décembre, la commission des Landes se réunira à celle de Bordeaux, sous la présidence du préfet de la Gironde.

Le compte général des dépenses sera dressé. L'état des travaux de la campagne, ceux projetés pour la campagne suivante, et les observations des commissions réunies, seront transmis, ainsi que ledit compte général, à nos ministres de l'intérieur et des finances.

Art. 26. Toutes demandes en concession de dunes, qui viendraient à être faites par des communes ou particuliers, seront adressées à l'une ou à l'autre commission, lesquelles donneront leur avis, qui sera remis au préfet et transmis au ministre des finances.

Art. 27. La demande en concession adressée au préfet des Landes par le sieur Bourgeois, enseigne de nos vaisseaux et pilote-major de la barre de Bayonne, est accueillie.

En conséquence, nous lui avons concédé et concédons gratuitement 50 hectares de dunes situées au territoire de Tarnos, et désignées au plan annexé au présent décret, à la charge par le sieur Bourgeois d'en faire le semis à ses frais dans le délai de deux années, suivant les procédés du sieur Bremontier, inspecteur divisionnaire des ponts et chaussées, et d'entretenir les plantations en bon état.

Ladite concession ne sera assujettie qu'au droit fixe d'un franc.

TITRE III. — SOCIÉTÉ DES ASSURANCES CONTRE LA GRÊLE.

Art. 28. Le règlement de la société d'assurances contre la grêle, établie à Mont-de-Marsan depuis le 10 avril 1807, est approuvé.

Art. 29. Les billets déposés par les actionnaires entre les mains du directeur, les registres contenant leurs déclarations et tous registres de comptabilité, ne sont point assujettis aux droits du timbre. Lesdits registres seront visés et parafés par le préfet.

Art. 30. A défaut de payement, lesdits billets seront visés pour valoir timbre, assujettis au droit de 25 centimes et soumis à l'enregistrement.

Les contraintes seront décernées et les poursuites faites comme pour le recouvrement des contributions directes.

TITRE IV. — DONATIONS.

Art. 31. Nous faisons donation au département des Landes, 1° des bâtiments et dépendances du ci-devant couvent de Sainte-Claire, à Mont-de-Marsan, pour l'établissement d'un hôtel de préfecture, des bureaux et des archives; 2° des bâtiments et jardins de l'ancien couvent des Capucins de Dax, affectés par notre décret du 29 janvier dernier à l'établissement d'un dépôt de mendicité.

Art. 32. Nous faisons donation à la ville de Dax, pour la perception de ses octrois et pour l'établissement d'une place de marché, des remparts de ladite ville, le château excepté, et du bastion dit *de la Marguerite*, depuis et y compris la portion de mur qui ferme la place Poyane, et en suivant la ligne tracée en noir sur le plan annexé au présent décret.

Il ne pourra être fait aucun changement notable auxdits remparts que de l'avis du préfet, et avec l'approbation de notre ministre de l'intérieur.

Art. 33. Nous faisons donation à la commune de Saint-Sever du terrain d'Augreilh, situé au territoire de ladite commune, et sur lequel plusieurs de ses habitants ont fait des constructions et améliorations. Remise est pareillement faite de tous loyers et fermages qui seraient échus jusqu'à ce jour.

Art. 34. Les fabriques des églises de Souprosse, Orthevielle, Josse, Saint-Girons, Saint-Martin-de-Seignaux et Magescq, seront remises en possession des biens qui leur avaient appartenu, et qui, par suite de déchéance, seront redevenus disponibles.

Art. 35. La place publique de Sainte-Ursule, commune de Saint-Esprit, cessera de faire partie de la dotation de la sénatorerie de Pau.

Art. 36. Nous faisons donation à la société d'agriculture du département des Landes du terrain appelé *la Vignote*, situé à Mont-de-Marsan, provenant de la succession en déshérence de Jeanne Darricau, à la charge par le département des Landes, dans le cas où les héritiers viendraient à se présenter, de leur payer la valeur capitale dudit terrain sur estimation faite d'après les derniers baux antérieurs au présent décret.

Art. 37. Toutes donations et concessions faites par nous aux département ou arrondissements des Landes et aux établissements publics du même département ne seront assujetties qu'au droit fixe d'un franc.

TITRE V. — DISPOSITIONS DIVERSES.

Art. 38. A dater du 1er janvier 1809, l'abonnement des frais d'administration de la préfecture est fixé à 37,000 francs.

Art. 39. La municipalité de Mont-de-Marsan fera désormais partie de celle dont les membres sont nommés par nous.

Art. 40. Les curés des villes de Mont-de-Marsan, Dax, Roquefort, Tartas et Saint-Esprit sont élevés au rang de curés de première classe.

Art. 41. L'exercice de la police municipale de Mont-de-Marsan aura lieu sur le territoire des communes de Nonères, Saint-Jean-d'Août, Saint-Pierre et Saint-Médard.

Art. 42. Nos ministres de l'intérieur, des finances, de la guerre, et des cultes sont chargés, chacun en ce qui le concerne, de l'exécution du présent décret.

NAPOLÉON.

Extrait du *Moniteur* du 10 août 1808.

14188. — AU GÉNÉRAL CLARKE,
MINISTRE DE LA GUERRE, À PARIS.

Bayonne, 13 juillet 1808.

Le roi de Hollande, quand il commandait mon armée en Hollande, a, de son propre chef, pris un grand nombre de mes soldats pour incorporer dans sa garde. Il y a des régiments dont il a pris des compagnies entières de grenadiers; depuis, il les licencie sans leur donner ni traitement ni pension; ce qui a le double inconvénient que plusieurs corps de mon armée se trouvent affaiblis de leurs meilleurs soldats, et que de braves soldats, qui ont longtemps servi, restent sans récompense. Parlez-en au ministre hollandais à Paris, et écrivez au ministre de la guerre de Hollande et à mon ambassadeur pour que le nombre des individus français que le Roi a fait entrer dans sa garde soit constaté, pour que le gouvernement ne les licencie que sur mon autorisation, et qu'en les licenciant il leur assure une retraite équivalente à celle qu'ils auraient eue dans ma Garde. Donnez ordre que les 120 déjà licenciés soient retenus à Anvers, et demandez qu'aucun homme ne soit plus licencié qu'il ne lui ait été accordé une pension. Aucun Français ne doit sortir de la garde du roi de Hollande sans une pension. Vous ferez sentir, dans une lettre particulière au ministre de la guerre hollandais, combien il est indécent qu'après avoir pris mes soldats dans mes cadres, et avoir ainsi affaibli mon armée, on les renvoie sans récompense. Vous ferez connaître à ce ministre que je viens d'ordonner qu'une liquidation soit faite pour tous ceux qui sont sortis, et qu'une sommation de ma part sera faite ensuite au gouvernement hollandais pour leur payement. Vous attendrez, avant, sa réponse. J'espère qu'il sera assez juste pour ne pas m'obliger à cette extrémité. Il est injuste qu'un soldat qui a eu l'honneur de garder le souverain soit renvoyé sans pension. Si le Roi eût laissé ces soldats dans leurs régiments, peut-être auraient-ils été appelés dans ma Garde.

D'après la minute. Archives de l'Empire.

14189. — AU GÉNÉRAL CLARKE,
MINISTRE DE LA GUERRE, À PARIS.

Bayonne, 13 juillet 1808, six heures du soir.

Les officiers réformés, en général, ne l'ont point été sans un motif; je vois avec peine que vous en mettez un grand nombre dans l'armée. Cependant vous n'avez sur ces officiers que des notes vagues. Vous placez seize officiers réformés dans le 24e de ligne : introduire seize officiers étrangers dans un corps, c'est s'exposer à changer l'esprit d'un corps. D'ailleurs, la plupart des officiers réformés qui ont été envoyés ici sont très-mauvais, et, si les corps se remplissent de pareils sujets, je cours risque de n'avoir plus d'armée.

Voici le principe que je désire que vous suiviez : vous ne me présenterez, à chaque travail, que deux officiers réformés au plus par régiment; et quand, dans un nouveau travail, vous me présenterez des officiers réformés pour les régiments qui en ont déjà reçu, vous joindrez les originaux des lettres par lesquels les colonels vous feront connaître quels sont les officiers que vous avez envoyés, si ce sont des hommes bons et sur lesquels on puisse compter, ou si ce sont des hommes médiocres ou mauvais. Par ce moyen, je n'aurai à craindre de me tromper que sur deux ou trois officiers dans un régiment.

Le travail des nominations des 4es chefs de bataillon ne peut être fait comme vous le proposez, vu que cela occasionnerait des déplacements trop considérables, qui, indépendamment de la dépense, porteraient trop de retard. Il faut donc nommer aux places des 4es chefs de bataillon pour tous les corps de la Grande Armée entre eux, et pour tous les corps de la Dalmatie, du royaume d'Italie et du royaume de Naples, entre eux. Par ce moyen, on sera sûr que les hommes seront promptement à leur poste.

D'après la minute. Archives de l'Empire.

14190. — A M. FOUCHÉ,
MINISTRE DE LA POLICE GÉNÉRALE, A PARIS.

Bayonne, 13 juillet 1808.

Monsieur Fouché, je reçois votre lettre du 9 juillet. Je ne conçois plus rien à votre tête. Est-ce qu'il fait trop chaud cette année à Paris? Je mande à l'archichancelier de m'expliquer tous ces logogriphes. Tout ce que j'en vois est bien pitoyable : c'est encore pis que les scènes de l'automne passé. Soyez donc ministre de la police; réprimez les brouillons, et ne le soyez pas. Tranquillisez l'opinion au lieu d'y jeter des brandons de discorde. Soyez le supérieur et non le rival de vos subordonnés. En deux mots, ne me donnez pas, à vous seul, autant d'occupation que toute la police de l'Empire. Imitez tous vos collègues, qui m'aident au lieu de me fatiguer, et qui font marcher le gouvernement, bien loin de le gêner de leurs passions privées.

D'après la minute. Archives de l'Empire.

14191. — A JOSEPH NAPOLÉON, ROI D'ESPAGNE,
à vitoria.

Bayonne, 13 juillet 1808.

Mon Frère, je reçois votre lettre du 12 juillet, de Salinas. Un des quatre millions que vous avez ici est parti hier au soir sous l'escorte de Tascher. Les trois autres partiront demain, avec une escorte d'infanterie. Ainsi, le 16, vous aurez à Vitoria quatre millions, 3 ou 400 hommes de cavalerie et un millier d'hommes d'infanterie. Cette cavalerie et cette infanterie sont nécessaires à Vitoria.

Le maréchal Bessières est aujourd'hui, avec toutes ses forces réunies, à Medina de Rio Seco. Il est probable que le 15 il en sera venu aux mains avec la Cuesta. Dans la journée du 16, vous saurez donc à quoi vous en tenir.

Vous vous trouverez le 16 à Burgos, avec six pièces de canon, quatre bataillons d'élite et un escadron de cavalerie, indépendamment d'un millier d'hommes qui occupent la citadelle de Burgos.

Envoyez au camp du maréchal Bessières un aide de camp qui puisse vous rapporter des nouvelles. Gardez près de vous Merlin. Dans cette situation des choses, vous vous conduirez selon les circonstances : ou vous marcherez avec votre réserve au camp du maréchal Bessières pour le renforcer et présider vous-même à la première victoire, en annonçant à l'Espagne votre arrivée par un événement marquant et en faisant suivre la bataille par des paroles de paix et des moyens de conciliation, ou vous enverrez votre réserve d'infanterie au maréchal Bessières et vous vous dirigerez en poste par Aranda sur Madrid.

La position des armées françaises en Espagne était excellente. Dans le métier de la guerre, une fausse disposition change les choses. Elle est cependant toujours très-bonne; mais, contre mon avis, Savary a disséminé les divisions Frère et Gobert. J'avais destiné la division Gobert à renforcer le corps du maréchal Bessières, avec un régiment de cuirassiers; le maréchal Bessières étant ainsi fort de 6,000 hommes de plus, il n'y avait plus aucune chance contre lui.

Vous trouverez ci-joint les notes que je viens de dicter au général Bertrand pour le général Savary, où la position de l'armée est décrite dans toutes les hypothèses. Gardez cette copie. Lorsque vous saurez que le maréchal Bessières a battu la Cuesta, votre position sera meilleure que jamais.

Il y a, dans la situation de l'armée, deux points principaux : le premier de tous est celui où se trouve le maréchal Bessières, et c'est pour cela que je suis fâché que Savary n'ait pas senti la faute qu'il faisait en hésitant à renforcer le maréchal Bessières; le deuxième point est celui où se trouve le général Dupont; il y a là plus de forces qu'il ne faut.

Quant à Saragosse et à Valence, ce sont des points peu importants : Saragosse est utile pour la pacification, pour achever l'ouvrage, mais est nul dans le système offensif; Valence, si l'on n'avait pas fait la faute d'y envoyer le général Frère, est d'un ordre inférieur.

Dans trois jours arrivent trois beaux régiments de ligne que je destine à contenir la Biscaye et à vous renforcer.

Le maréchal Bessières a donné ordre au général Gaulois, qui avait deux bataillons à Santander, de le joindre. Comme ce général n'est parti que le 12, il n'arrivera que tard au corps du maréchal Bessières. Faites demander l'itinéraire de cette brigade à ce maréchal, afin que, si les circonstances devenaient majeures, vous sachiez où la trouver.

Napoléon.

P. S. Soyez sans inquiétude, rien ne vous manquera. Le général Reille, mon aide de camp, envoie demain 10,000 hommes à Figuières en Catalogne. Soyez gai, et surtout portez-vous bien. Arrivez à Madrid.

<small>D'après l'expédition originale comm. par les héritiers du roi Joseph.</small>

14192. — NOTES POUR LE GÉNÉRAL SAVARY[1],

AIDE DE CAMP DE L'EMPEREUR, EN MISSION À MADRID.

Bayonne, 13 juillet 1808.

Je vous envoie quelques notes sur les affaires d'Espagne, telles que j'en ai entendu raisonner.

1re Observation. Les affaires des Français en Espagne seraient dans une excellente position si la division Gobert avait marché sur Valladolid et si la division Frère eût occupé San-Clemente, ayant une colonne mobile à trois ou quatre journées sur la route du général Dupont. Le général Gobert ayant été dirigé sur le général Dupont, le général Frère étant avec le maréchal Moncey, harassé et affaibli par des marches et des contre-marches, la position de l'armée française est devenue moins belle.

2e Observation. Le maréchal Bessières est aujourd'hui à Medina de Rio Seco avec 15,000 hommes, infanterie, cavalerie, artillerie. Le 15 ou le 16, il attaquera Benavente, se mettra en communication avec le Portugal, jettera les rebelles en Galice et s'emparera de Léon. Si toutes ces opérations réussissent ainsi et d'une manière brillante, la position de l'armée française redeviendra ce qu'elle était.

Si le général la Cuesta se retire de Benavente sans combattre, il peut se retirer sur Zamora, Salamanque, pour venir gagner Avila et Ségovie, certain qu'alors le maréchal Bessières ne pourrait point le poursuivre, puisque, dans cette supposition, il serait menacé par l'armée de Galice dont l'avant-garde est réunie à Léon. Alors il faut que le général qui commande à Madrid puisse promptement réunir 6 à 7,000 hommes, pour marcher sur le général la Cuesta. Il faut que la citadelle de Ségovie soit occupée par quelques pièces de canon, 3 à 400 convalescents avec six semaines de biscuit. C'est une grande faute de ne l'avoir pas occupée quand le major général l'a ordonné. De toutes les positions possibles, Ségovie est la plus dangereuse pour l'armée. Capitale d'une province, assise entre les deux routes, elle ôterait à l'armée toutes ses communica-

---

[1] Ces notes, envoyées par le général Bertrand, ont été dictées par l'Empereur. (Voy. page 439.)

tions, et l'ennemi une fois posté dans cette citadelle, l'armée française ne pourrait plus l'en déloger. 3 à 400 convalescents et un bon chef de bataillon, une escouade d'artillerie, rendront le château de Ségovie imprenable pendant bien du temps, et assureront à l'armée l'importante position de Ségovie.

Si le général la Cuesta se jette en Galice, sans combattre, sans éprouver de défaite, la position de l'armée devient toujours meilleure ; à plus forte raison, s'il est jeté en Galice après avoir éprouvé une forte défaite.

3ᵉ Observation. Si le maréchal Bessières, arrivé devant Benavente, reste en présence sans attaquer le général la Cuesta, ou s'il est repoussé, son but sera toujours de couvrir Burgos, en tenant le plus possible l'ennemi en échec. Il peut être renforcé de 3,000 hommes de troupes de ligne qui accompagnent le Roi ; mais alors il n'y a point à hésiter. Si le maréchal Bessières a fait une marche rétrograde sans bataille, il faut sur-le-champ lui envoyer 6,000 hommes de renfort. S'il a fait son mouvement après une bataille où il ait éprouvé de grandes pertes, il faudra faire de grandes dispositions, rappeler à marches forcées sur Madrid le général Frère, le général Caulaincourt, le général Gobert, le général Vedel, et laisser le général Dupont sur les montagnes de la Sierra-Morena, ou le rapprocher même de Madrid, en le tenant toujours cependant à sept ou huit marches, afin de pouvoir écraser le général la Cuesta et toute l'armée de Galice, pendant que le général Dupont servira d'avant-garde pour tenir l'armée d'Andalousie en échec.

4ᵉ Observation. Si le général Dupont éprouvait un échec, cela serait de peu de conséquence. Il n'aurait d'autre résultat que de lui faire repasser les montagnes ; mais le coup qui serait porté au maréchal Bessières serait un coup porté au cœur de l'armée, qui donnerait le tétanos et qui se ferait sentir à toutes les pointes extrêmes de l'armée. Voilà pourquoi il est très-malheureux que toutes les dispositions ordonnées n'aient pas été suivies. L'armée du maréchal Bessières devrait se trouver avoir au moins 8,000 hommes de plus, afin qu'il n'y eût aucune espèce de chance contre lui.

La vraie manière de renforcer le général Dupont, ce n'est pas de lui envoyer des troupes, mais c'est d'envoyer des troupes au maréchal Bessières. Le général Dupont et le général Vedel sont suffisants pour se maintenir dans les positions qu'ils ont retranchées, et, si le maréchal Bessières avait été renforcé et l'armée de Galice écrasée, le général Dupont, immédiatement après, se trouvait dans la meilleure position, non-seulement par des forces qu'on pouvait alors lui envoyer, mais encore par la situation morale des affaires. Il n'y a pas un habitant de Madrid, pas un paysan des vallées qui ne sente que toutes les affaires d'Espagne aujourd'hui sont dans l'affaire du maréchal Bessières. Combien n'est-il pas malheureux que, dans cette grande affaire, on se soit donné volontairement vingt chances contre soi!

5ᵉ *Observation.* L'affaire de Valence n'a jamais été d'aucune considération. Le maréchal Moncey seul était suffisant. C'était une folie que de songer à le secourir. Si le maréchal Moncey ne pouvait pas prendre Valence, 20,000 hommes de plus ne le lui auraient pas fait prendre, parce qu'alors c'était une affaire d'artillerie et non une affaire d'hommes; car on ne prend pas, d'un coup de collier, une ville de 80 ou 100,000 âmes, qui a barricadé ses rues, mis de l'artillerie à toutes les portes et dans toutes les maisons. Or, dans cette hypothèse, le maréchal Moncey était suffisant pour former une colonne mobile, faire face à l'armée de Valence et faire sentir, dans toute leur force, les horreurs de la guerre. Le général Frère ne pouvait donc rien pour faire prendre Valence, et le général Frère pouvait beaucoup, posté à San-Clemente, soit qu'il dût revenir à Madrid, soit qu'il dût prendre une position intermédiaire, pour secourir le général Dupont.

C'était une autre erreur que de songer à faire aller le maréchal Moncey à Valence, pour ensuite le faire marcher en Murcie et sur Grenade. C'était vouloir fondre ce corps d'armée en détail et sans fruit. Comme le dit fort bien le général Dupont, il valait mieux lui envoyer directement un régiment que de lui en envoyer trois dans cette direction-là.

Dans les guerres civiles, ce sont les points importants qu'il faut garder; il ne faut pas aller partout. Si, cependant, on a dirigé le maréchal Moncey sur Valence, c'était à une époque où la situation des affaires n'était pas la même; c'était lorsque l'armée de Valence pouvait envoyer en Catalogne ou à Saragosse, comme elle en menaçait.

6ᵉ Observation. Le but de tous les efforts de l'armée doit être de conserver Madrid. C'est là qu'est tout. Madrid ne peut être menacée que par l'armée de Galice; elle peut l'être aussi par l'armée de l'Andalousie, mais d'une manière beaucoup moins dangereuse, parce qu'elle est simple et directe, et que, par toutes les marches que fait le général Dupont sur ses derrières, il se renforce. Les généraux Dupont et Vedel étaient suffisants, ayant plus de 20,000 hommes; le maréchal Bessières ne l'est pas proportionnellement, vu que sa position est plus dangereuse; un échec que recevrait le général Dupont serait peu de chose; un échec que recevrait le maréchal Bessières serait plus considérable et se ferait sentir à l'extrémité de la ligne.

Résumé. Faire reposer et rapprocher de Madrid le général Frère, le général Caulaincourt, le général Gobert, afin qu'ils puissent arriver à Madrid avant le général la Cuesta, si celui-ci battait le maréchal Bessières. Immédiatement après l'événement qui aura lieu le 15 ou le 16, prendre un parti selon les événements qui auront eu lieu, et dans le but d'écraser l'armée ennemie en Galice.

Si le maréchal Bessières a un grand succès sans éprouver de grandes pertes, tout sera bien dans la direction actuelle. S'il a un succès après avoir éprouvé beaucoup de pertes, il faut se mettre en mesure de le renforcer. S'il se tient en observation sans attaquer, il faut le renforcer. S'il a été défait et bien battu, il faut se concentrer et rassembler toutes les troupes dans le cercle de sept à huit journées de Madrid, et étudier les dispositions dans les différentes directions, pour savoir où placer les avant-gardes, afin de profiter de l'avantage qu'on a d'être au milieu, pour écraser successivement avec toutes ses forces les divers corps de l'ennemi.

Si on n'ordonne pas sur-le-champ au général Dupont de repasser les montagnes, c'est qu'on espère que, malgré la faute faite, le maréchal Bessières a la confiance, qu'on partage, qu'à la rigueur il est assez fort pour écraser l'ennemi.

Le maréchal Bessières a eu le bon esprit de tellement réunir toutes ses forces, qu'il n'a pas même laissé un seul homme à Santander, quelque avantage qu'il y eût à laisser là un millier d'hommes. Il a senti qu'un millier d'hommes pouvait décider la victoire.

Quant à la division du général Verdier devant Saragosse, elle a rempli aux trois quarts son but. Elle a désorganisé tous les Aragonais, a porté le découragement parmi eux, les a réduits à défendre les maisons de leur capitale, a soumis tous les environs, a bloqué la ville et réuni tous les moyens pour s'en emparer sans que cela devienne trop coûteux.

Voilà l'esprit général de la guerre d'Espagne. Peu de jours après que vous recevrez cette note, beaucoup de choses seront éclaircies; mais, quoiqu'on puisse espérer que le maréchal Bessières battra l'ennemi dans la plaine, ces observations n'en doivent pas moins être lues avec attention, pour servir à se déterminer à l'avenir.

P. S. Comme le général Frère n'indique point la source où il a puisé les nouvelles du maréchal Moncey, on n'ajoute pas une foi entière à des bruits répandus dans un pays où les esprits sont mal disposés.

D'après la minute. Archives de l'Empire.

14193. — A M. MOLLIEN,
MINISTRE DU TRÉSOR PUBLIC, À PARIS.

Bayonne, 14 juillet 1808.

Monsieur Mollien, les événements d'Espagne interrompent la communication avec Lisbonne. Il ne faut donc pas faire grand fond sur l'argent de Lisbonne. Il faut cependant faire entrer ces fonds dans vos calculs, mais les mettre en sus. Le sieur Maret a dû vous écrire que les deux millions que j'avais à Madrid ont été donnés; que 500,000 francs de la liste civile que j'avais à Burgos, et 3,500,000 francs qui étaient ici, ont été mis également à la disposition du ministre des finances d'Espagne. Il y a donc déjà six millions de payés sur l'emprunt. Faites mettre cela en règle. Il faut, avant la fin de juillet, préparer ce qui est nécessaire pour compléter dix millions et pour payer dans le courant d'août cinq millions. Le sieur Baguenault n'a pas encore écrit. Il est cependant instant que tout soit réglé promptement et avec l'intervention de la Banque; car, si l'Espagne croit n'avoir affaire qu'à moi, elle ne se pressera pas de rembourser. Quant aux diamants, comme gage, il ne faut pas trop y compter.

Vous devez avoir connaissance d'une petite convention signée par le sieur Maret avec le ministre d'Espagne, par laquelle vous aurez vu que j'engageais des obligations jusqu'au mois d'août. Prenez des mesures pour que l'argent arrive, que le traité soit conclu et ratifié, les coupons d'intérêt signés et mis en règle, afin que je puisse, si je le jugeais convenable, me servir de ces coupons.

NAPOLÉON.

D'après l'original comm. par Mme la comtesse Mollien.

14194. — AU GÉNÉRAL DEJEAN,
MINISTRE DIRECTEUR DE L'ADMINISTRATION DE LA GUERRE, À PARIS.

Bayonne, 14 juillet 1808.

Monsieur Dejean, j'ai reçu votre rapport du 30 juin avec le budget des dépenses des Sept Iles. Faites connaître au gouverneur général que je n'approuve pas qu'il ait doublé l'indemnité de logement; qu'il doit se tenir dans les lois de l'état; que mon intention est que les habitants logent les troupes; que le traitement de table et tout traitement extraordinaire sont supprimés. On n'accorde cela que lorsque les contributions levées dans le pays surpassent les dépenses; mais, lorsque l'argent se tire de France, cela est contre la loi. Il ne faut donner de pain ni aux Albanais ni aux Corfiotes. Il ne faut pas, jusqu'à nouvel ordre, remonter les chasseurs; il faut tenir les harnachements en état, et se contenter d'avoir 25 chevaux pour entretenir les détachements dans l'habitude du cheval.

L'idée de se procurer 6,000 fournitures est une idée absurde. J'autorise simplement l'achat de 1,000 fournitures, c'est-à-dire de quoi caserner 2,000 hommes; le reste des troupes sera logé en ville. Il ne doit y avoir de fournitures que dans la seule ville de Corfou.

Les transports par mer à 20,000 francs par mois, cela est trop considérable; d'ailleurs cette dépense entre dans le budget de la marine. Il ne faut pas qu'on s'écarte, à Corfou, de la plus stricte règle ; je rends l'ordonnateur responsable.

On se contentera de ce qui existe en approvisionnements de siége. J'accorde seulement 30,000 francs pour le riz.

Les dépenses pour le génie à 200,000 francs par mois, cela est absurde. Alexandrie ne me coûte pas plus, et c'est une place neuve. Le général Donzelot ignore-t-il que 200,000 francs par mois font 2,400,000 francs par an? Les dépenses du génie ne doivent pas passer, pour l'année, 100,000 francs. Mon intention est de n'augmenter en rien les fortifications de la ville.

L'artillerie ne doit pas coûter dans l'année plus de 30 ou 40,000 francs. Mon intention est de n'accorder aucuns subsides aux pachas de Roumélie; mon usage est de ne payer personne.

Je vois dans le budget du général Donzelot 120,000 francs par mois pour la marine, et 20,000 francs pour les transports par mer, ce qui fait 140,000 francs par mois; mon intention est que cela ne coûte pas cela par an; c'est la marine, au reste, que cela regarde.

Écrivez au général Donzelot que Corfou n'est pas le seul point auquel j'aie à penser; qu'il faut changer ses principes d'administration et prendre pour base la plus sévère économie, et ne s'écarter en rien des règles; que les dépenses de la guerre, de l'administration de la guerre et de la marine doivent coûter moins de 500,000 francs.

Je désire que le ministre de la guerre, le ministre de la marine, le ministre du trésor public et vous, vous vous réunissiez pour arrêter le budget des trois ministères et celui de la guerre et de la marine italienne. La réunion aura lieu chez le plus ancien des quatre ministres, qui donnera son heure. Vous arrêterez le budget complet, à dater du 1er juillet. Vous le ferez ensuite expédier, en le raisonnant et en ordonnant l'exécution scrupuleuse, au général Donzelot, qui suppose que Corfou est Paris, et qui, ne voyant que le point où il est, ne sait pas que ce pays est le moindre de ma pensée. Dans le deuxième titre du projet de décret que vous rédigerez, vous mettrez que les 500,000 francs qui seront envoyés par mois à Corfou seront affectés entre tels ministères et entre tels chapitres, de sorte que le ministre du trésor public fera passer chaque mois ces 500,000 francs pour la partie pour laquelle contribue chaque ministre. Il faut beaucoup diminuer les chevaux d'état-major; il y a besoin à Corfou de peu de cavalerie. Pour l'artillerie, les bœufs du pays et quelques chevaux suffisent. Vous manderez au commissaire général Bessières que le détail de son budget n'a pas de sens. Comme il paraît qu'il n'entend rien en administration, s'il y a là un bon administrateur, il faut l'en charger. Le sieur Bessières n'aurait à s'occuper que des affaires générales et de prélever les revenus. Vous aurez soin que le budget soit divisé en ordinaire et extraordinaire. L'ordinaire comprendra les dépenses affectées par le budget pour chaque mois; l'extraordinaire sera les 1,000 fournitures dont j'autorise l'achat, les médicaments et effets indispensables pour les hôpitaux, le riz pour l'approvisionnement de siége.

Quant aux transports sur mer, le meilleur est de n'en pas avoir, et que la marine ait des bâtiments pour les transports, concurremment avec les bâtiments de guerre. Voyez quel est le plus ancien des quatre ministres nommés, et réunissez-vous chez lui. Mettez de l'ordre dans tout cela; je ne vois à Corfou que des administrateurs peu habiles et pour qui l'économie n'est rien. Vous enverrez ensuite ce budget par un officier d'état-major, afin d'être sûr de sa prompte arrivée à Corfou.

NAPOLÉON.

D'après l'original. Dépôt de la guerre.

14195. A JOSEPH NAPOLÉON, ROI D'ESPAGNE,
À BURGOS.

Bayonne, 14 juillet 1808, onze heures du soir.

Mon Frère, je reçois votre lettre du 13, de Vitoria. Vous recevrez cette lettre à Burgos, où j'apprends, par une dépêche du maréchal Bessières, qu'indépendamment de la brigade du général Rey vous aurez trouvé la brigade du général Gaulois et un bataillon de Paris. Ces troupes doivent partir le 17 pour le rejoindre. Ainsi le général Rey sera en mesure aussi d'appuyer le maréchal Bessières.

Ne vous inquiétez pas de la Biscaye; il y aura de l'infanterie, de la cavalerie et de l'artillerie en suffisance pour la contenir. Santander a été évacué, parce que le maréchal Bessières a voulu réunir toutes ses forces. Si vous pouviez y envoyer un colonel espagnol, ou quelqu'un pour y commander en votre nom, ce serait très-avantageux. Il est possible qu'ils viennent vous demander des troupes : vous leur direz qu'on leur en envoie.

Le maréchal Bessières a dû se trouver en présence aujourd'hui; ainsi, le 16, jour où vous recevrez cette lettre, vous aurez des rapports de l'aide de camp que vous avez envoyé, qui vous feront connaître en quoi consistent les forces de la Cuesta et ce que le maréchal Bessières a fait. L'idée de vous diriger sur Madrid, immédiatement après la prise de Benavente et l'avantage du maréchal Bessières, ne peut qu'être très-bonne. En vous rendant à Palencia avec les brigades Rey et Gaulois, le bataillon de Paris et votre garde à cheval, cela vous fournira une division de près de 5,000 hommes et de dix pièces de canon, ce qui est une bonne réserve pour appuyer le maréchal Bessières.

Tascher, avec le 12e escadron de marche, a dû arriver ce soir à Vitoria. Du moment que le 13e escadron de marche, qui couche ce soir à Irun, sera arrivé à Vitoria, l'escadron que commande Tascher partira pour Burgos.

Je suppose que vous avez écrit tous les jours au maréchal Bessières et au général Savary; cela est nécessaire pour qu'ils vous rendent compte. Ainsi vous prendrez réellement le commandement de l'armée.

Soyez gai et content; soignez votre santé. L'affaire du maréchal Bessières va tirer le rideau de toute cette affaire d'Espagne. Des troupes arrivent ici de tous côtés.

NAPOLÉON.

D'après l'expédition originale comm. par les héritiers du roi Joseph.

14196. — NOTE POUR LE ROI D'ESPAGNE.

Marracq, 14 juillet 1808.

L'armée d'Espagne a son quartier général à Madrid. Voici sa composition actuelle :

1° CORPS DES PYRÉNÉES OCCIDENTALES.

Le maréchal Bessières commande le corps des Pyrénées occidentales, qui est fort de 23,000 hommes, infanterie, cavalerie, artillerie, occupe la place de Saint-Sébastien, les trois Biscayes, les montagnes de Santander, la place de Burgos, et est chargé de combattre l'armée ennemie des Asturies et de Galice.

Toutes les troupes sont en mouvement pour composer l'armée de la manière suivante.

DIVISION MOUTON, 5,100 hommes.

1re brigade, général Reynaud : 4e régiment d'infanterie légère, 15e régiment d'infanterie de ligne, 1er bataillon de Paris en marche; total, 3,000 hommes présents sous les armes et six pièces de canon.

Cette brigade marche sur Benavente.

2e brigade, général Rey : 2e et 12e régiment d'infanterie légère; total, 2,100 hommes et six pièces de canon.

Cette brigade est à Burgos avec le Roi et doit joindre sa division.

DIVISION MERLE, 8,400 hommes.

Brigade Darmagnac, 1,800 hommes; brigade Gaulois, 1,800; brigade Sabatier, 2,800; brigade Ducos, 2,000; total, 8,400 hommes et seize pièces de canon.

GARDE, infanterie : 1,900 hommes, six pièces de canon.

Toutes ces troupes marchent sur Benavente.

CAVALERIE : 10e chasseurs, 450 hommes; 22e chasseurs, 450; Garde, 300.

Ces troupes marchent sur Benavente.

Escadrons de dragons, 300 hommes. Ces escadrons sont en marche et ont dépassé la frontière.

26e chasseurs, 450 hommes; ils arrivent à Bayonne sous peu de jours.

Total de la cavalerie, 1,950.

Les forces actives du maréchal Bessières sont donc de 17,000 hommes; il n'en a guère que 15,000 pour l'affaire de Benavente.

S'il obtenait, à Benavente et à Léon, un grand succès contre l'armée de Galice, peut-être serait-il convenable, pour profiter de la victoire et de la terreur des premiers moments, de se jeter dans la Galice. Toutefois il devrait d'abord prendre position à Léon en s'emparant de la plaine, jetant l'ennemi dans les montagnes et interceptant au moins à Astorga la communication de la grande route.

Il y a, dans le château de Burgos, un dépôt de 600 hommes en garnison, faisant partie du corps du maréchal Bessières. Il y a encore à Burgos le général de division Bonnet, qui va avoir une colonne mobile de 1,200 hommes, pour maintenir la tranquillité dans la ville et les environs. Cette colonne est composée comme il suit : 4ᵉ bataillon du 118ᵉ, formant 450 hommes, actuellement existant à Burgos; 3ᵉ bataillon du dépôt général, actuellement à Vitoria, 450 hommes; deux compagnies du 4ᵉ d'infanterie légère, formant un petit bataillon, 400 hommes; en marche, passé la frontière, 1,300 hommes; un escadron de dragons en marche, 200 hommes; deux pièces de canon en marche. Ainsi, avant que le maréchal Bessières soit dans le cas de partir de Léon, cette colonne, forte de 1,300 hommes d'infanterie, 200 chevaux et deux pièces de canon, sera disponible.

La colonne d'Aranda, formée du 1ᵉʳ bataillon de marche, fort de 1,000 hommes et de quatre pièces de canon, peut se réunir, au besoin, avec la colonne du général Bonnet. Elles doivent assurer la communication jusqu'aux montagnes en avant d'Aranda.

Le général de brigade Monthion et le colonel Barrère occupent Vitoria avec une colonne composée comme il suit : deux compagnies du 15ᵉ de ligne, formant un petit bataillon, 300 hommes; 2ᵉ bataillon du 12ᵉ d'infanterie légère, 600; 2ᵉ bataillon du 2ᵉ d'infanterie légère, 600; ce qui fait 1,500 hommes d'infanterie; un escadron de dragons en marche, 200 chevaux; deux pièces de canon. Tous ces corps sont en marche.

Le général Thouvenot commande à Saint-Sébastien avec 1,000 hommes de garnison.

Récapitulation. — Le corps du maréchal Bessières est de 23,000 hommes et 36 pièces de canon.

Les détachements et 3ᵉˢ bataillons des corps qui sont aux divisions actives du maréchal Bessières pourront sous quinze jours le rejoindre, vu qu'ils seront remplacés, à Vitoria et à Burgos, par d'autres corps.

2° ARAGON.

Jusqu'à cette heure les troupes qui sont en Aragon faisaient partie du corps des Pyrénées occidentales; mais, le corps des Pyrénées occidentales se portant sur la Galice, il devient indispensable d'en faire une division à part. Aujourd'hui ce commandement comprend Pampelune, la Navarre et les troupes qui forment le siége de Saragosse sous les ordres du général Verdier. Ces troupes sont divisées en quatre brigades et sont composées ainsi qu'il suit : trois régiments d'infanterie de ligne de la Vistule, ayant 3,600 hommes sous les armes; 4°, 6° et 7° bataillon de marche, 1,500 hommes; 3° bataillon du 14° provisoire, 1,300; 1er régiment supplémentaire, 900 hommes; 47°, 15° et 71°, 1,600; un bataillon des gardes nationales d'élite, 600; total, 9,500 hommes. La cavalerie consiste dans un régiment de lanciers polonais, 700 chevaux, plus un escadron de marche, 400; total, 1,100 chevaux.

A Pampelune, le général d'Agoult commande. Indépendamment d'un dépôt de 800 hommes formant la garnison de la citadelle, il a une colonne mobile composée du 1er bataillon de marche du Portugal, du 3° bataillon du 118°, fort de 600 hommes, et d'un escadron de dragons; ce qui forme un total de 1,400 hommes disponibles pour se porter sur tous les points de la Navarre et sur les communications de Saragosse, pour y mettre l'ordre.

Il y a, dans ce moment, en Aragon et Navarre, savoir : camp de Saragosse, 10,600 hommes; garnison de Pampelune, 800; colonne mobile de Pampelune, 1,400; artillerie, 200; total, 13,000 hommes.

Aussitôt que Saragosse sera pris, et que le corps de l'Aragon sera constitué, il sera nécessaire de faire rentrer au corps du maréchal Bessières le bataillon du 47°, celui du 15° et les trois bataillons du 14° provisoire, ce qui augmentera le maréchal Bessières de 2,000 hommes, afin de tenir les corps réunis.

Il est possible qu'on fasse partir, le 19, de Bayonne 3,000 hommes de bonnes troupes de ligne, pour se diriger sur Saragosse et accélérer la prise de cette place, si toutefois elle n'est pas alors prise. Si Saragosse était pris, le corps du maréchal Bessières pourrait être renforcé de ces 3,000 hommes d'élite et des 2,000 hommes de Saragosse; ce qui lui ferait un corps nombreux pour la campagne de Galice.

Observation. — Indépendamment de Saragosse, les rebelles occupent la ville de Jaca et plusieurs points dans les vallées. A tous les débouchés des vallées en France, il y a un général de brigade avec une colonne mobile. On attendra la prise de Saragosse pour entrer dans ces vallées et y marcher dans les deux sens. En général, l'esprit des vallées est bon, mais des troupes de contrebandiers, que les chefs des rebelles ont enrégimentés, les vexent.

3° CATALOGNE.

Le général Duhesme occupe Barcelone, qui est une place qui a deux très-belles forteresses qui la dominent; c'est la plus grande ville de la monarchie. Le général Duhesme a deux divisions, la division Chabran et la division Lechi, formant 11,000 hommes d'infanterie, 1,600 hommes de cavalerie et 18 pièces de canon.

Le général Duhesme a eu plusieurs événements, a brûlé un grand nombre de villages et maintenu en respect à quinze lieues à la ronde.

La ville de Girone n'ayant pas été occupée, les insurgés de la Catalogne ont établi là leur junte, d'où ils donnent le mouvement au reste de la province. 2,000 insurgés assiégeaient le fort de Figuières; on y avait heureusement laissé 300 Français; ils ont été obligés de tirer beaucoup de coups de canon et de brûler le village.

Le général de division Reille, avec deux bataillons toscans, a marché sur Figuières, l'a débloqué le 6 du mois et y a fait entrer une grande quantité de vivres, dont on manquait. Le 10, il réunissait sa division, qui arrivait des divers points de la France; il avait déjà 6,000 hommes, et il doit avoir aujourd'hui 9,000 hommes. Il doit s'assurer de Rosas et marcher sur Girone, établir sa communication avec le général Duhesme, et, ensemble, pacifier la Catalogne. Les forces réunies des généraux Duhesme et Reille s'élèvent donc à 22,000 hommes.

Ainsi le corps des Pyrénées occidentales est fort de 23,000 hommes; celui d'Aragon, de 13,000; celui de Catalogne, de 22,000; total, 58,000 hommes.

Nous venons de faire connaître la situation de l'armée dans les provinces de la Biscaye, de Santander, de la Castille, de la Navarre, de l'Aragon et de la Catalogne, c'est-à-dire sur toute la frontière de France: voici actuellement la situation dans les autres points.

Les deux corps qui se sont rendus à Madrid, sous les ordres du général Dupont et du maréchal Moncey, portaient et portent encore, le premier, le nom de *Corps d'observation de la Gironde*, commandé par le général Dupont; le second, le nom de *Corps d'observation des côtes de l'Océan*, commandé par le maréchal Moncey.

Le corps d'observation de la Gironde est composé de trois divisions: deux sont en Andalousie avec le général Dupont; la 3e, avec le général Frère, doit être à présent à San-Clemente.

Le corps d'observation des côtes de l'Océan est composé également de trois divisions: la première est, avec le maréchal Moncey, sous Valence; les deux autres sont à Madrid et disséminées en différentes colonnes pour maintenir la communication avec le général Dupont. Les états de situation vous feront connaître la force de ces divisions; mais on peut en général les considérer, les unes dans les autres, comme fortes de 10,000 hommes présents sous les armes.

Il y a à Madrid deux bataillons de la Garde, formant 1,000 hommes, et à peu près 900 hommes de cavalerie de la Garde.

Ainsi il y a à Madrid, et du côté de Valence et de l'Andalousie, la valeur de 40,000 hommes d'infanterie, 8,000 hommes de cavalerie et 80 pièces de canon attelées.

Le général Junot a, en Portugal, trois divisions formant, présents sous les armes, compris son artillerie, sa cavalerie, 23,000 hommes.

Telle est la situation de l'armée en Espagne et en Portugal.

1re Observation. — Les événements qui se passent aujourd'hui et demain amélioreront beaucoup la situation de toutes les affaires, en jetant dans la Galice le général la Cuesta, en lui ôtant sa communication avec l'Estremadure, Madrid et l'Andalousie, en assurant notre communication avec le Portugal et en assurant la soumission des provinces de Salamanca. Zamora, Toro. La manière dont ces événements auront lieu décideront à entrer sur-le-champ en Galice, à soumettre les Asturies, ou à différer encore quelques jours.

2ᵉ Observation. — La Navarre et la Biscaye se sont maintenues tranquilles. En Aragon, le plat pays a été soumis ; les rebelles ont été battus plusieurs fois. Avec deux seuls bataillons, 8 à 10,000 insurgés ont été détruits ou dispersés ; le découragement est au dernier point parmi eux. Ils se sont défendus dans leurs maisons à Saragosse, on les a bombardés. On leur a fait beaucoup de mal. On achève aujourd'hui de bloquer la ville en jetant un pont sur l'Èbre. Une fois cette ville soumise, il n'y a pas de doute que tout l'Aragon ne devienne tranquille. Une partie des troupes sera cependant nécessaire pour maintenir la province ; une petite partie pourra aider à la soumission de la Catalogne ; la partie qui est nécessaire pour le bien du service du corps du maréchal Bessières ira le rejoindre. Ainsi cet événement équivaudra à un secours considérable.

3ᵉ Observation. — La première opération du général Reille a débloqué Figuières ; il soumet à présent tous les environs. Il ne tardera pas sans doute à s'emparer de Girone et à établir sa communication par terre avec le général Duhesme. La réduction de Girone entraînera probablement celle de Lerida. On pourra avoir alors une colonne de 2 ou 3,000 hommes qu'on dirigera par Tortose sur Valence.

4ᵉ Observation. — On n'a point de nouvelles de l'expédition de Valence, et le général Moncey a 8,000 hommes. Avec ces forces, il n'a rien à craindre. Il peut ne pas prendre la ville, qui est très-grande, si les paysans s'y sont renfermés et ne craignent point de la ruiner. Mais le maréchal Moncey se maintiendra dans le plat pays, occupera les révoltés du pays, qu'il empêchera de se porter ailleurs, et fera porter au pays tout le poids de la guerre.

5ᵉ Observation. — On compte que le général Dupont a aujourd'hui près de 20,000 hommes. Si les opérations du maréchal Bessières réussissent bien, il n'y aura pas d'inconvénient à appuyer encore le général Dupont et à lui permettre de reprendre l'offensive. Ainsi les deux points importants et où on fera une véritable guerre réglée sont la Galice et l'Andalousie, parce que les troupes du camp de Saint-Roch, de Cadix, des Algarves, font près de 25,000 hommes; qu'elles ont pris parti pour la sédition de Séville en Andalousie, et que tout ce qui était à Porto a pris parti pour les rebelles de Galice.

Le point le plus important de tous est celui du maréchal Bessières, comme on l'a déjà vu dans la note qu'on a envoyée. On doit tout faire pour que ce corps n'éprouve aucun mouvement rétrograde, aucun échec; celui du général Dupont vient après. Les affaires de Saragosse sont en troisième ordre; celles de Valence ne sont qu'en quatrième. Voilà la véritable situation des affaires militaires du royaume.

Il paraît convenable de former dans l'Aragon une division de 10 à 12,000 hommes, que pourra commander le général Verdier. Il devra correspondre directement avec l'état-major du Roi, avec le maréchal Bessières, pour s'entendre avec le général Duhesme, pour se concerter avec le général de la 11ᵉ division militaire, qui se tiendra à Bayonne afin de connaître toujours la situation de ma frontière. Son commandement doit embrasser la Navarre et tout l'Aragon. Alors l'armée sera composée du corps des Pyrénées occidentales, de la division de l'Aragon (il est inutile d'en faire un corps), du corps de la Catalogne, composé de 3 divisions, y compris celle du général Reille, et des 6 divisions que forment les corps d'observation de la Gironde et des côtes de l'Océan. Cela fera à peu près 12 divisions réunies, et, en outre, un certain nombre de petites colonnes mobiles et de garnisons.

D'après la minute. Archives de l'Empire.

14197. — AU ROI CHARLES,
À COMPIÈGNE.

Bayonne, 15 juillet 1808.

Je reçois la lettre de Votre Majesté du 5 juillet. Je vois avec peine que l'espérance qu'elle avait conçue que l'air de Compiègne lui serait bon ne se soit pas réalisée, et qu'elle éprouve le besoin de passer dans les provinces méridionales. Je prends un intérêt trop grand à tout ce qui la regarde pour ne pas m'empresser de satisfaire son désir. Je me flatte que l'air de Nice, réputé un des plus tempérés de l'Europe, rétablira la santé de Votre Majesté. J'ai donné tous les ordres pour qu'elle puisse faire tout ce qui lui conviendra et diriger son voyage comme cela lui paraîtra le plus convenable. Dans toutes les provinces de France et d'Italie, Votre Majesté trouvera, comme à Compiègne, tout le monde empressé de lui plaire et de faire ce qui pourra lui être agréable.

D'après la minute. Archives de l'Empire.

14198. — A LA REINE LOUISE,
À COMPIÈGNE.

Bayonne, 15 juillet 1808.

Je reçois la lettre de Votre Majesté du 5. J'ai donné tous les ordres pour les voyages du Roi, comme Votre Majesté le désire. Si effectivement, dans la saison actuelle, qui est la meilleure de Compiègne, le séjour de ce pays ne lui réussit pas, il faut espérer, comme les médecins le pensent, que l'air du Midi lui sera plus favorable. Le climat de Nice est doux et bon. Je suis bien aise d'apprendre que Votre Majesté ait été satisfaite de tout à Fontainebleau et à Compiègne. Elle trouvera partout le même accueil et les mêmes sentiments.

D'après la minute. Archives de l'Empire.

14199. — A M. CRETET,
MINISTRE DE L'INTÉRIEUR, À PARIS.

Bayonne, 15 juillet 1808.

Je lis dans le Publiciste que ce n'est que le 7 juillet qu'a été affiché à Maëstricht le projet d'adjudication pour la première section du canal de l'Escaut à la Meuse. Prenez des mesures pour que, l'année prochaine, ces travaux préparatoires puissent commencer en avril et qu'on puisse faire de bonnes campagnes.

D'après la minute. Archives de l'Empire.

14200. — AU VICE-AMIRAL DECRÈS,
MINISTRE DE LA MARINE, À PARIS.

Bayonne, 15 juillet 1808.

J'apprends que les canots du Havre ont laissé approcher un parlementaire anglais sans le prendre. Témoignez-en mon mécontentement au capitaine Hamelin. Je ne puis souffrir aucun parlementage avec les Anglais, surtout pendant le temps qu'ils font une guerre barbare aux pêcheurs.

D'après la minute. Archives de l'Empire.

14201. — A JOSEPH NAPOLÉON, ROI D'ESPAGNE,
À BURGOS.

Bayonne, 15 juillet 1808, neuf heures du soir.

Mon Frère, je reçois votre lettre du 14 à huit heures du soir, que me remet le page que je vous ai envoyé. Vous avez dû recevoir, depuis, un courrier avec des notes qui vous feront connaître la situation de l'armée. Vous me dites dans votre lettre que vous n'avez pas de nouvelles de Madrid depuis quarante-huit heures. Jusqu'à ce moment il ne me manque rien de Madrid; l'estafette que j'ai reçue hier était partie de Madrid le 11, à minuit. J'attends ce soir, avant minuit, celle du 12.

Au moment même, je reçois des nouvelles de Saragosse du 13. Les choses y vont bien. On avait fait des sottises et des fautes militaires qui avaient gâté les affaires; elles sont rétablies. Un pont a été jeté sur l'Èbre à mille toises de la ville, et une tête de pont y a été établie. Les rebelles, sentant l'importance de cette position, sont venus l'attaquer; ils ont été coupés, ont eu beaucoup de morts et de prisonniers, et ont perdu leurs pièces de 8. Il y a parmi les morts plusieurs officiers de la ligne. Je vous envoie le rapport du général Verdier.

D'un autre côté, les tranchées et boyaux avancent sur deux points d'attaque, sur le fort et sur un autre point. L'artillerie s'approvisionne. On s'est emparé d'un couvent à soixante toises des murailles, que l'ennemi avait un grand intérêt à défendre. La situation des troupes devant Saragosse est de 12,000 hommes d'infanterie, 1,300 hommes de cavalerie, avec une grande quantité de pièces de campagne attelées par 600 chevaux du train.

J'ai envoyé à Pampelune une garnison de 2,000 hommes, afin d'avoir une colonne de 12 à 1,500 hommes à envoyer pour contenir la Navarre.

NAPOLÉON.

D'après l'expédition originale comm. par les héritiers du roi Joseph.

14202. — AU GÉNÉRAL CLARKE,
MINISTRE DE LA GUERRE, À PARIS.

Bayonne, 16 juillet 1808.

Je désire que les noms suivants soient donnés aux différents ouvrages de la place d'Alexandrie : la demi-couronne du Tanaro s'appellera la demi-couronne de *Saorgio*; la demi-couronne de Gênes s'appellera la demi-couronne de *Montenotte*; la couronne de la haute Bormida s'appellera la couronne de *Dego*; la demi-couronne de *Marengo* conservera son nom; la demi-couronne de la basse Bormida s'appellera la demi-couronne de *Mondovi*; la demi-couronne du bas Tanaro s'appellera la demi-couronne de *Lodi*.

D'après la minute. Archives de l'Empire.

14203. — AU VICE-AMIRAL DECRÈS,
MINISTRE DE LA MARINE, À PARIS.

Bayonne, 16 juillet 1808.

Il existait à Bayonne une mouche; six ont été construites dernièrement; ce qui fait sept. Je désire en faire construire une huitième, qui serait prête à partir avant le 15 septembre. J'ai ordonné que le n° 6 fût armé de manière à pouvoir aller à l'île de France. Ces bâtiments peuvent facilement porter douze hommes, trois mois d'eau et quatre mois de vivres. Le n° 8 serait également destiné à aller à l'île de France. Nommez les enseignes pour les commander et choisissez des hommes qui connaissent les îles de France et de la Réunion, et faites préparer les paquets que ces bâtiments doivent porter. Mettez en construction à Rochefort les n°s 9 et 10, pour servir d'avisos à l'escadre de l'île d'Aix, et aussi pour expédier, si cela était nécessaire. Faites mettre le n° 11 en construction à Nantes, pour le même service; le n° 12 à Lorient, le n° 13 à Brest, pour le même objet. Faites mettre les n°s 14 et 15 à Boulogne, pour servir d'éclaireurs à la flottille, faire des sorties et observer les côtes. Faites mettre le n° 16 en construction à Dunkerque, pour le même objet. Faites mettre les n°s 17 et 18 en construction à Flessingue ou à Anvers, pour servir d'éclaireurs et d'avisos à l'escadre de Flessingue, et pour expédier selon les circonstances. Mettez les n°s 19 et 20 en construction à Toulon, pour servir d'éclaireurs à mon escadre, et, selon les circonstances, porter des nouvelles en Corse et partout ailleurs. Donnez des ordres pour que ces petits bâtiments soient mis à l'eau avant le 15 septembre. On a l'habitude de se servir, pour leur armement, d'une pièce de 6 et de quatre pierriers. Je désirerais qu'au lieu de la pièce de 6 on pût y mettre une caronade de 24 ou de 36. Ces petits bâtiments réunissent tous les avantages; ils se manœuvrent facilement, exigent peu d'équipage, dix hommes à la rigueur suffiraient. Je désire beaucoup en avoir à Boulogne. A la ligne d'embossage, un ou deux de ces bâtiments détachés en observation peuvent être d'une grande utilité.

Le n° 5, qui est à Bayonne, a ses quatre mois de vivres et trois mois d'eau et est prêt à partir. Le n° 6 est également prêt à partir pour l'île de France. Le n° 7 sera prêt dans cinq jours. Le n° 8 pourra être prêt à partir pour l'île de France au mois de septembre. Je désire qu'il y ait toujours à Bayonne une de ces mouches en appareillage, prête à partir vingt-quatre heures après avoir reçu votre courrier. Par ce moyen, j'enverrai beaucoup plus souvent des nouvelles à mes colonies. Ce port a d'immenses avantages pour les petites expéditions. Voilà dix bâtiments que j'expédie en vue des Anglais, tandis que leurs croisières sont sur Saint-Sébastien et Santander, et que la connaissance qu'ils ont de mon séjour à Bayonne les porte à observer plus spécialement ce port. Quatre pièces de canon et 12 ou 15 hommes d'équipage rendent ces bâtiments plus forts qu'un aviso ordinaire, sans nuire à sa vitesse, et ils ont de plus l'avantage d'un bâtiment-mouche, qui voit de loin et n'est pas aperçu. Je crois qu'il sera très-utile d'attacher trois ou quatre de ces petits bâtiments à chacune de mes escadres. Cela m'épargnera des bricks, qui sont déjà des bâtiments assez considérables, et cela porte des ordres avec une grande rapidité. Ces bâtiments ne sont, dans le fait, que des doubles péniches. La mouche qui est sortie avec l'*Oreste* a surpris tout le monde par la vitesse avec laquelle elle l'a gagné, et l'*Oreste* est cependant fin marcheur et réparé à neuf. Un brick me coûte 200,000 francs et m'occupe 100 hommes pour son équipage. Une mouche me coûte 15,000 francs et 12 hommes d'équipage. Je puis donc avoir plus de douze mouches pour un brick. On sent que c'est d'un avantage considérable pour faire parvenir des nouvelles aux colonies.

La simplicité est le premier élément d'un bon service. Si ces bâtiments sont reconnus bons, il faut ne pas en avoir d'autres sur la Méditerranée ou sur l'Océan, et les préférer aux lougres, aux chasse-marée, aux tartanes, etc. Envoyez au vice-roi un profil de ces mouches pour qu'il en fasse construire à Venise. Envoyez-en à Gênes, afin que je réunisse, de plusieurs points, des renseignements sur leurs qualités, et que je me décide à leur donner la préférence, s'ils la méritent, sur toute espèce de petits bâtiments destinés à porter des lettres ou paquets. Je verrai avec plaisir les observations que votre expérience de la mer vous suggérera pour ou contre ces bâtiments.

D'après la minute. Archives de l'Empire.

14204. — A ALEXANDRE, PRINCE DE NEUCHÂTEL,
MAJOR GÉNÉRAL DE LA GRANDE ARMÉE, À BAYONNE.

Bayonne, 16 juillet 1808.

Mon Cousin, il faut donner l'ordre au général Miquel, qui commande dans le département de l'Ariége, d'avoir soin de garnir le poste de la Claire et de Saint-Béat, afin de couvrir le département de la Haute-Garonne. Il faut donner l'ordre au général qui commande à Perpignan, et au préfet de Perpignan, de placer deux compagnies, chacune de 140 hommes de gardes nationales, à Mont-Louis, et de placer une compagnie de 80 hommes au fort de la Garde et une de même nombre au fort des Bains, afin d'assurer la possession de ces villes. Il faut également ordonner à la compagnie de vétérans qui est à Cette, et qui est forte de 100 hommes, de se rendre à Mont-Louis. Il faut ordonner que les compagnies de vétérans qui sont à Perpignan et Toulouse se rendent également à Mont-Louis; il y a à Perpignan une compagnie de 118 hommes, à Toulouse une de 50 hommes; ce qui augmentera la garnison de cette place. Enfin il faut ordonner que Mont-Louis, Bellegarde et les trois petits forts de Villefranche soient approvisionnés de la manière suivante, savoir : à Mont-Louis, 30,000 rations de biscuit; au fort des Bains, 10,000; au fort de la Garde, 10,000; à Bellegarde, 30,000; à Villefranche, 20,000; total, 100,000 rations, ce qui servira d'approvisionnement de siége en cas d'événement.

Vous me proposerez un général de brigade pour commander le département des Pyrénées-Orientales, le général Augier ayant eu l'ordre de se rendre à la division du général Reille. Il faut s'assurer également si le général Viala s'est rendu à Figuières pour prendre le commandement de cette place.

NAPOLÉON.

D'après l'original. Dépôt de la guerre.

14205. — NOTE POUR LE COLONEL LACOSTE,

DEVANT SARAGOSSE.

Bayonne, 16 juillet 1808 [1].

Il faut continuer à faire fortifier toujours la tête de pont, de manière que 200 hommes soient là inattaquables; faire mettre en batterie les pièces de canon de 4 et de 8, sans avant-train, qui sont au parc et qui

[1] Cette note, écrite au nom du général Bertrand, est placée parmi les minutes de la secrétairerie d'état.

ont été prises à l'ennemi. Il faut que la garnison même soit chargée d'améliorer les fortifications. Faire également fortifier, avec la plus grande activité, le pont du Gallego, du moment qu'on y sera établi.

Il serait peut-être utile de choisir un gué, à un quart de lieue de Saragosse sur le bas Èbre, et de faire, vis-à-vis, une redoute où une soixantaine d'hommes pussent être à l'abri de l'insulte avec deux pièces de canon; alors la cavalerie qui battrait la plaine sur la rive gauche ne serait pas obligée de repasser le Gallego, et pourrait se ranger sous la protection de cette redoute pour passer et repasser. Cela d'ailleurs donne la facilité aux troupes qui seraient de ce côté, sur la rive gauche, de secourir le pont. L'opinion des gens du pays est qu'il y a beaucoup de gués de ce côté-là.

D'après la minute. Archives de l'Empire.

14206. — A M. DE LACÉPÈDE,
GRAND CHANCELIER DE LA LÉGION D'HONNEUR, À PARIS.

Bayonne, 17 juillet 1808.

Monsieur Lacépède, je suis informé que les demoiselles qui entrent à la maison d'Écouen n'apportent pas de trousseau. Le trousseau est évalué 400 francs. Cette dépense ne peut pas être supportée par la Légion d'honneur; cet établissement lui coûte déjà beaucoup trop. Prenez des mesures pour faire payer ce trousseau par les parents. Je vois, par les états, que la maison d'Écouen coûte déjà 440,000 francs pour frais d'établissement, et que 250,000 francs sont mis à la disposition de l'économe. Il est nécessaire que les frais de réparation de cette maison soient fixés; qu'on sache ce qu'elle coûtera désormais pour frais d'établissement. Il est indispensable que vous fassiez faire un budget des dépenses de cette maison pour l'année, en les divisant en ordinaires et extraordinaires; l'extraordinaire comprendra les dépenses faites pour l'établissement. Si l'on ne suit pas cette marche, il se fera des dépenses qui ne seront point proportionnées aux revenus de la Légion.

NAPOLÉON.

D'après l'original comm. par M. Honoré Bonhomme.

14207. — A M. BARBIER,
BIBLIOTHÉCAIRE DE L'EMPEREUR.

Bayonne, 17 juillet 1808.

L'Empereur désire se former une bibliothèque portative d'un millier de volumes, petit in-12, imprimés en beaux caractères. L'intention de Sa Majesté est de faire imprimer ces ouvrages pour son usage particulier, sans marges, pour ne point perdre de place. Les volumes seraient de cinq à six cents pages, reliés à dos brisé et détaché, et avec la couverture la plus mince possible. Cette bibliothèque serait composée d'à peu près 40 volumes de religion, 40 des épiques, 40 de théâtre, 60 de poésie, 100 de romans, 60 d'histoire. Le surplus, pour arriver à mille, serait rempli par des mémoires historiques de tous les temps.

Les ouvrages de religion seraient *l'Ancien* et *le Nouveau Testament*, en prenant les meilleures traductions; quelques Épîtres et autres ouvrages les plus importants des Pères de l'Église; *le Coran*; de la mythologie; quelques dissertations choisies sur les différentes sectes qui ont le plus influé dans l'histoire, telles que celles des Ariens, des Calvinistes, des Réformés, etc. une histoire de l'Église, si elle peut être comprise dans le nombre des volumes prescrit.

Les épiques seraient Homère, Lucain, le Tasse, *Télémaque*, *la Henriade*, etc.

Les tragédies : ne mettre de Corneille que ce qui est resté; ôter de Racine *les Frères ennemis*, *l'Alexandre* et *les Plaideurs*; ne mettre de Crébillon que *Rhadamiste*, *Atrée et Thyeste*; de Voltaire, que ce qui est resté.

L'histoire : mettre quelques-uns des bons ouvrages de chronologie, les principaux originaux anciens, ce qui peut faire connaître en détail l'histoire de France. On peut mettre, comme histoire, les *Discours de Machiavel sur Tite-Live*, l'*Esprit des Lois*, la *Grandeur des Romains*, ce qu'il est convenable de garder de l'histoire de Voltaire.

Les romans : *La Nouvelle Héloïse* et les *Confessions de Rousseau*. On ne parle pas des chefs-d'œuvre de Fielding, Richardson, de Lesage, etc. qui trouvent naturellement leur place; les *Contes* de Voltaire.

Nota. Il ne faut mettre de Rousseau ni l'*Émile* ni une foule de lettres, mémoires, discours et dissertations inutiles; même observation pour Voltaire.

L'Empereur désire avoir un catalogue raisonné, avec des notes qui fassent connaître l'élite des ouvrages, et un mémoire sur ce que ces mille volumes coûteraient de frais d'impression, de reliure; ce que chaque volume pourrait contenir des ouvrages de chaque auteur; ce que pèserait chaque volume; combien de caisses il faudrait, de quelles dimensions, et quel espace cela occuperait.

L'Empereur désirerait également que M. Barbier s'occupât du travail suivant avec un de nos meilleurs géographes : Rédiger des mémoires sur les campagnes qui ont eu lieu sur l'Euphrate et contre les Parthes, à partir de celle de Crassus jusqu'au VIII° siècle, en y comprenant celles d'Antoine, de Trajan, de Julien, etc. tracer sur des cartes, d'une dimension convenable, le chemin qu'a suivi chaque armée, avec les noms anciens et nouveaux des pays et des principales villes, des observations géographiques du territoire, et des relations historiques de chaque expédition, en les tirant des auteurs originaux.

MÉNEVAL, par ordre de l'Empereur.

D'après l'original comm. par M. Louis Barbier.

14208. — A ALEXANDRE, PRINCE DE NEUCHÂTEL,
MAJOR GÉNÉRAL DE LA GRANDE ARMÉE, À BAYONNE.

Bayonne, 17 juillet 1808.

Mon Cousin, envoyez un courrier extraordinaire au général Reille. Écrivez-lui que sa lettre du 10 n'est arrivée qu'aujourd'hui 17; qu'il est nécessaire qu'il envoie par le retour du courrier son état de situation qui fasse connaître les troupes qui l'ont joint. Il faut aussi qu'il donne des détails sur la position et le nombre de l'ennemi, les noms des lieux, etc. Cette manière de rendre compte ne laisse pas comprendre ce qui se fait.

Il sera nécessaire, lorsque le général Reille sera sûr de Rosas et que, par l'arrivée des troupes, il sera suffisamment renforcé, qu'il ouvre la communication avec le général Duhesme. Il ne recevra votre lettre que le 19 ou le 20. A cette époque je suppose qu'il aura près de 6,000 hommes sous ses ordres.

NAPOLÉON.

D'après l'original. Dépôt de la guerre.

14209. — A ALEXANDRE, PRINCE DE NEUCHÂTEL,
MAJOR GÉNÉRAL DE LA GRANDE ARMÉE, À BAYONNE.

Bayonne, 17 juillet 1808.

Mon Cousin, envoyez des ordres par l'estafette de ce soir au général Songis, à l'intendant général et au maréchal Mortier, pour que la place de Neisse en Silésie soit réarmée, pour qu'il y soit mis sans délai la moitié de l'artillerie de Glogau, et qu'il y soit formé un fond d'approvisionnements de siége. Il est nécessaire que cette place soit mise à l'abri d'un coup de main, soit pour les vivres, soit pour l'artillerie, avant le 15 août. Écrivez au maréchal Mortier d'envoyer des officiers du génie reconnaître les chemins qui de Neisse vont en Bavière, et les chemins transversaux qui iraient directement, en passant par Kosel, de Neisse sur Olmütz. Demandez au général Songis et à l'intendant général un mémoire secret, dans la supposition qu'il y eût une campagne en Autriche, en débouchant par Neisse ou par Eger. Du reste, il ne faut pas qu'on fasse de trop fortes dépenses.

NAPOLÉON.

P. S. Recommandez aux personnes auxquelles vous écrivez que leur langage soit très-pacifique.

D'après la copie. Dépôt de la guerre.

14210. — AU MARÉCHAL BESSIÈRES,
COMMANDANT LA GARDE IMPÉRIALE EN ESPAGNE, ETC. À BURGOS.

Bayonne, 17 juillet 1808, dix heures du matin.

Mon Cousin, je ne reçois qu'au moment même le courrier que vous m'avez expédié le 14 de Medina de Rio Seco. La bataille de Medina de

Rio Seco sera un titre de plus à votre réputation militaire. Jamais bataille ne fut gagnée dans des circonstances plus importantes : elle décide les affaires d'Espagne.

J'accorde le brevet de général de division au général Darmagnac, et celui de colonel au major du 13º. Proposez-moi un colonel et deux chefs d'escadron pour le 22º. J'accorde cent décorations de la Légion d'honneur pour ceux qui étaient présents à la bataille, qui se sont le plus distingués, savoir : cinquante pour les officiers et cinquante pour les sous-officiers et soldats. Parmi ces derniers, vous en prendrez au moins dix de la conscription de 1808, en choisissant de bons sujets et des hommes qui se soient distingués. J'accorde vingt-cinq aigles d'or d'officier pour ceux qui sont déjà légionnaires et cinq de commandant pour ceux qui sont déjà officiers. Envoyez-moi sans délai les procès-verbaux de tout cela.

Je suppose que vous avez continué votre mouvement sur Benavente et Léon, et que vous vous êtes fait rejoindre par le bataillon de Paris, par la brigade du général Gaulois et par celle du général Rey, qui était avec le Roi, ce qui vous fait un renfort de près de 5,000 hommes, et que, avec cela, vous vous préparez à entrer en Galice et dans les Asturies. Vous n'avez rien à craindre pour vos derrières. J'attends des bataillons provisoires de conscrits et plusieurs vieux régiments, qui, successivement, seront envoyés à Burgos, à Vitoria, pour maintenir la tranquillité. Le général Savary vous a envoyé 2,500 hommes, qui arrivent le 20 à Valladolid. Je ne pense pas qu'il y ait de l'inconvénient que vous les gardiez : cela renforcera votre corps. Vous sentez l'importance de soumettre la Galice pour ôter tout débouché aux Anglais. Je suppose que vous avez été le 15 ou le 16 à Benavente, et que vous serez bientôt à Léon, et que le 20 vous aurez balayé toute la plaine.

Le maréchal Moncey a eu de grands succès contre Valence et a battu les insurgés dans six rencontres différentes, leur a pris trente pièces de canon et leur a tué un monde considérable; mais le défaut de munitions l'a empêché d'attaquer Valence.

NAPOLÉON.

D'après l'original comm. par Mme la duchesse d'Istrie.

14211. — A EUGÈNE NAPOLÉON,
VICE-ROI D'ITALIE, À MILAN.

Bayonne, 17 juillet 1808.

Mon Fils, j'ai vu avec plaisir que vous avez fait venir à Milan le cardinal Gabrielli, évêque de Sinigaglia. Il faut le laisser là; quand vous pourrez le voir, vous lui demanderez s'il veut ou non prêter le serment prescrit par le Concordat. S'il ne veut pas le prêter, vous l'enverrez dans un couvent du côté de Côme ou de Novare; vous ferez séquestrer son temporel, dont le revenu sera employé, moitié à secourir les hôpitaux de son diocèse et moitié à réparer les églises. On ne lui laissera qu'une pension alimentaire de 1,000 écus. Tout cela doit se faire sans bruit. Il ne faut imprimer aucun décret. Tout évêque et autre ecclésiastique qui ne prêtera pas le serment tel que le Concordat le prescrit, il faut ne lui laisser qu'une pension alimentaire et employer le reste de son bien en œuvres de charité, moitié pour les hôpitaux et moitié pour les églises. Ayez soin, du reste, qu'il ne soit point question de cela dans aucune gazette, et que cela ne fasse aucune espèce de bruit.

NAPOLÉON.

D'après la copie comm. par S. A. I. Mme la duchesse de Leuchtenberg.

14212. — A JOSEPH NAPOLÉON, ROI D'ESPAGNE,
À VITORIA.

Bayonne, 17 juillet 1808, midi.

Mon Frère, je reçois à l'instant votre lettre qui m'annonce la victoire de Medina de Rio Seco. Cette victoire est très-glorieuse. Témoignez-en votre satisfaction au maréchal Bessières en lui envoyant la Toison d'or. Cet événement est le plus important de la guerre d'Espagne et donne une couleur décidée à toutes les affaires. Il faut actuellement appuyer le général Dupont. La division Gobert et celles qui sont placées en intermédiaires peuvent filer sur ce général. Il est bien important que le général Dupont mette en déroute l'armée d'Andalousie. Quand j'aurai des nouvelles plus claires du résultat des événements du maréchal Bessières, de ceux de Valence, je vous enverrai un plan de conduite. Les brigades Rey et

Gaulois doivent rejoindre le maréchal Bessières, qui aura alors plus de 21,000 hommes dans ses divisions actives; il aura de quoi conquérir toutes les Asturies et la Galice.

Le 14e et le 44e de ligne arrivent ici ce soir. Le 43e et le 51e seront ici dans cinq jours. Beaucoup d'autres bataillons de réserve arrivent. Ainsi vos derrières seront bien suffisamment gardés. Il faut donc spécialement penser au général Dupont.

NAPOLÉON.

D'après l'expédition originale comm. par les héritiers du roi Joseph.

14213. — A JOACHIM NAPOLÉON, ROI DES DEUX-SICILES,
à BARRÈGES.

Marracq, 17 juillet 1808.

Mon Frère, j'ai reçu votre lettre. Je vois avec plaisir que les eaux vous font du bien.

Je vais vous annoncer une bonne nouvelle. Le 14 juillet, le général Cuesta, à la tête de 35,000 hommes, a été rencontré à Medina de Rio Seco. Sur ces 35,000 hommes, il y en avait 25,000 de troupes de ligne, faisant toute l'armée de Galice et d'Oporto. Ils occupaient une superbe position, défendue par quarante pièces de canon. A six heures du matin, le maréchal Bessières a marché à eux avec 15,000 hommes, a enlevé toutes leurs positions, les a mis dans la plus complète déroute, a fait plusieurs milliers de prisonniers, en a tué 5 à 6,000, a pris toute leur artillerie et dispersé l'armée.

Les fuyards se sont retirés sur plusieurs points. Nous n'avons eu que 250 blessés et 30 tués. Parmi ces derniers est le colonel du 22e de chasseurs, officier d'un mérite distingué. Le général Darmagnac a été légèrement blessé; le général Merle a eu deux chevaux tués. Cette affaire va nous donner toute la Galice et décider les affaires d'Espagne. Cette affaire a eu lieu le 14 juillet. L'armée a chargé aux cris de *Vive l'Empereur!* et *Plus de Bourbons en Europe!*

Annoncez cette nouvelle, qui est très-importante. Le Roi était à Burgos et est parti pour Madrid.

D'après la minute. Archives de l'Empire.

14214. — AU MARÉCHAL JOURDAN,
À NAPLES.

Bayonne, 17 juillet 1808.

Au reçu de cette lettre, vous laisserez le commandement de l'armée de Naples au plus ancien général de division, et vous partirez en poste pour vous rendre à Madrid, en passant par Bayonne. Vous prendrez le commandement de l'armée d'Espagne sous les ordres du Roi, avec le titre de major général; ce qui n'empêche pas que vous n'occupiez le poste de capitaine des gardes que le Roi vous destine. Vous emmènerez avec vous le général Dedon, que le Roi désire avoir en Espagne et qui commandera l'artillerie de cette armée.

D'après la minute. Archives de l'Empire.

14215. A JOSEPH NAPOLÉON, ROI D'ESPAGNE,
À ARANDA.

Bayonne, 18 juillet 1808, dix heures du soir.

Je reçois votre lettre du 17. Je suppose que vous êtes parti aujourd'hui pour Madrid. J'aurais cru que vous auriez passé par Palencia et Valladolid. Dès que j'aurai reçu de nouveaux rapports du maréchal Bessières, et que j'aurai causé avec l'aide de camp du maréchal Moncey, je vous écrirai en détail sur la situation des affaires. 3,000 hommes partent demain pour se rendre devant Saragosse. Il est nécessaire d'avoir à Burgos un général de confiance pour réunir les troupes qui vont s'y rendre, et correspondre avec vous.

Quelques détails sur la manière dont vous avez été reçu à Burgos m'auraient fait plaisir.

Beaucoup de renseignements me porteraient à penser que le maréchal Bessières n'aurait battu que deux tiers de l'armée de Galice, et qu'un tiers n'aurait pas pris part à l'affaire de Rio Seco.

Ce que j'ai vu jusqu'à présent des opérations du maréchal Moncey me fait penser qu'il a fait ce qu'il a pu, qu'il a battu les rebelles dans toutes les rencontres, qu'il leur a fait un mal affreux, et qu'enfin il ne mérite que des louanges. Si la santé de ce maréchal n'était pas trop mauvaise, c'est un homme qui serait un bon gouverneur de Madrid.

Après la victoire de Medina de Rio Seco, le général Dupont peut sérieusement penser à dissiper et à détruire le général Castaños.

Je suppose que vous pourrez correspondre avec le maréchal Bessières par Valladolid.

NAPOLÉON.

D'après l'expédition originale comm. par les héritiers du roi Joseph.

14216. — A ALEXANDRE, PRINCE DE NEUCHÂTEL,

MAJOR GÉNÉRAL DE LA GRANDE ARMÉE, A BAYONNE.

Marracq, 19 juillet 1808.

Faites partir aujourd'hui la compagnie basque pour se rendre à Barréges. Elle sera destinée pour assurer la sûreté des eaux. Elle prendra une position qui couvre parfaitement Barréges et mette les buveurs d'eau à l'abri de toute insulte de la part des miquelets.

Vous recommanderez également au général commandant les Hautes-Pyrénées de prendre des mesures pour garder Barréges et Bagnères de toute insulte.

Pendant le temps que le grand-duc de Berg sera aux eaux, la compagnie basque sera à ses ordres; si l'Impératrice y va, la compagnie prendra les ordres de son premier écuyer.

Il sera aussi nécessaire de disposer 300 hommes des gardes nationales du général Lamartillière pour se rendre à Barréges. Ils prendront position de manière à mettre les buveurs à l'abri de toute espèce d'insulte des miquelets. Ces 300 hommes seront commandés par un chef de bataillon des gardes nationales. Vous préviendrez le général qui commande les Hautes-Pyrénées pour qu'il fasse sans délai ses dispositions pour les lieux où il doit placer ses troupes.

D'après la minute. Dépôt de la guerre.

14217. A ALEXANDRE, PRINCE DE NEUCHÂTEL,
MAJOR GÉNÉRAL DE LA GRANDE ARMÉE, À BAYONNE.

Bayonne, 19 juillet 1808.

Écrire au général Dupont une lettre pour faire connaître ma satisfaction sur les combats de Cordoue et sur les deux combats de Jaen.

J'accorde soixante décorations de la Légion d'honneur pour le combat de Cordoue, dont trente pour des officiers et trente pour des sous-officiers et soldats, dont au moins cinq à six seront données à des conscrits qui voyaient le feu pour la première fois et qui se seront le mieux comportés. J'accorde dix décorations d'officier de la Légion à ceux qui sont légionnaires et trois de commandant à ceux qui seront officiers. En portant des personnes qui lui ont été le plus utiles, le général Dupont dressera sans délai un procès-verbal de toutes ces nominations, et, quand il sera signé, il les fera connaître aux individus.

J'accorde cinq décorations pour les officiers et cinq pour les sous-officiers et soldats pour le premier combat de Jaen, que commandait le capitaine de frégate Baste; quinze pour les officiers et quinze pour les sous-officiers et soldats pour le deuxième combat de Jaen, que commandait le général de brigade Cassagne.

J'accorde à la division du maréchal Moncey, pour les succès de ses cinq combats, vingt décorations pour les officiers et vingt pour les sous-officiers et soldats.

J'accorde dix décorations aux officiers et dix aux sous-officiers et soldats pour les troupes françaises qui se sont distinguées en Catalogne dans les différents combats.

J'accorde six décorations pour les officiers et six pour les sous-officiers et soldats pour les troupes qui ont donné au passage de la rivière. Je crois cependant que j'en ai déjà donné au 70° pour ce passage; il faudra y faire attention.

J'ai déjà accordé au maréchal Bessières cent décorations pour la bataille de Medina de Rio Seco.

En faisant mettre ces décorations à l'ordre de l'armée, on fera connaître ma satisfaction aux soldats.

Faites-moi connaître aussi dans la journée ceux qui se sont distingués à la bataille de Medina de Rio Seco, aux combats de Cordoue et du maréchal Moncey.

D'après la minute. Dépôt de la guerre.

14218. — A JOSEPH NAPOLÉON, ROI D'ESPAGNE,
À BUITRAGO.

Bayonne, 19 juillet 1808, dix heures du soir.

Mon Frère, je reçois votre lettre du 18 à trois heures du matin. Je vois avec peine que vous vous affectiez. C'est le seul malheur que je craignais. Il entre des troupes de tous côtés et constamment. Vous avez un grand nombre de partisans en Espagne, mais qui sont intimidés : ce sont tous les honnêtes gens. Je n'en conviens pas moins cependant que votre tâche est belle et glorieuse.

La victoire du maréchal Bessières, qui a entièrement défait Cuesta et l'armée de ligne de Galice, a apporté une grande amélioration dans toutes les affaires; elle vaut plus qu'un renfort de 30,000 hommes. Les divisions Gobert et Vedel ayant joint le général Dupont, il faut pousser vigoureusement l'offensive de ce côté. Le général Dupont a de bonnes troupes et en viendra à bout. J'aurais préféré que les 2ᵉ et 12ᵉ d'infanterie légère renforçassent le maréchal Bessières; mais, puisque vous avez jugé convenable de les mener à Madrid, gardez-les pour votre garde. 2,000 conscrits à l'école de bataillon vont les rejoindre, et ces deux beaux régiments avec ceux de votre garde vous feront un beau corps de réserve.

Vous ne devez pas trouver trop extraordinaire de conquérir votre royaume. Philippe V et Henri IV ont été obligés de conquérir le leur. Soyez gai, ne vous laissez point affecter, et ne doutez pas un instant que les choses finiront mieux et plus promptement que vous ne pensez.

Tout va très-bien à Saragosse.

NAPOLÉON.

D'après l'expédition originale comm. par les héritiers du roi Joseph.

14219. — AU PRINCE FERDINAND,
À VALENÇAY.

Bayonne, 20 juillet 1808.

J'ai reçu la lettre de Votre Altesse Royale du 15 juillet. Je vais donner tous les ordres pour l'exécution du traité fait avec Votre Altesse. Tous ces objets ont été retardés, parce que je n'ai pas encore donné connaissance du traité, cela exigeant dans nos constitutions des formalités auxquelles il fallait suppléer. Je vais me rendre à Paris.

D'après la minute. Archives de l'Empire.

14220. — AU PRINCE CAMBACÉRÈS,
ARCHICHANCELIER DE L'EMPIRE, À PARIS.

Bayonne, 21 juillet 1808.

Mon Cousin, je pars aujourd'hui pour Pau; j'irai voir Tarbes, Toulouse, Agen et Bordeaux, et probablement Saintes, Rochefort, Niort, Napoléon, Nantes et Angers.

NAPOLÉON.

D'après la copie comm. par M. le duc de Cambacérès.

14221. — AU VICE-AMIRAL DECRÈS,
MINISTRE DE LA MARINE, À PARIS.

Bayonne, 21 juillet 1808.

Monsieur Decrès, je désire que vous soyez rendu le 1er août à Rochefort; j'y serai probablement le 2. Du moment de votre arrivée, vous m'enverrez un courrier sur Bordeaux, par lequel vous me ferez connaître ce que vous avez fait dans ce port. Vous préviendrez le commandant du département de mon arrivée imminente, pour qu'il accélère la marche des détachements qui doivent former la garnison de l'île d'Aix.

NAPOLÉON.

D'après l'original comm. par Mme la duchesse Decrès.

14222. — A JOSEPH NAPOLÉON, ROI D'ESPAGNE,
à madrid.

Bayonne, 21 juillet 1808.

Mon Frère, vous trouverez ci-joint des notes sur la situation des affaires, que je vous prie de lire avec attention. J'y ai tracé la situation du corps du maréchal Bessières, celle du corps de l'Aragon, que commande le général Verdier avec la seule qualité de général de division, et celle du corps de Catalogne, que commande le général Duhesme avec la simple qualité également de général de division. Vous verrez que ces trois corps forment 60,000 hommes présents sous les armes. Vous savez mieux que moi la situation des corps qui sont du côté de Madrid et qui forment les trois divisions du général Dupont, les trois divisions du maréchal Moncey et la réserve de la Garde. Le seul événement de la prise de Saragosse vous rendra, sur 18,000 hommes qui forment le corps de l'Aragon, 12,000 hommes disponibles.

Il faut que les communications avec le maréchal Bessières soient ouvertes; je n'en ai pas de nouvelles depuis le 16.

Il faudrait tenir toujours à Burgos un général actif et intelligent.

Je pars cette nuit pour Pau, où j'apprendrai votre arrivée à Madrid. Je retarde depuis deux jours mon voyage, espérant recevoir des nouvelles de ce qui s'est passé à Benavente ou à Léon.

Le général Drouet, qui commande la 11e division militaire, va rester à Bayonne.

NAPOLÉON.

P. S. Portez-vous bien. Ayez courage et gaieté, et ne doutez jamais d'un plein succès. Renvoyez-moi Tournon, lorsqu'il ne vous servira plus à rien.

D'après l'expédition originale comm. par les héritiers du roi Joseph.

14223. — NOTES
SUR LA POSITION ACTUELLE DE L'ARMÉE EN ESPAGNE.

Bayonne, 21 juillet 1808.

1° La bataille de Medina de Rio Seco a mis les affaires de l'armée dans la meilleure situation. Le maréchal Bessières ne donne plus aucune inquiétude, et toutes les sollicitudes doivent se tourner du côté du général Dupont.

2° Dans la position actuelle des affaires, l'armée française occupe le centre; l'ennemi, un grand nombre de points de la circonférence.

3° Dans une guerre de cette nature, il faut du sang-froid, de la patience et du calcul, et il ne faut pas épuiser les troupes en fausses marches et contre-marches. Il ne faut pas croire, quand on a fait une fausse marche de trois à quatre jours, qu'on l'ait réparée par une contre-marche; c'est ordinairement deux fautes au lieu d'une.

4° Toutes les opérations de l'armée ont réussi jusqu'à cette heure autant qu'elles devaient réussir. Le général Dupont s'est maintenu au delà des montagnes et dans les bassins de l'Andalousie. Trois fois il a défait les insurgés.

Le maréchal Moncey a défait les insurgés à Valence. Il n'a pas pu prendre la ville, ce qui est une chose qui n'est pas extraordinaire. Peut-être eût-il été à désirer qu'il eût pu se camper à une journée de la ville, comme a fait le général Dupont; mais enfin, qu'il soit à une journée ou à cinq, comme à San-Clemente, la différence n'est pas très-grande.

En Aragon on a battu, sur tous les points et dans toutes les circonstances, l'ennemi, et porté le découragement partout. Saragosse n'a pas été pris. Il est aujourd'hui cerné, et une ville de 40 à 50,000 âmes défendue par un mouvement populaire ne se prend qu'avec du temps et de la patience. Les histoires des guerres sont pleines de catastrophes des plus considérables pour avoir brusqué et s'être enfourné dans les rues étroites des villes. L'exemple de Buenos-Ayres et des 12,000 Anglais d'élite qui y ont péri en est une preuve.

5° Ainsi la position de l'armée est bonne. Le maréchal Moncey étant à San-Clemente ou environs, les généraux Gobert et Vedel réunis au général Dupont en Andalousie, ce serait une faute, à moins d'incidents et d'un emploi immédiat à donner à ces troupes dans un autre point, que de concentrer toutes les troupes trop près de Madrid. L'incertitude des événements du maréchal Bessières et les vingt-cinq chances qu'il avait contre lui sur cent pouvaient déterminer à faire arrêter la marche de toutes les troupes qui s'éloignaient de la capitale, afin que les colonnes pussent être rappelées à Madrid, si le maréchal Bessières était battu, et pussent arriver dans cette ville avant l'ennemi. Mais ce serait une faute si on eût fait rétrograder ces colonnes et si on eût agi comme si le maréchal Bessières avait été battu, lorsque, quelques jours avant, on agissait comme si l'armée de Galice n'existait pas. 500 chevaux et 1,800 hommes d'infanterie, dirigés sur Valladolid, étaient tout ce qu'il fallait. Si cette colonne fût partie trois jours plus tôt, elle y serait arrivée le 17. Le maréchal Bessières a été vainqueur et avait, pour être vainqueur, soixante et quinze chances contre vingt-cinq. Mais la fatigue qu'on a donnée à l'armée et les mouvements rétrogrades qu'on a ordonnés inutilement, puisque, même le maréchal Bessières battu, on avait huit à dix jours pour réunir l'armée, ont fait un mal moral et physique. Il faut espérer que la nouvelle de sa victoire, arrivée à temps, aura mis l'état-major à même d'arrêter tout mouvement sur Madrid, et que chaque colonne se trouvera plus près du point où elle doit se trouver.

6° Dans la situation actuelle des affaires, le plus important de tout est le général Dupont; on doit lui envoyer le reste de la division Gobert et employer d'autres troupes pour maintenir la communication. Il faut tenir la tête de la division du maréchal Moncey sur San-Clemente et menacer toujours la province de Valence. Si le maréchal Bessières a battu, sans effort et avec peu de perte, l'armée de Galice, et a eu moins de 8,000 hommes engagés, il n'y a pas de doute qu'avec 20,000 le général Dupont ne culbute tout ce qu'il a devant lui.

7° La brigade du général Rey rend à l'armée plus qu'elle n'a perdu par le détachement qui a été fait sur Valladolid. Toutes les probabilités humaines sont que le maréchal Bessières n'a plus besoin d'aucun renfort.

du moins pour être maître de toute la Castille et du royaume de Léon. Ce n'est que lorsqu'on aura reçu la nouvelle de ce qu'il aura fait à Benavente et à Léon, qu'on pourra décider s'il doit attaquer la Galice.

8° Le général Verdier, en Aragon, a cerné Saragosse. Le 14ᵉ et le 44ᵉ de ligne partent demain pour s'y rendre. Les partis français vont jusqu'à moitié chemin de Lerida, de Barbastro et de Jaca. Dans dix jours, toute l'artillerie sera arrivée. Cette belle et bonne brigade de troupes de ligne porte à près de 15,000 hommes l'armée du général Verdier. Il est probable que Saragosse tombera bientôt, et que les deux tiers de ces 15,000 hommes deviendront disponibles.

9° Ainsi le corps du maréchal Bessières a pris l'offensive; il est, depuis sa victoire, renforcé de la brigade Lefebvre et de la brigade Gaulois. Il est donc dans le cas de conserver l'offensive.

Le corps du général Verdier, en Aragon, a battu partout les insurgés, a cerné la ville avec des forces beaucoup moindres. Il vient d'être considérablement renforcé; ainsi il peut donner une nouvelle activité aux opérations du siége, et conserver son activité offensive sur les deux rives de l'Èbre.

Le corps de Catalogne a agi isolément, ayant pour point d'appui Barcelone. La jonction sera faite aujourd'hui ou demain devant Girone avec le général Reille.

Voilà pour les trois corps d'armée situés du côté de la France.

10° La communication de Madrid avec la France est importante sous tous les points de vue; il faut donc que les colonnes qui viennent d'être organisées à Burgos et à Vitoria, et qui seront journellement renforcées et augmentées, soient laissées dans ces stations. Ci-joint la note de la formation de ces colonnes; elles sont presque toutes composées de 3ᵉˢ bataillons et de conscrits, mais avec de bons cadres. Quinze à vingt jours de station à Burgos et à Vitoria les mettront à peu près à l'école de bataillon. Ce serait une très-grande faute que de rappeler trop tôt ces troupes pour en renforcer les cadres principaux; il faut attendre jusqu'à ce qu'on ait pu les remplacer à Vitoria et à Burgos par de nouvelles troupes.

11° Il n'y a donc rien à craindre du côté du maréchal Bessières, ni dans le nord de la Castille, ni dans le royaume de Léon.

Il n'y a rien à craindre en Aragon; Saragosse tombera un jour plus tôt ou un jour plus tard.

Il n'y a rien à craindre en Catalogne.

Il n'y a rien à craindre pour les communications de Burgos à Bayonne, moyennant les deux colonnes qui sont organisées dans ces deux villes et qui seront renforcées.

S'il y avait des événements en Biscaye, la force qui se réunit à Bayonne, formant réserve, serait suffisante pour mettre tout en ordre.

S'il arrive à Burgos quelque événement trop considérable pour que la colonne mobile qui est à Burgos puisse y mettre ordre, le maréchal Bessières ne sera pas assez loin pour ne pas pouvoir faire un détachement.

Le général Monthion a la surveillance de toutes les Biscayes. Le général Bonnet, à Burgos, est chargé de maintenir la communication de Vitoria avec le maréchal Bessières et avec Madrid. Il est nécessaire que ces deux généraux correspondent tous les jours entre eux et avec le général Drouet, qui est laissé en réserve à Bayonne; de même que le général Verdier, de Saragosse, et le général d'Agoult, de Pampelune, doivent correspondre tous les jours avec le général Drouet à Bayonne et avec Madrid par le canal de Bayonne et de Vitoria, jusqu'à ce que les communications directes soient rétablies. Un courrier, partant de Madrid, peut se rendre par Vitoria, Tolosa, Pampelune, devant Saragosse.

Le seul point donc important aujourd'hui est le général Dupont. Si l'ennemi parvenait jamais à s'emparer des défilés de la Sierra Morena, il serait difficile de l'en chasser; il faut donc renforcer le général Dupont, de manière qu'il ait 25,000 hommes, compris ce qu'il faudra pour garder les passages des montagnes et une partie du chemin de la Manche. Il pourra disposer ses troupes de manière que, le jour où il voudra attaquer, la brigade de 2 ou 3,000 hommes destinée à garder les montagnes arrive au camp du général Dupont à marches forcées, et soit successivement remplacée par les colonnes qui seraient en arrière; de sorte que le général Dupont ait, pour le jour de la bataille, plus de 23,000 hommes à mettre en ligne.

Une fois qu'on aura battu l'ennemi, une partie des troupes de ligne se dissipera, et, selon que la victoire sera plus ou moins décidée, on pourra faire continuer le mouvement à d'autres troupes sur le général Dupont.

12° Saragosse pris, on aura des troupes disponibles, soit pour renforcer l'armée de Catalogne, soit pour marcher sur Valence de concert avec le maréchal Moncey, soit pour renforcer le maréchal Bessières et marcher en Galice, si, après la victoire qu'il a déjà remportée et celle qu'il remportera à Léon, il ne se croit pas assez fort pour s'y porter d'abord.

13° Il serait important de choisir deux points intermédiaires entre Andujar et Madrid pour pouvoir y laisser garnison permanente, un commandant, un dépôt de cartouches, munitions, canons, magasins de biscuit, des fours, des farines et un hôpital, de sorte que 3 ou 400 hommes défendent les magasins et l'hôpital contre toute une insurrection.

Il est difficile de croire qu'il n'y ait point quelque château, donjon, pouvant être retranché promptement, propre à cela. C'est par ce seul moyen qu'on peut raccourcir la ligne d'opération et être sûr d'avoir, toutes les trois ou quatre grandes marches, une manutention et un point de repos.

14° En résumé, le partage de l'armée paraît devoir être celui-ci :

Corps de Catalogne, tel qu'il existe, à peu près 20,000 hommes.

Corps d'Aragon, tel qu'il existe, à peu près 15,000 hommes, jusqu'à ce que Saragosse soit pris.

Corps du maréchal Bessières, ce qu'il a, à peu près 17,000 hommes; colonne de Burgos, 2,000; colonne de Vitoria, 2,000; garnison de Saint-Sébastien, 1,500; corps d'Aranda, 1,000; total du corps du maréchal Bessières, 24,000 hommes.

Après la prise de Saragosse, lorsque les affaires de Catalogne seront un peu apaisées, on pourra, selon les circonstances, ou renforcer le maréchal Bessières, ou renforcer le général Dupont, ou entreprendre l'opération de Valence.

Aujourd'hui, le seul point qui menace, où il faut promptement avoir un succès, c'est du côté du général Dupont. Avec 25,000 hommes, infanterie, cavalerie et artillerie comprises, il a beaucoup plus qu'il ne faut pour avoir de grands résultats. A la rigueur, avec 21,000 hommes présents sur le champ de bataille, il peut hardiment prendre l'offensive : il ne sera pas battu, et il aura pour lui plus de quatre-vingts chances.

<small>D'après la minute. Archives de l'Empire.</small>

14224. — AU PRINCE CAMBACÉRÈS,
<small>ARCHICHANCELIER DE L'EMPIRE, À PARIS.</small>

<small>Pau, 23 juillet 1808.</small>

Mon Cousin, je suis arrivé hier à Pau. Je vais partir pour Tarbes. Le roi d'Espagne est arrivé le 20, à six heures du soir, à Madrid.

NAPOLÉON.

P. S. Je suis arrivé à Tarbes aujourd'hui, à dix heures du matin.

<small>D'après la copie comm. par M. le duc de Cambacérès.</small>

14225. — AU MARÉCHAL PÉRIGNON,
<small>À PARIS.</small>

<small>Tarbes, 23 juillet 1808.</small>

Mon Cousin, le secrétaire d'état vous envoie le décret par lequel je vous ai nommé gouverneur de Naples et commandant de mon armée dans ce royaume. Il est indispensable que vous soyez rendu à Naples le 5 août, ou plus tôt s'il est possible. Le maréchal Jourdan ayant été appelé à Madrid, vous recevrez le commandement de lui, s'il est encore à Naples, ou du plus ancien général de division auquel il l'aura laissé. La proclamation du grand-duc de Berg comme roi de Naples doit avoir été faite. Il ne pourra se rendre à Naples que d'ici à quinze ou vingt jours. Il est donc nécessaire que, d'ici à ce temps, vous preniez toutes les mesures convenables pour le bien du royaume et de mon armée. Je m'en fie entièrement à votre zèle pour mon service. Vous trouverez, à votre arrivée à Naples, des lettres patentes du roi, qui vous confèrent le titre de son lieutenant général, afin que vous puissiez pourvoir à tous les besoins du royaume.

D'après la minute. Dépôt de la guerre.

14226. — NOTE.

Auch, 24 juillet 1808.

A Auch, nommer trois curés de première classe; le vicaire général, évêque de Poitiers; Jaubert, ailleurs.

Il faut, pour entretenir la cathédrale, 12,000 francs. J'ai assigné 6,000 francs sur les cultes; 4,000 par le département, 2,000 par la ville. Il sera formé une fabrique pour administrer.

J'ai accordé 50,000 francs pour faire venir les eaux; ce fonds sera pris sur les ponts et chaussées, savoir : 25,000 francs cette année, 25,000 l'année prochaine; ceux de cette année, sur les fonds communs.

10,000 francs pour le pavé, également par les ponts et chaussées.

D'après la minute. Archives de l'Empire.

14227. — A JOSEPH NAPOLÉON, ROI D'ESPAGNE,
À MADRID.

Auch, 24 juillet 1808.

Mon Frère, je suis arrivé aujourd'hui à Auch; je serai demain à Toulouse.

Je vous envoie votre courrier de Naples. J'ai ouvert tous les rapports de la police et de l'armée; je n'y ai rien trouvé d'intéressant.

La Reine est arrivée à Lyon. Si vous ne jugez pas à propos qu'elle aille à Madrid, peut-être feriez-vous bien de la laisser venir à Paris. Il ne faut, dans la position actuelle des choses, rien faire qui n'ait l'air d'être naturel.

Je n'ai point de nouvelles de votre entrée à Madrid; votre dernier courrier est de Buitrago, le 19, à onze heures du soir. Je n'en ai pas davantage du maréchal Bessières. Je crois vous avoir mandé d'avoir l'œil sur Burgos et d'y tenir un général de confiance.

Les espèces sont parties de Paris pour former le second payement de l'emprunt. Je suppose que le ministre des finances aura fait la cédule royale et se sera occupé de déposer les effets, conformément à la demande qu'en a faite la Banque.

NAPOLÉON.

D'après l'expédition originale comm. par les héritiers du roi Joseph.

14228. — A M. DARU,

INTENDANT GÉNÉRAL DE LA GRANDE ARMÉE, A BERLIN.

Toulouse, 25 juillet 1808.

Monsieur Daru, les employés français en Saxe ne doivent rien coûter au pays, tout au plus le logement. Cela est contraire à mes intentions. Les employés, commissaires des guerres, gardes-magasins, etc. ont leur traitement de guerre et ne doivent rien demander, sous prétexte qu'ils sont dans un pays allié. Au lieu de cela, on a demandé au gouvernement saxon de donner en argent ce qu'il donnait en nature. Ces petites tracasseries font tort et sont tout à fait contraires à la dignité de la France. Écrivez au sieur Bourgoing pour qu'on laisse tranquille le roi de Saxe. Diminuez les trois quarts des employés, soit civils, soit militaires. Réitérez vos ordres et prenez des mesures telles que mes agents ne coûtent rien au roi de Saxe. Faites finir toutes ces misères. Il est inutile d'avoir des manutentions, des commissaires des guerres, des gardes-magasins dans tous les lieux de passage. Les employés saxons peuvent tout aussi bien faire cela que des employés français. Laissez des employés français seulement dans les lieux où il y aurait des magasins français assez considérables; ces lieux sont extrêmement peu nombreux.

NAPOLÉON.

D'après la copie comm. par M. le comte Daru.

14229. — A JOSEPH NAPOLÉON, ROI D'ESPAGNE,
À MADRID.

Toulouse, 25 juillet 1808.

Mon Frère, Tournon apporte votre lettre du 20, et celle du 21 au soir qui m'apprend votre entrée à Madrid.

Le maréchal Bessières mande de Benavente, en date du 20, qu'il marche sur Léon. Je reçois de Santander la nouvelle que 1,500 hommes des Asturies, qui s'y étaient rendus, en sont repartis, apprenant la défaite de Cuesta. L'officier d'ordonnance d'Estourmel, de chez le maréchal Bessières, raconte avoir donné dans une des colonnes de Cuesta, près de Benavente. Il paraît que Cuesta, avec un débris de 3 à 4,000 hommes, se dirigeait du côté de l'Estremadure.

Le major général a donné des ordres pour qu'il y eût à Burgos, dans les premiers jours d'août, 3 ou 4,000 hommes; ce qui assurera et maintiendra vos derrières. Comme ce sont en grande partie des conscrits, il faut les laisser s'exercer, et se trouver satisfait de voir les communications avec Madrid et avec le maréchal Bessières à l'abri de toute surprise. Il faudrait envoyer à Burgos un général pour avoir l'œil sur Vitoria et sur Aranda, et qui correspondra avec Madrid et avec le maréchal Bessières, qui sera arrivé le 23 à Léon.

Vous aurez reçu des lettres du général Verdier devant Saragosse. Le major général vous a mandé l'expédition du colonel Pepin sur Villafeliche près Daroca, qui a dissipé 4,000 rebelles. On écrit de Saragosse que cette ville ne tardera pas à tomber. L'officier du maréchal Bessières dit que Zamora, Valladolid, Palencia, etc. sont fatiguées d'être pillées par les deux partis, et que même les moines désirent fort la tranquillité. Le colonel Pepin, qui est devant Saragosse, écrit que tous les villages et petites villes qu'il a parcourus demandent à grands cris la paix.

J'approuve fort les mesures que vous avez prises pour renforcer le général Dupont.

NAPOLÉON.

D'après l'expédition originale comm. par les héritiers du roi Joseph.

14230. — A JÉRÔME NAPOLÉON, ROI DE WESTPHALIE [1],
À CASSEL.

Toulouse, 25 juillet 1808.

Monsieur mon Frère, l'Autriche arme; elle nie ses armements : elle arme donc contre nous. Elle fait répandre le bruit que je lui demande des provinces : elle veut donc couvrir du voile d'une défense légitime une mesure aussi gratuitement offensive qu'insensée. Nos relations avec l'Autriche, depuis la paix de Presbourg, ont été constamment amicales: un traité les a cimentées. Les notes, les communications importantes qui ont eu lieu depuis cette époque entre les deux gouvernements étaient le gage d'une parfaite harmonie. La Russie n'est pas moins que nous étonnée de ces armements de l'Autriche.

Sans doute il ne devrait pas être vraisemblable que l'Autriche voulût attaquer la France et la Confédération du Rhin. Mais n'avons-nous pas vu, il y a deux ans, la Prusse, par une démarche plus insensée encore, provoquer sa ruine entière? Dans un gouvernement faible, le parti qui veut la guerre fait faire des armements sous un prétexte quelconque, et le prince trompé se trouve engagé dans la guerre sans l'avoir voulu.

Les hommes raisonnables verront avec pitié les armements de l'Autriche. Mais, s'ils étaient tolérés, ils ne seraient pas sans inconvénients: ils lui donneraient en Allemagne une force d'opinion qu'elle ne doit point avoir. Elle-même acquerrait une idée exagérée de sa propre puissance, et, se croyant forte parce qu'on aurait souffert ses préparatifs, elle se déciderait bientôt à la guerre, que d'abord elle ne voulait pas.

Puisque l'Autriche arme, il faut donc armer. Aussi j'ordonne que la Grande Armée soit renforcée. Mes troupes se réunissent à Strasbourg, Mayence, Wesel. J'engage Votre Majesté à tenir son contingent prêt. S'il est un moyen d'éviter la guerre, c'est de montrer à l'Autriche que nous ramassons le gant et que nous sommes prêts.

---

[1] La même lettre a été adressée au roi de Wurtemberg et, avec quelques modifications, aux autres princes de la Confédération du Rhin.

Je répète à Votre Majesté qu'il n'y a, entre l'Autriche et moi, aucun sujet de différend, que je ne lui demande rien, et que je n'arme que parce que je la vois armer.

NAPOLÉON.

D'après la copie comm. par S. A. I. le prince Jérôme.

14231. — A M. DE LACÉPÈDE,
GRAND CHANCELIER DE LA LÉGION D'HONNEUR, À PARIS.

Toulouse, 26 juillet 1808.

J'ai reçu votre lettre. Je suis fâché que la lettre que je vous ai écrite vous ait affligé; ce n'était pas certainement mon intention. La maison d'Écouen ne peut être ainsi régie de clerc à maître et par le grand chancelier de la Légion. Il est nécessaire qu'il y ait un conseil d'administration de la maison sous la surveillance du grand chancelier, et que la Légion soit tenue de payer une masse par individu audit conseil d'administration. Cette mesure doit calmer toute inquiétude. Si une élève, quelque économie qu'on y apportât d'ailleurs, devait coûter plus de 7 à 800 francs, il me semble que ce serait trop cher. Dites-moi un mot dans ce sens, et surtout croyez que personne ne désire plus que moi vous donner des preuves d'estime et de considération.

D'après la minute. Archives de l'Empire.

14232. — AU GÉNÉRAL CLARKE,
MINISTRE DE LA GUERRE, À PARIS.

Toulouse, 27 juillet 1808.

Monsieur le Général Clarke, la batterie du signal de Breskens, au lieu d'avoir sept côtés, doit être formée par une demi-ellipse devant contenir vingt-cinq pièces de canon. Comme les mortiers peuvent être mis derrière, 75 toises suffisent au côté elliptique. La batterie peut être ensuite fermée par trois côtés, en forme de trapèze, de manière qu'avec 200 toises de développement, avec escarpe et contrescarpe, une caserne, des magasins, une citerne, la batterie soit à l'abri de toute espèce de coup de main et puisse résister huit à dix jours de tranchée ouverte, sans avoir besoin d'avoir de l'eau dans les fossés. Cette batterie ou redoute ne serait, dans le fait, qu'un grand cavalier placé sur le milieu de la dune. On tracerait autour trois fronts de fortification en terre, de 180 toises, avec fossés pleins d'eau; ce serait la place qu'on défendrait par un siége en règle. Alors on sent que tous les avantages seraient réunis. On pourrait commencer d'abord par faire la redoute, et avoir 300 hommes à l'abri de toute insulte. Il y aurait ensuite une belle enceinte bastionnée, capable de résister et de prolonger la défense fort loin, d'autant plus que cette place recevrait longtemps des secours de Flessingue par mer. On désirerait savoir ce que pourraient coûter quatre tourelles en maçonnerie, destinées à flanquer par un feu de mousqueterie les quatre côtés de la redoute. Ces tourelles ne devraient point masquer le feu de l'artillerie de la redoute. On y arriverait de l'intérieur de la batterie par une communication souterraine.

D'après la minute. Archives de l'Empire.

14233. — AU MARÉCHAL DAVOUT,
CHARGÉ DU 2ᵉ COMMANDEMENT DE LA GRANDE ARMÉE, À VARSOVIE.

Toulouse, 27 juillet 1808.

Mon Cousin, faites partir le plus tôt possible les 8,000 Polonais qui doivent passer à ma solde, et dirigez-les sur Mayence par le plus court chemin.

NAPOLÉON.

D'après l'original comm. par Mᵐᵉ la maréchale princesse d'Eckmuhl.

14234. — A JOSEPH NAPOLÉON, ROI D'ESPAGNE,
À MADRID.

Toulouse, 28 juillet 1808.

Mon Frère, le général Mathieu-Dumas vous remettra cette lettre. Il se rend à l'armée d'Espagne; on verra ensuite à le traiter comme il pourra le désirer; le principal est qu'il vous serve. Votre écuyer Filangieri vous a été expédié ce matin. Je serai le 31 à Bordeaux.

J'ai reçu, ce matin, des nouvelles de Russie, du 9, et des lettres de l'Empereur. L'affaire d'Espagne était déjà là une affaire fort ancienne, et tout y était arrangé.

L'Autriche est prise d'une terreur panique qui n'a pas de bon sens.

Le maréchal Bessières a dû arriver le 23 à Léon.

Une gazette anglaise dit que mon escadre de Cadix a été canonnée pendant trois jours par les insurgés, qu'elle a été obligée d'amener et qu'elle est dans le port de Cadix; ce sont les Anglais qui disent cela. Il paraît que tout va bien du côté de Lisbonne.

Du moment que le général Dupont aura appris la victoire du maréchal Bessières, j'espère qu'il ne sera pas resté en arrière.

Bessières, à ce qu'il paraît, a trouvé beaucoup de fusils, de poudre et de cartouches à Benavente.

Dessolle m'a fait demander, à Auch, à être employé en Espagne; il va s'y rendre.

J'ai nommé le maréchal Pérignon gouverneur de Naples et commandant de mon armée. Le grand-duc de Berg est toujours fort malade.

La Reine m'a écrit de Lyon. Je suppose que vous me parlerez d'elle dans votre première lettre. Je pense qu'il faut qu'elle aille pour le reste de l'été à Paris; il fait trop chaud pour aller en Espagne dans ce moment. Au reste j'attendrai ce que vous déciderez là-dessus.

NAPOLÉON.

D'après l'expédition originale comm. par les héritiers du roi Joseph.

14235. — AU GÉNÉRAL CLARKE,
MINISTRE DE LA GUERRE, À PARIS.

Toulouse, 28 juillet 1808.

Il est nécessaire que vous donniez des ordres pour que les 1er, 2e, 3e et 4e bataillons des 14e, 43e, 44e, 51e de ligne, 2e, 12e et 14e légers, 15e, 47e, 70e et 86e de ligne, soient tout entiers à l'armée d'Espagne et de Portugal; qu'il ne reste en France que les quatre compagnies du 5ᵉ bataillon de dépôt, et que les bataillons de guerre soient portés à leur grand complet.

NAPOLÉON.

P. S. Si Lacuée pouvait diriger un millier de conscrits sur Bayonne, il doit le faire.

<small>D'après l'original. Dépôt de la guerre.</small>

14236. — AU GÉNÉRAL CLARKE,
MINISTRE DE LA GUERRE, À PARIS.

Toulouse, 28 juillet 1808.

Monsieur le Général Clarke, donnez l'ordre que tout ce qu'il y a de disponible en France du 10ᵉ régiment de chasseurs à cheval complète le 4ᵉ escadron, de manière qu'il soit au moins à 200 chevaux. Vous le dirigerez sur Bayonne. Donnez le même ordre pour le 22ᵉ régiment de chasseurs. Donnez ordre que le 3ᵉ escadron du 26ᵉ de chasseurs soit complété à 200 hommes et se tienne prêt à entrer en campagne à la fin d'août.

J'ai blâmé le maréchal Kellermann d'avoir formé des grenadiers et des voltigeurs; cependant, puisque cette mesure a été prise, il faut en profiter. Vous voudrez donc bien donner l'ordre que 25 grenadiers et 25 voltigeurs, faisant 50 hommes de chacun des régiments qui ont des compagnies de grenadiers et de voltigeurs à la division Oudinot, se mettent en marche pour se rendre à Danzig, bien armés et bien équipés. Comme il y a à la division Oudinot des détachements de 48 régiments, ou 96 compagnies, ce sera une augmentation de 2,400 hommes qu'elle rendra.

Ces 2,400 hommes seront formés en trois détachements, dont l'un se réunira à Strasbourg, l'un à Mayence, et l'autre à Wesel. Vous me ferez connaître la situation et la composition de ces détachements au 15 août, afin que j'ordonne le mouvement. Écrivez au maréchal Kellermann de vous envoyer l'état de situation au 5 août des trois brigades de réserve qui doivent être formées à Strasbourg, Mayence et Wesel, afin que je connaisse le nombre d'officiers, de sous-officiers, l'état de l'habillement et de l'armement, etc. Ces revues seront passées au 5 août. Je désire les avoir avant le 15, afin que je voie si ces réserves sont dans le cas de marcher.

NAPOLÉON.

D'après la copie. Dépôt de la guerre.

14237. AU PRINCE CAMBACÉRÈS,
ARCHICHANCELIER DE L'EMPIRE, À PARIS.

Agen, 30 juillet 1808.

J'ai reçu votre lettre du 27. Je suis extrêmement content de l'esprit de ce pays-ci. La ville de Montauban m'a fort intéressé. Cette ville a été horriblement maltraitée. Je pars d'Agen ce soir à sept heures, pour ne plus m'arrêter qu'à Bordeaux, où j'arriverai demain matin à dix heures. J'y resterai probablement le 1er d'août: après quoi, je partirai pour Rochefort.

D'après la minute. Archives de l'Empire.

14238. — A M. CRETET,
MINISTRE DE L'INTÉRIEUR, À PARIS.

Agen, 30 juillet 1808.

J'ai l'honneur de transmettre à Votre Excellence une note que Sa Majesté a dictée relativement à la création d'un nouveau département qui aura Montauban pour chef-lieu.

MARET, ministre secrétaire d'état.

NOTE.

Il est impossible de laisser Montauban dans l'état d'abandon où elle se trouve, et il convient de la créer chef-lieu d'un nouveau département dont le territoire serait pris sur les départements voisins.

Le Lot a 389,000 habitants; on lui ôtera l'arrondissement de Montauban et Moissac, avec 100,000 habitants. La Haute-Garonne a 433,000 habitants; on lui ôtera l'arrondissement de Castel-Sarrasin.

avec près de 100,000 habitants. Le Lot-et-Garonne a 353,000 habitants; on lui ôtera Valence et 50,000 habitants. Le Tarn a 272,000 habitants; on lui ôtera un arrondissement de 30,000 habitants. On pourra aussi ôter au Gers 12 à 15,000 habitants. Le nouveau département, qui portera le nom de Tarn-et-Garonne, aura donc près de 300,000 habitants.

Sa Majesté désire que le ministre fasse faire la carte de ce nouveau département pour la lui présenter avant la fin du mois d'août, avec les projets de loi et de règlement, cette affaire devant être portée au prochain Corps législatif.

D'après la copie. Archives de l'Empire.

14239. — A JOSEPH NAPOLÉON, ROI D'ESPAGNE,

À MADRID.

Agen, 30 juillet 1808.

Mon Frère, je reçois votre lettre du 23. Le major général reçoit des lettres du matin du même jour du maréchal Bessières, qui marque qu'il n'y a plus d'armée ennemie en Castille, que Cuesta avec 500 hommes de cavalerie se dirigeait du côté de Toro, et qu'il croit être certain que le point de sa retraite est Badajoz, dans l'Estremadure; que les villes et provinces de Léon, Zamora, se sont soumises, et que son intention était de se reposer le 25 et le 26 à Léon, et de marcher ensuite en Galice.

Le général Dessolle a reçu des lettres de service pour l'armée d'Espagne; il se rend à Burgos. Le major général vous instruit des ordres qu'il reçoit. Le général Dessolle aura, à son arrivée à Burgos, près de 5 à 6,000 hommes. 500 chevau-légers polonais de ma Garde se dirigent sur Burgos.

Il est inconcevable que le maréchal Moncey se soit retiré sur Ocaña. La conduite de cet officier est fort extraordinaire; son mouvement est défavorable pour tout, mais particulièrement pour le général Dupont, puisque les provinces de Valence, de Murcie cessent d'être menacées. Il paraît que le général Dupont a déjà 20,000 hommes; s'il n'a pas fait de fautes, avec cela il n'a rien à craindre de l'ennemi.

J'ai reçu des nouvelles de Saragosse à peu près de la même époque que celles du maréchal Bessières, qui sont tout aussi satisfaisantes que ces dernières.

Le général Mathieu-Dumas vous aura joint. Il fait ici fort chaud. Je suis fort satisfait de l'esprit de ces provinces. Je serai à Rochefort le 3, et à Nantes probablement le 7 ou le 8.

NAPOLÉON.

D'après l'expédition originale comm. par les héritiers du roi Joseph.

14240. — A JOSEPH NAPOLÉON, ROI D'ESPAGNE,
À MADRID.

Bordeaux, 1er août 1808.

Mon Frère, je reçois votre lettre du 27. Le rapport de l'officier de cuirassiers me fait voir que le corps de Dupont va être attaqué et obligé de faire sa retraite. Cela ne peut se concevoir. Quelque revers que les circonstances vous puissent apprendre, n'ayez point d'inquiétude; vous aurez plus de 100,000 hommes dans peu. Tout est en mouvement; mais il faut du temps. Vous régnerez; vous aurez conquis vos sujets pour en être le père : les bons rois ont passé à cette école.

Il y a plus de vingt jours que mes ordres sont partis. Surtout, santé, gaieté, c'est-à-dire force d'âme.

NAPOLÉON.

D'après l'expédition originale comm. par les héritiers du roi Joseph.

14241. — NOTE
SUR LA SITUATION ACTUELLE DE L'ESPAGNE.

Bordeaux, 2 août 1808.

1re Observation. — Le rapport circonstancié qu'on recevra du capitaine Villoutreys peut seul faire connaître la véritable situation des choses.

La bataille de Medina de Rio Seco a défait toute l'armée de Galice. La bataille d'Andalousie nous a enlevé un corps de 15,000 hommes. Sans doute que ces deux événements ne se font point équilibre; ils se compensent cependant jusqu'à un certain point.

2ᵉ *Observation.* — Les 15,000 hommes qu'on a perdus ont été remplacés à l'armée par les renforts qu'on a reçus et qu'on reçoit à chaque instant, savoir : 2ᵉ, 4ᵉ et 12ᵉ d'infanterie légère, 14ᵉ, 15ᵉ, 43ᵉ, 44ᵉ et 51ᵉ de ligne (ce qui fait une augmentation de huit régiments), le 26ᵉ de chasseurs à cheval, les 12ᵉ, 13ᵉ, 14ᵉ et 15ᵉ escadrons de marche. 400 Polonais de la Garde arrivés depuis peu à Bayonne. Tout cela forme une force égale et sans doute, par sa composition, de beaucoup supérieure au corps du général Dupont; et, si on ajoute les trois régiments de la Vistule et le régiment de lanciers qui sont devant Saragosse, on verra que l'armée française se trouve encore beaucoup plus forte qu'à son entrée en Espagne.

3ᵉ *Observation.* — Il doit y avoir aujourd'hui à Madrid 20,000 hommes sous les armes prêts à combattre; le maréchal Bessières en a 24,000; le général Verdier en a 18,000; il y a donc encore à l'armée, indépendamment du corps de Catalogne, qui forme un système à part, plus de 60,000 hommes.

4ᵉ *Observation.* — Il n'est plus question que le maréchal Bessières prenne l'offensive et entre en Galice, ce qu'il allait exécuter. On peut le mettre en position entre Burgos et Valladolid, le charger d'observer le reste de l'armée de Galice, et, moyennant ce, on peut lui ôter 9,000 hommes, savoir : le 4ᵉ d'infanterie légère, le 15ᵉ de ligne, le bataillon de Paris, huit pièces de canon, le 26ᵉ de chasseurs, quatre escadrons de marche de dragons, la brigade du général Lefebvre qui, en dernier lieu, a été détachée de Madrid; ce qui augmentera l'armée de Madrid de 9,000 hommes.

On peut faire marcher en droite ligne sur Madrid les 43ᵉ et 51ᵉ de ligne, les deux bataillons de la réserve avec six pièces de canon; ce qui fera près de 4,000 hommes. On peut tirer de Saragosse le 14ᵉ et le 44ᵉ de ligne, 200 chevaux, huit pièces de canon; ce qui fera encore une augmentation de près de 3,000 hommes. Ce qui fera à Madrid un renfort de 16,000 hommes et de vingt-deux pièces de canon, parmi lesquels il y aurait six régiments de ligne.

On peut considérer les 12ᵉ et 22ᵉ, arrivés depuis peu à Madrid, également comme un renfort. Ainsi la perte du général Dupont serait donc remplacée par 18 à 20,000 hommes de troupes beaucoup meilleures. On pourrait ainsi réunir de 30 à 36,000 hommes sous Madrid, et conserver cette capitale.

L'armée aurait alors trois corps.

1° Corps principal de l'armée, à Madrid, de 36 à 40,000 hommes.

2° Le maréchal Bessière aurait 1,600 hommes de cavalerie, 8 à 9,000 hommes d'infanterie, à son corps mobile; le 118° (bataillon du dépôt faisant ensemble 800 hommes), du dépôt, 600 hommes, 3es bataillons des 14° et 44°, 2° bataillon provisoire du Portugal, 1er bataillon de réserve, à peu près 4,000 hommes, sur les derrières, pour contenir Vitoria et Burgos; c'est-à-dire que le maréchal Bessières aurait en tout près de 14,000 hommes.

3° On aurait sous Saragosse les trois régiments de la Vistule, les lanciers, quatre escadrons de marche, trois bataillons de marche, un régiment supplémentaire, un bataillon des 15°, 47° et 70°; un bataillon du 118°, 1er bataillon de marche du Portugal; tout cela faisant encore 14 à 15,000 hommes devant cette place.

Saragosse pris, on augmentera de quelque chose les troupes de Madrid et du maréchal Bessières.

Dans le courant du mois, plus de 8,000 hommes seront arrivés à Bayonne et fortifieront d'autant le maréchal Bessières.

On pense donc, dans la situation actuelle de l'armée, qu'on peut réunir à Madrid, ou en échelons dans les environs, plus de 35,000 hommes, et qu'on peut ainsi attendre la diminution des chaleurs et l'arrivée successive des régiments qui sont en marche; que la perte du général Dupont est diminuée par le gain de la bataille de Medina de Rio Seco, par les secours arrivés depuis son entrée, par la perte que l'ennemi a dû éprouver dans le combat devant le général Dupont, et enfin par le plan adopté de se tenir réuni et de renoncer à toute opération offensive, c'est-à-dire à la conquête de Valence, de Grenade, de l'Andalousie, etc. Choisissant une bonne position à une ou deux journées de Madrid, il n'est pas probable que l'ennemi puisse rien présenter qui puisse remporter la victoire sur cette force-là; et, enfin, quand on en acquerra l'entière conviction, on se retirera selon les règles de l'art.

Chaque quinze jours porteront à l'armée des renforts considérables. La colonne de Saragosse peut se mettre en chemin et se trouvera en ligne.

Si Saragosse était pris, on pourrait envoyer à Madrid les deux régiments de ligne, trois bataillons de marche, et les incorporer dans leurs régiments.

EFFECTIF DES TROUPES FRANÇAISES EN ESPAGNE.

GÉNÉRAL DUPONT.

	Infanterie.	Cavalerie.
Brigade Dupré (chasseurs)............	//	1,000
Brigade Rouyer (Suisses).............	2,000	//
Division Barbou....................	5,000	//
Division Vedel.....................	5,000	/
Brigade Privé (dragons).............	//	1,400
Division Gobert....................	6,000	//
	18,000	2,400
	20,400	

MADRID ET ENVIRONS.

Garde impériale....................	700	1,500
Brigade du général Rey.............	2,000	//
Brigade Watier (hussards)...........	//	1,000
A Ocaña, division Musnier..........	6,500	//
Division Morlot, non compris la brigade Lefebvre.......................	3,700	//
1ᵉʳ régiment provisoire de cuirassiers....	//	700
Division Frère.....................	4,400	//
	17,300	3,200
	20,500	

MARÉCHAL BESSIÈRES.

	Infanterie.	Cavalerie.
Garde impériale	1,600	260
Brigade Lefebvre	2,300	//
Division Merle	8,000	//
Division Mouton	3,000	//
Division Lasalle	//	1,500
Mameluks	//	100
	14,900	1,860
	16,760	

COLONNES.

D'Aranda	1,000	//
De Burgos	2,100	360
Du major d'Oudenarde	1,100	390
26ᵉ de chasseurs	//	460
Chevau-légers polonais	//	150
Colonne de Vitoria	1,180	150
Garnison de Saint-Sébastien	1,000	60
Division de réserve de Bayonne	6,000	//
	12,380	1,570
	13,950	

VERDIER	17,300
DUHESME	11,700
REILLE	7,800

D'après la minute. Archives de l'Empire.

14242. — AU GÉNÉRAL CLARKE,
MINISTRE DE LA GUERRE, À PARIS.

Bordeaux, 3 août 1808.

Je vous envoie des pièces pour vous seul; lisez-les une carte à la main, et vous verrez si depuis que le monde existe, il y a eu rien de si bête, de si inepte, de si lâche. Voilà donc justifiés les Mack, les Hohenlohe, etc. On voit parfaitement, par le propre récit du général Dupont, que tout ce qui est arrivé est le résultat de la plus inconcevable ineptie. Il avait paru bien faire à la tête d'une division; il a fait horriblement en chef. Lorsque ce coup du sort est arrivé, tout prospérait en Espagne : le Roi, depuis son arrivée à Madrid, gagnait tous les jours; le maréchal Bessières, après la mémorable victoire de Medina de Rio Seco, où avec 12,000 hommes il avait mis en fuite les armées de Galice et de Portugal et leur avait tué 8 ou 10,000 hommes, les avait chassés de Valladolid, de Palencia et du royaume de Léon; le siége de Saragosse avançait grand train, et tout nous portait à espérer une autre issue. Cette perte de 20,000 hommes d'élite et choisis, qui viennent à manquer, sans même avoir fait éprouver à l'ennemi aucune perte considérable, l'influence morale que nécessairement cela doit avoir sur cette nation, ont porté le Roi à prendre un grand parti en se rapprochant de France et en se reportant sur Aranda et sur le Duero.

Je ne suppose pas qu'il soit nécessaire de faire de grands préparatifs à Rochefort, parce que les Anglais ne laisseront sûrement pas passer ces imbéciles, et que les Espagnols ne rendront pas les armes à ceux qui ne se sont pas battus.

Communiquez les présentes nouvelles au ministre Dejean, mais à lui seulement. L'influence que cela va avoir sur les affaires générales m'empêche de me rendre moi-même en Espagne: j'y envoie le maréchal Ney. Je continue ma route par la Vendée. Je ne vais point directement à Paris, parce que j'ai promis de passer par la Vendée, et que je paraîtrais me défier de ces peuples; mais j'activerai mon voyage autant que possible.

Je désire savoir quels tribunaux doivent juger ces généraux, et quelle peine les lois infligent à un pareil délit.

Faites avec le ministre Dejean un mémoire sur ce qu'il est nécessaire d'envoyer, soit artillerie, soit autres objets, sur Bayonne et sur Perpignan.

NAPOLÉON.

D'après l'original comm. par M. Charavay.

14243. — A JOSEPH NAPOLÉON, ROI D'ESPAGNE,
À BUITRAGO.

Bordeaux, 3 août 1808.

Mon Frère, la connaissance que j'ai que vous êtes aux prises, mon ami, avec des événements au-dessus de votre habitude autant qu'au-dessus de votre caractère naturel, me peine. Dupont a flétri nos drapeaux. Quelle ineptie! quelle bassesse! Ces hommes seront pris par les Anglais. Des événements d'une telle nature exigent ma présence à Paris. L'Allemagne, la Pologne, l'Italie, etc. tout se lie. Ma douleur est vraiment forte lorsque je pense que je ne puis être en ce moment avec vous et au milieu de mes soldats. J'ai donné l'ordre à Ney de s'y rendre. C'est un homme brave, zélé et tout de cœur. Si vous vous accoutumez à Ney, il pourrait être bon pour commander l'armée. Vous aurez 100,000 hommes, et l'Espagne sera conquise dans l'automne. Une suspension d'armes, faite par Savary, peut-être pourrait amener à commander et diriger les insurgés; on écoutera ce qu'ils diront. Je crois que, pour votre goût particulier, vous vous souciez peu de régner sur les Espagnols.

Je me porte mieux que jamais. Je dis à Maret de vous envoyer un chiffre pour correspondre sur les choses secrètes. Berthier vous envoie quelques notes sur la situation de l'armée d'Espagne.

Dites-moi que vous êtes gai, bien portant et vous faisant au métier de soldat; voilà une belle occasion pour l'étudier. J'ai écrit à la Reine de se rendre à Paris.

NAPOLÉON.

D'après l'expédition originale comm. par les héritiers du roi Joseph.

14244. — AU GÉNÉRAL CLARKE,
MINISTRE DE LA GUERRE, À PARIS.

Rochefort, 5 août 1808.

Monsieur le Général Clarke, je vous ai fait connaître hier l'horrible catastrophe du général Dupont. Le Roi a jugé convenable d'évacuer Madrid pour se rapprocher de l'armée; il a dû partir le 2 août. Un événement aussi extraordinaire a culbuté de ce côté toute espèce de mesures. Le maréchal Bessières, qui avait eu le plus grand succès, s'était approché des débouchés de la Galice; il a dû recevoir dans les premiers jours du mois l'ordre de se rapprocher. J'espère qu'à l'heure qu'il est il a opéré sa jonction avec le Roi. Ce nouvel état de choses exige, 1° de mettre en état de guerre et d'approvisionner toutes les places des Pyrénées; 2° d'avoir à Perpignan et à Bayonne de grands magasins de vivres, de biscuit, de farine et de grands dépôts d'habillement; 3° d'organiser parfaitement la direction d'artillerie de Perpignan et de Bayonne, en y envoyant des officiers. Donnez des ordres pour que le tout s'établisse ainsi, et concertez-vous avec Dejean; tout cela est de la plus grande importance. Qu'il y ait des armes, des fusils, des shakos dans chacune de ces places, et un bon ordonnateur.

J'ai donné l'ordre pour la rentrée, sur Mayence, du 1er corps de la Grande Armée, du 6e corps et de deux divisions de dragons. Tout cela arrivera vers les premiers jours de septembre à Mayence. Il est convenable que vous preniez vos mesures en conséquence, et que vous me fassiez un rapport pour diriger sur cette place, ou sur toute autre de la route de Mayence à Bayonne, ce que les dépôts et les 4es bataillons de ces corps peuvent fournir pour les renforcer; enfin que vous fassiez toutes les dispositions nécessaires pour avoir à Bayonne des vivres, de la poudre, des cartouches, des munitions d'artillerie, et tout ce qui est nécessaire. Cela est très-urgent, car je vois plus de rapidité dans l'évacuation que je ne l'aurais cru. Un événement comme celui-là a sans doute beaucoup de pouvoir sur les imaginations; cependant il me semble qu'il en a un peu plus qu'il ne faudrait.

Je crois vous avoir déjà écrit pour que le 36ᵉ fût dirigé sur Rennes, et le 55ᵉ, qui est à Rennes, sur Bayonne. Faites tout ce qui est nécessaire, et agissez de concert avec Dejean, en gardant le secret le plus possible.

NAPOLÉON.

D'après l'original. Dépôt de la guerre.

14245. — NOTE
SUR LA SITUATION ACTUELLE DE L'ESPAGNE.

Rochefort, 5 août 1808.

1° Les événements inattendus du général Dupont sont une preuve de plus que le succès de la guerre dépend de la prudence, de la bonne conduite et de l'expérience du général.

2° A la seule lecture du rapport du colonel d'Affry, on avait deviné tous les événements.

Après une perte aussi considérable, on ne peut être surpris que le Roi et les généraux jugent convenable de concentrer l'armée et d'évacuer Madrid.

En examinant avec attention, non les rapports mensongers des individus qui parlent dans leur sens, mais les faits tels qu'ils se sont passés, on est convaincu, 1° que le général Castaños n'avait pas plus de 25,000 hommes de troupes de ligne et de 15,000 paysans; un jour on sera à même de vérifier ce qui est avancé ici; 2° que, si le général Dupont les eût attaqués ou se fût battu avec tout son corps réuni, il les eût complétement défaits.

3° On pense qu'on aura tout le temps d'évacuer les blessés de Madrid; qu'arrivé à Aranda il faudra occuper, aussi longtemps qu'il sera possible, les hauteurs de Buitrago, afin de donner le temps au maréchal Bessières de revenir de son mouvement de Galice; qu'il faut réorganiser la province de Burgos, les trois Biscayes et celle de Navarre. Elles comprendront facilement qu'en ce moment plus que jamais elles doivent rester fidèles et se bien conduire, sous peine d'être traitées avec toute la rigueur de la guerre.

4° On pense que l'armée doit être divisée en trois corps : le corps principal ou du centre, où commande le Roi, qu'on porterait à 30,000 hommes, campé à Aranda ; le corps de droite du maréchal Bessières, d'environ 15,000 hommes, faisant face à ce qui pourrait arriver de Galice ou d'Estremadure, occupant Valladolid par une division, ayant une autre division intermédiaire avec le corps du centre et une troisième division plus sur la droite, selon les circonstances : enfin le corps de gauche ou d'Aragon, destiné à maintenir la Navarre et le pays environnant, occupant Logroño et Tudela et liant sa droite au corps du centre par une division qui, au besoin, renforcerait ce corps et devra maintenir Soria par un corps volant. Les corps du centre et le corps de droite doivent s'appuyer sur Burgos, et le corps d'Aragon doit avoir son point d'appui sur Pampelune.

5° Pour organiser le corps du centre dans ce but, on croit qu'on doit le renforcer de la brigade du 14º et du 44º de ligne, 200 chevaux, et huit pièces de canon qu'on tirerait du corps devant Saragosse ; de la brigade du général Mouton, composée des 4º léger, 15º de ligne, du bataillon de Paris et huit pièces de canon ; de la brigade commandée par le maréchal Ney, et qui est déjà à une marche en avant de Bayonne, composée des 43º et 51º de ligne, 26º de chasseurs, et six pièces de canon ; enfin de quatre escadrons de marche de dragons et d'un régiment polonais de la Garde. On réunirait les 3ᵉˢ bataillons aux deux premiers de tous les régiments d'infanterie, et on mêlerait les jeunes soldats aux anciens.

On évalue à environ 10,000 hommes le renfort que recevrait le corps du centre, qui serait alors composé des 18,000 hommes qui le forment à présent, des renforts évalués à 10,000 hommes. Les détachements des dépôts des 4º léger, 15º de ligne, 14º et 44º, 43º et 51º de ligne, 2º et 12º légers, rejoindront insensiblement et porteront ce corps à 30,000 hommes. Ces 30,000 hommes ne sauraient être en meilleures mains que sous les ordres du maréchal Ney, hormis une réserve de 4 à 5,000 hommes destinés à la garde du Roi, et que le Roi conserverait auprès de sa personne et ferait marcher avec le général Salligny ou avec Savary, quand il le jugerait nécessaire.

Le corps du centre se tiendrait à la hauteur d'Aranda, les communications bien assurées avec le maréchal Bessières à Valladolid, des têtes de pont bien établies à Aranda et Valladolid.

Ce corps se nourrira par Burgos et devra non-seulement maintenir la tranquillité dans cette province, mais encore assurer ses communications avec le corps de Saragosse qui occupera Tudela et Logroño.

Le corps du maréchal Bessières, fort de 15,000 hommes, devra occuper Valladolid, en faisant face à ce qui arrivera d'Estremadure ou de Castille, ayant ses trois divisions en échelons et se nourrissant des provinces de Valladolid, Palencia et Léon.

On enverra le maréchal Moncey pour commander le corps du général Verdier, et on chargera ce maréchal du commandement de la Biscaye et de tous les derrières.

On estime qu'on peut retirer du camp sous Saragosse les 11º, 14º, 44º de ligne, 200 chevaux et huit pièces de canon. Le reste doit être formé en trois divisions et destiné à maintenir la Navarre.

La position de Logroño est trop près; il faut occuper au moins jusqu'à Tudela, pour soumettre la Navarre et tout ce qui bougerait.

Dans l'ordre offensif, deux divisions peuvent se porter à marches forcées sur l'armée.

6º Il faut ne point faire une guerre timide et ne point souffrir aucun rassemblement ennemi à deux marches d'aucun corps d'armée. Si l'ennemi s'approche, il faut ne point se laisser décourager par ce qui s'est passé, se confier dans sa supériorité, marcher à lui et le battre. L'ennemi prendra lui-même probablement une marche très-circonspecte; il y sera réduit du moment qu'il aura eu quelques exemples.

Dans cette situation de choses, toutes les fois qu'on serait sérieusement attaqué par l'ennemi, on pourra lui opposer le corps du Roi, qui doit toujours être ensemble, et les deux tiers du corps du maréchal Bessières. Ce maréchal doit toujours tenir un tiers de son corps à une demi-journée, un tiers à une journée du corps du centre, et un tiers sur la droite, suivant les circonstances. Également, un tiers du corps du général Verdier doit se tenir à la gauche du Roi pour le joindre, si cela était nécessaire, de sorte que, dans un jour, le Roi puisse réunir plus de 40,000 hommes.

7° Il faut débuter par des coups d'éclat qui relèvent le moral du soldat et fassent comprendre à l'habitant qu'il doit rester tranquille. Un des premiers coups les plus importants à porter, et qui serait utile pour relever l'opinion et compenser l'évacuation de Madrid, serait que la brigade des 14° et 44° qu'on rappelle de Saragosse, aidée d'un détachement du corps du centre, soumette Soria, le désarme et le fasse rester tranquille.

Attaquer et culbuter tout ce qui se présentera doit être l'instruction générale donnée au maréchal Bessières, au maréchal Ney et au général Verdier; de sorte qu'à une marche ou à une marche et demie du corps français il n'y ait aucun rassemblement des insurgés.

On est d'opinion que, si l'avant-garde du général Castaños s'avance sur Aranda et dépasse les montagnes de Buitrago, il faut, avec tout ce qu'on peut réunir dans un jour, marcher à lui sans lui donner le temps de s'y établir sérieusement, le culbuter et le jeter au delà des montagnes, et, si l'affaire est décisive, se reporter sur Madrid.

L'ennemi doit essayer de déloger l'armée française de cette position par trois points, par la Galice et l'Estremadure, par la route d'Aranda, et enfin par les rassemblements des provinces d'Aragon, de Valence et autres de Castille.

Toutes ces combinaisons sont difficiles à l'ennemi, et, si on dissipe ces rassemblements, à mesure qu'ils se forment, sur tous les points, et qu'on les tienne à distance d'une ou deux marches des cantonnements français; si alternativement les Français prennent l'offensive, tantôt à leur droite en renforçant le maréchal Bessières, pendant que le centre se tiendra dans une bonne position derrière la rivière et à l'abri de toute attaque, tantôt au centre avec le corps du Roi, les deux tiers du corps de droite et un tiers du corps de gauche, l'ennemi sera bientôt obligé à la plus grande circonspection.

8° On aurait pu aussi conserver Madrid, en renforçant le corps qui s'y trouve des 14° et 44° de ligne, de la brigade du général Mouton, de celle du général Lefebvre, qui en dernier lieu a été envoyée au maréchal Bessières, et enfin des renforts qu'amène le maréchal Ney. On aurait ainsi renforcé le corps de Madrid de plus de 14,000 hommes, et il est douteux que l'ennemi eût voulu se mesurer avec des forces aussi considérables et s'exposer à une perte certaine.

9° Si de fortes raisons obligeaient d'évacuer Aranda, on perdrait l'espoir de rétablir ses communications avec le Portugal. Dans le cas où un événement quelconque porterait à évacuer le Duero, et à se concentrer sur Burgos pour se réunir là avec le maréchal Bessières, le corps du général Verdier peut communiquer par l'Èbre et avoir toujours son mouvement isolé pour maintenir la Navarre, contenir l'Aragon, tous les rassemblements de ce côté, et protéger la route principale. Pendant cet intervalle, des renforts journaliers arriveront à l'armée, jusqu'à ce qu'enfin les divisions de la Grande Armée qui sont en marche soient sur les Pyrénées.

On a recommandé de tout temps le petit fort de Pancorbo; il est nécessaire de l'occuper, même quand on ne garderait pas la ligne de l'Èbre. C'est une vedette d'autant plus utile, qu'elle domine la plaine et serait un obstacle si jamais l'ennemi s'en emparait.

10° La troisième position qui se présente à l'armée, c'est la gauche à Pampelune et la droite sur Vitoria, maintenant ainsi ses communications avec les places importantes de Saint-Sébastien et de Pampelune.

Au reste, toutes ces notes peuvent difficilement être de quelque utilité. Les événements modifient nécessairement les dispositions. Tout dépend d'ailleurs de saisir le moment.

11° Résumé. Le premier but est de se maintenir à Madrid, si cela est possible; le second, de maintenir ses communications avec le Portugal, en occupant la ligne du Duero; le troisième, de conserver l'Èbre; le quatrième, de conserver ses communications avec Pampelune et Saint-Sébastien, afin que, la Grande Armée arrivant, on puisse en peu de temps culbuter et anéantir tous les révoltés.

D'après la minute. Archives de l'Empire.

14246. — A M. DARU,
INTENDANT GÉNÉRAL DE LA GRANDE ARMÉE, À BERLIN.

Rochefort, 6 août 1808.

Monsieur Daru, vous trouverez ci-joint une lettre pour le général Caulaincourt, que vous ferez partir par un nouveau courrier. Voyez le maréchal Victor pour la marche du 1er et du 6e corps. S'il est possible que toute mon infanterie marche en poste, de manière à faire trois journées d'étapes dans un jour (il faudrait payer tout comptant), cela me ferait grand plaisir, car j'ai grand besoin de mes troupes.

La cavalerie et l'artillerie pourraient avoir quelques séjours de moins et brûler quelques étapes. Concertez-vous avec le maréchal Victor pour tout cela. Pour faire le moins de sensation possible à Berlin, on pourrait faire le premier rassemblement pour aller en poste, à deux ou trois jours de cette ville.

NAPOLÉON.

D'après la copie comm. par M. le comte Daru.

14247. — A JOSEPH NAPOLÉON, ROI D'ESPAGNE,
À BURGOS.

Nantes, 9 août 1808.

Je reçois votre lettre du 3 août. Je vous envoie une lettre que je reçois du maréchal Jourdan. Je suis extrêmement satisfait de l'esprit des départements de la Vendée, que je viens de traverser.

Je ne puis que vous répéter, une fois pour toutes, que presque toute la Grande Armée est en marche, et que, d'ici à l'automne, l'Espagne sera inondée de troupes. Il faut tâcher de conserver la ligne du Duero, pour maintenir la communication avec le Portugal. Les Anglais sont peu de chose; ils n'ont jamais que le quart des troupes qu'ils annoncent. Lord Wellesley n'a pas 4,000 hommes. D'ailleurs, ils se dirigent, je crois, sur le Portugal.

NAPOLÉON.

D'après l'expédition originale comm. par les héritiers du roi Joseph.

14248. — A M. DE CHAMPAGNY,
MINISTRE DES RELATIONS EXTÉRIEURES, À PARIS.

Nantes, 10 août 1808.

Monsieur de Champagny, je reçois vos lettres. Je suis arrivé cette nuit à Nantes. J'ai été extrêmement content de l'esprit du peuple de la Vendée. Vous voyez que j'approche de Paris, où je serai rendu très-incessamment.

J'ai reçu un courrier extraordinaire de Caulaincourt, avec une lettre du 20 juillet, où l'empereur Alexandre me fait connaître que, si j'ai la guerre avec l'Autriche, il fera cause commune avec moi, et me montre beaucoup de sollicitude sur les affaires d'Espagne, dont les nouvelles commencent à lui arriver. Cette démarche de la part de ce prince est pleine de bons sentiments. Je vous envoie les lettres de Caulaincourt.

NAPOLÉON.

D'après l'original comm. par M. Charavay.

14249. — A EUGÈNE NAPOLÉON,
VICE-ROI D'ITALIE, À MILAN.

Nantes, 10 août 1808.

Mon Fils, le major général a dû vous écrire pour diriger sur Perpignan 10,000 Italiens, infanterie, cavalerie, artillerie, sous les ordres du général Pino et de deux généraux de brigade. Il est nécessaire que cette division ait ses douze pièces d'artillerie attelées, ses cartouches, ses caissons, et soit munie généralement de tout ce qu'il faut pour faire la guerre. Il faut aussi des officiers du génie, des sapeurs, enfin un extrait de l'armée italienne dans le cas de se faire honneur.

Vous formerez également une division française, qui sera commandée par le général Souham, et composée des trois premiers bataillons du 42ᵉ de ligne portés au grand complet de 2,400 hommes, des trois premiers bataillons du 1ᵉʳ d'infanterie légère, également portés au grand complet, de douze pièces d'artillerie, d'une compagnie de sapeurs. A cette division sera joint un bataillon du 67ᵉ, un bataillon du 7ᵉ de ligne, un du 112° et un du 3° d'infanterie légère, qui partent des 27° et 28° divisions militaires. Le général Souham pourra se rendre auprès du prince Borghese, pour prendre le commandement de ces troupes et connaître leur marche. Donnez-lui deux bons généraux de brigade. Cela formera une bonne division française de 8,000 hommes, qui, jointe à la division italienne, fera une force de 16 à 17,000 hommes, qui se rendra sans délai à Perpignan pour pousser vigoureusement la guerre d'Espagne. Donnez à la division française une compagnie de sapeurs, des officiers du génie et tout ce qu'il faut pour faire la guerre.

Il n'y a rien en réalité à craindre de l'Autriche, puisque, le cas arrivant, je fais cause commune avec la Russie, et que cette puissance courrait à sa perte. Il est évident que ses mouvements sont plutôt dirigés par la peur que par toute autre cause. D'ailleurs, un pareil nombre de troupes va se rendre du royaume de Naples dans le royaume d'Italie.

NAPOLÉON.

D'après la copie comm. par S. A. I. Mme la duchesse de Leuchtenberg.

14250. — NOTE POUR MM. PRONY ET SGANZIN,

INSPECTEURS GÉNÉRAUX DES PONTS ET CHAUSSÉES.

Nantes, 11 août 1808.

Sa Majesté désire que MM. les inspecteurs généraux des ponts et chaussées s'occupent des objets ci-après :

La navigation de la Loire depuis Nantes jusqu'à la mer;

L'établissement du port projeté pour la construction des vaisseaux de guerre;

Les réparations à faire à l'écluse et à la digue de Vertoux, à l'embouchure de la Sèvre;

Les desséchements les plus importants à faire dans le département de la Loire-Inférieure, notamment le lac de Grandlieu;

Les demandes faites dans le département de la Vendée pour rendre navigables trois ou quatre rivières; savoir quelles sont celles dont il convient de s'occuper, soit à raison de l'utilité et de la facilité de la navigation, soit à raison des travaux déjà faits;

Le système de desséchement des marais à établir, soit pour rendre des terrains à la culture, soit pour améliorer les parties déjà conquises sur les eaux; l'île de Bouin doit être l'objet d'une attention particulière;

Les travaux à faire à l'île de Noirmoutier;

La situation des travaux du port des Sables et les nouveaux travaux qui peuvent être nécessaires dans ce port.

Sa Majesté désire sur les deux derniers objets des rapports particuliers.

D'après la minute. Archives de l'Empire.

14251. — A ALEXANDRE, PRINCE DE NEUCHÂTEL,
MAJOR GÉNÉRAL DE LA GRANDE ARMÉE, À PARIS.

Saint-Cloud, 15 août 1808.

Mon Cousin, vous trouverez ci-joint copie de deux lettres d'officiers espagnols, qui ont été interceptées. Envoyez-les au prince de Ponte-Corvo, et faites-lui connaître que je suppose qu'il aura fait toutes ses dispositions, soit pour diviser le corps de troupes espagnoles, soit pour l'éloigner entièrement des côtes; que, s'il ne l'a pas fait, il le fasse sans délai, car les publications vont avoir lieu en France, et cette division se portera à quelques excès sans cette précaution. Il ne faut pas se reposer sur ce que dira le général; la division s'insurgera malgré lui, et lui-même n'y pourra rien.

NAPOLÉON.

D'après l'original. Dépôt de la guerre.

14252. — A ALEXANDRE, PRINCE DE NEUCHÂTEL,
MAJOR GÉNÉRAL DE LA GRANDE ARMÉE, À PARIS.

Saint-Cloud, 16 août 1808.

Mon Cousin, vous donnerez l'ordre, au reçu de la présente, que la division Oudinot, infanterie, cavalerie et artillerie, se dirige sur Glogau.

où elle tiendra garnison et fera partie du corps du maréchal Davout. La ville de Danzig sera gardée, 1° par un bataillon de dépôt de la division Oudinot, par les hommes éclopppés qui ne pourront pas partir; 2° par un régiment de cavalerie et un d'infanterie que le maréchal Soult a sur la Vistule. Vous ordonnerez de plus que deux régiments d'infanterie polonaise, un régiment de Saxons et un régiment de cavalerie polonaise ou saxonne partent sans délai du duché de Varsovie pour se rendre à Danzig, dont ils formeront la garnison définitive. Après l'entrée à Danzig d'un régiment du maréchal Soult, la division Oudinot devra en partir sans délai. Vous donnerez l'ordre au maréchal Davout de porter son quartier général à Breslau. Vous lui ferez connaître qu'indépendamment de la Pologne son commandement s'étend à toute la Silésie, mais que Küstrin cesse d'en faire partie; que mon intention est, en conséquence, que ses trois divisions entrent toutes les trois en Silésie, ce qui, avec le corps du général Oudinot, portera son corps d'armée à quatre divisions. Il pourra cependant laisser un régiment de cavalerie et un régiment d'infanterie française à Varsovie. Les troupes saxonnes et polonaises formeront la garde de Thorn et de Praga. Il tiendra toujours deux divisions polonaises prêtes à le joindre, si cela était nécessaire, ou à entrer en Galicie. Lorsqu'une partie du corps du maréchal Davout sera arrivée, le 5ᵉ corps se dirigera sur Baireuth. On laissera le maréchal Davout maître de diriger ce mouvement.

Vous ferez connaître au maréchal Soult qu'il doit porter son quartier général à Berlin; que son commandement est augmenté de toute la Prusse, y compris Küstrin, où il faut qu'il fasse mettre garnison, le corps du maréchal Davout se concentrant tout en Silésie. Vous ferez connaître à ces deux maréchaux que jusqu'à cette heure je suis au mieux avec la Russie; que l'Autriche proteste qu'elle veut rester en paix; que cependant il faut avoir les yeux ouverts; qu'à présent ces deux maréchaux ont entre eux deux tout le pays conquis au delà de l'Elbe, qu'ainsi ils peuvent facilement se concerter.

P. S. Donnez l'ordre à la division de dragons de Lahoussaye, qui est à Berlin, de se rendre à Mayence, où elle sera dirigée sur Bayonne; ce qui fera trois divisions de dragons.

NAPOLÉON.

D'après l'original. Dépôt de la guerre.

14253. — NOTE POUR LE PRINCE DE NEUCHÂTEL,
MAJOR GÉNÉRAL, À PARIS.

Saint-Cloud, 16 août 1808.

Le major général écrira au général Belliard que je ne conçois pas ce qui peut obliger à évacuer ainsi l'Espagne, sans avoir vu l'ennemi, sans essayer de le battre; qu'il y a une ignorance complète de la guerre à faire sans motif une retraite aussi précipitée; qu'après avoir donné légèrement l'ordre au général Verdier d'évacuer Saragosse, ce qui a empêché de prendre cette place, on lui ordonne de continuer le siége lorsqu'il n'a plus de moyens, et on le laisse actuellement sans ordres. On finira par compromettre ce corps, si nécessaire pour conserver Pampelune et la Navarre.

Comment peut-on parler d'évacuer Burgos, quand on ne sait pas encore si l'ennemi est entré à Madrid? et quel est le militaire, qui a fait six mois la guerre, qui ne sente que dans une position pareille on doit se prémunir contre les rapports qui voient l'ennemi partout et avec une grosse loupe? C'est avec le corps du maréchal Bessières renforcé, c'est avec une armée de 30 à 40,000 hommes, qu'on évacue ainsi, à marches précipitées, sans savoir où est l'ennemi! Si on se laisse acculer dans les défilés de la Biscaye, on choisira pour faire la guerre le terrain le plus avantageux à l'ennemi et le plus défavorable à l'armée.

Pourquoi dit-on au Roi que le général Castaños est à Valladolid, lorsqu'on n'a pas de preuve qu'il soit encore à Madrid? Pourquoi dit-on qu'il y a 40,000 insurgés qui pressent le général Verdier à Saragosse, quand des lettres du 10, de ce général, annoncent qu'il est dans la place, et qu'il n'a que 5 à 6,000 hommes autour de lui?

Qu'est-ce que c'est que ce projet de faire marcher le maréchal Bessières sur Frias, en étendant sa droite sur Bilbao ou Santander? Est-ce qu'on a adopté le système des cordons? Est-ce qu'on veut empêcher la contrebande de passer ou l'ennemi? Ne sait-on pas que de Frias à Bilbao et Santander il y a quatre ou cinq jours de marche? Qui est-ce qui peut conseiller au Roi de faire des cordons? Après dix années de guerre doit-on revenir à ces bêtises-là?

Il faut que la lettre du major général porte sur les cordons, et sur la timidité qui paraît diriger toutes les opérations, très-propre à enhardir l'ennemi et à décourager entièrement l'armée.

D'après la minute. Archives de l'Empire.

14254. — EXTRAIT
D'UNE DÉPÊCHE DE M. DE CHAMPAGNY AU GÉNÉRAL ANDRÉOSSY, AMBASSADEUR A VIENNE [1].

Paris, 16 août 1808.

..... L'audience que l'Empereur a donnée hier au corps diplomatique a été remarquable par un très-long entretien de Sa Majesté avec l'ambassadeur d'Autriche, dont je voudrais pouvoir vous faire connaître au moins la substance.

« L'Autriche veut donc nous faire la guerre, ou elle veut nous faire « peur? » M. de Metternich a protesté des intentions pacifiques de son gouvernement. « Si cela est ainsi, pourquoi vos immenses préparatifs?» — « Ils sont purement défensifs, » a répondu M. de Metternich. — « Mais qui vous attaque, pour songer ainsi à vous défendre? Qui vous « menace, pour vous faire penser que vous serez bientôt attaqués? Tout « n'est-il pas paisible autour de vous? Depuis la paix de Presbourg y a-t-il « entre vous et moi le plus léger différend? Ai-je élevé quelque préten-« tion alarmante pour vous? Toutes nos relations n'ont-elles pas été « extrêmement amicales? Et cependant vous avez jeté tout d'un coup un « cri d'alarme; vous avez mis en mouvement toute votre population: « vos princes ont parcouru vos provinces; vos proclamations ont appelé

---

[1] L'importance de la conversation reproduite par ce document a déterminé la Commission à le comprendre dans son recueil. Il est d'ailleurs probable que l'Empereur a revu lui-même la dépêche envoyée à Vienne par son ministre des relations extérieures.

« le peuple à la défense de la patrie. Vos proclamations, vos mesures,
« sont celles que vous avez employées lorsque j'étais à Leoben. Si ce
« n'avait été qu'une organisation nouvelle, vous l'auriez exécutée avec
« plus de lenteur, sans bruit, sans dépenses, sans exciter au dedans une
« si prodigieuse fermentation, au dehors une si vive alarme. Et vos me-
« sures ne sont pas purement défensives. Vous ajoutez à chacun de vos
« régiments 1,300 hommes. Votre milice vous donnera 400,000 hommes
« disponibles. Ces hommes sont enrégimentés et exercés ; une partie est
« habillée ; vos places sont approvisionnées. Enfin, ce qui est pour moi
« l'indice sûr d'une guerre qu'on prépare, vous avez fait acheter des che-
« vaux : vous avez maintenant 14,000 chevaux d'artillerie. Au sein de la
« paix on ne fait pas cette énorme dépense ; elle s'est accrue de tout ce
« que vous a coûté votre organisation militaire. Les hommes que vous
« exercez, vous leur donnez une indemnité pécuniaire ; vous en habillez
« une partie ; vous avez fourni des armes. Rien de tout cela n'a pu être
« fait sans de très-grands frais ; et cependant vous-même vous convenez
« du mauvais état de vos finances ; votre change, déjà si bas, a encore
« baissé ; les opérations de votre commerce en ont souffert. Serait-ce
« donc sans but que vous auriez bravé ces inconvénients ?

« Ne dites pas que vous avez été obligés de pourvoir à votre sûreté.
« Vous convenez que toutes nos relations ont été amicales ; vous savez
« que je ne vous demande rien, que je ne prétends rien de vous, et que
« même je regarde la conservation de votre puissance dans l'état actuel
« comme utile au système de l'Europe et aux intérêts de la France. J'ai
« fait camper mes troupes pour les tenir en haleine. Elles ne campent
« point en France, parce que cela est trop cher ; elles campent en pays
« étranger, où cela est moins dispendieux. Mes camps ont été disséminés ;
« aucun ne vous menaçait. Je n'aurais pas campé si j'avais eu des vues
« contre vous. Dans l'excès de ma sécurité, j'ai démantelé toutes les
« places de la Silésie. Certes, je n'aurais pas eu de camps, si j'avais prévu
« qu'ils pussent vous alarmer. Un seul mot de vous aurait suffi pour les
« faire dissoudre. Je suis prêt à les lever, si cela est nécessaire à votre
« sécurité. »

M. de Metternich ayant observé qu'on n'avait fait en Autriche aucun mouvement de troupes, l'Empereur a repris : « Vous vous trompez; vous « avez retiré vos troupes des lieux où elles pouvaient vivre avec moins de « frais; vous les avez concentrées sur Cracovie pour être en état de me- « nacer au besoin la Silésie. Votre armée est toute réunie et elle a pris « une position militaire. Cependant que prétendez-vous? Voulez-vous me « faire peur? vous n'y réussirez pas. Croyez-vous la circonstance favorable « pour vous? vous vous trompez. Ma politique est à découvert parce « qu'elle est loyale et que j'ai le sentiment de mes forces. Je vais tirer « 100,000 hommes de mes troupes d'Allemagne pour les envoyer en « Espagne, et je serai encore en mesure avec vous. Vous armez, j'arme-« rai. Je lèverai, s'il le faut, 200,000 hommes; vous n'aurez pour vous « aucune puissance du continent. L'empereur de Russie, j'oserais presque « vous le déclarer en son nom, vous engagera à rester tranquilles: déjà « il est peu satisfait de vos relations avec les Serviens, et, comme moi « aussi, il peut se croire menacé par vos préparatifs.

« Cependant votre empereur ne veut pas la guerre, je le crois; je « compte sur la parole qu'il m'a donnée lors de notre entrevue. Il ne peut « avoir de ressentiment contre moi. J'ai occupé sa capitale, la plus grande « partie de ses provinces, et presque tout lui a été rendu. Je n'ai même « conservé Venise que pour laisser moins de sujets de discorde, moins de « prétextes à la guerre. Croyez-vous que le vainqueur des armées fran-« çaises, qui aurait été maître de Paris, en eût agi avec cette modération? « Non, votre empereur ne veut pas la guerre: votre ministère ne la veut « pas: les hommes distingués de votre monarchie ne la veulent pas; et « cependant le mouvement que vous avez imprimé est tel que la guerre « aura lieu malgré vous et malgré moi. Vous avez laissé croire que je « vous demandais des provinces, et votre peuple, par l'effet d'un mouve-« ment national et généreux que je suis loin de blâmer, s'est indigné: il « s'est porté à des excès; il a couru aux armes. Vous avez fait une pro-« clamation pour défendre de parler de guerre; mais votre proclamation « était vague; on a pensé qu'elle était commandée par la politique; et, « comme vos mesures étaient en opposition avec votre proclamation, on

« a cru à vos mesures et non à votre proclamation. De là, l'insulte faite à
« mon consul à Trieste par un rassemblement de votre nouvelle milice;
« de là, l'assassinat de trois de mes courriers se rendant en Dalmatie.
« Encore des insultes semblables, et la guerre est inévitable; car on peut
« nous tuer, mais non nous insulter impunément. C'est ainsi que les
« instigateurs des troubles de toute l'Europe poussent sans cesse à la
« guerre; c'est ainsi qu'ils ont amené la guerre par l'insulte faite au géné-
« ral Bernadotte. Des intrigues particulières vous entraînent là où vous
« ne voulez pas aller. Les Anglais et leurs partisans dictent toutes ces
« fausses mesures; déjà ils s'applaudissent de l'espérance de voir de
« nouveau l'Europe en feu; leurs actions ont gagné cinquante pour cent
« par le mouvement que vous venez de donner à l'Europe; ce sont eux
« que j'en accuse; ce sont eux qui font qu'un Français ne peut paraître
« aux eaux de Bohême sans y être insulté. Comment tolérez-vous cette
« licence? Vous donne-t-on en France de pareils exemples? Vos consuls,
« vos voyageurs, ne sont-ils pas accueillis et respectés? La plus légère
« insulte qui leur serait faite serait punie d'une manière éclatante. Je
« vous le répète, vous êtes entraînés, et, malgré vous, la fermentation
« de votre peuple, imprudemment excitée, et les intrigues des partisans
« des Anglais et de quelques membres de l'Ordre équestre qui ont porté
« chez vous l'amertume de leurs regrets, vous mèneront à la guerre.
« L'empereur de Russie peut-être l'empêchera en vous déclarant d'une
« manière ferme qu'il ne la veut pas et qu'il sera contre vous; mais, si ce
« n'est qu'à son intervention que l'Europe doit la continuation de la paix,
« ni l'Europe ni moi ne vous en aurons l'obligation; et, ne pouvant vous
« regarder comme mes amis, je serai certainement dispensé de vous ap-
« peler à concourir avec moi aux arrangements que peut exiger l'état de
« l'Europe.

« En attendant, qu'arrivera-t-il? Vous avez levé 400,000 hommes : je
« vais en lever 200,000. La Confédération, qui avait renvoyé ses troupes,
« va les réunir et faire des levées. L'Allemagne, qui commençait à respirer
« après tant de guerres ruineuses, va voir de nouveau rouvrir toutes ses
« blessures. Je rétablirai les places de Silésie au lieu d'évacuer cette pro-

« vince et les états prussiens, comme je me le proposais. L'Europe sera
« sur pied. Les armées seront en présence, et le plus léger incident amè-
« nera le commencement des hostilités.

« Vous dites que vous avez une armée de 400,000 hommes, ce qui
« est plus considérable que dans aucun temps de votre monarchie. Vous
« voulez la doubler : on suivra cet exemple. Bientôt il faudra armer jus-
« qu'aux femmes. Dans un tel état de choses, lorsque tous les ressorts
« seront aussi tendus, la guerre deviendra désirable pour amener un
« dénoûment. C'est ainsi que, dans le monde physique, l'état de souffrance
« où est la nature à l'approche d'un orage fait désirer que l'orage crève
« pour détendre les fibres crispées et rendre au ciel et à la terre une
« douce sérénité. Un mal vif, mais court, vaut mieux qu'une souffrance
« prolongée.

« Cependant, toutes les espérances de paix maritime s'évanouissent.
« Les mesures fortes prises pour l'obtenir deviennent sans effet. Les An-
« glais sourient à la pensée de la discorde rallumée de nouveau sur le
« continent, et se reposent sur elle de la défense de leurs intérêts.

« Voilà les maux que vous avez produits, et, je crois, sans en avoir
« l'intention. Mais, si vos dispositions sont aussi pacifiques que vous le
« dites, il faut vous prononcer; il faut contremander des mesures qui ont
« excité une si dangereuse fermentation; il faut, à ce mouvement involon-
« tairement excité, opposer un mouvement contraire, et, lorsque, depuis
« Pétersbourg jusqu'à Naples, il n'a été question que de la guerre que
« l'Autriche allait faire, que tous vos négociants l'annonçaient comme
« certaine, il faut, dis-je, que toute l'Europe soit convaincue que vous
« voulez la paix. Il faut que toutes les bouches proclament vos disposi-
« tions pacifiques justifiées par vos actes comme par vos discours. De mon
« côté, je vous donnerai toute la sécurité que vous pouvez désirer. »

Archives des affaires étrangères.

14255. — NOTE POUR LE MINISTRE DES FINANCES.

Saint-Cloud, 17 août 1808.

Sa Majesté désire que le ministre fasse faire par des hommes pratiques un travail sur les moyens à prendre pour régulariser ses voyages dans l'intérieur de l'Empire. La méthode actuelle, c'est-à-dire celle de la poste et de l'appel des chevaux de tournée, est vicieuse sous plusieurs rapports : 1° on désorganise le service public des routes où passe Sa Majesté et de toutes les routes voisines; 2° il y a des chevaux de tournée dont le déplacement est de 80 et même de 100 lieues; 3° le service se fait mal; les voitures de Sa Majesté sont menées lentement, parce que les chevaux, lorsqu'ils arrivent aux relais, sont déjà harassés; 4° dans le dernier voyage de Sa Majesté, il fallait à chaque relai de 50 à 55 chevaux; il n'en aurait pas fallu 40 si les postes n'avaient pas été désorganisées, parce que, plusieurs routes se dirigeant vers le même point, elles auraient pu être suivies par les accessoires de son service.

Sa Majesté désire savoir si elle aurait pu faire demander aux préfets 40 chevaux par relai sur la route de Paris à Bordeaux; à combien se serait élevée la dépense en payant ces chevaux au taux du pays, et enfin, dans les localités où on n'aurait pas pu avoir 40 chevaux, quelles précautions on aurait pu prendre pour y suppléer, et quelle aurait été l'augmentation de la dépense.

La difficulté que l'on pourrait trouver à avoir de bons postillons et assez de harnais pour que Sa Majesté n'attendît point aux relais serait facilement levée, attendu que les écuries de Sa Majesté fourniraient facilement les postillons et les harnais nécessaires.

D'après l'original. Archives de l'Empire.

14256. — NOTE POUR LES MINISTRES DE LA GUERRE
ET DE L'ADMINISTRATION DE LA GUERRE.

Saint-Cloud, 17 août 1808.

Le 1er corps de la Grande Armée, le 5e et le 6e corps, la 3e division de dragons du général Milhaud, la 1re division de dragons commandée par le général Latour-Maubourg, la 4e division de dragons du général Lahoussaye, ont l'ordre de se diriger sur Mayence, excepté la 3e division de dragons, qui se dirige sur Wesel. Faire connaître les directions.

Ces corps d'armée et ces divisions de cavalerie marcheront avec leurs états-majors, leur artillerie, le génie, sapeurs, administrations, équipages militaires, commissaires des guerres, inspecteurs aux revues, officiers de santé, ambulances, et enfin tout ce qui compose leur organisation complète.

Faire connaître à l'Empereur les routes que ces corps tiendront en partant de Mayence pour se rendre à Bayonne. Faire connaître quelles sont les villes sur cette route où l'on peut faire diriger ce qui est aux dépôts des régiments composant les corps d'armée et les divisions de dragons ci-dessus désignées, afin que ces corps en passant trouvent tout ce qui leur serait envoyé de leurs dépôts pour les compléter autant qu'il sera possible.

Indépendamment de ces trois corps d'armée, quatre régiments d'infanterie et un régiment de dragons ont ordre de se diriger sur Wesel et de là sur Paris, savoir : les 32e, 58e, 28e, 75e de ligne et 5e de dragons.

On fera par avance les dispositions pour que ces troupes, arrivées à Paris, forment une division; on préparera à l'avance ce qui lui est nécessaire; on désignera un général de division, deux généraux de brigade, un adjudant-commandant, trois capitaines adjoints à l'état-major, un commissaire des guerres, un inspecteur aux revues, des ambulances, des administrations, et enfin tout ce qui est nécessaire pour l'entière organisation d'une division de l'armée, douze pièces d'artillerie attelées, les caissons, le personnel d'artillerie et celui du génie.

On fera des dispositions pour activer la marche des quatre régiments d'infanterie qui viennent de Wesel, de manière qu'ils arrivent à Paris à peu près le même jour; en conséquence, la marche des derniers régiments se fera en poste, d'après les distances calculées, afin qu'ils puissent atteindre les premiers régiments et arriver à peu près en même temps qu'eux à Paris.

On préviendra le maréchal Kellermann qu'un régiment de Nassau, un régiment de Hesse-Darmstadt, un régiment de Baden, un régiment du prince Primat, formant environ 6,000 hommes, doivent être dirigés sur Mayence et Strasbourg; on lui donnera l'ordre de les diriger sans délai sur Metz, aussitôt leur arrivée. Le maréchal Kellermann ne réexpédiera le courrier porteur de la dépêche qu'en faisant connaître le jour de l'arrivée de ces corps, leur situation, l'état de leur armement, habillement, équipement et le présent sous les armes.

On préviendra le maréchal Kellermann de l'arrivée à Mayence de la division polonaise, forte d'environ 10,000 hommes, venant du duché de Varsovie. On lui fera connaître que cette division manque de fusils, qu'il faut la réarmer complètement à son passage à Mayence; qu'en conséquence il doit envoyer au-devant de ces troupes un officier pour connaître leurs besoins en armement et leurs autres besoins, afin que les moyens d'y pourvoir soient préparés à l'avance à Mayence, qu'ils y reçoivent des fusils et tous autres objets d'armement et d'équipement, en sorte que rien ne les retarde.

On prendra des mesures pour presser la marche de ces divisions, allemande et polonaise, sur Metz, où elles recevront de nouveaux ordres.

On ne perdra pas de vue la marche de la division allemande ni celle de la division polonaise, afin de prendre les ordres de l'Empereur. On s'informera du personnel et du matériel de l'artillerie qu'elles mènent avec elles, afin qu'à Metz on puisse leur envoyer des ordres pour se diriger sur Bayonne. On désignera à l'avance un général français, parlant allemand, pour commander la division allemande. On préparera à Metz tout ce qui est nécessaire en administrations pour organiser parfaitement ces divisions.

Artillerie. — L'artillerie attachée au corps d'armée et aux divisions de dragons marche avec ces corps, personnel et matériel. Il serait peut-être d'une bonne administration de faire aller à Bayonne le plus de chevaux haut-le-pied qu'il serait possible, c'est-à-dire tous ceux des caissons que l'on pourrait laisser à Mayence, mais pour cela il faudrait être sûr de trouver à Bayonne le remplacement de ces caissons, qui auraient l'avantage d'être tous en bon état, au lieu de ceux venant de la Grande Armée, qui seraient fatigués par la longueur de la route.

Donner des ordres pour avoir à Bayonne 4 millions de cartouches, 200 milliers de poudre, 20,000 coups de canon, 20,000 outils de pionniers, des affûts de rechange et des roues en quantité raisonnable.

Former à Bayonne un équipage de siége composé ainsi qu'il suit : douze pièces de 24, courtes, approvisionnées à 500 coups par pièce, dont 250 coups seront portés sur des voitures attelées; douze obusiers de 6 pouces, indépendamment de ceux de l'équipage de campagne, approvisionnés également à 500 coups; six mortiers à la Gomer de 8 pouces avec 500 bombes par mortier; y réunir aussi de la roche à feu et autres moyens incendiaires. On ne parle pas d'envoyer des fusils à Bayonne, parce qu'il s'y trouve une grande quantité de bons fusils espagnols. Toute cette artillerie doit être attelée; on présentera à l'Empereur les mesures d'exécution.

On réunira à Perpignan et Bellegarde 2 millions de cartouches, 10,000 coups de canon, 5 à 6,000 outils, 6,000 fusils, indépendamment de ce qui appartient déjà au corps d'armée du général Reille et de ce qui arrive avec les divisions Souham et Pino.

Génie. — Le personnel et le matériel du génie des corps de la Grande Armée marchent avec eux. On donnera des ordres pour réunir à Bayonne sans délai deux compagnies de mineurs avec les équipages de mineurs. On enverra également à Bayonne la valeur d'un bataillon de sapeurs, et enfin une quantité d'officiers du génie suffisante, y compris ceux venant avec les corps de la Grande Armée. On réunira à Perpignan et Bellegarde le cinquième de ce qui est dit ci-dessus pour Bayonne.

Corps d'armée de Catalogne. — Il existe en Catalogne la division italienne du général Lechi, la division du général Chabran, la division aux ordres du général Reille.

Donner l'ordre au général Saint-Cyr de se rendre en Catalogne pour prendre le commandement de la division du général Pino, venant d'Italie, et de celle du général Souham.

Les deux divisions du corps du général Duhesme ont déjà leur artillerie.

Le général Reille doit avoir douze pièces attelées. Les fonds étaient faits au général Lacombe Saint-Michel pour l'achat des chevaux nécessaires.

La division du général Pino et celle du général Souham ont amené avec elles leur artillerie, ainsi que leurs sapeurs.

On nommera pour le corps du général Saint-Cyr un commandant de l'artillerie et un commandant du génie.

Transports militaires. — Les trois corps de la Grande Armée arrivent avec leurs bataillons des équipages militaires. M. Daru a reçu l'ordre de les faire partir au complet, et, si ces bataillons avaient des détachements au parc général de l'armée, il a été ordonné de les faire rejoindre.

Deux autres bataillons de transports militaires se trouvent à Sampigny; l'intention de l'Empereur est qu'on les dirige sur Poitiers, et que là on achète 1,200 mulets. Ces 300 voitures, qui porteront 300,000 rations de vivres, seront attachées au parc général de l'armée d'Espagne. Ces caissons attelés seront en conséquence dirigés sur Bayonne.

Vivres. — On donnera des ordres pour avoir à Bayonne, et pour y maintenir successivement à mesure des consommations, 500,000 rations de biscuit.

On fera un approvisionnement d'une quantité de farine suffisante.

On fera acheter dans la Vendée les avoines, les blés et les bœufs qui y sont en abondance et à un très-bas prix.

On observe qu'il faut à Bayonne une grande quantité d'avoine, en calculant les chevaux d'artillerie et les corps de cavalerie qui y passent.

Habillement. — Les troupes arrivant de la Grande Armée sont habillées; mais on donnera des ordres pour que les effets d'habillement et les souliers qui sont aux dépôts des régiments de ces corps d'armée soient envoyés dans une ville sur la route de Mayence à Bayonne, afin que les différents corps prennent ces effets à leur passage.

Indépendamment de ce qui sera fourni par les dépôts des corps, on fera confectionner de suite, tant à Bayonne qu'à Bordeaux, où l'on y enverra de Paris, 10,000 gibernes, 10,000 shakos, 10,000 paires de guêtres, 60,000 capotes, 60,000 paires de souliers, 60,000 chemises. Tous ces effets devront exister en magasin à Bayonne le 1er octobre.

On fera des dispositions pour que le quart des objets ci-dessus soit également en magasin à Perpignan.

Il va arriver à Bayonne environ 1,000 à 1,200 hommes de troupes à cheval, démontés et presque nus. On donnera des ordres pour qu'ils soient réunis à Pau, où il sera formé un dépôt. Ce dépôt sera sous les ordres du général Trelliard, qui recevra à cet effet l'ordre de se rendre à Bayonne et à Pau, pour y remonter et organiser ces hommes démontés. A cet effet, le général Trelliard sera autorisé à acheter 200 chevaux de cuirassiers, 200 chevaux de dragons, 400 chevaux de chasseurs ou hussards. On enverra de Paris à Pau les selles, et on fera confectionner à Pau ou dans les environs les bottes et autres objets. On enverra à Bayonne les armes nécessaires pour réarmer ces hommes. Ces hommes de cavalerie doivent être remontés, habillés et armés en octobre.

On donnera l'ordre au général Belliard d'envoyer les hommes de cavalerie à pied à Bayonne et de là à Pau.

Les dépôts d'infanterie de l'armée d'Espagne seront à Bayonne sous les ordres du général Drouet, qui prendra toutes les mesures pour les faire promptement habiller, équiper et réarmer.

Il sera également formé un petit dépôt de cavalerie à Perpignan, comme celui de Pau, pour remonter et réarmer les hommes de cavalerie des corps d'armée qui sont en Catalogne.

Dispositions générales. — L'intention de l'Empereur est que les régiments d'infanterie et de cavalerie du corps du maréchal Davout, du corps du maréchal Soult et enfin des corps de la Grande Armée qui rentrent en France, tant infanterie que cavalerie, soient complétés autant qu'il sera possible et dans le moindre délai.

On fera dresser un état qui fasse connaître tout ce que ces différents corps peuvent avoir de disponible dans les dépôts, afin que Sa Majesté détermine la force des détachements qu'il sera dans son intention de faire partir des dépôts pour renforcer les bataillons et escadrons de guerre.

En résumé, le corps du maréchal Davout restera composé de 63 bataillons et 56 escadrons de troupes françaises, indépendamment des troupes polonaises et saxonnes; celui du maréchal Soult, de 47 bataillons et

68 escadrons de troupes françaises; total des deux corps au delà du Rhin, 110 bataillons et 124 escadrons de troupes françaises, non compris le corps du prince de Ponte-Corvo, composé de 13 bataillons et 10 escadrons de troupes françaises, indépendamment des troupes espagnoles et hollandaises.

On fera un nouvel état de l'armée d'Espagne en deux parties, la première de ce qui y reste dans ce moment, la deuxième de toutes les troupes qui la composeront au 15 octobre.

NAPOLÉON.

D'après la copie. Dépôt de la guerre.

14257. — A EUGÈNE NAPOLÉON,
VICE-ROI D'ITALIE, À MILAN.

Saint-Cloud, 17 août 1808.

Mon Fils, je désire rappeler Lauriston près de moi; qu'il parte sous huit ou dix jours et vienne à Paris. Faites-moi connaître qui doit le remplacer dans son gouvernement.

Le ministre de la guerre vous envoie l'ordre d'envoyer sur Perpignan un des bataillons du train qui sont à l'armée d'Italie, complété à 1,100 chevaux avec leurs harnais. J'autorise l'achat de 1,000 chevaux pour qu'il y ait toujours à cette armée le même nombre de 2,400 chevaux. Dirigez ce bataillon par la route la plus courte sur Perpignan. Je suppose que la division Pino, la division Souham, bien outillées et en bon état, sont parties; ajoutez-y trois bons escadrons français, complétés à 800 hommes.

Les affaires d'Espagne deviennent sérieuses; les Anglais ont débarqué dans ce pays plus de 40,000 hommes.

J'ai ordonné que deux régiments français se rendissent de Naples à Rome; ils y tiendront garnison et remplaceront les troupes qui y sont. 500 chevaux se rendent également de Naples à Rome. La Russie ayant reconnu le roi d'Espagne, et ayant déclaré qu'elle ferait cause commune avec moi si l'Autriche faisait la guerre, il y a peu de probabilité que cette dernière puissance bouge. Vous verrez incessamment les publications au Sénat, par lesquelles j'appelle 200,000 hommes.

J'autorise Sorbier à se rendre près de vous pour être employé comme vous le jugerez convenable; écrivez-lui à cet effet. Redoublez d'activité pour la police; si vous n'êtes pas content de votre directeur de police, nommez-en un autre. Il faut user de beaucoup de sévérité, car les Anglais jettent du trouble partout.

Vous verrez ces jours-ci dans *le Moniteur* les pièces relatives aux affaires d'Espagne. Mes troupes y ont été victorieuses partout, hormis dans un malheureux endroit, où Dupont a fait de grandes fautes et gâté mes affaires dans ce pays.

NAPOLÉON.

D'après la copie comm. par S. A. I. Mme la duchesse de Leuchtenberg.

14258. — A LOUIS NAPOLÉON, ROI DE HOLLANDE,
À LA HAYE.

Saint-Cloud, 17 août 1808.

Je reçois votre lettre relative à l'ouverture qu'a faite le sieur la Rochefoucauld. Il n'a été autorisé à la faire qu'indirectement. Puisque cet échange ne vous plaît pas, il n'y faut plus penser. Il était inutile de me faire un étalage de principes, puisque je n'ai point dit que vous ne deviez pas consulter la nation. Des Hollandais instruits m'avaient fait connaître qu'il serait indifférent à la Hollande de perdre le Brabant, semé de places fortes qui coûtent beaucoup, qui a plus d'affinité avec la France qu'avec la Hollande, en l'échangeant contre des provinces du nord, riches et à votre convenance. Encore une fois, puisque cet arrangement ne vous plaît pas, c'est une affaire finie. Il était inutile de m'en parler, puisque le sieur la Rochefoucauld n'a eu ordre que de sonder le terrain.

NAPOLÉON.

D'après l'original comm. par S. M. l'Empereur Napoléon III.

14259. — A JÉRÔME NAPOLÉON, ROI DE WESTPHALIE,
À CASSEL.

Saint-Cloud, 17 août 1808.

Mon Frère, les Anglais débarquent près de 40,000 hommes en Espagne et en Portugal. Des fautes multipliées du général Dupont m'y ont fait essuyer un échec. J'y marcherai bientôt moi-même. Une partie de la Grande Armée est en marche pour s'y rendre. Je désire qu'au reçu de la présente vous fassiez partir 500 chevaux et un bataillon d'un millier d'hommes d'infanterie commandés par un bon officier supérieur, lesquels se dirigeront en droite ligne de Cassel sur Metz, où ils recevront de nouveaux ordres. Vous continuerez à être chargé de la solde et de la masse d'entretien de ces troupes; je me charge de leur nourriture. J'attache une grande importance au prompt envoi de ces troupes; mais composez-les de bons soldats. Vous me ferez connaître le jour où elles passeront le Rhin.

NAPOLÉON.

D'après la copie comm. par S. A. I. le prince Jérôme.

14260. — A JOACHIM NAPOLÉON, ROI DES DEUX-SICILES,
À BARRÈGES.

Saint-Cloud, 18 août 1808.

Je vous ai donné le commandement de mon armée de Naples. Je ne vois pas d'inconvénient que le général Reynier soit ministre de la guerre, si cela vous convient. Vous pouvez passer par Milan.

Vous ne pouvez voir le Pape que lorsqu'il vous aura reconnu.

Avant de lever de nouvelles troupes, il faut savoir si vous avez de l'argent.

Il n'y a rien à faire pour l'Archipel, où nous sommes en paix avec la Porte.

Je verrai avec plaisir que vous partiez le plus tôt possible.

D'après la minute. Archives de l'Empire.

14261. — A M. MOLLIEN,
MINISTRE DU TRÉSOR PUBLIC, À PARIS.

Saint-Cloud, 19 août 1808.

Monsieur Mollien, il est nécessaire qu'à compter du 1er août vous ne payiez plus au grand-duc de Berg ni traitement de grand amiral, ni traitement de maréchal, ni aucun autre traitement, sous quelque prétexte que ce soit.

NAPOLÉON.

D'après l'original comm. par Mme la comtesse Mollien.

14262. — AU GÉNÉRAL CLARKE,

MINISTRE DE LA GUERRE, À PARIS.

Saint-Cloud, 19 août 1808.

J'ai reçu votre rapport du 8 août. Indépendamment du 1er et du 6e corps de la Grande Armée, le 5e doit également venir à Mayence, et de là à Bayonne. Je désirerais que ces trois corps suivissent tous trois la route la plus courte, c'est-à-dire celle de Metz; je ne pense pas qu'il y ait d'inconvénient, puisque ces corps marcheront à plusieurs jours de distance l'un de l'autre. Le 6e arrivera au moins six jours après le 1er, et le 5e six ou huit jours après le 6e.

Le 1er régiment de marche, appartenant au 1er corps, qui est à Wesel et qui forme 1,500 hommes, pourra se diriger sur Orléans, où il sera dissous, et chaque détachement entrera dans son régiment à mesure qu'il passera. Le régiment de marche appartenant au 5e corps et formant 1,800 hommes se dirigera également sur Orléans. Ainsi la première brigade, formant 3,300 hommes, pourra marcher tout entière sur Orléans. Vous me préviendrez du jour où ces deux corps y arriveront, afin que la brigade de Wesel y arrive au moins six jours avant eux.

Ne faites rien mettre en mouvement qu'au préalable vous ne m'en ayez fait un rapport. Le 3e régiment de marche, qui appartient au 3e corps, peut se mettre en marche sans délai pour se rendre à Dresde. Présentez-moi un projet de route pour ce régiment, afin qu'il ne se rencontre pas avec les régiments qui viennent de Dresde; ce régiment se rendra en Silésie, où il sera incorporé dans le corps du maréchal Davout. Le 6e régiment de marche, qui est à Mayence, y attendra le passage du 6e corps, dans lequel il sera incorporé. Le 4e régiment de marche, qui est à Strasbourg et qui appartient au 4e corps, peut se mettre en marche pour Berlin, où il sera incorporé dans ce corps. Ainsi, de cinq régiments de marche, deux se rendront à Orléans, un attendra à Mayence, et deux se dirigeront l'un sur Dresde et l'autre sur Berlin. Tous les détachements appartenant à la division du général Oudinot doivent se diriger sur Dresde, et de là rejoindront la division à Glogau pour y être incorporés; ce qui fera un mouvement de 5 à 6,000 hommes en avant.

Je désire deux choses : 1° que vous me fassiez connaître le jour où commenceront ces mouvements, et où chaque corps se trouvera chaque jour; ne faites rien mettre en mouvement que vous ne m'en ayez soumis un rapport, de manière que les troupes ne se croisent pas en route; 2° que vous me fassiez connaître comment doivent se trouver formés les corps des maréchaux Davout et Soult et les trois corps qui viennent à Bayonne. Je désirerais, s'il était possible, que les corps des maréchaux Davout et Soult eussent chacun leurs quatre bataillons par régiment, et que les corps qui arrivent à Bayonne eussent les cadres de leurs 4es bataillons. Faites-moi connaître ce qui manque au complet de 840 hommes par bataillon, tant aux corps qui se rendent à Bayonne qu'aux corps des maréchaux Soult et Davout.

Je vois, par les rapports que vous m'avez envoyés, que les régiments appartenant au 1er corps seront à Bayonne, l'un portant l'autre, à 2,300 hommes présents, ce qui fait un effectif de 2,580; et dès lors les trois bataillons de ces régiments, lorsqu'ils entreront en Espagne, seront à leur grand complet; mais, comme je voudrais avoir les quatre bataillons, mon intention est que les cadres des 4es bataillons soient réunis à Bayonne. S'il est impossible de réunir les soldats, j'y enverrai des conscrits pour les porter à 840 hommes. Je désire que les 11 régiments du 1er corps, les 9 régiments du 6e et les 9 régiments du 5e corps, c'est-à-dire 29 régiments, entrent en Espagne dans le courant d'octobre, avec chacun trois bataillons complets, c'est-à-dire 77 bataillons[1], qui, en les supposant à 750 présents, feraient un présent sous les armes de 58,000 et un effectif de 66,000 hommes; qu'indépendamment chaque régiment ait le cadre de son 4e bataillon bien formé à Bayonne, qui recevrait chacun

[1] Ainsi dans le texte. 77 bataillons et non 87.

800 conscrits; ce qui formerait une vingtaine de mille hommes qui alimenteraient les bataillons qui seront en Espagne. Ces 20,000 hommes seront fournis par la levée que je vais faire et que j'enverrai droit à Bayonne. Tous ces régiments, étant ainsi à quatre bataillons, formeront un effectif de 80 à 90,000 hommes. Même observation pour les 4 régiments qui formeront la division Sebastiani; même observation pour les 11 régiments qui se trouvent déjà à l'armée d'Espagne.

Il est des régiments qui, par la formation des nouveaux régiments en Espagne, ont quatre compagnies de moins; cela ne doit pas empêcher de former le 4º bataillon, vu qu'alors le dépôt serait réduit aux ouvriers, au capitaine d'habillement et à quelques officiers et sous-officiers, sauf à reformer les quatre compagnies de dépôt, si je le juge nécessaire.

Ainsi donc mon intention est que les 44 régiments de ligne qui vont former l'armée d'Espagne aient leurs trois premiers bataillons en Espagne et le 4º à Bayonne pour recevoir des conscrits; le 5º bataillon au dépôt. Ceux qui n'ont que quatre bataillons n'auront à leur dépôt que des ouvriers et la valeur d'une compagnie.

Je désire la même chose pour les 16 régiments qui forment le corps du maréchal Soult, pour les 15 régiments qui forment le corps du maréchal Davout et pour les 5 régiments qui forment celui du prince de Ponte-Corvo, c'est-à-dire pour les 36 régiments qui composent l'armée d'Allemagne. Je désire qu'ils aient, à quelques exceptions près, leurs quatre bataillons en Allemagne et leurs dépôts en France, c'est-à-dire un effectif de 3,360 hommes en Allemagne, ce qui ferait un effectif de 118,000 hommes et un présent sous les armes de 110,000 hommes; ce qui, joint à la division Oudinot, ferait près de 120,000 hommes présents en Allemagne. Ce nombre ne peut être aussi complet, vu qu'il y a des dépôts qui sont en Italie, qui ont fait des détachements à l'armée de Catalogne, mais cela ne doit faire une différence que de 4 à 5 bataillons. Ces bases doivent servir de principe pour la levée de la conscription que je vais faire.

Quant à la cavalerie, la cavalerie légère des 1er, 5e et 6e corps doit suivre; les divisions de dragons de Milhaud, de Latour-Maubourg et de

Laboussaye doivent également suivre. Les détachements de cavalerie légère et de dragons dont les régiments se rendent en Espagne rejoindront leur régiment au fur et à mesure qu'ils pourront le rencontrer. Les détachements que ces mêmes régiments auraient soit aux régiments de marche de cavalerie que je viens de former, soit aux dépôts, se joindront en route, de manière à porter les régiments le plus haut possible, à 1,000 hommes si cela se peut. Enfin les régiments provisoires de cuirassiers qui sont en Espagne formeront deux régiments définitifs et recevront des numéros; ils resteront en Espagne. Tous les régiments de marche formés des détachements des régiments de cuirassiers, dragons, chasseurs, qui restent à la grande armée, se mettront en marche pour les rejoindre, mais de manière à ne pas se croiser avec les corps qui arrivent, et renforceront leurs régiments.

Il faudra également préparer en septembre ce qu'il y a de disponible, dans les dépôts en France, des régiments qui sont à la Grande Armée, pour la fortifier.

Faites-moi un rapport sur cette lettre, dimanche, au conseil.

D'après la minute. Archives de l'Empire.

14263. — AU VICE-AMIRAL DECRÈS,
MINISTRE DE LA MARINE, À PARIS.

Paris, 19 août 1808.

Avant le système du blocus, les croisières avaient moins de succès. Aujourd'hui que nous sommes en guerre avec le Brésil, probablement avec les colonies espagnoles et avec tout ce qui vient d'Angleterre, je désirerais que vingt frégates partissent, deux à deux, pour aller établir des croisières dans tous les coins de l'univers. Je désirerais qu'il en partît deux pour l'île de France, une en novembre et l'autre en février; elles y porteraient des nouvelles et des vivres. *Le Calcutta* serait envoyé à la Martinique, armé de manière à ne rien redouter d'une frégate. Les corvettes et bricks seraient envoyés à la Martinique et à la Guadeloupe. Enfin les deux flûtes qui sont au Havre seraient envoyées chargées de farine à la Guadeloupe et à la Martinique, en les armant de manière à être plus fortes qu'un brick et à pouvoir résister à une corvette. J'ai d'autres flûtes au Havre, qu'on pourrait essayer de faire partir. De telles expéditions pourraient faire beaucoup de mal à l'ennemi. En les dirigeant sur Cayenne, sur Saint-Domingue, sur la Guadeloupe et la Martinique, cela ne peut présenter que des chances de succès. On concilierait ainsi le double but à atteindre, de former des croisières et d'approvisionner les colonies.

On pourrait se proposer un troisième but, celui de reprendre les Saintes et Marie-Galante. Il faudrait pour cela une escadre supérieure à l'escadre anglaise qui est sur la Guadeloupe. Cette escadre porterait 1,500 à 2,000 hommes, prendrait ces deux îles, et, tout en suivant les croisières, reviendrait à Toulon. Faites-moi un petit rapport là-dessus. Si l'escadre de Flessingue pouvait faire ce coup, ce serait un beau début. Les huit vaisseaux, chargés chacun de 200 hommes, transporteraient 1,600 hommes: arrivés à la Guadeloupe, ils reprendraient les deux petites îles, feraient une croisière raisonnée et reviendraient à Toulon. Cela vaudrait beaucoup mieux que de désarmer devant Flessingue. Les deux frégates hollandaises y seraient jointes.

D'après la minute, Archives de l'Empire.

14264. — A ALEXANDRE, PRINCE DE NEUCHÂTEL,
MAJOR GÉNÉRAL DE LA GRANDE ARMÉE, À PARIS.

Saint-Cloud, 19 août 1808.

Mon Cousin, il faut avoir soin que les trois corps de la Grande Armée qui viennent à l'armée d'Espagne aient chacun une compagnie de pontonniers.

NAPOLÉON.

D'après l'original. Dépôt de la guerre.

14265. — AU GÉNÉRAL CLARKE,
MINISTRE DE LA GUERRE, À PARIS.

Saint-Cloud, 22 août 1808.

J'ai lu votre rapport du 19 août. Je pense qu'il est nécessaire de faire passer sans délai à Bayonne 150 caissons d'artillerie, chargés partie des différents calibres et de cartouches d'infanterie. Deuxièmement, il est nécessaire d'y faire passer 100 affûts de rechange et des roues et pièces de rechange de toute espèce, pour y organiser 200 voitures. Rien ne doit être changé aux corps qui viennent de la Grande Armée; l'artillerie doit suivre la marche de l'infanterie, et l'on ne doit se permettre aucune opération qui tendrait à retarder d'un jour la marche d'une seule voiture. L'artillerie qui vient de la Grande Armée devant suivre les corps auxquels elle appartient, on ne doit se permettre de changements qu'autant qu'ils pourraient se faire du matin au soir. Ces changements peuvent se faire très-facilement quand les corps passeront à Mayence, Metz et Orléans, si on y fait rendre d'avance les pièces et autres objets qu'on veut faire échanger. Les corps pourraient prendre dans ces villes des pièces françaises en échange des pièces étrangères; cela serait d'autant meilleur que le calibre espagnol est pareil au calibre français. Cette mesure peut être ordonnée par vous, sans que cela cause aucun retard; car je préfère que les corps gardent leur artillerie étrangère, si ce changement doit retarder la marche d'un seul jour. Ainsi donc, comme Strasbourg ne se trouve pas sur le passage, il faudrait que les canons ou les caissons que l'armée doit échanger fussent rendus à Metz à l'époque du passage des corps d'armée, ce qui est faisable. Si le changement, que vous proposez, des dix-sept compagnies du train contre trois bataillons complets peut se faire, il faut l'opérer sans perdre un jour. Je n'approuve pas la composition de l'artillerie de la division de Paris. En Espagne, il faut du petit et du gros calibre; il faut donc quatre pièces de 12, quatre obusiers et quatre pièces de 4, total douze pièces. Je préfère qu'on fasse venir de Mayence deux compagnies du 7e régiment; mais il faut qu'elles viennent en toute diligence. J'approuve qu'on fasse venir de Metz la compagnie du bataillon du train; mais, à cet effet, il faut lui en envoyer l'ordre sans perte de temps, pour qu'elle marche le plus vite qu'elle pourra. Il faut organiser à Metz, pour la division allemande, quatre pièces de canon, caissons, etc. ce qui, joint à l'artillerie de Hesse-Darmstadt et de Bade, formera une division de douze pièces d'artillerie.

La Garde, c'est-à-dire l'artillerie de la Garde qui est à Paris, servira 36 bouches à feu, dont 18 pièces seront servies par l'artillerie à pied et 18 par l'artillerie à cheval. A cet effet, faites organiser sur-le-champ les deux compagnies d'artillerie à pied. Vous ferez acheter des chevaux pour monter les canonniers d'artillerie à cheval démontés qui se trouvent à la Fère. Vous ferez organiser le bataillon du train qui est à la Fère sous la dénomination de *bataillon bis de la Garde;* le bataillon du train qui est en Espagne continuera à être le bataillon principal. Ce bataillon sera porté au grand complet, et vous prescrirez les mesures nécessaires pour lui faire fournir 1,200 chevaux et 1,200 harnais; la Garde attelant ses voitures de 4 chevaux, cela fera 300 voitures. Il faut que ces dispositions soient exécutées pour le 1er octobre, afin qu'on puisse disposer de ce train de la Garde, soit pour l'Espagne, soit pour le Rhin.

J'approuve fort qu'il soit acheté 600 mulets dans le Poitou, qui seront donnés aux corps de la Grande Armée pour remplacer les pertes qu'ils auront faites en route, de manière que leur artillerie arrive en Espagne en bon état.

Je n'approuve pas les observations que vous faites. Je veux douze pièces de 24, courtes, et je suis fâché que vous ayez perdu huit jours pour ne pas faire transporter des affûts à Toulouse pour les pièces qui doivent y arriver. Il faut qu'au 1er octobre les vingt-quatre pièces de 24, courtes, soient prêtes à partir de Bayonne; les pièces de 16 ne rempliraient pas le même but. Vous ne parlez pas des attelages pour ces vingt-quatre pièces. J'approuve que vous tiriez en toute diligence de Turin une compagnie d'ouvriers pour Toulouse.

Dans votre rapport, vous ne parlez pas des approvisionnements d'artillerie. Je veux avoir à Bayonne 30,000 fusils, 4 millions de cartouches, 20,000 coups de canon de réserve, 10,000 obus, 20,000 outils de pionniers, de la roche à feu, des fascines goudronnées, enfin 100,000 épinglettes pour les fusils et 10,000 tournevis. Je demande une aussi grande quantité d'obus à cause du grand nombre de projectiles dont on est obligé de faire usage dans une guerre d'insurrection. Mon intention est qu'il y ait à Bayonne, indépendamment de la compagnie d'artillerie qui est à Toulouse, une autre compagnie d'artillerie que vous pouvez tirer de la Grande Armée, et, en attendant qu'elle y arrive, vous dirigerez sur Bayonne une ou deux escouades que vous tirerez des arsenaux les plus à proximité. Mon intention est qu'on ne fasse aucun transport par mer; il ne faut pas en charger la marine: cela n'assurerait pas le service. Mais on peut embarquer à la Rochelle des poudres et autres objets, les faire entrer dans la rivière de Bordeaux jusqu'à Langon, d'où les transports militaires les prendraient pour les conduire à l'Adour, où ils seraient embarqués jusqu'à Bayonne. Vous chargerez les transports de l'artillerie de toutes les dispositions. Prenez bien vos mesures pour que l'artillerie prenne des moyens sûrs. On peut charger des sergents de surveiller les transports pour s'assurer qu'ils arrivent.

Quant à Perpignan, le quart de ce qu'on demande pour Bayonne est suffisant.

Je viens de vous parler de l'artillerie de ma Garde; mon intention est que tout le matériel et l'administration de la Garde impériale soient réorganisés ici, ambulances, chirurgiens, transports, caissons, boulangers, commissaires des guerres, inspecteurs aux revues, de manière à remplacer ce qui est en Espagne. De sorte que si, au lieu de se diriger en Espagne, la partie de ma Garde qui est ici se dirigeait en Allemagne, cette nouvelle administration pût être complétement organisée pour rendre les mêmes services qu'elle a rendus dans les campagnes dernières. Vous ferez connaître à ma Garde à Paris qu'elle doit être, au 20 septembre, prête à partir, savoir : deux régiments de chasseurs de 400 hommes chacun; deux régiments de dragons, *idem*; deux régiments de grenadiers, *idem*; total, six régiments, 2,400 hommes; secondement, deux régiments de chasseurs à pied, forts de 800 hommes chacun; deux régiments de grenadiers, *idem*; total, 3,200 hommes; 36 pièces d'artillerie, servies comme je l'ai dit par des détachements d'artillerie à cheval, faisant la valeur de deux compagnies; deux compagnies d'artillerie à pied, un bataillon du train de 600 hommes et 1,200 chevaux; ce qui fera un corps de ma Garde de 6 à 7,000 hommes prêts à partir, ayant la même quantité de transports, caissons et toutes les parties d'administration telles qu'elle les avait la campagne dernière. Mon intention est que, sans perdre un seul jour et sans me demander de nouveaux ordres, vous donniez ceux d'exécution et d'achat, et que vous me remettiez ensuite un état de ma Garde, telle qu'elle sera organisée d'après les dispositions ci-dessus.

D'après la minute. Archives de l'Empire.

14266. — AU GÉNÉRAL CLARKE,
MINISTRE DE LA GUERRE, À PARIS.

Saint-Cloud, 22 août 1808.

Monsieur le Ministre de la guerre, mon intention est que les troupes qui viennent de la Grande Armée, et qui se dirigent sur Mayence, en partent sur deux routes : l'une, colonne de droite; l'autre, colonne de gauche.

La route de droite passera par Orléans, Poitiers, Bordeaux; la route de gauche passera par Gien, Châteauroux, Limoges, Périgueux, Langon.

Il faut arranger les journées d'étape de ces routes de manière que les petites étapes soient doublées, s'il est nécessaire, pour égaliser les marches de ces deux colonnes, sinon en distance, au moins en nombre de jours. Vous me soumettrez ces deux projets de route sur une petite carte.

Vous pouvez donner l'ordre, dès ce moment, au 1er régiment de marche, qui est à Wesel, de se diriger sur Paris; à la division de dragons du général Milhaud, de se diriger également sur Paris.

Donnez le même ordre à tous les détachements que les dépôts des régiments du 1er corps peuvent fournir, soit aux onze régiments d'infanterie, soit aux trois régiments de cavalerie légère qui le composent, pour se diriger sur Versailles, d'où l'on donnera des ordres pour que ces détachements rejoignent leurs corps; même ordre aux détachements que les dépôts des quatre régiments de dragons de la division Milhaud peuvent fournir de se diriger sur Versailles.

Tous les détachements de cavalerie appartenant aux deux autres divisions de dragons, qui sont en marche de la Grande Armée sur Mayence, seront également dirigés de leurs dépôts sur Versailles.

Le 6º régiment de marche attendra le 6º corps à Mayence.

Quant aux détachements des deux régiments de cavalerie légère du 6º corps, qui ne se trouveront pas à portée de la route que suivront ces deux régiments, vous donnerez des ordres pour qu'ils soient dirigés sur Paris.

Quant au 5º corps, il sera fait un travail particulier à son égard, lorsque ce corps aura reçu l'ordre de se diriger sur le Rhin.

Étapes de l'armée en marche. — Une si grande quantité de troupes fera renchérir la viande; mon intention est donc de la donner en nature aux troupes. Les soldats auront donc l'indemnité de route, comme à l'ordinaire, hormis que sur cette indemnité il sera retenu trois sous par homme, pour la demi-livre de viande de bonne espèce qui lui sera fournie en nature. Le ministre de l'administration de la guerre prendra les mesures pour que, dans les lieux d'étape, les préfets et les commissaires des guerres passent des marchés qui seront payés par la retenue des trois sous par homme, et le surplus du prix de la viande, dans les localités où cela aura lieu, sera payé sur les fonds de l'administration vivres-viande.

Le 3º régiment de marche sera dirigé sur Dresde, pour de là rejoindre l'armée du maréchal Davout. Le 4º régiment de marche sera dirigé sur Berlin, et de là rejoindra le corps du maréchal Soult. On fera partir les trois régiments réunis à Wesel, à Mayence et à Strasbourg, pour les diriger sur Dresde, d'où ils rejoindront la division du général Oudinot. Vous chargerez le général Oudinot de visiter ou faire visiter les dépôts des autres corps, afin de choisir dans chacun 25 grenadiers et voltigeurs, pour compléter sa division de grenadiers.

Vous aurez soin que tous les détachements des trois divisions de dragons qui rentrent en France, ainsi que ceux des cinq régiments de cavalerie légère appartenant aux 1ᵉʳ et 5º corps, et qui font partie des régiments de cavalerie de marche réunis sur le Rhin, en soient distraits, et soient réunis à Francfort pour le régiment qui est à Mayence, à Metz pour le régiment qui est à Strasbourg, et à Versailles pour le régiment qui est à Wesel, de sorte que ces détachements rejoignent leurs régiments, en passant, soit à Francfort, Metz, ou Paris et Versailles.

Quant aux détachements des deux régiments de cavalerie légère qui appartiennent au 5ᵉ corps, ils resteront dans les lieux où ils se trouvent, jusqu'à ce que le mouvement du 5ᵉ corps ait été décidé.

Tous les autres détachements, soit des divisions de cuirassiers, soit des deux divisions de dragons, qui restent en Allemagne, soit des régiments de cavalerie légère qui y restent également, tous ces détachements, dis-je, se réuniront à Strasbourg et Mayence, pour pouvoir former des escadrons de marche et être dirigés en Allemagne à leurs divisions respectives. A cet effet, les détachements de carabiniers et des cuirassiers de la division Nansouty formeront le premier escadron de marche de cuirassiers, qui se réunira à Mayence; les détachements de cuirassiers de la division Saint-Sulpice formeront un second escadron de marche, qui se réunira aussi à Mayence. De cette ville, le 1ᵉʳ escadron de marche sera dirigé sur Berlin, pour la division Nansouty; le 2ᵉ escadron sera dirigé sur Hanau, pour la division Saint-Sulpice.

On ne parle pas des détachements de la division Espagne, dont les dépôts sont en Italie.

Dragons. — Le 1ᵉʳ escadron de marche de dragons sera composé des détachements des régiments des deux divisions de dragons restés en Allemagne.

Quant à la cavalerie légère restée au delà du Rhin, on formera, des détachements destinés à ces régiments, trois escadrons de marche.

Un escadron formé des détachements des régiments du corps du maréchal Bernadotte se dirigera sur Hanau.

L'escadron de marche formé des détachements des régiments du corps du maréchal Soult se dirigera sur Berlin.

Enfin l'escadron de marche des détachements du corps du maréchal Davout se dirigera sur Dresde.

Comme le départ de tous ces escadrons de marche de cavalerie n'est pas pressé, le maréchal Kellermann peut les réunir tous dans le comté de Hanau, et, quand tout ce que les dépôts auront fourni sera arrivé, vous m'en rendrez compte, afin que je donne des ordres de départ.

Ainsi donc les 3,000 hommes de cavalerie que le maréchal Kellermann a réunis à Maëstricht, Mayence et Strasbourg, doivent attendre le passage de leurs corps pour se diriger sur Metz ou Versailles, ou se centraliser dans le comté de Hanau pour se former en escadrons de marche, et attendre l'arrivée des détachements que vous ferez diriger, des dépôts en France, sur Hanau, afin de former les sept escadrons de marche qui doivent renforcer la cavalerie au delà du Rhin.

Vous ordonnerez au maréchal Kellermann de placer à Hanau un général de cavalerie pour soigner et exercer ces escadrons de marche.

NAPOLÉON.

D'après la copie. Dépôt de la guerre.

14267. — AU GÉNÉRAL DEJEAN,
MINISTRE DIRECTEUR DE L'ADMINISTRATION DE LA GUERRE, À PARIS.

Saint-Cloud, 22 août 1808.

Monsieur le Général Dejean, mon intention est que vous preniez sur-le-champ les mesures nécessaires pour qu'il y ait à Bayonne, non en blé, mais en farine, trois à quatre millions de rations de vivres, des manutentions toutes montées pour cuire en un jour 30,000 rations, un million de rations de biscuit toujours en magasin, et enfin 1,000 bœufs pour le service et le passage de l'armée. Le sixième de cet approvisionnement sera suffisant à Perpignan. Tout cela doit être existant à Bayonne et à Perpignan au 10 octobre.

Transports. — Vous prendrez des mesures pour qu'au 10 octobre les 300 voitures de transport des 10ᵉ et 11ᵉ bataillons des équipages militaires soient parquées sur les glacis de Bayonne et prêtes à partir pour le service général. Vous prendrez aussi des mesures pour que les bataillons des équipages militaires qui viennent avec le 1ᵉʳ et le 6ᵉ corps, avec les trois divisions de dragons, arrivent à Bayonne en bon état; et, à cet effet, il faut qu'ils trouvent, à leur passage à Poitiers, au moins une remonte du dixième du nombre de leurs chevaux, en bons mulets du pays.

Hôpitaux. — Veillez à ce que tous les effets d'ambulance des 1ᵉʳ et 6ᵉ corps arrivent de la Grande Armée avec ces corps, et, si quelque chose avait été oublié, écrivez à l'intendant général pour le faire rejoindre sans délai. Dirigez sur Bayonne le nombre de chirurgiens, médecins et le personnel d'hôpitaux nécessaire. Donnez d'abord tous les ordres pour ne pas perdre un temps précieux. Faites-moi un rapport qui me fasse connaître l'organisation du service de santé de l'armée d'Espagne.

Passage de l'armée. — L'armée marchera sur deux routes que le ministre de la guerre fera connaître. Une si grande quantité de troupes fera renchérir la viande; mon intention est donc de la donner en nature aux troupes. Les soldats auront l'indemnité de route, comme à l'ordinaire. hormis que, sur cette indemnité, il sera retenu trois sous par homme pour la demi-livre de viande de bonne espèce qui lui sera fournie en nature. Vous prendrez des mesures pour que, dans les lieux d'étape, les préfets et les commissaires des guerres passent des marchés qui seront payés par la retenue des trois sous par homme, et le surplus du prix de la viande, dans les localités où cela aura lieu, sera payé sur les fonds de l'administration des vivres-viande.

Habillement. — Vous ferez donner les souliers que vous pouvez avoir à Mayence au 1ᵉʳ et au 6ᵉ corps, à leur passage, à raison de 1.000 paires par régiment; 1,000 paires seront données à chaque régiment à leur arrivée à Bayonne; tout cela en gratification. Vous donnerez l'ordre aux dépôts des corps de diriger promptement les effets des régiments venant de la Grande Armée sur Metz, Orléans et Bordeaux, ayant soin de calculer et de désigner les époques où ces corps passeront dans ces villes. afin qu'on puisse, là, distribuer les effets d'habillement. Il n'y a pas de temps à perdre pour donner lesdits ordres; cela doit être fait dans la journée de demain. Il faut à Bayonne, pour l'armée qui est actuellement en Espagne, 40,000 capotes, 40,000 chemises, 40,000 paires de souliers, 10,000 shakos, 10,000 paires de guêtres; il faut de plus, pour les corps venant de la Grande Armée et pour les hommes isolés qui les rejoindront, 20,000 capotes, 30,000 paires de souliers, pour en donner 1,000 à chacun des régiments à leur passage à Bayonne. Ces 70,000 paires de souliers seront rendues à Bayonne avant le 15 octobre. Donnez vos ordres et veillez à ce que chaque dépôt dirige sur Bayonne une paire de souliers pour chaque homme de leur corps, rendue avant le 15 octobre. Ces souliers seront sur le compte de la masse de linge et chaussure. Les dépôts dirigeront une autre paire de souliers pour chaque homme dans le mois de novembre, enfin une autre paire en décembre ; ce qui fera trois paires de souliers fournies par les dépôts. Indépendamment de ces trois paires de souliers, mon intention est que vous soyez en mesure de pouvoir avoir, au compte de l'administration générale, 100,000 paires au mois de novembre et 100,000 paires au mois de décembre ; ce qui assurera cinq paires de souliers à chaque homme, et, avec les deux paires qu'ils portent dans le sac, ils se trouveront pourvus pour tout l'hiver. Écrivez à M. Daru qu'il envoie d'Allemagne 100,000 paires de souliers, qui seraient portées par les transports militaires. Donnez l'ordre à M. Mathieu Favier de se rendre à Paris, pour y prendre vos instructions, et de là à Bayonne.

Effets de campement. — Il faut qu'il y ait à Bayonne, le plus tôt possible, 6,000 marmites, 6,000 gros bidons, quelques haches et outils de campement ; 30,000 petites bouteilles empaillées tenant demi-pinte. Pour le dépôt de cavalerie, il est nécessaire qu'il y ait à Bayonne un millier de selles et de brides et autres effets nécessaires aux troupes à cheval. Les capotes, les objets de campement ne sont nécessaires à Perpignan que dans le rapport d'un sixième.

Quant à la division polonaise, vous devez faire les dispositions pour réunir à Sedan le plus d'effets d'habillement que vous pourrez. Donnez l'ordre au dépôt de confectionner avec la plus grande célérité 1,000 habits, autant de shakos, vestes, culottes, guêtres.

Nouvelle levée. — Mon intention est de diriger 20,000 conscrits sur Bayonne, qui serviront à compléter les bataillons des 13 régiments de ligne qui sont en Espagne, des 4 régiments de la division Sebastiani, les 11 régiments du 1er corps, les 9 régiments du 6e corps ;

total, 37 régiments, c'est-à-dire à raison de 500 hommes à peu près par régiment. Le surplus des conscrits sera destiné soit aux corps irréguliers, soit à l'artillerie, au train ou aux transports militaires. Mon intention est donc que vous ayez à Bayonne 5,000 habits d'infanterie légère, habillement et équipement complets, 15,000 habits d'infanterie de ligne, habillement et équipement complets, shakos, etc. de manière que, le lendemain de l'arrivée des conscrits à Bayonne, ils y soient complétement habillés et équipés, et en état de partir pour les places d'Espagne sur les derrières de l'armée, où, en gardant les communications, ils travailleront à leur instruction. Les conscrits ne devront pas se rendre aux dépôts des corps pour aller à Bayonne, vu qu'ils seront pris dans les départements du Midi; il faut donc que ces 20,000 habits soient confectionnés à Bordeaux ou aux environs, et y faire mettre les boutons des numéros des corps. Il faut cependant observer qu'il est des corps tels que les 2e, 4e et 12e d'infanterie légère, 32e et 58e de ligne qui, ayant leurs dépôts à Paris, pourraient être chargés de fournir à Bayonne les 500 habits sans avoir recours au magasin général. Je ne serais même pas éloigné de penser que les dépôts des 37 régiments ne pussent faire partir sur-le-champ pour Bayonne 500 habillements complets, partie vieux, partie neufs; ce qui alors serait un grand avantage et serait un grand soin de moins pour l'administration générale. Les conscrits ne seraient pas habillés à neuf et les corps conserveraient l'avantage qu'ils ont en administrant eux-mêmes. Consulter avant tout l'état de ce que les corps ont en magasin, alors rien ne serait dérangé de la règle ordinaire. L'administration des corps enverrait du dépôt les habits à Bayonne, en même temps que les conscrits partiraient des départements pour se rendre à Bayonne; ce qui paraîtrait d'autant meilleur que les corps venant de la Grande Armée doivent avoir à leurs dépôts une grande quantité d'habits confectionnés.

NAPOLÉON.

D'après l'original. Dépôt de la guerre.

14268. — A ALEXANDRE, PRINCE DE NEUCHÂTEL,
MAJOR GÉNÉRAL DE LA GRANDE ARMÉE, À PARIS.

Saint-Cloud, 23 août 1808.

Mon Cousin, donnez au général Saint-Cyr, commandant le corps d'armée de Catalogne, l'instruction de conserver à Barcelone le général Duhesme avec ses deux divisions, pour maintenir cette ville; de prendre Girone avec la division du général Reille, si cela est possible; si cela n'est pas possible, avec les divisions Reille et Chabot; et si enfin ces troupes ne suffisent pas, de les placer à Figuières pour maintenir la communication avec Bellegarde, et de faire filer sur Figuières toute espèce de vivres, et ce, jusqu'à l'arrivée des 20,000 hommes qui arrivent d'Italie.

NAPOLÉON.

D'après l'original. Dépôt de la guerre.

14269. — AU MARÉCHAL DAVOUT,
COMMANDANT LE 3ᵉ CORPS DE LA GRANDE ARMÉE, À VARSOVIE.

Saint-Cloud, 23 août 1808.

Mon Cousin, les Anglais ayant débarqué des forces assez considérables en Espagne, j'ai rappelé le 1ᵉʳ et le 6ᵉ corps et trois divisions de dragons de la Grande Armée pour finir, cet hiver, de soumettre ce pays. Dupont a déshonoré nos armes; il a montré autant d'ineptie que de pusillanimité. Quand vous apprendrez cela un jour, les cheveux vous dresseront sur la tête. J'en ferai bonne justice, et, s'ils ont taché notre habit, il faudra qu'ils le lavent.

Je vous ai donné le commandement de la Pologne et de la Silésie; vous y avez le 3ᵉ corps, la division Oudinot, une division de dragons et la division de cuirassiers qui est à Baireuth. Un régiment de marche de 3,000 hommes, formé de détachements de vos quinze régiments, va partir pour vous rejoindre; un autre régiment de marche, fort de 4,000 hommes, également tiré des dépôts de vos corps, va se mettre en mouvement pour porter votre corps d'armée à 39,000 hommes d'infanterie, et la division du général Oudinot à 11,000 hommes; ce qui vous formera un effectif de 50,000 hommes, et 20,000 Polonais ou Saxons, qui pourraient y être joints, vous feraient un effectif de 70,000 hommes d'infanterie. Des détachements de cavalerie partent également pour renforcer tous vos corps, de manière que vous ayez 13,000 chevaux; ce qui, avec 4 ou 5,000 Saxons ou Polonais, vous ferait 18,000 chevaux; et, avec 12,000 hommes d'artillerie français et étrangers, vous auriez à vous seul une armée de près de 100,000 hommes. Les Saxons et les Polonais valent bien les Autrichiens. Le maréchal Mortier, avec le 5ᵉ corps, se rend à Baireuth. Je voudrais bien le faire venir en France, mais je ne me décide pas encore; si des événements imprévus arrivaient, vous pourriez vous en servir.

L'Autriche arme, mais elle arme par peur; nos relations sont au mieux avec cette puissance; mais enfin elle arme, et j'ai commencé par lui demander des explications assez vives. Je suis sûr de la Russie, ce qui m'empêche de rien craindre de l'Autriche; cependant il faut se tenir en règle et avoir les yeux ouverts. Mon intention est d'évacuer la Prusse et d'exécuter le traité de Tilsit. Je crois que la convention en sera signée demain ou après; et, avant le mois d'octobre, je vais rapprocher mes troupes du Rhin. Je garderai Stettin, Küstrin et Glogau jusqu'à ce que tout soit entièrement liquidé. Des régiments de marche se mettent aussi en mouvement pour renforcer le corps du maréchal Soult. Toutes les troupes de la Confédération sont sous les armes, et, au moindre signal de préparatifs menaçants que ferait l'Autriche, elles seraient en marche. Soyez rassurant dans votre langage, car je ne veux rien de l'Autriche.

NAPOLÉON.

D'après l'original comm. par Mᵐᵉ la maréchale princesse d'Eckmühl.

14270. — AU GÉNÉRAL CLARKE,
MINISTRE DE LA GUERRE, À PARIS.

Saint-Cloud, 24 août 1808.

J'ai lu avec attention l'état n° 4, armée d'Espagne. Il me semble que j'y trouve des erreurs; faites-les corriger sur l'état que je vous renvoie.

et donnez des ordres au général Belliard pour que les régiments soient réunis et pour que les conscrits soient exercés avec les anciens soldats. Le 14e régiment de ligne, par exemple, a ses quatre bataillons ou 24 compagnies à l'armée d'Espagne. Il doit avoir un effectif de 3,360 hommes : cependant il n'a que 3,100 hommes : il faut donc y diriger 300 hommes pour le porter au grand complet, et bien recommander au général Belliard que tous les quatre bataillons soient bien réunis avec leurs détachements. Le 15e de ligne, qui est à la division Mouton, est porté comme ayant deux bataillons : cela n'est pas exact; il a trois bataillons, ou 18 compagnies, et 6 compagnies devant Saragosse; il a donc 24 compagnies en Espagne; cependant il n'a que 2,200 hommes : il lui manque 300 hommes. Comme le dépôt peut les fournir, il faut les faire partir pour compléter les compagnies à 140 hommes.

Donnez des ordres pour que tous les détachements soient réunis et qu'on tierce les anciens soldats avec les nouveaux, pour que ces bataillons soient mis en bon état. Le 44e paraîtrait avoir 2,800 hommes (recommandez que les grenadiers et voltigeurs, dès le moment de leur arrivée, rejoignent le 4e bataillon) : il manquerait donc 500 hommes pour compléter ce régiment; le dépôt ne peut fournir que 200 hommes; il est à propos de faire partir ces 200 hommes de Valenciennes. Vous portez le 43e comme ayant ses quatre bataillons à Burgos : c'est une erreur; le 43e avait 4 compagnies aux régiments provisoires; mais, lors de la formation, je ne l'ai pas excepté. Je ne sais comment vous lisez le 3e bataillon à Burgos : c'est une erreur; il faut lire à Bayonne; il ne peut être arrivé, puisque de Vitoria il a marché sur Bilbao. Faites faire des recherches pour connaître l'erreur qui a été commise sur ce régiment. Le 47e a son 1er bataillon à Burgos; c'est un bataillon de 9 compagnies; il a devant Saragosse 6 compagnies, ce qui fait 15, et 6 qui arrivent à Bayonne : ce régiment a donc 21 compagnies, c'est-à-dire trois bataillons et demi; il devait donc avoir près de 2,000 hommes; cependant il n'en a que 1,700; son dépôt peut fournir 100 hommes; faites-les partir. Occupez-vous particulièrement de ce régiment, pour lever cette difficulté. Il est probable que vous n'avez pas reçu le procès-verbal de sa formation. Le

51ᵉ est porté comme ayant son 3ᵉ bataillon à Pancorbo; vous portez son 4ᵉ bataillon également à Pancorbo; je pense que ce sont deux erreurs; ce régiment avait deux compagnies aux régiments provisoires, mais il n'a pas été excepté. Il faut faire partir le bataillon du 55ᵉ qui est à Boulogne, pour Bayonne, avec tous les conscrits disponibles au dépôt. Ce régiment aura donc quatre bataillons ou 24 compagnies: il devrait avoir 3.300 hommes, il n'en aura que 2.000: il lui en manquera 1,300. Le 70ᵉ a, à son 3ᵉ bataillon, 458 hommes. Il a besoin de 400 hommes; il faut les faire partir du dépôt, s'il peut les fournir. Le 4ᵉ bataillon du 86ᵉ n'a également que 600 hommes; il aura aussi besoin, pour les compléter, de 240 hommes qu'il faut faire partir du dépôt.

Je ne parle pas des huit nouveaux régiments, puisque vous n'avez pu avoir encore les procès-verbaux de leur formation. Le 2ᵉ léger n'a que 2.000 hommes; il doit avoir 2,500 hommes: il lui faut donc 500 hommes: faites-les partir du dépôt, s'il y en a. Le 4ᵉ léger n'a que 1.800 hommes: il lui manque donc 700 hommes; le dépôt peut lui en fournir 120; faites-les partir. Le 12ᵉ n'a que 1.200 hommes: il lui en manque donc 1.300: le dépôt peut lui en fournir 500; faites-les partir.

Tout ce qui est relatif aux légions de la réserve est mal libellé. Il faut dire où est chaque légion et distinguer ce qui était au corps du général Dupont.

Donnez l'ordre, en Espagne, que le 1ᵉʳ régiment de marche et les 4ᵉ, 6ᵉ et 7ᵉ bataillons de marche soient dissous, et que chacun rejoigne son régiment primitif. Les bataillons de marche du Portugal resteront organisés. Enfin faites faire l'état de manière qu'on voie ce qui manque au complet des régiments de ligne et ce que chaque dépôt peut fournir.

D'après la minute. Archives de l'Empire.

14271. — A EUGÈNE NAPOLÉON,
VICE-ROI D'ITALIE, A MILAN.

Saint-Cloud, 24 août 1808.

Mon Fils, des haras du grand-duc de Berg, venant du duché de

Berg, doivent traverser mon royaume d'Italie. Ces haras n'ont rien de commun avec les chevaux de selle et de trait de service du grand-duc. Mon intention est que vous les reteniez dans un lieu bien sûr, jusqu'à ce que vous receviez de nouveaux ordres de moi. Vous ferez prendre l'inventaire de ces chevaux, voulant distinguer, dans ces haras, ce qui a été pris dans le Mecklenburg, ce qui appartient au duché, et les chevaux arabes achetés du général Belliard. Vous ferez connaître au roi de Naples que j'ai ordonné qu'on gardât ces chevaux en Italie, et que je suis fatigué de voir qu'on manque aux engagements qu'on prend avec moi.

NAPOLÉON.

D'après la copie comm. par S. A. I. Mᵐᵉ la duchesse de Leuchtenberg.

14272. — AU GÉNÉRAL CLARKE,

MINISTRE DE LA GUERRE, À PARIS.

Saint-Cloud, 25 août 1808.

Je vous envoie des interrogatoires de Villoutreys, qui jettent des éclaircissements sur cette horrible affaire du général Dupont. Vous verrez que Vedel et Gobert[1] étaient hors d'affaire, et que ces lâches.......[2] entrèrent dans la capitulation pour sauver leurs bagages. Bon Dieu! des Français coupables de tant de lâcheté!

D'après la minute. Archives de l'Empire.

14273. — AU GÉNÉRAL CLARKE,

MINISTRE DE LA GUERRE, À PARIS.

Saint-Cloud, 27 août 1808.

Monsieur le Général Clarke, donnez ordre que la 9ᵉ compagnie de mineurs qui est à Wesel, la 7ᵉ et la 8ᵉ qui sont à Hameln, en partent sur-le-champ pour se rendre à Bayonne. Qu'il y ait avec ces compagnies

---

[1] L'Empereur n'ignorait pas que ce général avait été tué six jours avant la capitulation; mais il continue à désigner la division Gobert par le nom de son ancien chef, ne sachant sans doute pas encore à qui le commandement était passé.

[2] Ici un mot illisible.

un officier supérieur des mines qui entende bien cette partie et qui soit abondamment pourvu de tout. La guerre d'Espagne est comme celle de Syrie; on fera autant par les mines que par le canon. Donnez ordre que la 5ᵉ compagnie de mineurs, qui est à Küstrin, soit dirigée sur Mayence, ainsi que la compagnie qui est à Glogau. Ainsi j'aurai 1 compagnie de mineurs à Palmanova, 3 qui resteront à la Grande Armée; des 5 autres, 3 seront à Bayonne et 2 à Mayence et Wesel, en réserve, pour se rendre à Bayonne, si je le juge nécessaire.

Quant aux sapeurs, faites marcher la 6ᵉ et la 7ᵉ compagnie du 1ᵉʳ bataillon, les 1ʳᵉ, 3ᵉ et 4ᵉ du 2ᵉ bataillon, les 4ᵉ et 6ᵉ du 5ᵉ bataillon; ces sept compagnies sont à Fulde; donnez-leur l'ordre de se mettre en marche sur-le-champ. Faites également marcher la 2ᵉ compagnie du 5ᵉ bataillon, qui est à Hameln, la 3ᵉ et la 5ᵉ du 4ᵉ bataillon, qui sont à Spandau, et la 9ᵉ du 4ᵉ bataillon, qui est à Mayence; ce qui fait 11 compagnies qui se réuniront à Bayonne. Ayez soin qu'il s'y trouve des outils de toute espèce en abondance.

Dirigez sur Bayonne des détachements de tous les dépôts de ces bataillons pour compléter onze compagnies, de manière qu'elles soient chacune à 140 hommes, s'il est possible.

NAPOLÉON.

D'après la copie. Dépôt de la guerre.

14274. — AU GÉNÉRAL CLARKE,
MINISTRE DE LA GUERRE, À PARIS.

Saint-Cloud, 27 août 1808.

Je vous envoie des journaux anglais qui contiennent la relation de Castaños sur l'affaire de Dupont; faites-les traduire pour les joindre aux pièces. Vous y verrez des lettres de Dupont à Savary; faites-les également traduire et joindre aux pièces. Vous y verrez, ce que Villoutreys n'a pas dit, que Vedel avait attaqué et s'était emparé d'un bataillon lorsqu'on lui a envoyé l'ordre de cesser de combattre.

Il faut faire venir Villoutreys et l'interroger. Posez vos interrogatoires de manière qu'il raconte en détail ce qu'il a fait jour par jour, où il a été, ce dont il a été chargé, ce qu'il a vu et entendu. Il a dit ici qu'il y avait eu un moment où l'on avait consenti que Vedel s'en allât, et qu'on avait changé depuis. Faites cet interrogatoire dans le plus grand détail. Vous commencerez votre interrogatoire par lui demander ce qu'il était, et en quelle qualité il servait auprès du général Dupont. Vous me rendrez compte de son interrogatoire et de ce que vous aurez tiré de cet individu.

D'après la minute. Archives de l'Empire.

14275. — A JOSEPH NAPOLÉON, ROI D'ESPAGNE,
À MIRANDA.

Saint-Cloud, 27 août 1808.

Mon Frère, les cours du Nord vous ont reconnu. 10,000 hommes de la Grande Armée sont déjà arrivés à Mayence; avant le mois de janvier, vous en aurez 100,000, et dans toute l'Espagne il n'y aura pas un seul village en insurrection.

Envoyez le duc de Frias comme votre ambassadeur à Paris; je le recevrai avec la plus grande solennité. Envoyez des lettres de créance à Pardo, à Saint-Pétersbourg; l'empereur de Russie le désire beaucoup.

Envoyez un grand d'Espagne à Paris pour l'ambassade de Vienne; il attendra mes ordres pour partir. Nommez votre ministre en Danemark. N'ayez aucune inquiétude.

J'ai reçu votre lettre de Burgos, du 9, et un duplicata de la même lettre.

NAPOLÉON.

D'après l'expédition originale comm. par les héritiers du roi Joseph.

14276. — OBSERVATIONS SUR LES AFFAIRES D'ESPAGNE[1].

Saint-Cloud, 27 août 1808.

Ire Observation. — Tudela est important sous plusieurs points de vue. Il

[1] Ces observations et quelques-unes des notes suivantes, sur les affaires d'Espagne ne se retrouvent pas dans les papiers du roi Joseph; on ignore si elles ont été envoyées, ou si elles sont parvenues au roi d'Espagne. On les reproduit ici d'après les minutes de la secrétairerie d'état.

a un pont sur l'Èbre, et protége parfaitement la Navarre. C'est le point d'intersection du canal qui va à Saragosse.

Les convois d'artillerie et de vivres mettent, pour se rendre de Pampelune à Tudela, trois jours; de Tudela à Saragosse, trois jours; mais, en se servant du canal, on va de Tudela à Saragosse en quatorze heures. Lors donc que les vivres, les hôpitaux sont à Tudela, c'est comme s'ils étaient à Saragosse.

La première opération que doit faire l'armée lorsqu'elle reprendra son système d'offensive et qu'elle sera forte de tous ses moyens, ce doit être d'investir et de prendre Saragosse, et, si cette ville résiste, comme elle l'a fait la première fois, en donner un exemple qui retentisse dans toute l'Espagne. Une vingtaine de pièces de 12 de campagne, une vingtaine d'obusiers de 6 pouces, de campagne, une douzaine de mortiers et une douzaine de pièces de 16 et de 24, parfaitement approvisionnés, seront nécessaires ainsi que des mineurs pour remplir ce but. Il n'est aucune de ces bouches à feu qui ne doive consommer son approvisionnement de campagne. Un approvisionnement extraordinaire de 80,000 coups de canon, bombes ou obus, paraît nécessaire pour prendre cette ville.

Il faudrait donc, pour ne pas retarder la marche de la Grande Armée, quinze jours avant qu'elle puisse arriver, commencer les transports de Pampelune à Tudela, et que, dans les quarante-huit heures après l'investissement de Saragosse, l'artillerie y arrivât sur des bateaux, de manière que, quatre jours après, on pût commencer trois attaques à la fois et avoir cette ville en peu de jours, ce qui serait une partie du succès, en y employant 25 à 30,000 hommes ou plus, s'il est nécessaire.

On suppose que, si l'ennemi a pris position entre Madrid et Burgos, il sera battu.

Il faut donc occuper Tudela. Ce point est tellement important que je désire qu'on puisse employer un mois à le fortifier et à s'y retrancher, de manière qu'un millier d'hommes, avec huit à dix pièces de canon, s'y trouvent à l'abri de toutes les insurrections possibles. Il ne faut pas surtout souffrir que les révoltés s'y retranchent; ce serait deux siéges au lieu d'un, et il serait impossible de prendre Saragosse avant d'avoir Tudela, à cause du canal. On trouvera ci-joint des observations du colonel Lacoste sur Tudela. Puisque la localité empêche de penser à le fortifier, il eût été utile de l'occuper au lieu de Milagro, qui n'aboutit à rien.

2ᵉ Observation. — Soria n'est, je crois, qu'à deux petites marches des positions actuelles de l'armée. Cette ville s'est constamment mal comportée. Une expédition qui se porterait sur Soria, la désarmerait, serait d'un bon effet.

3ᵉ Observation. — Une troisième opération qui serait utile serait l'occupation de Santander; il serait avantageux qu'elle pût se faire par la route directe de Bilbao à Santander.

4ᵉ Observation. — Il faut s'occuper de désarmer la Biscaye et la Navarre; c'est un point important.

Il faut veiller sur les fabriques d'armes de Palencia et ne point laisser travailler les ouvriers pour les rebelles.

Le fort de Pancorbo doit être armé et fortifié avec la plus grande activité. Il doit y avoir dans ce fort des fours, des magasins de bouche et de guerre, situés presque à mi-chemin de Bayonne à Madrid; c'est un poste intermédiaire pour l'armée et un point d'appui pour les opérations de la Galice.

5ᵉ Observation. — On n'a point de renseignements sur ce que fait l'ennemi. On dit toujours qu'on ne peut pas avoir des nouvelles, comme si cette position était extraordinaire dans une armée, comme si on trouvait ordinairement des espions. Il faut en Espagne, comme partout ailleurs, envoyer des partis qui enlèvent tantôt le curé ou l'alcade, tantôt un chef de couvent ou le maître de poste, et surtout toutes les lettres, quelquefois le maître de poste aux chevaux, ou celui qui en fait les fonctions. On les met aux arrêts jusqu'à ce qu'ils parlent, en les faisant interroger deux fois par jour; on les garde en otage et on les charge d'envoyer des piétons et de donner des nouvelles. Quand on saura prendre des mesures de force et de rigueur, on aura des nouvelles. Il faut intercepter toutes les postes, toutes les lettres.

Le seul motif d'avoir des nouvelles peut déterminer à faire un gros détachement de 4 à 5,000 hommes qui, se portant dans une grande ville, prennent les lettres à la poste, se saisissent des citoyens les plus aisés, de leurs lettres, papiers, gazettes, etc.

Il est hors de doute que, même dans la ligne des Français, les habitants sont tous informés de ce qui se passe: à plus forte raison hors de la ligne. Qui empêche donc qu'on prenne les hommes marquants, qu'on les amène et qu'on les renvoie ensuite sans les maltraiter? Il est donc de fait, lorsqu'on n'est point dans un désert et qu'on est dans un pays peuplé, que, si le général n'est pas instruit, c'est qu'il n'a pas su prendre les mesures convenables pour l'être. Les services que les habitants rendent à un général ennemi ne le sont jamais par affection, ni même pour avoir de l'argent; les plus réels qu'on obtient, c'est pour avoir des sauvegardes et des protections, c'est pour conserver ses biens, ses jours, sa ville, son monastère.

6ᵉ *Observation.* — Il y a dans l'armée plus de généraux qu'il ne faut. Deux seraient nécessaires au corps qui était sous Saragosse. Les généraux de division Lagrange, Belliard et Grandjean sont sans emploi: ce sont trois bons généraux. Il faut renvoyer, le plus promptement possible, le régiment et le général portugais pour joindre leur corps à Grenoble, où il doit se former.

7ᵉ *Observation.* — On ne discutera pas ici si la ligne de l'Èbre est bonne et a la configuration requise pour être défendue avec avantage. On discutera encore moins si on eût pu ne pas évacuer Madrid, conserver la ligne du Duero, ou prendre une position qui eût couvert le siège de Saragosse et eût permis d'attendre que cette ville fût prise. Toutes ces questions sont oiseuses. Nous nous contenterons de dire, puisqu'on a pris la ligne de l'Èbre, que les troupes s'y refont et s'y reposent, qu'elle a au moins l'avantage que le pays est plus sain, étant plus élevé, et qu'on peut y attendre que les chaleurs soient passées. Il faut surtout ne point quitter cette ligne, sans avoir un projet déterminé, qui ne laisse aucune incertitude dans les opérations à suivre. Ce serait un grand malheur de quitter cette ligne pour être ensuite obligé de la reprendre.

A la guerre, les trois quarts sont des affaires morales; la balance des forces réelles n'est que pour un autre quart.

8ᵉ Observation. — En gardant la ligne de l'Èbre, il faut que le général ait bien prévu tout ce que l'ennemi peut faire dans toutes les hypothèses.

L'ennemi peut se présenter devant Burgos, partir de Soria et se présenter devant Logroño, ou, en partant de Saragosse, se porter sur Estella et menacer ainsi Tolosa. Il faut, dans toutes ces hypothèses, qu'il n'y ait point un long temps perdu en délibérations, qu'on puisse se ployer de la droite à la gauche, ou de la gauche à la droite, sans faire aucun sacrifice, car, dans des manœuvres combinées, les tâtonnements, l'irrésolution qui naissent des nouvelles contradictoires, qui se succèdent rapidement, conduisent à des malheurs. Cette diversion de Saragosse sur Tolosa est une des raisons qui a longtemps fait penser que la position de Tudela, soit sur la rive droite, soit avec la faculté de repasser sur la rive gauche, devait être gardée. Elle est offensive sur Saragosse; elle prévient à temps de tous les mouvements qui pourraient se faire de ce côté.

9ᵉ Observation. — Une observation qu'il n'est pas hors de propos de faire ici, c'est que l'ennemi, qui a intérêt à masquer ses forces en cachant le véritable point de son attaque, opère de manière que le coup qu'il veut porter n'est jamais indiqué d'une manière positive, et le général ne peut deviner que par la connaissance bien approfondie de la position et par la manière dont il fait entrer son système offensif pour protéger et garantir son système défensif.

D'après la minute. Archives de l'Empire.

14277. — AU GÉNÉRAL DEJEAN,
MINISTRE DIRECTEUR DE L'ADMINISTRATION DE LA GUERRE, À PARIS.

Saint-Cloud, 28 août 1808.

Monsieur Dejean, j'ai reçu l'état des effets que vous avez expédiés sur Bayonne. Je vois 43,000 capotes, qui ont été commandées le 23 août; mais vous ne dites pas d'où elles doivent partir et quand elles arriveront.

Je désirerais avoir toutes les semaines un état de ce qui est parti pour Bayonne, en récapitulant tous les ordres de départ que vous avez donnés depuis le 1ᵉʳ juillet. Pour les effets de campement, il n'y a pas besoin de couvertures, vu qu'on ne saurait comment les transporter et qu'elles se perdraient en route. Il faut des marmites et des gamelles.

NAPOLÉON.

D'après l'original. Dépôt de la guerre.

14278. — A M. DE CHAMPAGNY,
MINISTRE DES RELATIONS EXTÉRIEURES, A PARIS.

Saint-Cloud, 29 août 1808.

Monsieur de Champagny, je vous renvoie tous vos portefeuilles. Il y a dans l'un d'eux une demande de la cour de Bade, sur laquelle il est nécessaire que vous causiez avec le ministre des finances, relativement à la monnaie. Du reste, présentez-moi au prochain travail une note des objets qui demanderaient une décision de ma part.

Faites mettre dans les journaux des extraits relatifs aux guerres des Barbaresques avec les Turcs. Il faut écrire à Constantinople relativement à la conduite qu'on tient envers le consul en Bosnie.

Il y a dans la correspondance de Caulaincourt différentes demandes qu'il fait; vous me les rappellerez à mon premier travail. Il faut faire droit à toutes celles qui concernent des prisonniers prussiens auxquels s'intéresse l'empereur Alexandre.

NAPOLÉON.

D'après l'original. Archives des affaires étrangères.

14279. — A M. DE CHAMPAGNY,
MINISTRE DES RELATIONS EXTÉRIEURES, A PARIS.

Saint-Cloud, 29 août 1808.

Monsieur de Champagny, écrivez au sieur Bourgoing qu'un régiment de marche de 3,000 hommes est dirigé sur Dresde, où il arrivera le 23 septembre, et de là se rendra à Glogau pour renforcer le corps du maréchal Davout. Comme il est possible que le roi de Saxe ne se soucie pas que des troupes étrangères traversent sa capitale, mon ministre s'entendra avec le ministre de Saxe pour les détourner le moins possible de leur route, et les faire arriver à leur destination sans les fatiguer. 2,000 grenadiers, qui vont renforcer la division du général Oudinot, arriveront également à Dresde vers le 23. Ce régiment a ordre de se rendre à Glogau pour rejoindre la division. Il faut que mon ministre facilite son passage sans gêner le Roi.

NAPOLÉON.

D'après l'original. Archives des affaires étrangères.

14280. — A M. GAUDIN,
MINISTRE DES FINANCES, À PARIS.

Saint-Cloud, 29 août 1808.

Vous trouverez ci-joint un décret sur l'organisation militaire du grand-duché de Berg; vous écrirez au sieur Beugnot que je le charge de son exécution. Le régiment d'infanterie de Berg est en marche pour Dusseldorf; on le dédoublera aussitôt que possible et on le formera pour arriver à ce résultat. On peut laisser l'uniforme qui existe. On composera le corps d'officiers des officiers qui existent actuellement et de ce qu'il y a de mieux dans le pays. Je m'en rapporte à ce que les sieurs Beugnot et Damas feront, et je signerai ce qu'ils me présenteront. Je ne sais où est le régiment de cavalerie. La partie de la cavalerie que le Roi a emmenée à Naples doit être effacée des contrôles comme n'appartenant plus au duché.

D'après la minute. Archives de l'Empire.

14281. — AU GÉNÉRAL WALTHER,
COMMANDANT LES GRENADIERS À CHEVAL DE LA GARDE, À PARIS.

Saint-Cloud, 29 août 1808.

Je viens de donner des ordres, 1° pour que chaque régiment de carabiniers et de cuirassiers fournisse 10 hommes aux grenadiers à cheval de ma Garde; 2° pour que tous les régiments de hussards et de chasseurs fournissent chacun 5 hommes pour recruter les chasseurs à cheval; 3° pour que les trente-six régiments d'infanterie qui sont en Italie fournissent chacun 10 hommes pour les chasseurs à pied et 10 hommes pour les grenadiers à pied; 4° pour qu'il soit tiré des dépôts des bataillons du train le nombre d'hommes nécessaire pour compléter à 700 le bataillon du train de la Garde; 400 hommes lui seront fournis par la conscription de l'année. J'approuve que l'administration soit organisée à 15 voitures suspendues, à 2 fourgons à quatre roues, à 2 fourgons à deux roues et à 50 chevaux de trait. Prenez des mesures pour qu'au 1ᵉʳ octobre, au plus tard, je puisse faire marcher quatre bataillons de chasseurs à pied de 400 hommes chacun; quatre bataillons de grenadiers à pied de 400 hommes chacun; deux régiments de chasseurs à cheval de 400 hommes chacun; deux régiments de grenadiers, *idem*; deux régiments de dragons; une artillerie de trente-six bouches à feu; une ambulance et une administration organisées comme vous le proposez dans votre mémoire; enfin un équipage militaire pouvant porter 48,000 rations ou huit jours de pain pour toute la Garde.

D'après la minute. Archives de l'Empire.

14282. À JÉRÔME NAPOLÉON, ROI DE WESTPHALIE,
À CASSEL.

Saint-Cloud, 29 août 1808.

Mon Frère, je reçois votre lettre du 23 août. Puisque vous n'avez pas d'infanterie, je me contenterai du régiment de cavalerie. Tâchez de le compléter à 600 hommes. Organisez vos régiments westphaliens. Vous ne devez pas compter sur le bataillon qui est en Espagne, qui y est détaché et n'est pas à votre service. J'ai des fusils prussiens à Magdeburg; demandez la quantité qui vous est nécessaire, je vous les ferai donner. Il est fâcheux que, cette année, vos troupes ne soient pas organisées. Il est bien nécessaire que vous puissiez fournir votre contingent.

L'armée d'Espagne m'emploie beaucoup de troupes, et il est incalculable ce qui peut se passer d'ici au mois d'avril. Aussitôt que vous pourrez m'envoyer un régiment d'infanterie, je le ferai camper à Boulogne, où il serait suffisamment instruit pour garder le camp, où il se formerait et se disciplinerait et me rendrait disponibles autant de troupes que j'y ai.

NAPOLÉON.

D'après la copie comm. par S. A. I. le prince Jérôme.

14283. — NOTES SUR LES AFFAIRES D'ESPAGNE[1].

Saint-Cloud, 30 août 1808.

1re Observation. — Dans la position de l'armée d'Espagne, on a à craindre d'être attaqué sur la droite par l'armée de Galice, sur le centre par l'armée venant de Madrid, sur la gauche par l'armée venant de Saragosse et Valence; ce serait une grande faute que de laisser l'armée de Saragosse et de Valence prendre position à Tudela.

Tudela doit être occupé, parce que c'est une position honorable, et Milagro une position obscure. Tudela est sur les communications de Pampelune, a un beau pont en pierre, est l'aboutissant d'un canal sur Saragosse. C'est une position offensive sur Saragosse telle, que l'ennemi ne peut pas la négliger. Cette position seule couvre la Navarre. En gardant Tudela, on garde une grande quantité de bateaux, qui nous seront bientôt nécessaires pour le siége de Saragosse. Si l'ennemi était maître de Tudela, toute la Navarre s'insurgerait. L'ennemi pourrait arriver à Estella en négligeant la position de Milagro et en coupant la communication avec Pampelune. D'Estella, il serait sur Tolosa; il y serait sans donner le temps de faire les dispositions convenables. Il n'est pas à craindre, au contraire, que l'ennemi fasse aucune opération sur Pampelune tant que nous aurons Tudela; il serait lui-même coupé sur Saragosse. Le général qui commande à Tudela peut couvrir les hauteurs de redoutes; si c'est une armée d'insurgés, s'en approcher et la battre, la tenir constamment sur la défensive par ses reconnaissances et ses mouvements sur Saragosse. Et si, au milieu de cela, une partie de l'armée de ligne

[1] Voir la note de la pièce n° 14276.

espagnole marchait sur Tudela, le général français repassera l'Èbre s'il y est forcé, disputera le terrain sur Pampelune et donnera le temps au général en chef de l'armée française de prendre ses mesures. Ce corps d'observation remplira alors son but, et aucune opération prompte sur Tudela et Estella n'est à craindre. Au lieu qu'en occupant la position de Milagro, l'ennemi sera à Estella le même jour qu'on l'apprendra au quartier général. Si on occupe Tudela, il faut s'aider de redoutes et s'y établir, n'y conserver aucune espèce d'embarras et les tenir tous dans Pampelune; si l'ennemi l'occupe, il faut l'en chasser et s'y établir; car, dans l'ordre défensif, ce serait une grande faute qui entraînerait à de fâcheuses conséquences.

2e *Observation*. — La position de Burgos était également importante à tenir comme ville de haute réputation, comme centre de communications et de rapports. De là des partis, non-seulement de cavalerie, mais encore de 2 ou 3,000 hommes d'infanterie, et même de 4 ou 5,000 hommes, en échelons, peuvent porter les premières patrouilles de hussards dans toutes les directions jusqu'à deux marches, être parfaitement informés de tout ce qui se fait, en instruire le quartier général de manière que, si l'ennemi se présente en force sur Burgos, les différentes divisions puissent à temps s'y porter pour le soutenir et livrer la bataille; ou, si cela n'est pas jugé convenable, éclairer les mouvements de l'ennemi, lui laisser croire qu'on veut se porter sur Burgos, et pouvoir ensuite faire sa retraite pour se porter ailleurs.

Un corps de 12 à 15,000 hommes ne prend-il pas vingt positions dans une journée au seul commandement d'un adjudant-major, et nos troupes seraient-elles devenues des levées en masse qu'il faudrait placer quinze jours d'avance dans les positions où on voudrait qu'elles se battent? Si cela eût été jugé ainsi, le corps du maréchal Bessières eût pris la position de Miranda ou de Briviesca. Mais lorsque l'ennemi est encore à Madrid, lorsqu'on ignore où est l'armée de Galice et qu'on a le soupçon que les rebelles pourront employer une partie de leurs efforts contre le Portugal, prendre, au lieu d'une position menaçante, offensive, honorable comme Burgos, une position honteuse, borgne comme Treviño, c'est dire à l'ennemi : Vous n'avez rien à craindre, portez-vous ailleurs, nous avons fait nos dispositions pour aller plus loin, où nous avons choisi un champ de bataille pour nous battre; vous, ici, vous ne craignez point d'être inquiétés.

Mais que fera le général français si l'on marche demain sur Burgos? Laissera-t-il prendre par 6,000 insurgés la citadelle de cette ville, ou, si les Français ont laissé garnison dans le château (car on ignore la position et la situation de l'armée), comment une garnison de 4, 6 ou 800 hommes se retirerait-elle dans une si vaste plaine? Et, dès lors, c'est comme s'il n'y avait rien. L'ennemi maître de cette citadelle, on ne la reprendra plus.

Si, au contraire, on veut garder la citadelle, on veut donc livrer bataille à l'ennemi, car cette citadelle ne peut pas tenir plus de trois jours? Et, si on veut livrer bataille à l'ennemi, pourquoi le maréchal Bessières abandonne-t-il le terrain où on veut livrer bataille? Ces dispositions paraissent mal raisonnées, et, quand l'ennemi marchera, on fera essuyer à l'armée un affront qui démoralisera les troupes, n'y eût-il que des corps légers ou des insurgés qui marchassent.

En résumé, la position de Burgos devait être gardée. Tous les jours on devait, à trois heures du matin, être sous les armes; à une heure du matin, il devait partir des reconnaissances dans toutes les directions; on devait donner des nouvelles de huit à dix lieues, dans toutes les directions, pour qu'on pût prendre ensuite le parti que les circonstances indiqueraient.

C'est la première fois qu'il arrive à une armée de quitter toutes ses positions offensives pour se mettre dans de mauvaises positions défensives; d'avoir l'air de choisir des champs de bataille, lorsque l'éloignement de l'ennemi, les mille et une combinaisons différentes qui peuvent avoir lieu, ne laissent point la probabilité de prévoir si la bataille aura lieu à Tudela, entre Tudela et Pampelune, entre Soria et l'Èbre ou entre Burgos et Miranda.

La position de Burgos, tenue en force et d'une manière offensive, menace Palencia, Valladolid, Aranda, Madrid même.

Il faut avoir longtemps fait la guerre pour la concevoir; il faut avoir entrepris un grand nombre d'opérations offensives pour savoir comme le moindre événement ou indice encourage ou décourage, décide une opération ou une autre.

En deux mots, si 15,000 insurgés entrent dans Burgos, se retranchent dans la ville et occupent le château, il faut calculer une marche de plusieurs jours pour pouvoir s'y porter et reprendre la ville; ce qui ne sera pas sans quelque inconvénient. Si, pendant ce temps-là, la véritable attaque est sur Logroño ou Pampelune, on aura fait des contre-marches inutiles qui auront fatigué l'armée; et enfin, si l'ennemi occupe Tudela et Burgos, l'armée française serait dans une triste et mauvaise position.

Quand on tient à Burgos de la cavalerie sans infanterie, n'est-ce pas dire à l'ennemi qu'on ne veut pas y tenir? n'est-ce pas l'engager à y venir?

Burgos a une grande influence, dans le monde par son nom, dans la Castille parce que c'en est la capitale, dans les opérations parce qu'elle donne une communication directe avec Santander.

Il n'est pas permis, à 300 lieues et n'ayant pas même un état de situation de l'armée, de prescrire ce qu'on doit faire; mais on doit dire que, si aucune force majeure ne l'empêche, il faut occuper Burgos et Tudela.

Le corps détaché de Tudela a son mouvement assuré sur Pampelune, a le rôle de garder la Navarre, a ses ennemis à tenir en échec, Saragosse et tous les insurgés. Il est plus que suffisant pour surveiller Tudela, l'Èbre et Pampelune, pour dissiper les rassemblements, s'il n'y avait que des insurgés, contenir l'ennemi, donner des renseignements, retarder la marche sur Pampelune, si, au lieu des insurgés, c'est l'armée ennemie qui marche de ce côté, donner le temps à l'armée de Burgos, à celle de Miranda, de marcher réunies avec 36,000 hommes, soit pour prendre l'offensive, soit pour prendre en flanc l'ennemi qui marche sur Pampelune, soit pour se replier et rentrer dans la Navarre, si toute l'armée ennemie avait pris cette direction.

Si ces observations paraissent bonnes et qu'on les adopte, que l'ennemi n'ait encore montré aucun plan, il faut que le général qui commande le corps de Saragosse fasse construire quelques redoutes autour de Tudela pour favoriser son champ de bataille, réunisse des vivres de tous les côtés, et soit là dans une position offensive sur Saragosse, en maintenant sa communication avec Logroño par sa droite, mais au moins par la rive gauche de l'Èbre. Il faut que le maréchal Bessières, avec tout son corps, renforcé de la cavalerie légère, soit campé dans le bois près Burgos, la citadelle bien occupée; que tous les hôpitaux, les dépôts et les embarras soient au delà de l'Èbre; qu'il soit là en position de manœuvre, tous les jours, à trois heures du matin, sous les armes jusqu'au retour de toutes les reconnaissances, et éclaire le pays dans la plus grande étendue; que le corps du maréchal Moncey soit à Miranda et à Briviesca, tous les hôpitaux et embarras derrière Vitoria, toujours en bataille avant le jour et envoyant des reconnaissances sur Soria et les autres directions de l'ennemi.

Il ne faut pas perdre de vue que les corps des maréchaux Bessières et Moncey doivent être réunis. Il faut se lier le mieux possible avec Logroño, et cependant considérer le corps du maréchal Lefebvre comme un corps détaché qui a une ligne particulière d'opération sur Pampelune et un rôle séparé. Vouloir conserver Tudela comme une partie contiguë de la ligne, c'est se disséminer beaucoup.

Enfin il faut faire la guerre, c'est-à-dire avoir des nouvelles par les curés, les alcades, les chefs de couvents, les principaux propriétaires, les postes; on sera alors parfaitement informé.

Les reconnaissances qui, tous les jours, se dirigeront du côté de Soria, de Burgos sur Palencia et du côté d'Aranda, peuvent fournir tous les jours trois postes interceptées, trois rapports d'hommes arrêtés, qu'on traitera bien et qu'on relâchera quand ils auront donné les renseignements qu'on désire. On verra alors venir l'ennemi; on pourra réunir toutes ses forces, lui dérober des marches et tomber sur ses flancs au moment où il méditera un projet offensif.

3ᵉ Observation. — L'armée espagnole d'Andalousie était peu nombreuse; toutes les gazettes anglaises et les rapports de l'officier anglais qui était au camp nous le prouvent. L'inconcevable ineptie du général Dupont, sa profonde ignorance des calculs d'un général en chef, son tâtonnement, l'ont perdu. 18,000 hommes ont posé les armes: 6,000 seulement se sont battus, et encore ces 6,000 hommes, que le général Dupont a fait battre à la pointe du jour après les avoir fait marcher toute la nuit, étaient un contre trois. Malgré tout cela, l'ennemi s'est si mal battu qu'il n'a pas fait un prisonnier, pris une pièce de canon, gagné un pouce de terrain; et l'armée de Dupont est restée intacte dans sa position, ce qui sans doute a été un malheur, car il eût mieux valu que cette division eût été mise en déroute, éparpillée et détruite, puisque les divisions Vedel et Dufour, au lieu de se rendre par la capitulation, auraient fait leur retraite. Comment ces deux divisions ont-elles été comprises dans la capitulation? c'est par la lâcheté monstrueuse et l'imbécillité des hommes qui ont négocié, et qui porteront sur l'échafaud la peine de ce grand crime national.

Ce qu'on vient de dire prouve que les Espagnols ne sont pas à craindre. Toutes les forces espagnoles ne sont pas capables de culbuter 25,000 Français dans une position raisonnable.

Depuis le 12 jusqu'au 17 le général Dupont n'a fait que des bêtises, et, malgré tout cela, s'il n'avait pas fait la faute de se séparer de Vedel et qu'il eût marché avec lui, les Espagnols auraient été battus et culbutés.

A la guerre, les hommes ne sont rien, c'est un homme qui est tout. Jusqu'à cette heure nous n'avions trouvé ces exemples que dans l'histoire de nos ennemis; aujourd'hui il est fâcheux que nous puissions les trouver dans la nôtre.

Une rivière, fût-elle aussi large que la Vistule, aussi rapide que le Danube à son embouchure, n'est rien si on a des débouchés sur l'autre rive et une tête prompte à reprendre l'offensive. Quant à l'Èbre, c'est moins que rien, on ne le regarde que comme un tracé.

Dans toutes ces observations, on a parlé dans la position où se trouvait l'armée du 20 au 26, lorsqu'elle n'avait nulle nouvelle de l'ennemi.

Si on continue à ne prendre aucune mesure pour avoir des nouvelles, on n'apprendra que l'armée de ligne espagnole est arrivée sur Tudela, Pampelune, qu'elle est sur les communications, sur Tolosa, que lorsqu'elle y sera déjà rendue. On a fait connaître, dans la note précédente, comment on faisait à la guerre pour avoir des nouvelles. Si la position de Tudela est occupée par l'ennemi, on ne voit pas que l'Èbre soit tenable. Comment a-t-on évacué Tudela, lorsqu'on avait mandé, dans des notes précédentes, qu'il fallait garder ce point, et que l'opinion même des généraux qui venaient de Saragosse était d'occuper cette importante position?

D'après la minute. Archives de l'Empire.

14284. — AU GÉNÉRAL CLARKE,
MINISTRE DE LA GUERRE, À PARIS.

Saint-Cloud, 31 août 1808.

Monsieur le Général Clarke, je vous envoie votre interrogatoire. Il faut le communiquer au conseil que je vous ai chargé d'assembler, et me faire connaître son opinion. Il faut lui communiquer aussi les relations anglaises et les relations espagnoles. Les Espagnols n'avaient pas 25,000 hommes. Quant à la question posée dans l'interrogatoire, si les divisions Vedel et Gobert faisaient partie du corps du général Dupont, il n'y a pas de doute. La division Gobert avait été envoyée à mi-chemin de Madrid à Andujar; elle avait été appelée à Andujar par le général Dupont, qui l'avait placée dans l'ordre définitif à la Carolina et à Sainte-Hélène. Quant aux instructions, le général Dupont était considéré comme général en chef commandant un gros corps. Il avait été envoyé, dans des hypothèses différentes, pour occuper Cadix. Il avait occupé Andujar de sa propre volonté, et il avait une grande latitude de pouvoirs. On lui avait seulement recommandé, mais sans en faire une obligation *sine qua non*, de garder les défilés de la Sierra Morena, et de n'engager aucune action sérieuse sans avoir les probabilités suffisantes pour battre l'ennemi.

NAPOLÉON.

D'après l'original. Dépôt de la guerre.

14285. — A JOSEPH NAPOLÉON, ROI D'ESPAGNE,
À LOGROÑO.

Saint-Cloud, 31 août 1808, quatre heures du matin.

Mon Frère, je désire que vous me fassiez donner, tous les cinq jours, l'état de situation de l'armée d'Espagne par le maréchal Jourdan, major général, et que tous les jours il écrive trois ou quatre pages pour rendre compte de tout. Depuis que Belliard a été remplacé par lui, je ne sais rien de l'armée. Je n'en ai pas de situation depuis le mois de juillet. Conformez-vous au présent ordre et faites-le exécuter.

NAPOLÉON.

D'après l'expédition originale comm. par les héritiers du roi Joseph.

14286. — NOTE
EN MARGE D'UN RAPPORT SUR LA RÉGIE DES SELS DU DÉPARTEMENT DE MONTENOTTE.

Saint-Cloud, 31 août 1808.

Le ministre des finances témoignera le mécontentement de Sa Majesté à la régie pour avoir empêché le préfet ou son représentant de visiter les magasins. Les préfets sont intendants des finances et ont le droit de visiter les magasins des administrations.

Le ministre de l'intérieur écrira au gouverneur général des départements au delà des Alpes que l'intention de Sa Majesté est que les visites qui seraient faites par les préfets n'éprouvent aucun obstacle. Les procès-verbaux seront envoyés au contentieux du Conseil d'État, pour examiner s'il y a lieu de condamner la régie à des dommages-intérêts envers la commune, pour lui avoir donné de mauvais sels.

D'après la copie. Archives de l'Empire.

14287. — DÉCISION.

Saint-Cloud, 31 août 1808.

M. Cretet, ministre de l'intérieur, pro- | Tracer sur un plan de Paris le pose à l'Empereur d'autoriser l'acquisition des terrains nécessaires pour isoler le Temple de la Gloire et déposer les matériaux provenant de la démolition de l'édifice actuel de la Madeleine.

projet d'établir ce temple sur la hauteur entre Montmartre et Mousseaux.

D'après la copie. Archives de l'Empire.

14288. — A JOSEPH NAPOLÉON, ROI D'ESPAGNE,
à calahorra.

Saint-Cloud, 1ᵉʳ septembre 1808.

Mon Frère, je vous envoie une note sur l'état de l'armée d'Espagne, qui prouve qu'à votre quartier général on ne connaît pas l'état de l'armée. Vous trouverez également ci-joint l'état des corps qui sont aujourd'hui en Espagne, sans compter les corps de Catalogne. Faites-vous rendre compte où se trouvent les différents détachements, et procurez leur réunion.

La division Frère est composée de trois bataillons de la 2ᵉ légion de réserve. Le 4ᵉ bataillon est au corps du maréchal Bessières, faisant partie des régiments supplémentaires : il faut le réunir aux trois premiers. Le 5ᵉ bataillon est à Bayonne : il faut le faire revenir. Par ce moyen, la division Frère aura cinq bataillons de la même légion, formant 4,000 hommes; ce qui est toujours avantageux pour la comptabilité et pour le bien du corps.

En général, travaillez à réunir tous les corps, à faire rejoindre tous les détachements. Ces soins sont nécessaires pour réorganiser l'armée.

Je vous recommande de veiller à ce qu'on m'envoie l'état de situation de l'armée tous les cinq jours, afin de voir le progrès de l'organisation.

NAPOLÉON.

D'après l'expédition originale commu. par les héritiers du roi Joseph.

14289. — RAPPORT FAIT A L'EMPEREUR
PAR LE MINISTRE DES RELATIONS EXTÉRIEURES[1].

Paris, 1ᵉʳ septembre 1808.

Sire, j'ai l'honneur de proposer à Votre Majesté de communiquer au Sénat les deux traités qui ont mis la couronne d'Espagne entre ses mains, celui par lequel elle en a disposé et la constitution que, sous ses auspices et éclairée par ses lumières, la junte rassemblée à Bayonne, après de mûres et libres délibérations, a adoptée pour la gloire du nom espagnol et la prospérité de ce royaume et de ses colonies.

Si, dans les dispositions que Votre Majesté a faites, la sécurité de la France a été votre objet principal, l'intérêt de l'Espagne vous a cependant été cher, et, en unissant les deux états par l'alliance la plus intime, la prospérité et la gloire de l'un et de l'autre étaient également le but que vous vous proposiez. Les troubles qui se manifestaient alors en Espagne excitaient particulièrement la sollicitude de Votre Majesté; elle en craignait les progrès; elle en prévoyait les funestes conséquences. Elle espérait les prévenir par des moyens de persuasion et par des mesures d'une sage et humaine politique. Votre Majesté intervenait comme médiateur au milieu des Espagnols divisés; elle leur montrait, d'un côté, l'anarchie qui les menaçait, de l'autre, l'Angleterre s'apprêtant à profiter de leurs divisions pour s'approprier ce qui est à sa convenance; elle leur indiquait le port qui devait les sauver de ce double danger, une constitution sage, prévoyante, propre à pourvoir à tous les besoins, et dans laquelle les idées libérales se conciliaient avec les institutions anciennes dont l'Espagne désire la conservation.

L'attente de Votre Majesté a été trompée. Des intérêts particuliers, les intrigues de l'étranger, son or corrupteur, ont prévalu sur l'influence qu'il

---

[1] Ce rapport, bien que publié au *Moniteur* avec la signature de M. de Champagny, ministre des relations extérieures, peut être considéré comme l'œuvre personnelle de Napoléon. La minute de ce document porte, en effet, la trace de nombreuses corrections de la main de l'Empereur, et plusieurs passages ont été écrits entièrement sous sa dictée.

lui appartenait d'exercer. Pourquoi est-il si facile, en déchaînant leurs passions, de conduire les peuples à leur propre ruine? Dans un précédent rapport, j'ai fait connaître à Votre Majesté l'influence qu'acquéraient les Anglais en Espagne, le parti nombreux qu'ils s'étaient formé, les amis qu'ils s'étaient faits dans les ports de commerce, surtout par l'appât du rétablissement des relations commerciales; je les avais montrés à Votre Majesté auteurs du mouvement qui avait renversé le trône de Charles IV, et fauteurs des désordres populaires qui prirent naissance à cette époque. Ils avaient brisé le frein salutaire qui, pour son intérêt, tient le peuple dans la soumission. La populace espagnole, ayant secoué le joug de l'autorité, aspirait à gouverner. L'or des Anglais, les intrigues des agents de l'Inquisition, qui craignaient de perdre leur empire, l'influence des moines, si nombreux en Espagne et qui redoutaient une réforme, ont, dans ce moment de crise, occasionné l'insurrection de plusieurs provinces espagnoles, dans lesquelles la voix des hommes sages a été méconnue ou étouffée, et plusieurs d'entre eux rendus victimes de leur courageuse opposition aux désordres populaires; et on a vu une épouvantable anarchie se répandre dans la plus grande partie de l'Espagne. Votre Majesté permettra-t-elle que l'Angleterre puisse dire : « L'Espagne est une de mes provinces; mon pavillon chassé de la Baltique, des mers du Nord, du Levant et même des rivages de Perse, domine aux portes de la France?» Non, jamais, Sire!

Pour prévenir tant de honte et de malheurs, deux millions de braves sont prêts, s'il le faut, à franchir les Pyrénées; et les Anglais seront chassés de la presqu'île.

Si les Français combattent pour la liberté des mers, il faut, pour la conquérir, commencer par arracher l'Espagne à l'influence des tyrans des mers. S'ils combattent pour la paix, ils ne peuvent l'obtenir qu'après avoir chassé de l'Espagne les ennemis de la paix.

Si Votre Majesté, embrassant l'avenir comme le présent, aspire au noble but de laisser après elle son empire calme, tranquille et environné de puissances amies, elle doit commencer par assurer son influence sur les Espagnes.

Enfin, si l'honneur est le premier sentiment comme le premier bien des Français, il faut que Votre Majesté tire une prompte vengeance des outrages faits au nom français et des atrocités dont un si grand nombre de nos compatriotes ont été victimes. Des Français établis en Espagne depuis plus de quarante ans, exerçant en paix leur utile industrie et regardant presque l'Espagne comme leur patrie, ont été massacrés. Partout les propriétés françaises ont été enlevées. Les agents consulaires de Votre Majesté ont éprouvé un traitement qu'ils n'auraient point redouté dans les pays les plus barbares. De quelle estime, de quelle considération jouirait en Europe le nom français, si, dans un pays si voisin de nous, des injures aussi atroces et aussi publiques restaient impunies? Elles doivent être vengées, mais vengées comme il convient à des Français, par la victoire. Ce n'est pas un faible avantage que la probabilité de rencontrer enfin les Anglais, de les serrer corps à corps, de leur faire aussi éprouver les maux de la guerre, de cette guerre dont ils ignorent les dangers, puisqu'ils ne la font qu'avec leur or. Contre eux les soldats de Votre Majesté auront un double courage. Les Anglais seront battus, détruits, dispersés, à moins qu'ils ne se hâtent de fuir, comme ils ont fait à Toulon, au Helder, à Dunkerque, en Suède et dans tous les lieux où les armées françaises ont pu les apercevoir. Mais leur expulsion de l'Espagne sera la ruine de leur cause. Ce dernier échec aura épuisé leurs moyens en même temps qu'anéanti leurs dernières espérances, et la paix en deviendra plus probable. Cependant toute l'Europe fait dans cette lutte des vœux pour la France. La France et la Russie font cause commune contre l'Angleterre.

Le Danemark soutient avec honneur une lutte qu'il n'a pas provoquée.

La Suède, trahie et abandonnée par l'allié auquel un cabinet insensé l'a sacrifiée, a déjà perdu ses plus importantes provinces et marche à cette ruine, effet inévitable de l'alliance et de l'amitié de l'Angleterre. Tel sera le sort des insurgés de l'Espagne.

Lorsque la lutte sera sérieusement engagée, les Anglais abandonneront l'Espagne, après lui avoir fait le funeste présent de la guerre civile, de la guerre étrangère et de l'anarchie, le plus cruel des fléaux. Ce sera à la sagesse et à la bienfaisance de Votre Majesté à réparer les maux qu'ils auront faits.

La cour de Vienne a constamment témoigné à Votre Majesté les intentions les plus amicales. Indignée de la politique de l'Angleterre, elle a voulu rappeler son ministre de Londres, renvoyer le ministre anglais qui était à Vienne, fermer ses ports à l'Angleterre et se mettre avec elle en état d'hostilité. Elle vient d'ajouter à ces mesures en interdisant dans ses ports l'admission des bâtiments qui, sous pavillon neutre, ne sont que les colporteurs des denrées et des marchandises anglaises. Votre Majesté a cultivé ces dispositions bienveillantes; elle a témoigné à la cour de Vienne amitié et confiance, et plusieurs fois elle lui a fait connaître que la France prend à sa prospérité un véritable intérêt.

Dans ces derniers temps, cette puissance ayant porté outre mesure ses forces militaires, devenues hors de toute proportion avec sa population et ses finances, Votre Majesté se voit obligée d'imposer de nouvelles charges à ses peuples.

Une nouvelle révolution a éclaté à Constantinople; Sultan-Mustafa a été déposé.

Les Américains, ce peuple qui mettait sa fortune, sa prospérité et presque son existence dans le commerce, a donné l'exemple d'un grand et courageux sacrifice. Il s'est interdit, par un embargo général, tout commerce, toute négociation, plutôt que de se soumettre honteusement à ce tribut que les Anglais prétendent imposer aux navigateurs de toutes les nations.

L'Allemagne, l'Italie, la Suisse, la Hollande, sont paisibles et n'attendent que la paix maritime pour se livrer à toute leur industrie.

Cette paix est le vœu du monde; mais l'Angleterre s'y oppose, et l'Angleterre est l'ennemie du monde.

La nation française, l'Europe entière savent tous les efforts de Votre Majesté pour la paix; elles savent que les entreprises dans lesquelles elle se trouve engagée sont le résultat immédiat de l'inutilité des tentatives qu'elle a faites pour l'obtenir.

Le dévouement du peuple français est sans bornes, et c'est surtout dans une circonstance qui intéresse aussi essentiellement son honneur et sa sûreté, qu'il fera éclater ses sentiments, et qu'il se montrera digne de recueillir l'héritage de gloire et de bonheur que Votre Majesté lui prépare.

D'après la minute. Archives de l'Empire.

14290. — A M. DE CHAMPAGNY,
MINISTRE DES RELATIONS EXTÉRIEURES, À PARIS.

Saint-Cloud, 2 septembre 1808.

Monsieur de Champagny, écrivez à mon ministre à Vitoria que je ne veux pas de ministre espagnol à Paris, à moins que ce ne soit un homme très-sûr; mais que M. de Frias serait très-propre à cette place, et que cela ferait beaucoup de bien dans le pays.

NAPOLÉON.

D'après l'original. Archives des affaires étrangères.

14291. — A M. CRETET,
MINISTRE DE L'INTÉRIEUR, À PARIS.

Saint-Cloud, 3 septembre 1808.

Monsieur Cretet, donnez des ordres pour que la ville de Metz fête les troupes à leur passage. Comme la ville ne serait pas assez riche, je lui donnerai 3 francs par homme, mais il faut que tout se fasse au nom de la ville. Le corps municipal les haranguera, les traitera, donnera à dîner aux officiers, fera élever des arcs de triomphe aux portes où elles passeront, et y mettra des inscriptions. Donnez le même ordre pour la ville de Nancy, qui est le lieu de passage de la colonne du centre. Pour la colonne de droite, elle sera fêtée à Reims. Je désire que vous engagiez les préfets des départements qui sont sur la route à avoir des soins particuliers pour les troupes, et à entretenir par tous les moyens le bon esprit qui les anime et leur amour de la gloire. Des harangues, des couplets, des spectacles gratis, des dîners, voilà ce que j'attends des citoyens pour les soldats qui rentrent vainqueurs.

NAPOLÉON.

D'après la copie. Archives de l'agriculture, du commerce et des travaux publics.

14292. — A JOACHIM NAPOLÉON, ROI DES DEUX-SICILES,
À NAPLES.

Saint-Cloud, 3 septembre 1808.

J'ai reçu votre lettre du 21 août, dans laquelle vous m'instruisez que vous vous rendez à Naples. Je suppose que vous y êtes arrivé à l'heure qu'il est. J'ai grande impatience de vous y savoir, afin d'être sans inquiétude sur la tranquillité de ce pays.

D'après la minute. Archives de l'Empire.

14293. — MESSAGE AU SÉNAT.

Saint-Cloud, 4 septembre 1808.

Sénateurs, mon ministre des relations extérieures mettra sous vos yeux les différents traités relatifs à l'Espagne et les constitutions acceptées par la junte espagnole. Mon ministre de la guerre vous fera connaître les besoins et la situation de mes armées dans les différentes parties du monde.

Je suis résolu à pousser les affaires d'Espagne avec la plus grande activité, et à détruire les armées que l'Angleterre a débarquées dans ce pays. La sécurité future de mes peuples, la prospérité du commerce et la paix maritime sont également attachées à ces importantes opérations.

Mon alliance avec l'empereur de Russie ne laisse à l'Angleterre aucun espoir dans ses projets.

Je crois à la paix du continent; mais je ne veux ni ne dois dépendre des faux calculs et des erreurs des autres cours, et, puisque mes voisins augmentent leurs armées, il est de mon devoir d'augmenter les miennes.

L'empire de Constantinople est en proie aux plus affreux bouleversements. Le sultan Selim, le meilleur empereur qu'aient eu depuis longtemps les Ottomans, vient de mourir de la main de ses propres neveux. Cette catastrophe m'a été sensible.

J'impose avec confiance de nouveaux sacrifices à mes peuples. Ils sont nécessaires pour leur en épargner de plus considérables et pour nous conduire au grand résultat de la paix générale, qui doit seule être regardée comme le moment du repos.

Français, je n'ai dans mes projets qu'un but, votre bonheur et la sécurité de vos enfants; et, si je vous connais bien, vous vous hâterez de répondre au nouvel appel qu'exige l'intérêt de la patrie. Vous m'avez dit si souvent que vous m'aimiez! Je reconnaîtrai la vérité de vos sentiments à l'empressement que vous mettrez à seconder des projets si intimement liés à vos plus chers intérêts, à l'honneur de l'Empire et à ma gloire.

NAPOLÉON.

D'après l'original. Archives de l'Empire.

14294. — A M. DE CHAMPAGNY,
MINISTRE DES RELATIONS EXTÉRIEURES, À PARIS.

Saint-Cloud, 6 septembre 1808.

Monsieur de Champagny, je désire avoir un bataillon des trois Maisons d'Anhalt, de 800 hommes; un régiment des cinq Maisons ducales de Saxe. Le régiment des cinq Maisons ducales de Saxe serait composé de deux bataillons de six compagnies chacun, chaque compagnie de 140 hommes, et d'une compagnie d'artillerie de 140 hommes servant six pièces attelées, total 1,820 hommes. Je désirerais qu'ils passassent au camp de Boulogne, où ils se disciplineraient, se formeraient et serviraient à garder ce poste important. Je me chargerais de nourrir ces troupes: les Maisons de Saxe les solderaient, et, si la guerre avait lieu, elles feraient partie de leur contingent. Je désirerais que les Waldeck, les quatre Reuss, les deux La Lippe, les deux Schwarzburg, dont le contingent se monte à 2,200 hommes, pussent ensemble me former un bataillon de six compagnies. Les deux Maisons de Schwarzburg me fourniraient deux compagnies de 280 hommes; les deux La Lippe, deux compagnies de 280 hommes; les quatre Reuss, une compagnie de 140 hommes; les Waldeck, une compagnie de 140 hommes. Ces six compagnies, ayant le même uniforme, formeraient une force de 840 hommes qui se rendraient au camp de Boulogne; ce qui me ferait, avec le bataillon d'Anhalt et les deux bataillons des Maisons ducales de Saxe, quatre bataillons ou 3,000 à 3,300 hommes, qui seraient au camp de Boulogne.

Écrivez au prince Primat et à mes chargés d'affaires que mon but est de rendre mes troupes disponibles, et de former le noyau de leur contingent, de le discipliner à la française; que je le nourrirai, et qu'ils le solderont. Je désirerais que ces troupes passassent le Rhin avant le 15 septembre. Vous ferez demander au grand-duc de Würzburg s'il lui convient de fournir un régiment de deux bataillons de six compagnies de 140 hommes chacune, c'est-à-dire de 1,600 hommes, et une compagnie d'artillerie, pour tenir garnison sur les côtes de la Bretagne ou à la Rochelle, ce qui rendrait disponibles mes troupes. En cas qu'il dût fournir son contingent, ces troupes seraient comptées; je leur fournirais les vivres, et le grand-duc leur fournirait la solde. Comme il est nécessaire que les corps de Nassau, de Bade, de Hesse-Darmstadt et du prince Primat soient complets, je désire que vous fassiez demander, par un ministre près de ces princes, de faire passer à Metz 200 hommes pour Nassau, une compagnie de 100 hommes pour le prince Primat, et deux compagnies de 200 hommes pour Hesse-Darmstadt. Ces trois compagnies faisant 500 hommes se réuniraient à Metz, d'où elles partiraient pour joindre leur régiment, et y seraient encadrées pour les tenir au complet. Cela est en forme de recrues. Écrivez à mes ministres près les cours de Bavière, de Saxe, de Würtemberg, de Bade et de Hesse, de vous faire connaître quel sera l'état du contingent de ces Maisons au 20 septembre, en distinguant l'effectif des présents sous les armes, le lieu où ils se trouvent, et l'infanterie de la cavalerie et de l'artillerie. Écrivez aussi en Suisse pour qu'on presse le recrutement. Il faut demander à la cour de Bade si elle pourrait fournir pour joindre à son infanterie un régiment de cavalerie de 400 chevaux.

NAPOLÉON.

D'après l'original comm. par M. le baron du Havelt.

14295. — AU GÉNÉRAL CLARKE,

MINISTRE DE LA GUERRE, À PARIS.

Saint-Cloud, 6 septembre 1808.

Je n'ai pas balancé, comme de raison, entre les deux décrets que vous m'avez présentés sur les officiers d'artillerie de ma Garde. Le décret que j'ai signé est celui qui conserve ceux qui y sont aujourd'hui. Je ne conçois pas comment on peut dire que ces officiers n'ont pas servi dans l'artillerie. Je ne sais s'ils sont sortis des écoles, mais tous servent sur le champ de bataille depuis quatorze ans; cela vaut bien le polygone. D'ailleurs presque tous ont servi dans des régiments de ligne. Au reste, s'il y en a quelques-uns qu'il faille ôter de la Garde, il faut m'en faire un rapport à part. Les décrets que j'ai signés de confiance ne doivent jamais porter d'exclusion de ma Garde, à moins de rapports particuliers.

D'après la minute. Archives de l'Empire.

14296. — A MADAME DE LA ROCHEFOUCAULD,

DAME D'HONNEUR DE L'IMPÉRATRICE, À PARIS.

Saint-Cloud, 6 septembre 1808.

Le général Marescot s'étant déshonoré en attachant son nom à une infâme capitulation, ce qui m'a contraint à lui ôter toutes ses charges et emplois, dans cette situation de choses, il est impossible que Mme Marescot continue à être dame du Palais, quelque innocente que soit cette dame et quelque mérite qu'elle ait d'ailleurs. Je désire donc que vous lui fassiez demander sa démission, en portant dans cette démarche tous les adoucissements qu'il vous sera possible.

D'après la minute. Archives de l'Empire.

14297. — A ALEXANDRE, PRINCE DE NEUCHÂTEL,

MAJOR GÉNÉRAL DE LA GRANDE ARMÉE, À PARIS.

Saint-Cloud, 6 septembre 1808.

Mon Cousin, expédiez au maréchal Mortier un courrier pour lui faire connaître que, s'il n'a pas dépassé la Silésie, il prenne position à Glogau, en prenant le commandement de la basse Silésie et laissant celui de la haute Silésie au maréchal Davout, et occupant les camps du maréchal Ney; que si, au contraire, il a dépassé la Silésie, il continue sa route, mais sans se presser, sur Baireuth.

NAPOLÉON.

D'après la copie. Dépôt de la guerre.

14298. — AU GÉNÉRAL DEJEAN,
MINISTRE DIRECTEUR DE L'ADMINISTRATION DE LA GUERRE, À PARIS.

Saint-Cloud, 7 septembre 1808.

Le 52e a encore à son dépôt, dans la 28e division, 80 hommes habillés en paysans; le 67e, 15 hommes; le 101e, 200; le 102e, 240. Dans la 27e division, le 6e a 33 hommes habillés en paysans; le 14e léger, 41. Cela me paraît très-abusif. Faites-moi connaître pourquoi ces hommes n'ont pas sur-le-champ des culottes et vestes d'uniforme.

D'après la minute. Archives de l'Empire.

14299. — A M. DARU,
INTENDANT GÉNÉRAL DE LA GRANDE ARMÉE, À BERLIN.

Saint-Cloud, 7 septembre 1808.

Monsieur Daru, expédiez la lettre ci-jointe par un courrier extraordinaire au général Caulaincourt. Comme il pourrait être parti de Pétersbourg avant le 12 de ce mois, vous ferez prendre au courrier la route de Küstrin, et vous lui recommanderez de s'informer de toutes les voitures.

Mon intention est décidément de laisser en Allemagne le corps du maréchal Soult, celui du maréchal Davout, la division Oudinot, le 5e corps, trois divisions de cuirassiers, les régiments de cavalerie légère qui s'y trouvent, ainsi que le corps du prince de Ponte-Corvo et les divisions de dragons. On ne peut pas s'entendre avec ces Prussiens, qui diffèrent toujours de signer, de manière qu'ils pourraient bien manquer l'occasion.

NAPOLÉON.

D'après la copie comm. par M. le comte Daru.

14300. — DÉCRET.

Saint-Cloud, 7 septembre 1808.

L'armée d'Espagne sera composée de six corps d'armée.

Art. 1er. Le 1er corps sera commandé par le maréchal Victor et composé des trois divisions d'infanterie qui forment aujourd'hui le 1er corps de la Grande Armée, qui prendra le nom de 1er corps de l'armée d'Espagne, et de la division de cavalerie légère attachée au même corps, composée de quatre régiments et commandée par le général de brigade Beaumont.

Art. 2. Le 2e corps de l'armée d'Espagne sera commandé par le maréchal Bessières et composé de la manière suivante :

1re division, que commandera le général de division Mouton, comprenant le 4e régiment d'infanterie légère, les 15e, 26e et 55e régiments d'infanterie de ligne et le bataillon de Paris;

2e division, que commande le général de division Merle, et comprenant le 47e régiment de ligne (on y réunira le bataillon qui est au corps de Saragosse), le 86e régiment de ligne, le 70e régiment de ligne (on y réunira le bataillon qui est au corps de Saragosse), deux bataillons suisses, les 1er et 2e régiments supplémentaires; ces régiments seront composés, savoir : le 1er régiment, des 4e et 5e bataillons de la 4e légion et du 4e bataillon de la 5e légion, formant un effectif de 2,500 hommes; le 2e régiment, du 4e bataillon de la 1re légion, des 3e et 4e bataillons de la 3e légion, formant un effectif de 2,000 hommes;

3e division, que commande le général de division Bonet, et comprenant les anciens 13e et 14e régiments provisoires d'infanterie (entiers, en y réunissant ce qui est au corps de Saragosse), les 17e et 18e régiments provisoires;

Ce qui portera ce corps d'armée, en y réunissant tous les détachements, à 24,000 hommes d'infanterie.

Division de cavalerie, que commande le général Lasalle, comprenant les 10e, 22e et 26e chasseurs et le 9e dragons; force, 2,000 hommes.

Art. 3. Le 3e corps sera commandé par le maréchal Moncey, et sera composé de la manière suivante :

1ʳᵉ division, que commande le général de division Musnier, comprenant les 114ᵉ et 115ᵉ régiments d'infanterie de ligne et le 1ᵉʳ bataillon de Westphalie;

2ᵉ division, que commande le général de division Morlot, comprenant les 116ᵉ et 117ᵉ régiments d'infanterie de ligne, un bataillon irlandais et un bataillon de Prusse;

3ᵉ division, que commande le général de division Frère, comprenant la 2ᵉ légion de réserve, composée des 1ᵉʳ, 2ᵉ, 3ᵉ, 4ᵉ et 5ᵉ bataillons de cette légion; le 5ᵉ d'infanterie légère, les 1ᵉʳ et 2ᵉ régiments provisoires de hussards, le 1ᵉʳ régiment provisoire de grosse cavalerie, dragons; total, 2,000 hommes de cavalerie;

Ce qui portera ces trois divisions à 18,000 hommes d'infanterie. Ce corps gardera les régiments de cavalerie légère qu'il a; ce qui portera sa force à 21,000 hommes.

ART. 4. Le 4ᵉ corps sera commandé par le duc de Danzig et composé de la manière suivante :

1ʳᵉ division, que commande le général Sebastiani, comprenant les 32ᵉ, 75ᵉ, 28ᵉ et 58ᵉ régiments d'infanterie de ligne;

2ᵉ division, que commande le général Leval, comprenant un corps de Nassau, un corps de Bade, un corps de Hesse-Darmstadt et un bataillon du prince Primat;

3ᵉ division, que commande le général Valence, sénateur, comprenant les trois nouveaux régiments qui se réunissent à Sedan;

4ᵉ division, comprenant la brigade hollandaise qui se réunit à Gand et qui arrive à Paris, et la brigade westphalienne qui arrive sur le Rhin.

Chacune de ces divisions étant de 6,000 hommes, ce corps d'armée sera de 24,000 hommes d'infanterie et de quarante-huit pièces de canon. La cavalerie se composera du 5ᵉ régiment de dragons, 500 hommes; des hussards hollandais, 500 hommes; des chevau-légers westphaliens, 500 hommes; total, 1,500 hommes.

ART. 5. Le 5ᵉ corps sera commandé par le général de division Saint-Cyr, et composé de la manière suivante : 1ʳᵉ division, que commande le général de division Chabran; 2ᵉ division, que commande le général

Souham; 3ᵉ division, que commande le général Lechi; 4ᵉ division, que commande le général Pino; 5ᵉ division, que commande le général Chabot;

Le général Reille rentrera à mon état-major;
Cavalerie, celle de la division Pino et du corps du général Dubesme.

Art. 6. Le 6ᵉ corps sera commandé par le maréchal Ney et composé de la manière suivante : 1ʳᵉ division, que commande le général de division Marchand; 2ᵉ division, que commande le général de division Bisson; 3ᵉ division, que commande le général de division Mermet, comprenant le 31ᵉ régiment d'infanterie légère, les 14ᵉ et 44ᵉ régiments de ligne; 4ᵉ division, comprenant les trois régiments de la Vistule et 1.000 sapeurs ou mineurs; cavalerie, composée du régiment de lanciers polonais, des deux régiments de cavalerie légère du 6ᵉ corps; total, 2,200 hommes;

Ce qui portera ce corps d'armée à 27,000 hommes d'infanterie, à 3.000 hommes d'artillerie, sapeurs et mineurs, et à 2,200 chevaux. Ce corps aura cinquante-cinq à soixante pièces de canon.

Art. 7. La réserve sera composée de la manière suivante : une division de réserve composée des 2ᵉ, 12ᵉ d'infanterie légère, 43ᵉ, 51ᵉ de ligne, formant 6,000 hommes; six bataillons de fusiliers de la Garde impériale, six bataillons de grenadiers et chasseurs à pied de la Garde, formant 6,000 hommes; la garde du roi d'Espagne, de 1,500 hommes; ce qui portera l'infanterie de ce corps à 14,000 hommes; les grenadiers et chasseurs à cheval de la Garde impériale et les dragons et chevau-légers polonais, la garde à cheval du roi d'Espagne, formant en tout 4.000 hommes; quatre divisions de dragons formant seize régiments et près de 14,000 hommes; ce qui portera la cavalerie de la réserve à 18,000 chevaux; l'artillerie de la Garde impériale de soixante pièces de canon attelées; le total de la réserve à 34,000 hommes.

Art. 8. Notre ministre de la guerre est chargé de l'exécution du présent décret.

NAPOLÉON.

D'après la copie. Dépôt de la guerre.

14301. — A JOSEPH NAPOLÉON, ROI D'ESPAGNE,
À MIRANDA.

Saint-Cloud, 7 septembre 1808.

Mon Frère, j'ai reçu votre lettre du 1ᵉʳ septembre. Il est malheureux que le maréchal Moncey ait laissé échapper l'armée de Montijo, qui n'était qu'un ramassis de mauvaises troupes dont il fallait faire justice.

Je suppose que vous avez donné l'ordre de fortifier Tudela et d'établir des redoutes sur les hauteurs voisines de la ligne d'opérations sur Pampelune. Si l'on agit autrement, ce sera méconnaître l'importance dont est cette place sous tous les points de vue possibles.

L'évacuation de Tudela est un malheur, puisqu'elle a fatigué l'armée sans motifs. Vous sentez combien je souffre de tout ce qui se passe en Espagne; mais une entrevue que je dois avoir avec l'empereur de Russie, et qui est fixée au 26, m'oblige à partir pour la Saxe sous huit ou dix jours.

Le major général vous envoie l'organisation de l'armée d'Espagne en six grands corps. Si l'ennemi se tient en ligne devant vous, à l'ouverture de la campagne, il faudra commencer par le battre, car il est à croire qu'à l'arrivée de l'armée il se retirera. Ce sera par le siége de Saragosse, l'occupation de Santander, et en balayant le royaume de Léon, qu'il faudra commencer.

NAPOLÉON.

D'après l'expédition originale comm. par les héritiers du roi Joseph.

14302. — A JÉRÔME NAPOLÉON, ROI DE WESTPHALIE,
À CASSEL.

Saint-Cloud, 7 septembre 1808.

Monsieur mon Frère, je vous ai fait connaître les circonstances qui m'ont fait penser que le contingent de la Confédération devait se tenir en mesure. J'ai eu en vue d'épargner les maux de la guerre à la Confédération et de la tenir en état de porter la guerre sur le territoire étranger: car le plus grand mal qui puisse arriver à une nation, c'est de voir son pays devenir le théâtre de la guerre. Je continue de faire connaître à Votre Majesté ce que je vois des événements.

Je suis certain des sentiments de la Russie. L'Autriche a un langage très-pacifique, mais ses armements le démentent. Les nombreux débarquements des Anglais en Espagne et la situation des affaires de ce pays m'ont obligé à retirer de l'Allemagne dix-huit régiments d'infanterie. Je les ai fait remplacer par trente bataillons des mêmes corps qui restent en Allemagne, de sorte que j'y aurai toujours près de 200,000 Français. Le 3ᵉ corps, que commande le maréchal Davout, renforcé de la division du général Oudinot, a pris position en Silésie. Le maréchal Soult, qui commande le 4ᵉ corps, est à Berlin, prêt à se porter partout où il sera nécessaire; et le 5ᵉ corps, commandé par le maréchal Mortier, a pris position à Baireuth. Les différentes divisions de la Confédération renforceraient ces corps en cas d'événement et formeraient une force de 300,000 hommes, avec lesquels je me porterais à la tête de mes gardes, que je ferais mettre sur le pied de guerre, si le cas arrivait. J'ai jugé nécessaire de faire à mes peuples un appel de 160,000 hommes, ce qui me mettra à même de renforcer mes troupes d'Allemagne et d'Italie.

Dans cette situation des choses, je continue les armements jusqu'à ce que je voie se réaliser les promesses de la cour de Vienne de remettre les choses sur le pied où elles étaient avant l'été. Je serai bien aise que Votre Majesté me fasse connaître les renseignements qu'elle aura par ses agents. Ce ne sont point des paroles qu'il nous faut, mais des faits. Nous n'avons rien à demander à l'Autriche; les thalwegs de l'Inn et de l'Isonzo et les montagnes de la Bohême nous séparent entièrement. Puisque les troupes de Votre Majesté sont réunies, je l'engage à les passer en revue, à les discipliner, à les accoutumer aux grandes manœuvres. Elle sentira que la dépense de quelques centaines de milliers de florins sera bien compensée par la sûreté qu'elle donnera à ses frontières et par le respect que cela inspirera à ceux qui nourriraient de mauvaises intentions. Je ferai, et j'obtiendrai de mes peuples, les sacrifices nécessaires pour que le mur d'airain élevé sur les limites de la Confédération ne puisse jamais être franchi; mais Votre Majesté sent qu'il est nécessaire aussi qu'elle fasse quelques sacrifices pour maintenir ses troupes sur un pied parfait, pour que son contingent soit complet, non à l'effectif, mais présent sous les armes, avec ses caissons et tout l'attirail nécessaire.

Il est une institution sur l'importance de laquelle je ne saurais trop insister auprès de Votre Majesté, c'est l'établissement de caissons des transports militaires. Quatre caissons par 1,000 hommes sont nécessaires; un pour l'ambulance et trois pour le pain. Ainsi 30,000 hommes doivent avoir 120 caissons, de manière à pouvoir transporter quatre jours de pain, indépendamment des quatre jours que chaque soldat doit avoir dans une expédition. J'engagerai aussi Votre Majesté à faire faire à ses troupes l'exercice à feu.

Les nouvelles que je recevrai d'ici au commencement d'octobre, et les renseignements que donneront mes agents et ceux de la Confédération, seront l'objet d'une troisième lettre, et nous feront connaître si nous devons nous mettre sur le pied de paix pour épargner les dépenses. C'est la conduite de l'Autriche qui nous guidera. Depuis ma dernière lettre à Votre Majesté, tous les pourparlers ont été très-pacifiques, et je me flatte que je pourrai écrire à Votre Majesté, au commencement d'octobre, une lettre qui la rassure entièrement.

NAPOLÉON.

D'après la copie comm. par S. A. I. le prince Jérôme.

Même lettre adressée aux rois de Bavière, de Saxe et de Wurtemberg.

14303. — A CHARLES FRÉDÉRIC, GRAND-DUC DE BADE,
À CARLSRUHE.

Saint-Cloud, 7 septembre 1808.

Mon Frère, j'ai appris avec plaisir que le contingent de Votre Altesse Royale était prêt. Il faudrait qu'il fût muni de quatre caissons pour 1,000 hommes, afin de pouvoir transporter toujours quatre jours de pain pour la troupe. Je désire également que le nombre d'hommes que

Votre Altesse Royale doit fournir soit présent sous les armes. Mes relations avec l'Autriche sont très-amicales; tout me porte à penser qu'elle se remettra sur le même pied qu'au commencement de l'été, et que je pourrai alors écrire à Votre Altesse Royale de faire rentrer son contingent. Qu'elle emploie ce mois à le faire exercer, surtout aux exercices à feu. J'ai retiré de mon armée d'Allemagne dix-huit régiments d'infanterie, mais j'envoie l'équivalent en renforts aux corps qui s'y trouvent. Je fais d'ailleurs une levée considérable, qui se forme en réserve prête à se porter où il le faudrait; car, si la paix devait être troublée, ce qui, j'espère, n'aura pas lieu, il faut que mon armée puisse établir la guerre sur le territoire ennemi. Je finis par répéter à Votre Altesse Royale que toutes les assurances de l'Autriche sont très-pacifiques, et que, de mon côté, je ne veux ni ne demande rien à cette puissance, que de vivre en paix, en bon voisinage.

D'après la minute autographe. Archives de l'Empire.

14304. — A ALEXANDRE Ier, EMPEREUR DE RUSSIE,
A SAINT-PÉTERSBOURG.

Saint-Cloud, 7 septembre 1808.

Monsieur mon Frère, le général Caulaincourt me mande que Votre Majesté part le 12 septembre pour Erfurt ou Weimar. J'envoie le maréchal duc de Montebello à la rencontre de Votre Majesté sur la Vistule, afin qu'il lui exprime quelques jours d'avance le bonheur que j'ai de la revoir et tous les sentiments qu'elle m'a depuis si longtemps inspirés. Je le charge aussi de prendre immédiatement soin de tout ce qui est relatif aux escortes de Votre Majesté.

NAPOLÉON.

D'après la copie comm. par S. M. l'empereur de Russie.

14305. — NOTE SUR LA BANQUE.

Saint-Cloud, 8 septembre 1808.

Le but de l'institution d'une banque est de produire la réduction de l'intérêt et de le maintenir au taux le plus modéré. En thèse générale, c'est à cette modération du taux de l'intérêt que tient la prospérité des manufactures et du commerce. Les banquiers, et ce qu'on appelle vulgairement marchands d'argent, font entrer dans leurs opérations des combinaisons qui s'écartent souvent de ce but. Les escomptes bien dirigés d'une banque publique neutralisent l'effet de ces tentatives, et doivent ainsi ramener les opérations des banquiers eux-mêmes à ce résultat d'utilité commune. Tout ce qui conduit à la modération du taux de l'intérêt est dans l'esprit de l'institution de la Banque.

Ces principes convenus, il est facile de démontrer qu'aujourd'hui la Banque, par la manière dont elle opère, ne donne pas à la place tout le secours qu'il était permis d'en attendre, et que même, sous quelques rapports, elle en augmente les embarras.

Les nouvelles actions émises par la Banque ont créé un nouveau fonds flottant. Tout fonds flottant crée l'agiotage; tout agiotage est ennemi de la modération du taux de l'intérêt.

Les moyens d'escompte de la Banque et la matière escomptable se sont-ils accrus dans la même proportion que viennent de s'accroître ses actions? Le fait juge la question. Dans cet état, les nouvelles actions n'étant appelées par aucune utilité réelle, elles ont dû nécessairement retomber en fonds flottant sur la place et l'encombrer. Ce n'est que par un artifice passager qu'elles ont pu s'élever à 1,300, c'est-à-dire au-dessus de leur valeur intrinsèque. Cette hausse malentendue a dû avoir l'inévitable effet de préparer une surcharge, et conséquemment une baisse. L'action de la Banque ne vaut en effet que le prix qu'elle obtiendrait définitivement si la Banque était liquidée, c'est-à-dire la valeur qu'elle trouverait dans la division du capital entre tous les actionnaires.

Puisque la Banque a augmenté le capital de ses actions, il faut qu'elle augmente la quotité de ses escomptes pour assurer à ses actions plus nombreuses, par les profits d'un escompte plus étendu, un dividende proportionnel; ou bien, à défaut d'augmentation possible dans la quotité des escomptes, qu'elle se crée subsidiairement une réserve qui en tienne lieu.

Les rentes sur l'état, les actions de la Banque, les billets de la caisse de service, les bons de la caisse d'amortissement, les obligations, tous ces effets sont solidaires. Ils exercent les uns sur les autres une influence réciproque, et, lors même qu'ils paraissent obtenir sur la place des cours différents, ils obéissent définitivement, dans leur hausse ou leur baisse, à une loi générale et égale pour tous.

La Banque ne peut pas racheter ses propres actions, parce qu'elle paraîtrait diminuer par là le gage que ses actionnaires ont voulu donner au public, c'est-à-dire aux porteurs de billets de banque. Il lui serait préjudiciable d'acheter ses actions en hausse, parce qu'elle les payerait au-dessus de leur valeur intrinsèque; si elle les achetait en état de baisse, comme cette baisse semblerait dénoncer quelque vice d'administration, le rachat par la Banque ne détruirait pas cette influence dans l'opinion. Ainsi, sous aucun rapport, ce ne peut être par l'achat de ses propres actions que la Banque peut parvenir à désencombrer la place; mais elle peut, avec utilité pour elle et pour la place, acheter des 5 pour 100, lorsqu'elle paye 83 ce qui vaut réellement 100, ce qui à 83 lui assure 6 pour 100 d'intérêt. Elle peut d'autant moins regarder le cours de 83 comme trop élevé pour ses achats des 5 pour 100, qu'elle les admet en dépôt dans ses escomptes sur le pied de 100 francs pour 5 francs de rente, c'est-à-dire au pair, comme remplaçant la troisième signature sur les lettres de change.

On ne regarde pas comme démontrée l'assertion qui établit que la Banque ne peut pas augmenter ses escomptes, parce que la matière escomptable manque. Il est probable, au contraire, que la Banque, en étendant utilement ses escomptes, en allant saisir dans les lieux propres la matière escomptable, en usant pour ses escomptes de son privilége, qui l'autorise à en créer elle-même la monnaie; il est probable, disons-nous, qu'elle pourra augmenter peut-être de moitié ses escomptes. Mais, dans cette hypothèse, qui est la seule où la Banque peut judicieusement et régulièrement se placer, la Banque ne trouvera plus d'emploi pour le capital de ses actions, puisqu'elle escomptera avec ses billets. Cette analyse ramène à la pensée exprimée ci-dessus, que la Banque ne peut faire aucun meilleur emploi de la surabondance de son capital que de l'employer en achat des 5 pour 100, tant que leur cours surtout n'excédera pas 83.

Si trente millions de son capital avaient été ainsi employés, la Banque aurait pu offrir à ses actionnaires un supplément de 900,000 francs dans le dernier dividende; et, en même temps, elle aurait désencombré la place du fonds flottant des 5 pour 100; elle aurait déconcerté les combinaisons de baisse; elle aurait mieux assuré le placement définitif de ses actions; elle n'aurait pas laissé sur la place la disparate des 5 pour 100 produisant plus de 6 pour 100 d'intérêt, tandis qu'elle escompte à 4 pour 100.

Il est indispensable que la Banque garde une réserve en écus pour remplir le premier de ses devoirs, la conversion immédiate de ses billets en écus à toute présentation; mais il serait absurde que la Banque gardât tout ou la majeure partie de son capital pour cette représentation matérielle, car alors elle n'userait pas de son privilége; elle serait inutile, elle n'userait pas du droit qu'elle a de créer, par sa monnaie propre, des moyens d'escompte, des valeurs nouvelles. Elle serait réduite à la condition des escompteurs ordinaires; et elle serait en perte, parce qu'elle escompte à un taux plus bas que ces derniers, et qu'elle a plus qu'eux les frais d'une immense administration.

Les calculs ne peuvent pas être absolus sur la quotité du fonds de réserve qu'une banque doit garder stationnaire en écus; mais, lorsqu'elle n'a escompté que régulièrement et que les seules valeurs qui soient, par leur nature, admissibles à ses escomptes, l'expérience a appris qu'elle pouvait n'avoir en réserve d'écus que le quart ou le tiers au plus de ses billets circulants. Ce qu'aujourd'hui la Banque réserve au delà de cette proportion est donc un capital inactif et improductif. Elle ne remplit pas le but de son institution; elle n'entre pas dans toutes les vues qui ont déterminé la concession de son privilége; elle va directement contre ces vues, lorsque ses actions viennent aggraver, par leur abondance sur la place, les fonds flottants qui s'y trouvent déjà.

La Banque, la caisse de service, la caisse d'amortissement sont trois établissements publics également intéressés à ce que le cours des 5 pour 100 ne soit jamais en état de dépréciation, c'est-à-dire à ce qu'il ne promette pas un intérêt trop disproportionné avec le taux d'escompte de la Banque, avec l'intérêt que la caisse de service donne sur les fonds qui lui sont remis, avec les intérêts que la caisse d'amortissement paye pour les cautionnements, etc.

De la concordance et de la réciprocité de devoirs et d'intérêts de ces trois établissements, naît la nécessité d'un concordat entre eux pour que le cours du 5 pour 100 soit tel qu'il n'excède jamais 6 pour 100, lorsque la Banque escompte à 4, lorsque la caisse de service emprunte à 4 et à 5, lorsque la caisse d'amortissement donne aussi le même taux d'intérêt.

Le système des finances de la France étant tel qu'elle n'a pas recours à des emprunts, que ses revenus fixes égalent ses dépenses, l'intérêt public n'exige dans aucun cas, et il proscrit au contraire dans tous, ces écarts et ces variations de cours dont peut s'aider quelquefois un gouvernement qui emprunte. Une sorte de fixité dans le prix vénal du 5 pour 100 est donc un élément de l'harmonie qui doit se maintenir entre l'escompte de la Banque, le taux des emprunts de la caisse de service, le taux des intérêts que donne la caisse d'amortissement. Les chefs de ces trois établissements doivent avoir sans cesse en regard le maintien de cette harmonie; et elle serait assurée par l'effet d'une convention qui serait faite entre les trois chefs de ces établissements, avec l'approbation de l'Empereur, et dont tels seraient les résultats.

Un fonds de 60 millions, auquel la Banque contribuerait pour 30 millions, la caisse d'amortissement pour 16, la caisse de service pour le surplus, serait spécialement destiné à enlever de la place tous les 5 pour 100 offerts au-dessous du cours qui promet 6 pour 100 d'intérêt. Toutes les fois que le cours excéderait 83 francs, les trois établissements feraient revendre la quantité de 5 pour 100 nécessaire pour faire rentrer le cours dans sa limite. La caisse de service et la caisse d'amortissement fourniraient pour chaque opération la première moitié du prix des achats, la Banque la seconde moitié. Le produit des reventes se partagerait dans la même proportion. Les trois chefs se réuniraient tous les mois pour résumer le résultat des opérations faites et concerter les mesures à prendre selon l'état de la place.

Il est hors de doute que jamais ce capital de 60 millions ne serait employé, qu'il serait à peine entamé; mais il présenterait une digue qu'aucune prétention contraire ne pourrait tenter de franchir. La présence de ce capital, son action toujours immédiate, lorsque le cas le requerrait, mettrait enfin les opérations de la Bourse à l'abri de cette fluctuation des cours, qui est absurde et qui n'en est pas moins dangereuse pour les intérêts publics et privés.

PROJET DE CONVENTION.

Le ministre du trésor public, le gouverneur de la Banque et le directeur général de la caisse d'amortissement arrêtent, avec l'autorisation de l'Empereur et Roi, la convention suivante :

Art. ... La caisse d'amortissement, la Banque de France et la caisse de service du trésor fourniront, dans la proportion réglée ci-après pour chacun de ces établissements, les fonds nécessaires pour que les 5 pour 100 parviennent successivement au cours de 83 et s'y maintiennent, et pour que le cours des actions de la Banque se maintienne au moins au niveau de leur valeur intrinsèque.

Art. ... Lorsque des achats seront nécessaires sur la place pour obtenir l'un ou l'autre résultat, la Banque y contribuera pour $\frac{15}{30}$; la caisse d'amortissement pour $\frac{8}{30}$, la caisse de service pour $\frac{7}{30}$; le produit des achats se partagera entre les trois établissements dans la proportion de la mise de fonds de chacun d'eux.

Art. ... Lorsque le cours des 5 pour 100 s'élèvera au-dessus de 83 et le cours des actions de la Banque de plus de 30 francs au-dessus de leur valeur intrinsèque, la caisse d'amortissement, la Banque et la caisse de service seront autorisées à faire vendre la portion des 5 pour 100 ou d'actions de la Banque qu'elles auraient achetés, jusqu'à concurrence de la quantité nécessaire pour faire rentrer le cours des 5 pour 100 ou des actions dans la limite fixée par l'article ...

Les ordres de vendre seront donnés par l'un des chefs des trois établissements, après qu'il se sera concerté avec les deux autres. Les effets vendus seront prélevés proportionnellement sur la portion acquise par chaque établissement; le produit des ventes se répartira entre eux dans la même proportion.

Art. ... Chaque établissement conservera le dépôt des effets publics achetés pour son compte; il pourra les faire inscrire sous tel nom qu'il jugera convenable de substituer au sien.

Art. ... Dans les cinq premiers jours de chaque mois le ministre du trésor public, le gouverneur de la Banque et le directeur de la caisse d'amortissement constateront par un procès-verbal les opérations faites pendant le mois précédent, par leurs ordres, en exécution de la présente convention; ils régleront celles qui devront avoir lieu dans le mois suivant l'état des cours.

La copie de chaque procès-verbal sera adressée à Sa Majesté.

D'après la copie. Archives des finances.

14306. — AU GÉNÉRAL CLARKE,
MINISTRE DE LA GUERRE, À PARIS.

Saint-Cloud, 8 septembre 1808.

Monsieur le Général Clarke, je vous envoie une relation extraite des gazettes de Madrid sur l'affaire du général Dupont, ainsi que deux lettres relatives à la même affaire; vous les joindrez aux pièces. Je crois nécessaire que vous fassiez arrêter le sieur Villoutreys, que vous fassiez mettre les scellés sur ses papiers et que vous en fassiez faire le dépouillement. Vous le ferez conduire dans une prison militaire, où il sera détenu jusqu'à nouvel ordre et jusqu'à ce que les affaires se décident. Vous donnerez l'ordre que les généraux Dupont, Marescot, Chabert ou Vedel, venant à débarquer sur un point quelconque de la côte de France, soient arrêtés, mis en prison, et que le scellé soit mis sur leurs papiers. Vous trouverez ci-joint un décret que vous notifierez au corps du génie, sans le faire imprimer.

NAPOLÉON.

D'après l'original. Dépôt de la guerre.

14307. — A ALEXANDRE, PRINCE DE NEUCHÂTEL,

MAJOR GÉNÉRAL DE LA GRANDE ARMÉE, À PARIS.

Saint-Cloud, 8 septembre 1808.

Je vous renvoie vos lettres. Écrivez au maréchal Jourdan que vous les avez mises sous mes yeux; que ses instructions au maréchal Moncey ne sont pas assez positives, que celles au maréchal Bessières ne le sont pas davantage; que Moncey ne peut garder tout à la fois avec 15,000 hommes; il peut garder Tudela contre l'ennemi, ayant sa ligne d'opération, non sur Logroño, mais sur Pampelune. Si le maréchal Bessières avait reçu l'ordre d'attaquer les insurgés sans attendre l'arrivée du Roi, ils auraient été vaincus et culbutés. Il paraît que, du côté de Burgos, l'armée est sans système; d'où naît l'embarras des instructions données à Bessières. Si l'ennemi vient à Burgos, faut-il l'attaquer ou l'attendre? Dans ce dernier cas, pourquoi Bessières n'est-il pas campé derrière Burgos? C'est avec des plans sûrs et fortement conçus qu'on réussit à la guerre. Doit-on abandonner Burgos comme on a abandonné Tudela? Ce ne serait pas un moyen de donner du moral à l'armée que de l'exposer à un mouvement rétrograde qui ressemble à un échec, si 10,000 hommes entraient à Burgos et prenaient la garnison qui est dans la citadelle. Voilà à quoi on s'expose lorsqu'on n'a pas de plan fixe.

L'ennemi ne se portera pas de Saragosse sur Logroño, quand on occupera la position offensive de Tudela.

Quant au consul espagnol, chargez le général Drouet de le faire arrêter, de mettre les scellés sur ses papiers. On le fera conduire dans un château fort, où il sera tenu au secret, sans communiquer avec personne.

Avec les troupes espagnoles, il est très-différent d'attaquer ou de l'être. Toute l'armée espagnole n'est pas capable de forcer 15,000 Français, couverts d'artillerie dans une bonne position.

Faites remarquer au maréchal Jourdan que Tudela a d'ailleurs l'avantage de pouvoir offrir le couvert de la rivière, et que, si l'on ne se trouvait pas bien en avant, on pourrait se placer derrière l'Èbre avec une tête de pont offensive.

D'après la minute. Archives de l'Empire.

14308. — A M. GAUDIN,
MINISTRE DES FINANCES, À PARIS.

Saint-Cloud, 10 septembre 1808.

Témoignez mon mécontentement au syndic des agents de change sur la cote faite depuis que le semestre est fermé. On ne doit pas coter des marchés à terme; on doit coter des marchés livrés dans la journée; on y ajoute l'intérêt acquis. Il est donc illégal de coter en mettant en dehors la jouissance, car on suppose que l'effet ne sera pas livré.

Quant aux rentes nouvellement livrées, résultat des liquidations, ce sont des rentes particulières. On n'a pas le droit de les coter, puisque ce sont des rentes soumises à des lois particulières. Désormais, la trésorerie ne livrera plus aucune de ces rentes qu'après le moment de l'échéance. Ainsi une liquidation qui aura passé au conseil et qui ne datera que du 22 septembre ne sera délivrée qu'au 22 septembre.

D'après la minute. Archives de l'Empire.

14309. — AU MARÉCHAL SOULT,
CHARGÉ DU 2ᵉ COMMANDEMENT DE LA GRANDE ARMÉE, À STETTIN.

Saint-Cloud, 10 septembre 1808.

Vous verrez, dans les journaux, de quelle manière on parle de la lettre de M. Stein. J'ai demandé qu'il fût chassé du ministère, sans quoi le roi de Prusse ne rentrera pas chez lui. De plus, j'ai fait mettre le séquestre sur ses biens en Westphalie.

L'Autriche est loin de vouloir la guerre. Tous ces mouvements de milice sont des démarches inspirées par la plus excessive crainte. Toutefois, vous aurez vu, par les mesures que j'ai prises, que je ne les redoute guère. 200,000 hommes que j'aurai en Espagne ne m'empêcheront pas d'en avoir 200,000 en Allemagne et 100,000 sur l'Isonzo, indépendamment de 100,000 de la Confédération du Rhin. L'Autriche m'a promis d'être, au 1ᵉʳ septembre, sur le même pied qu'avant l'été. J'attends l'effet de cette promesse pour congédier les troupes de la Confédération.

Je suis sûr des sentiments de la Russie. Il faut donner à l'opinion une direction différente; annoncer que la guerre avec l'Autriche n'aura pas lieu, parce que je ne la veux pas; parler de ses armements avec mépris comme étant le résultat de la peur, de la situation amicale où je suis avec la Russie; quant à la Prusse, je ne sais pas ce que c'est que les armements qu'elle fait; qu'ils ne peuvent pas être de plus de 10,000 hommes, et que c'est un reste de manie militaire.

Vous pouvez garder la 2ᵉ division de dragons, qui peut vous être nécessaire pour maintenir la police entre l'Oder et la Vistule.

D'après la minute. Archives de l'Empire.

14310. — AU CONTRE-AMIRAL MISSIESSY,
COMMANDANT L'ESCADRE DE L'ESCAUT, À FLESSINGUE.

Saint-Cloud, 10 septembre 1808.

Monsieur le Contre-Amiral Missiessy, notre escadre de l'Escaut sous votre commandement se trouvant équipée, munie d'environ trois mois de vivres et exercée depuis plusieurs mois, nous avons considéré combien il serait avantageux à notre service et au système général de nos opérations maritimes de parvenir à la faire sortir de l'Escaut avant la saison des glaces, qui nous obligerait de la faire rentrer dans notre port de Flessingue.

En conséquence, nous vous faisons savoir que si, d'ici au 15 novembre prochain, vous trouvez une occasion favorable de faire appareiller les huit vaisseaux que nous vous avons confiés, avec des chances suffisantes pour espérer de ne pas vous compromettre contre des forces supérieures de l'ennemi, notre intention est que vous profitiez de cette occasion pour vous rendre dans l'un de nos ports de Cherbourg, Brest, Lorient, Rochefort ou Toulon.

Nous vous laissons le maître de la route que vous aurez à suivre d'après les vents que vous éprouverez, et vous êtes libre de vous diriger par la Manche ou de passer par le nord de l'Angleterre, pour vous rendre à cette destination.

Une fois sous voiles, vous devrez rentrer dans l'Escaut ou relâcher au Texel dans tous les cas où vous seriez empêché de continuer votre route, soit par des avaries, soit par la rencontre de l'ennemi, notre intention étant que vous n'engagiez une affaire avec lui qu'autant que vous auriez de très-grandes probabilités de succès, ou qu'il vous serait impossible de l'éviter.

Si vous entriez dans la Méditerranée, vous auriez soin d'éviter l'atterrage des Baléares et celui direct sur Toulon, où croise ordinairement une escadre ennemie; mais vous vous porterez assez au sud pour contourner cette croisière, et pour vous rendre d'abord dans les ports de notre île de Corse, où vous prendrez sur la situation de l'ennemi des renseignements qui serviront à vous guider sur vos manœuvres ultérieures. Vous pourrez, en cas de besoin, relâcher dans les ports du royaume de Naples, et, si cela devenait nécessaire, à Corfou et Cattaro, dans l'Adriatique.

Si, le 15 novembre, vous n'avez pas trouvé l'occasion d'appareiller de l'Escaut, vous pourvoirez immédiatement à alléger nos vaisseaux et à les remiser sans délai dans notre port de Flessingue. Dans ce cas, nous vous enjoignons de maintenir les équipages à bord comme s'ils étaient en rade, et vous donnerez tous vos soins à leur faire faire, pendant l'hiver, tous les exercices que comportera la situation de nos vaisseaux, et à y maintenir l'ordre et la discipline.

Nous nous confions, pour l'exécution des ordres contenus dans la présente, à votre expérience, votre courage et votre dévouement à notre service.

<small>D'après la minute. Archives de la marine.</small>

14311. — AU GÉNÉRAL LACUÉE,

DIRECTEUR GÉNÉRAL DE LA CONSCRIPTION MILITAIRE, À PARIS.

Saint-Cloud, 10 septembre 1808.

J'ai envoyé au ministre de la guerre un grand travail sur la répartition de la conscription. Vous y verrez que je désire lever 140,000 hommes et laisser 20,000 hommes en réserve. Ce travail doit être fait d'ensemble, afin d'être de toute une pensée, et que, par le moyen de la levée de ces deux conscriptions, tous les corps soient au grand complet. Mais ce dont j'ai réellement besoin aujourd'hui, c'est de 30,000 hommes que je dirige sur Bayonne; je voudrais donc, sur les 80,000 hommes des dernières conscriptions, ne lever que la moitié des conscrits de la France, ceux des départements méridionaux, c'est-à-dire 40,000 hommes, et ne rien lever en Bretagne. Avec ces 40,000 hommes, j'aurai 30,000 hommes pour recruter les corps de l'armée d'Espagne et 10,000 hommes pour recruter les corps de l'armée d'Italie, dont plusieurs sont réduits à rien. Quant à la levée des autres 40,000 hommes, ou des conscrits du Nord, je les lèverai par un second décret que vous préparerez d'avance, mais que je ne signerai que plus tard. Il ne serait pas impossible que ceux-là je ne les appelasse point; j'attends encore quelques éclaircissements pour m'y décider.

Il faut donc que le décret soit partagé en trois décrets : le premier, relatif à la répartition et aux dispositions générales; le deuxième, relatif à la levée des conscrits du Midi; et le troisième, relatif à la levée des conscrits du Nord. Je crois avoir le temps de délibérer sur la levée du Nord autant que j'ai hâte de lever le Midi.

D'après la minute. Archives de l'Empire.

14312. — A FRÉDÉRIC VI, ROI DE DANEMARK,

À COPENHAGUE.

Saint-Cloud, 10 septembre 1808.

J'ai reçu la lettre de Votre Majesté du 11 août. J'ai été extrêmement fâché de l'imprudence qui a été commise de laisser la garde des postes les plus importants à des troupes que les circonstances devaient rendre suspectes. Je l'ai été davantage encore des désagréments que Votre Majesté en a éprouvés. J'ai fort applaudi à la conduite qu'elle a tenue, et je la prie d'en recevoir mes remercîments. Quelques bataillons de plus ou de moins sont de peu de considération; les sollicitudes que cela devait donner à un allié qui, comme Votre Majesté, avait besoin de consolation, est ce qui m'a le plus frappé. Que Votre Majesté compte sur mon désir de tous les temps de lui être agréable et de contribuer à sa satisfaction et au bien de son pays.

D'après la minute. Archives de l'Empire.

14313. — A M. GAUDIN,
MINISTRE DES FINANCES, À PARIS.

Saint-Cloud, 11 septembre 1808.

J'ai envoyé au ministre de Champagny la partie de votre rapport relative aux discussions de limites entre la Hollande et le grand-duché de Berg. S'il vous vient des pièces relatives à cela, vous les adresserez à ce ministre.

J'ai signé le tarif et le reculement des douanes.

Écrivez au sieur Beugnot qu'aussitôt que le régiment de Berg sera arrivé à Düsseldorf il le fasse inspecter. Il peut demander un inspecteur aux revues au maréchal Kellermann et l'investir de tous les pouvoirs, pour bien scruter la comptabilité de ce régiment.

J'accorde 6,000 écus pour la démolition des fortifications de Düsseldorf et faire ce qui est convenable pour l'embellissement de la ville.

Je désire avoir le budget de 1808, en recettes et en dépenses, et savoir ce que le duché m'a rendu pour août, et ce qu'il me rendra par mois, enfin avoir une connaissance parfaite du duché. Je désire également diviser le duché en cinq départements, en districts, et chaque district en justices de paix et en municipalités, et y établir une administration qui l'assimile le plus tôt possible à l'administration française.

Je prie M. Beugnot de me faire un rapport qui me fasse connaître la situation en recettes, les domaines, etc. un second rapport sur la division du territoire et l'administration intérieure, et un troisième sur l'administration de la justice.

D'après la minute. Archives de l'Empire.

14314. — A M. MOLLIEN,
MINISTRE DU TRÉSOR PUBLIC, À PARIS.

Saint-Cloud, 11 septembre 1808.

Monsieur Mollien, faites payer au roi Charles le mois de juillet, et à la reine d'Étrurie le mois d'août.

NAPOLÉON.

D'après l'original comm. par Mme la comtesse Mollien.

14315. — A ALEXANDRE, PRINCE DE NEUCHÂTEL,
MAJOR GÉNÉRAL DE LA GRANDE ARMÉE, À PARIS.

Saint-Cloud, 13 septembre 1808.

Mandez au maréchal Jourdan qu'il est fâcheux que le maréchal Moncey ne garde pas Tudela, plus encore, qu'il dissémine ses troupes; qu'en tenant ses troupes réunies à Tudela il pouvait toujours, en cas d'événement, en repassant l'Èbre, avoir une très-belle position défensive.

D'après la minute. Archives de l'Empire.

14316. — A M. DE CHAMPAGNY,
MINISTRE DES RELATIONS EXTÉRIEURES, À PARIS.

Saint-Cloud, 14 septembre 1808.

Monsieur de Champagny, écrivez en Westphalie pour qu'on paye la pension du prince de Brunswick.

NAPOLÉON.

D'après la copie. Archives des affaires étrangères.

14317. — AU GÉNÉRAL CLARKE,

MINISTRE DE LA GUERRE, À PARIS.

Saint-Cloud, 14 septembre 1808.

L'équipage de siége de Saragosse sera composé ainsi qu'il suit : quinze canons de 24 ou de 16, quinze canons de 12, six mortiers de 12 pouces, huit mortiers de 8 pouces, dix mortiers de 6 pouces, six obusiers de 6 pouces, quatre obusiers de 8 pouces.

S'il demeure constant que les affûts de siége, pour les pièces de 12, manquent à Pampelune, on les remplacera par des pièces de 16.

On se contentera de dix mortiers de 6 pouces, qui sont à la Rochelle. On fera fabriquer à la Rochelle dix affûts de rechange. On fera partir avec ces dix mortiers 10,000 bombes ou obus de 6 pouces. On en demandera à la marine, qui en a beaucoup à Rochefort.

On préfère les mortiers de 12 pouces. On peut trouver en Espagne des bombes de 12 pouces, et les mortiers de 10 pouces n'y sont point connus. On ne tirera rien du Nord; cela n'arriverait pas à temps.

Le principal est d'envoyer le colonel Camus à Bayonne et Pampelune, pour faire le service de directeur du parc et diriger tous les mouvements nécessaires à l'artillerie. Le chef de bataillon Roquefère et les capitaines qui ont servi au siége de Saragosse pourraient lui être adjoints comme connaissant déjà le terrain. Il faudrait également donner ordre au général Ruty de se rendre à Bayonne, pour correspondre avec le colonel Camus et former l'équipage.

Il faut surtout ne pas perdre un moment; voilà déjà un mois de perdu. On trouvera tout à Bayonne, Toulon, Rochefort, Pampelune et Saint-Sébastien.

D'après la minute. Archives de l'Empire.

14318. — A JÉRÔME NAPOLÉON, ROI DE WESTPHALIE,

À CASSEL.

Saint-Cloud, 14 septembre 1808.

Monsieur mon Frère, l'empereur de Russie et moi nous sommes donné rendez-vous à Erfurt, le 27 septembre, pour conférer sur la situation des affaires de l'Europe et sur les moyens de mettre fin aux troubles du monde et de rétablir la tranquillité générale. Je partirai le 20 de Paris. Sachant la part que Votre Majesté prend à ce qui me regarde, j'ai cru devoir l'informer moi-même de cet événement.

NAPOLÉON.

D'après la copie comm. par S. A. I. le prince Jérôme.

Même lettre au roi de Wurtemberg, au roi de Bavière, au grand-duc de Bade, au prince Primat.

14319. — A JÉRÔME NAPOLÉON, ROI DE WESTPHALIE,
À CASSEL.

Saint-Cloud, 14 septembre 1808.

Mon Frère, je reçois votre lettre du 8. Je vois avec peine les événements qu'elle contient. Le peuple de Brunswick a tiré sur la force armée. Je ne m'arrête pas à l'événement du gendarme, mais j'y vois une insurrection populaire qui est une suite du mécontentement qu'on m'assure exister dans la Westphalie et dans plusieurs pays de l'Allemagne. On assure qu'il y a peu de police dans votre royaume et que les agents des anciens princes s'y agitent de toutes les manières. Si le gendarme est coupable, il doit être sévèrement puni. Mais ce qui doit être par-dessus tout l'objet de vos recherches, c'est l'instigateur de cette émeute; il faut qu'il soit puni exemplairement, sans quoi vous aurez bientôt des émeutes plus sérieuses. Les gendarmes français vous sont inutiles; renvoyez en France tous ceux qui sont dans votre royaume.

NAPOLÉON.

D'après la copie comm. par S. A. I. le prince Jérôme.

14320. — A LA REINE LOUISE,
À COMPIÈGNE.

Saint-Cloud, 14 septembre 1808.

Madame ma Sœur, j'ai reçu la lettre de Votre Majesté du 9. Le Roi et elle êtes maîtres de vous rendre dans tous les lieux qu'il vous conviendra de choisir. Vous serez obéis dans tous mes états et tout sera à votre disposition. Le Roi est maître de voyager, soit sous son véritable nom, soit incognito, soit enfin de faire tout ce qui lui est agréable. Soit qu'il passe l'hiver à Nice, soit qu'il le passe à Marseille, il sera toujours maître de retourner à Compiègne ou dans celui de mes palais dont l'habitation peut être le plus convenable à sa santé. Votre Majesté ne doit avoir aucune inquiétude sur l'exécution des stipulations du traité.

D'après la minute. Archives de l'Empire.

14321. — A FRÉDÉRIC-GUILLAUME III, ROI DE PRUSSE,
À BERLIN.

Saint-Cloud, 14 septembre 1808.

Je réponds à la lettre de Votre Majesté du 3 septembre. Je me réjouis avec elle de voir toutes nos affaires terminées. Je désire que les anciennes relations qui ont existé entre Votre Majesté et moi se rétablissent, et que le souvenir des tempêtes qui ont marqué l'époque de notre séparation soit tout à fait effacé de sa pensée. Quant à moi, je me sens disposé à reprendre pour elle mes anciens sentiments, dont elle m'a paru, dans d'autres époques, parfaitement convaincue.

D'après la minute. Archives de l'Empire.

14322. — A LA REINE LOUISE DE PRUSSE,
À BERLIN.

Saint-Cloud, 14 septembre 1808.

Madame ma Sœur, je réponds à la lettre que Votre Majesté a bien voulu m'écrire lors de l'arrivée du prince Guillaume. Je me réjouis de la rentrée de Votre Majesté à Berlin, ce qui réalise ses plus chers vœux. Il ne tiendra qu'au Roi et à Votre Majesté que nos pays ne reprennent les sentiments qu'ils avaient avant les derniers événements. J'en éprouverai d'autant plus de joie que cela sera plus conforme aux sentiments que Votre Majesté m'a inspirés.

D'après la minute. Archives de l'Empire.

14323. — A M. DE CHAMPAGNY,
MINISTRE DES RELATIONS EXTÉRIEURES, À PARIS.

Saint-Cloud, 15 septembre 1808.

Monsieur de Champagny, j'ai lu dans un de vos portefeuilles une lettre de Francfort du 28. Il faudrait écrire en Bavière qu'on fît plus d'attention aux gazettes, et qu'on ne laissât pas diriger par les ministres autrichiens les gazettes de Nuremberg, d'Augsbourg et autres.

NAPOLÉON.

D'après la copie. Archives des affaires étrangères.

14324. — AU GÉNÉRAL CLARKE,
MINISTRE DE LA GUERRE, À PARIS.

Saint-Cloud, 15 septembre 1808.

Un soldat du 76e a tué un paysan saxon. Donnez ordre au colonel de ce corps de le faire juger partout où il sera, et que la sentence soit affichée et imprimée dans le royaume de Saxe.

D'après la minute. Archives de l'Empire.

14325. — A ALEXANDRE, PRINCE DE NEUCHÂTEL,
MAJOR GÉNÉRAL DE LA GRANDE ARMÉE, À PARIS.

Saint-Cloud, 15 septembre 1808.

Mon Cousin, je vous envoie les états de situation de l'armée d'Espagne. Il faut m'en faire faire un livret dans la forme ordinaire et en envoyer une copie au ministre de la guerre, qui sera bien aise de l'avoir. Répondez au maréchal Jourdan que je désire que ma Garde soit réunie. Hormis le régiment de chevau-légers polonais, qui reste au corps du maréchal Bessières, toute ma Garde doit être réunie à la réserve. Donnez-lui ordre que le 3e bataillon du 2e de ligne rejoigne sans délai les deux autres bataillons, et y soit tiercé; que les grenadiers et voltigeurs du 55e rejoignent également leur corps; que les deux compagnies du 14e de ligne, qui sont à Bilbao, en partent pour rejoindre leur corps. Le 5ᵉ bataillon de la 4ᵉ légion de réserve pourrait, de Saint-Sébastien, se rendre à Bilbao pour renforcer la colonne du général Monthion. Le détachement du 14ᵉ de ligne, qui est à Villaréal, doit rejoindre ce régiment. Le 3ᵉ bataillon du 14ᵉ de ligne, qui est à Tolosa, doit rejoindre également, de même que la compagnie du 55ᵉ et le détachement de 200 hommes du 4ᵉ léger, qui sont à Irun, la compagnie du 44ᵉ, qui est à Ernani, et le détachement du même régiment, qui est à Durango. Recommandez qu'on réunisse les régiments et qu'on les forme bien, afin qu'on puisse rétablir l'ordre. Vous donnerez ordre au général Drouet d'envoyer à Vitoria le bataillon de la réserve qui est à Bayonne. Les 4ᵉ, 6ᵉ et 7ᵉ bataillons de marche ne devaient pas être incorporés dans deux seuls régiments; chaque détachement devait rejoindre son régiment; mais enfin, si l'on prend le parti de les fondre dans les 14ᵉ et 44ᵉ, il faut n'incorporer que les soldats, et renvoyer à Bayonne, au dépôt général, les officiers et sous-officiers pour recevoir les 20,000 conscrits qui s'y rendent. Recommandez de nouveau au maréchal Jourdan de réunir tous les corps; c'est la chose la plus urgente. Donnez ordre que les bataillons provisoires de Prusse et de Westphalie soient dirigés sur Saint-Sébastien.

NAPOLÉON.

D'après l'original. Dépôt de la guerre.

14326. — A ALEXANDRE, PRINCE DE NEUCHÂTEL,
MAJOR GÉNÉRAL DE LA GRANDE ARMÉE, À PARIS.

Saint-Cloud, 15 septembre 1808.

Mon Cousin, faites connaître au général Drouet que 20,000 conscrits se rendent à Bayonne au commencement d'octobre, et seront arrivés avant la fin du mois; que les 43ᵉ, 51ᵉ, 86ᵉ, 47ᵉ et 55ᵉ doivent recevoir chacun un millier d'hommes; qu'il faut donc disposer pour cela les cadres des 3ᵉˢ bataillons des 43ᵉ et 51ᵉ, du 4ᵉ bataillon du 86ᵉ, du 3ᵉ bataillon du 47ᵉ, et que, pour cet effet, il fasse partir 5 ou 600 hommes de ces bataillons, en les faisant accompagner d'un officier, de deux ou trois sergents et de deux ou trois caporaux par 200 hommes. Ces détachements seront incorporés dans les bataillons qui sont à l'armée, et les officiers et sous-officiers rentreront immédiatement après. Donnez ordre que les compagnies de grenadiers et de voltigeurs qui doivent rejoindre soient complétées, mais qu'on profite de leur passage pour y joindre 2 ou 300 conscrits pour les corps. Par ce moyen, les cadres de ces bataillons pourront recevoir à Bayonne les nouveaux conscrits, et les régiments se trouveront renforcés de tous les hommes qui sont aujourd'hui existants à Bayonne. Écrivez au major général de l'armée d'Espagne pour lui faire comprendre l'importance de cette mesure, et envoyez-lui la note des conscrits qui seront envoyés à Bayonne et des corps qui les recevront, afin qu'il s'entende avec le général Drouet pour qu'il y ait à Bayonne un petit dépôt destiné à recevoir ces conscrits, qui seront habillés par le dépôt général, soit, pour les régiments faibles, en renvoyant le cadre d'un bataillon et en plaçant tous les hommes disponibles dans les deux autres bataillons, soit par tout autre moyen. Vous donnerez l'ordre au 5ᵉ bataillon de la 2ᵉ légion, qui est à Bayonne, de se rendre à Vitoria, et aux bataillons irlandais et prussien de se rendre à Saint-Sébastien. Vous ferez connaître au major général que, moyennant ces compléments, il peut mettre en ligne le 55ᵉ, et, moyennant l'arrivée du bataillon de la légion, il peut retirer les détachements des 14ᵉ et 44ᵉ qui sont à Bilbao. Chargez le général Drouet de passer la revue des sept 5ᵉˢ bataillons des nouveaux régiments de l'armée d'Espagne, afin de s'assurer qu'ils ont, à leurs dépôts, leurs capitaines d'habillement et les cadres de quatre compagnies. On fournira ce qui manquerait.

Napoléon.

D'après l'original. Dépôt de la guerre.

14327. — AU MARÉCHAL MASSÉNA,
à paris.

Saint-Cloud, 15 septembre 1808.

J'ai appris avec la plus vive peine le malheureux accident qui vous est arrivé. Après avoir échappé à tant de dangers, être blessé à la chasse.

c'est un peu de guignon. J'apprends cependant que vous allez mieux et que cela n'aura pas de suite. Je le désire fort, pour utiliser vos talents et votre zèle pour la gloire de nos armes.

D'après la minute. Archives de l'Empire.

14328. — NOTES POUR JOSEPH NAPOLÉON, ROI D'ESPAGNE[1].

Saint-Cloud, 15 septembre 1808.

PREMIÈRE PARTIE.

1re Observation. — La position offensive[2] de l'armée d'Espagne est essentiellement mauvaise. La position de l'Èbre et surtout le débouché si important de Burgos ne sont tenables qu'autant qu'on occupe Tudela. Si Tudela n'a pas été occupé, l'ennemi, qui aura senti cette faute, doit l'avoir fait. S'il est en force et......... Estella à....... trouvera à huit marches derrière[3]...... dans un pays de défilés et de montagnes. Il faut donc occuper Tudela. L'ennemi, qui n'a point de plan ni de forte armée, n'aura pas probablement essayé d'y revenir; mais il faut occuper Tudela d'une manière offensive et avec 15 ou 16,000 hommes, dont les trois quarts placés sur la rive droite, et l'autre quart sur la rive gauche.

L'armée campée et baraquée là, 60,000 Espagnols, même de troupes réglées, ne sont pas dans le cas de forcer cette position; et enfin, si le général qui occupe Tudela ne juge pas à propos de livrer bataille, il pourra en deux heures de temps repasser la rivière, et successivement, de position en position, arriver au camp retranché de Pampelune.

Au lieu de s'en tenir à ce système, l'on a exigé que tout le corps de

---

[1] La copie de l'original est devenue illisible en plusieurs endroits par suite de l'altération du papier. On a cru devoir reproduire en note, ci-après, les phrases complètes de la minute et signaler quelques mots qui paraissent avoir été primitivement mal déchiffrés.

En marge de la minute on lit la recommandation suivante : « On désire que ces notes ne soient point communiquées aux généraux des ailes; il faut leur envoyer des ordres et non des discussions. Le Roi peut les étudier et les discuter avec quelques officiers. »

[2] Défensive. (*D'après la minute.*)

[3] « S'il est en force et qu'il se soit porté par Estella, il se trouvera à huit marches derrière l'armée. » (*Minute.*)

16 à 18,000 hommes qui devait être à Tudela eût la droite à Logroño; système fautif, bon pour des douaniers et nullement pour une opération militaire.

2ᵉ *Observation.* — Le corps de gauche, tout concentré à Tudela, ne doit avoir rien de commun avec le reste. Son rôle est tout à fait séparé. Son principal but doit être de maintenir la Navarre. C'est ce qui avait été déjà exprimé dans les notes précédentes. Ce corps aurait une ligne particulière d'opération dirigée sur Pampelune, où il aurait ses gros bagages, ses transports et tout ce qui pourrait l'embarrasser.

3ᵉ *Observation.* — Le camp de Tudela, porté de 16 à 18,000 hommes, ayant toujours pour un mois de vivres, ne doit pas rester oisif[1]. Il doit envoyer des partis qui se dirigeront à un ou deux jours de marche, tant sur la droite que sur la gauche, et, par là, couvrir la position de Logroño.

Dans cet état de choses, que fera l'armée d'Aragon? Quittera-t-elle Saragosse pour se porter sur Logroño? Alors le camp de Tudela la prendra en queue. Se dirigera-t-elle par Arcos sur Pampelune? Mais alors deux choses pourront arriver: ou le corps de Tudela se portera sur Saragosse, prendra la ville, ou enverra sur Arcos même un détachement par la rive gauche.

4ᵉ *Observation.* — Si, au contraire, l'on n'occupe pas Tudela, voici ce que fera l'ennemi: il y viendra, s'il est en force, et alors tout l'Aragon s'insurge[2], et l'armée française, si elle est menacée par sa droite, perdra en manœuvres un temps précieux, qui la mettra dans le cas d'être battue par un nombre inférieur. En effet, 20,000 hommes insurgés qui se porteraient à Tudela, semant des faux bruits, mettront l'armée française dans le cas de faire un détachement de 15 à 16,000 hommes pour renforcer sa gauche. Cinq à six jours sont nécessaires pour ce mouvement; et, si alors l'ennemi se présentait sur Burgos avec toutes ses forces de ligne, on n'aurait plus le temps de faire revenir le corps détaché à la gauche, et l'on pourrait être obligé à repasser les monts sans que seulement le tiers de l'armée se soit battu.

[1] «Inactif.» (*Minute.*)   [2] «S'insurgera.» (*Minute.*)

5ᵉ Observation. — Si l'on est placé avec 15 à 18,000 hommes à Tudela, on ne peut rien redouter. Quelque formidable que soit l'armée ennemie qui se porte sur Burgos, fût-elle de 40,000 hommes de troupes de ligne, on a le temps de la voir, de la compter. L'on peut repasser la rivière, prendre des positions sur la gauche de l'Èbre et donner le temps au reste de l'armée de faire un mouvement sur Tudela, parce qu'il serait alors prouvé que la force est là.

La preuve de ce que nous avançons est que le moindre bruit inquiète le quartier général, parce qu'on n'est pas dans une bonne position. A la guerre, les espions, les renseignements comptent pour rien ; ce serait aventurer la vie des hommes à de bien faibles calculs que de s'y fier.

Ainsi l'ennemi aura beau dire que toute l'armée de ligne marche de Saragosse sur Tudela, on n'abandonnera Tudela que lorsqu'on aura vu l'ennemi et fait 30 ou 40 prisonniers qui donneront des détails précis, et alors on saura à quoi s'en tenir.

Si l'on ne veut pas admettre de la part de l'ennemi des plans combinés, voici ce qu'il peut faire et a peut-être fait : rassuré sur la position de Saragosse par l'évacuation de Tudela, il se portera sur Sos, inquiétera les communications de Pampelune à la France et de Pampelune à l'armée. On écrirait aussitôt au quartier général qu'il faut se retirer au camp de Pampelune, et alors l'ennemi sera le maître de ses opérations, et, si cet ennemi n'est qu'un ramassis de misérables, qu'un homme de résolution à la tête de 3,000 braves mettrait facilement en déroute, il faut déplorer le sort des soldats français qui se trouvent si mal dirigés. Par cette retraite de la gauche sur Pampelune, le centre se trouvera tourné, obligé de se retirer, et il ne serait pas impossible qu'une armée de 60,000 braves fût contrainte à des manœuvres ridicules, qui porteraient le découragement et le désordre dans l'armée.

6ᵉ Observation. — Nous avons déjà fait connaître que le système des cordons est des plus nuisibles, et qu'une ligne, comme le Rhin et la Vistule même, ne peut se soutenir qu'en occupant des ponts qui permettent de reprendre l'offensive. Quoique en plaine, il faut comparer la position de Tudela à une côte qui domine, parce que, occupant Tudela, on occupe une position offensive : l'ennemi a tout à craindre et doit se garder partout.

L'on doit conclure de ces six observations qu'il faut centraliser toute la gauche à Tudela, qu'il faut que les 16,000 hommes ainsi réunis se forment, s'excitent, s'électrisent et menacent sans cesse. Il faut ne laisser à Pampelune que 2,000 hommes au lieu de 5,000 hommes, avoir une offensive telle qu'il convient à une armée française, et non une défensive molle, telle que celle que l'on a établie.

Nous venons de faire connaître de quelle manière devait être établie la gauche de l'armée; mais la droite n'est pas mieux assise. Pourquoi occuper Burgos seulement avec de la cavalerie, pourquoi pas avec tout le corps du maréchal Bessières, fort de 16 à 18,000 hommes? En envoyant des reconnaissances à 15 et 16 lieues, on organiserait une défensive honorable et on éclairerait tous les mouvements de l'ennemi. Toutes les troupes espagnoles seraient alors insuffisantes. Quand ils auraient 40,000 hommes de troupes réglées, cette avant-garde les verrait venir, se replierait sur les divers corps; on ferait tout de suite une manœuvre d'ensemble. Mais que dire ici que nous n'ayons déjà dit dans les notes antérieures?

Le corps du centre du maréchal Ney, ainsi que le corps autour du Roi, de 24,000 hommes, peuvent être en deuxième ligne entre Logroño et Burgos. La colonne de gauche se trouverait éloignée de trois marches forcées de Tudela, et la colonne de droite d'une marche de Burgos.

On conçoit la position de l'armée, offensive par sa droite et offensive par sa gauche. Alors on est certain de ne point s'inquiéter des faux bruits répandus par l'armée ennemie.

Il faut que les ordres que l'on donne soient positifs. Depuis quand 20,000 hommes ont-ils été étonnés de se voir approcher par plus du double? On n'a pas d'ennemis en face et on se trouve décontenancé! Il n'est pas un sous-lieutenant qui ne voie que l'armée est dans une mauvaise position. C'est, au reste, ce qu'on a toujours vu dans une défensive mal raisonnée et mal entendue. L'on verra les changements qui auront lieu dans l'esprit des habitants et dans celui de l'armée, lorsqu'on exécutera ce qui a été prescrit dans les trois notes précédentes et dans celle-ci.

DEUXIÈME PARTIE [1]

. . . .

. . . .

L'armée composée et organisée comme elle est, que faut-il faire? On pense qu'après que l'on sera bien placé, l'on peut faire des détachements sur Soria, s'emparer de la ville, brûler quelques maisons, enlever des otages, désarmer cette ville et lui faire fournir des vivres, brûler les biens des nobles émigrés.

Cette opération est d'autant plus importante qu'en l'exécutant on couvre le centre de l'armée. Que peut-on faire encore? Réponse : diriger deux colonnes, l'une de Bilbao et l'autre de Reinosa, sur Santander, s'emparer de cette ville, brûler le drapeau qui a servi à la proclamation de Ferdinand, chasser l'évêque, prendre des otages, désarmer les habitants; voilà pour le centre et la droite. Quant à la gauche, il faut envoyer des partis jusqu'à Tarazona et prendre des otages. Toutes ces petites opérations prépareront celles qui auront lieu à l'arrivée des secours, et donneront à une armée de 60,000 hommes la sphère de confiance et d'activité qu'elle doit avoir. En même temps elles donneront le moyen de recevoir des nouvelles et empêcheront celles que l'on répand dans les camps et qui tendent à décourager le soldat et à donner de l'insolence aux habitants. Également dans la Biscaye et la Navarre, il faut faire arrêter les gens suspects. Pourquoi, à Burgos, la maison de Valdès n'est-elle pas saisie? Les insurgés agissent avec vigueur, et l'armée française est indulgente jusqu'à la faiblesse.

D'après l'expédition originale comm. par les héritiers du roi Joseph.

---

[1] D'après le registre des héritiers du roi Joseph, il manque ici trois feuillets contenant, y est-il dit, des explications sur ce qu'il eût fallu faire après l'événement de Bailen, savoir: 1° ne pas évacuer Madrid; 2° prendre Saragosse; 3° se maintenir en position de communiquer avec le Portugal. Les explications ici mentionnées sont pareillement biffées sur la minute.

14329. — A EUGÈNE NAPOLÉON,
VICE-ROI D'ITALIE, À MILAN.

Saint-Cloud, 15 septembre 1808.

Mon Fils, je n'ai jamais supposé que le chemin de Pordenone à Osoppo dût coûter 150,000 francs : si cela est, j'y renonce; que le canal de Palmanova dût coûter trois millions : on m'avait assuré qu'il coûterait 500,000 francs; s'il doit coûter trois millions, j'y renonce. Je n'ai jamais pu penser non plus que la digue de Mantoue coûtât un million. Causez avec les officiers du génie sur ces trois objets, et faites-moi connaître leur opinion. Mon intention est que les 300,000 francs que j'ai accordés, cette année, soient employés à la digue de Mantoue. Cette digue est nécessaire pour rendre la ville saine.

D'après la copie comm. par S. A. I. Mme la duchesse de Leuchtenberg.

14330. — AU GÉNÉRAL LACUÉE,
DIRECTEUR DES REVUES ET DE LA CONSCRIPTION MILITAIRE.

Saint-Cloud, 16 septembre 1808.

Je vous envoie votre état de répartition. Je l'approuve, mais avec les changements suivants.

Donnez les départements des Hautes et Basses-Pyrénées, des Landes, du Gers, de la Gironde et autres départements aussi voisins aux 43e, 47e, 44e, 51e, 55e, 86e et 15e. La raison en est que ces régiments ont le cadre de leur 1er bataillon à Bayonne. Ces conscrits arriveront très-promptement et il n'y aura alors aucun embarras. Les régiments de nouvelle création, qui sont en Espagne, dont les bataillons sont autour de Bayonne, doivent également se recruter dans ces départements.

Les 500 hommes destinés pour les fusiliers de la Garde, vous les dirigerez sur Bayonne; vous en préviendrez le commandant de la Garde à Paris, pour qu'il envoie les effets d'habillement nécessaires.

Les détachements de cavalerie doivent être dirigés sur les dépôts.

Vous ne donnez rien au 6e bataillon du train *bis*, lequel est actuellement en Espagne. Les dépôts des transports militaires doivent être également dirigés sur Bayonne.

Il y a trois régiments, les 66°, 82° et 26°, qui sont à Bordeaux, Napoléon et la Rochelle. Ces trois régiments ont besoin chacun de 1,000 hommes. Il serait bien important de diriger 1,000 hommes sur chacun de ces régiments, puisqu'ils sont rendus sur les lieux. La distribution de ces 3,000 hommes dérangera, en quelque chose, les états primitifs que je vous ai envoyés.

D'après la minute. Archives de l'Empire.

14331. — A M. CRETET,
MINISTRE DE L'INTÉRIEUR, À PARIS.

Saint-Cloud, 17 septembre 1808.

Monsieur Cretet, les troupes ont été traitées à Metz, à Nancy, à Reims. Je désire qu'elles le soient à Paris, à Melun, à Sens, à Saumur, à Tours, à Bourges et à Bordeaux; ce qui fera trois fois pour les mêmes troupes. Vous me remettrez une note de ce que cela coûtera par homme, selon l'autorisation que vous avez donnée. Faites faire à Paris des chansons que vous enverrez dans ces différentes villes; ces chansons parleront de la gloire que l'armée a acquise, de celle qu'elle va acquérir encore, et de la liberté des mers, qui sera le résultat de ses victoires. Ces chansons seront chantées aux dîners qui seront donnés. Vous ferez faire trois sortes de chansons, afin que le soldat n'entende pas chanter les mêmes deux fois.

NAPOLÉON.

D'après la copie. Archives de l'agriculture, du commerce et des travaux publics.

14332. — A M. BIGOT DE PRÉAMENEU,
MINISTRE DES CULTES, À PARIS.

Saint-Cloud, 17 septembre 1808.

Qu'est-ce que c'est que des croix et autres signes distinctifs que les curés de Lyon distribuent aux citoyens de la ville, pour porter dans l'église et dans les cérémonies ?

D'après la minute. Archives de l'Empire.

14333. — NOTE POUR LE MAJOR GÉNÉRAL,
À PARIS.

Saint-Cloud, 17 septembre 1808.

Il faut bien se garder de châtrer les chevaux espagnols; on les gâterait. Mais, dans ce cas, on réunira tous les chevaux entiers dans une même compagnie, et alors cela n'aura plus d'inconvénient. Écrire au général Bourcier de faire connaître de quelle arme sont ces chevaux, et on enverra autant d'hommes des dépôts que l'on pourra. Mander au général Bourcier qu'il a eu tort de contremander la levée, qu'il doit la continuer, l'intention de l'Empereur étant d'avoir sa cavalerie dans le meilleur état.

NAPOLÉON.

D'après l'original. Dépôt de la guerre.

14334. — A ALEXANDRE, PRINCE DE NEUCHÂTEL,
MAJOR GÉNÉRAL DE LA GRANDE ARMÉE, À PARIS.

Saint-Cloud, 17 septembre 1808.

Mon Cousin, donnez ordre que la 5ᵉ division de dragons, qui doit être arrivée à Baireuth, se dirige en droite ligne sur Strasbourg.

NAPOLÉON.

D'après l'original. Dépôt de la guerre.

14335. — A M. MELZI, DUC DE LODI,
PRÉSIDENT DU COLLÉGE DES POSSIDENTI, À MILAN.

Saint-Cloud, 17 septembre 1808.

Monsieur le Duc de Lodi, Président du Collége des Possidenti, j'ai reçu avec une singulière satisfaction l'expression de fidélité et d'amour que le Collége m'a exprimés. Le Vice-Roi ne m'a pas laissé ignorer l'esprit patriotique qui anime ses membres et les choix distingués qu'ils ont faits pour occuper les places les plus importantes de l'État. Faites-leur, je vous prie, connaître tout mon contentement, et assurez-les de nouveau de tous les sentiments que je leur porte.

D'après la minute. Archives de l'Empire.

14336. — A JOSEPH NAPOLÉON, ROI D'ESPAGNE,
À MIRANDA.

Saint-Cloud, 17 septembre 1808.

Mon Frère, je ne réponds pas à votre lettre, où vous paraissiez avoir de l'humeur : c'est un principe que je suis avec vous depuis longtemps. Vous avez trop d'esprit pour ne pas concevoir que c'est la seule chose que je puisse faire, lorsque vous m'écrivez ainsi. Je ne disserterai jamais non plus sur le passé, à moins que vous ne me le demandiez pour vous seul et pour vous servir de règle pour l'avenir. Mais, lorsque vous êtes convaincu qu'on ne pouvait faire mieux que ce que l'on a fait, je dois vous laisser dans votre croyance et ne pas vous affliger, puisque le passé est toujours sans remède.

J'ai accordé toutes les récompenses que le général Merlin a demandées pour l'affaire de Bilbao, d'autant plus qu'elles m'ont paru raisonnables.

NAPOLÉON.

D'après l'expédition originale comm. par les héritiers du roi Joseph.

14337. — A M. GAUDIN,
MINISTRE DES FINANCES, À PARIS.

Saint-Cloud, 18 septembre 1808.

Un des changements qu'il paraîtrait utile de faire dans l'imposition serait de la mettre, pour le bois, sur la coupe et non sur l'arpent. Cela est depuis longtemps réclamé.

D'après la minute. Archives de l'Empire.

14338. — A ALEXANDRE, PRINCE DE NEUCHÂTEL,
MAJOR GÉNÉRAL DE LA GRANDE ARMÉE, À PARIS.

Saint-Cloud, 18 septembre 1808.

Mon Cousin, vous trouverez ci-joint le discours que j'ai adressé aux soldats, à la parade de dimanche dernier[1]. Vous l'enverrez par les trois routes aux colonels et commandants des corps. Il sera lu à l'ordre au milieu des principales villes, à haute voix, et il sera mis à l'ordre du jour. Vous chargerez les colonels de vous faire connaître les sentiments qui auront animé les soldats dans cette circonstance.

P. S. Il est bon que trois officiers de confiance portent cette proclamation et vous instruisent, au retour, de la situation des corps et de l'esprit qui les anime.

NAPOLÉON.

PROCLAMATION.

Soldats, après avoir triomphé sur les bords du Danube et de la Vistule, vous avez traversé l'Allemagne à marches forcées. Je vous fais aujourd'hui traverser la France sans vous donner un moment de repos.

Soldats, j'ai besoin de vous. La présence hideuse du Léopard souille les continents d'Espagne et de Portugal; qu'à votre aspect il fuie épouvanté. Portons nos aigles triomphantes jusqu'aux colonnes d'Hercule : là aussi nous avons des outrages à venger.

Soldats, vous avez surpassé la renommée des armées modernes; mais avez-vous égalé la gloire des armées de Rome, qui, dans une même campagne, triomphaient sur le Rhin et sur l'Euphrate, en Illyrie et sur le Tage?

Une longue paix, une prospérité durable seront le prix de vos travaux. Un vrai Français ne peut, ne doit prendre du repos que les mers ne soient ouvertes et affranchies.

Soldats, tout ce que vous avez fait, tout ce que vous ferez encore

[1] 11 septembre.

pour le bonheur du peuple français; pour ma gloire, sera éternellement dans mon cœur.

D'après l'original. Dépôt de la guerre.

14339. — A JOACHIM NAPOLÉON, ROI DES DEUX-SICILES,
À NAPLES.

Saint-Cloud, 18 septembre 1808.

Je reçois votre lettre. J'ai appris avec plaisir votre entrée à Naples, et que vous êtes content de l'esprit de vos peuples.

Il faut marcher doucement sur l'armement des citoyens, ou du moins n'armer que les propriétaires.

La prise de Capri serait d'un bon résultat; elle signalerait d'autant mieux votre arrivée qu'elle ferait craindre aux Anglais pour la Sicile, ce qui serait fort utile.

Je ne demande pas mieux que de faire l'expédition de Sicile cet hiver; mais il faudrait savoir ce que les Anglais y ont, et combien de troupes il vous faudrait.

Distinguez-vous et faites-vous aimer, et sachez que cela ne peut avoir lieu qu'en mettant le plus grand ordre dans les finances.

D'après la minute. Archives de l'Empire.

14340. — NOTE POUR M. CRETET,
MINISTRE DE L'INTÉRIEUR, À PARIS.

Saint-Cloud, 21 septembre 1808.

L'école de Châlons-sur-Marne est destinée à recevoir des élèves, fils de soldats, de gendarmes, etc. C'est à cet effet qu'on a accordé une pension dont le maximum a été fixé à 400 francs, et l'école a été fondée sur le principe que l'enfant sortant doit savoir un métier.

Sa Majesté voudrait un autre genre d'école qu'on pourrait établir à Beaupreau, attendu que Châlons paraît suffire à sa destination.

Les élèves de cette école ne devraient pas coûter plus de 200 francs, et moins, si cela était possible. On n'a pas l'intention d'y placer des enfants d'hommes ayant bien mérité, mais des enfants trouvés de l'âge de treize ans. On leur apprendra des métiers. On les fera ensuite sortir pour le service de l'armée, de la marine et même des colonies, qui ont essentiellement besoin d'ouvriers.

Faire un rapport et établir ce que cela coûtera.

D'après la minute. Archives de l'Empire.

14341. — AU GÉNÉRAL CLARKE,
MINISTRE DE LA GUERRE, À PARIS.

Saint-Cloud, 21 septembre 1808.

Monsieur le Général Clarke, le 6e corps a montré peu de discipline en Allemagne, et a fait crier tout le pays; témoignez-en mon mécontentement à ce corps. Faites-vous donner le compte des voitures et autres réquisitions qu'ils ont exigées à Dresde. On se plaint qu'il y a des lieux où ils ont payé et d'autres où ils n'ont pas payé. Ordonnez aux généraux de prendre des mesures pour réprimer les vexations et établir une meilleure discipline. Donnez ordre que la sentence du soldat du 76e qui a tué un homme en Saxe[1] soit publiée et affichée.

NAPOLÉON.

D'après la copie. Dépôt de la guerre.

14342. — A ALEXANDRE, PRINCE DE NEUCHÂTEL,
MAJOR GÉNÉRAL DE LA GRANDE ARMÉE, À PARIS.

Saint-Cloud, 22 septembre 1808.

Mon Cousin, je vous renvoie les lettres du général Duhesme; témoignez-lui ma satisfaction. Remettez-moi la liste des officiers qu'il cite, et proposez-moi des récompenses. Envoyez copie de ces dépêches au général Saint-Cyr, dans le cas qu'il ne les ait pas reçues. Donnez au ministre de la marine vos lettres pour le général Duhesme en triplicata; il les fera partir par trois bâtiments. Vous y mettrez des *Moniteur* d'un mois, et surtout un grand nombre de ceux où il est question des affaires politiques et militaires d'Espagne. Vous ferez connaître au général Duhesme qu'à la fin de septembre le général Saint-Cyr aura 30,000 hommes de vieilles

[1] Voir pièce n° 14324.

troupes réunies à Perpignan; que les divisions Souham et Pino doivent, à l'heure qu'il est, être déjà arrivées; que près de 200.000 hommes de la Grande Armée ont déjà dépassé Paris et Orléans et marchent par trois routes sur Bayonne; que l'Espagne sera soumise avant la fin de l'année et les Anglais rejetés dans l'Océan; qu'il est cependant nécessaire qu'il se tienne prêt à tout événement, même à soutenir un siége; que, par sa lettre et au moyen de mesures qu'il prendra, vous le supposez approvisionné jusqu'au 1ᵉʳ janvier, quoique l'Empereur doive être entré à Barcelone avant ce terme; que je compte entièrement sur son zèle pour la garde du poste important qu'il occupe. Recommandez au général Saint-Cyr de faire partir de petites barques aussi souvent qu'il pourra pour porter au général Duhesme des *Moniteur* et des nouvelles, et de lui écrire dans le même sens.

Il faut répondre au maréchal Bessières que, des sous-officiers pour les légions de réserve, il peut en fournir du 47ᵉ ou des fusiliers de la Garde; que, des officiers, il en a été nommé; que j'apprends avec plaisir ce qu'il dit du général Bonet.

NAPOLÉON.

D'après l'original. Dépôt de la guerre.

14343. — NOTE POUR LE ROI D'ESPAGNE[1].

Châlons-sur-Marne, 22 septembre 1808.

1ʳᵉ Observation. — On propose de marcher avec 50.000 hommes sur

[1] Le roi Joseph avait adressé à l'Empereur, le 16 septembre, un mémoire dont la lettre suivante fait connaître les points principaux.

Sire, je reçois la lettre de Votre Majesté du 7. Je vais me rapprocher du maréchal Moncey; je lui ai donné l'ordre de tenir Tudela; je vais réunir de ce côté une grande partie de l'armée. Il paraît que c'est de ce côté que l'ennemi prépare tous ses moyens et tentera tout ce qu'il pourra.

Je suis convaincu que, si je quittais la ligne de l'Èbre en laissant seulement garnison à Pampelune, Saint-Sébastien, Pancorbo et Burgos, et réunissant tout mon monde c'est-à-dire 50.000 hommes organisés aujourd'hui, reposés et en bon état, je dissiperais l'ennemi, et que j'arriverais à Madrid, où le gouvernement que l'on tente de former se dissiperait aussi. Je me porterais toujours en masse partout où il y aurait un corps à combattre et des moyens de vivre; je porterais tout avec moi; je me rapprocherais de Burgos lors de l'arrivée de la Grande Armée. Jusque-là je serais en Espagne comme vous étiez en Égypte; et, semblable à un 74, j'éviterais les atterrages, et serais sûr de n'avoir rien à craindre dans le plat pays, et d'y être toujours maître. Les défilés, les montagnes de la Biscaye, les

Madrid en se trouvant réunis et abandonnant les communications avec la France.

L'art militaire est un art qui a des principes qu'il n'est jamais permis de violer. Changer sa ligne d'opération est une opération de génie; la perdre est une opération tellement grave, qu'elle rend criminel le général qui s'en rend coupable. Ainsi, garder sa ligne d'opération est nécessaire pour arriver à un point de dépôt où l'on puisse évacuer les prisonniers que l'on fait, les blessés et les malades qu'on a, trouver des vivres et s'y rallier.

Si, étant à Madrid, on eût réuni ses forces sur la ville, qu'on eût considéré le Retiro comme un point de réunion des hôpitaux, des prisonniers, et comme moyen de contenir une grande ville et de se conserver les ressources qu'elle offre, cela eût été perdre ses communications avec la France, mais assurer sa ligne d'opération, si, surtout, on profitait du temps pour réunir une grande quantité de vivres et de munitions, et qu'on eût organisé à une ou deux marches sur les principaux débouchés, comme la citadelle de Ségovie, etc. des points faits pour servir de points d'appui et de vedettes aux divisions. Mais aujourd'hui, qu'on s'enferme dans l'intérieur de l'Espagne sans avoir aucun centre organisé, aucun

communications avec la France seraient interrompus jusqu'à ce que les premières troupes de la Grande Armée, se réunissant à Bayonne, arriveraient en Espagne par masses de 20 à 25,000 hommes. Je suis convaincu qu'un projet semblable, qui paraît audacieux, réussirait mieux que la défensive tâtonneuse à laquelle je suis condamné sur une ligne de plus de soixante lieues. Il est possible qu'un parti semblable empêche la grande réunion des corps militaires ennemis, qu'il disperse les éléments qui vont se réunir à Madrid, et que toutes ces formations, surprises avant d'être achevées, rendent plus facile la soumission totale du pays lors de l'arrivée des grandes forces que Votre Majesté dirige sur ce pays : Sire, c'est là mon opinion. Si Votre Majesté veut y réfléchir et me donner ses ordres, je les exécuterai avec confiance d'un plein succès;

je laisserai derrière moi Saragosse et les insurrections partielles; je battrai les masses, et je jetterai l'épouvante dans l'âme des projetistes de Madrid. Les armes tomberont de la main des uns, et la plume de la main des autres, dès qu'ils sauront que 50,000 Français marchent sur eux. Mais, jusqu'à l'arrivée de la Grande Armée, vous n'aurez pas de nouvelles de nous, je n'en aurai pas de vous. Si cela vous convient, Sire, donnez-moi votre approbation, et je crois pouvoir répondre de l'exécution. J'ai beaucoup réfléchi à ma position, et c'est ce qu'il y a de mieux à faire. Je suis sûr que, dès que j'aurai expliqué tout cela aux maréchaux Jourdan, Ney, Bessières, ils seront de mon avis.

JOSEPH NAPOLÉON.

Miranda, 14 septembre 1808.

magasin de formé, étant dans le cas d'avoir des armées ennemies sur les flancs et les derrières, ce serait une folie si grande, qu'elle serait sans exemple dans l'histoire du monde.

Si, avant de prendre Madrid, d'y organiser l'armée, des magasins de huit à dix jours, d'avoir des munitions en suffisance, on venait à être battu, que deviendrait cette armée? Où se rallierait-elle? Où évacuerait-elle ses blessés? D'où tirerait-elle bien ses munitions de guerre, puisqu'on n'a qu'un simple approvisionnement? Nous n'en dirons pas davantage. Ceux qui osent conseiller une telle mesure seraient les premiers à perdre la tête aussitôt que l'événement aurait mis au clair la folie de leur opération.

Quand on est dans une place assiégée, on a perdu sa ligne de communication, mais non sa ligne d'opération, parce que la ligne d'opération est du glacis au centre de la place où sont les hôpitaux, les magasins et les moyens de subsistance. Est-on battu au dehors? On se rallie sur les glacis, et on a trois ou quatre jours pour réparer les troupes et réorganiser leur moral.

Avec une armée composée toute d'hommes comme ceux de la Garde, et commandée par le général le plus habile, Alexandre ou César, s'ils pouvaient faire de telles sottises, on ne pourrait répondre de rien, à plus forte raison dans les circonstances où est l'armée d'Espagne.

Il faut renoncer à ce parti que réprouvent les lois de la guerre. Le général qui entreprendrait une telle opération militaire serait criminel.

2ᵉ *Observation*. — Que faut-il donc faire? On ne peut que répéter ce qu'on a dit : avoir sa gauche concentrée à Tudela, sans cordon, à cheval sur l'Èbre, et prête à repasser l'Èbre si cela est nécessaire, et conservant sa communication sur Pampelune; la droite sur Burgos, interceptant la route de Madrid à Reinosa; la réserve en seconde ligne et prête à se porter sur l'un ou l'autre point.

Dans cette situation des choses, on peut réunir la réserve, le corps du maréchal Ney, celui du maréchal Bessières, et tomber sur l'ennemi qui s'approcherait par la route de Madrid et celle de Palencia. On peut très-bien, avec ces 36 ou 40,000 hommes, faire trois ou quatre marches dans une direction ou dans une autre.

Il serait possible sans doute que l'ennemi, voyant de telles forces s'approcher, ne tînt pas, et, pendant qu'il s'éloignerait de cinq ou six marches, on en profiterait pour enlever Reinosa et Santander, opération très-importante à faire. Ce qui encourage l'ennemi à tenir à Reinosa, c'est qu'on n'occupe Burgos que par de la cavalerie, et qu'on manifeste l'intention de se retirer. Tout est opinion à la guerre, opinion sur l'ennemi, opinion sur ses propres soldats. Après une bataille perdue, la différence du vaincu au vainqueur est peu de chose, c'est [1] .... puisque deux ou trois escadrons suffisent alors pour produire un grand effet. On n'a rien fait pour donner de la confiance aux Français; il n'y a pas de soldat qui ne voie que tout respire la timidité, et il se forme en conséquence l'opinion de l'ennemi. Il n'a pas d'autre élément, pour savoir ce qui lui est opposé, que ce qu'on lui dit et la contenance qu'on lui fait prendre.

3ᵉ *Observation*. — Il n'y a pas de doute qu'avec le nombre de troupes qui sont à l'armée d'Espagne l'on peut et l'on devrait aller à Madrid, mais après avoir détruit tous les corps de l'ennemi par des mouvements combinés sur Palencia et Saragosse, si l'ennemi fait la faute de s'approcher et de se mettre en ligne. Mais, pour cela, il faut prendre un parti sur le moment, avoir son armée à la main et la connaissance de son art.

On ne peut donc que répéter ce qu'on a dit et redit : attaquer l'ennemi s'il approche de deux marches. Si l'on obtient une victoire décisive contre toutes ses forces réunies ou plusieurs victoires contre ses corps isolés, ces victoires doivent conseiller le parti qu'il faut prendre. Mais tous ces combats doivent être livrés suivant les règles de la guerre, c'est-à-dire ayant sa ligne de communication assurée.

D'après l'expédition originale comm. par les héritiers du roi Joseph.

---

[1] Lacune dans l'original; cette lacune n'existe pas sur la minute qui porte : C'est cependant incommensurable par l'opinion, puisque, etc.

14344. — A JOSEPH NAPOLÉON, ROI D'ESPAGNE,
À VITORIA.

Metz, 23 septembre 1808.

Mon Frère, je continue mon voyage sur Erfurt, où les conférences auront lieu le 27. La Grande Armée marche par trois routes, et la queue a déjà dépassé Paris.

NAPOLÉON.

D'après l'expédition originale comm. par les héritiers du roi Joseph.

14345. — AU PRINCE CAMBACÉRÈS,
ARCHICHANCELIER DE L'EMPIRE, À PARIS.

Kaiserslautern, 24 septembre 1808.

Mon Cousin, je suis arrivé à Kaiserslautern. Donnez de mes nouvelles à l'Impératrice. Je me porte fort bien. Le temps a été superbe. J'ai des nouvelles que toute la cour de Russie était déjà arrivée à Kœnigsberg.

NAPOLÉON.

D'après la copie comm. par M. le duc de Cambacérès.

14346. — A M. CRETET,
MINISTRE DE L'INTÉRIEUR, À PARIS.

Kaiserslautern, 24 septembre 1808.

Monsieur Cretet, je ne suis pas plus content ici que dans les autres départements des ponts et chaussées. J'ai trouvé que dans la Sarre et la Moselle on avait travaillé pour avancer la route. Dans le département du Mont-Tonnerre on n'a rien fait. Ici, comme ailleurs, on a commencé la campagne au mois d'août; les beaux mois de l'été ont été perdus en procès-verbaux, en chicanes et en inutiles paperasseries. L'ingénieur se plaint qu'on ne lui envoie point d'argent, de sorte qu'il est endetté. Cette route, la plus importante de la France, n'est point du tout avancée. Je sais qu'il en est de même en Piémont, où l'on a laissé passer la belle saison. Cette manière de faire est par trop ridicule. Faites-moi connaître quel parti, il y a à prendre pour arriver à un résultat. J'ai accordé deux millions pour cette route; on ne fait point ce que je veux; cet argent aura été employé à d'autres travaux; les fonds cependant avaient été mis dès l'année passée. Cette route si importante ne sera jamais finie, si l'on marche comme cela. Soit la faute du comité, soit la faute de l'administration, on perd trois ou quatre mois avant de résoudre les difficultés qui se présentent dans les travaux.

NAPOLÉON.

D'après la copie. Archives de l'agriculture, du commerce et des travaux publics.

14347. — A JOSEPH NAPOLÉON, ROI D'ESPAGNE,
À VITORIA.

Kaiserslautern, 24 septembre 1808.

Mon Frère, vous aurez reçu des notes sur le mémoire joint à votre lettre du 16. A la guerre, il faut des idées saines et précises. Ce que l'on vous propose n'est pas faisable. Il faut adopter pour principe général de ne pas souffrir que l'ennemi s'établisse à trois ou quatre marches de Burgos. Palencia n'est qu'à deux marches; l'ennemi n'y serait probablement pas venu, si l'on avait occupé Burgos d'une manière offensive: et. l'ennemi battu et chassé au delà de Palencia, Santander tombe ou est emporté en peu de temps, ce qui est une chose importante. Quant à la gauche. le corps de Tudela doit toujours avoir sa retraite sur Pampelune, et, si 12 ou 15,000 hommes étaient poussés sur Pampelune, ils n'y seraient pas en danger dans la ville ou le camp retranché. Cela dépend de ce que fait l'ennemi. A la guerre. on prend son parti devant l'ennemi. On a toujours la nuit pour soi pour se préparer. L'ennemi ne se place pas sans qu'on le reconnaisse; mais il ne faut pas calculer théoriquement ce que l'on veut faire, puisque cela est subordonné à ce que fait et fera l'ennemi. Selon les lois de la guerre, tout général qui perd sa ligne de communication mérite la mort. J'entends par ligne de communication celle où sont les hôpitaux, les secours pour les malades, les munitions de guerre, les vivres, où l'armée peut se réorganiser. se refaire et reprendre. en deux jours de repos. son moral perdu quelquefois par un accident imprévu. On n'entend pas perdre sa ligne de communication, quand elle est inquiétée par des barbets, des miquelets, des paysans insurgés et, en général, par ce qu'on nomme à la guerre des partisans. Cela arrête des courriers, quelques hommes isolés qui percent toujours, quelque parti que l'on prenne, mais n'est pas dans le cas de faire front à une avant-garde ou à une arrière-garde; alors cela n'est rien. La ligne de communication est organisée sur le principe que tout se reploierait sur Madrid. Pour cela, on devait tout réunir au Retiro, munitions de guerre, vivres, etc. et l'on aurait pu y réunir un plus grand nombre de troupes en peu de jours, dans un cas de nécessité. C'est bien différent d'opérer avec un système arrêté sur un centre organisé, ou d'aller au hasard perdre ses communications sans avoir un centre d'opération organisé.

D'après l'expédition originale comm. par les héritiers du roi Joseph.

14348. — AU PRINCE CAMBACÉRÈS,
ARCHICHANCELIER DE L'EMPIRE, À PARIS.

Erfurt, 27 septembre 1808.

Mon Cousin, je suis arrivé ce matin à Erfurt à neuf heures. L'empereur de Russie était arrivé depuis le 25 à Weimar. L'entretien doit avoir lieu, ici, dans une heure. Le roi de Saxe est ici depuis hier, et un grand nombre de princes vont arriver aussi.

NAPOLÉON.

D'après la copie comm. par M. le duc de Cambacérès.

14349. — A MAXIMILIEN-JOSEPH, ROI DE BAVIÈRE,
À MUNICH.

Erfurt, 27 septembre 1808.

Je reçois la lettre de Votre Majesté, par laquelle elle me fait connaître son désir de se rendre à Erfurt. Je n'y vois aucun inconvénient, et, là comme ailleurs, je serai fort aise de lui renouveler les assurances des sentiments d'estime et d'amitié qu'elle me connaît.

D'après la minute. Archives de l'Empire.

14350. — A FRÉDÉRIC, ROI DE WURTEMBERG,
À STUTTGART.

Erfurt, 27 septembre 1808.

Monsieur mon Frère, je reçois la lettre de Votre Majesté. J'ignore le nombre de jours que je resterai à Erfurt. Aussitôt que je serai fixé sur le moment de mon départ, je conviendrai avec elle d'un point où je puisse la rencontrer sur la route. Toutefois, Votre Majesté doit être persuadée du plaisir que j'aurai à la voir en quelque lieu que ce soit, soit à Erfurt, soit sur un point de la route.

NAPOLÉON.

D'après la copie comm. par S. M. le roi de Wurtemberg.

14351. — A CATHERINE, REINE DE WESTPHALIE,
À CASSEL.

Erfurt, 28 septembre 1808.

Je reçois la lettre de Votre Majesté du 23 septembre. Je verrai Votre Majesté avec plaisir et serai fort aise de lui donner des preuves de l'estime et de la parfaite amitié que je lui porte.

D'après la minute. Archives de l'Empire.

14352. — A ALEXANDRE, PRINCE DE NEUCHÂTEL,
MAJOR GÉNÉRAL DE LA GRANDE ARMÉE, À ERFURT.

Erfurt, 29 septembre 1808.

Mon Cousin, donnez l'ordre au parc du génie qui est à Fulde de faire partir les trois quarts de ses voitures, bien attelées et chargées d'outils, pour se rendre d'abord à Mayence et de là à Bayonne; il fera marcher, avec, trois officiers du génie. Le commandant du parc vous enverra l'état de ce qui partira et de ce qui restera, soit en personnel, soit en matériel.

NAPOLÉON.

D'après l'original. Dépôt de la guerre.

14353. — AU GÉNÉRAL CLARKE,
MINISTRE DE LA GUERRE, À PARIS.

Erfurt, 30 septembre 1808.

Monsieur le Général Clarke, je suppose que le général Valence est à Sedan pour passer en revue et mettre en bon état les régiments polonais. Après qu'ils se seront reposés trois ou quatre jours à Sedan, ils continueront leur route sur Bayonne. Il n'y a pas besoin de lui donner de nouvelle artillerie; il me semble que l'armée en a assez; on organisera facilement quelques pièces.

Un régiment de chevau-légers du roi de Westphalie est parti de Wesel: vous lui ferez continuer sa route sur Paris pour joindre cette division polonaise, qui fait partie du corps du duc de Danzig.

NAPOLÉON.

D'après la copie. Dépôt de la guerre.

14354. — AU MARÉCHAL LANNES.

Erfurt, 1er octobre 1808.

Sire, S. M. l'empereur Alexandre vient de m'envoyer le grand cordon de l'Ordre de Saint-André. Je pense que c'est à Votre Majesté Impériale que je dois cet honneur, et je demande à Votre Majesté la permission de le porter.

Erfurt, le 1er octobre 1808.

LANNES.

D'après l'original comm. par M. le duc de Montebello.

Vous l'avez mérité aux champs de Friedland comme à ceux de Pultusk. L'estime d'un des anciens ennemis, aujourd'hui notre intime allié, vous honore et me plaît.

Tout à vous, mon cher Lannes.

NAPOLÉON.

14355. — AU GÉNÉRAL CLARKE,
MINISTRE DE LA GUERRE, À PARIS.

Erfurt, 2 octobre 1808.

Vous trouverez dans *le Moniteur* les conventions de Portugal. Il est probable que le duc d'Abrantès est arrivé à Lorient ou à Rochefort. Comme ses troupes viennent par mer, elles seront sans doute en bon état. Mais il paraît qu'elles n'ont que 600 chevaux d'artillerie; il y a donc là un emploi à faire de 1,200 chevaux. Si vous dirigez de ce côté les chevaux des Espagnols, qui ont l'avantage d'être acclimatés, ces 1,200 hommes seraient montés sur-le-champ.

Je pense que, si ces troupes arrivent à Rochefort, il faut diriger sur-le-champ l'infanterie sur Saintes, l'artillerie sur la Rochelle, et la cavalerie sur Niort et les environs. Les troupes pourront, sur ces points, se reformer et se réorganiser. Les bataillons des 26ᵉ, 66ᵉ et 82ᵉ seront à portée de leurs dépôts pour recevoir promptement des secours.

Les régiments dont l'armée de Portugal était composée sont les mêmes que ceux qui ont des bataillons à l'armée d'Espagne, et, quoique ces bataillons soient très-nombreux, les régiments auront probablement besoin de renforts pour se compléter.

Du moment où le duc d'Abrantès ou d'autres officiers de son armée seront débarqués, vous leur écrirez que j'ai appris la convention; que je ne sais si je dois l'approuver, mais qu'en attendant la relation que je dois recevoir je ne vois rien dans cet acte qui soit contraire à l'honneur, puisque les troupes n'ont pas posé les armes, qu'elles reviennent avec leurs drapeaux, qu'elles ne sont pas prisonnières, et qu'elles arrivent, non par une capitulation, mais par une convention plutôt politique que militaire. J'attends du duc d'Abrantès une relation de tous les événements, qui m'apprenne ce qui s'est opposé à ce que, voyant venir depuis six semaines, il ait fait un camp retranché à l'embouchure du Tage, ou dans toute autre position, avec des approvisionnements suffisants pour attendre qu'il soit secouru. Voilà ce que l'art de la guerre voulait qu'il fît dans une pareille situation.

D'après la minute. Archives de l'Empire.

14356. — AU GÉNÉRAL CLARKE,
MINISTRE DE LA GUERRE, À PARIS.

Erfurt, 2 octobre 1808.

Monsieur le Général Clarke, donnez l'ordre que le général de division Walther parte à la tête de ma Garde pour se rendre à Bayonne.

Ce qu'il mènera avec lui sera composé d'un régiment de chasseurs à cheval, d'un régiment de grenadiers à cheval et d'un régiment de dragons, formant en tout au moins 1,500 chevaux, d'un régiment de chasseurs à pied, formé de deux bataillons de quatre compagnies chacun, chaque compagnie de 140 hommes, officiers, sous-officiers non compris, formant par bataillon 520 hommes et par régiment 1,040 hommes, et d'un régiment de grenadiers à pied, composé de même.

Les 2es régiments de chasseurs et de grenadiers à cheval et de dragons resteront à Paris jusqu'à nouvel ordre.

Vous ferez partir avec la colonne ci-dessus 24 pièces de canon, des caissons d'ambulance, de vivres, des caissons d'infanterie, et tout ce qui peut être utile à l'artillerie.

Ainsi la colonne qui partira sera composée de 12 à 1,500 hommes de cavalerie, de 24 pièces d'artillerie, dont 12 servies par l'artillerie légère, de 1,000 à 1,100 chasseurs à pied et de 1,000 à 1,100 grenadiers à pied; ce qui fera une force de plus de 4,000 hommes.

Vous donnerez ordre que le reste se tienne également prêt à marcher. On prendra des mesures pour atteler les 12 autres pièces d'artillerie qui restent, et pour mettre en état de partir le reste de la cavalerie et de l'infanterie. Vous m'enverrez l'état de ce qui part et l'état de ce qui reste, et je donnerai des ordres ultérieurs.

Le général de division Lefebvre restera à Paris pour commander le reste de la Garde en remplacement du général Walther, et pour conduire le second convoi, si je donne des ordres pour son départ.

Faites marcher la colonne qui part, de manière qu'une partie de la cavalerie soit arrivée à Bayonne avant le 30 octobre.

NAPOLÉON.

D'après la copie. Dépôt de la guerre.

14357. — AU GÉNÉRAL CLARKE,

MINISTRE DE LA GUERRE, À PARIS.

Erfurt, 2 octobre 1808.

Monsieur le Général Clarke, je suppose que vous êtes certain d'avoir au 1ᵉʳ octobre, à Bayonne, le nombre de cartouches demandé et les fusils nécessaires pour armer les conscrits. Dans ces opérations, il ne faut point de *si* ni de *mais*, il faut être sûr de réussir. Obligez les chefs de bureau à venir vous rendre compte tous les matins, et levez les difficultés.

Je vous ai écrit pour accélérer la marche de plusieurs compagnies de sapeurs et de mineurs; faites-leur doubler quelques étapes, afin qu'elles puissent arriver du 15 au 20 à Bayonne.

Le 5ᵉ corps se dirige décidément sur Strasbourg avec la 2ᵉ division de dragons; la 5ᵉ division de dragons se dirige sur Mayence; prenez vos précautions et donnez vos ordres en conséquence.

Jetez un coup d'œil sur l'état des dépôts, et faites-leur fournir de forts détachements. Je suppose en cela que les corps ne sont pas à leur effectif.

NAPOLÉON.

D'après la copie. Dépôt de la guerre.

14358. — A ALEXANDRE, PRINCE DE NEUCHÂTEL,
MAJOR GÉNÉRAL DE LA GRANDE ARMÉE, À ERFURT.

Erfurt, 2 octobre 1808.

Mon Cousin, vous donnerez l'ordre au général Sebastiani d'être rendu avec tout son état-major à Bayonne le 10 octobre. Sa division entrera le 15 en Espagne, en se dirigeant par Vitoria. Elle marchera par brigade, chaque brigade ayant avec elle six pièces d'artillerie. En passant à Bayonne, il lui sera donné cinquante cartouches par homme. En passant à la hauteur de Saint-Sébastien, le 32ᵉ et le 58ᵉ recevront l'incorporation des détachements de leur corps qui font partie des bataillons provisoires de Portugal. L'état-major de la division marchera avec la 1ʳᵉ brigade; il ne partira cependant que le 16, mais il ira droit de Bayonne à Ernani, où il joindra la 1ʳᵉ brigade. Vous donnerez l'ordre au général de division Leval d'être rendu le 8 à Bayonne avec son état-major. Il formera sa division en deux brigades : la 1ʳᵉ sera composée du régiment de Nassau et de celui de Bade; la 2ᵉ brigade sera composée des troupes de Hesse-Darmstadt et du prince Primat. La 1re brigade entrera le 13 en Espagne et se rendra à Vitoria; la 2e entrera le 17. Je suppose qu'il y a à cette division deux généraux de brigade parlant allemand. Le général Vonderweidt serait bon pour commander une de ces brigades: donnez-lui l'ordre de s'y rendre en poste.

Le duc de Danzig sera rendu le 10 octobre à Bayonne, afin d'avoir son quartier général le 18 à Vitoria, et d'y réunir les divisions Sebastiani et Leval; ce qui lui fera 12,000 hommes, 24 pièces de canon et 30 caissons. Je suppose qu'il a été pris des mesures pour organiser l'état-major et les ambulances de ce corps. Donnez ordre qu'il soit donné à la division Sebastiani une compagnie du train, de celles nouvellement formées, et à la division Leval une autre, et que les caissons soient chargés de biscuit à Bayonne; ce qui fera cinq jours de biscuit pour chaque division, qu'elles garderont en réserve pour des cas urgents et qu'elles ne consommeront pas inutilement.

NAPOLÉON.

D'après l'original. Dépôt de la guerre.

14359. — A ALEXANDRE, PRINCE DE NEUCHÂTEL,

MAJOR GÉNÉRAL DE LA GRANDE ARMÉE, À ERFURT.

Erfurt, 2 octobre 1808.

Mon Cousin, donnez ordre au général Drouet de former du 86e autant de compagnies qu'il y a de fois 140 hommes, et de les diriger sur le corps du maréchal Bessières, pour, avec les grenadiers et les voltigeurs, compléter ce régiment. S'il ne peut former que deux compagnies, il les fera d'abord partir; avec les grenadiers et voltigeurs, cela formera un petit bataillon. Quand il pourra, il enverra la 3e et, après, la 4e. Prévenez le général Belliard que les cinq divisions de dragons se rendent en Espagne et qu'il doit considérer les régiments provisoires de dragons comme dissous, et que chaque détachement doit rejoindre son régiment; que plusieurs régiments de chasseurs et de hussards se rendent en Espagne, et que les détachements qu'ils ont dans les régiments provisoires de leur arme doivent les rejoindre; qu'au lieu de deux régiments provisoires de hussards qui sont en Espagne, on n'en fera qu'un, composé des détachements des 5e, 7e, 8e et 9e, vu que les autres régiments viennent en Espagne; que, pour la grosse cavalerie, il doit être formé un régiment définitif des régiments provisoires qui sont en Espagne, vu qu'il n'y vient aucun cuirassier. Prescrivez-lui de vous envoyer un état, au présent et non à l'effectif, de tout ce qui compose les régiments provisoires et de marche, afin que, comparant ce qui existe en Espagne avec ce qui doit arriver, je prenne une mesure définitive.

NAPOLÉON.

D'après l'original. Dépôt de la guerre.

14360. — AU GÉNÉRAL CLARKE,
MINISTRE DE LA GUERRE, À PARIS.

Erfurt, 3 octobre 1808.

Monsieur le Général Clarke, vous trouverez ci-joint une pièce[1] que vous joindrez aux autres pièces sur cette honteuse affaire.

NAPOLÉON.

D'après l'original. Dépôt de la guerre.

14361. — AU GÉNÉRAL CLARKE,
MINISTRE DE LA GUERRE, À PARIS.

Erfurt, 3 octobre 1808.

Monsieur le Général Clarke, vous trouverez ci-joint une note que m'envoie le ministre de la marine[2]. Le général Dupont sera mis en arrestation, et le scellé sera mis sur ses papiers. Comme la capitulation n'a pas été suivie, aucun des généraux ne sera considéré comme prisonnier de guerre, et ils attendront tous, à Marseille, des ordres pour reprendre du service. Vous me ferez connaître leur désir là-dessus, soit

---

[1] Extrait de la *Gazette de Madrid*, du 9 septembre, contenant l'état des sommes prises au général Dupont et versées à la trésorerie. (*Note de la minute.*)

[2] Liste des généraux débarqués à Toulon sur un parlementaire sarde. (*Note de la minute.*)

pour être employés à l'armée d'Espagne, soit pour être employés aux autres armées.

NAPOLÉON.

D'après l'original. Dépôt de la guerre.

14362. — NOTES POUR M. DARU,
INTENDANT GÉNÉRAL DE LA GRANDE ARMÉE, À ERFURT.

Erfurt, 4 octobre 1808.

PREMIÈRE NOTE.

M. Daru verra M. Champagny pour lui faire connaître que je céderai volontiers le pays de Baireuth par un traité avec M. de Montgelas, aujourd'hui ou demain.

Le pays de Baireuth sera cédé à la Bavière pour faire partie intégrante de la monarchie. Moyennant cela, la force militaire de la Bavière sera augmentée de deux régiments d'infanterie. Elle sera de 34,000 hommes.

Les domaines que je m'étais réservés appartiendront à la Bavière, qui, en échange, versera le capital à la caisse d'amortissement. Le capital consistera en 1,500 bons de 10,000 francs chacun, formant quinze séries de 100 bons, total 1,500 bons. Chaque bon portera intérêt de 5 pour 100, payable à Paris, chez un banquier choisi par la Bavière, au 1er juillet et au 1er janvier, à raison de six mois. L'intérêt courra du 1er janvier 1809, et, dès lors, le premier payement aura lieu le 1er juillet 1809. L'intérêt sera payé au porteur. Il y aura, à cet effet, un livre chez le banquier, qui inscrira le porteur. Ces bons passeront d'une main à l'autre, et les transferts seront faits conformément aux lois de France.

Ces bons seront remboursables à raison d'une série par an : la première série, l'année qui suivra la signature de la paix maritime, et ainsi de suite jusqu'à la quinzième. Chaque série sera remboursée, à raison de 25 bons ou 250,000 francs, en mars de la première année; les autres 25 bons, en juin; *idem*, pour septembre et décembre.

Moyennant ce, le Roi disposera de tous les domaines comme il voudra. Pendant toute l'année 1809, il sera donné à un corps de troupes françaises de 15,000 hommes, qui restera dans cette principauté, le logement, lumière, bois, plus une fourniture de denrées équivalente à 2 millions dans l'année.

Le Roi serait mis en possession avant le 15 décembre, afin de commencer son administration avec l'année; et tous les revenus du passé jusqu'au 1ᵉʳ janvier seraient à la caisse française; les revenus, passé le 1ᵉʳ janvier, au Roi.

Hanau sera cédé au prince Primat pour être joint à l'Électorat, qui par ce moyen aura près de 1,500,000 francs de rente. On lui laissera tous les domaines, mais il cédera, en place, son droit sur l'octroi du Rhin, et, outre ce, je me réserverai sur les domaines une somme de 300,000 francs. En évaluant l'octroi du Rhin à 700,000 francs, les 300,000 francs que je me réserve, le prince Primat y gagnera environ 500,000 francs de rente; il gagnera encore sur les frais d'exploitation ou d'administration 300,000 francs.

Pour le prince Primat, il serait imposé l'obligation de ne vendre aucuns domaines qui sont inamovibles, ou de les remplacer par d'autres.

Il y serait aussi stipulé la séparation de Ratisbonne, qui serait donné à la Bavière, avec la charge à la Bavière de donner des domaines pour la somme de 3 ou 400,000 francs de rente nette, à titre de fief, à M. de Dalberg, neveu du prince Primat, pour être possédés à perpétuité par son aîné et avec la faculté de pouvoir servir en France ou dans tous les pays de la Confédération.

Outre cela, la Bavière serait aussi obligée de donner, pour arrondir le roi de Wurtemberg, une population de 40,000 âmes.

Je donnerai Fulde avec ses domaines au roi de Westphalie. Par ce moyen, l'armée du roi de Westphalie serait augmentée de ce que comporte la population de Fulde.

Les domaines se montent à 900,000 francs; je me contenterais de 500,000 francs, répondant à un capital de 10 millions, arrangés de la même manière que ceux de Baireuth.

Donner toutes les enclaves de Hanau à Hesse-Darmstadt, celles qui lui conviennent.

Mais tout ceci ne peut pas se traiter ici; je ne vois d'urgent que dans ce qui est relatif à la Bavière, afin qu'il n'y ait point d'incertitude sur le sort d'un pays qui va se trouver frontière de l'Autriche. Il faut aussi mettre Ratisbonne dans ce même traité, afin de finir ce qui est relatif à la Bavière et au Wurtemberg.

Enfin Erfurt serait donné au roi de Saxe, hormis quelques petites enclaves qui seraient données à Gotha, à Weimar et à la Westphalie.

En partant du principe que je me réserve les domaines, qui s'élèvent à 400,000 francs, on exigerait du roi de Saxe 6 millions. Ce qui ferait que je retirerais de l'Allemagne : 15 millions de la Bavière, 10 de la Westphalie, 6 de la Saxe, 6 du prince Primat; total, 37 millions. Ce qui me ferait près de 2 millions de rente à donner en France, d'une manière sûre et sans discussion, ou à garder jusqu'à nouvel ordre en cas de besoins de l'état. Il ne restera plus alors entre mes mains que le Hanovre et la Poméranie suédoise.

DEUXIÈME NOTE.

M. Daru me fera connaître s'il a, par ses propres transports, moyen de faire passer 150,000 paires de souliers à Bayonne, et, s'il n'y a pas moyen, qu'est-ce que cela me coûterait par les chemins.

S'arranger de manière que tous les souliers qui restent soient distribués aux divers corps qui doivent composer l'armée du Rhin, à un prix raisonnable. Par ce moyen, il n'y aura pas lieu à envoyer des souliers de France. Les matières resteront à Magdeburg.

TROISIÈME NOTE.
DISPOSITIONS POUR LES VIVRES D'ALLEMAGNE.

Mes troupes doivent évacuer du premier moment que la ratification aura eu lieu; ce qui doit être dans la semaine.

Mon intention est d'évacuer réellement toute l'Allemagne et de repasser l'Elbe. Glogau, Küstrin et Stettin doivent avoir chacune pour leur garnison respective pendant un an. Les garnisons doivent être calculées suivant le traité. Les vivres journaliers doivent être fournis par la Prusse; mais, si la Prusse se refroidissait, la garnison aurait un an pendant lequel elle pourrait vivre.

Mon intention est de démolir Stralsund. Mon intention est également de démolir Danzig, où je laisserai cependant la garnison actuelle avec un gouverneur français.

Il y a en Poméranie, en Silésie et en Prusse, sans comprendre la Pologne, 180,000 quintaux. Il faut, ou faire refluer tout cela à Magdeburg, ou le vendre, en laissant à Küstrin, Glogau et Stettin ce qui est dit ci-dessus.

Il n'y a que 40 ou 50,000 quintaux à Magdeburg, c'est-à-dire pour 50,000 hommes pendant six mois; il faut en faire faire davantage.

Les 700,000 rations de biscuit qui sont en Prusse, ainsi que le biscuit qui est à Posen et à Thorn, pourraient être dirigées sur Magdeburg, en laissant le biscuit nécessaire dans les places qu'on doit garder.

Toute l'avoine qui est en Prusse, hormis ce qui est nécessaire dans les places, sera dirigée sur Magdeburg, où il n'y en a que 80,000 boisseaux.

Tout ce qui est à Hameln servira à la nourriture des troupes qui sont à Hameln, ainsi que ce qu'il y a à Erfurt, Würzburg, etc.

Mon intention est de laisser en Allemagne une armée, sous le titre d'*Armée du Rhin*, et composée de 10,000 hommes environ, pour garder les trois places de l'Oder, d'une division pour garder la Poméranie, de 12.500 hommes à Magdeburg, de deux autres corps placés dans les villes hanséatiques et le Hanovre, de 23,000 chevaux, dont 10,000 cuirassiers; ce qui fera à peu près une armée de 70 à 80.000 hommes.

Je compte nommer Villemanzy intendant général de cette armée, et le charger du gouvernement du Hanovre et des pays que je n'aurai pas distribués; le major général en remettra l'état à l'intendant. Il est évident que les garnisons ont leurs subsistances. La Poméranie doit nourrir sa division; les villes hanséatiques peuvent nourrir la leur. 12,500 hommes à Magdeburg, nourris par la Westphalie. Le Hanovre ne pourra probablement pas nourrir ce qu'on voudrait lui mettre; mais les magasins de

Magdeburg, qu'on ne saurait trop approvisionner, et tous ceux d'Erfurt, Würzburg et Hameln, doivent être destinés à soulager le pays.

Aussitôt que M. Daru aura l'état de cette armée, il m'en fera le budget pour les six premiers mois de 1809 : d'où on tirera le pain, ce que je devrai payer, la solde; tous les revenus des pays qui me restent, et les magasins que j'ai sont destinés pour cet objet.

S'il y a guerre, Magdeburg doit être considéré comme la place de dépôt.

Mon but est de connaître, pour l'année prochaine, le budget de cette armée du Rhin, que je ne comprendrai point l'année prochaine dans le budget de l'état.

Si les ressources du pays étaient insuffisantes, j'y fournirais par les recettes de la Prusse. Je réglerai les ressources par le budget, jusqu'au 1ᵉʳ juillet.

L'habitant ne devra point nourrir. Si l'on cantonne les troupes, il faudra leur assurer une indemnité équivalente.

Me faire l'état de ce qui me revient pour les contributions non rentrées, de ce qui me restera des bons de la Saxe, de ce qui rentrera des impositions ordinaires du pays.

QUATRIÈME NOTE.

M. Daru me fera un état qui me fasse connaître ma situation. Voici comme il faut me le faire : Les recettes qui ont dû avoir lieu pour les impositions ordinaires de tous les pays jusqu'au 1ᵉʳ janvier 1809; celles qui ont eu lieu au 1ᵉʳ octobre 1808; celles qui auront lieu après. Ainsi, par exemple, je verrai sortir les 20 millions de la Saxe, tout ce que doit la Westphalie, tout ce qu'on doit à un titre quelconque.

Je verrai par là ce qu'a rendu la Prusse. Je n'entends pas ce que le pays devait rendre en temps de paix. De là résultera un total d'une colonne, ce que j'ai dû recevoir, ce que j'ai reçu, ce que j'ai à recevoir, ce qui est annulé. On portera, par exemple, à *annulé*, soit les pertes, soit les différences des contributions, telles qu'elles ont été frappées, la dépense de cet argent. On me fera connaître ce que le payeur a reçu du receveur des contributions, ce qu'il lui faut pour compléter la solde, au 1ᵉʳ janvier 1809, à deux corps qui restent en Allemagne, et enfin ce qu'il faut pour compléter tous les payements jusqu'au 1ᵉʳ janvier 1809.

D'où il sera facile de voir ce que j'ai déjà à la caisse d'amortissement, ce que j'ai à la caisse actuelle, ce que j'ai à dépenser, ce que j'ai de net.

M. Daru, en même temps, me proposera les moyens pour que cet argent arrive à la caisse d'amortissement.

Pourquoi il y a des corps qui rentrent en France avec des créances, et d'autres alignés pour la solde; et pourquoi le payeur est assez inconsidéré pour donner à des corps des mandats sur Mayence, payables en monnaie de Prusse.

Donner l'ordre à M. Roguin de venir à Erfurt.

La récapitulation de ces 150 millions, que je crois avoir en espèces de monnaies ou valeurs.

D'après la copie comm. par M. le comte Daru.

14363. — A M. MOLLIEN,
MINISTRE DU TRÉSOR PUBLIC, À PARIS.

Erfurt, 4 octobre 1808.

Monsieur Mollien, on m'assure que des régiments qui passent à Paris pour se rendre en Espagne sont arriérés dans leur solde. Le payeur général de la Grande Armée a eu la maladresse de leur donner des bons payables à Mayence en monnaie de Prusse. Le soldat n'est pas si dupe que de perdre 25 pour 100 sur cette monnaie. Prenez des mesures pour qu'ils soient payés exactement, et que le soldat entre en Espagne sans qu'il lui soit rien dû.

On se plaint aussi que la solde n'est pas payée à bord des escadres; faites-moi connaître si cela est vrai.

NAPOLÉON.

D'après l'original comm. par Mᵐᵉ la comtesse Mollien.

14364. — A M. DE CHAMPAGNY,
MINISTRE DES RELATIONS EXTÉRIEURES, À ERFURT.

Erfurt, 8 octobre 1808.

Monsieur de Champagny, je vous envoie des observations que vous communiquerez à M. de Romanzof. Je tiens à la rédaction de l'article 6 telle que je l'ai faite, puisque je ne peux pas céder ce qui ne m'appartient pas, et que vouloir me faire adopter l'article qu'ils proposent est une pure fantaisie. Vous verrez le parti que j'ai pris pour l'article en discussion. Voyez si cela peut s'arranger comme cela.

NAPOLÉON.

OBSERVATIONS SUR LE PROJET DE TRAITÉ.

Il a été fait des objections sur l'article 4. Le plénipotentiaire français adopte le contre-projet.

Le contre-projet ne dit pas davantage que l'article, et il a l'inconvénient de compromettre la dignité de la France en pure perte.

Le contre-projet, article 7, peut être adopté en y ajoutant cette seule phrase : « Il ne sera donné aucun éveil à la Porte sur les intentions de « la Russie, que l'on n'ait connu l'effet des propositions faites par les « puissances à l'Angleterre. »

On supprime, comme on le désire, l'article 11 comme sous-entendu, et l'on adopte l'article 12 du contre-projet.

Toute la discussion ne peut donc tomber que sur la seule phrase ajoutée à l'article 7. Elle est cependant une conséquence immédiate de la démarche qui est faite. Car, si l'Angleterre est portée à entrer en négociation, il est évident que, la nouvelle lui survenant qu'une puissance d'une masse aussi considérable entre dans ses intérêts, cela la rendra plus exigeante dans les négociations. A quoi bon lui rouvrir sans raison les portes de la Syrie, de l'Égypte, de l'Afrique et de la Morée ? Les comptoirs français seraient pillés, plusieurs milliers d'hommes empoisonnés et égorgés, le commerce interrompu, et tout cela en pure perte pour la Russie. Et si la paix était faite entre la Russie et la Porte, pendant que les négociations auraient lieu avec l'Angleterre, ce serait un incident qui aurait plus d'inconvénients que d'avantages, puisque l'Angleterre verrait plus clair dans les affaires qui seraient traitées à Erfurt: et le traité fait avec la Porte lui ferait comprendre que les idées de partage sont éloignées, et l'effrayerait moins. Tout porte donc à exécuter scrupuleusement l'article proposé.

D'après l'original. Archives des affaires étrangères.

14365. — NOTE POUR M. DARU,
INTENDANT GÉNÉRAL DE LA GRANDE ARMÉE, À ERFURT.

Erfurt, 8 octobre 1808.

La Westphalie doit 20,047,666 francs 24 centimes. M. Daru proposera :

Que les 20,047,666 francs 24 centimes soient payés à raison de 500,000 francs par mois à compter du 20 novembre prochain. Ainsi les 20,047,666 francs 24 centimes seront payés en quarante mois. Ainsi le dernier payement sera pour le 20 mars 1812.

Les 500,000 francs payables en novembre et décembre ne porteront aucun intérêt, non plus que les payements de janvier, février, mars, avril, mai, juin 1809, jusqu'au 1er juillet. Le payement du 1er juillet portera 5 pour 100 d'intérêt depuis le 1er janvier 1809.

Le payement sera fait en bons numérotés. Les deux numéros de novembre et de décembre ne seront pas compris. La première série comprendra tous les numéros payables en 1809, l'autre en 1810. Chaque bon sera de 10,000 francs.

La date du payement sera faite, sur la caisse de Cassel, à raison de dix bons le 1er de chaque mois, les 5, 10, etc. Chaque bon portera le jour de son échéance et le compte tout fait des intérêts.

Les bons de la série qui échoit en 1810 et 1811 porteront 6 pour 100 d'intérêt, afin que toutes aient la même valeur.

Les bons seront confectionnés sur un papier particulier, d'une manière très-soignée, et versés à la caisse d'amortissement.

Pour ceux de 1809, l'intérêt sera payable avec le capital. Pour 1810. on payera l'intérêt au 1er janvier 1810, pour 1809 : 1811 et 1812 également.

D'après la copie comm. par M. le comte Daru.

14366. — A L'IMPÉRATRICE JOSÉPHINE,
À SAINT-CLOUD.

Erfurt, 9 octobre 1808.

J'ai reçu, mon amie, ta lettre. Je vois avec plaisir que tu te portes bien. Je viens de chasser sur le champ de bataille d'Iena. Nous avons déjeuné dans l'endroit où j'avais passé la nuit au bivouac.

J'ai assisté au bal de Weimar. L'empereur Alexandre danse, mais moi non ; quarante ans sont quarante ans.

Ma santé est bonne au fond, malgré quelques petits maux.

Adieu, mon amie. Tout à toi. J'espère te voir bientôt.

NAPOLÉON.

Extrait des Lettres de Napoléon à Joséphine, etc.

14367. — A M. DE CHAMPAGNY,
MINISTRE DES RELATIONS EXTÉRIEURES, À ERFURT.

Erfurt, 9 octobre 1808.

Monsieur de Champagny, donnez des pleins pouvoirs au maréchal Davout et à l'intendant général Daru, pour régler tout ce qui est relatif à l'exécution de la convention qui a été échangée hier et à l'évacuation. En conséquence, le sieur Daru sera chargé de s'entendre avec M. de Golz pour l'exécution de l'article relatif aux contributions. Il sera donné pour instruction au sieur Daru de tâcher d'avoir quatre millions par mois au lieu de trois qu'on propose. On facilitera, pour le surplus, un emprunt en Hollande ou en France. Il prendra toutes les précautions nécessaires pour les billets de la banque territoriale, qu'on veut donner.

NAPOLÉON.

D'après l'original. Archives des affaires étrangères.

14368. — A ALEXANDRE, PRINCE DE NEUCHÂTEL,
MAJOR GÉNÉRAL DE LA GRANDE ARMÉE, À ERFURT.

Erfurt, 10 octobre 1808.

Mon Cousin, donnez ordre au prince de Ponte-Corvo de concentrer toutes ses troupes françaises et hollandaises dans les villes hanséatiques, afin de ne pas molester le Danemark et de ménager les habitants, ce pays n'ayant aucune espèce de dangers à craindre, puisque toutes les forces anglaises sont occupées en Espagne; ce corps devant, d'ailleurs, recevoir incessamment une nouvelle destination.

NAPOLÉON.

D'après l'original. Dépôt de la guerre.

14369. — NOTE POUR M. DARU,
INTENDANT GÉNÉRAL DE LA GRANDE ARMÉE, À ERFURT.

Erfurt, 10 octobre 1808.

Je vous prie de me faire une petite note sur les questions suivantes.

1re Question. Je suis obligé de laisser en Allemagne une quarantaine de mille hommes d'infanterie et 12,000 chevaux. Je puis faire rentrer en France une quarantaine de mille hommes et 12,000 chevaux. Si je fais rentrer en France ces 40,000 hommes et ces 12,000 chevaux, et s'ils devaient être nourris par moi en Allemagne, j'aurais l'avantage d'éviter l'exportation du numéraire et de favoriser la consommation des denrées qui sont abondantes en France. L'avantage qu'il y aurait à laisser ces troupes en Allemagne serait-il compensé par les autres avantages de leur rappel en France? Sous ces divers points de vue, vaut-il mieux pour le trésor laisser ces 40,000 hommes et ces 12,000 chevaux en Allemagne que de les faire venir en France?

2e Question. La Prusse doit nourrir 10,000 hommes, et la Poméranie suédoise en nourrira, je crois, 6,000. Ainsi je puis avoir là un corps de 16,000 hommes qui ne me coûtera rien. Comment doit-il, à cet effet, être composé en infanterie, cavalerie et artillerie?

Le roi de Westphalie doit nourrir 12,500 hommes. Comment ce corps doit-il être composé en infanterie, cavalerie et artillerie?

Que peuvent nourrir le Hanovre, Hambourg, Brême et Baireuth en infanterie, cavalerie et artillerie?

La solution de cette question doit faire connaître comment doivent être composées mes troupes en Allemagne, en infanterie, cavalerie et artillerie, pour qu'elles ne coûtent rien à la caisse des contributions ni au trésor. On affecterait à l'intendant qui serait chargé de ce service les revenus du Hanovre, des villes hanséatiques, de Baireuth et de la Poméranie suédoise.

NAPOLÉON.

D'après la copie comm. par M. le comte Daru.

14370. — A LA PRINCESSE CUNÉGONDE,
ANCIENNE PRINCESSE D'ESSEN, À AUGSBURG.

Erfurt, 11 octobre 1808.

Ma Cousine, les dispositions que je vous ai témoignées à Augsburg, et que vous me rappelez, étaient une marque de l'intérêt que je prends à votre position. Il sera constamment le même. J'examinerai avec attention l'objet dont vous m'entretenez, et les circonstances où je pourrai vous donner des témoignages de ma considération et de mon estime seront toujours agréables pour moi.

D'après la minute. Archives de l'Empire.

14371. — DÉCISION.

Erfurt, 11 octobre 1808.

Le major général propose à l'Empereur de décider que le 5ᵉ corps de la Grande Armée, commandé par le maréchal Mortier, et qui se rend à l'armée d'Espagne, conservera son numéro, et que le corps du général Saint-Cyr, à qui le décret d'organisation de l'armée d'Espagne avait attribué le n° 5, deviendra le 7ᵉ corps de cette armée.

Approuvé.

Communiquer cette décision au ministre de la guerre.

NAPOLÉON.

D'après l'original. Dépôt de la guerre.

14372. — CONVENTION D'ALLIANCE.

Erfurt, 12 octobre 1808.

Sa Majesté l'Empereur des Français, Roi d'Italie, et Sa Majesté l'Empereur de toutes les Russies, voulant rendre de plus en plus étroite et à jamais durable l'alliance qui les unit, et se réservant de s'entendre ultérieurement, s'il y a lieu, sur les nouvelles déterminations à prendre et les nouveaux moyens d'attaque à diriger contre l'Angleterre, leur ennemie commune et l'ennemie du continent, ont résolu d'établir, dans une convention spéciale, les principes qu'ils sont déterminés à suivre invariablement dans toutes leurs démarches, pour parvenir au rétablissement de la paix. Ils ont, à cet effet, nommé pour leurs plénipotentiaires respectifs, savoir :

Sa Majesté l'Empereur des Français, le comte de Champagny, et Sa Majesté l'Empereur de toutes les Russies, le comte de Romanzof, lesquels sont convenus de ce qui suit :

Article 1er. Leurs Majestés l'Empereur des Français et l'Empereur de Russie confirment, et, en tant que besoin est, renouvellent l'alliance conclue entre eux à Tilsit; s'engagent non-seulement à ne faire avec l'ennemi commun aucune paix séparée, mais encore à n'entrer avec lui dans aucune négociation et à n'écouter aucune de ses propositions que d'un commun accord.

Art. 2. Ainsi résolues de rester inséparablement unies pour la paix comme pour la guerre, les hautes parties contractantes conviennent de nommer des plénipotentiaires pour traiter de la paix avec l'Angleterre, et de les envoyer, à cet effet, dans la ville du continent que l'Angleterre désignera.

Art. 3. Dans tout le cours de la négociation, si elle a lieu, les plénipotentiaires respectifs des hautes parties contractantes agiront constamment avec le plus parfait accord, et il ne sera permis à aucun d'eux, non-seulement d'appuyer, mais même d'accueillir ou d'approuver, contre les intérêts de l'autre partie contractante, aucune proposition ou demande des plénipotentiaires anglais qui, prises en elles-mêmes et favorables aux intérêts de l'Angleterre, pourraient aussi présenter quelque avantage à l'une des parties contractantes.

Art. 4. La base du traité avec l'Angleterre sera l'*uti possidetis*.

Art. 5. Les hautes parties contractantes s'engagent à regarder comme condition absolue de la paix avec l'Angleterre qu'elle reconnaîtra la Finlande, la Valachie et la Moldavie comme faisant partie de l'empire de Russie.

Art. 6. Elles s'engagent à regarder comme condition absolue de la paix que l'Angleterre reconnaisse le nouvel ordre de choses établi par la France en Espagne.

Art. 7. Les hautes parties contractantes s'engagent à ne recevoir de la part de l'ennemi, pendant la durée des négociations, aucune proposition, offre ou communication quelconque, sans en faire immédiatement part aux cours respectives; et, si lesdites propositions sont faites au congrès réuni pour la paix, les plénipotentiaires devront respectivement se les communiquer.

Art. 8. Sa Majesté l'Empereur de Russie, d'après les révolutions et changements qui agitent l'empire ottoman et qui ne laissent aucune possibilité de donner et, par conséquent, aucune espérance d'obtenir des garanties suffisantes pour les personnes et les biens des habitants de la Valachie et de la Moldavie, ayant déjà porté les limites de son empire jusqu'au Danube, de ce côté, et réuni la Valachie et la Moldavie à son empire, ne pouvant qu'à cette condition reconnaître l'intégrité de l'empire ottoman, Sa Majesté l'Empereur Napoléon reconnaît ladite réunion et les limites de l'empire russe de ce côté, portées jusqu'au Danube.

Art. 9. Sa Majesté l'Empereur de Russie s'engage à garder dans le plus profond secret l'article précédent, et à entamer, soit à Constantinople, soit partout ailleurs, une négociation, afin d'obtenir à l'amiable, si cela se peut, la cession de ces deux provinces. La France renonce à sa médiation. Les plénipotentiaires ou agents des deux puissances s'entendront sur le langage à tenir, afin de ne pas compromettre l'amitié existant entre la France et la Porte, ainsi que la sûreté des Français résidant dans les Échelles, pour empêcher la Porte de se jeter dans les bras de l'Angleterre.

Art. 10. Dans le cas où, la Porte Ottomane se refusant à la cession des deux provinces, la guerre viendrait à se rallumer, l'Empereur Napoléon n'y prendra aucune part et se bornera à employer ses bons offices auprès de la Porte Ottomane; mais, s'il arrivait que l'Autriche ou quelque autre puissance fît cause commune avec l'empire ottoman dans ladite guerre, Sa Majesté l'Empereur Napoléon ferait immédiatement cause commune avec la Russie, devant regarder ce cas comme un de ceux de l'alliance générale qui unit les deux empires.

Dans le cas où l'Autriche se mettrait en guerre contre la France, l'Empereur de Russie s'engage à se déclarer contre l'Autriche et à faire cause commune avec la France, ce cas étant également un de ceux auxquels s'applique l'alliance qui unit les deux empires.

Art. 11. Les hautes parties contractantes s'engagent d'ailleurs à maintenir l'intégrité des autres possessions de l'empire ottoman, ne voulant ni faire elles-mêmes ni souffrir qu'il soit fait aucune entreprise contre aucune partie de cet empire, sans qu'elles en soient préalablement prévenues.

Art. 12. Si les démarches faites par les deux hautes parties contractantes pour ramener la paix sont infructueuses, soit que l'Angleterre élude la proposition qui lui sera faite, soit que les négociations soient rompues, Leurs Majestés Impériales se réuniront de nouveau, dans le délai d'un an, pour s'entendre sur les opérations de la guerre commune et sur les moyens de la poursuivre avec toutes les forces et toutes les ressources des deux empires.

Art. 13. Les deux hautes parties contractantes, voulant reconnaître la loyauté et la persévérance avec laquelle le roi de Danemark a soutenu la cause commune, s'engagent à lui procurer un dédommagement pour ses sacrifices, et à reconnaître les acquisitions qu'il aura été dans le cas de faire dans la présente guerre.

Art. 14. La présente convention sera tenue secrète, au moins pendant l'espace de dix années.

J. B. Nompère de Champagny.   Comte Nicolas de Romanzof.

Archives des affaires étrangères.

14373. — A GEORGES III, ROI D'ANGLETERRE[1],
À LONDRES.

Erfurt, 12 octobre 1808.

Sire, les circonstances actuelles de l'Europe nous ont réunis à Erfurt. Notre première pensée est de céder au vœu et au besoin de tous les peuples, et de chercher par une prompte pacification avec Votre Majesté le remède le plus efficace aux malheurs qui pèsent sur toutes les nations. Nous en faisons connaître notre sincère désir à Votre Majesté par cette présente lettre.

La guerre longue et sanglante qui a déchiré le continent est terminée, sans qu'elle puisse se renouveler. Beaucoup de changements ont eu lieu en Europe. Beaucoup d'états ont été bouleversés. La cause en est dans l'état d'agitation et de malheur où la cessation de commerce maritime a placé les plus grands peuples. De plus grands changements encore peuvent avoir lieu, et tous contraires à la politique de la nation anglaise. La paix est donc à la fois dans l'intérêt des peuples du continent comme dans l'intérêt des peuples de la Grande-Bretagne.

Nous nous réunissons pour prier Votre Majesté d'écouter la voix de l'humanité, en faisant taire celle des passions, de chercher, avec l'intention d'y parvenir, à concilier tous les intérêts, et, par là, garantir toutes

---

[1] À la minute de cette dépêche, conservée parmi les papiers de l'ancienne secrétairerie d'état, se trouve jointe une pièce portant cette indication : *Lettre à écrire par M. de Romanzof.* C'est une lettre que le ministre russe a dû adresser à M. Canning, en lui faisant parvenir la dépêche des deux Empereurs, et qui est ainsi conçue :

« Erfurt, 28 septembre 1808 (style russe).

« J'envoie à Votre Excellence une lettre que les Empereurs écrivent au roi d'Angleterre. S. M. l'empereur de Russie se flatte que l'Angleterre appréciera la sincérité et la grandeur de cette démarche. Elle ne peut attribuer à faiblesse ce qui est le résultat de l'union intime des deux plus grands monarques du continent, unis pour la paix comme pour la guerre.

« Sa Majesté m'a chargé de faire connaître à Votre Excellence qu'elle a nommé des plénipotentiaires, qui se dirigeront sur la ville du continent où S. M. le roi d'Angleterre dirigera ses plénipotentiaires; et, quant aux bases de la négociation, Leurs Majestés n'ont pas d'inconvénient d'adopter toutes celles précédemment proposées par l'Angleterre même, savoir l'*uti possidetis*, en y comprenant les puissances alliées, et toute autre base fondée sur la justice, et sur la réciprocité et l'égalité qui doivent régner entre toutes les grandes nations. »

les puissances qui existent, et assurer le bonheur de l'Europe et de cette génération à la tête de laquelle la Providence nous a placés.

NAPOLÉON.   ALEXANDRE.

D'après l'original. *British Museum.*

14374. — A LOUIS NAPOLÉON, ROI DE HOLLANDE,
À LA HAYE.

Erfurt, 12 octobre 1808.

Mon Frère, j'ai reçu vos lettres. J'ai changé le général Dupont-Chaumont sur votre demande. Je ne puis changer le sieur la Rochefoucault. Je n'ai pas d'Anglais à mon service, et un Anglais de la faction de Windham pourrait seul être bien accueilli en Hollande. Tous les Français, soit à votre service, soit commerçants, se plaignent de votre ministère. Aucune des lois du blocus n'est observée; plus de cent bâtiments passent par mois de Hollande en Angleterre; tous les jours des particuliers en reviennent. Il n'est donc pas extraordinaire que le Conseil d'état ait rédigé un décret pour gêner les communications de la Hollande avec la France. Votre pays sera bien malheureux si ce système s'accroît, et que le Rhin et l'Escaut soient fermés à la Hollande. Vous êtes trop raisonnable pour laisser venir les choses à ce point, et pour ne pas prendre les mesures nécessaires pour rétablir le blocus de l'Angleterre comme par le passé.

NAPOLÉON.

D'après l'original comm. par S. M. l'Empereur Napoléon III.

14375. — NOTE POUR M. PASQUIER,
MAÎTRE DES REQUÊTES AU CONSEIL D'ÉTAT, À PARIS.

Erfurt, 12 octobre 1808.

M. Pasquier se rendra à Homburg et Kaiserslautern; il y prendra toutes les informations nécessaires pour connaître les causes de la lenteur qui a été apportée à la confection de la route de Paris à Mayence, dans le département du Mont-Tonnerre. Il suivra cette route dans toute son étendue de Kaiserslautern à Mayence, en passant par Alzey. Il interrogera les maîtres de poste, recueillera les plaintes contre les ingénieurs et les entrepreneurs des travaux, et prendra des informations détaillées sur les malversations qui pourraient avoir existé, et sur l'emploi des fonds qui ont été affectés aux travaux de la route de Paris à Mayence par Alzey pendant les années 1807 et 1808.

D'après la minute. Archives de l'Empire.

14376. — DÉCRET
PORTANT ORGANISATION DE L'ARMÉE DU RHIN.

Erfurt, 12 octobre 1808.

TITRE Ier.

ARTICLE 1er. A dater du 15 du présent mois, la Grande Armée sera dissoute.

Le corps de troupes qui restera en Allemagne prendra le nom d'*Armée du Rhin*.

ART. 2. Le corps de troupes qui restera sous les ordres du maréchal prince de Ponte-Corvo, dans les villes hanséatiques, prendra le nom de corps de troupes du gouvernement des villes hanséatiques.

TITRE II.
DU GOUVERNEMENT DES VILLES HANSÉATIQUES.

ARTICLE 1er. Le prince de Ponte-Corvo commandera en chef le corps de troupes du gouvernement des villes hanséatiques. Le général de brigade Gérard sera chef d'état-major dudit corps. Le général Mossel commandera l'artillerie. Le général Lazowski commandera le génie. Le sieur Duprat remplira les fonctions d'ordonnateur en chef. Le sieur...... remplira les fonctions de payeur.

Troupes françaises : Division du général Dupas, composée du 5e régiment d'infanterie légère, du 19e régiment d'infanterie de ligne, du 13e et du 24e régiment de chasseurs à cheval.

Artillerie : Douze pièces d'artillerie servies par deux compagnies du 1er régiment d'artillerie, attelées; les compagnies nécessaires du train d'artillerie, fournies par un même bataillon du train; une compagnie de sapeurs; une compagnie d'équipages militaires.

Division de troupes hollandaises : quatre régiments d'infanterie, un régiment de cuirassiers, une compagnie d'artillerie à cheval, une compagnie de pontonniers, une compagnie du train d'artillerie.

Art. 2. L'état-major sera composé de deux adjudants commandants et de six adjoints à l'état-major. Chaque division aura un adjudant commandant et deux adjoints. L'administration sera conforme aux règlements.

TITRE III.

ARMÉE DU RHIN.

Article 1er. Le duc d'Auerstaedt commandera en chef l'armée du Rhin. Le général de division Compans sera chef d'état-major de ladite armée. Quatre adjudants commandants, seize adjoints seront attachés à l'état-major général. Un adjudant commandant et trois adjoints seront attachés à chacune des divisions.

Le général de division Hanicque commandera l'artillerie. Un général de brigade d'artillerie sera désigné pour commander le parc. Le nombre d'officiers d'artillerie nécessaire, tant pour le parc que pour chacune des divisions, sera déterminé.

Le général de brigade Tousard commandera le génie. Les officiers du génie nécessaires pour l'état-major, pour les places et pour les divisions, seront nommés.

L'inspecteur en chef aux revues Villemanzy sera l'intendant général de l'armée. Le commissaire ordonnateur Chambon sera ordonnateur en chef de l'armée. Le payeur actuel de la Grande Armée sera payeur général de l'armée du Rhin.

TITRE IV.

COMPOSITION DE L'ARMÉE DU RHIN.

Article 1er. L'armée du Rhin sera composée de quatre divisions, une réserve d'infanterie, une de cavalerie, et du gouvernement de Danzig, savoir : 1re division, la division actuelle du général Morand; 2e division, la division actuelle du général Friant; 3ᵉ division, la division actuelle du général Gudin; 4ᵉ division, la division actuelle du général Saint-Hilaire, augmentée du 57ᵉ de ligne. Réserve d'infanterie : corps du général Oudinot. Réserve de cavalerie : Quatorze régiments de grosse cavalerie, formant trois divisions.

Corps du gouvernement de Danzig. Le général Rapp, gouverneur, ayant à ses ordres quinze officiers français de différents grades, qui seront désignés de suite pour remplir les fonctions d'adjudant commandant, de commandant d'armes et de commandant de forts; un commissaire des guerres et les gardes-magasins nécessaires.

Garnison : Le 105ᵉ régiment de ligne français; un régiment d'infanterie saxon; deux régiments d'infanterie polonais; un régiment de cavalerie légère français; un régiment de cavalerie polonais.

Artillerie et génie : Deux officiers supérieurs d'artillerie français; quatre capitaines, résidents, d'artillerie français; trois compagnies d'artillerie à pied françaises. Un officier supérieur du génie français; quatre officiers du génie français, résidents; une compagnie de sapeurs français.

Art. 2. La division du général Saint-Hilaire aura son quartier général à Stettin et fournira les garnisons pour les places de Stralsund, Stettin, Küstrin et Glogau. Le reste des troupes de la division occupera la Poméranie suédoise.

Art. 3. Il y aura à Glogau une compagnie d'artillerie à pied française, un escadron de cavalerie française, un régiment d'infanterie française, une compagnie de sapeurs, une escouade d'ouvriers.

État-major : L'état-major sera composé d'un commandant de place, quatre adjudants de place, un commissaire des guerres, et des gardes-magasins nécessaires.

Artillerie : Un officier supérieur d'artillerie, deux officiers d'artillerie en résidence, des gardes-magasins.

Place de Küstrin : Le même état-major et la même composition d'artillerie et du génie qu'à Glogau. La garnison ne sera composée que de deux bataillons d'infanterie et d'une seule compagnie de cavalerie.

Place de Stettin : Il y aura à Stettin deux compagnies d'artillerie. Du reste, même composition d'état-major, d'artillerie et du génie que ci-dessus.

Tout ce qui restera de la division Saint-Hilaire, infanterie, cavalerie, artillerie et génie, tiendra garnison à Stralsund et occupera la Poméranie suédoise.

Cette division aura dix-huit pièces de canon, dont six servies par l'artillerie légère.

Il y aura, au quartier général du général Saint-Hilaire, un commissaire ordonnateur, qui correspondra avec tous les commissaires des places de Stettin, Küstrin et Glogau, et même avec celui de la place de Danzig, afin de connaître la situation des magasins et de veiller à ce que les approvisionnements de siége soient en bon état et suffisants pour les besoins de la garnison pendant un an.

ART. 4. Les trois autres divisions seront placées, savoir : une à Magdeburg, laquelle sera complétée à 12,500 hommes et nourrie par le roi de Westphalie; l'autre division sera placée dans le Hanovre; la troisième, à Halle et à Halberstadt.

Une division de cuirassiers restera dans le pays de Baireuth. Les deux autres divisions de cuirassiers seront placées dans le Hanovre.

La division de réserve du corps du général Oudinot restera à Baireuth.

Ces troupes seront nourries des magasins de l'Empereur.

TITRE V.

ARTICLE 1er. Il y aura à l'armée du Rhin dix régiments de cavalerie légère, savoir : brigade du général Beaupré : 1er, 2e et 12e régiment de chasseurs; brigade du général Pajol : 5e et 7e de hussards, 11e de chasseurs; brigade du général Bordesoulle : 9e régiment de hussards, 7e, et 20e régiment de chasseurs. Le 8e de hussards et le 16e de chasseurs seront placés, l'un à Danzig, l'autre dans une des trois brigades ci-dessus.

ART. 2. Indépendamment de cette cavalerie légère, la réserve de grosse cavalerie, comme il est dit ci-dessus, composée de quatorze régiments et formant trois divisions fera partie de l'armée du Rhin.

La division du général Nansouty aura 12 pièces d'artillerie légère et chacune des deux autres divisions en aura 6; total, 24 pièces.

TITRE VI.

Article 1ᵉʳ. Le commandant de l'armée du Rhin aura soin de pourvoir à l'organisation de l'artillerie des places de Stralsund, Stettin, Küstrin, Glogau et Magdeburg. Il y aura dans ces places un officier supérieur, deux officiers en résidence, et des gardes-magasins. Une compagnie d'ouvriers sera distribuée dans ces places.

Il y aura à Danzig quatre compagnies d'artillerie à pied fournies par un même régiment; trois à Magdeburg; cinq autres compagnies d'artillerie à pied seront également distribuées dans les places de Stettin, Küstrin et Glogau; ce qui fera douze compagnies d'artillerie à pied dans les places.

Dix compagnies d'artillerie à cheval seront employées au service des 60 pièces d'artillerie légère attachées aux divisions de l'armée du Rhin; douze compagnies d'artillerie à pied seront aussi employées à l'artillerie de ces divisions; six autres compagnies d'artillerie à pied seront employées au parc. Deux compagnies d'ouvriers seront employées aux divisions et au parc. Quatre compagnies de pontonniers auront la même destination.

Art. 2. L'équipage de campagne sera de 130 pièces de canon et de 1,000 voitures, dont 7 à 800 attelées; quatre bataillons du train et au moins 4,000 chevaux d'artillerie.

On aura soin que les dix compagnies d'artillerie légère et les trente compagnies d'artillerie à pied soient, s'il se peut, prises dans les mêmes régiments.

TITRE VII.

Article 1ᵉʳ. Le génie aura un officier supérieur et le nombre d'officiers du génie convenable dans chacune des places de Danzig, Glogau, Stettin, Küstrin, Stralsund et Magdeburg. Le minimum qu'on puisse y employer doit être de vingt-cinq à trente officiers.

Indépendamment du service des places, il y aura deux officiers du génie à chaque division près du commandant du génie.

Il y aura près de ce commandant un bataillon de sapeurs, une compagnie de mineurs, 15,000 outils chargés sur des fourgons attelés.

Le commandant du génie aura soin de se pourvoir, sous sa responsabilité, des plans des places dans lesquelles il reste des garnisons françaises, ainsi que de la carte du pays à 1,200 toises de la place, afin de pouvoir s'en servir si l'occasion s'en présente.

TITRE VIII.
ADMINISTRATION.

ARTICLE 1er. Il y aura deux bataillons entiers des équipages militaires, formant 228 voitures attelées, un médecin en chef, un chirurgien en chef, un pharmacien en chef, un commissaire ordonnateur chargé des hôpitaux, six commissaires des guerres pour chacune des six places de Küstrin, Stettin, Stralsund, Magdeburg, Glogau et Danzig.

ART. 2. Un commissaire ordonnateur sera chargé de tout ce qui tient à l'approvisionnement des magasins des places, de manière à ce qu'ils soient approvisionnés pour un an pour la garnison.

ART. 3. Tous les objets d'habillement et d'équipement qui se trouvent sur la rive droite de l'Elbe seront sans délai évacués et dirigés sur Magdeburg.

Tous les magasins et approvisionnements qui se trouvent sur la Vistule seront évacués et dirigés sur Danzig.

TITRE IX.

ARTICLE 1er. La division du général Boudet et celle du général Molitor, organisées et composées telles qu'elles l'étaient en venant d'Italie, artillerie, génie et administration, ainsi que les 19e, 3e, 23e et 14e de chasseurs qui ont leurs dépôts en Italie, se réuniront d'abord à Francfort-sur-le-Main, où elles attendront de nouveaux ordres.

ART. 2. La division du général Legrand et la division du général Saint-Cyr se réuniront d'abord à Würzburg, où elles attendront de nouveaux ordres.

ART. 3. Les mouvements, en ce qui concerne l'armée du Rhin, ne se feront que par les ordres du duc d'Auerstaedt et par le plénipotentiaire qui sera chargé des dispositions relatives à l'évacuation de la Prusse. A cet effet, ce maréchal se rendra à Berlin, et, dès ce moment, c'est-à-dire du 15 octobre, le corps du maréchal Soult est sous ses ordres, ainsi que toutes les troupes en Allemagne, hormis le corps du prince de Ponte-Corvo.

Art. 4. A cet effet, le major général donnera des états détaillés de tout ce qui doit rester à l'armée du Rhin et de ce qui doit en partir.

Art. 5. Les officiers d'état-major, les commandants d'armes, les généraux, les inspecteurs aux revues, commissaires des guerres, agents et employés des différentes administrations, qui ne seront pas compris dans la présente organisation, se rendront à Mayence, où ils recevront des ordres du ministre de la guerre.

TITRE X.

GENDARMERIE.

Article 1er. Le corps du prince de Ponte-Corvo gardera le détachement de gendarmerie qui s'y trouve aujourd'hui et qui est fort de 3 officiers et de 78 gendarmes montés.

Art. 2. Il y aura à l'armée du Rhin un colonel de gendarmerie et deux compagnies de 50 gendarmes chacune.

Art. 3. Le surplus de la gendarmerie qui pourrait rester à la Grande Armée se retirera sur Mayence, d'où chaque brigade rentrera dans sa légion.

TITRE XI.

ROUTE DE L'ARMÉE.

Art. 1er. La route de l'armée pour les places de Glogau, Danzig, Küstrin et Stettin, sera tracée par Magdeburg et Wesel.

La route pour le corps du général Oudinot sera tracée, par le plus court chemin, sur Mayence.

Art. 2. Nos ministres de la guerre, de l'administration de la guerre, notre major général et l'intendant général sont chargés de l'exécution du présent décret.

NAPOLÉON.

D'après l'ampliation. Dépôt de la guerre.

14377. — A M. DARU,
INTENDANT GÉNÉRAL DE LA GRANDE ARMÉE, À ERFURT.

Erfurt, 13 octobre 1808.

M. Daru me remettra une note qui me fera connaître ce qu'il ordonne qu'on verse à la caisse d'amortissement. Il me semble que 81 millions ont été versés à la caisse d'amortissement; 42 sont en caisse; 26 sont à percevoir. Ainsi on pourrait faire verser la plus grande partie de ces 42 millions à la caisse d'amortissement, vu que ce qui reste à percevoir sera suffisant pour les besoins à venir. Je voudrais donc que le résultat de M. Daru me présentât 110, 120 ou 130 millions existant à la caisse d'amortissement, en argent, en billets de Saxe et en billets de Danzig, ainsi qu'en ceux de Westphalie.

Je prie aussi M. Daru de faire faire sans délai les bons de la Westphalie, ainsi que je l'ai ordonné.

Les bons de la Prusse seront aussi versés à la caisse d'amortissement, qui en poursuivra le remboursement.

Et comme tous ces objets deviennent très-considérables, M. Daru proposera au ministre des finances de nommer quelqu'un qui soit uniquement chargé des produits de la Grande Armée à la caisse d'amortissement. On pourrait y placer quelqu'un attaché à M. la Bouillerie. M. la Bouillerie reviendra à l'armée y encaisser les 140 millions, y prendre tous les papiers et fermera sa comptabilité de la manière suivante : pour la Prusse, ce qui a été reçu jusqu'au moment du traité; pour la Westphalie, ce qui a été reçu; pour les pays encore occupés, ce qui revient au 1er janvier 1809. Passé cette époque, la caisse sera confondue avec la caisse d'amortissement, laquelle poursuivra ce qui reste dû, par raison des traités, en obligations. Dès le 1er janvier 1809, un autre individu aura le titre de receveur des contributions de l'armée du Rhin au lieu de la Grande Armée, et percevra ce qui reviendra des revenus du pays qui m'appartiennent. Ce sera une autre comptabilité, et un individu moins important que M. la Bouillerie, qui présentera ses comptes au Conseil d'état pour être soumis à mon approbation.

M. la Bouillerie ira à ses fonctions à la trésorerie, et il me sera proposé par l'intendant général la récompense dont il sera susceptible.

D'après la copie comm. par M. le comte Daru.

14378. — A JOSEPH NAPOLÉON, ROI D'ESPAGNE,

À VITORIA.

Erfurt, 13 octobre 1808.

Mon Frère, j'ai fait toutes mes affaires avec l'empereur de Russie. Je pars demain pour Paris, et je serai avant un mois à Bayonne. Envoyez-moi un état de situation exact de l'armée, afin que je puisse y calquer une organisation définitive, en faisant le moins de déplacements possible. Dans cette situation de choses, la présomption de l'ennemi porte à penser qu'il restera dans les positions où il se trouve. Plus il restera près de nous, mieux cela vaudra. La guerre pourrait être terminée d'un seul coup par une manœuvre habilement combinée, et pour cela il faut que j'y sois.

NAPOLÉON.

P. S. Je me mets en route aussitôt que j'aurai mis en mouvement le Corps législatif.

D'après l'expédition originale comm. par les héritiers du roi Joseph.

14379. — A ALEXANDRE Ier, EMPEREUR DE RUSSIE [1],

À ERFURT.

Erfurt, 14 octobre 1808.

Monsieur mon Frère, désirant donner à Votre Majesté Impériale une preuve bien convaincante de mon amitié pour elle, et combien me sont précieuses les occasions de lui être agréable, je lui fais part que j'ai di-

---

[1] Le même jour Alexandre écrivait à l'empereur Napoléon la lettre suivante :

«Erfurt, le 14 octobre 1808.

«Monsieur mon Frère, touché de toute l'amitié que Sa Majesté ne cesse de me témoigner en toute occasion, pour lui donner une marque évidente de toute celle que je lui porte, je m'empresse de déclarer à Votre Majesté que je ne prends aucun intérêt à l'exécution de l'article éventuel du traité de Tilsit relatif au Hanovre, et que je veux reconnaître tout ce qu'elle aura décidé sur le sort du royaume d'Étrurie et celui des autres états d'Italie. J'espère qu'elle y reconnaîtra une nouvelle preuve de mes sentiments pour elle.

ALEXANDRE.

minué de vingt millions la contribution que devait la Prusse, et que les termes de payement et autres conditions dont les plénipotentiaires français et prussiens sont convenus seront spécifiés et arrêtés de manière que chacun sache à quoi s'en tenir. Je désire que Votre Majesté voie dans la présente lettre une nouvelle preuve du cas que je fais de son amitié.

NAPOLÉON.

D'après la copie comm. par S. M. l'empereur de Russie.

14380. — A FRANÇOIS Ier, EMPEREUR D'AUTRICHE,
À VIENNE.

Erfurt, 14 octobre 1808.

Monsieur mon Frère, je remercie Votre Majesté de la lettre qu'elle a bien voulu m'écrire et que M. le baron de Vincent m'a remise[1]. Je n'ai jamais douté des intentions droites de Votre Majesté; mais je n'en ai pas moins craint, un moment, de voir les hostilités se renouveler entre nous. Il est à Vienne une faction qui affecte la peur pour précipiter votre cabinet dans des mesures violentes, qui seraient l'origine de malheurs plus grands que ceux qui ont précédé. J'ai été maître de démembrer la monarchie de Votre Majesté, ou du moins de la laisser moins puissante; je

---

[1] Voici la lettre de l'empereur d'Autriche :

« Monsieur mon Frère, mon ambassadeur à Paris m'apprend que Votre Majesté Impériale se rend à Erfurt, où elle se rencontrera avec l'empereur Alexandre. Je saisis avec empressement l'occasion qui la rapproche de ma frontière pour lui renouveler les témoignages de l'amitié et de la haute estime que je lui ai vouées, et j'envoie auprès d'elle mon lieutenant général le baron de Vincent, pour vous porter, Monsieur mon Frère, l'assurance de ces sentiments inviolables. Je me flatte que Votre Majesté n'a jamais cessé d'en être convaincue, et que, si de fausses représentations qu'on avait répandues sur des institutions intérieures et organiques que j'ai établies dans ma monarchie lui ont laissé pendant un moment des doutes sur la persévérance de mes intentions, les explications que le comte Metternich a présentées à ce sujet à son ministre les auront entièrement dissipés. Le baron de Vincent se trouve à même de confirmer à Votre Majesté ces détails et d'y ajouter tous les éclaircissements qu'elle pourra désirer. Je la prie de lui accorder la même bienveillance avec laquelle elle a déjà bien voulu le recevoir à Paris et à Varsovie. Les nouvelles marques qu'elle lui donnera me seront un gage non équivoque de l'entière réciprocité de ses sentiments, et elles mettront le sceau à cette entière confiance qui ne laissera rien à ajouter à la satisfaction mutuelle.

Veuillez agréer l'assurance de l'inaltérable attachement et de la haute considération avec lesquels je suis, etc.

FRANÇOIS.

Presburg, le 18 septembre 1808.

ne l'ai pas voulu. Ce qu'elle est, elle l'est de mon vœu : c'est la plus évidente preuve que nos comptes sont soldés et que je ne veux rien d'elle. Je suis toujours prêt à garantir l'intégrité de sa monarchie. Je ne ferai jamais rien contre les principaux intérêts de ses états. Mais Votre Majesté ne doit pas remettre en discussion ce que quinze ans de guerre ont terminé. Elle doit défendre toute proclamation ou démarche provoquant la guerre. La dernière levée en masse aurait produit infailliblement la guerre, si j'avais pu craindre que cette levée et ces préparatifs fussent combinés avec la Russie. Je viens de licencier les camps de la Confédération. Cent mille hommes de mes troupes vont à Boulogne pour renouveler mes projets sur l'Angleterre : que Votre Majesté s'abstienne de tout armement qui puisse me donner de l'inquiétude et faire une diversion en faveur de cette puissance. J'ai dû croire, lorsque j'ai eu le bonheur de voir Votre Majesté et que j'ai conclu le traité de Presburg, que mes affaires étaient terminées pour toujours et que je pouvais me livrer à la guerre maritime sans être inquiété ni distrait. Que Votre Majesté se méfie de ceux qui lui parlent des dangers de sa monarchie et troublent ainsi son bonheur, celui de sa famille et de ses peuples. Ceux-là seuls sont dangereux ; ceux-là seuls appellent les dangers qu'ils feignent de craindre. Avec une conduite droite, franche et simple, Votre Majesté rendra ses peuples heureux, jouira elle-même du bonheur dont elle doit sentir le besoin après tant de troubles, et sera sûre d'avoir en moi un homme décidé à ne jamais rien faire contre ses principaux intérêts. Que ses démarches montrent de la confiance; elles en inspireront. La meilleure politique aujourd'hui, c'est la simplicité et la vérité. Qu'elle me confie ses inquiétudes, lorsqu'on parviendra à lui en donner; je les dissiperai sur-le-champ. Que Votre Majesté me permette un dernier mot : qu'elle écoute son opinion, son sentiment, il est bien supérieur à celui de ses conseils. Je prie Votre Majesté de lire ma lettre dans un bon sens, et de n'y rien voir qui ne soit pour le bien et la tranquillité de l'Europe et de Votre Majesté.

NAPOLÉON.

D'après la copie comm. par S. M. l'empereur d'Autriche.

14381. — AU CONTRE-AMIRAL LACROSSE,
COMMANDANT LA MARINE À BOULOGNE.

Erfurt, 14 octobre 1808.

Monsieur le Contre-Amiral, vous voudrez bien faire partir sur un de mes bâtiments les courriers français et russe qui vous sont adressés par le ministre des relations extérieures. Ce bâtiment se dirigera sur la rade la plus sûre d'Angleterre, sans rencontrer la croisière anglaise, s'il le peut, ou en parlementant avec elle, mais sans remettre les courriers qu'il a à bord, qui doivent être portés par le même bâtiment à Douvres. Le bâtiment attendra à Douvres le retour des courriers, qui ont ordre de ne pas se dessaisir de leurs dépêches et de ne les remettre qu'au ministre en main propre. Dans la lettre que vous écrirez aux commandants anglais, vous leur ferez connaître que le bâtiment que vous envoyez a ordre de mouiller sur la côte; que les courriers qui sont à bord sont partis d'Erfurt, porteurs de dépêches des empereurs de France et de Russie, de la plus grande importance, qu'ils ont ordre de ne remettre qu'au ministre.

Plusieurs divisions de l'armée se sont mises en marche pour Boulogne, afin d'y rétablir le camp.

NAPOLÉON.

D'après la copie. Archives des affaires étrangères.

14382. — LETTRE AUX PRINCES DE LA CONFÉDÉRATION[1].

Erfurt, .. octobre 1808.

Monsieur mon Frère, les assurances données par la cour de Vienne, que les milices étaient renvoyées chez elles et ne seraient plus rassemblées, qu'aucun armement ne donnerait plus d'inquiétude pour les frontières de la Confédération, la lettre ci-jointe[2] que je reçois de l'empereur d'Autriche, les protestations réitérées que m'a faites M. le baron de Vincent, et, plus que cela, le commencement d'exécution qui a déjà lieu

---
[1] Cette lettre fut adressée à des dates différentes, du 12 au 14 octobre, aux rois de Bavière, de Saxe, de Westphalie, de Wurtemberg, au grand-duc de Bade et au prince Primat.

[2] Voir la note placée au bas de la pièce n° 14380.

en ce moment en Autriche des différentes promesses qui ont été faites, me portent à écrire à Votre Majesté que je crois que la tranquillité des états de la Confédération n'est d'aucune manière menacée, et que Votre Majesté est maîtresse de lever ses camps et de remettre ses troupes dans leurs quartiers, de la manière qu'elle est accoutumée de le faire. Je pense qu'il est convenable que son ministre à Vienne reçoive pour instruction de tenir ce langage, que les camps seront reformés et que les troupes de la Confédération et du Protecteur seront remises en situation hostile, toutes les fois que l'Autriche ferait des armements extraordinaires et inusités; que nous voulons enfin tranquillité et sûreté.

D'après la minute. Archives de l'Empire.

FIN DU DIX-SEPTIÈME VOLUME.

TABLE ANALYTIQUE

DU TOME XVII[1].

Nota. — Les dates inscrites entre parenthèses sont les dates des lettres de l'Empereur; les dates sans parenthèses, celles des événements dont ces lettres font mention.

Dans les articles où l'ordre chronologique a été indiqué, on a séparé par un tiret simple (–) les faits qui se rapportent à la même date, et par un tiret double (=) ceux qui sont groupés sous des dates différentes.

A

Administration de la guerre. — Reproches adressés aux bureaux de la guerre, au sujet de nominations qu'ils ont fait confirmer par l'Empereur et qui nuisent à l'avancement d'officiers ayant rendu de grands services, 22. — Il était d'usage qu'aucun officier ne passât d'un corps dans un autre sans l'autorisation impériale, au moins depuis le grade de chef de bataillon, 23. — Napoléon se plaint à Clarke de ce que le dépôt de conscrits de la citadelle de Bayonne soit gardé par une brigade de gendarmerie à cheval, deux fois plus coûteuse qu'une brigade à pied, 23. — Économie recommandée au prince Eugène dans la construction du camp de Montechiaro, 26. — On se servira de drap brun pour l'habillement des vétérans; le bleu, qui est la meilleure des couleurs et celle sous laquelle nous sommes connus en Europe, ne pouvant être employé à cause de la rareté de l'indigo, 424. — La couleur brune sera également affectée à l'habillement des troupes portugaises, 429. — Napoléon prescrit de réduire des trois quarts le nombre des employés français qui sont en Saxe, et de faire en sorte qu'ils n'imposent aucune charge au pays, ce qui serait contraire à la dignité de la France, 482. — Erreurs signalées dans les états de situation de l'armée : les bureaux ne se donnent pas la peine de faire des recherches, mais ils copient les états les uns sur les autres, 195, 408, 540. — C'est une faute d'avoir rappelé à l'armée un grand nombre d'officiers réformés et introduit dans un régiment seize officiers étrangers, au risque de changer l'esprit d'un corps. — L'Empereur demande quel sera le budget de 1809 pour l'armée du Rhin, en partant de cette base que l'habitant ne devra point nourrir, 628. V. Armée.

Administration de la marine. — Mauvaise organisation du transport des bois de construction; modifications à introduire dans ce service, 7. V. Bois de construction. — La marine a beaucoup de choses à faire; elle protège mal les ports et manque d'activité; possibilité d'importantes économies et de nombreux travaux qui soulageront le commerce, 8, 149, 256. — Faire exécuter rigoureusement le décret relatif à l'établissement d'une flottille de gardes-côtes, 256. — Napoléon blâme l'imprévoyance de la marine : si on avait réalisé son idée de charger de farines les bâtiments de guerre, les colonies auraient été approvisionnées, 270.

---

[1] La table du XVII° volume a été rédigée par M. Léon Donnat.

ADMINISTRATION PUBLIQUE. — L'Empereur ordonne de destituer un employé de l'administration publique, coupable de malversation, les honnêtes gens étant assez nombreux en France pour qu'on puisse se passer des services de pareils hommes, 102. — A propos du budget de Corfou, Napoléon se plaint de ne voir dans cette île que des administrateurs inhabiles et peu économes. 445-447. — Il blâme le désordre de l'administration du général Marmont, qui a fait, sans autorisation de l'Empereur ou du ministre, des dépenses pour lesquelles il n'avait pas de crédit spécial, et qui a cru pouvoir modifier les cadres de l'armée de Dalmatie, 91, 169, 220. — Junot empêchera les dilapidations de ses généraux, afin que le pays soit aussi content de ses subordonnés que de lui-même, 272. — Injonction à un employé accusé, probablement à tort, de faire des accaparements de sucre, de rompre néanmoins toute association avec des hommes connus pour accapareurs, 387. — Quand Joachim Napoléon se rend à Naples, l'Empereur lui recommande de se faire aimer, et, pour cela, de mettre le plus grand ordre dans les finances, 608. — Les généraux d'Espagne et de Portugal devront écrire chaque jour en détail à l'Empereur, et lui envoyer, tous les cinq jours, l'état de situation de l'armée, 49, 56, 98, 135, 560.

AFFRY (D'), chef de bataillon dans un régiment suisse au service de l'Espagne, 499.

AFRIQUE. — (18 avril 1808.) Ordre au vice-amiral Decrès de méditer les expéditions d'Alger et de Tunis; renseignements à prendre, avec beaucoup de précision, sur les ports et sur la côte, depuis Tunis jusqu'à Oran. « Un pied sur cette Afrique donnera à penser à l'Angleterre, » 24. V. ALGER, TOULON.

AGOULT (D'), général de brigade, commandant la citadelle de Pampelune, 10, 280, 281, 336, 366, 371, 382, 413, 451, 478.

ALDINI, 252.

ALEXANDRE, prince de Neuchâtel, vice-connétable, maréchal de France, major général de la Grande Armée. — Lettres adressées par l'Empereur au prince de Neuchâtel, sur le mouvement et l'approvisionnement des troupes : du 15 avril 1808 au 19 juillet, à Bayonne, 8 à 471; — du 15 août au 22 septembre, à Paris, 507 à 609; — du 29 septembre au 14 octobre, à Erfurt, 617 à 648. Voir la liste de la page 731.

ALEXANDRE Ier, empereur de Russie. — (29 avril 1808.) Napoléon a vu avec plaisir les publications qu'a fait faire l'empereur Alexandre sur l'occupation de la Finlande et sur la prohibition des marchandises anglaises, 54. — Quoique tout soit prêt pour l'expédition de Suède, elle éprouvera peut-être quelques retards, 54. — Embarras que causent à l'Empereur la querelle de Charles IV et de Ferdinand, et les symptômes de révolution qui se produisent en Espagne, 55. — Napoléon sera bientôt libre pour concerter avec Alexandre « la grande affaire, » l'expédition dans l'Inde (voir tome XVI, 586), 55. — Allusion à la politique de l'Autriche et aux divisions de la Porte; communication sur le ravitaillement de Corfou, 56. = (3 juin.) L'Empereur félicite Alexandre au sujet de la prise de la flottille suédoise, 311. — Il sera prêt, dans un mois, à accepter l'entrevue projetée entre les deux souverains, 311. — L'Espagne change de roi, mais Napoléon ne garde rien pour lui, 311. = (8 juillet.) Envoi à Alexandre de la constitution arrêtée par la junte espagnole de Bayonne, 416. — Explications que lui donne Napoléon à l'égard des affaires d'Espagne : obligé de s'en mêler, l'Empereur a été conduit, par la pente irrésistible des événements, à un système qui, en assurant le bonheur et l'indépendance de l'Espagne, garantit la tranquillité de la France : si Napoléon eût obéi à un calcul d'ambition, il aurait ajouté à ses frontières la Catalogne ou la Navarre, 416. — L'Autriche arme de toutes ses forces et nie ses armements, 416. — Les Anglais escortent jusqu'à Trieste de prétendus bâtiments américains, 416. = (7 septembre.) Alexandre partant le 12 septembre pour Erfurt, Napoléon envoie à sa rencontre le duc de Montebello, 578. = (12 octobre.) Convention d'alliance conclue entre Alexandre et l'Empereur, 635. V. CONVENTION D'ERFURT. = (14 octobre.) Napoléon, désirant donner à Alexandre une preuve convaincante de son amitié, a diminué de 20 millions la contribution de la Prusse, 648.

ALGER. — (18 avril 1808.) Le vice-amiral Decrès doit songer à l'expédition d'Alger, et s'informer si une escadre serait en sûreté dans le port, 24. = (21 avril.) Champagny fera connaître, par un article au *Moniteur*, les vexations que le gouvernement algérien fait subir à l'Europe, 34. = (29 mai.) L'Empereur va insister de nouveau auprès du dey d'Alger pour obtenir la reddition des sujets napolitains, et aussitôt qu'il en aura les moyens, il y emploiera même la force, 266.

ALI-TEBELEN, pacha de Janina (Turquie), 85.
ALLÈGRE, chef de bataillon, 415.
ALLEMAGNE. V. AUTRICHE, CONFÉDÉRATION DU RHIN. PRUSSE.
ALORNA (Marquis DE), général portugais, 305.
AMÉRIQUE. V. COLONIES ESPAGNOLES, COLONIES FRANÇAISES, ÉTATS-UNIS D'AMÉRIQUE.
ANCÔNE, ville des États de l'église. — (3 mai 1808.) Le prince Eugène retardera de dix jours la publication du décret qui réunit Ancône à la vice-royauté d'Italie, 66. = (31 mai.) Instructions relatives aux fortifications d'Ancône, 286, 292.

ANDALOUSIE, province d'Espagne. — (1ᵉʳ mai-19 mai.) Nécessité de garder Cadix pour empêcher le débarquement des Anglais en Andalousie, 84, 110, 181. — Ordre au grand-duc de Berg de ne pas laisser de soldats espagnols à Grenade et de ne pas en concentrer un trop grand nombre à Cadix, 141, 151, 216. V. CADIX. — Le général Dupont envoyé en Andalousie, 180, 184, 190, 191. = (21 mai-19 juillet.) L'Empereur demande à Murat des renseignements sur l'insurrection de Séville, 205. — Prise de Cordoue, combats glorieux de Jaen, 326, 471. — Les troupes espagnoles de l'Andalousie ont pris parti pour la sédition de Séville et s'avancent contre le général Dupont, 355. = (3 août-8 septembre). La bataille d'Andalousie, comme Napoléon appelle la capitulation de Bailen, a enlevé à l'armée française un corps de 18,000 hommes, mais elle est compensée jusqu'à un certain point par la victoire de Medina de Rio Seco, 491, 494. — Le malheur en est encore diminué par l'arrivée incessante en Espagne d'excellentes troupes, 492. — Ce désastre, et surtout l'effet moral qui en résulte, obligent Joseph à évacuer Madrid, à concentrer l'armée et à se retirer sur le Duero, 496, 499. — Si 18,000 Français ont posé les armes à Bailen, 6,000 seulement se sont battus, un contre trois, et sans perdre un pouce de terrain, 558. — Poursuites ordonnées par l'Empereur contre les auteurs de la capitulation de Bailen, 543, 544, 558, 584. V. CORPS DU GÉNÉRAL DUPONT, DUPONT, VEDEL.

ANDRÉOSSY, général de division, ambassadeur de France à Vienne, 170, 238, 251, 378, 422.

ANGLETERRE. — (17 avril 1808-24 avril.) Son gouvernement a entraîné secrètement l'Espagne dans la troisième et dans la quatrième coalition contre la France; proclamation du prince de la Paix avant la bataille d'Iéna, 40. — Intelligence de l'Angleterre avec la Sardaigne: embargo mis par l'Empereur sur les navires de ce dernier État, 34. — L'Angleterre expédie des denrées coloniales dans les ports du continent sous pavillon neutre, 19, 28. — Elle ne veut se prêter à aucun accommodement, 41. — Plan conçu par l'Empereur pour contraindre l'Angleterre à la paix, et consistant : 1° à fermer au commerce anglais tous les ports du continent, 19, 29, 413; — 2° à armer des escadres dans les ports de la mer du Nord, de la Manche, de l'océan Atlantique, de la Méditerranée, et à tenir à côté de ces escadres des troupes d'embarquement, 86, 106, 108, 140, 245, 255; — 3° à préparer à Brest, à Lorient, à Nantes, à Rochefort, au Ferrol et à Toulon, de grandes expéditions, soit pour les colonies, soit pour l'Afrique, la Sicile, l'Égypte ou l'Inde, 24, 129, 205. 247, 334, 350. V. Blocus continental, Escadres des ports maritimes, Expéditions maritimes, Marine française. == (27 avril-12 octobre.) Mentionner dans *le Moniteur* les prises faites sur les Anglais par les corsaires de la Guadeloupe, 51. — Recommandation à Joseph, à Louis, à Junot, de mettre le séquestre sur les bâtiments américains qui arrivent dans les ports du royaume de Naples, de la Hollande, du Portugal, et qui viennent d'Angleterre avec de faux papiers. 29, 69. 99. 422. 639. — M. de Champagny invitera le gouvernement autrichien à ne pas recevoir ces bâtiments à Trieste, 238. 381. — Nécessité de faire passer des armes dans les colonies espagnoles pour leur fournir les moyens de résister aux Anglais, 86. — Le ministre de la marine fera armer des navires sur un grand nombre de points, afin de tenir en échec et disséminer les forces navales anglaises : on conduira ainsi l'Angleterre à renoncer à son système de blocus, ses croisières lui coûtant trois fois la valeur des prises, 86. 105. — Le grand-duc de Berg enverra les troupes espagnoles sur les côtes de l'Espagne pour les protéger contre les Anglais, et renforcera dans le même but le fort de Rosas, 92, 150. — Il fera examiner la position de Gibraltar, 84. — Il chargera un officier du génie de faire, de concert avec le consul de France à Tanger, tous les efforts possibles pour déjouer dans le Maroc l'influence de l'Angleterre, 167. — Champagny donnera aux consuls de France, dans les ports de l'Espagne, l'ordre d'adresser des rapports au préfet maritime de Toulon sur les mouvements des Anglais dans la Méditerranée, 116. — Les évolutions continuelles des escadres françaises doivent «harasser l'Angleterre de dépenses et de fatigues et la mettre promptement sur les dents; elle ne suffira pas pour bloquer tous les ports, et on en profitera pour frapper de grands coups,» en embarquant sur ces escadres les troupes campées dans le voisinage, 124. 190. 208, 255. — L'Empereur voudrait qu'on remît sous ses yeux le mémoire du général Decaen sur un projet de descente dans l'Inde; l'expédition de Lorient ruinerait cette colonie, 172. — Ordre de créer une flottille de gardes-côtes pour la protection du cabotage et la défense du littoral : «ce noyau de forces actives portera la terreur dans les péniches anglaises,» 227. — Pour que l'expédition de Toulon puisse s'accomplir, il faut maintenir sur un bon pied les escadres de l'Océan, et que la flottille de Boulogne menace de débarquer 30,000 hommes en Angleterre, 245. — L'Empereur témoigne son mécontentement de ce que les canots du Havre ont laissé approcher, sans le prendre, un parlementaire de cette nation ; il ne veut pas de parlementage avec les Anglais, qui font une guerre barbare à nos pêcheurs, 457. == Convention d'alliance conclue à Erfurt, le 12 octobre, entre les souverains de France et de Russie, dans le but de forcer l'Angleterre à accepter la paix sur la base de l'*uti possidetis*, 635. — Lettres de Napoléon et d'Alexandre au roi d'Angleterre, 638.

Angoulême (Duc d'), fils du comte d'Artois. — (9 mai 1808.) L'Empereur était instruit de sa correspondance avec le prince des Asturies, 94.

Antonio (Don), frère de Charles IV, président de la junte suprême de Madrid. — (1ᵉʳ mai-5 mai.) Le grand-duc de Berg l'enverra à Bayonne avec les autres membres de la famille royale, et le maréchal Bessières les retiendra à Burgos jusqu'à ce que le plan de l'Empereur soit tout à fait arrêté, 60, 63. 70. 71. == (5 mai-11 mai.) Napoléon a des preuves que ce prince a tramé avec la junte l'insurrection du 2 mai : Murat le fera marcher vers Bayonne jour et nuit et sous bonne garde. 72. — Arrivée de don Antonio à Bayonne. 88. — Son départ avec Ferdinand pour le château de Valençay, 95. — Le traité conclu entre Napoléon et Charles IV stipule en sa faveur une rente viagère de 400,000 francs. 91. 109.

Anvers. — Ce port devra fournir trois vaisseaux, qui, avec *le Royal-Hollandais* et les huit de

Flessingue, feraient « un beau commencement de forces; » il faudrait que ces douze vaisseaux pussent appareiller avant le mois de novembre. 123. — Camp de 25,000 hommes pour appuyer l'escadre, 255. V. CAMPS DES PORTS MARITIMES, ESCADRES DES PORTS MARITIMES.

ARAGON, province du royaume d'Aragon. — (8 mai 1808-11 mai.) Des espions espagnols se rendront en Aragon pour étudier l'opinion du pays et savoir si l'on arme, 86, 89. — Bessières doit écrire aux personnages influents de cette province et y envoyer des moines de Madrid, 110. = (30 mai-14 juillet.) Troupes successivement dirigées sur Pampelune, afin de réprimer les troubles de Saragosse et de l'Aragon. 280, 307. — Ordre de marcher, de trois côtés, contre les insurgés de l'Aragon : le général Lefebvre partira de Pampelune et concentrera ses forces à Tudela, 284, 313, 315; le général Chabran s'avancera de la Catalogne avec sa division, 280, 307, 316; le grand-duc de Berg enverra une colonne de Madrid, 315, 327, 338. 383. — Création de colonnes mobiles pour défendre les frontières de France contre les incursions des miquelets de l'Aragon, 313, 337, 340, 331. V. COLONNES MOBILES DE LA FRONTIÈRE D'ESPAGNE. — Proclamation de la junte de Bayonne aux Aragonais : une députation est chargée de leur représenter les malheurs qu'entraînera pour eux l'insurrection, 315, 318. V. JUNTE DE BAYONNE. — Victoires de Lefebvre à Tudela et à Mallen sur les insurgés de l'Aragon, 347, 362. — Les rebelles sont rejetés dans Saragosse; attaque de cette place. V. SARAGOSSE. = (14 juillet.) Formation d'une division de l'Aragon, forte de 13,000 hommes sous les ordres du général Verdier, 451. V. ARMÉE D'ESPAGNE.

ARAGON (Royaume d'). V. ARAGON, CATALOGNE.

VALENCE (Province de).

ARMÉE. — Napoléon ne veut pas qu'on lui envoie de compagnies ayant moins de 140 hommes effectifs. 20. 28. — Il se plaint de nominations qui nuisent à l'avancement d'officiers ayant rendu de grands services : « je dois tout à ceux qui m'ont fait gagner des batailles. » 22. — Précautions recommandées au prince Eugène et au roi Joseph relativement à l'hygiène des troupes, 26, 27. — Napoléon porte ses régiments de cavalerie à 1,200 chevaux, 29. — Instructions concernant les équipages militaires, 35, 36. — Appel à Bayonne d'une partie des conscrits de la réserve; tous les conscrits de 1809 passeront l'été aux dépôts afin de se former. 70, 367. — Napoléon blâme le bruit fait mal à propos à Berlin pour le campement des troupes; s'abstenir de rien publier sur l'armée dans les journaux, 208, 209. — Le prince de Neuchâtel répondra au général Savary qu'il est inutile de faire tirer le canon pour les victoires remportées en Espagne, 401. — L'Empereur demande une liquidation en faveur de soldats français de la garde du roi de Hollande qu'on a licenciés sans pension, et il espère qu'on ne l'obligera pas à faire pour ce payement une sommation directe au gouvernement hollandais, 435. — Juger, partout où il sera, le soldat qui a tué un paysan saxon; faire imprimer et afficher en Saxe la sentence, 595, 609. — Dans le cas où les régiments qu'on dirige sur les Pyrénées n'auraient pas tous reçu leur solde, la faire exactement acquitter : le soldat doit entrer en Espagne sans qu'il lui soit rien dû. 629. V. ARMÉE D'ESPAGNE, D'ITALIE, DE PORTUGAL, GRANDE ARMÉE, DISCIPLINE.

ARMÉE DU RHIN. — (4 octobre 1808.) Après la dissolution de la Grande Armée, l'Empereur compte laisser en Allemagne, pour garder les trois places de Glogau, Küstrin et Stettin sur l'Oder, celle de Magdeburg sur l'Elbe, la Poméranie, les Villes hanséatiques et le Hanovre, une armée de 70 à 80,00 hommes, 627. = (12 octobre.) Décret portant organisation de cette armée, qui prendra le nom d'*Armée du Rhin* : composée notamment des troisième et quatrième corps de la Grande Armée, elle sera commandée par le maréchal Davout, et comprendra quatre divisions d'infanterie, la réserve du général Oudinot à Baireuth, les troupes du général Rapp, gouverneur de Dantzig, quatorze régiments de grosse cavalerie, dix régiments de cavalerie légère, dix compagnies d'artillerie légère et trente d'artillerie à pied. 640, 646.

Armée française d'Espagne. — (15 avril 1808.) État-major de l'armée d'Espagne, à l'époque de l'arrivée de l'Empereur à Bayonne : Joachim Murat, grand-duc de Berg, lieutenant de l'Empereur, à Madrid, 3, 28; Alexandre Berthier, prince de Neuchâtel, major général, à Bayonne, 8; maréchal Bessières, à Burgos. 14, 28; maréchal Moncey, à Madrid, 28; général Dupont, à Tolède, 28; général Duhesme, à Barcelone (tome XVI, 478). V. Alexandre, Bessières, Duhesme, Dupont, Joachim, Moncey. — L'armée d'Espagne a son quartier général à Madrid; elle est composée de quatre corps présentant ensemble un effectif de 80,000 hommes, savoir : le corps du général Dupont ou corps d'observation de la Gironde, celui du maréchal Moncey ou corps d'observation des côtes de l'Océan, celui du maréchal Bessières, celui du général Duhesme ou division des Pyrénées orientales (tome XVI, 413). V. Corps de l'armée d'Espagne. = (15 avril-5 mai.) Napoléon écrit au prince des Asturies que, si l'on commet quelque meurtre sur les soldats de son armée, la ruine de l'Espagne en sera le résultat, 13. — Les généraux feront de grands exemples dans les localités qui s'insurgeraient ou qui maltraiteraient des soldats et des courriers, 10, 15. — Recommandation réitérée au grand-duc de Berg de faire loger les officiers dans les mêmes quartiers, de tenir les troupes réunies, de ne laisser aucun hôpital isolé, de faire marcher les convois en force, 4, 9, 15, 18. = (5 mai-19 mai.) L'Empereur renouvelle cet ordre avec insistance, après l'insurrection du 2 mai. V. Insurrection espagnole. — Les officiers ne doivent pas être disséminés en ville, ni vivre chez les seigneurs espagnols et à leurs dépens, 79, 88, 127. — Pour mettre les soldats français en sûreté contre l'émeute, Murat fera fortifier plusieurs points de Madrid, V. Madrid, et Bessières, une maison située hors la ville de Burgos, 79, 89, 135. V. Burgos. — Troupes à échelonner entre Valladolid et Burgos, afin de protéger les malades de l'armée française, 113. — Le général Junot tirera 6 millions du Portugal, pour subvenir aux dépenses de l'armée d'Espagne, 94. — Envoyer à Cadix le général Dupont, afin d'empêcher le débarquement des Anglais, 96,134. 141, 180, 184, 191. V. Dupont. — Mesures à prendre pour fondre dans l'armée française les troupes suisses au service de l'Espagne, et annuler ainsi leurs mauvaises dispositions. 134, 141, 184, 191. V. Troupes suisses. — L'armée doit être nourrie avec les seules ressources de l'Espagne, 115. — Incorporer tous les bataillons et escadrons de marche dans les régiments provisoires, 79, 192, 193. V. Régiments de marche, Régiments provisoires. = (30 mai-14 juillet.) Mouvements divers ordonnés aux divisions des quatre corps de l'armée pour réprimer l'insurrection de la Galice, du royaume de Léon, de la Vieille-Castille, de l'Aragon, de la Catalogne, de la province de Valence et de l'Andalousie, 216. 281, 282, 284, 308, 313, 326, 327. V. Corps de l'armée d'Espagne. — Formation à Bellegarde d'une colonne mobile, destinée à renforcer le corps du général Duhesme, 352. V. Colonne mobile des Pyrénées-Orientales. — Succès de Verdier à Logroño et de Lasalle à Torquemada, le 6 juin, 320, 327; prise de Cordoue par Dupont, le 7 juin, 326. 471; défaite des insurgés de l'Aragon par Lefebvre, à Tudela et à Mallen, les 8 et 13 juin, 347, 362; mise en déroute des paysans de la Catalogne par Duhesme et Chabran, les 10 et 11 juin, 361, 398; soumission de Valladolid par Lasalle, 338, 362; entrée de Merle et de Ducos à Santander, le 23 juin, 383, 398; dispersion des insurgés de Valence par Moncey, qui manque de munitions pour prendre cette place, 434, 454, 466; blocus de Saragosse par Verdier et Lefebvre, 392, 399. 444; déblocus de Figuières par le général Reille, le 6 juillet, 421, 452. V. Catalogne, Cordoue. Figuières. Logroño, Mallen, Santander. Saragosse, Torquemada, Tudela, Valence, Valladolid. — Envoi de vieux régiments à l'armée d'Espagne, 333, 337, 385, 398. — Décret transformant les 15 régiments provisoires en 8 régiments définitifs, 411. = (14 juillet-5 août.) L'armée d'Espagne est réorganisée et divisée en cinq corps, dits corps des Pyrénées occidentales, division de l'Aragon, corps de la Catalogne, corps d'observation de la Gironde, corps d'observation des côtes de l'Océan; cette armée comprendra douze divisions et un certain nombre de colonnes mobiles et de garnisons, 357. 449-455. — De toutes les positions occupées par l'armée d'Espagne, la première en importance est celle du maréchal Bessières; celle du général Dupont est la seconde: en troisième lieu viennent les points de Saragosse et de Valence. 439. 455. — Victoire décisive remportée, le 14 juillet, par le maréchal Bessières sur l'armée de Galice, à Medina de Rio Seco, 466. 467, 475. V. Medina de Rio Seco. — La perte du corps du général Dupont est plus que compensée, sous le rapport du nombre et de la qualité des troupes, par les renforts de vieux régiments entrés en Espagne ou arrivés à Bayonne : Joseph disposera bientôt de plus de 100.000 soldats. 492. 497. 504. — Nouvelle combinaison conçue par l'Empereur, dans laquelle, renonçant à toute opération offensive dans le midi et en Galice, on concentrerait un corps de 35.000 hommes à Madrid et aux environs, on placerait le maréchal Bessières, avec 14 000 hommes, entre Burgos et Valladolid, et l'on pousserait, avec 14.000 hommes seulement, le siége de Saragosse, 492, 493. — L'armée française évacue Madrid, le 2 août; elle est portée sur la ligne du Duero, 496. — Nécessité de mettre en état de guerre et d'approvisionner toutes les places des Pyrénées. 498. = (5 août-9 août.) Organisation de l'armée d'Espagne en vue de conserver, par la ligne du Duero, les communications avec le Portugal : corps du centre, commandé par le Roi et par le maréchal Ney, ayant son quartier général à Aranda, s'appuyant sur Burgos et faisant face aux rassemblements venant de Madrid. V. Corps du Centre; corps de droite. commandé par le maréchal Bessières, occupant Valladolid, s'appuyant également sur Burgos et faisant face aux ennemis qui viendraient de Galice et d'Estremadure, V. Bessières; corps de gauche, commandé par le maréchal Moncey, échelonné entre Logroño et Saragosse, occupant Tudela, s'appuyant sur Pampelune et destiné à contenir la Navarre, ainsi que les insurgés de l'Aragon et de Valence, V. Moncey, 499, 500. — La guerre sera menée résolûment; il ne doit y avoir, à une marche des corps français, aucun rassemblement d'insurgés ; quand l'ennemi s'approche, il faut aller à lui et le battre. 501, 502. — Ne pas tenir grand compte des Anglais, qui exagèrent toujours leurs forces et se dirigent d'ailleurs sur le Portugal, 504. = (16 août-27 août.) L'Empereur s'étonne qu'on fasse sans motif une retraite si précipitée qu'on ait obligé le général Verdier à lever le siége de Saragosse, V. Verdier, et qu'on songe, sur de simples rumeurs, à évacuer Burgos, quand on a 40,000 soldats pour défendre cette place : danger d'être acculé dans les défilés de la Biscaye, 509. — Napoléon critique le système des *cordons*, en vertu duquel le maréchal Bessières marcherait sur Frias, Bilbao et Santander, 509. 510. — Ordre de diriger de l'Allemagne sur les Pyrénées le 1ᵉʳ, le 5ᵉ et le 6ᵉ corps de la Grande Armée avec cinq divisions de dragons, une nouvelle division française d'infanterie et de cavalerie, une division allemande de 6,000 hommes, et une division polonaise de 10.000, 515, 516, 517. 525. V. Grande Armée. — Dispositions à prendre pour compléter l'effectif des régiments de l'armée d'Espagne; envoi de 20.000 conscrits à Bayonne, 524-

527, 532, 537. — 20,000 hommes de l'armée d'Italie sont en marche vers les Pyrénées, 539. — Il importe de tiercer les anciens soldats avec les nouveaux, 541. — Dresser un état de l'armée d'Espagne, indiquant les troupes qui restent et celles qui devront composer cette armée au 15 octobre, 521. — L'Empereur signale les pièces d'artillerie qui conviennent plus spécialement pour la guerre d'Espagne, et recommande l'agglomération à Bayonne d'une grande quantité d'obus, vu le nombre considérable de projectiles qu'exige une guerre d'insurrection, 530. — Nécessité d'avoir un officier supérieur des mines, disposant d'un matériel abondant; car, en Espagne, les mines auront autant à faire que le canon, 544. — Ordre d'armer le fort de Pancorbo, situé à mi-chemin entre Bayonne et Madrid, et d'y installer des magasins de bouche et de guerre, 547. — Il faut, pour avoir des nouvelles, intercepter les lettres, se saisir des alcades, chefs de couvents, curés et maîtres de poste, les interroger, les garder en otage et les renvoyer sans mauvais traitements, 548. — La ligne de l'Èbre étant adoptée, on ne doit plus en sortir sans un plan précis d'opérations, et surtout on ne doit pas se mettre dans la nécessité d'y revenir, 548, 549. V. GUERRE. = (7 septembre-13 octobre.) Décret du 7 septembre, réorganisant l'armée d'Espagne, qui formera six corps, commandés respectivement par les maréchaux Victor, Bessières, Moncey, Lefebvre, le général Gouvion Saint-Cyr, le maréchal Ney, et une réserve de 34,000 hommes, 572-574. V. BESSIÈRES, LEFEBVRE, MONCEY, NEY, SAINT-CYR. VICTOR. — On commencera les nouvelles opérations militaires en reprenant le siége de Saragosse, en occupant Santander et en balayant le royaume de Léon, 575. — La position de l'armée d'Espagne au 15 septembre est essentiellement mauvaise; aussi le moindre bruit inquiète-t-il le quartier général, 598. 600, 601. — Au lieu de cette défense «molle,» il faut occuper en force Tudela et adopter une offensive telle qu'il convient à une armée française, 601. V. TUDELA. — L'Empereur recommande de prendre Soria pour couvrir le centre de l'armée, V. SORIA, et d'enlever Santander, afin d'assurer la droite, V. SANTANDER; quant à la gauche, on enverra des partis jusqu'à Tarazona, et l'on s'emparera d'otages: ces opérations, en attendant des renforts, tiendront une armée de 60,000 hommes dans la sphère de confiance et d'activité dont elle a besoin, 602. — Napoléon signale les inconvénients et le péril du plan proposé par le roi Joseph de marcher sur Madrid avec toutes ses forces réunies, en abandonnant ses communications avec la France, 610, 612. V. GUERRE. — S'en tenir aux premières instructions de l'Empereur et avoir : la gauche à Tudela, à cheval sur l'Èbre, avec communication sur Pampelune; la droite sur Burgos, interceptant la route de Madrid à Reinosa; la réserve en seconde ligne, 612, 615. — On peut et l'on doit aller à Madrid, mais après la destruction de tous les corps ennemis, et en ayant toujours, suivant les règles de la guerre, sa ligne de communication assurée, 618. — Napoléon demande un état de situation exact de l'armée, pour en faire, avec le moins de déplacement possible, la base d'une organisation définitive, 648. — Il espère que la présomption de l'ennemi le maintiendra dans les positions qu'il occupe: la guerre pourrait alors être terminée d'un seul coup par une manœuvre habile, «et pour cela il faut que j'y sois,» 648. = Instructions spéciales sur le mouvement et l'approvisionnement des troupes, 3, 8, 14, 22, 37, 43, 49, 64, 89, 127, 311, 314, 340, 346, 399, 410, 411, 413, 417, 460, 498, 519, 520, 530, 535-537, 595, 596, 621, 622.

ARMÉE française D'ITALIE. — (18 avril 1808-19 juin.) L'Empereur trouve exorbitants les frais qu'occasionnerait l'établissement d'un camp dans le haut Tagliamento, 26. — Les états de situation qu'on lui envoie sur l'armée d'Italie sont des «états pour rire;» instructions relativement à leur rédaction, 164. — Les dépenses de l'armée d'Italie seront acquittées par le trésor français; le casernement des troupes. le bois et l'éclairage seront seuls à la charge des états de Rome et d'Ancône, 373. = (10 août-17 août.) Le prince Eugène acheminera sur Perpignan une division italienne de 10,000 hommes et une division française de 8,000. destinées l'une et l'autre à pousser vigoureusement la guerre d'Espagne; un pareil nombre de troupes se rendra, par compensation, du royaume de Naples dans celui d'Italie, 505, 506, 521. — Le vice-roi fera partir pour Paris le général Lauriston; l'Empereur veut savoir qui le remplacera dans son gouvernement, 521.

Armée française de Portugal. — (9 mai 1808-3 juin.) Ordre réitéré au général Junot d'envoyer de Lisbonne à Cadix 4,000 hommes. dont 500 cavaliers, avec dix pièces de canon; ces troupes seront placées sous le commandement du général Dupont, 93, 185, 191, 421. — Junot réunira à Elvas 3,000 hommes de troupes, exclusivement françaises, pour contenir Badajoz et l'Estremadure; il enverra. en outre, à Almeida le général Loison avec 4,000 hommes pour secourir, en cas de nécessité, le maréchal Bessières, et punir sévèrement les villes du royaume de Léon et de la Galice, qui feraient la moindre insulte aux Français. 113, 115, 136, 194, 272. — Napoléon voit avec plaisir que le général Kellermann est à Elvas, 187. — Junot expédiera 3,000 hommes en Galice pour y remplacer les milices, 221. — Les troupes d'Almeida devront se porter à Branco, où elles seront dans un pays plus sain, 304. — Le maréchal Bessières enjoindra au général Loison de rapprocher sa division de celles des généraux Verdier et Merle, 308, 309. = (14 juillet.) Junot dispose de trois divisions formant 23,000 hommes, tant Français qu'Espagnols, 453. = (2 octobre.) Les troupes de l'armée de Portugal rentrent en France, après la convention de Cintra, avec leurs armes et leurs drapeaux. 619. — Revenant par mer. elles seront en bon état; mais, avant de les renvoyer en Espagne, on en remontera l'artillerie et on en complétera les régiments. 619. V. Convention de Cintra, Portugal.

Armements et constructions maritimes. — Poussés avec la plus grande activité par l'Empereur, dans le but de tenir en échec, en les disséminant, les forces navales de l'Angleterre. et d'obliger ainsi cette nation à accepter la paix. 86, 105. — Constructions et armements ordonnés: à Flessingue, 51. 230; — à Dunkerque, 124, 125; — à Boulogne, 230; — au Havre, 86; — à Nantes, 106; — à Rochefort, 240; — à Bordeaux, 106, 124. 125; — à Bayonne, 7, 19, 104, 230. 274; — à Lisbonne. 259, 299; — à Toulon, 124. 241; — à Gênes, 106; — à la Spezia, 86. 106, 125. V. ces divers mots géographiques. — L'état de situation de la marine indique neuf vaisseaux mis à l'eau dans l'année; mais il faut en compter treize. 214. — L'Empereur calcule qu'il aura, en août 1808, 42 vaisseaux, et que, d'août 1808 à septembre 1809. 35 vaisseaux seront lancés, ce qui portera à 77 le chiffre d'ensemble. 253. — Ce nombre pourra s'élever à 131 par l'adjonction de 54 vaisseaux hollandais, russes ou espagnols. 255. — Mettre à l'eau 35 vaisseaux en un an peut sembler chimérique; mais, si l'on déduit 18 vaisseaux, dont la construction a lieu dans des pays qui n'appartiennent pas à l'ancienne France, il reste seulement 17 vaisseaux pour les chantiers français, où l'on a déjà réalisé la valeur de quatre d'entre eux, 255. — La dépense n'excédera pas 21 millions, 255. — Les ports de construction de la France sont Lorient, le Havre et Anvers, 297.

Assurances maritimes. — Projet de formation d'une banque d'assurances pour les expéditions qui seront faites dans les ports français pour les colonies; éléments financiers de cette institution, 118.

Augier, général de brigade, 420, 460.

Autriche (Empire d'). — (17 mai 1808.) Le général Andréossy, ambassadeur à Vienne, préviendra l'Autriche que tout outrage fait à un village du Tyrol cédé par l'Empereur à la Bavière et faisant partie de la Confédération du Rhin sera considéré comme une déclaration de guerre, 170. = (26 mai-11 juillet.) S'il est vrai que l'Autriche veuille faire une levée de 180,000 hommes, le général Andréossy signifiera au ministre des affaires étrangères que, cette puissance ayant déjà 300,000 hommes sur pied, Napoléon regardera cette levée comme faite contre lui; que, dès lors, il convoquera toutes les troupes de la Confédération du Rhin, et ordonnera de nouvelles levées en France; «qu'il faudra bien que quelqu'un paye les frais de ces armements, et qu'il n'est pas difficile de prévoir que ce sera l'Autriche,» 251. — Le général Andréossy demandera ses passe-ports, si la réponse n'est pas satisfaisante, 252. — Le Prince Eugène aura sans doute fait constater quel fondement peut avoir la nouvelle, si invraisemblable, d'un rassemblement près de la Piave de troupes autrichiennes, 337. — Renseignements à prendre sur la forteresse que font construire les Autrichiens, 378. — Insister pour que l'Autriche séquestre les bâtiments américains qui arrivent à Trieste chargés de denrées coloniales, parce qu'ils viennent d'Angleterre avec de faux papiers, 238, 381, 422. — Daru et Davout enverront des agents en Bohême pour se rendre compte des mouvements réels des Autrichiens. 397. = (16 août.) Dépêche de M. de Champagny au général Andréossy, reproduisant un entretien de l'Empereur avec M. de Metternich, entretien dans lequel Napoléon reproche au gouvernement autrichien de lever 400,000 hommes, quand personne ne le menace, d'exciter une imprudente fermentation parmi le peuple, et d'obéir aux intrigues des partisans des Anglais; pour répondre à ces armements, la France appellera 200,000 hommes, la Confédération du Rhin réunira toutes ses forces, l'Empereur rétablira les places de la Silésie, et l'Europe verra encore s'ouvrir les plaies de la guerre. 510, 514. — L'Autriche n'arme que par peur, et Napoléon est sûr des sentiments de la Russie. 506. 540, 587. — Recommandation au roi Jérôme de faire connaître à l'Empereur ce qu'il saura des armements de l'Autriche, de discipliner ses troupes et d'avoir son contingent complet. 484, 576. = (1ᵉʳ septembre.) Le ministre des relations extérieures constate, dans un rapport, que la cour de Vienne témoigne les intentions les plus amicales et qu'elle a fermé ses ports à l'Angleterre. 565. = (12 octobre.) Aux termes de la convention d'Erfurt, si l'Autriche se déclare contre la France ou contre la Russie. Napoléon et Alexandre feront immédiatement cause commune. 637. — L'Autriche s'étant engagée à licencier ses milices, les Princes de la Confédération du Rhin sont autorisés à lever leurs camps. 587, 635.

AZANZA (D'). ministre des finances d'Espagne, 95, 282, 359, 409, 421. = (4 juin 1808.) L'Empereur l'informe que les adresses des différents corps de l'Espagne l'ont porté à céder ce royaume à son frère Joseph, sans attendre la réunion de la junte de Bayonne; il désire que M. d'Azanza engage les députés présents à Bayonne à seconder la nouvelle dynastie, pour déjouer les projets ambitieux des Anglais sur les Amériques, 316.

B

BAGUENAULT, banquier, 303, 409, 445.
BALBIANI. 307.
BANQUE DE FRANCE. — (3 juin 1808.) Le prêt de 25 millions que la Banque de France fera à l'Espagne portera intérêt à 5 ou 6 pour 100. et, comme les statuts de l'institution exigent un nantissement, elle recevra, pour une égale valeur, des diamants de la couronne d'Espagne. 303. V. EMPRUNT ESPAGNOL. = (8 septembre.) La réduction de l'intérêt au taux le

plus modéré est le principe fondamental de la constitution de la Banque de France, 578. — La Banque a eu tort d'émettre des actions nouvelles, qui excèdent la matière escomptable et ont inutilement encombré le marché, 579. Le meilleur emploi qu'elle puisse faire de la surabondance de son capital est d'acquérir des rentes 5 pour 100 au-dessous de 83 francs, 580. — Il lui faut d'ailleurs une réserve métallique, égale au quart ou au tiers de la valeur de ses billets, pour être en mesure de convertir, à toute présentation, ces billets en espèces. ce qui est le premier de ses devoirs. 581. — La Banque de France, la Caisse d'amortissement et la Caisse de service sont également intéressées à empêcher la dépréciation des fonds publics : projet pour la création entre ces trois établissements d'un fonds de 60 millions destiné à maintenir la rente 5 pour 100 au cours de 83 francs, 582.

BARBIER, bibliothécaire de l'Empereur. — Rédigera des mémoires relatifs aux campagnes qui ont eu lieu sur l'Euphrate contre les Parthes, depuis Crassus jusqu'au VIII° siècle, en indiquant sur des cartes le chemin parcouru par chaque armée, 464. — Instructions qu'il reçoit au sujet de la formation d'une bibliothèque de voyage pour l'Empereur, 463. V. BIBLIOTHÈQUE DE L'EMPEREUR.

BARCELONE, chef-lieu de la province de Catalogne. — (15 avril 1808.) Quartier général du corps du général Duhesme (tome XVI, 478.) V. CORPS D'OBSERVATION DES PYRÉNÉES ORIENTALES, DUHESME. = (16 juin-14 juillet.) Ordre à Duhesme de désarmer Barcelone, de manière à n'y pas laisser un seul fusil, d'approvisionner le château de vivres, de prendre des otages, au moindre mouvement, et de les enfermer dans le fort, 359. — Duhesme maintiendra la communication entre Barcelone et Tarragone, où a été envoyé le général Chabran, 360. — Il fera publier et afficher dans la ville les proclamations relatives aux affaires d'Espagne, 360. — Victoires des généraux Duhesme et Chabran sur les paysans de la Catalogne, qui cherchaient à les diviser et à investir Barcelone ; effet produit sur les habitants par la rentrée triomphale des troupes françaises, 361. — Forces assemblées dans cette ville au milieu du mois de juillet 1808. 452.

BARRÈRE, colonel, 356, 450.

BASTE, capitaine de frégate, commandant le bataillon des marins de la Garde attaché au corps du général Dupont. — Son succès à Jaen, 471.

BAUDIN, contre-amiral, 240.

BAVIÈRE (Royaume de). — (15 septembre 1808.) M. de Champagny écrira en Bavière de ne pas laisser diriger les gazettes par les ministres autrichiens, 595. V. CONFÉDÉRATION DU RHIN.

BAYONNE. — L'Empereur y arrive le 14 avril. 4. — Il en visite l'arsenal le 16, et ordonne la construction de plusieurs navires, afin d'utiliser les bois du pays, 4, 7, 104. — Convenance d'avoir toujours dans ce port, qui n'est presque jamais bloqué, des navires de guerre pour envoyer des troupes et des avis aux colonies, 7. — Mesures tendant à protéger contre les croisières anglaises le cabotage de Bayonne à Lisbonne, 7. — Napoléon pense qu'il est de son honneur de ne pas abandonner les grands travaux d'amélioration qu'on fait au port depuis quatre-vingts ans ; projet pour éloigner la barre : l'Empereur a l'intention de dépenser. à titre d'essai, 400,000 francs, 5, 52. 299. — Arrivée à Bayonne : du prince des Asturies. 28, 37 ; — du prince de la Paix, 46 ; — de l'impératrice Joséphine. 38 ; — de Charles IV et de la reine d'Espagne, 54 ; — de l'infant don Antonio et de la reine d'Étrurie, 88 ; — de Joseph Napoléon, 327. — Junte générale extraordinaire, tenue à Bayonne pour statuer sur la succession au trône d'Espagne et donner une nouvelle constitution à ce royaume. 81, 87, 237. V. JUNTE DE BAYONNE. — On construira dans ce port : six mouches pareilles à celle de l'amiral Cochrane, prise à la Martinique, 104. V. MOUCHES ; — une chaloupe canonnière. d'après le modèle de celle de Saint-Sébastien, 230; — deux belles corvettes, bonnes marcheuses, affectées au ravitaillement des colonies, 274. — Brick chargé de fusils, envoyé de Bayonne à Buenos-Ayres; faire partir encore de ce port deux mouches pour Cayenne et la Martinique, 248, 299. — Les plançons manquent à Rochefort, et il y en a, sans emploi, de 15 à 20,000 pieds cubes à Bayonne; marché conclu pour le transport de ces bois, 247. — Napoléon croit possible de construire à Bayonne des vaisseaux de 74, et de les faire sortir malgré la barre, en les allégeant avec des chameaux, 5, 296, 297. — Le ministre de la marine enverra des ingénieurs intelligents à Amsterdam pour y étudier la construction et savoir le prix des diverses sortes de chameaux dont on fait usage en Hollande, 388. — Avantages qu'il y aurait à pouvoir construire dans le port de Bayonne, avec les bois des Pyrénées, des vaisseaux de 74, qui se rendraient à Rochefort, 389. — Importance de ce port pour les petites expéditions : quatre mouches ont pu prendre la mer impunément, en vue des Anglais, qui avaient leurs croisières sur Saint-Sébastien et Santander, et qui redoublaient de surveillance, sachant l'Empereur à Bayonne, 460.

BAZANCOURT, général de brigade, 307, 313.

BEAUHARNAIS (DE), ambassadeur de France en Espagne, 58.

BEAULIEU, capitaine, 299.

BEAUMONT, général de brigade, 572.

BEAUPRÉ, général de brigade de cavalerie, 643.

BELLEGARDE, fort du département des Pyrénées-Orientales. — (14 juin 1808-8 juillet.) Quartier général de la colonne mobile des Pyrénées-Orientales, 352, 391, 398, 414. V. COLONNE MOBILE DES PYRÉNÉES-ORIENTALES.

BELLIARD, général de division, major général de l'armée d'Espagne, 142, 220, 347, 509, 521, 541, 548, 560, 622. — « C'est un bon général » qu'on pourrait employer dans le corps qui se trouve devant Saragosse, 548.

BELLOY (DE), cardinal, archevêque de Paris, 353.

BERG (Grand-duché de). — (29 août 1808.) Décret pour l'organisation militaire du grand-duché de Berg, après l'élévation de Murat au trône de Naples, 551. = (11 septembre.) L'Empereur veut le diviser en départements, districts, justices de paix et municipalités, et en assimiler le plus tôt possible l'administration à l'administration française, 590.

BERGON, conseiller d'état, 214.

BERNADOTTE, prince de Ponte-Corvo, maréchal de France, chargé du 5ᵉ commandement de la Grande Armée. — (21 avril 1808.) A reçu l'ordre de passer en Seeland, pour la défense de cette île, 35. = (12 octobre.) Son corps de troupes reste dans les Villes Hanséatiques après la dissolution de la Grande Armée, et prend le nom de *Corps du gouvernement des Villes Hanséatiques*, 640, 646.

BERTHIER. V. ALEXANDRE.

BERTRAND, général de division du génie, 202, 439.

BESSIÈRES, maréchal de France, commandant un des quatre corps de l'armée d'Espagne. = (15 avril 1808.) A son quartier général à Burgos, 14. = (11-12 mai.) Napoléon lui recommande : de punir sévèrement les villes qui s'insurgeraient, 113; — de tenir ses troupes réunies pour mieux contenir le royaume de Léon et la Galice, 127. = (8 juin-21 juillet.) Bessières dirigera de Vitoria et de Burgos deux colonnes contre Santander, 305, 307. V. SANTANDER. — Il a eu tort d'ordonner un mouvement rétrograde à l'une de ces colonnes pour l'envoyer contre Valladolid, 327, 363. — Conduite qu'il doit tenir envers cette dernière ville après sa soumission, 366. V. VALLADOLID. — Reçoit l'ordre de repousser l'armée de Galice qui se rassemble à Benavente et menace Madrid, 397. — Le point militaire le plus important est celui qu'occupe le maréchal Bessières : un échec qu'il éprouverait serait un coup porté au cœur de l'armée et qui se ferait sentir à l'extrémité de la ligne, 439, 441, 443. — Le général Savary aurait dû expédier à Bessières la division Gobert, du corps de Moncey, et Joseph le renforcer de sa réserve d'infanterie, 438, 440. — Si Bessières est battu, il faudra rappeler les généraux Frère, Caulaincourt et Gobert, et arrêter la marche du général Dupont, 441, 443. — S'il est victorieux, il portera son quartier général à Léon et se jettera ensuite sur la Galice, 449, 450. — C'est avec raison qu'il a fait évacuer Santander pour réunir toutes ses forces, 444, 448. — Nouvelle organisation du corps du maréchal Bessières, 357, 449, 450. V. Corps des Pyrénées orientales. — Bessières a gagné, le 14 juillet, à Medina de Rio Seco, sur l'armée de Galice, une bataille «qui sera un titre de plus à sa réputation militaire;» Joseph lui enverra le collier de la Toison d'or, 466, 467. — Napoléon espère que ce maréchal se prépare à entrer avec 21,000 hommes dans les Asturies et dans la Galice, 466, 468, 477. = (25 juillet-5 août.) Bessières informe le prince de Neuchâtel qu'il n'y a plus d'armée ennemie en Castille, que la Cuesta est en fuite vers l'Estremadure, que les villes et provinces de Léon ont fait leur soumission, et qu'il va marcher sur la Galice, 483, 487, 490. — La capitulation de Bailen décide l'Empereur à contremander ce mouvement, à mettre Bessières en position entre Burgos et Valladolid et à lui enlever 9,000 hommes pour renforcer l'armée de Madrid. 492. 498. = (30 août-7 septembre.) Napoléon regrette vivement qu'il ait abandonné Burgos; dangers de ce mouvement, 555, 557. — Le maréchal Bessières est appelé, par le décret du 7 septembre, à commander le 2° corps de l'armée d'Espagne, fort de 26,000 hommes, et comprenant les divisions Mouton, Merle, Bonet et Lasalle, 572. V. Armée d'Espagne.

Bessières, consul général de l'Adriatique, à Venise. 447.

Beugnot, 551. 590.

Bibliothèque de l'Empereur. — Napoléon désire former, pour son usage particulier, une bibliothèque portative, composée d'un millier de volumes de religion, de poésie, de théâtre, de romans, d'histoire, etc. 463.

Bigot de Préameneu, ministre des cultes. — L'Empereur lui demande un mémoire sur les moyens de mettre les populations de l'Empire à l'abri des intrigues de la cour de Rome, «pour que trois ou quatre mauvais sujets qui sont dans cette ville n'exercent pas d'influence sur les consciences,» 117.

Biscaye, une des provinces basques de l'Espagne. — (15 avril 1808-4 juin.) Napoléon réclame des renseignements sur l'organisation civile et militaire de la Biscaye, 8. — Le prince de Neuchâtel fera transporter à Saint-Sébastien les armes des magasins espagnols de cette province, afin de les arracher le plus tôt possible à la révolte, 43. — Le général Verdier rendra compte à l'Empereur de la direction de l'esprit public; il fera comprendre aux notabilités du pays que leur résistance entraînerait la perte de leurs priviléges et leur ruine totale, 57. — Napoléon adresse au grand-duc de Berg une proclamation des habitants de la Biscaye, «qui leur fait honneur,» 316. = (13 juillet-27 août.) Envoi de vieux régiments de ligne destinés à contenir cette province, 439, 448. — La Biscaye doit être désarmée, 547.

Bisson, général de division, 574.

Bleterin, chef de bataillon, 23.

Blocus continental. — Pour contraindre l'Angleterre à accepter la paix, Napoléon a imaginé de fermer à son commerce tous les ports du continent, 19, 29, 413. V. Marine. — Le ministre des finances Gaudin fera mettre sous le séquestre, dans les ports de France, de Hollande, des Villes Hanséatiques et d'Italie, les navires qui disent venir d'Amérique et qui viennent, en réalité, d'Angleterre avec de faux papiers, 19. — Recommandations réitérées aux rois Joseph et Louis, ainsi qu'au général Junot, de faire respecter, à l'égard de ces navires, les lois du blocus, 28, 29, 69, 99, 422, 639. — Junot doit empêcher l'expédition de vins de Porto sur les bâtiments de Kniphausen et hambourgeois : «L'Angleterre est aux abois, et, si on lui ouvre des débouchés en Portugal, elle nous fera un mal immense,» 29.

— Napoléon a vu avec plaisir la prohibition des marchandises anglaises par l'empereur de Russie, 54. — Champagny insistera fortement auprès du gouvernement hollandais pour que des navires américains arrivant de Londres, et prétendant être partis d'Amérique avant de connaître le décret du 17 décembre 1807, ne soient pas admis dans les ports de la Hollande, 69. — Ce ministre invitera le gouvernement autrichien à ne pas recevoir à Trieste les bâtiments américains, 238, 381. — Comment peut-on s'assurer que les bâtiments algériens, chargés de denrées coloniales, arrivent véritablement d'Amérique? Pour être reçus dans les ports français, ces navires doivent justifier, entre autres choses, qu'ils n'ont pas payé en mer de tribut aux Anglais, et qu'ils n'ont été retenus ni en Angleterre ni à Gibraltar, 239. — L'Empereur invite formellement son frère Louis à faire observer en Hollande les lois du blocus, 639.

Bois de construction. — Le mode de transport des bois de Bayonne à Rochefort est défectueux : mieux vaudrait livrer ce service à l'industrie privée, 6. — Imparfaitement construites, les gabares marchent mal, et dépensent plus de 83,000 francs, par année, pour conduire 3,200 pieds cubes de bois, qui valent 12,000 francs, 6. — Les gabares serviront en temps de paix pour les colonies, et on emploiera au transport des bois les allèges de Nantes et les caboteurs, 6. — Les 100,000 pieds cubes de bois que produisent le bassin de l'Adour et les Landes demeurent sans écoulement; il faut construire à Bayonne plusieurs navires pour en utiliser une partie, 7. 52. V. Bayonne. — Ordre de faire des essais sur les bois de la forêt de Libio en Corse, et d'indiquer à quel usage on pourrait les employer, 53, 173. — L'Empereur trace l'itinéraire que les bois auront à suivre depuis Bayonne jusqu'à Bordeaux, 174. — Un projet de décret lui sera présenté pour prendre dans les réserves nationales 220,000 pieds cubes de bois, destinés aux constructions de Rochefort, de Brest et de Toulon,

215. — Il faudrait faire couper jusqu'aux bois des particuliers, s'ils étaient utiles à la marine : pour des besoins exceptionnels, des mesures extraordinaires, 215.

Bonet, général de division, 356, 450, 478. 572, 610.

Bordeaux. — Napoléon signale l'utilité d'y construire quatre vaisseaux de 60 pour la protection des côtes et pour une expédition dans l'Inde, 106, 125. — On devrait maintenir deux frégates au bas de la rivière de Bordeaux, 125.

Bordesoulle, général de brigade de cavalerie, 643.

Borghese (Prince Camille), gouverneur général des départements au delà des Alpes. — L'Empereur a appris avec plaisir son arrivée et celle de la princesse Pauline à Turin, 82.

Boudet, général de division, 645.

Boulogne. — La flottille de Boulogne va-t-elle en rade pendant la saison? Le contre-amiral Lacrosse devra faire garnir de chaloupes canonnières toute sa ligne d'embossage, 260. — Cette flottille menacera l'Irlande pendant que s'accompliront les expéditions de Toulon et des ports de l'Océan, 131, 245. V. Expéditions maritimes. — Camp de 80,000 hommes pour appuyer la flottille de Boulogne, 255. V. Camps des ports maritimes. = (14 octobre.) Plusieurs divisions de l'armée sont en marche afin de rétablir le camp de Boulogne, 651.

Bourbon (Louis de), cardinal, archevêque de Tolède, cousin germain de Charles IV. — En réponse à l'hommage de fidélité qu'il en a reçu, Napoléon l'assure de ses bons sentiments tant envers lui qu'envers sa famille, 391.

Bourgoing, ministre plénipotentiaire près la cour de Saxe, à Dresde, 482, 550.

Bourrienne, ministre plénipotentiaire de France à Hambourg, 211.

Brésil. — (18 mai 1808-29 mai.) L'Empereur demande au général Junot de lui faire parvenir des renseignements détaillés sur ce pays, où il se pourrait qu'il envoyât une expédition, 187, 272.

BREST. — (11 mai 1808-28 juin.) Un vaisseau sera mis à Brest en appareillage, afin d'exercer les matelots et de forcer les Anglais à augmenter leur escadre, 106. — Napoléon veut savoir si l'on parviendrait à réunir dans ce port, avant le mois de septembre, 30 bâtiments avec 12,000 hommes environ et trois mois de vivres, 130. — Ces forces seraient destinées à une expédition qui suivrait celle de Lorient, élèverait la garnison de l'île de France à plus de 15,000 hommes, et permettrait de faire dans l'Inde une diversion inquiétante pour l'Angleterre, 130, 334. V. EXPÉDITIONS MARITIMES. — Il convient d'armer le Jean-Bart, afin de porter à sept le nombre des vaisseaux entièrement préparés. V. ESCADRES DES PORTS MARITIMES. — Camp de 30,000 hommes pour appuyer l'escadre de Brest, 255. V. CAMPS DES PORTS MARITIMES. — Les affaires d'Espagne s'étant gâtées, l'Empereur prescrit au vice-amiral Decrès de suspendre les préparatifs de l'expédition de Brest et d'employer l'escadre à protéger l'arrivage des convois, 387.

BRITO MOZINHO, général portugais, 114.

BUENOS-AYRES ou vice-royauté du Rio de la Plata, comprenant, en 1808, quatre états aujourd'hui distincts : la république orientale de l'Uruguay, la république Argentine, le Paraguay et la Bolivie. — (19 mai 1808-28 mai.) Le grand-duc de Berg enverra 500,000 francs au Ferrol pour armer six vaisseaux et trois frégates, qui débarqueront 3,000 hommes et des armes à Buenos-Ayres; cette expédition, qui partira dans le courant de juin, doit être préparée secrètement, afin que l'Angleterre ne renforce pas son escadre, 190, 205, 247, 248. — Murat fera sentir au conseil des Indes, à la compagnie des Philippines et à la caisse de consolidation, l'importance de fournir, pour cette expédition, quelques millions, qui leur seront rendus, 248. — Napoléon a expédié de Bayonne un brick avec des fusils pour le Rio de la Plata; le grand-duc de Berg peut annoncer le départ de cinq autres bricks pour Montevideo, 248, 260. — On accordera les avancements demandés par le général de Liniers, qui a expulsé les Anglais de Buenos-Ayres, 217. V. COLONIES ESPAGNOLES.

BURGOS, ville de la Vieille-Castille. — (15 avril 1808.) Quartier général du corps du maréchal Bessières, 14. = (8 mai 1808-11 mai.) Ordre à ce maréchal de fortifier une maison hors de la ville, et d'en faire un arsenal où l'on puisse être en sûreté contre l'émeute, 89; — de donner à Burgos, en cas de révolte, une sévère leçon, 113. = (25 mai.) Des troupes partiront de Burgos pour renforcer le corps du maréchal Bessières, 232. = (14 juillet.) Le quartier général de Bessières est porté de Burgos à Léon, 450. = (21-25 juillet.) L'Empereur recommande d'y tenir un général actif et intelligent, pour avoir l'œil sur Vitoria et sur Aranda, et d'y rassembler, dans les premiers jours du mois d'août, 3 ou 4,000 hommes, qui assureront les derrières de l'armée, 474, 477, 482, 483. = (30 août-15 septembre.) Importance de la position de Burgos; Bessières a eu tort de l'abandonner, 554-556. — Si la citadelle de Burgos tombait entre les mains des insurgés, on découragerait l'armée par un mouvement rétrograde fort semblable à un échec, 585. — On devrait porter à Burgos le corps entier du maréchal Bessières, fort de 17,000 hommes, et, en éclairant dans toutes les directions les positions de l'ennemi, on n'aurait point à craindre une armée de 40,000 hommes, 601, 613, 615. V. BESSIÈRES.

C

CABALLERO, ministre de grâce et justice d'Espagne. — Jugement de Napoléon sur ce personnage, 87, 95, 265.

CABARRUS (Comte DE), ministre des finances d'Espagne. — « C'est un homme de qui j'ai ouï dire du bien et dont personne ne conteste les talents, » 189.

CABOTAGE. — (16 avril 1808-25 mai.) Le vice-amiral Decrès enverra des bâtiments de guerre, afin de protéger contre les croisières anglaises le cabotage de Bayonne à Lisbonne. — Armement, dans ce but, de la frégate *la Comète*, 19. — Napoléon se plaint qu'on n'assure pas la sécurité du cabotage, au moyen de chaloupes canonnières et de péniches, 53, 105. — Le ministre de la marine mettra sur-le-champ à exécution le décret rendu, le 25 mai 1808, pour la protection des côtes et du cabotage, 227. — Ce décret organise huit divisions de gardes-côtes à Rochefort, Nantes, Lorient, Brest, Saint-Malo, le Havre, Cherbourg et Flessingue; on pourra se servir provisoirement des escadres en rade pour former les équipages de ces petits bâtiments, dont on confiera le commandement à des officiers d'intelligence et d'avenir, 226, 228. — Exercer les hommes à aiguiser leurs baïonnettes sur les trois tranchants pour que l'ennemi ne puisse les saisir à l'abordage; armer les officiers d'épées de service et non de parade, 226.

Cachin, ingénieur, 52.

Cadix, port militaire de l'Andalousie. — (1ᵉʳ mai 1808-28 juillet.) Point qu'il est essentiel de garder pour empêcher le débarquement des Anglais, 84, 110, 181. — On y enverra 10,000 soldats espagnols avec le général Solano, 64, 80, 84, 87, 141. — Toutes les milices qui s'y trouveront seront conservées, 166. — Intention de l'Empereur d'y réunir une division de régiments suisses et des troupes françaises du général Junot, 93, 110, 221. — Napoléon est impatient de voir le général Dupont s'y établir avec 20,000 hommes, 96. — Il conviendra de ne pas y concentrer un très-grand nombre de soldats espagnols, 141, 151, 216. — Nécessité d'augmenter l'escadre de Cadix, pour obliger les Anglais à tenir devant le port dix et douze vaisseaux, 206, 208. — L'Empereur veut y avoir, le plus tôt possible, treize vaisseaux et trois frégates, sans compter les cinq vaisseaux français; le grand-duc de Berg avisera à se procurer de l'argent pour pousser ces armements avec activité, 165, 189,

207. — Le général Dupont devra se rendre à Cadix avec 22,000 hommes tirés des armées françaises d'Espagne et de Portugal et des troupes suisses, 180, 184, 190, 191. — Cadix est le port le plus favorable pour des expéditions en Amérique; convenance d'en faire partir des mouches, portant des proclamations pour les colonies espagnoles, 217. V. Mouches. — Napoléon désire qu'on attache six chaloupes canonnières à chacun des vaisseaux de l'escadre, 230. — Ordre de faire compléter, à Cadix, l'équipage du *San-Fulgencio*, d'embarquer sur ce bâtiment 400 hommes et 4,000 fusils, et de le tenir prêt pour une expédition à Buenos-Ayres, 247. V. Colonies espagnoles. — Le meurtre du général Solano ajoute aux inquiétudes de l'Empereur concernant l'escadre française de Cadix, 388, 409. — On apprend, le 28 juillet, par des feuilles anglaises, que cette escadre, canonnée pendant trois jours par les Espagnols, a été forcée d'amener son pavillon, 487.

Cadzand, île située à l'embouchure de l'Escaut. — (6 mai 1808-27 juillet.) Un général de brigade ira prendre le commandement de l'île de Cadzand; il inspectera la côte et mettra les batteries en état de protéger la rade de Flessingue, 77, 146. — On réunira, pour le 1ᵉʳ juin, un régiment provisoire à une marche de Breskens, dans des localités salubres, et un autre à Blankenberghe : ces deux points seront reliés par des piquets de cavalerie et un système de signaux, 77-78. — Pour le service de la côte, on lèvera, dans l'île de Cadzand, 200 hommes de gardes nationales accoutumés à l'air du pays, 77, 146. — Un régiment, avec deux compagnies d'artillerie, y sera envoyé de Boulogne, et le roi de Hollande sera invité à diriger sur cette île 1.200 hommes, 146-147. — Forces françaises et hollandaises à placer aux environs de Cadzand, 148. — Ces mesures permettront de réunir dans l'île 8,000 hommes en moins d'un jour, 148. — On étendra l'autorité du commandant de Cadzand à toutes les positions de l'Escaut qu'il est utile d'occuper ou de surveiller, 171, 349. — Cadzand est, « de tous les points de l'Empire, le plus faible et le seul où l'on puisse essayer de me faire un affront, » 171. — Il est entendu qu'on ne cantonnera pas les troupes à Cadzand, pour ne pas les exposer au climat meurtrier de l'île et pour n'avoir pas que des fiévreux au moment de combattre, 349. — Mesures techniques à prendre afin de garantir contre un coup de main la batterie du signal de Breskens, 485-486.

CAMBACÉRÈS, prince, archichancelier de l'Empire. — (11 mai 1808.) Napoléon l'invite à présenter au Conseil privé le projet de sénatus-consulte qui réunit Parme et Plaisance ainsi que la Toscane à la France; motifs politiques de ces annexions à faire développer devant le Sénat par les orateurs du gouvernement, 101. = (15 mai.) Le prince Cambacérès se rendra à Fontainebleau auprès du roi Charles, pour voir s'il ne manque de rien, 145. — Assurances données à Cambacérès sur l'heureux dénoûment des affaires d'Espagne, 145. = (17 juin.) Cambacérès s'informera des bruits propagés dans le salon du ministre de la police sur le divorce, et fera savoir à Fouché combien on est scandalisé de ces rumeurs, qui déconsidèrent le souverain, 367. = (24-27 septembre.) Communications sur le rendez-vous d'Erfurt, 614, 616.

CAMP DE SAINT-ROCH (Andalousie), formé près de Cadix, en face de Gibraltar, pour s'opposer à un débarquement des Anglais. — (1ᵉʳ mai 1808-8 mai.) Ordre d'y envoyer trois régiments espagnols, commandés par le général Solano, 60, 64, 80, 84, 87. = (15 mai.) Ce camp renferme 22,000 hommes de troupes espagnoles; recommandation à Murat de ne pas en augmenter le nombre, 151. V. CADIX.

CAMPEMENT. — (18 avril 1808.) Napoléon invite le prince Eugène à établir économiquement le camp de Montechiaro, en faisant construire les baraques par les soldats eux-mêmes et non par des ingénieurs, 26. — Faire camper les troupes dans un pays sain, et ne pas employer de tentes, à cause des pluies, 27. = (18 mai-28 mai.) L'Empereur recommande au grand-duc de Berg de placer dans chaque camp des tentes horizontales, et d'en faire arroser fréquemment le dessous par des hommes de corvée, pour que le soldat ne souffre pas de la chaleur, 194. — Le maréchal Bessières disposera son camp en carré, afin qu'il occupe un espace moins grand et puisse être facilement défendu, 232.

CAMPS DES PORTS MARITIMES. — L'Empereur fait observer que les 119 vaisseaux de guerre dont il pourra disposer en 1809 seront appuyés par des camps : de 7,000 hommes au Texel, de 25,000 à Anvers, de 80,000 à Boulogne, de 30,000 à Brest, de 10,000 à Lorient, de 10,000 à Rochefort, de 6,000 Espagnols au Ferrol, de 30,000 hommes à Lisbonne, de 30,000 à Cadix, de 20,000 à Carthagène, de 25,000 à Toulon, de 15,000 à Reggio, de 15,000 à Tarente; ensemble, 300,000 hommes. « Ce serait là un damier qui, sans trop exiger de la fortune, doit nous conduire à de grands résultats, » 255.

CAMUS, colonel, 592.

CARCOME LOBO, général portugais, 114.

CARLOS (DON), fils de Charles IV. — (15 avril 1808-11 mai.) A Bayonne, lors de l'arrivée de Napoléon dans cette ville, 4, 19, 28. — Accueil qu'il y reçoit de son père, 60. — Après l'insurrection de Madrid, il est sommé par l'Empereur de reconnaître Charles IV pour roi légitime, 72. — Quitte Bayonne le 11 mai, avec son frère Ferdinand, pour se rendre au château de Valençay, 95. — Le traité conclu entre Charles IV et Napoléon stipule en sa faveur une pension de 400,000 francs, 109.

CAROLINE (d'Autriche), ancienne reine des Deux-Siciles, 96.

CAROLINE NAPOLÉON. — Jugement porté par Napoléon sur sa sœur, en proposant à Murat la couronne de Naples : « D'ailleurs, avec une femme comme la vôtre, vous pouvez vous absenter; si la guerre vous rappelait près de moi, elle est très-capable d'être à la tête d'une régence, » 64.

CARRAFA, général portugais, 136.

CARTHAGÈNE, port militaire de la province de Murcie. — (16 mai 1808-28 mai.) Napoléon entend qu'il y ait avant peu trois vaisseaux et quatre frégates prêts à mettre en rade, 165. — Le grand-duc de Berg devra trouver l'argent nécessaire pour ces armements et les pousser avec activité, 189, 207. — Napoléon, désirant que deux vaisseaux soient immédiatement commencés à Carthagène, avancera pour cette construction 2 millions, en échange desquels la marine espagnole mettra à sa disposition, pour être montés par des marins français, deux vaisseaux que l'Empereur rendra aussitôt que ceux de Carthagène seront achevés, 261.

CASSAGNE, général de brigade. — Succès obtenu par ce général à Jaen, 471.

CASTAÑOS, général espagnol, commandant l'armée d'Andalousie. 397, 470, 499, 502, 509. 544.

CASTEL-FRANCO (Prince DE), 318.

CATALOGNE, province du royaume d'Aragon. — (15 avril 1818.) Occupée par le corps du général Duhesme, ayant son quartier général à Barcelone. V. CORPS D'OBSERVATION DES PYRÉNÉES ORIENTALES. = (17-24 mai.) Napoléon blâme Murat d'avoir rendu aux Catalans le droit de porter des armes, 170, 220. = (10 juin-14 juillet.) Ordre de répandre sur la frontière de la Catalogne les proclamations des juntes de Madrid et de Bayonne, 337. — Le général Duhesme aura soin de ne pas disséminer ses troupes et d'agir toujours en masse contre les insurgés de la Catalogne, 360. — Soumission de Tarragone par la division du général Chabran, 361. — Tentative des paysans de la Catalogne pour couper le corps d'armée; les 10 et 11 juin, Duhesme et Chabran tuent 2 ou 3,000 insurgés, brûlent neuf gros villages, entre autres San-Boy et Molins de Rey, et font rentrer les autres dans l'obéissance, 361, 398. V. BARCELONE. — Le général Reille pénètre en Catalogne et fait lever le blocus de Figuières; il se prépare à marcher sur Rosas et sur Girone, et à établir sa communication avec Duhesme, 398, 421, 452. V. FIGUIÈRES, GIRONE. ROSAS. = (14 juillet.) Formation du corps de Catalogne, fort de 22,000 hommes, composé des divisions Chabran, Lechi et Reille, et commandé par le général Duhesme, 452. V. CORPS DE CATALOGNE.

CATHERINE, reine de Westphalie. — (28 septembre 1808.) Napoléon sera bien aise de la voir et de lui donner des témoignages de son affectueuse estime, 617.

CAULAINCOURT, général de division, ambassadeur de France à Saint-Pétersbourg, 45, 210, 365. 505, 578. — (22 mai 1808.) Champagny lui fera savoir qu'il a eu tort de remettre à l'empereur de Russie un mémoire écrit sur les affaires d'Espagne, 210.

CAULAINCOURT, général de brigade, 126. 441. 443. 504.

CAYENNE. — Une mouche devra partir, avant le 10 août, de Bayonne pour Cayenne, et y porter 200 quintaux de farine, destinés à l'alimentation des 200 hommes qui sont toute la garnison de cette colonie, 299. V. COLONIES FRANÇAISES.

CERVONI, général de division, 295, 399.

CEUTA, ville forte de la côte du Maroc, appartenant à l'Espagne. — (9 mai 1808-28 mai.) Le grand-duc de Berg écrira au consul général de France à Tanger de continuer à approvisionner Ceuta, 93. — Il fera connaître à Napoléon l'état de cette place, 134. — Il y enverra, pour la défendre, 2,000 hommes de troupes espagnoles, 134, 151, 152. — L'Empereur écrit à l'empereur du Maroc pour l'inviter formellement à protéger Ceuta contre les Anglais, 93, 141. — Murat chargera un officier du génie intelligent d'observer avec soin ce qui peut intéresser, au point de vue militaire, sur la route de Ceuta à Tanger, 167. — L'Empereur ne pense pas que les Anglais soient en mesure de rien entreprendre contre cette ville. 216. — Il faut diriger sur Ceuta 6,000 hommes de troupes françaises pour imposer aux Marocains : «La perte de cette place serait immense pour l'Espagne et pour la France, » 264.

Cevallos, ministre des affaires étrangères d'Espagne, 140, 186, 188, 421. — Jugement de Napoléon sur ce ministre, 189.

Chaban, maître des requêtes au Conseil d'état, préfet à Bruxelles, 120, 121.

Chabert, général de brigade, 584.

Chabot, général de division, 574.

Chabran, général de division, commandant la division française d'infanterie du corps du général Duhesme. — (30 mai 1808-1er juillet.) Ordre d'envoyer la division Chabran, forte de 6,000 hommes, de Barcelone à Tortose, d'où elle marchera sur Valence, de manière à se trouver devant cette ville en même temps que le maréchal Moncey, 282, 308, 326. — Si Chabran est à Tortose et s'il est inutile à Valence, il se portera sur Saragosse, 280, 307, 316. — Chabran pacifie Tarragone et est rappelé par le général Duhesme, 361. — Défait, le 11 juin, les insurgés de la Catalogne qui voulaient le couper de Duhesme, leur brûle trois villages et rentre dans Barcelone, 361, 398.

Chambarlhac, général de division, 77, 146.

Chambaudoix, préfet du département de l'Eure, 178.

Chambon, ordonnateur en chef de l'armée du Rhin, 641.

Champagny (Nompère de), ministre des relations extérieures. — Lettres adressées à ce ministre : à Bayonne, du 21 avril 1808 au 11 juillet, 34-422; — à Paris, du 10 août au 15 septembre, 505-595; — à Erfurt, les 8 et 9 octobre, 630-632. = (24 avril.) Rapport dans lequel M. de Champagny conseille à Napoléon de placer sur le trône d'Espagne un prince de la famille impériale, 38-43. V. Succession d'Espagne. = (16 août.) Extrait d'une dépêche de M. de Champagny au général Andréossy, ambassadeur à Vienne, reproduisant un entretien de l'Empereur avec M. de Metternich au sujet des armements de l'Autriche, 510-514. V. Autriche. = (1er septembre.) M. de Champagny expose à l'Empereur la situation de l'Europe : il lui propose de communiquer au Sénat les traités de Bayonne ainsi que la nouvelle constitution de l'Espagne, et l'engage à réprimer sévèrement l'insurrection des provinces espagnoles pour assurer la tranquillité de son empire et venger les outrages faits à l'honneur français, 564.

Charles IV, roi d'Espagne. — (15 avril 1808.) A l'Escurial, lors de l'arrivée de Napoléon à Bayonne (tome XVI, 539). = (16 avril-29 avril.) Quitte ce palais avec la Reine, le 14 avril, pour aller joindre l'Empereur, 20, 37. — Bessières leur rendra, à leur passage à Burgos, «tous les honneurs imaginables.» et il les escortera, au besoin, avec sa division, sur la route de la France, 21. — Ordre au grand-duc de Berg de publier la protestation du roi d'Espagne contre les événements d'Aranjuez, 47, 69. — Napoléon écrit à Charles IV qu'il ne reconnaîtra pas Ferdinand VII, 55.= (30 avril-1er mai). Arrivera à Bayonne le 30 avril; le maréchal du palais Duroc devra lui préparer une grande réception, 55. — Sentiments avec lesquels il accueille Ferdinand et don Carlos, 60. — Jugement de l'Empereur sur Charles IV et sur la Reine, 58, 76. = (2 mai.) Lettre du roi d'Espagne au prince des Asturies, dans laquelle il justifie sa politique, reproche à Ferdinand sa conduite coupable et imprudente, et lui dit que, pour le bonheur de l'Espagne, il doit cesser de prétendre à la couronne, 61. = (4 mai.) Sa proclamation aux Espagnols : il leur déclare qu'il n'y a de prospérité et de salut pour eux que dans l'amitié de Napoléon, 68. — Il ordonne à la junte de Madrid de considérer le grand-duc de Berg comme lieutenant général du royaume, 68. = (5 mai.) Son indignation et celle de la Reine contre Ferdinand et don Carlos en apprenant de l'Empereur l'insurrection du 2 mai, 72. = (6-11 mai.) Par un traité conclu le 5 mai, Charles IV cède à Napoléon ses droits à la couronne d'Espagne, 76, 81, 82, 88. V. Traités de Bayonne. — Il informe le

Conseil de Castille de cette cession, en l'invitant à seconder de tous ses moyens l'Empereur et à garantir le royaume de toute émeute, 109. — Quitte Bayonne le 13 mai, pour se rendre d'abord à Fontainebleau et ensuite à Compiègne, 76, 87, 95, 99. = (15-19 mai.) Aucun honneur extraordinaire ne lui sera rendu dans ces deux villes; il ne doit pas aller à Paris sans l'autorisation de l'Empereur, 145. — Le grand-duc de Berg aura soin de n'envoyer à Charles IV que ses propres tableaux, et non ceux de la couronne, 153. — Satisfaction que ce prince éprouve de la solution des affaires d'Espagne, 190. = (30 mai-30 juin.) Charles IV et la Reine se montrent très-contents à Fontainebleau et vont se mettre en route pour Compiègne, 282. — Le général Walther ira voir Charles IV à Compiègne et mettra à sa disposition autant de gardes qu'il voudra, 394. = (15 juillet.) L'Empereur regrette que l'air de cette dernière résidence ne convienne pas à Charles IV; des ordres ont été donnés pour le voyage qu'il veut faire à Nice, afin de rétablir sa santé, 456.

Charles-Frédéric, grand-duc de Bade. — (7 septembre 1808). L'Empereur voit avec plaisir que le contingent du grand-duc est prêt; si, malgré les déclarations de l'Autriche, la guerre éclatait, Napoléon aurait encore en Allemagne des forces suffisantes pour parer à cette éventualité, 578.

Charles-Napoléon. — (20 avril 1808-3 mai). Joie de l'Empereur en apprenant sa naissance, 38. — Il félicite son frère Louis et la reine Hortense en exprimant le désir que le jeune prince s'appelle Charles-Napoléon, 38, 67.

Chasseloup, général de division du génie, 90, 177, 183, 202, 286, 394.

Clarke, général de division, ministre de la guerre. — (3 août 1808-27 août.) L'Empereur lui adresse les pièces relatives à l'affaire de Baïlen, et l'invite à les lire, une carte à la main, pour mieux juger de l'ineptie militaire de cette capitulation, 496. — Il lui envoie les interrogatoires de Villoutreys, et le charge d'interroger à son tour avec grand détail cet officier, 543, 544. V. Administration de la guerre, Armée. — Lettres à Clarke, V. la liste de la page 731.

Clérembault, consul général à Kœnigsberg, 50.

Clergé catholique. — Recommandation réitérée au roi Joseph, au grand-duc de Berg et au maréchal Bessières de rendre le clergé de l'Espagne responsable de la tranquillité, et de s'en servir pour apaiser les esprits et avoir des nouvelles, 11, 18, 48, 548. — Nominations dans le clergé français, 481. — Faire des funérailles solennelles au cardinal de Belloy, et insister dans l'éloge funèbre sur son esprit de conciliation, 353. — Le prince Eugène a eu raison de faire venir à Milan le cardinal Gabrielli; s'il refuse de prêter serment, il l'enverra dans un couvent aux environs de Côme ou de Novare, et séquestrera ses revenus, au profit des hôpitaux et des églises, en ne lui laissant qu'une pension alimentaire de 1.000 écus: il agira de même, et sans bruit, pour tout prêtre réfractaire au Concordat, 467. — Que signifient les signes distinctifs distribués par les curés de Lyon aux citoyens de la ville, pour porter dans les cérémonies religieuses? 604, 615.

Cochrane, amiral anglais, 104.

Code Napoléon. — (15 mai 1808-19 mai). L'Empereur demande au général Junot s'il y aurait quelque inconvénient à publier ce code en Portugal, 155. — Le grand-duc de Berg sondera le Conseil de Castille pour savoir s'il pourrait être introduit en Espagne, 194. = (3 juin). Napoléon approuve qu'il soit imprimé et publié à Lisbonne, 304.

Collin, conseiller d'état, directeur général des douanes, 19, 120, 210.

Colonies espagnoles. — (15 avril 1808-13 juin.) Mesures à prendre pour développer le commerce maritime de la France avec l'Amérique espagnole, 1. V. Commerce. — Ordre au grand-duc de Berg et au vice-amiral Decrès d'y envoyer de nombreux navires, bricks, goëlettes, avisos, mouches, avec des armes, des troupes et des approvisionnements; car la meilleure manière de se recommander aux colonies, c'est de les aider à résister à l'Angleterre, 47, 86, 93, 104, 125, 190, 197, 217, 235. — Y faire parvenir, par les bâtiments de la marine et du commerce, des proclamations de la junte suprême de gouvernement, des instructions pour les autorités, des lettres émanées des établissements commerciaux et des corporations de Madrid, enfin des agents chargés de donner confiance dans la dynastie nouvelle et d'édifier les colonies sur les avantages qu'elles retireront de l'impulsion imprimée à la marine espagnole, 47, 111, 217. — Le général Junot enverra de petits navires porter à ces colonies des armes et des brochures sur les affaires d'Espagne; il mettra dans les garnisons et dans les équipages plus de Français que de Portugais, 157. — Bâtiments partis ou qui devront partir des ports de Bayonne, Cadix, Ayamonte, et en général de tous les ports français et espagnols d'où la chose est possible, 149, 212, 229, 235, 248. — Ces bâtiments ne doivent pas être de belles frégates, qui sont très-chères; il suffit de simples mouches, 125, 217. V. Mouches. — Armements à préparer au Ferrol pour débarquer 3,000 hommes au Rio de la Plata : la première expédition doit avoir pour but de porter des troupes à Buenos-Ayres, la seconde, de reprendre la Trinité, 205, 208, 248. — Il faudrait se saisir de quelques colonies, si l'esprit insurrectionnel de l'Espagne s'y propageait, 350. V. Buenos-Ayres, Mexique, Venezuela.

Colonies françaises. — (15 avril 1808-19 août.) — Il convient de provoquer en secret la formation de compagnies d'armateurs, afin de développer le commerce de nos places maritimes avec ces colonies, 1. V. Commerce. — L'Empereur ordonne de préparer à Brest, à Lorient, à Nantes et à Rochefort des expéditions qui porteront aux colonies françaises des vivres, des troupes et des munitions de guerre, 130, 275, 334. — Le ministre de la marine aurait dû faire embarquer quelques hommes sur les petits navires partis de Nantes pour l'île de France, la Martinique et la Guadeloupe, afin d'en recruter les garnisons, 122. — On en placera sur les bâtiments des expéditions qui se préparent dans différents ports, en se concertant avec les armateurs, et en accordant à ces armements des encouragements de l'état, 123. — Création à Paris d'un bureau de correspondance pour les colonies, à l'usage des particuliers qui n'habitent pas dans les ports d'où partent les bâtiments transatlantiques, 273. — Des frégates, des corvettes, des bricks et des flûtes se rendront aux colonies françaises, afin d'y former des croisières, de les approvisionner et de reconquérir peut-être les Saintes et Marie-Galante, 528. V. Cayenne, Guadeloupe, Ile de France, Martinique.

Colonnes mobiles de la frontière espagnole. — (4 juin 1808-26 juin.) — Le prince de Neuchâtel organisera dans chacun des quatre départements de la frontière espagnole, les Basses-Pyrénées, les Hautes-Pyrénées, l'Ariége et les Pyrénées-Orientales, une colonne mobile de 1,200 hommes environ, composée de 600 gardes nationaux, d'une compagnie de gendarmerie, de 200 hommes des compagnies de réserve départementales et de 300 soldats portugais, 313, 337, 339, 340. — Cette organisation sera étendue plus tard aux quatre départements placés en seconde ligne, 340, 386. — Les colonnes mobiles observeront les vallées espagnoles et protégeront contre toute insulte les vallées françaises; elles répandront sur la frontière de l'Aragon et de la Catalogne les proclamations des juntes de Madrid et de Bayonne, 313, 337. — Instructions au prince de Neuchâtel sur leur approvisionnement en vivres, en vêtements et en munitions de guerre, 340, 346. — L'adjudant commandant Lomet commandera la colonne des Basses-Pyrénées, les généraux de brigade Viala, Miquel et Ritay celles des Hautes-Pyrénées, de l'Ariége et des Pyrénées-Orientales, 351. — Force spéciale donnée à la colonne des Pyrénées-Orientales, destinée à faire partie du corps de Catalogne, V. Colonne mobile des Pyrénées-Orientales.

Colonne mobile des Pyrénées-Orientales. — (14 juin 1808-14 juillet.) Formation dans les Pyrénées-Orientales d'une colonne mobile spéciale, forte de 8,000 hommes et composée de gardes nationaux, de compagnies de réserve départementales, de gendarmes à pied et à cheval, de compagnies d'infanterie tirées des dépôts de France, de troupes suisses, piémontaises et toscanes, 352. — Le général de division Reille prendra le commandement de cette colonne, placera son quartier général à Bellegarde et aura sous ses ordres le général Ritay, 352, 391. — La colonne des Pyrénées-Orientales fera lever le blocus de Figuières, marchera sur Rosas et sur Girone et établira sa communication avec le corps du général Duhesme, 392, 398, 421, 452. — Cette colonne est rattachée au corps de Catalogne, qu'elle porte à plus de 20,000 hommes, 452. V. Reille.

Combes, capitaine du génie, 366.

Commerce. — (15 avril 1808-13 juin.) Le ministre de l'intérieur provoquera secrètement la formation de compagnies d'armateurs à Bordeaux, la Rochelle, Nantes, Saint-Malo, Granville et le Havre, afin de développer le commerce de nos places maritimes avec les colonies françaises et espagnoles, 1. — Pour encourager ces entreprises, l'État souscrira le tiers des actions et prendra à son compte sur chaque navire le passage d'un certain nombre de conscrits et une portion du chargement, 1. — Le vice-amiral Decrès enverra à Bayonne des bâtiments de guerre, afin de protéger contre les croisières anglaises l'exportation en Portugal des vins et du blé, et l'importation, par Lisbonne, du sucre et autres denrées coloniales, 7. — L'Empereur, dans un décret sur le commerce de Bordeaux, a ordonné qu'on mît en réserve, au retour, le 15ᵉ du produit de chaque expédition : cette retenue opérée sur 15 bâtiments couvrirait la perte, au départ, de quatre d'entre eux, 118. — Napoléon approuve la prohibition dont on a frappé l'exportation des cotons filés, 239. — Le ministre de l'intérieur préparera un règlement sur les teintures des étoffes de Lyon, qui sont une partie de la richesse nationale, et il établira dans cette ville une chaire de chimie, 249. — L'Empereur s'applaudit de l'activité mise par le commerce dans les expéditions pour les colonies; il veut, toutefois, qu'on se tienne en garde contre une connivence possible avec les croiseurs anglais et qu'on ne reçoive pas des navires qui arriveraient de Londres, tout en disant venir de la Martinique, 250. — L'exportation du quinquina doit être libre : «Il ne faut pas donner au continent l'exemple de s'isoler,» 250. — L'expédition, par la marine, aux Indes occidentales, de bâtiments chargés de farines et de vins, et rapportant, pour le compte du commerce, des denrées coloniales, aurait le double avantage d'approvisionner la métropole et les colonies : «Il faut dans des circonstances extraordinaires employer des mesures extraordinaires,» 275. — M. de Champagny indiquera les moyens de faire passer, par la voie du commerce, 1.000 tonneaux de blé à l'armée du Portugal : il y a assez à gagner pour stimuler l'initiative privée, 293. — Remplir les promesses qu'on a faites au commerce de Bordeaux, et prendre, pour chaque expédition aux colonies, le cinquième du chargement, 351.

Confédération du Rhin, établie sous le protectorat de Napoléon Iᵉʳ, et composée notamment des états de Bade, Bavière, Francfort, Saxe, Westphalie et Wurtemberg. — (11 juillet 1808-7 septembre.) L'Empereur ne souffrira pas les armements de l'Autriche, sans faire lever toutes les forces de la Confédération du Rhin, qui, au moindre signal, se mettraient en marche, 422, 513, 540. — Il veut que la Confédération soit en état de porter la guerre sur le territoire étranger, 755. — Il invite les Princes à discipliner leurs troupes, à tenir leur contingent au complet, et à ne reculer devant aucune dépense pour mettre leurs frontières en sûreté, 484, 569, 576 = (4 octobre). L'Empereur a l'intention de céder : le pays de Baireuth et Ratisbonne à la Bavière, qui entretiendra une armée de 34,000 hommes, versera 15 millions à la caisse d'amortissement de France, donnera au roi de Wurtemberg une population de 40,000 âmes, et fera au neveu du prince Primat, à titre de fief, une rente de 300,000 francs, 624, 625; — Hanau au prince Primat, qui abandonnera à l'Empereur son droit annuel d'environ 700,000 francs sur l'octroi du Rhin, ainsi que les revenus de domaines d'une valeur de 6 millions, 625; — Fulde au roi de Westphalie, contre la rente d'un capital de 10 millions, 625; — les enclaves de Hanau à Hesse-Darmstadt, 625; — Erfurt au roi de Saxe, en échange de 6 millions, 626. — Napoléon est résolu à évacuer toute l'Allemagne et à repasser l'Elbe; il ne conserverait que le Hanovre et la Poméranie suédoise, 626. = (2-14 octobre.) Lettre circulaire par laquelle l'Empereur informe les princes de la Confédération que, l'Autriche ayant promis de renvoyer les milices dans leurs foyers, ils peuvent lever leurs camps, tout en chargeant leurs ministres à Vienne de prévenir le gouvernement autrichien que ces camps seraient rétablis s'il faisait de nouveau des armements extraordinaires, 651.

CONSCRIPTION MILITAIRE. — (10 septembre 1808.) — L'Empereur est résolu à faire un appel de 140,000 hommes; pour le moment, le général Lacuée se bornera à préparer un décret appelant, sur les 80,000 hommes des dernières conscriptions, 40,000 hommes des départements méridionaux, dont 30,000 recruteront les corps de l'armée d'Espagne et 10,000 ceux de l'armée d'Italie; la levée des autres 40,000 hommes, c'est-à-dire des conscrits du Nord, ne se fera que plus tard et sera l'objet d'un second décret, 589.

CONSEIL SUPRÊME DE CASTILLE. — (4 mai 1808.) Reçoit de Charles IV l'ordre de considérer le grand-duc de Berg comme lieutenant général du royaume, 68. = (11 mai-24 mai.) Charles IV a écrit, le 8 mai, à ce Conseil pour l'informer de la cession de tous ses droits à l'Empereur et pour l'inviter à seconder efficacement Napoléon et à pacifier l'Espagne, 109. — L'Empereur désire que le Conseil de Castille lui demande Joseph pour roi d'Espagne, et que, dans une proclamation aux Espagnols, il leur fasse sentir l'avantage d'avoir un souverain éprouvé, 128, 153. — Envoi à Murat de la lettre de Ferdinand au Conseil de Castille, 151. — Le grand-duc de Berg sondera ce Conseil pour savoir si l'on pourrait sans inconvénient introduire en Espagne le Code Napoléon, 194. — L'Empereur tient à savoir pourquoi le Conseil de Castille n'est pas intervenu dans les affaires de succession au trône, 220. — Une députation du Conseil de Castille se rend à Bayonne; ordre au maréchal Bessières de la traiter avec égard, si elle s'arrête à Burgos, 218, 220. = (4 juin.) Napoléon a reçu cette députation; elle rédige une proclamation aux insurgés de l'Aragon, 315. = (16 juin.) Un comité de membres du Conseil de Castille s'occupe à Bayonne de réviser les lois constitutives du royaume, 360.

CONSTITUTION politique et administration DE L'ESPAGNE. — (23 mai 1808-16 juin.) Envoi au grand-duc de Berg d'un projet de statut constitutionnel sur lequel il prendra l'opinion des membres les plus éminents de la junte de Madrid et du Conseil de Castille, 219, 220. — Napoléon désire que les différents ministres indiquent avec soin, dans des mémoires spéciaux, le désordre de l'administration espagnole, pour qu'il puisse faire voir, un jour, à quel état de décadence était arrivée l'Espagne, 221. — Dans une proclamation aux Espagnols, la junte de Madrid leur promet, sous la nouvelle dynastie, des réformes politiques utiles, 325. — Un comité de membres du Conseil de Castille s'occupe, à Bayonne, d'améliorer la constitution de l'Espagne et de réformer les diverses branches de l'administration, 360. V. JUNTE DE BAYONNE.

CONVENTION DE CINTRA, conclue le 30 août 1808, entre le général Junot et les Anglais, pour l'évacuation du Portugal. — (2 octobre 1808.)

Le ministre de la guerre écrira au général Junot que l'Empereur, en l'absence de détails, ne sait encore s'il doit approuver la convention, mais «qu'il ne voit rien dans cet acte qui soit contraire à l'honneur, puisque les troupes n'ont pas posé les armes et qu'elles reviennent avec leurs drapeaux,» 619.

Convention d'Erfurt. — (8 octobre 1808-12 octobre.) M. de Champagny fera ajouter au projet de convention une clause portant que la Russie ajournera ses communications à l'empire ottoman, quant à la prise de possession de la Moldavie et de la Valachie, jusqu'au moment où l'on connaîtra l'effet des propositions de paix adressées à l'Angleterre, 630. — La convention d'Erfurt est signée le 12 octobre entre Napoléon et Alexandre; elle stipule notamment que les deux souverains feront en commun la paix et la guerre; qu'ils enverront à l'Angleterre une proposition solennelle de paix, avec la condition absolue que cette puissance reconnaîtra les changements survenus en Espagne, ainsi que l'annexion de la Finlande, de la Moldavie et de la Valachie à l'empire russe, 635. — M. de Champagny donnera à Davout et à Daru de pleins pouvoirs pour régler ce qui est relatif à l'exécution de la convention, 632.

Cordoue, ville de l'Andalousie. — Le général Dupont s'en empare le 7 juin 1808; satisfaction de l'Empereur, 471.

Corfou, une des sept îles Ioniennes. — (18 avril 1808-14 juillet.) Au 5 avril 1808, les mers de Corfou se trouvaient libres; la place avait 10,000 hommes de garnison, une grande abondance de munitions et des vivres pour deux ans; Napoléon félicite le vice-amiral Ganteaume, qui a si bien réussi à ravitailler cette place, 25. — Le général Clarke doit s'occuper de Corfou et rappeler aux règles d'une sage économie le général Donzelot, qui porte à un million par mois le budget de cette île, 199. — L'Empereur n'approuve pas le projet du ministre de la marine consistant à ravitailler Corfou par Ancône : pourquoi ne ferait-on pas les vivres à Corfou même, l'Albanie ne manquant ni de viande ni de blé? 425. — Il conviendrait de former à Corfou un établissement pour fournir à une escadre deux ou trois mois de vivres, 425. — L'Empereur recommande de tenir au-dessous de 500.000 francs la dépense annuelle faite pour cette place par les départements de la guerre, de l'administration de la guerre et de la marine : «Mettez de l'ordre dans tout cela; je ne vois à Corfou que des administrateurs peu habiles et pour qui l'économie n'est rien.» 445-447.

Corporations religieuses. — (6 mai 1808.) Le grand-duc de Berg rendra les chefs des couvents de Madrid responsables de la tranquillité et leur fera sentir le danger de se mal comporter, 80. == (15 mai.) Napoléon demande au général Junot si l'on pourrait réduire de moitié les biens des couvents de Portugal : ce qui procurerait beaucoup d'argent et serait un grand pas fait vers la civilisation de ce royaume, 155. == (25 mai.) Envoi au ministre des affaires étrangères d'une lettre du maréchal Davout sur une corporation religieuse établie à Varsovie, 223. — Champagny invitera la Saxe et les autres gouvernements de la Confédération du Rhin à tenir l'œil ouvert sur ces moines, et à les faire chasser par la police, comme ennemis du repos public; il communiquera la lettre de Davout aux ministres de la police et des cultes, pour qu'ils exercent la même surveillance sur ces corporations en France, 224. — Les moines de Varsovie sont «une résurrection des jésuites» que l'Empereur a éloignés de France et d'Italie: Napoléon ne doute pas que le roi de Saxe les expulse de ses états de Pologne, 234. — Il sera bon de conserver en Toscane, comme lieux de retraite, quelques monastères et quelques couvents, 231. == (3 juin.) Junot attendra, pour agiter la question des biens des couvents, la fin des affaires d'Espagne, 304. == (11 juillet.) L'Empereur expose sa pensée sur un projet de règlement des congrégations de femmes : ces communautés doivent être placées sous la police des procureurs généraux des cours d'appel, 423 ; — une religieuse qui ne fait pas de vœux à vie conserve tous ses droits civils, 423 ; — l'autorité temporelle des supérieurs ecclésiastiques doit être limitée, 423 ; — il faut laisser sous la juridiction de l'évêque les choses purement spirituelles, 424.

Corps de Catalogne. — (14 juillet 1808.) Formé par la réunion de la division du général Reille au corps d'observation des Pyrénées orientales, que commande le général Duhesme, et comprenant les divisions Chabran et Lechi : effectif, 22,000 hommes, 452. = (17 août-22 septembre.) Le général Gouvion Saint-Cyr est appelé au commandement de ce corps, qu'il renforcera de 30,000 hommes de vieilles troupes, 518, 539, 609.

Corps de l'Aragon. — (14 juillet 1808.) Détaché du corps du maréchal Bessières et placé sous le commandement du général Verdier, 449.= (21 juillet-20 août.) Comptait au 21 juillet 15,000 hommes environ, 479. — Siége de Saragosse, prise d'un couvent près des murailles, 457, 458, 462. — Après l'évacuation de Madrid par l'armée française, le général Verdier reçoit l'ordre de lever le siége de Saragosse, 509. — Le maréchal Moncey est appelé, le 5 août, au commandement du corps de l'Aragon, qui occupera la gauche de l'armée en s'appuyant sur Pampelune, contiendra la Navarre et fera face aux troupes espagnoles qui s'avanceraient de Saragosse et de Valence, 500, 553.

Corps de l'armée d'Espagne. V. Corps de Catalogne, Corps de l'Aragon, Corps d'observation de la Gironde, Corps d'observation des côtes de l'Océan, Corps d'observation des Pyrénées orientales, Corps des Pyrénées occidentales, Corps du centre.

Corps diplomatique. — (1er mai 1808-6 mai.) Talleyrand lui dira que Charles IV a abdiqué par contrainte, que ce souverain a été surpris de l'empressement des ministres étrangers à Madrid à reconnaître Ferdinand VII, que les classes supérieures de l'Espagne sont heureuses d'être protégées par l'armée française contre la populace, 58, 76.

Corps des Pyrénées occidentales, ou corps du maréchal Bessières. — (15 avril 1808.) Un des quatre corps de l'armée d'Espagne, quand l'Empereur arrive à Bayonne; occupant les derrières de l'armée, la Navarre, la Vieille-Castille; ayant son quartier général à Burgos et se composant d'une partie de la Garde impériale, des divisions Merle et Verdier, dites 1re et 2e division des Pyrénées occidentales, et de la division de cavalerie de réserve du général Lasalle, attendu à Bayonne (tome XVI. 501). = (16 avril.) Bessières concentrera ses troupes à Hernani, Burgos, Aranda, Vitoria ; il placera les hôpitaux et les approvisionnements sur ces quatre points, ainsi qu'à Saint-Sébastien et à Buitrago, 8, 14. = (12 mai.) Instruction sur les mouvements qu'auront à effectuer les troupes françaises et portugaises de ce corps, pour maintenir la tranquillité dans le royaume de Léon et la Galice, 127. = (30 mai-14 juillet.) Le général Lefebvre envoyé contre Saragosse, 281, 284, 313 ; le général Merle contre Santander, 308 ; le général Lasalle contre Valladolid, 327. — Victoires de Lefebvre à Tudela et à Mallen, 347. 362. — Entrée de Merle et de Ducos à Santander, 383, 398. — Défaite des insurgés à Torquemada par Lasalle; soumission de Palencia et de Valladolid, 327, 338, 362. — Succès de Verdier à Logroño, 320, 327 ; blocus de Saragosse par ce général, 392, 399. 444. — La position la plus importante de l'armée est celle occupée par le corps des Pyrénées occidentales, qui assure les communications avec la France ; recommandation réitérée de le renforcer, 438 à 443. = (14 juillet-21 juillet.) Bataille décisive gagnée par le maréchal Bessières à Medina de Rio Seco, 466, 467. — Réorganisation de ce corps : il sera divisé en corps des Pyrénées occidentales, fort de 23,000 hommes.

sous les ordres du maréchal Bessières, et en division de l'Aragon, composée de 13,000 hommes et placée sous le commandement du général Verdier, 449. V. Corps de l'Aragon. — Le corps des Pyrénées occidentales comprendra les divisions Merle et Mouton, la Garde impériale, la cavalerie, les trois colonnes mobiles de Burgos, d'Aranda et de Vitoria, et la garnison de Saint-Sébastien ; son quartier général sera porté à Léon, pour contenir l'ennemi au débouché des montagnes, 357, 449. 450.
— Présentait, au 21 juillet, un total de 24,000 hommes, 479. = (2 août - 8 septembre.) Après la capitulation de Bailen, l'Empereur ordonne de lui ôter 9,000 hommes pour renforcer l'armée de Madrid, et de lui faire prendre position sur la droite de l'armée, entre Burgos et Valladolid, de manière à surveiller la Galice et l'Estremadure et à conserver les communications avec le Portugal, 492, 498, 501. — Quand l'armée s'est retirée sur l'Èbre, Napoléon recommande que le corps des Pyrénées occidentales maintienne son point d'appui sur Burgos et reste rapproché du corps du maréchal Moncey, 557.

Corps d'observation de la Gironde, ou corps du général Dupont. — (15 avril 1808 - 13 juillet.) Un des quatre corps de l'armée d'Espagne, à l'époque de l'arrivée de l'Empereur à Bayonne; comprenant les trois divisions d'infanterie des généraux Barbou, Vedel et Frère, ainsi qu'une division de cavalerie; établi à Madrid et dans les environs à l'ouest (tome XVI. 542). — Le général Dupont partira de Cadix avec les 6,500 hommes de la division Barbou, 2,500 de cavalerie et dix-huit pièces d'artillerie; il rattachera successivement à son corps d'armée le bataillon des marins de la Garde, les 8,000 Suisses des brigades de Grenade et de Talavera, V. Troupes suisses, et 4,000 soldats français qu'enverra de Lisbonne à Cadix le général Junot : le total de ces forces étant de 22,000 hommes environ, 96. 134. 141. 142. 180. 184. 191. 216. 308. — La division Vedel se rendra d'Aranjuez à Tolède pour remplacer dans cette dernière ville la division Barbou, 184, 186, 191. — Prise de Cordoue, le 7 juin, par le général Dupont, 326. — Répression de Ségovie par le général Frère. 327. — La division Vedel rejoint le général Dupont à Andujar et porte ses troupes à 20,000 hommes, 372. 398. 443. — C'est à tort que la division Frère a été dirigée sur Valence; on la fera partir pour San-Clemente, afin qu'elle soit à portée d'appuyer le maréchal Moncey, de couvrir Madrid contre les insurgés du royaume de Murcie, et de secourir le général Vedel, 372, 439. 440. 442. = (13 juillet - 19 juillet.) La division Gobert, du corps du maréchal Moncey, ira renforcer le corps du général Dupont. 440. 467. — Napoléon accorde à ce corps, pour les combats de Cordoue et de Jaen, cent décorations, dont six seront données à des conscrits, 471. = (3 août - 8 septembre.) Désastre de Bailen ; indignation de l'Empereur contre le général Dupont, 497. 558. — Le ministre de la guerre interrogera dans le plus grand détail M. de Villoutreys, qui a pris part à la capitulation, 544. — Mieux eût valu le corps de Dupont détruit que prisonnier, car les généraux Vedel et Dufour auraient fait leur retraite au lieu de se rendre. 558. — Les auteurs de la négociation «porteront sur l'échafaud la peine de «ce grand crime national.» 558. — On arrêtera M. de Villoutreys ainsi que les généraux Dupont, Marescot, Chabert et Vedel, à leur débarquement en France. 584. — La capitulation de Bailen n'ayant pas été observée par les Espagnols, les généraux du corps de Dupont ne seront pas considérés comme prisonniers de guerre, et ils attendront à Marseille des ordres pour reprendre du service. 623.

Corps d'observation des côtes de l'Océan, ou corps du maréchal Moncey. — (15 avril 1808.) Un des quatre corps de l'armée d'Espagne lors de l'arrivée de l'Empereur à Bayonne; comprenant les trois divisions Musnier, Gobert et Morlot, et une division de cavalerie; établi à Madrid et dans les environs à l'est (tome XVI.

542). = (30 mai-13 juillet.) Le maréchal Moncey, envoyé avec sa première division contre les insurgés de la province de Valence, les bat dans six rencontres, 282, 308, 443, 454, 466. — La division Gobert rejoint le général Dupont à Andujar, 439, 443.

CORPS D'OBSERVATION DES PYRÉNÉES ORIENTALES, ou corps du général Duhesme. — (15 avril 1808.) Un des quatre corps de l'armée d'Espagne à l'époque de l'arrivée de l'Empereur à Bayonne; formé des divisions française et italienne des généraux Chabran et Lechi et de deux brigades de cavalerie française et italienne; établi à Barcelone et dans la Catalogne (tome XVI, 478). = (30 mai 1808-1ᵉʳ juillet.) La division Chabran devra se rendre à Tortose; elle se réunira sous les murs de Valence au maréchal Moncey, 282, 308, 326. — Le général Duhesme désarmera Barcelone, 359. — Soumission de Tarragone par Chabran, 361. — Défaite des insurgés de la Catalogne par Duhesme et Chabran; incendie de leurs villages, 361, 398. = (14 juillet-2 août.) Réunion de la division du général Reille aux 13.000 hommes du général Duhesme et formation du corps de Catalogne, 452, 474, 479, 495. — Reille fait lever le blocus de Figuières, 421, 452. V. CORPS DE CATALOGNE.

CORPS DU CENTRE, ou corps du roi Joseph. — (3 août 1808-22 septembre.) Organisé après l'évacuation de Madrid, sous le commandement du Roi, et fort de 30,000 hommes, 499. — Campé d'abord à Aranda, sur la ligne du Duero, ce corps devra s'appuyer sur Burgos et faire face aux troupes espagnoles qui viendraient de Madrid, 500, 553. — Il maintiendra ses communications avec le corps de droite à Valladolid et le corps de gauche à Logroño et à Tudela, 501. — Le maréchal Ney est désigné par l'Empereur pour en prendre le commandement, hormis une réserve de 5,000 hommes destinée à la garde du Roi, 496, 497, 500. — Quand l'armée est retirée sur l'Èbre, l'Empereur veut que ce corps soit en seconde ligne entre Logroño et Burgos, ayant sa colonne de gauche à trois marches forcées de Tudela, où se trouve le maréchal Moncey, et sa colonne de droite à une marche de Burgos, où est le maréchal Bessières, 601, 612.

COSMAO, contre-amiral, 25.

COTTON, amiral anglais, 219.

COUR DES COMPTES. — On n'a point à choisir entre le trésor et la cour des comptes pour donner le *quitus* à des comptables, aucune connexité n'existant entre ces deux institutions, et l'une ne pouvant jamais suppléer l'autre, 329. — Cette cour a un triple but : réviser les comptes des receveurs et des payeurs; certifier que les pièces produites justifient la dépense; vérifier si l'on s'est maintenu dans la limite des crédits et dans l'observance des règlements, 330.

CRETET, ministre de l'intérieur. — Poursuivre activement l'exécution du décret sur les 2 centimes de non-valeurs, le ministre des finances devant peu s'y prêter, 119. — L'Empereur a vu avec plaisir le soin que s'est donné M. Cretet pour comparer les teintures de Lyon avec celles des Gobelins, 249. V. COMMERCE. — Lettres adressées à ce ministre, Voir la liste de la page 731.

CROISIÈRES ANGLAISES. — Les Anglais font le blocus des côtes de France avec quelques frégates; il faudrait les obliger à y employer plusieurs vaisseaux, 105. — Il est ridicule que l'Angleterre n'ait besoin que de deux frégates pour couper la communication de l'Espagne et du Portugal avec Bordeaux, et celle de Brest avec ce dernier port, 107. — A l'époque où l'expédition de Toulon pourra s'accomplir, les Anglais n'auront pas dans la Méditerranée plus de 14 vaisseaux, outre leur escadre principale; nos troupes faisant mine d'entrer en Suède, ils seront d'ailleurs obligés de renforcer leur croisière de la Baltique, 245. — Mouvements prescrits par l'Empereur, vu l'insuffisance des croisières anglaises devant Dunkerque, Rochefort et le Havre, 298.

CROISIÈRES FRANÇAISES. — (19 août 1808.) Le système du blocus donne une importance nouvelle et toute spéciale aux croisières, 527. — Considérant que la France est en guerre avec l'Angleterre, le Brésil, et le sera probablement bientôt avec les colonies espagnoles, Napoléon voudrait que vingt frégates partissent, deux à deux, pour aller établir «des croisières françaises dans tous les coins de l'univers.» 527. — Des frégates, des corvettes, des bricks et des flûtes auront à se rendre, avec des nouvelles et des vivres, à l'île de France, la Martinique, la Guadeloupe, Cayenne et Saint-Domingue, afin d'y former des croisières, d'approvisionner ces colonies et de reconquérir peut-être les Saintes et Marie-Galante. 528.

Culte catholique. — L'exercice exclusif de ce culte est garanti aux Espagnols dans le projet d'acte de médiation du 5 mai 1808. 74; — dans la lettre de Charles IV au Conseil de Castille. 109; — dans la proclamation de l'Empereur, 236; — dans l'adresse de la junte de Bayonne et dans celle de la junte de Madrid, 236. 345. — Allocation accordée par l'Empereur pour l'entretien de la cathédrale d'Auch, 481. V. Clergé catholique. Corporations religieuses.

Cunégonde, ancienne princesse d'Essen.— (11 octobre 1808.) L'Empereur lui témoigne l'intérêt qu'il prend à sa position. 634.

Czernitchef (Comte de), aide de camp de l'empereur de Russie. 54.

D

Dalmatie. — L'Empereur reproche au général Marmont d'avoir laissé en souffrance la solde de l'armée de Dalmatie par l'application de 400.000 francs à d'autres dépenses, 91. — Il se plaint d'un désordre dans les finances auquel on n'est plus accoutumé : la Dalmatie coûte énormément, 169.

Damas. 551.

Danemark. — (21 avril 1808 au 25 avril.) Champagny fera savoir au ministre de Danemark à Paris que le prince de Ponte-Corvo a reçu l'ordre de passer en Seeland pour la défense de cette île. 35. — Talleyrand rassurera ce ministre au sujet de la crainte que lui inspirent les Anglais; l'expédition contre la Suède s'accomplira l'année suivante. 45. Voyez Frédéric VI.

Darmagnac, général de brigade. Fait général de division après la bataille de Medina de Rio Seco. 355. 449. 466. 468.

Daru, intendant général de la Grande Armée.— Lettres adressées à Daru : du 21 avril 1808 au 7 septembre, à Berlin, 35-571; — du 4 au 13 octobre, à Erfurt, 624-647, Voir la liste de la page 731. — L'Empereur est très-mécontent de ce que, au lieu de se borner à faire des recrutements dans les provinces soumises à la domination française, Daru se soit permis de demander des hommes aux princes de la Confédération du Rhin. et d'envoyer à cet égard des notes diplomatiques. 198. 208.

Daucuy, conseiller d'état. 121, 231.

Daugier, capitaine de vaisseau. 262.

Daumesnil, chef d'escadron. 67.

David, consul de France à Otrante. 177.

Davout, duc d'Auerstaedt, maréchal de France. commandant le 3ᵉ corps de la Grande Armée, les trois légions polonaises et la division saxonne. — Chargé, depuis le 11 novembre 1807, du 1ᵉʳ commandement territorial de la Grande Armée, comprenant le grand-duché de Varsovie et la province de Küstrin (tome XVI. 181). ═ (25 mai - 27 juillet 1808.) Davout doit entretenir de bons rapports avec les autorités saxonnes, et ne pas s'élever si vivement contre la mauvaise organisation des troupes polonaises; il dirigera sur Mayence 8,000 hommes de ces troupes, qui passeront au service de la France, 234, 486. ═ (16 août - 23 août.) Ce maréchal portera ses trois divisions en Silésie, où il sera renforcé de la division Oudinot, rappelée de Danzig; il aura son quartier général à Breslau, sera investi du commandement de la Pologne et de la Silésie, et, en comptant les troupes polonaises et saxonnes, disposera de près de 100,000 hommes, 508, 539. = (12 octobre.) Le décret qui organise l'armée du Rhin nomme Davout commandant en chef de cette armée, 641. — Lettres écrites à ce maréchal, Voir la liste de la page 731.

DECAEN, général de division, capitaine général à l'île de France et à la Réunion, 173.

DECRÈS, vice-amiral, ministre de la marine. — Napoléon, rappelant les grandes choses que doit accomplir la marine, invite Decrès à tout voir par lui-même. 8. — Les seuls bâtiments expédiés jusqu'alors aux colonies l'ont été par les soins personnels de l'Empereur; mais il n'y a là aucun miracle, et ce n'est pas pour Decrès un motif de le comparer à Dieu. 212. — L'Empereur pense qu'il convient de remplacer par des *mouches* dans la Méditerranée et l'Océan les petits bâtiments de même espèce; il fait appel à cet égard aux réflexions pratiques de l'amiral Decrès et à son expérience de la mer, 460. — Decrès devra se rendre à Rochefort le 1er août, à la rencontre de l'Empereur, 473. — Lettres adressées à ce ministre, Voir la liste de la page 731.

DÉCRETS. — (20 avril 1808.) Décret mettant un embargo sur les bâtiments de la Sardaigne, dont le gouvernement refuse de garder la neutralité entre la France et l'Angleterre. 34. V. BLOCUS CONTINENTAL. = (25 mai.) Décret ordonnant la convocation à Bayonne, le 15 juin, d'une assemblée des notables; maintenant le grand-duc de Berg dans ses fonctions de lieutenant général du royaume; confirmant les ministres, le Conseil d'état, le Conseil de Castille, les autorités civiles et militaires. 236. V. ESPAGNE. = (12 juillet.) Décret relatif aux établissements et travaux publics du département des Landes, 429. V. LANDES. = (7 septembre.) Décret réorganisant l'armée d'Espagne, qui sera composée de six corps, 572. V. ARMÉE D'ESPAGNE. = (12 octobre.) Décret portant organisation de l'armée du Rhin, 640. V. ARMÉE DU RHIN.

DEDON, général de division, 469.

DEJEAN, général de division, ministre directeur de l'administration de la guerre, 70, 199, 201. — Lettres qui lui sont adressées, Voir la liste de la page 731.

DENNIÉE, intendant général de l'armée d'Espagne, 115, 135.

DÉPARTEMENTS FRANÇAIS. — (30 juillet 1808.) Convenance de créer un nouveau département qui prendra le nom de Tarn-et-Garonne et comprendra près de 300,000 habitants; le prochain Corps législatif sera saisi du projet de loi, 489.

DÉPARTEMENTS FRANÇAIS AU DELÀ DES ALPES. — (6 mai 1808-2 juin.) Le prince Camille Borghèse indiquera, tous les quinze jours, à l'Empereur la situation des troupes de son gouvernement, les travaux qu'on y aura faits et les nouvelles de mer qu'il aura pu recevoir, 82. — Quels travaux a-t-on exécutés à Alexandrie, et où en sont ceux ordonnés pour le passage du mont Cenis? A-t-on organisé à Gênes un palais pour l'Empereur? 168. — Instruire Napoléon des mouvements divers opérés dans les dépôts militaires des départements au delà des Alpes, 196. — Mesures à prendre pour que les corsaires ennemis cessent d'inquiéter le cabotage sur les côtes de Gênes, et pour que Port-Maurice ne soit plus exposé à leurs insultes, 202. — L'Empereur a l'intention de faire de la Spezia la succursale de Toulon et le chef-lieu du département des Apennins, 102, 139, 252. V. SPEZIA (LA). — Il invite le prince Borghèse à lui envoyer des projets de communication entre la Spezia et les villes de Pise, de Parme, de Plaisance et de Gênes, afin qu'on puisse arriver à Florence sans traverser le royaume d'Italie, 252, 301. — Établir d'urgence, au 1er janvier 1809, l'impôt du sel et du tabac dans toute l'Italie française, 268. = (10 juin-6 juillet.) Un décret réunit plusieurs villes de la Toscane au département des Apennins, 332. — On devra convertir en dettes de Toscane et de Piémont les dettes de Gênes et de Parme; la dette totale s'élèvera alors à une soixantaine de millions, qu'on amortira par une égale valeur des biens des moines, 407.

DESMAZIS, administrateur du mobilier des palais impériaux, 76.

DESSOLLE, général de division, 487, 490.

DIAMANTS DE LA COURONNE D'ESPAGNE. — (2 mai 1808-28 mai.) Le grand-duc de Berg empêchera qu'ils soient détournés et employés à soudoyer la révolte, 63, 71, 133, 153. — Le ministre des finances d'Espagne les engagera, s'il le faut, afin d'obtenir ainsi l'argent nécessaire pour la marine, 190. V. MARINE ESPAGNOLE. — Combinaison imaginée par l'Empereur pour procurer 4 millions à l'Espagne, et consistant à faire racheter par le trésor français ceux de ces diamants qui appartenaient à la couronne de France et qui avaient été détournés pendant la révolution. 262. V. FINANCES DE L'ESPAGNE.

DISCIPLINE. — Le prince de Neuchâtel mettra en prison un officier de la Grande Armée ayant eu des relations avec un officier russe, qui s'est trouvé mêlé à la violation du territoire du duché de Varsovie par des hussards autrichiens, 54. — Le grand-duc de Berg fera assister pendant un mois à la parade, avec des bâtons au lieu de fusils, trois soldats français qui se sont laissé désarmer, 94. — Le général Clarke donnera des ordres pour qu'on juge, partout où il sera, le soldat français qui a tué un paysan saxon, et pour qu'on affiche en Saxe la sentence, 595, 609. — On témoignera le mécontentement de l'Empereur au 6ᵉ corps de la Grande Armée, qui a montré peu de discipline, 609.

DIVISION DE L'ARAGON. V. CORPS DE L'ARAGON.

DIVISION D'OBSERVATION DES PYRÉNÉES ORIENTALES. V. CORPS D'OBSERVATION DES PYRÉNÉES ORIENTALES.

DONZELOT, général de division, gouverneur général des Sept-Iles, 199, 446, 447.

DORDELIN, contre-amiral, 269.

DREYER (Baron DE), envoyé extraordinaire et ministre plénipotentiaire du Danemark à Paris, 35, 45.

DROIT DE GRÂCE. — Le droit de grâce relève de la souveraineté; le grand-duc de Berg l'a méconnu en commuant la peine d'un militaire.
50. — L'Empereur ne l'exerce lui-même qu'après avoir entendu le conseil privé, 66.

DROUET, général de division, commandant à Bayonne les dépôts d'infanterie de l'armée d'Espagne, 474, 478, 520, 585, 596, 597, 622.

DUBOIS-THAINVILLE, consul de France à Alger, 25, 35.

DUCOS, général, commandant une brigade de la 1ʳᵉ division des Pyrénées occidentales, 10, 14, 37, 43, 49, 94, 154, 280, 355, 363, 449. — Envoyé contre Santander, il entre, le 23 juin 1808, dans cette place avec le général Merle; l'Empereur accorde douze décorations de la légion d'honneur à sa colonne, 398.

DUFOUR, général de division, 558.

DUHESME, général de division, commandant un des quatre corps de l'armée d'Espagne. — (15 avril 1808.) A Barcelone (tome XVI. 478). = (15 mai.) Napoléon lui recommande de tenir ses troupes réunies, 150. = (16 juin 2 juillet.) Ordre à Duhesme de désarmer Barcelone, 359; — de conserver sa communication avec Tarragone, où s'est rendu le général Chabran, 360; — de publier et d'afficher dans Barcelone les proclamations de la junte de Madrid et de l'assemblée de Bayonne. 360. — Sa sortie, le 10 juin, contre les insurgés de la Catalogne : il incendie six villages et ramène dans Barcelone ses troupes victorieuses, 361, 398. — S'est porté le 20 juin contre Girone, mais n'a pas jugé à propos d'en tenter l'assaut, 401. = (23 août-22 septembre.) Restera à Barcelone avec deux divisions pour maintenir la ville, 539. — L'Empereur ordonne de témoigner à Duhesme sa satisfaction et de lui proposer des récompenses pour les officiers que ce général désigne, 609. — On fera savoir à Duhesme qu'à la fin de septembre le général Gouvion Saint-Cyr disposera de 30,000 hommes de vieilles troupes réunies à Perpignan, 609, 610. — Mentions faites du général Duhesme, 69, 81, 280, 283, 284, 338, 352, 359, 453, 454, 474, 518, 574.

DUMANOIR, chambellan de l'Empereur, 56.

DUNKERQUE. — Trois frégates devront être mises en rade à Dunkerque : elles y seront en sûreté et obligeront les Anglais à tenir quatre ou cinq frégates pour les observer, 124. — Ordre de construire à Dunkerque un vaisseau de 60 pour l'Inde, 125. V. ESCADRES DES PORTS MARITIMES.

DUPAS, général de division, 640.

DUPONT, général de division, commandant un des quatre corps de l'armée d'Espagne. — (15 avril 1808.) A Madrid (tome XVI, 542). = (10 mai-3 juin.) Le grand-duc de Berg le fera partir pour Cadix avec 22,000 hommes tirés des armées françaises d'Espagne et de Portugal et des troupes suisses, 96, 134, 141, 180, 184, 191. 216, 308. = (7 juin-1ᵉʳ juillet.) Napoléon suppose que Dupont est entré le 7 juin à Cordoue, 326. — Le général Savary devra le faire appuyer, 385. — Dupont est rejoint par le général Vedel. 398. = (13 juillet-14 juillet.) — La position occupée par le général Dupont est moins importante que celle du maréchal Bessières : ce général réunissant, avec la division Vedel, près de 20,000 hommes, a plus de forces qu'il ne faut, 402, 439. 441, 443. — On a eu tort d'envoyer à Dupont le général Gobert, du corps de Moncey, 440, 442. — Dupont, se trouvant menacé par 25,000 hommes de troupes espagnoles de l'Andalousie, doit recevoir du renfort, si Bessières est victorieux ; dans le cas contraire, on le laissera sur les montagnes de la Sierra-Morena, 451, 455. = (17 juillet-1ᵉʳ août.) Napoléon fait connaître à Dupont sa satisfaction pour les combats de Cordoue et de Jaen, 471. — Après la victoire de Rio Seco, l'Empereur prescrit d'ajouter aux forces du général Dupont la division Gobert.

du corps de Moncey, et de reprendre l'offensive du côté de l'Andalousie, 467, 472, 475, 476. — Il faut que ce général ait au plus tôt 25,000 hommes, afin qu'il puisse attaquer les rebelles et avoir les plus grandes chances de vaincre, 478, 480, 490. = (1ᵉʳ août-3 octobre.) L'Empereur juge, d'après un rapport. que Dupont va être forcé à la retraite, 491, 499. — En apprenant, le 3 août, la capitulation de Bailen, Napoléon l'accuse d'avoir flétri nos drapeaux ; il s'enquiert des tribunaux qui jugent de pareils délits et des peines que les lois infligent à leurs auteurs, 496, 497. V. ANDALOUSIE. — Envoi au ministre de la guerre des interrogatoires de M. de Villoutreys, un des officiers de Dupont ; ce général est soupçonné d'avoir capitulé pour sauver ses bagages. 543. — Le général Clarke joindra à la procédure la relation du général espagnol Castaños sur l'affaire de Bailen, et les lettres de Dupont au général Savary, 544. — La défaite de Dupont n'est pas due au grand nombre des ennemis et à leur habileté, mais à sa profonde ignorance des calculs d'un général en chef, 558. — S'il ne se fût pas séparé de la division Vedel, il eût battu les Espagnols, 558. — L'Empereur adresse au ministre de la guerre, pour être annexé au dossier judiciaire. l'état des sommes prises au général Dupont, 623. — Ordre de faire arrêter Dupont à son débarquement à Toulon, 584, 623.

DUPONT-CHAUMONT, général de division, 639.

DUPRAT, ordonnateur en chef du corps des Villes Hanséatiques, 640.

DURAN (Don Francisco-Xavier), 194

DUROC. général de division, grand maréchal du Palais, 60, 413. — Instructions qui lui sont données par l'Empereur au sujet de l'arrivée du roi et de la reine d'Espagne à Bayonne, 55. V. CHARLES IV.

E

ÉCOLES D'ARTS ET MÉTIERS. — (21 septembre 1808.) Le ministre de l'intérieur établira à Beaupreau (Maine-et-Loire) une école d'arts et métiers distincte de celle de Châlons en ce sens qu'on lieu d'y placer les fils de bons serviteurs de la patrie on y recueillerait des enfants trouvés, qui y recevraient un enseignement professionnel, pour entrer ensuite au service de l'armée, de la marine et des colonies, 609.

ÉGYPTE. — Le débarquement de troupes françaises en Égypte fait partie du plan maritime conçu par Napoléon contre l'Angleterre, 129. 130. V. MARINE FRANÇAISE. — L'Empereur s'enquiert s'il pourrait avoir, à Toulon, au 1ᵉʳ septembre 1808, 86 bâtiments français, avec quatre mois de vivres, pour débarquer 20,000 hommes sur la plage d'Aboukir et opérer ensuite leur retour sur Tarente ou sur Toulon, 129, 130, 243. — Somme approximative qu'exigeraient les approvisionnements de vivres; les dépenses extraordinaires, tous frais compris, n'excéderaient pas deux millions. 244, 245. — L'expédition pour l'Égypte ne pourrait s'accomplir que si les escadres de l'Océan étaient maintenues en force, et si la flottille de Boulogne menaçait l'Angleterre. 245. V. ESCADRES DES PORTS MARITIMES, TOULON.

EMERIAU, contre-amiral, préfet maritime à Toulon. — Prendra des mesures, même extraordinaires, pour que l'escadre de Toulon puisse sortir avant la fin de la saison; fera réitérer à l'escadre espagnole de Mahon l'ordre de se rendre dans ce dernier port; enverra un de ses officiers reconnaître le mouillage de la Spezia, et s'assurer si une escadre y est à l'abri de toute attaque; demandera enfin aux consuls de France à Barcelone, à Carthagène et à Cadix, des nouvelles de la Méditerranée, 139. — « Je compte pour tout cela sur votre attachement et votre zèle pour mon service, » 139.

EMPRUNT ESPAGNOL. — (3 juin 1808 - 7 juillet.) Mollien devra conclure sans délai l'emprunt espagnol de 25 millions de francs, qui sera souscrit par la Banque de France et dont les fonds seront fournis en réalité par la caisse d'amortissement, 303. — Les versements auront lieu, de juin à octobre, à raison de cinq millions par mois, et l'emprunt sera remboursable en dix années, 303. — Le ministre des finances d'Espagne enverra à son banquier, comme garantie, des diamants de la couronne pour une valeur de 5 millions; de son côté, l'Empereur déposera lui-même à la Banque 20 millions de ses effets publics, 409. = (14 juillet.) Il n'est guère permis de compter sur les diamants espagnols comme nantissement, 445.

ENCOURAGEMENTS DE L'ÉTAT. — Pour encourager les compagnies qui se chargeraient des expéditions coloniales, Napoléon prendrait un tiers de leurs actions, et la marine payerait, sur chaque navire, le passage de dix à vingt conscrits et le fret de vingt à vingt-cinq tonneaux. En admettant qu'il ne rentrât dans les ports qu'une moitié des bâtiments qui en seraient sortis, l'état se trouverait exonéré de ses sacrifices, 1. — Établir à Lyon une chaire de chimie, à laquelle l'Empereur affecterait une somme annuelle de 10,000 francs, 249. V. COMMERCE.

ERFURT, ville d'Allemagne, possédée en 1808 par Napoléon. — L'empereur de Russie part le 12 septembre et l'empereur des Français le 22 pour Erfurt, où doivent avoir lieu des conférences entre les deux souverains sur les moyens de rétablir la paix générale, 578, 592, 610. — Ils y arrivent le 27 septembre, 616. — Une convention d'alliance y est signée le 12 octobre, 635. V. CONVENTION D'ERFURT.

ESCADRE FRANÇAISE DE LA MÉDITERRANÉE, à Toulon. — A ravitaillé Corfou, à la grande satisfaction de l'Empereur, grâce à l'habileté du vice-amiral Ganteaume, 25, 132. 138. V. GANTEAUME. — Un officier d'ordonnance de l'Empereur est chargé de connaître sur les lieux mêmes la situation de l'escadre, dont le temps a horriblement contrarié les opérations, et celle des deux vaisseaux russes qui s'y sont joints, 132. — Napoléon désigne plusieurs vaisseaux pour entrer en ligne à la fin d'août, et renforcer l'escadre de la Méditerranée, qui, avec les deux vaisseaux russes et l'escadre de Mahon, compterait alors de 20 à 22 vaisseaux, et pourrait jeter 20,000 hommes et 800 chevaux sur un point important, 132. — V. Expéditions maritimes, Toulon.

Escadres françaises des ports maritimes du continent. — L'Empereur veut qu'on maintienne des escadres dans les ports de la Hollande, de la France, de l'Espagne et de l'Italie, et, à côté de ces escadres, des troupes de débarquement : en tenant ainsi en échec et en disséminant les forces navales des Anglais, il pourra plus facilement accomplir les expéditions maritimes projetées, 86, 106, 108, 245. V. Armements et constructions maritimes, Expéditions maritimes. — Pour que l'expédition de Toulon puisse réussir, il faut que l'escadre de Flessingue soit en bon état, que celle de Mahon soit rendue à Toulon ou à Carthagène, qu'il y ait 4 vaisseaux bien préparés à Rochefort, 4 à Lorient, 3 à Lisbonne, 6 à Cadix, que la flottille de Boulogne soit prête à recevoir 30.000 hommes de troupes, qu'il y ait enfin «une telle confusion de mouvements,» que l'ennemi ne puisse savoir s'il ne s'agirait pas de débarquer en Angleterre, 245. — L'Empereur pourrait avoir, en 1809, déduction faite des 12 vaisseaux russes de la Baltique, 119 vaisseaux de guerre appuyés par 300,000 hommes de troupes d'embarquement, 255. V. Camps des ports maritimes, Escadre de la Méditerranée.

Escadres russes. — L'amiral Siniavine doit compléter les équipages de l'escadre de Lisbonne et se pourvoir de munitions de guerre pour une navigation, 96. — La frégate russe, détachée à Palerme, a été prise par la reine Caroline, 96. — Deux vaisseaux russes serviront aux transports dans l'expédition que l'Empereur fait préparer à Toulon pour le 15 septembre. 243, 245. — Napoléon demande des informations précises sur les bâtiments russes de l'Adriatique : l'amiral Siniavine pourra les échanger contre les deux frégates et les autres petits bâtiments dont il a besoin, 283, 284. — Les escadres russes doivent obliger les Anglais, par un appareillage continuel, à maintenir devant elles, pour les bloquer, plusieurs vaisseaux ennemis, 96, 284.

Escoïquiz, chanoine, conseiller intime du prince des Asturies, 60, 71, 95, 109, 190. — Murat ne doit pas s'opposer aux nominations faites en sa faveur par Ferdinand, et envoyées antidatées au Conseil de Castille, 95.

Espagne (Affaires d'). — (15 avril 1808.) L'Empereur, à Bayonne, 1; le grand-duc de Berg, à Madrid, 3; M. de Champagny, ministre des relations extérieures, à Bayonne, 34; le roi d'Espagne, Charles IV, et la Reine, à l'Escurial (tome XVI, 539); le prince des Asturies prenant le titre de Ferdinand VII, à Vitoria, sur la route de Bayonne, 3; le prince de la Paix, prisonnier (tome XVI, 549); don Antonio, oncle de Ferdinand, président de la junte chargée de gouverner en son absence, à Madrid, 70; don Carlos, frère de Ferdinand, à Bayonne, 4. — Quand l'Empereur arrive à Bayonne, l'armée d'Espagne est composée de quatre corps, ayant ensemble un effectif de 80,000 hommes, commandés par les maréchaux Bessières et Moncey et par les généraux Duhesme et Dupont. V. Armée d'Espagne. = (16 avril-4 mai.) Lettre de Napoléon à Ferdinand; indécision qu'elle exprime au sujet des affaires d'Espagne, 12. V. Ferdinand. — Sur le conseil du grand-duc de Berg, Charles IV a quitté l'Escurial avec la Reine, le 14 avril, pour aller trouver l'Empereur, 20, 37. — On leur rendra, à leur passage à Burgos, «tous les honneurs imaginables,» 21. V. Charles IV. — Si Ferdinand rétrograde de Vitoria sur Burgos, le maréchal Bessières le fera arrêter et conduire à Bayonne, 21. — L'Empereur invite, le 18 avril, son frère Joseph à se tenir prêt à venir le rejoindre, 29. — Ferdinand arrive à Bayonne le 20 : réception distinguée qui lui est faite par l'Empereur, 28, 37, 46. — Rapport dans lequel le ministre des relations extérieures de France conseille à l'Empereur de placer sur le trône d'Espagne un prince de sa famille, 39. V. Succession d'Espagne. — Talleyrand et Fouché feront faire des articles qui, sans justifier le prince de la Paix, puissent attirer la pitié sur lui; Murat et Bessières diront que l'Empereur a résolu de l'envoyer en exil sans le voir, 46, 48, 49, 59. — Arrivée du prince de la Paix à Bayonne le 25 avril, 46. V. Prince de la Paix. — Napoléon informe Charles IV qu'il ne reconnaîtra pas Ferdinand VII, 55. — L'Empereur, écrivant à Alexandre Ier, lui parle des embarras que lui causent les affaires d'Espagne et les symptômes de révolution qui s'annoncent dans ce pays, 55. — Entrée de Charles IV à Bayonne le 30 avril: grande réception que lui a préparée l'Empereur, 55. — Le Roi reproche à son fils Ferdinand sa conduite, et l'adjure de renoncer à la couronne; il déclare aux Espagnols, le 4 mai, dans une proclamation, qu'il n'y a de salut pour eux que dans l'amitié de Napoléon, et il ordonne à la junte de Madrid de considérer le grand-duc de Berg comme lieutenant général du royaume, 61, 68. V. Charles IV. — Murat devra porter les habitants de Madrid, la junte suprême de gouvernement et le conseil de Castille à demander pour roi Joseph Napoléon. 63, 65, 128. V. Junte de Madrid, Conseil de Castille. = (5 mai-25 mai.) Insurrection du 2 mai, excitée à Madrid par Ferdinand et par la junte, et réprimée énergiquement par Murat. 72, 151. V. Insurrection espagnole. — Le grand-duc de Berg fera partir pour Bayonne le président de la junte, don Antonio, et révoquera les membres suspects, 70, 71. 73. V. Antonio. — A la nouvelle de l'insurrection. Ferdinand, menacé par l'Empereur d'être traité comme rebelle, écrit à son père qu'il se désiste de toute prétention à la couronne, 72, 78. — Conventions de Bayonne des 5 et 10 mai, par lesquelles Charles IV et Ferdinand cèdent à Napoléon leurs droits au trône. 76, 81, 82, 88. 109. 111. V. Traités de Bayonne. — Projet d'acte de médiation de l'Empereur dans les affaires d'Espagne, 74. V. Médiation. — Talleyrand dira au corps diplomatique que Charles IV a abdiqué par contrainte, et que les classes supérieures de l'Espagne sont heureuses d'être protégées contre la populace par l'armée française, 58, 76. V. Corps diplomatique. — Le conseil de Castille et la junte de Madrid sont invités par Charles IV et Ferdinand à s'unir à Napoléon, 80, 109, 151. — Le Roi et le prince des Asturies quittent Bayonne les 11 et 13 mai, 76, 87, 95, 99. — Le grand-duc de Berg et le maréchal Bessières s'empareront de la presse, afin de conduire l'opinion; ils publieront la protestation de Charles IV contre les événements d'Aranjuez et sa lettre à Ferdinand, de manière à bien établir qu'on se trouve sans roi; ils feront faire des articles sur la mauvaise administration de l'Espagne et l'avantage pour ce pays de marcher toujours d'accord avec la France; ils dirigeront enfin l'esprit public vers le roi de Naples, mais en déclarant que l'indépendance et l'intégrité du royaume seront maintenues. 21, 37, 47, 48, 60, 63. 65, 69, 81, 87. 128. V. Publicité. — Napoléon offre, le 10 mai, à Joseph, la couronne d'Espagne. 100. — Décret du 25 mai convoquant à Bayonne une junte extraordinaire pour statuer sur la succession au trône d'Espagne et donner une nouvelle constitution à ce royaume. 81. 87, 128. 237. V. Junte de Bayonne. = (15 avril-28 mai.) Recommandations réitérées, avant et après l'insurrection du 2 mai, au grand-duc de Berg et au maréchal Bessières de ne pas laisser de troupes isolées, de rendre les classes supérieures responsables de la tranquillité, de prendre des précautions contre l'émeute et de la réprimer sévèrement partout où elle éclaterait. 4. 9. 10. 11. 15. 18, 48. 57. 79, 80. 88. 89, 110. 113. 127. 135. V. Armée d'Espagne. Burgos. Madrid. — Urgence d'envoyer à Cadix le général Dupont pour empêcher le débarquement des Anglais. 96. 134. 141. 180. 184. 191. V. Cadix, Dupont. — Précautions à prendre contre les troupes espagnoles, afin d'annuler leurs mauvaises dispositions et de les utiliser pour la protection des côtes. 80. 84. 87. 92.

110, 127, 134, 136, 141, 151, 154, 181, 184, 189, 191, 193, 216. V. Gardes du corps de Charles IV, Troupes espagnoles, Troupes suisses. — Le grand-duc de Berg licenciera la plus grande partie des milices espagnoles, 166, 189, 216, 218, 221. V. Milices espagnoles. — Le général Junot dirigera sur Cadix des troupes de l'armée française de Portugal, pour défendre cette place contre les Anglais, 93, 185, 191, 421. Il en enverra également à Almeida et à Elvas, pour contenir la Galice, le royaume de Léon et l'Estremadure, 113, 136, 194, 308, 309. V. Armée de Portugal. — Ordre réitéré au grand-duc de Berg et au vice-amiral Decrès d'expédier des troupes et des armes dans les colonies espagnoles, pour les aider à résister aux Anglais, 86, 190, 205, 208, 247; — d'y faire parvenir des proclamations et des agents, pour leur donner confiance dans la nouvelle dynastie et leur signaler les avantages qu'elles retireront du développement de la marine espagnole, 88, 93, 217. V. Colonies espagnoles. — Le grand-duc de Berg devra trouver des ressources pour imprimer la plus grande activité aux constructions et aux armements dans les trois ports de Cadix, de Carthagène et du Ferrol, 165, 166, 186, 189, 190, 207. V. Cadix, Carthagène, Ferrol, Marine espagnole. — Napoléon désire que, dans des mémoires spéciaux, les différents ministres lui fassent connaître le désordre de l'administration espagnole, pour qu'il puisse montrer un jour dans quel état de décadence était tombée l'Espagne, 221. = (30 mai-14 juillet.) Insurrection générale de la Péninsule après la publication de la proclamation de Ferdinand aux Espagnols; mouvements divers ordonnés à l'armée pour réprimer les troubles de la Galice, du royaume de Léon, de la Vieille-Castille, de l'Aragon, de la Catalogne, de Valence et de l'Andalousie, 281, 282, 284, 308, 313, 326, 327. V. ces mots géographiques. V. aussi Corps de l'armée d'Espagne. — On formera, dans les départements situés sur la frontière espagnole, des colonnes mobiles qui protégeront contre toute insulte les vallées françaises, 313, 337, 339, 340, 386. V. Colonnes mobiles de la frontière espagnole, Gardes nationales françaises. — Organisation spéciale de la colonne des Pyrénées-Orientales, placée sous les ordres du général Reille, 352, 391. V. Colonne mobile des Pyrénées-Orientales. — Le grand-duc de Berg fera ravitailler Ceuta, qu'il importe beaucoup de conserver, 93, 134, 151, 264. V. Ceuta, Présides. — Napoléon écrit à l'empereur du Maroc que, s'il ne donne pas à Ceuta tous les secours nécessaires et s'il se ligue avec les Anglais, il verra descendre en Afrique 200,000 soldats, 93, 141, 167, 235, 264. V. Maroc. — Victoires de Logroño, de Torquemada, de Jaen, de Tudela, de Mallen, des environs de Barcelone et de Valence; prise de Cordoue; soumission de Valladolid, de Ségovie et de Santander; blocus de Saragosse, déblocus de Figuières, 320, 326, 327, 338, 347, 361, 362, 383, 392, 398, 443, 452. V. ces mots géographiques. V. aussi Baste, Chabran, Ducos, Duhesme, Dupont, Frère, Lasalle, Lefebvre, Merle, Reille, Verdier. = (5 juin-10 juillet.) Appels adressés, le 3 et le 8 juin, aux Espagnols par la junte de Madrid et par celle de Bayonne, pour les exhorter à se rallier sincèrement à la nouvelle dynastie, 317, 323. V. Junte de Bayonne, Junte de Madrid. — Déclaration du 6 juin, par laquelle Napoléon proclame Joseph roi d'Espagne et des Indes, en lui garantissant l'indépendance et l'intégrité de ses états, 320. — Joseph arrive à Bayonne le 7 juin. — La maladie du grand-duc de Berg oblige l'Empereur à envoyer, le 13 juin, à Madrid, pour le seconder, le général Savary, qui, après le départ de Murat pour Barréges, reste chargé des affaires jusqu'à l'arrivée du roi Joseph, 347. — Première séance de la junte le 15 juin; elle prend la résolution de se porter en corps chez le Roi, pour lui présenter une adresse; elle s'occupe de poser les bases de la nouvelle constitution de l'Espagne et de réformer les diverses branches de l'administration, 360. V. Constitution de l'Espagne.— Prêt de 25 millions fait à l'Espagne par la France, 409. V. Emprunt espagnol. Finances de l'Espagne. — La tournure des affaires d'Espagne oblige l'Empereur à ajourner ses grandes expéditions maritimes. 409. V. Expéditions maritimes. — Napoléon communique, le 8 juillet, à Alexandre Ier la constitution arrêtée par la junte de Bayonne, en y joignant des explications sur les affaires d'Espagne, 416. V. Alexandre Ier.— Joseph quitte Bayonne le 9 juillet, 411, 420.— Le ministre des affaires étrangères Cevallos adressera de Vitoria une dépêche à tous les ministres, tant à l'étranger qu'à Madrid, pour leur annoncer l'entrée du roi Joseph en Espagne, et il enverra de Burgos une seconde circulaire pour tracer aux agents diplomatiques le langage à tenir sur les événements et sur la constitution, 421. = (14 juillet-1er septembre.) Réorganisation de l'armée d'Espagne en cinq corps, commandés par les maréchaux Bessières et Moncey, et par les généraux Duhesme, Dupont et Verdier. 449 à 455. V. Armée d'Espagne. — Grande victoire remportée, le 14 juillet, à Medina de Rio Seco par le maréchal Bessières sur l'armée de Galice; soumission du royaume de Léon. 446. 467. 475, 490. V. Bessières, Medina de Rio Seco. — Désastre du général Dupont en Andalousie. 493. 497. 504. V. Andalousie. Dupont.— Joseph entre à Madrid, le 20 juillet. 480. — Après la capitulation de Bailen. Napoléon écrit à son frère d'être sans inquiétude: qu'il aura bientôt plus de 100.000 hommes de vieilles troupes pour réprimer la révolte de l'Espagne; que les cours du Nord l'ont reconnu, 439. 448. 472, 487. 491. 497. 545. V. Joseph Napoléon. — On apprend, le 28 juillet, que l'escadre française de Cadix, canonnée pendant trois jours, a été obligée d'amener son pavillon. 487. V. Cadix. — L'armée française évacue Madrid le 2 août, et se porte sur la ligne du Duero, 496. 499.— Nouvelle organisation de l'armée d'Espagne en trois corps commandés par le Roi et par le maréchal Ney.

V. Corps du centre; par les maréchaux Bessières et Moncey, 499, 500. V. Armée d'Espagne. — Deuxième retraite de l'armée sur la ligne de l'Èbre; l'Empereur recommande de s'y fortifier en occupant Burgos et Tudela, de désarmer la Biscaye et la Navarre, 509, 545. 549, 600, 612. 615. V. Biscaye, Burgos, Navarre, Tudela. — Ordre de diriger sur les Pyrénées un grand nombre de troupes de la Grande Armée, 20.000 hommes de l'armée d'Italie et 20.000 conscrits. 515. 524. 532. 537. 539. — Dans un rapport à l'Empereur, M. de Champagny engage Napoléon à réprimer vigoureusement l'insurrection de l'Espagne, pour arracher ce royaume au joug de l'Angleterre, assurer la tranquillité de l'empire et venger les outrages faits à l'honneur français. 563. = (7 septembre-12 octobre.) Décret du 7 septembre réorganisant l'armée d'Espagne en six corps, commandés par les maréchaux Victor, Bessières, Moncey, Lefebvre, Ney, et par le général Saint-Cyr, 572. V. Armée d'Espagne. — Le projet de Joseph de quitter sa ligne d'opération de l'Èbre et de marcher sur Madrid avec 50.000 hommes est désapprouvé par l'Empereur. 610. 612. — La convention d'Erfurt stipule, comme condition absolue de la paix avec l'Angleterre, que cette puissance reconnaîtra les changements survenus en Espagne. 635. V. Convention d'Erfurt. — Principes qu'il convient d'observer à la guerre, et notamment dans les guerres civiles. 359. 363. 442. 558, 585. 611. 615. V. Guerre.

Estève, trésorier général de la Couronne, 410.
Estourmel (D'). capitaine, 483.
Estremadure, province d'Espagne. — Ordre au général Junot d'envoyer à Elvas 3.000 hommes de troupes françaises pour contenir l'Estremadure. 136. 194. V. Armée de Portugal. Espagne.
États-Unis d'Amérique. — (5 mai 1808.) Le ministre de France à la Haye insistera fortement pour que la Hollande ne reçoive pas dans ses ports des navires américains venant de Londres et demandant à être admis comme neu-

tres, sous le prétexte qu'ils étaient partis d'Amérique avant de connaître le décret du 17 décembre 1807, 69. = (14 mai.) Le grand-duc de Berg mettra le séquestre sur les bâtiments américains qui ont subi la visite des Anglais, quelles que soient les réclamations du chargé d'affaires des États-Unis : « Ce gouvernement n'a qu'à maintenir l'indépendance de son pavillon, » 140. = (21 juin.) Champagny répondra au ministre américain que les États-Unis, étant en paix avec les Espagnols, ne peuvent occuper les Florides sans la permission ou la demande du roi d'Espagne, 377. — Ordre réitéré de confisquer sans exception, comme venant d'Angleterre, les bâtiments soi-disant américains qui arrivent dans les ports du continent : les États-Unis se sont interdit volontairement tout commerce par un embargo général, plutôt que de se soumettre au tribut que les Anglais prétendent imposer aux navigateurs de toutes les nations, 29, 69, 99, 238, 381, 422, 565.

EUGÈNE NAPOLÉON (Prince), vice-roi d'Italie. — Communications au Prince Eugène sur les affaires d'Espagne et d'Allemagne, 66, 521. — Recommandations au sujet du campement des troupes, 26. V. CAMPEMENT, HYGIÈNE DES TROUPES. — Instructions relatives au choix d'une ligne de défense pour l'Italie, et particulièrement à la ligne de la Piave. V. ITALIE, LIGNES DE DÉFENSE DE L'ITALIE. — Lettres adressées au Prince Eugène, Voir la liste de la page 731.

EXELMANS, officier d'ordonnance de l'Empereur, 60, 63, 66, 68, 73, 78, 84, 87.

EXPÉDITIONS MARITIMES. — (18 avril 1808.) Le ministre de la marine est invité à méditer l'expédition projetée d'Alger, ainsi que celle de Tunis : « Un pied sur cette Afrique donnerait à penser à l'Angleterre, » 24. V. AFRIQUE, ALGER, TUNIS. — Pour contraindre l'Angleterre à accepter la paix, l'Empereur ordonne de préparer des expéditions à Brest, à Lorient, à Nantes, à Rochefort, au Ferrol, à Cadix, à Toulon. 129, 205, 247, 334, 350.

— L'expédition de Toulon, qui comprendrait 86 bâtiments dont 15 vaisseaux, pourrait transporter 20,000 hommes en Égypte, ou bien les débarquer soit sur la côte d'Afrique, soit en Sicile. 129, 130, 243. — Les autres expéditions seraient destinées à approvisionner les colonies françaises, V. COLONIES FRANÇAISES, et à porter à l'île de France des troupes qui, à un moment donné, feraient une descente dans l'Inde, 139, 275, 324, V. LORIENT; — à reconquérir, à l'occasion, la Trinité, les Saintes et Marie-Galante, 528; — à envoyer aux colonies espagnoles des vivres, des armes, des soldats, des proclamations pour les contenir, les mettre à l'abri d'un coup de main de l'Angleterre, et les rattacher, si c'est possible, au nouvel ordre de choses établi dans la Péninsule, 190, 205, 208, 247, 350. V. CADIX, FERROL (LE); — enfin à se saisir de quelques-unes de ces dernières colonies, si l'effervescence de l'Espagne venait à s'y propager, 350, V. COLONIES ESPAGNOLES. — Les flottes de Flessingue et de Boulogne menaceraient l'Irlande, afin de masquer à l'Angleterre le vrai but de ces expéditions, 131, 245. — Détails et calculs spéciaux relatifs aux expéditions pour l'Égypte et pour les colonies françaises, 234, 243, 275. — Les expéditions de Brest, Lorient et Nantes occasionneraient, pour les vivres, une dépense de 5,550,000 francs, à prendre sur l'ordinaire pour 2 millions, et, sur l'extraordinaire, pour 3,500,000 francs; en ajoutant 2,500,000 francs pour achat et réparation de flûtes et gabares, l'extraordinaire des expéditions serait de 6 millions, 335. — (28 juin.) L'Empereur informe le vice-amiral Decrès que les affaires de l'Espagne peuvent retarder ou même empêcher les expéditions maritimes, et qu'il décidera plus tard s'il convient de détacher du continent des forces si considérables; il l'invite, en même temps, à suspendre l'achat d'une grande quantité de vivres, et à faire seulement les dépenses qui, par leur nature, ne sauraient être perdues, 387.

F

FAMILLE ROYALE D'ESPAGNE. — (15 avril 1808.) Le roi Charles IV, la reine d'Espagne et la reine d'Étrurie, leur fille, à l'Escurial (tome XVI, 584); le prince des Asturies à Vitoria, sur la route de Bayonne, 3; don Antonio, frère de Charles IV, président de la junte suprême de gouvernement, à Madrid, 72; don Carlos, frère de Ferdinand, à Bayonne, 4. = Arrivée à Bayonne du prince des Asturies, le 20 avril, 28, 37; — de Charles IV et de la Reine, le 30 avril, 54; — de l'infant don Antonio, 87; — de la reine d'Étrurie et de l'infant don Francisco, le 8 mai, 88. = Traités de Bayonne stipulant la cession à l'Empereur de tous les droits de la famille royale à la couronne d'Espagne, en échange d'avantages particuliers assurés à chacun de ses membres, 76, 91, 109, 111. V. TRAITÉS DE BAYONNE. = Ferdinand, don Antonio et don Carlos partent pour le château de Valençay le 11 mai, 95, 109. — Charles IV, la Reine, la reine d'Étrurie et l'infant don Francisco se mettent en route, le 13 mai, pour Fontainebleau et Compiègne, 99. V. ANTONIO, CARLOS, CHARLES IV, FERDINAND, LOUISE.

FERDINAND, prince des Asturies, désigné par ses partisans, après l'abdication de Charles IV à Aranjuez, sous le nom de Ferdinand VII. — A Vitoria, sur la route de Bayonne, le 14 avril 1808, 3. = (16 avril.) Lettre de Napoléon à Ferdinand : l'Empereur lui conseille de ne pas faire de procès au prince de la Paix; il le reconnaîtra pour roi s'il lui est démontré que l'abdication de Charles IV a été volontaire; il a été péniblement affecté de son arrestation lors de l'affaire de l'Escurial, bien qu'il eût des torts : «Roi à son tour, il saura combien les droits du trône sont sacrés;» Napoléon verrait avec satisfaction le mariage du prince des Asturies avec une princesse française; Ferdinand doit se défier des écarts des émotions populaires : funestes conséquences qu'auraient pour l'Espagne des attentats commis sur des soldats isolés de l'armée française, 12-13. = (17 avril.) Si Ferdinand rétrograde de Vitoria sur Burgos, c'est qu'il est du parti des Anglais; Bessières le fera arrêter et conduire à Bayonne, proclamera en même temps qu'il n'est pas roi et publiera la protestation de Charles IV ainsi que la lettre de Napoléon à Ferdinand, 21. = (20 avril-30 avril.) Le prince des Asturies arrive à Bayonne le 20 avril, 28, 37. — M. de Champagny veillera à ce que la gazette espagnole qui paraît à Bayonne ne l'appelle pas roi, 36. — Le grand-duc de Berg et le maréchal Bessières devront parler de la réception distinguée que lui a faite l'Empereur, 37, 46. — Ordre à Murat de publier la lettre de Napoléon à Ferdinand, 47. — Visite de Ferdinand à son père; accueil dédaigneux qu'il en reçoit, 60. — Jugement de Napoléon sur le prince des Asturies, 46, 58, 76. = (1ᵉʳ mai.) L'Empereur ne le reconnaîtra pas pour roi d'Espagne, 58. — On a arrêté un courrier de la junte de Madrid, qui continue à correspondre avec lui, 60. = (2 mai.) Charles IV a écrit à son fils pour lui reprocher sa conduite et pour lui déclarer que, dans son intérêt et dans celui de l'Espagne, il doit cesser de prétendre à la couronne, 61. — Effet de cette lettre sur Ferdinand; il ne s'intitule plus que prince des Asturies et promet de ne pas ameuter les Espagnols contre la France, 62, 71. = (5 mai.) Après l'insurrection de Madrid, il est sommé par l'Empereur de reconnaître son père pour souverain légitime, sous peine d'être traité comme rebelle, 72. = (6 mai.) Écrit à Charles IV qu'il renonce en sa faveur à la couronne, 78. — Retire à la junte de Madrid les pouvoirs qu'il lui avait conférés, et l'invite à se réunir, d'effort et de cœur, à Charles IV et à Napoléon, 80. = (9 mai-11 mai.) Bessières publiera la correspondance que Ferdinand entretenait avec le duc d'Angoulême, 94. — Ferdinand a cédé, le 10 mai par un traité, tous ses droits comme prince des Asturies à Napoléon, 109, 111. — Quitte Bayonne le 11 mai pour se rendre au château de Valençay, 95. = (11 mai-14 mai.) On peut lui faire parvenir de Madrid l'argenterie qu'il demande, 110. — Envoi au grand-duc de Berg de la proclamation adressée par Ferdinand et les infants au peuple espagnol, 112, 128. — Napoléon répond au prince des Asturies qu'il adhère à sa demande et qu'il conclura aussitôt que possible le mariage projeté avec une de ses nièces, 145. = (15 mai-19 mai.) Murat reçoit de l'Empereur la lettre écrite par Ferdinand au conseil de Castille, 151. — Napoléon a de fortes raisons pour soupçonner le prince des Asturies d'avoir excité l'insurrection du 2 mai, 151. — Talleyrand fera en sorte qu'il soit bien traité au château de Valençay, 151. — L'Empereur ne veut rien décider avant de connaître l'effet de la proclamation de Ferdinand et des infants : « dans les affaires de cette nature, c'est le grand art de savoir attendre, » 189, 193. = (30 mai.) Napoléon informe le grand-duc de Berg que le prince des Asturies paraît fort satisfait à Valençay, 282. = (15 juin-20 juillet.) Des ordres vont être donnés pour que Ferdinand soit bientôt mis en possession du château de Navarre (Eure), que Napoléon lui a cédé, par le traité du 10 mai, en échange de ses droits à la couronne d'Espagne, 357. — L'exécution de ce traité a été retardée par les formalités que prescrit la constitution française, 473.

Ferrol (Le), port militaire de la province de Galice. — (16 mai 1808-8 juin.) L'Empereur désire y avoir le plus tôt possible, en bon état, sept vaisseaux et trois frégates, 165. — Injonction à Murat d'y faire parvenir sans retard 500,000 francs pour l'armement de nouveaux navires et la réparation des anciens, 190, 216. — L'escadre du Ferrol doit être prête à transporter, dans le courant de juin, 3,000 hommes de troupes françaises à Buenos-Ayres, afin de protéger cette colonie espagnole contre les Anglais, 190, 205. — Napoléon donne au grand-duc de Berg des instructions détaillées sur l'organisation de cette expédition : elle devra être préparée secrètement et sans ostentation, afin que les Anglais ne renforcent pas l'escadre qui croise devant le Ferrol, 205, 248. — Murat fera sentir au conseil des Indes, à la compagnie des Philippines et à la caisse de consolidation, l'importance d'avancer, pour cette opération, quelques millions, qui leur seront rendus, 248. V. Buenos-Ayres. — Utilité de diriger des troupes françaises sur le Ferrol, pour protéger ce port contre les Anglais, 327.

Fesch, cardinal, grand aumônier. — (16 juin 1808.) Le choix d'un prêtre constitutionnel, pour succéder à l'archevêque de Paris, a fait naître une émotion mal fondée, 364.

Figuières, ville forte de la province de Catalogne. — (29 juin 1808-14 juillet.) Le général Reille marchera au secours de Figuières, bloquée par les insurgés de la Catalogne et exposée à se rendre par défaut de vivres, et il approvisionnera cette place pour six mois; garnison à y envoyer, 392, 401, 415, 417. — Reille a débloqué Figuières le 6 juillet, et l'a ravitaillée, 421, 452. = (23 août.) On placera dans cette ville les divisions Reille et Chabot, dans le cas où elles ne pourraient, à elles seules, prendre Girone, afin de maintenir la communication avec Bellegarde, 539.

Filangieri, écuyer de Joseph Napoléon, 487.

Finances de la France. — L'Empereur s'est engagé à servir une pension annuelle de 7,500,000 francs au roi Charles IV, et à faire payer 400,000 francs annuellement à chacun des infants d'Espagne ; cette somme de 9,500,000 francs ne doit pas figurer au budget comme dépense normale, mais comme emprunt remboursable par l'Espagne, 91. V. Traités de Bayonne. — Nécessité de venir en aide aux troupes espagnoles du prince de Ponte-Corvo, en leur prêtant 500,000 francs contre des traites payables en Espagne, 211. — Prêt de 25 millions de francs fait à l'Espagne par la France, et remboursable en dix années; mécanisme de cette opération, 303.

V. Emprunt espagnol, Finances de l'Espagne. — Un décret impérial modifie l'emploi des deux centimes de non-valeurs, qui rapportent annuellement 4 à 5 millions; le produit en sera divisé en trois parts égales, pour les départements, le ministère des finances et le trésor; ce dernier tiers permettra de pourvoir à des événements imprévus; Napoléon a hâte d'en user en faveur du Piémont, récemment désolé par des tremblements de terre, 119, 122, 211. — Il faut destituer le payeur de l'armée de Dalmatie et le remplacer par un agent sûr, sachant bien que ce ne sont pas les généraux qui sont les ordonnateurs, mais les ministres, 159. V. Dalmatie, Marmont. — L'Empereur se plaint des abus qui se produisent dans la solde; états à fournir régulièrement à l'Empereur sur la comptabilité de la Grande Armée, 179. — La banque de France, la caisse d'amortissement et la caisse de service sont également intéressées à empêcher la dépréciation des fonds publics; projet de convention relatif à la formation par ces trois établissements d'un fonds de 60 millions, destiné à maintenir la rente 5 pour 100 au prix de 83 francs, 583. V. Banque de France, Fonds publics. — L'imposition relative aux bois portera désormais sur la coupe et non sur l'arpent, 606. — Napoléon veut évacuer l'Allemagne et céder à divers princes de la Confédération du Rhin les territoires occupés par l'armée française; les avantages qu'il stipulerait en échange procureraient à la France 2 millions de rente. 626. V. Confédération du Rhin.

Finances de l'Espagne. — (9 mai-24 juillet.) Mollien fera payer annuellement 7,500,000 francs au roi Charles IV et 400,000 francs à chacun des infants, ces sommes ne devant pas être portées en dépense au budget de l'Empire, mais figurer comme emprunt qui sera remboursé par l'Espagne, 91. — Napoléon ne peut imposer au trésor aucun sacrifice pour l'entretien de l'armée française; il est facile, avec de l'ordre, de tirer d'un pays de onze millions d'habitants de quoi nourrir une armée de 80 à 100,000 hommes. 133, 136. — L'ambassadeur de France, Laforest, rédigera sur les finances de l'Espagne un mémoire faisant connaître la dette consolidée et la dette flottante. ainsi que les recettes et les dépenses des trois dernières années, 135, 143, 154. — Il faut que le ministre des finances trouve 15 millions de francs pour les armements à faire dans les ports, et, si cela est nécessaire, qu'il engage les diamants de la couronne, 190, 207. — En faisant passer en France un corps de troupes espagnoles, et en licenciant la plus grande partie des milices, on soulagera considérablement les finances, 186, 216, 218, 221. — L'Empereur a constaté qu'il y avait, au 15 mai, dans les caisses publiques de l'Espagne, environ 1 million en argent et 5 millions en *vales royaux*, perdant 50 pour 100 et valant par conséquent 2,500,000 francs, 218. — Le grand-duc de Berg doit se procurer 1,500,000 francs pour le premier mois, 219. — Il fera sentir au conseil des Indes, à la compagnie des Philippines, ainsi qu'à la caisse de consolidation, l'importance d'avancer, pour l'expédition de Buenos-Ayres, quelques millions qui leur seront rendus, 248. — Afin de procurer 4 millions de francs au trésor espagnol, l'Empereur rachètera les diamants de la couronne de France, volés à l'époque de la révolution française et acquis par la couronne d'Espagne. 262. — Napoléon demande au ministre des finances d'Espagne des états indiquant, notamment, les revenus publics, les ressources de la caisse de consolidation, la dette publique, la dotation et le mécanisme de l'amortissement, 396. — Ordre est donné, le 7 juillet, à Maret, ministre d'état, de signer, avec M. d'Azanza, ministre des finances, une convention relative au prêt de 25 millions consenti à l'Espagne par la Banque de France; bases de cette opération financière, 409. V. Emprunt espagnol. — Envoi d'un million au roi Joseph, 428. — Napoléon l'informe, le 24 juillet, que le numéraire destiné au second payement de l'emprunt est parti de Paris, 482.

FLESSINGUE, port militaire de la Hollande, à l'embouchure de l'Escaut. — (27 avril 1808-19 août.) L'Empereur s'applaudit que le bassin de Flessingue, grâce aux travaux ordonnés et qu'on doit activement poursuivre, puisse contenir, en septembre 1809, 20 à 22 vaisseaux de guerre : « Ce sera là un grand objet de menace pour l'Angleterre, » 51, 296, 355. — Navires qu'il conviendrait de réparer, de construire et d'armer à Flessingue, 51, 106, 123. — Napoléon suppose que cette escadre comptera 5,000 hommes au 1er juin, 145, 161. — Mesures que Louis-Napoléon, roi de Hollande, est invité à prendre pour la protéger, 158. — Ne pourrait-on, avec quatre vaisseaux de Flessingue, ayant trois mois de vivres et l'autorisation de rentrer dans un port quelconque, enlever la croisière anglaise? 239. — Il importe d'assurer les communications avec la place de Flessingue; ouvrages de défense à construire et armements à faire : il convient d'organiser des canonniers gardes nationales, non payés, comme en Hollande, et qu'on ferait venir en cas d'alerte, 355, 369. — L'Empereur a reçu le plan de Flessingue : ensemble de circonstances spéciales qui ne permettent pas aux vaisseaux ennemis de mouiller dans la rade, 390. — Se bien garder de sacrifier de l'argent à construire des forts inutiles : il serait même superflu de placer des mortiers sur la côte; il suffit d'en avoir à Flessingue et à Breskens pour empêcher une escadre anglaise d'entrer dans l'Escaut, 391. — Napoléon pense que quelques bâtiments, portant 1,500 à 2,000 hommes, pourraient s'emparer, dans les Petites Antilles, des Saintes et de Marie-Galante, 528. — Tandis que s'accompliraient les expéditions pour les colonies et pour l'Égypte, la flotte de Flessingue menacerait l'Irlande, 131, 245.

FLORIDA BLANCA (Comte de), 186.

FONDS PUBLICS. — (8-10 septembre 1808.) La banque de France, la caisse de service et la caisse d'amortissement ont un même intérêt à ce que le cours de 5 pour 100 ne subisse pas de dépréciation; projet de concordat pour la création entre ces trois établissements d'un fonds collectif de 60 millions, destiné à maintenir cette rente au taux de 83 francs. — Témoigner au syndic des agents de change le mécontentement de l'Empereur pour la cote faite depuis la clôture du semestre; on ne doit coter ni les marchés à terme, ni les rentes nouvellement livrées, résultat des liquidations, 586.

FONTAINE, architecte de la Maison de l'Empereur. 145.

FORTIFICATIONS. — Ne faire d'ouvrages de campagne qu'en cas d'absolue nécessité : il y a économie d'hommes et sûreté dans la fortification permanente 33. — Noms qu'il convient de donner aux différents ouvrages de la place d'Alexandrie, 458.

FOUCHÉ, ministre de la police générale. — A propos des bulletins de Rome, Napoléon l'engage à mieux choisir ses agents, 65. — Il blâme Fouché d'avoir suspendu, sans son autorisation et par un acte gratuit d'arbitraire, la vente des *Commentaires de Racine* par Geoffroy, 322. — Le ministre de la police laisse, avec trop de légèreté, se propager dans ses salons les bruits répandus au sujet du divorce, 367.

FRANCISCO (Don), infant d'Espagne. 63, 109.

FRANÇOIS Ier, empereur d'Autriche. — (14 octobre 1808.) L'Empereur l'engage à se défier de la faction qui le pousse à faire des armements exagérés; il ne veut toucher en rien à l'intégrité de sa monarchie; il a licencié les camps de la Confédération du Rhin et en a dirigé les troupes sur Boulogne; il ne demande qu'à finir la guerre maritime, sans être inquiété sur le continent, et à fonder ainsi la paix de l'Europe, 649. V. AUTRICHE.

FRÉDÉRIC, roi de Wurtemberg. — (27 septembre 1808.) L'Empereur, à son départ d'Erfurt, conviendra avec ce prince d'un lieu où il puisse le rencontrer sur la route, 617.

FRÉDÉRIC, grand-duc de Bade. V. CHARLES-FRÉDÉRIC.

Frédéric VI, roi de Danemark. — (12 juillet 1808.) L'Empereur le remercie de lui avoir envoyé l'Ordre de *l'Éléphant*, 428. = (10 septembre.) Les troupes espagnoles ont livré aux Anglais les postes du Danemark qu'on avait imprudemment confiés à leur garde ; Napoléon exprime à Frédéric VI la peine qu'il en a ressentie, 589. V. Danemark.

Frédéric-Auguste, roi de Saxe. — (21 juin 1808.) L'Empereur a vu avec plaisir que le roi de Saxe a été satisfait des arrangements de Bayonne, 378.

Frédéric-Guillaume III, roi de Prusse. — (14 septembre 1808.) Napoléon se réjouit de voir « toutes les affaires terminées » (au sujet de l'évacuation de la Prusse par l'armée française et de l'acquittement par cette puissance des contributions de guerre), et il désire le rétablissement des bonnes relations qui existaient autrefois entre les deux souverains, 594. V. Prusse.

Frère, général de division, commandant la 3ᵉ division du corps du général Dupont. — (8 juin 1808-14 juillet.) Envoyé de Madrid par le grand-duc de Berg pour réprimer l'insurrection de Ségovie, 327. — C'est à tort que le général Savary l'a dirigé sur la province de Valence, où le maréchal Moncey suffisait, 440. 442. — Ordre de le faire partir pour San-Clemente, 442, 453. = (7 septembre.) Est compris par le décret de réorganisation de l'armée d'Espagne dans le 3ᵉ corps de cette armée, 573. V. Armée d'Espagne.

Fréville, maître des requêtes au Conseil d'état, 127, 219.

Friant, général de division d'infanterie, 642.

Frias (Duc de), 188, 194 235. — L'Empereur ne veut avoir, comme ambassadeur d'Espagne à Paris, qu'un homme sûr; il invite Joseph à nommer le duc de Frias, 545, 566.

G

Gabrielli, cardinal, évêque de Sinigaglia, 467.

Galice (Royaume de), ancienne province d'Espagne. — (11 mai 1808-3 juin.) Le grand-duc de Berg fera écrire par la junte de Madrid en Galice, où se manifeste quelque fermentation, 112. — Le général Junot enverra une colonne de 4,000 hommes à Almeida, afin d'empêcher l'insurrection de la Galice, 113. — Le général Loison, qui commande cette colonne, se rapprochera du corps du maréchal Bessières pour mieux contenir le pays, 308, 309. V. Armée de Portugal. = (3 juin-17 juillet.) Le général Savary doit avoir des forces disponibles pour marcher sur la Galice, dont les insurgés ont été renforcés par les troupes espagnoles de Porto, 385, 398. — L'armée de Galice menace Madrid : le but de tous les efforts doit être de la détruire, 443. — Si Bessières est victorieux, son premier soin sera de conquérir cette province, afin d'assurer les derrières de l'armée et de fermer tout débouché aux Anglais, 449. 450, 466,468.

Gallo (Marquis de), ministre des affaires étrangères du royaume de Naples, 266. — L'Empereur lui accorde 5,000 ducats de rente, 412.

Ganteaume, vice-amiral, commandant l'escadre de la Méditerranée, à Toulon. — (18 avril 1808.) L'Empereur le félicite d'avoir si bien rempli ses instructions pour le ravitaillement de Corfou, 25. 132. — Il veut lui donner une marque éclatante de sa satisfaction, et il attend son rapport pour récompenser les officiers de son escadre, 26. — Les vaisseaux espagnols de Mahon ont reçu l'ordre de se rendre à Toulon ; le vice-amiral Ganteaume devra, autant que possible, en protéger l'arrivée, 132. — Ganteaume enverra un officier de confiance examiner les travaux de la Spezia, que Napoléon convertit en port de guerre, 132. — Il prendra des renseignements sur une expédition qui aurait pour but Tunis et Alger, 132. — Les Anglais ayant à faire de tous côtés, dans la Baltique et la mer du Nord, il ne doit pas se laisser bloquer par de petites forces, 132.

GARDE IMPÉRIALE. — (4 mai 1808-6 septembre.) Le maréchal Bessières n'admettra dans la Garde impériale aucun homme sortant des troupes espagnoles, 67. — Le grand-duc de Berg joindra le bataillon des marins de la Garde à la division du général Dupont, 185. — L'Empereur a l'intention de réorganiser l'administration et tout le matériel de l'artillerie de la Garde, pour remplacer ce qui est en Espagne, 531. — Le général Walther réformera dans les fusiliers de la Garde tous les hommes qui seraient hors de service, et fera partir les autres pour compléter le bataillon qui est à Bayonne, 393. — Mesures prises pour le recrutement de la Garde, 551. — Napoléon rend un décret favorable à certains officiers d'artillerie de la Garde: «Je ne sais s'ils sont sortis des écoles; mais tous servent sur les champs de bataille depuis quatorze ans, cela vaut bien le polygone,» 570. = (2 octobre.) Le général Walther partira pour Bayonne à la tête de 4,000 hommes de la Garde, et sera remplacé par le général Lefebvre dans le commandement des régiments qui resteront à Paris jusqu'à nouvel ordre, 620.

GARDES DU CORPS DE CHARLES IV. — (2 mai 1808.) Murat les licenciera, s'il ne peut les gagner à la cause de la France, 64. = (5 mai.) En apprenant l'insurrection du 2 mai, Napoléon recommande de les désarmer, 73. = (9 mai-19 mai.) Tant qu'ils seront à Tolosa, l'Empereur compte y laisser le général Lasalle. 94. — Ordre au grand-duc de Berg de rappeler ceux de Tolosa et de Vitoria, et de les tenir réunis pour les empêcher d'être dangereux, 109. — La présence des gardes du corps à Madrid étant un péril, Napoléon recommande expressément à Murat de les diriger sur l'Escurial, avant l'arrivée de Joseph, ou mieux encore, si c'est possible, de les porter à demander d'aller faire une campagne dans le nord de l'Europe avec les troupes espagnoles qui sont à la Grande Armée, 134, 152, 154, 189, 193.

GARDES NATIONALES ESPAGNOLES. — (19 juin 1808.) Ordre au général Savary de former dans chaque ville des compagnies de gardes nationales pour appuyer les alcades, les évêques et les couvents qu'on rendra responsables de la tranquillité, 372.

GARDES NATIONALES FRANÇAISES. — (10 juin-19 juillet.) Le général Lamartillière partira de Bordeaux avec 3,000 hommes de gardes nationales et se rendra à Pau, afin de protéger la frontière contre les incursions des insurgés de l'Aragon, 337, 340. — On organisera dans les départements des Basses-Pyrénées, des Hautes-Pyrénées, de l'Ariége, de la Haute-Garonne, des Pyrénées-Orientales, des bataillons de gardes nationales qui feront partie des colonnes mobiles de la frontière espagnole, 339. 386. V. COLONNES MOBILES DE LA FRONTIÈRE D'ESPAGNE. — Le prince de Neuchâtel fera partir de Saint-Jean-Pied-de-Port pour Pampelune des gardes nationaux qui occuperont cette place jusqu'à la prise de Saragosse, 376. — Envoi de 1,200 hommes de gardes nationales devant cette ville, 382, 385. — Diriger 300 gardes nationaux sur Barréges, où se trouve le grand-duc de Berg et où l'Impératrice ira peut-être, 470.

GAUDIN, ministre des finances. — (12 mai 1808.) Préparera un travail sur l'organisation administrative de la Toscane, avec le concours des hommes instruits que renferme la junte instituée par Napoléon, 121. V. FINANCES DE LA FRANCE.

GAUDRAN, capitaine, 215.

GAULOIS, général de brigade, 11, 355, 439, 447, 449, 466, 468.

GAUTIER, chasseur au 16ᵉ d'infanterie légère, 161.

GENDARMERIE. — L'Empereur demande un rapport sur les postes occupés par la gendarmerie; il a vu le dépôt des conscrits de la citadelle de Bayonne occupé par une brigade de la gendarmerie à cheval, laquelle ne doit être chargée d'aucun des services que la gendarmerie à pied peut faire, 23-24.

GEOFFROY, homme de lettres, 322.

GEORGES III, roi d'Angleterre. — (12 octobre

1808.) Lettre par laquelle Napoléon et Alexandre invitent ce souverain à entrer en pourparlers avec eux pour arriver à une paix que réclament à la fois les intérêts du Continent et ceux de la Grande-Bretagne, 638.

GÉRANDO (DE), maître des requêtes au Conseil d'état, 120, 121.

GÉRARD, général de brigade, 640.

GIBRALTAR, ville forte de l'Andalousie, possédée par les Anglais.— (1ᵉʳ mai 1808-18 mai.) Ordre au grand-duc de Berg de faire examiner par des officiers du génie la position de cette place, 84 ; — de renforcer le camp établi en face de Gibraltar pour empêcher le débarquement des Anglais, 64, 80, 84, 87. V. CAMP DE SAINT-ROCH. — Le général Marescot est envoyé par Napoléon pour voir ce qui pourrait être tenté contre Gibraltar, 168.

GIRARDIN (Stanislas), général de brigade. — Nommé comte de l'Empire par Napoléon, 412.

GIRONE, ville forte de la province de Catalogne. — (2 juillet 1808-23 août.) Les insurgés de la Catalogne y ont établi leur junte, et de là donnent le mouvement au reste de la province, 452. — Le général Duhesme s'est porté le 20 juin contre cette place, mais n'a pas jugé à propos d'en tenter l'assaut, 401. — Ordre au général Reille de marcher sur Girone, où Duhesme enverra de son côté une colonne, 401, 452. — La soumission de cette ville permettra de diriger 2,000 hommes de plus sur Valence, 454. — Le général Saint-Cyr, commandant le corps de Catalogne, prendra, s'il le peut, Girone avec la seule division Reille; dans le cas contraire, il y emploiera les deux divisions Reille et Chabot, 539.

GOBERT, général de division d'infanterie, commandant la 2ᵉ division du corps du maréchal Moncey, 440-443, 467. — La division Gobert aurait dû être envoyée au général Bessières au lieu de l'être au général Dupont, 439. — Rejoint Dupont à Andujar, 472, 559.

GODOY (Emmanuel). V. PRINCE DE LA PAIX.

GRAND-DUC DE BERG. V. JOACHIM.

GRANDE ARMÉE. — Commandements et corps de la Grande Armée avant sa dissolution et la réorganisation de l'armée d'Espagne : 1ᵉʳ commandement, formé, en grande partie, du 3ᵉ corps, comprenant le duché de Varsovie et la province de Küstrin (maréchal Davout); — 2ᵉ commandement, formé surtout du 4ᵉ corps et de la réserve d'infanterie, comprenant les territoires qui s'étendent entre l'Oder et la Vistule (maréchal Soult); — 3ᵉ commandement, formé du 5ᵉ et du 6ᵉ corps, ainsi que de la légion polaco-italienne, comprenant la haute et la basse Silésie (maréchal Mortier); — 4ᵉ commandement, formé du corps d'observation de la Grande Armée, et comprenant les pays situés entre l'Oder et l'Elbe (maréchal Brune); — 5ᵉ commandement, formé de troupes françaises, espagnoles et hollandaises, et comprenant les Villes Hanséatiques (maréchal prince de Ponte-Corvo). — Le 1ᵉʳ corps (maréchal Victor) avait son quartier général à Berlin; le 2ᵉ (général Marmont) occupait Trieste; le 7ᵉ était dissous; le 8ᵉ formait, sous les ordres du prince Eugène, l'armée d'Italie; le 9ᵉ (général Michaud) avait son quartier général à Kœpenik (tome XVI, notamment 180-183). = (25 juin 1808.) L'Empereur demande un rapport sur l'infanterie de la Grande Armée, dont l'effectif est porté, dans l'état de situation, à 190,000 hommes, bien qu'il ne soit en réalité que de 156,000 hommes, 382. = (5 août-22 septembre.) Après l'évacuation de Madrid par l'armée française, Napoléon ordonne de diriger sur Bayonne, par la route de Metz, le 1ᵉʳ et le 6ᵉ corps de la Grande Armée, avec cinq divisions de dragons et plusieurs régiments de chasseurs et de hussards ; le 5ᵉ corps se rendra à Baireuth et s'y tiendra prêt à partir pour l'Espagne ; le maréchal Davout portera ses trois divisions en Silésie et aura son quartier général à Breslau ; son corps sera renforcé de la division Oudinot, qui quittera Danzig pour Glogau, et son commandement s'étendra à la Silésie ; le maréchal Soult portera son quartier général à Berlin et commandera toute la Prusse, y compris Küstrin, 498, 503, 507.

508, 515, 516, 524, 539, 571, 622. — L'infanterie des 1" et 6° corps devra, autant que possible, marcher en poste ; la cavalerie et l'artillerie auront quelques séjours de moins et « brûleront quelques étapes ; » faire en sorte de ne pas causer, par ce mouvement de troupes, beaucoup de sensation à Berlin, 504. — Les 3° et 4° corps de la Grande Armée, qui restent en Allemagne, comprendront encore 110 bataillons et 124 escadrons de troupes françaises ; joints à la division Oudinot, ils donneront 120,000 hommes présents sous les armes, 521. 526. — L'Empereur indique les deux routes qu'auront à suivre, en France. les régiments qui viennent de la Grande Armée. 532. — Le décret du 7 septembre. qui réorganise l'armée d'Espagne, enlève à la Grande Armée les 1" et 6° corps. les maréchaux Victor, Lefebvre, Ney et le général de division Saint-Cyr. 572-574. — Fêtes brillantes ordonnées par l'Empereur en l'honneur des troupes traversant la France du Rhin aux Pyrénées. 566, 604. — A la date du 22 septembre, près de 200,000 hommes de la Grande Armée, en marche vers l'Espagne, avaient dépassé Paris et Orléans, 610. = (11 octobre.) Le 5° corps, commandé par le maréchal Mortier. est dirigé de Baireuth sur Bayonne ; il conservera son numéro, et le corps du général Saint-Cyr deviendra le 7° de l'armée d'Espagne, 634. = (12 octobre.) Décret portant que, le 15 octobre, la Grande Armée sera dissoute, et que le corps de troupes restant en Allemagne prendra le nom d'*Armée du Rhin*, 640.

GRANDJEAN, général de division, 336. — L'Empereur le désigne comme un bon général qui serait utile devant Saragosse, 548.

GRASSIN, capitaine de corsaire, 51.

GROUCHY, général de division, 194.

GUADELOUPE. — Faire connaître par *le Moniteur* les prises des corsaires de la Guadeloupe sur les Anglais, 51. — On enverra dans cette colonie 800 hommes, en employant pour leur transport les aventuriers qui en reviennent, et ceux que voudront expédier Bordeaux, Bayonne et Nantes, 52. — Napoléon approuve l'appareillage dans divers ports de l'Empire de bricks et corvettes portant à la Guadeloupe des vivres pour une année, 350. — Bâtiments divers à diriger vers cette colonie, 215, 358. V. COLONIES FRANÇAISES.

GUDIN, général de division d'infanterie, 642.

GUERRE. — « Les mouvements rétrogrades sont dangereux à la guerre ; ils ne doivent jamais être adoptés dans les guerres populaires ; l'opinion fait plus que la réalité, » 398. — Dans les guerres civiles, il faut garder les points importants et ne pas aller partout, 442. — A la guerre, les forces morales comptent pour les trois quarts et les forces matérielles pour un quart ; presque tout y est opinion, « opinion sur l'ennemi, opinion sur ses propres soldats, » 548. 549, 613. — « A la guerre, les hommes ne sont rien, c'est un homme qui est tout. » 558. — La guerre exige des idées saines et précises ; il y a du génie à changer sa ligne d'opération, c'est un crime de la perdre, 611, 615.

GUILLAUME III, roi de Prusse. V. FRÉDÉRIC-GUILLAUME III.

GUILLOT, général de brigade, 415.

GUINIÉ, lieutenant de vaisseau. — Napoléon veut décorer cet officier, qui s'est distingué par deux actions brillantes : « Cette manière d'enlever des bâtiments anglais avec des péniches, à l'abordage, annonce de la résolution et du caractère, » 240, 296.

H

HABERT, général de brigade, 231, 281.

HANICQUE, général de division d'artillerie, 641.

HANNECOURT (D'), officier d'ordonnance de l'Empereur, 37. 60. 72. 78.

HAUTERIVE (D'), conseiller d'état, 77.

HAVANE (LA), colonie espagnole. — L'Empereur a l'intention d'y envoyer une frégate avec 2,000 fusils, 248. V. COLONIES ESPAGNOLES.

HAVRE (LE). — Napoléon voit avec satisfaction qu'on y arme quatre frégates, pour obliger les Anglais à en tenir un nombre égal devant ce port, 86, 108. V. ESCADRES DES PORTS MARITIMES. — Le Havre est un des ports de construction de la France. 297.

HÉDOUVILLE, ministre plénipotentiaire. — L'Empereur conseille à Joseph de se l'attacher comme secrétaire intime : « C'est un homme parfaitement sûr, sur le dévouement et la probité duquel vous pouvez compter. » 359.

HENRI, chef d'escadron de gendarmerie. 159.

HIJAR (Duc DE), 194.

HOHENZOLLERN (Prince DE). 128.

HOLLANDE. — (5 mai 1808.) Le ministre des affaires étrangères insistera fortement auprès du gouvernement hollandais pour que des navires américains venant de Londres ne soient pas reçus dans les ports de la Hollande; il déclarera au besoin que l'embargo sera mis sur tous les bâtiments hollandais et que le ministre de France sera rappelé. 69. — (8 juillet-12 octobre). La Hollande n'observe pas les lois du blocus; veut-elle obliger l'Empereur à lui fermer le Rhin et l'Escaut? 413, 422, 639. — Napoléon demande une liquidation en faveur de soldats français de la garde du roi de Hollande, qu'on a licenciés sans pension, et il espère qu'on ne l'obligera pas à faire pour ce payement une sommation directe au gouvernement hollandais, 435.

HORTENSE, reine de Hollande. — (23 avril 1808.) L'Empereur la félicite au sujet de la naissance d'un jeune prince, 38.

HUGUES (Victor), commandant en chef de la Guyane française, 161.

HYGIÈNE DES TROUPES. — Le prince Eugène aura soin de faire camper les troupes dans des baraques et non sous des tentes, à cause des pluies, 26. — Recommandations réitérées de placer les soldats dans des lieux salubres. 27, 377. — Ne pas envoyer les troupes du Pape à Mantoue, dont le territoire est malsain, 33.

I

ILE DE FRANCE. — Le ministre de la marine préparera une expédition qui sortira de Lorient, ravitaillera l'île de France, et mettra cette colonie à l'abri de toute attaque, en y établissant une bonne croisière avec des frégates et des vaisseaux neufs, 130, 334. — Grand bien qui résultera pour l'île de France de l'arrivée prochaine de deux bâtiments portant huit mille quintaux de riz, 172. — Quatre mouches vont être prêtes à partir de Bayonne pour cette colonie, 458, 459. V. COLONIES FRANÇAISES.

ILIO (Don Francisco Xavier DE). 249.

INFANTADO (Duc DE L'), conseiller intime de Ferdinand, 60, 109.

INQUISITION. — (5 mai 1808.) Supprimée en Espagne par le projet d'acte de médiation de Napoléon dans les affaires de ce royaume, 74.

INSURRECTION ESPAGNOLE. — (24 avril 1808.) En prévision d'une insurrection, le prince de Neuchâtel fera transporter à Saint-Sébastien les armes des magasins de la Biscaye. 43. — (5 mai-19 mai.) Le grand-duc de Berg est félicité de la vigueur qu'il a mise à réprimer l'insurrection du 2 mai à Madrid, 72, 80. — Des renseignements positifs donnent à l'Empereur la conviction que cette insurrection a été excitée par Ferdinand et organisée par la junte; les capitaines généraux ont loyalement résisté au mot d'ordre, qui était de massacrer tous les Français, 151. — « Cette insurrection n'est rien, elle a l'avantage de tenir tout le monde en alerte,» 194. — Le grand-duc de Berg enverra aux villes en fermentation des prêtres et des chefs de couvents pour leur faire sentir le danger auquel les exposerait un soulèvement; infliger à ces villes, en cas de révolte, une sévère leçon. 114. — Recommandation à Murat de fortifier plusieurs points de Madrid et d'y loger les Français, en prévision d'une insurrection, qui serait plus dangereuse que la première, celle-ci n'ayant été dirigée par personne, 135. — Napoléon attend, pour prendre certaines dispositions, l'effet de la proclamation de Ferdinand, qui sera connue à Madrid le 18 mai. 193. = (30 mai-14 juillet.) Insurrection générale de l'Espagne après la publication de cette proclamation; mouvements divers ordonnés à l'armée pour comprimer les troubles de la Galice, du royaume de Léon, de la Vieille-Castille, de l'Aragon, de la Catalogne, de la province de Valence et de l'Andalousie, 216, 281, 284, 308, 313, 326. = (1er septembre.) Dans un rapport à l'Empereur, le ministre des relations extérieures lui conseille de réprimer vigoureusement l'insurrection excitée dans les provinces espagnoles par l'or des Anglais, les intrigues des agents de l'Inquisition et l'influence des moines, 563. V. Armée d'Espagne, Espagne.

Italie (Royaume d'). — (3 mai 1808-17 septembre.) — Le prince Eugène Napoléon retardera de quelques jours le décret qui réunit Ancône au royaume d'Italie, 66. — L'Empereur demande qu'on donne une plus grande activité aux constructions maritimes et aux travaux publics; il approuve l'établissement d'un pont sur le Tessin, 163, 175. — On peut assurer les pêcheurs d'Ancône qu'ils n'ont plus à craindre les Barbaresques, 175. — Les recettes de l'année se sont notablement accrues par le rendement financier des trois nouveaux départements du royaume d'Italie, 175. — Tenir compte, dans l'établissement du budget, des 400.000 francs qui seront affectés au nettoyage du port d'Ancône et aux batteries destinées à en défendre l'approche, 176. — Fortifications à exécuter à Ancône, qu'il est possible, avec peu d'argent, de garantir d'un coup de main, 176, 286. — Organisation de l'Institut de Milan; l'Empereur indique comment il la conçoit: «En France, tout est à Paris; en Italie, tout n'est pas à Milan; Bologne, Pavie, Padoue, peut-être Venise, ont leurs lumières à eux,» 182. — Ordre à Cretet de prendre des mesures pour purger du brigandage le territoire de l'Italie, 252. — Le vice-roi fera faire une reconnaissance exacte de la Piave, du Mincio et de l'Adige, et enverra à l'Empereur un plan de défense de Venise, 286. V. Lignes de défense de l'Italie. — Tout est en souffrance en Italie : le canal de Pavie, celui du Pô, le projet de canal de Palmanova à la mer, la digue de Mantoue, le chemin de Strà à Mestre, le port de Venise et celui d'Ancône, 394. — Avoir un bon ministre de l'intérieur et redoubler d'activité pour la police, les Anglais jetant du trouble partout, 183, 522. — On renoncera aux travaux qui excéderaient les prévisions budgétaires de l'Empereur, et l'on appliquera les 300,000 francs accordés pour l'armée à la digue de Mantoue, qui doit assainir la ville, 603. — Napoléon témoigne sa satisfaction des sentiments de fidélité et de dévouement du collége des Possidenti; il s'applaudit encore des choix distingués que le collége a faits pour les grands postes de l'état, 606.

J

Jaen, ville de l'Andalousie. — Combats glorieux livrés à Jaen aux insurgés de l'Andalousie par le capitaine de frégate Baste et le général de brigade Cassagne; récompenses accordées à ce sujet par l'Empereur, 471.

Jérôme Napoléon, roi de Westphalie. — (6 mai 1808-25 juillet.) Communication sur les affaires d'Espagne, 82. — Ne se pressera pas d'envoyer un ministre à Vienne, et, quand le moment sera venu, il choisira un Français, 223. — Les dépenses auxquelles l'obligent ses armées et ses flottes ne permettent pas à l'Empereur de renoncer à la contribution frappée sur la province de Magdebourg, 310. — Napoléon, voulant renforcer la Grande Armée, en vue des armements de l'Autriche, engage Jérôme à tenir prêt son contingent, 484. = (17 août-14 septembre.) Après l'échec essuyé par le général Dupont, Jérôme est invité à envoyer en France, d'abord un régiment de cavalerie, ensuite un régiment d'infanterie, à discipliner ses troupes, à établir des caissons de transports militaires, à raison de quatre par 1,000 hommes, et à ne reculer devant aucun sacrifice d'argent pour mettre ses frontières en sûreté. 522, 552, 576. — Jérôme fera connaître à l'Empereur les renseignements qu'il recevra par ses agents sur les armements de l'Autriche : «Ce ne sont point des paroles qu'il nous faut, mais des faits,» 576. — L'Empereur l'entretient du rendez-vous d'Erfurt, 592. — Il a vu avec peine l'insurrection populaire de Brunswick; on lui a assuré que la police était mal faite dans le royaume de Westphalie, et que les agents des anciens princes s'y agitaient : Jérôme devra punir d'une façon exemplaire l'instigateur de l'émeute, 593.

Joachim, prince, grand-duc de Berg et de Clèves, grand amiral, maréchal de France, plus tard roi des Deux-Siciles sous le nom de Joachim Napoléon. — (15 août 1808.) Lieutenant de l'Empereur en Espagne, à Madrid. 3. = (26 avril-5 mai.) Napoléon est mécontent de ce qu'il a enfreint les lois et usurpé les droits de la souveraineté en commuant la peine d'un militaire, 50. 66. — Le 2 mai, le royaume de Naples ou celui de Portugal lui est offert par l'Empereur, qui l'engage à choisir le premier, auquel la Sicile sera jointe. 64. — Nommé, le 4 mai, par Charles IV, lieutenant général du royaume d'Espagne et, en cette qualité, président de la junte suprême de gouvernement. 68. V. Junte de Madrid. — Il devra faire reconnaître de gré ou de force son autorité, 71. = (5 mai-24 mai.) Napoléon le félicite pour la répression vigoureuse de l'insurrection du 2 mai, 72, 80. — Il doit se bien garder lui-même; l'Empereur lui reproche plusieurs fois «sa confiance d'enfant,» 73, 134. — Napoléon voit avec plaisir qu'il s'est mis à la tête de la régence et a pris le commandement des troupes espagnoles. 87. — Devra conserver, comme ministres de la guerre et des finances, O'Farril et d'Azanza, et s'attacher Caballero. 95. — L'Empereur est satisfait de sa conduite, 194. — Il a blâmé la mesure qu'il a prise d'armer les Catalans, mais «sans cesser d'être content de ses services,» 170, 220. = (30 mai-16 juin.) Maladie du grand-duc de Berg; Napoléon espère que sa santé se rétablira bientôt, 281. 315. 338, 347, 362. — Le général Savary est envoyé, le 13 juin, à Madrid pour le seconder. 347. V. Armée d'Espagne, Espagne. — Le grand-duc de Berg, à partir du 1ᵉʳ août, ne touchera plus ni traitement de grand amiral, ni traitement de maréchal, ni aucun traitement quelconque, 524. = (17 juillet-18 août.) Le roi des Deux-Siciles est aux eaux de Barréges pour rétablir sa santé, 468. 470. — L'Empereur lui donne le commandement de l'armée française de Naples; il le presse de se rendre dans son royaume, et ne l'autorise à voir le Pape que lorsqu'il sera reconnu, 523. = (3 septembre-18 septembre.) Napoléon a une grande impatience de le savoir arrivé à Naples, afin d'être sans inquiétude sur la tranquillité de ce pays, 367. — L'Empereur a appris avec plaisir que Joachim est entré à Naples et qu'il est content de l'esprit de ses peuples; il l'engage à n'armer que les propriétaires, approuve le projet de s'emparer de Capri et d'entreprendre pendant l'hiver l'expédition de Sicile, lui recommande enfin de se faire aimer, en mettant le plus grand ordre dans les finances. 608. = Lettres adressées à Joachim par l'Empereur. Voir la liste de la page 731.

Joseph Napoléon, roi de Naples et plus tard roi d'Espagne. — (18 avril 1808.) Napoléon lui recommande de faire exécuter le blocus. 29. V. Blocus continental. — Reçoit de l'Empereur l'avis de se tenir prêt à se rendre à Bayonne dans cinq ou six jours. 29. = (2 mai-5 juin.) Le grand-duc de Berg devra porter les habitants de Madrid et la junte à demander Joseph pour roi. 63. 65. — Napoléon offre à son frère la couronne d'Espagne, en lui énumérant les avantages de cette royauté sur celle de Naples; il l'engage à garder le secret et à partir immédiatement pour Bayonne, en laissant la régence à qui il voudra, et le commandement des troupes au maréchal Jourdan, 100. — L'Empereur désire que le Conseil de Castille demande Joseph pour roi d'Espagne. et, dans une proclamation aux Espagnols, fasse sentir l'avantage d'avoir un prince expérimenté, 128. — Joseph doit faire mettre sur le chantier trois vaisseaux et quatre frégates, et envoyer 2,000 bons matelots pour servir sur l'escadre de Toulon. 266. — Le grand-duc de Berg fera tout préparer sur la route pour le recevoir avec éclat, 302, 320. — Envoi à Murat de la proclamation qui nomme Joseph roi d'Espagne et des Indes, en lui garantissant l'indépendance et l'intégrité de ses états d'Europe. d'Asie, d'Afrique et d'Amérique, 320. = (8 juin-9 juillet.) Joseph Napoléon arrive à Bayonne le 7 juin, 323, 327. — Sens dans lequel il doit répondre à l'adresse de la junte extraordinaire, 358. V. Junte de Bayonne. — Est invité à nommer sans retard son ministre et les grands officiers de sa maison, 359. — Il devra être entouré, à son entrée en Espagne, d'une force suffisante; ordres relatifs à son escorte, dont le général Merlin commandera la cavalerie et le général Rey l'infanterie, 384, 411, 415, 420. — Récompenses accordées à des personnes de sa suite; il appellera à Madrid le maréchal Jourdan, 412. = (9 juillet-19 juillet.) Quitte Bayonne le 9 juillet, 411, 420. — Arrive : à Saint-Sébastien le 9 et à Tolosa le 10 juillet, 420; à Vitoria le 12 juillet, 427, 428; à Burgos le 14 juillet, 447. — De vieilles troupes sont en marche pour renforcer son armée, 427, 439. — Joseph a une réserve de 5,000 hommes, avec laquelle il peut aller rejoindre Bessières et présider à la première victoire, ou qu'il peut envoyer à ce maréchal, en se dirigeant en poste sur Madrid, 438, 448. — Recommandation réitérée d'être gai, bien portant, et de ne pas s'affecter s'il est obligé de conquérir son royaume, comme Philippe V et Henri IV ont conquis le leur, 439. 448, 472. = (23 juillet-3 août.) Entre à Madrid le 20 juillet, 480. — L'Empereur l'informe que les affaires d'Espagne sont acceptées par la Russie, 487. — Au premier bruit du revers du général Dupont, Napoléon lui écrit d'être sans inquiétude, qu'il aura dans peu de temps plus de 100,000 hommes pour conquérir l'Espagne, 491, 497. = (3 août-23 septembre.) Évacue Madrid le 2 août et se porte avec l'armée sur le Duero, 496. — Commande le corps du centre, ayant son quartier général à Aranda et s'appuyant sur Burgos; le maréchal Ney lui est envoyé par l'Empereur, 500. V. Corps du centre. — A quitté la ligne du Duero pour celle de l'Èbre et s'est établi à Miranda, 545, 606. — Les cours du Nord l'ont reconnu; il nommera des ambassadeurs en Russie, en Autriche et en Danemark, 545. — L'Empereur lui annonce à Vitoria que la Grande Armée marche par trois routes sur l'Espagne, 614. — Napoléon désapprouve son projet de se porter avec toutes ses forces contre Madrid, en abandonnant sa ligne de communication, 615. V. Armée d'Espagne. Espagne.

Joséphine, impératrice des Français. — Lettres adressées à l'Impératrice : à Bordeaux, du 17 au 23 avril 1808, 18, 38; — à Saint-Cloud, 632. = (17 avril-23 avril.) L'Empereur a donné ordre qu'il fût fait un supplément de 20,000 francs par mois à la cassette de l'Impératrice pendant son voyage, 18. — Communication sur les affaires d'Espagne, témoignage d'affection, 19. — Napoléon lui annonce qu'un fils est né à la reine Hortense, et l'engage à se trouver à Bayonne le 27 avril, 38. = (9 octobre.) Il lui écrit d'Erfurt qu'il vient de chasser sur le champ de bataille d'Iéna, 632.

Jourdan, maréchal de France. — (18 avril-10 mai.) Le roi Joseph laissera, en quittant le royaume de Naples, le commandement des troupes à ce maréchal, 29, 100. = (7 juillet.)

Il l'appellera auprès de lui en Espagne, en lui disant que l'Empereur lui destine le titre de duc, 412. = (17 juillet.) Reçoit de Napoléon l'ordre de partir en poste de Naples pour Madrid, afin d'aller prendre, sous les ordres du Roi, le commandement de l'armée d'Espagne, en qualité de major général, 469. = (31 août-15 septembre.) Ne doit pas négliger de rendre compte chaque jour à l'Empereur des opérations militaires, et de lui envoyer tous les cinq jours un état de situation de l'armée. 560. — Le maréchal Jourdan devra se maintenir à Tudela et ne pas disséminer les troupes. 585. 591. 595, 596.

Julie, princesse, fille de Joseph Napoléon. 28.

Junot, duc d'Abrantès, général de division, commandant l'armée de Portugal. — (29 mai 1808.) Napoléon lui recommande d'empêcher les dilapidations autour de lui : "Le pays est content de vous, faites qu'il le soit aussi de vos subordonnés." 272. V. Portugal. = (2 octobre.) L'Empereur le suppose arrivé déjà à Lorient ou à Rochefort; il attend de lui l'exposé complet des événements qui ont amené la convention de Cintra; sans savoir encore s'il doit approuver cette convention, il ne la juge pas contraire à l'honneur. 619. V. Convention de Cintra. — Lettres adressées à ce général. Voir la liste de la page 731.

Junte générale extraordinaire de Bayonne, assemblée de députés convoquée par l'Empereur pour statuer sur la succession au trône d'Espagne et donner une nouvelle constitution à ce royaume. — (6 mai 1808-4 juin.) Napoléon pense qu'il convient de réunir à Bayonne des députés de toutes les provinces de l'Espagne. 81, 87. — La junte sera de 100 ou 150 membres; elle se composera, par tiers, de nobles, de prêtres choisis moitié dans le haut et moitié dans le bas clergé, et de représentants du tiers état. 128. — Décret du 25 mai, portant que la junte se réunira à Bayonne le 15 juin, 237. — M. d'Azanza est invité à rassurer les députés présents à Bayonne quant à l'avenir de l'Espagne; Napoléon compte sur leurs efforts pour déjouer les projets ambitieux des Anglais à l'égard des Amériques, 317. = (5 juin-8 juillet.) Dans une proclamation du 8 juin, la junte exhorte les Espagnols à se rallier sincèrement au roi Joseph, en leur montrant, d'un côté, la régénération de leur patrie comme conséquence de leur soumission, de l'autre, la ruine de l'Espagne comme résultat de leur résistance. 317. — La junte expédie cette proclamation par un courrier à Saragosse et charge une députation de représenter aux Aragonais les malheurs que leur révolte attirera sur eux, 318. — Napoléon est assez content de l'esprit de la junte. 348. — Le grand-duc de Berg mentionnera dans les journaux que la junte s'est réunie le 15 juin, qu'elle a résolu de se porter en corps chez le Roi pour lui présenter une adresse, enfin que ses comités s'occupent de poser les bases de la nouvelle constitution de l'Espagne, et d'améliorer les différentes branches de l'administration. 360. — Le prince de Neuchâtel informera le général Savary que les observations de la junte sur la constitution de l'Espagne doivent être remises le 2 juillet à l'Empereur. 398. — Napoléon envoie à Alexandre Ier la copie de la constitution arrêtée par la junte de Bayonne. 416.

Junte suprême de gouvernement de Madrid, conseil de régence institué par Ferdinand VII pour gouverner en son absence, et présidé par son oncle, don Antonio. — (25 avril-4 mai.) Le grand-duc de Berg fera connaître par la presse l'engagement que la junte a pris de gouverner au nom du roi, sans désigner le prince auquel ce titre s'applique. 47. — La junte continue à correspondre à Bayonne avec Ferdinand. 60. — Murat devra la porter à demander pour roi Joseph Napoléon. 64. — Elle reçoit de Charles IV l'ordre de considérer le grand-duc de Berg comme lieutenant général du royaume. 68. = (5 mai-15 mai.) Napoléon a des preuves que l'insurrection du 2 mai a été tramée par la junte. 72. — La surveiller et l'exiler si elle refuse de reconnaître l'autorité du grand-duc de Berg, 72, 152. — Il fera partir sous bonne escorte pour Bayonne le président don Antonio, et révoquera les membres suspects, 70, 71, 73. — Ferdinand recommande, le 6 mai, à la junte de rester unie avec Charles IV et Napoléon, 80. — La junte rendra publique la cession faite de tous leurs droits à Napoléon par Charles IV et Ferdinand, l'intention de l'Empereur de consulter le pays sur la nomination d'un nouveau souverain, et la convenance de faire un choix dans la famille impériale, afin de cimenter l'union des deux peuples, 87. — Le grand-duc de Berg fera écrire par la junte à Valladolid et en Galice, où des troubles sont à craindre, 112. — Elle fera élire par les provinces 100 à 150 députés qui se réuniront à Bayonne, 128. V. JUNTE DE BAYONNE. = (18 mai-7 juin.) L'Empereur a reçu avec satisfaction la lettre par laquelle la junte lui demande Joseph pour roi, 185, 189. — Il attend la députation qui lui est annoncée, et suppose qu'elle sera composée « d'hommes d'esprit et de conseil, » 217. — La junte de Madrid devrait conseiller à celle de Bayonne de faire une adresse au nouveau Roi, 320. — Napoléon approuve la proclamation du 3 juin, par laquelle la junte de Madrid engage les Espagnols à se soumettre à la nouvelle dynastie, leur montre les calamités de la guerre civile comme conséquence d'une fidélité mal entendue et d'un patriotisme insensé, et leur annonce les réformes utiles que se propose d'accomplir, dans l'ordre politique et administratif, un héros suscité par la Providence, non-seulement pour préserver leur patrie de la ruine, mais encore pour la rendre prospère, 323.

JURY. — Le jury d'accusation peut être supprimé, mais non le jury de jugement, qu'il faut maintenir intact; l'Empereur, en décrétant son établissement en Westphalie, a obéi à des considérations politiques : en Allemagne, les hommes éclairés le désirent; en Italie, le temps et l'expérience de la France en amèneront l'adoption. 380.

K

KASTEL ou CASSEL, faubourg de Mayence, sur la rive droite du Rhin. — Le général Clarke fera travailler sans retard à fortifier Kastel et le pont qui joint cette ville à Mayence; 1,300,000 francs sont destinés par l'Empereur à ces ouvrages, 31, 279. — Étudier préalablement un projet qui rendrait ce travail inutile, et qui consisterait à détourner le Main, de manière à inonder à volonté le terrain sur la rive droite du Rhin, 31. — Un vaste camp pourrait être formé sur cette rive, puisqu'on aurait, grâce aux glacis, autant d'espace qu'on le voudrait à l'abri de l'inondation, 32.

KELLERMANN, maréchal de France, 23, 235, 517, 590.

L

LA BOUILLERIE (DE), payeur général de la marine, 647.

LABRADOR, 188, 194.

LACÉPÈDE (DE), grand chancelier de la Légion d'honneur. — Napoléon regrette que sa dernière lettre ait affligé le grand chancelier : « Personne ne désire plus que moi vous donner des preuves d'estime et de considération, » 485.

LACOMBE SAINT-MICHEL, général de division, 352, 419, 519.

LACOSTE, colonel du génie, 365, 366. — Note qu'il reçoit de l'Empereur sur le plan d'attaque de Saragosse, 461. V. SARAGOSSE.

LACROSSE, contre-amiral, commandant la marine à Boulogne. — Garnira de chaloupes canonnières toute la ligne d'embossage de la rade de Boulogne, 260. — Enverra en Angleterre, sur un de ses bâtiments, les deux courriers français et russe, porteurs de la lettre écrite à Georges III par Napoléon et Alexandre, 651.

LACUÉE, général de division, ministre d'état, directeur général des revues et de la conscription militaire, 70, 299, 589, 603.

LACUÉE, auditeur au Conseil d'état. — «On peut compter sur sa probité;» si Junot le met à la tête de l'administration de la marine, «il fera l'impossible.» 222.

LA CUESTA (Don Gregorio DE), capitaine général de la Vieille-Castille. — (25 mai 1808 30 juillet.) L'Empereur lui offre la vice-royauté du Mexique et lui conseille d'emmener avec lui quelques officiers de confiance, auxquels il donnera le commandement de Vera-Cruz et d'autres points importants, 237. — Le grand-duc de Berg fera préparer à Cadix une frégate, ou, à défaut, des avisos pour le conduire avec sa suite à destination, 246. — Napoléon regrette que la mauvaise santé de la Cuesta l'ait empêché d'accepter le poste du Mexique, et l'invite à lui désigner quelqu'un à sa place, 297. — Il sera prié d'envoyer un de ses officiers à Santander pour montrer aux habitants les dangers de la révolte, 307, 308. — Défait et mis en fuite, le 14 juillet, à Medina de Rio Seco par le maréchal Bessières, 460, 483, 490. V. MEDINA DE RIO SECO.

LAFOREST, ambassadeur de France en Espagne, 112, 135, 143, 154, 219, 261, 262, 358, 381, 402. == (17 mai 1808.) Devra éclairer le grand-duc de Berg sur des trames qu'il n'aperçoit pas et qui ont amené l'insurrection du 2 mai, 170.

LAGRANGE, général de division, 11, 15, 16, 126. — Désigné par l'Empereur comme un bon général qui peut être employé au siége de Saragosse, 548.

LAHOUSSAYE, général de division, 516, 526.

LAMARTILLIÈRE, sénateur, général de division, 337, 340, 376, 377, 470. V. COLONNES MOBILES DE LA FRONTIÈRE ESPAGNOLE.

LANDES (Département des). — Décret du 12 juillet 1808 ordonnant le transfert de l'hôtel de la préfecture dans l'ancien couvent de Sainte-Claire à Mont-de-Marsan, prescrivant l'exécution de travaux publics et faisant don au département de propriétés nationales, 429-434.

LANNES, maréchal de France. — (1er octobre 1808.) L'Empereur l'autorise à porter le grand cordon de l'Ordre de Saint-André : «Vous l'avez mérité aux champs de Friedland comme à ceux de Pultusk.» 618.

LA RIBOISIÈRE, général de division, 88.

LA ROCHEFOUCAULD, ministre de France à la Haye, 69, 522, 639.

LA ROCHEFOUCAULD (Mme DE), dame d'honneur de l'Impératrice. — (6 septembre 1808.) Le général Marescot s'étant déshonoré en attachant son nom à la capitulation de Baïlen, sa femme ne peut rester dame du palais; lui faire demander sa démission avec tous les ménagements possibles, 570.

LASALLE, général de division, commandant la réserve de cavalerie du corps du maréchal Bessières. — (15 avril 1808.) Attendu à Bayonne, 8. = (3 juin-8 juin.) Ordre de le diriger sur Santander, 306. — Envoyé par le maréchal Bessières contre la ville de Valladolid insurgée, il défait, le 6 juin, à Torquemada, les rebelles du royaume de Léon, et entre ensuite à Palencia, 327. == (7 septembre.) Appelé, par le décret de réorganisation de l'armée d'Espagne, à faire partie du 2e corps de cette armée, 572.

LATOUR-MAUBOURG, général de division, 516, 526.

LAURISTON (Comte LAW DE), général de division, aide de camp de l'Empereur, gouverneur de Venise, 521.

LAVAL, gouverneur du château de Compiègne, 76.

LAZOWSKI, général de brigade du génie, 640.

LEBRUN, général de brigade, aide de camp de l'Empereur, 235, 326.

LECHI, général de division, 360, 518, 574.

LEFEBVRE, duc de Danzig, maréchal de France. — Appelé, par le décret du 7 septembre 1808, au commandement du 4e corps de l'armée d'Espagne, 573. — Devra être rendu le 10 octobre à Bayonne, et avoir établi le 18 son quartier général à Vitoria, 622.

Lefebvre, général de division, 620.

Lefebvre, chargé d'affaires de France à Rome, 59.

Lefebvre-Desnoettes, général de division de cavalerie, du corps du maréchal Bessières. — (15 avril 1808.) Chef d'état-major par intérim de ce maréchal, à Burgos. = (30 mai-18 juin.) Se rendra à Pampelune pour y prendre le commandement d'une colonne mobile, avec laquelle il marchera contre les insurgés de l'Aragon, 281, 284. — Reçoit l'ordre de concentrer ses forces à Tudela, 313, 320, 326, 336. — Met les Aragonais en déroute, le 8 juin à Tudela, et le 13 à Mallen, 347, 362. — Des troupes sont parties de Pampelune pour renforcer le général Lefebvre, qui se prépare à marcher sur Saragosse, 348. — Un renfort d'artillerie lui sera envoyé pour qu'il puisse prendre cette ville, 371.

Légion d'honneur. — L'Empereur accorde aux colonnes des généraux Merle et Ducos, pour la prise de Santander, trente-six décorations, 398; — au corps du maréchal Bessières, pour la victoire de Medina de Rio Seco, cent décorations, dont dix à des soldats de la conscription de 1808, qui voyaient le feu pour la première fois, 466, 471; — au corps du général Dupont, pour les combats de Cordoue et de Jaen, cent décorations, dont six à des conscrits de 1808; — quarante décorations à la première division du maréchal Moncey, et trente-deux au corps du général Duhesme, 471. — Napoléon demande, pour l'exercice 1808, le budget des revenus et des dépenses du trésor de la Légion d'honneur, avec indication du nombre des légionnaires, 178. — Instructions à M. de Lacépède au sujet de la maison de la Légion d'honneur située à Écouen, 462, 485.

Legrand, général de division, 645.

Legrand, ancien page de l'Empereur, 88.

Léon (Royaume de), province d'Espagne. — (11 mai 1808-7 septembre.) Le général Junot enverra 4,000 hommes à Almeida, pour contenir Salamanque, Valladolid et le royaume de Léon, 113. — Mouvements prescrits dans le même but aux troupes françaises et portugaises du maréchal Bessières, 127. — Les généraux Lasalle, Frère et Verdier se dirigeront de Burgos, de Ségovie et de Vitoria, contre les insurgés du royaume de Léon, 327, 338, 363. — Victoire de Lasalle à Torquemada, soumission de Palencia et de Valladolid, 327, 362. V. Valladolid. — La position occupée par le maréchal Bessières dans le royaume de Léon est la plus importante de l'armée; le général Savary doit le faire appuyer, 385, 398, 439. — Grande bataille de Medina de Rio Seco gagnée, le 14 juillet, par Bessières sur les Espagnols, 466. — Ordre à ce maréchal de se porter à Léon et de là dans les Asturies, 466, 468. — Bessières annonce la soumission du royaume de Léon, abandonné par l'armée fugitive de don Gregorio de la Cuesta, 490. — L'évacuation de Madrid reporte le corps du maréchal Bessières sur Valladolid, 492, 498. — Après la retraite de l'armée sur la ligne de l'Èbre et le décret du 7 septembre qui la réorganise, l'Empereur signale la reprise du royaume de Léon comme une des premières opérations à entreprendre, 575.

Le Roy, consul de France à Cadix, 261.

Lescalier, préfet maritime à Gênes, 108, 269.

Leval, général de division, 573.

Liger-Belair, général de brigade, 184, 191.

Lignes de défense de l'Italie. — On pourrait en établir trois : sur la Piave, l'Adige et le Mincio, 286, 288, 289. — La plus importante serait celle de la Piave, qui couvrirait Venise, 288. — Viendrait ensuite celle de l'Adige, permettant de ne point isoler Porto-Legnago, Mantoue et Peschiera, et de grossir l'armée active des 10,000 hommes qui forment la garnison de ces places, 289. — La ligne du Mincio offre aussi un intérêt spécial; car, pendant son occupation, Mantoue n'est point abandonnée, 289. — Le prince Eugène comparera la dépense et les avantages respectifs de chacun de ces projets, et indiquera celui par lequel on doit commencer, 289.

LIGNE DE DÉFENSE DE LA PIAVE. — (8 mai 1808.) Ordre d'en lever le plan; la Piave commence dans des montagnes inaccessibles pour se terminer dans des terrains marécageux; trois ou quatre têtes de pont permettraient à une petite armée de résister à une plus forte et d'agir contre elle efficacement, 90. = (21 mai.) Raisons stratégiques qui conseillent de fortifier la Piave, pour garder Venise et recevoir à temps des renforts, 203. — Trois places seraient à construire : l'une, sur le grand chemin; la seconde, au débouché des montagnes; la troisième, sur un point choisi de telle sorte qu'elle ne laissât que des marais entre elle et la mer, 203. — S'il fallait évacuer cette ligne, on se rejetterait sur celle de l'Adige, et, cette deuxième ligne forcée, il resterait celle du Mincio, 204. = (27 juin.) L'Empereur attend, pour prendre une décision, la reconnaissance que doit faire le prince Eugène, 386.

LINIERS (DE), émigré français, ayant chassé, en 1806, les Anglais de Buenos-Ayres, 217, 249.

LISBONNE. — (15 mai 1808-2 juin.) Le général Junot fera savoir à l'Empereur s'il est facile de sortir de Lisbonne malgré la croisière anglaise, 156. — Il formera une escadre dans ce port et s'arrangera pour qu'elle puisse mettre à la voile le 1er juillet, 219, 272. — Décret pour la formation à Lisbonne de cinq nouveaux équipages de vaisseau; organisation particulière qui sera donnée à ces équipages : plus de Français que de Portugais et un officier français toujours de quart, 259. — Le ministre d'état, Lacuée, a reçu l'ordre de diriger sur Bayonne 500 conscrits pour recruter les équipages qu'on organise à Lisbonne, 299. — Camp de 30,000 hommes pour appuyer l'escadre de Lisbonne, 255. V. CAMPS DES PORTS MARITIMES, ESCADRES DES PORTS MARITIMES.

LIVOURNE. — (11 mai 1808-26 mai.) Il conviendrait, pour les communications avec la Corse et l'île d'Elbe, de maintenir à Livourne plusieurs bâtiments supérieurs aux corsaires de la Méditerranée et n'ayant à craindre que les frégates, 103. — Les frégates peuvent-elles entrer dans ce port? 103. — Ordre d'y mettre en chantier deux de ces navires, afin d'occuper les ouvriers, de dépenser de l'argent dans le pays et de protéger la côte, 243.

LOGROÑO, ville de la Vieille-Castille. — Le général Verdier y met en déroute, le 6 juin, 2.000 insurgés de la Vieille-Castille, leur prend sept pièces de canon et 80,000 cartouches, 327. — Quand l'armée française est retirée sur la ligne de l'Èbre, Napoléon recommande aux corps des maréchaux Bessières et Moncey de se lier le mieux possible avec Logroño, 557.

LOISON, général de division, 115, 136, 308, 309.

LOMET, adjudant commandant, 70, 339, 346, 351. V. COLONNES MOBILES DE LA FRONTIÈRE ESPAGNOLE.

LORIENT. — (11 mai 1808-1er juin.) Le ministre de la marine ordonnera aux officiers qui commandent des vaisseaux en rade de Lorient de faire de fréquents appareillages et de présenter le combat aux croisières ennemies inférieures en nombre, 106. — L'Empereur veut savoir si l'on pourrait réunir à Lorient, avant le 1er septembre, vingt bâtiments de diverses natures, avec 4,600 hommes et huit mois de vivres, 129. — Cette expédition partirait la première, ravitaillerait l'île de France, et mettrait cette colonie à l'abri de toute attaque, en y établissant une bonne croisière avec les frégates et les vaisseaux neufs, 130, 334. — La pénurie de l'Angleterre est grande dans les Indes; l'expédition de Lorient, combinée avec celle de Brest, porterait à ses affaires un coup mortel, 172. V. EXPÉDITIONS MARITIMES. — On peut avoir, à la fin d'août, quatre bons vaisseaux à Lorient, ce qui serait inappréciable pour les projets de l'Empereur, 181. V. ESCADRES DES PORTS MARITIMES. — Camp de 10,000 hommes pour appuyer l'escadre de Lorient, 255. V. CAMPS DES PORTS MARITIMES. — Lorient doit être rangé, avec Anvers et le Havre, parmi les ports de construction de la France, 297.

Louis Napoléon, roi de Hollande. — (25 avril 1808.) Est invité à faire arrêter les contrebandiers qui infestent la frontière hollandaise de l'Empire français, 49. = (3 mai.) L'Empereur le félicite au sujet de la naissance d'un jeune prince, 67. = (15 mai.) Mesures que Louis Napoléon doit prendre pour empêcher les Anglais d'attaquer les escadres du Texel et de Flessingue et de débarquer dans l'île de Cadzand, 158. = (17 août.) L'échange du Brabant contre les provinces du nord de l'Empire ne plaisant pas à Louis Napoléon, l'Empereur renonce à cet arrangement, 522. = (12 octobre.) Le gouvernement hollandais n'observe pas les lois du blocus; tous les Français se plaignent du ministère; le roi Louis est trop raisonnable pour obliger l'Empereur à fermer à la Hollande le Rhin et l'Escaut, 639.

Louise, reine de Prusse. — (14 septembre 1808.) Napoléon se réjouit de sa rentrée à Berlin, et il espère qu'une entente cordiale s'établira de nouveau entre la France et la Prusse, 594.

Louise, reine d'Étrurie, fille de Charles IV. — (5 mai 1808 - 15 juillet.) Article secret et séparé du traité de Bayonne, stipulant en sa faveur une rente en France, comme dédommagement de la portion du Portugal qui lui avait été cédée par le traité de Fontainebleau, 81.
— Arrive à Bayonne le 8 mai, 88. — Quitte cette ville avec Charles IV pour se rendre à Fontainebleau et à Compiègne, 95. — L'Empereur assure la reine d'Étrurie du bon accueil qu'elle trouvera dans son voyage à Nice, 456.

M

Madrid. — (2 mai 1808.) Le grand-duc de Berg doit amener les habitants de Madrid à demander Joseph pour roi, 63. = (5 mai-30 mai.) Insurrection du 2 mai; Murat félicité de la vigueur qu'il a mise à la réprimer, 72, 80. — L'Empereur espère beaucoup, pour le rétablissement de la tranquillité en Espagne, de la bonne leçon donnée à Madrid, 76. — Il s'y rendra quand il sera content de l'état des esprits, 95. — Murat y fera fortifier l'arsenal, le Palais-Neuf, le Palais du Roi, en prévision d'une insurrection, qui serait plus dangereuse que la première, 135. — Il en réduira la garnison espagnole à 4,000 hommes, 142. — Le voyage de Napoléon à Madrid est différé à cause des affaires du Nord, 154. — L'Empereur attend, pour prendre un parti, l'effet qu'y produira la proclamation du prince des Asturies, 193. — Il restait, au 30 mai, dans cette ville et aux environs, deux divisions du corps du général Dupont, deux divisions de celui du maréchal Moncey, la cavalerie de la Garde et les cuirassiers de Murat, ensemble 30,000 hommes, 192, 193, 283. = (4 juin-2 août.) Ordres successifs d'expédier de Madrid des troupes : au siége de Saragosse, 315, 327, 338; — au maréchal Bessières, 438-443; — au général Dupont, 467, 472, 475, 476. — La division Frère est détachée de l'armée de Madrid et envoyée devant Ségovie, 327. — Les divisions Vedel et Gobert sont dirigées sur l'Andalousie, 372, 398, 439, 443. — Le général Savary se rend à Madrid pour seconder le grand-duc de Berg malade, 347. — Madrid, menacé par l'armée de Galice, est dégagé par la victoire de Medina de Rio Seco, 443, 454. — Entrée de Joseph à Madrid le 20 juillet, 480. — Après la capitulation de Bailen, l'Empereur conseille de renforcer l'armée de Madrid : on aura ainsi plus de 35,000 hommes dans la capitale et les environs, et l'on pourra conserver cette ville, 492, 493. = (3 août-14 septembre.) L'armée française évacue Madrid le 2 août, 497. — Le projet de Joseph de quitter sa ligne d'opération sur l'Èbre et de se porter contre Madrid avec 50,000 hommes est désapprouvé par Napoléon, 610, 612.

Mahon, ville capitale de l'île de Minorque. — (7 mai 1808-19 mai.) Le grand-duc de Berg prendra des mesures pour défendre cette ville contre les Anglais et pour ravitailler l'escadre espagnole de six vaisseaux, bloquée dans le port, 83, 88, 93. — Cette escadre partira pour Toulon, où elle sera mise en bon état, et où, réunie à l'escadre française, elle servira les projets de l'Empereur contre les Anglais, 111, 132, 140, 153, 190, 201. 207. Elle pourrait aussi être dirigée sur Gênes ou la Spezia, 139. — Dans le but de protéger Mahon et de disséminer les troupes espagnoles, Napoléon recommande d'y envoyer 1,000 hommes. 151, 152. = (28 mai.) Si l'escadre de Mahon ne peut se rendre à Toulon et si elle peut en sûreté retourner à Carthagène, le grand-duc de Berg l'autorisera à rentrer dans ce dernier port, 262.

Mallen, bourg de la province d'Aragon. — Le général Lefebvre y met en déroute, le 13 juin 1808, 12,000 insurgés de l'Aragon, 362. V. Lefebvre-Desnoettes.

Mameluks (Corps des). — L'Empereur écrit au maréchal Bessières que ce corps ne doit pas être augmenté. « Je l'ai créé pour récompenser des hommes qui m'ont servi en Égypte, et non pour en faire un ramas d'aventuriers, » 67.

Marchand, général de division, 574.

Marescot, général de division, 168, 584.

Maret, ministre secrétaire d'état. 307. 409, 445.

Marine espagnole. — (5 mai 1808-26 mai.) Le grand-duc de Berg veillera à ce qu'on ne pille pas les magasins d'armes de la marine, 81. — Demande réitérée à Murat de l'état de situation de la marine, 88, 92, 111, 112, 134, 143. — Expédier des bâtiments dans les colonies espagnoles avec des armes et des proclamations, 88, 93. — Le grand-duc de Berg enverra l'escadre de Mahon à Toulon, 111, 140, 153, 190, 207. — Armements et réparations à faire sans retard, de façon que l'Espagne ait en somme vingt-huit vaisseaux à Toulon, à Carthagène, à Cadix et au Ferrol, 165. — On devra trouver de l'argent pour imprimer beaucoup d'activité à ces trois derniers ports : ce sera la plus belle proclamation pour se concilier l'affection du peuple ; l'Empereur a d'ailleurs besoin de vaisseaux « pour frapper quelque grand coup avant la fin de la saison, » 166, 186, 189, 190. 207. V. Cadix, Carthagène, Ferrol (Le). — Le ministre de la marine peut disposer des fusils de Placencia, qui n'ont été transportés à Saint-Sébastien que par mesure de sûreté. 204. — Intention de l'Empereur de confier au vice-amiral Mazarredo le ministère de la marine, 165, 187, 248. — Demande d'un rapport sur les vaisseaux espagnols qui sont à la Havane, 208. — Expéditions pour Buenos-Ayres à préparer secrètement au Ferrol et à Cadix, 205, 247.

Marine française. — Armements et constructions ordonnés par Napoléon dans les ports de la mer du Nord, de l'océan Atlantique et de la Méditerranée, 19, 51, 86, 106, 124, 125, 204, 230, 240 243, 274. V. Armements et constructions maritimes. — L'Empereur calcule qu'il aura, en août 1808, 42 vaisseaux, et, un an après, 77, qui, ajoutés à 54 vaisseaux hollandais, russes ou espagnols, lui donneront un total de 131 vaisseaux, 253-255. — Plan maritime conçu par Napoléon dans le but de contraindre l'Angleterre à la paix, et consistant : 1° à fermer tous les ports du continent aux navires anglais. V. Blocus continental ; — 2° à préparer de grandes expéditions à Brest, à Lorient, à Nantes, à Rochefort, au Ferrol, à Toulon : celle-ci pour jeter, à un moment donné, des troupes en Égypte, en Syrie, sur la côte d'Afrique ; celles-là pour porter des vivres, des munitions de guerre, des soldats aux colonies françaises, reconquérir à l'occasion la Trinité, les Saintes et Marie-Galante, enfin mettre les colonies espagnoles à l'abri d'un coup de main de l'Angleterre et les rattacher au nouvel ordre de choses établi dans la Péninsule. 129, 130, 190, 205, 208, 243, 247, 275, 334, 350, 528, V. Expéditions maritimes ; — 3° à maintenir des escadres dans les ports de la mer du Nord, de la Manche, de l'océan Atlantique, de la Méditerranée et de l'Adriatique, afin d'obliger les Anglais à disséminer leurs forces navales pour les surveiller, et de les épuiser ainsi de dépenses et de fatigues, 86, 106, 108, 245. V. Escadres des ports maritimes ; — 4° à tenir auprès de ces escadres des camps dont les troupes, profitant d'un moment où les flottes anglaises se relâcheraient de leur surveillance, seraient embarquées à l'improviste pour les expéditions projetées et même pour une descente en Angleterre, 245, 255. V. Camps des ports maritimes. — L'exécution d'un tel plan aurait pour résultat de raviver le commerce de la France, les petits bâtiments, chargés de farines et de vins pour les Indes occidentales, pouvant rapporter à la métropole, au compte des négociants, les denrées des colonies, 275. V. Commerce. — Le vice-amiral Decrès est invité à méditer les expéditions d'Alger et de Tunis, 24. — Il faut faire partir fréquemment des ports de la France et de l'Espagne des bâtiments de guerre pour les colonies, mais en employant, au lieu de frégates, qui sont très-chères, de simples mouches, 47, 86, 104, 125, 212, 274, 350, 460. V. Mouches. — Nécessité de créer des stations maritimes pour couvrir les passages et tenir les embouchures libres, 7, 105. — Nos marins devront attaquer, par représailles, les bateaux pêcheurs anglais, s'ils continuent à détruire les nôtres, 256. — Le cutter anglais *le Lion* a été pris par les habitants de Fromentine, embarqués sur de simples bâtiments de transport, 256. — L'Empereur décrète la formation d'une flottille de gardes-côtes pour protéger le cabotage et défendre le littoral, 256.

Marmont, général de division, commandant l'armée de Dalmatie. — (8 mai 1808-24 mai.) L'Empereur lui reproche le désordre de son administration : c'est à tort qu'il a laissé en souffrance la solde de l'armée de Dalmatie, afin de subvenir à des dépenses pour lesquelles il n'avait pas de crédit, 91; — en autorisant des payements irréguliers, il aura causé la perte du payeur, qui sera destitué et dont on mettra les biens sous le séquestre, 169; — il n'a pas le droit, en temps de paix, de composer et de décomposer les cadres, 220.

Maroc (Empire du). — (9 mai 1808-28 mai.) Napoléon invite l'empereur du Maroc à approvisionner Ceuta, et le menace, s'il écoute les suggestions de l'Angleterre, d'envoyer en Afrique 200,000 soldats français ou espagnols, 93, 141, 167, 235, 264. — Le grand-duc de Berg confiera la lettre de l'Empereur à un officier du génie intelligent, qui observera avec soin la route de Ceuta à Tanger et à Fez, et fera, de concert avec le consul de France, toutes les démarches nécessaires pour déjouer l'influence des Anglais, 144, 167. — 6,000 hommes de troupes se rendront à Ceuta, afin d'imposer aux Marocains; Murat fera connaître à Napoléon si une escadre peut entrer dans la baie de Tanger, 264, 265.

Martin, vice-amiral, 180, 240.

Martinique. — Ordres relatifs à des envois de bâtiments, chargés de troupes ou de vivres, à cette colonie, 52, 299, 350. V. Colonies françaises.

Masséna, maréchal de France. — (15 septembre 1808.) L'Empereur a appris avec la plus vive peine qu'il a été blessé à la chasse, et il espère que cet accident n'aura pas de suite. «Je le désire fort pour utiliser vos talents et votre zèle pour la gloire de mes armes,» 597.

Mathieu-Dumas, général de division, 486, 491.

Mathieu Fabvier, ordonnateur en chef de l'armée d'Espagne, 537.

Maurice-Mathieu, général de division. — Fait par l'Empereur comte de l'Empire, 412.

Maximilien-Joseph, roi de Bavière. — (27 septembre 1808.) Il n'y a aucun inconvénient à ce qu'il se rende à Erfurt, et l'Empereur sera bien aise de le voir, 616.

Mayence. — (30 mai 1808.) Napoléon accepte un des projets envoyés par le ministre de la guerre pour les fortifications de Mayence, tout en le modifiant au point de vue économique;

on peut partir de cette double base, que le moment où l'ennemi pourrait assiéger Mayence est éloigné des circonstances actuelles, et que le point d'attaque ne saurait être la rive droite du Rhin, 276. — Rôle qu'auraient à remplir, si cette place était attaquée, Kastel, l'embouchure du Main, les îles Saint-Jean et Saint-Pierre et les marais de Mombach, 276-279.

Mazarredo, vice-amiral de la marine espagnole. — (16 mai 1808-28 mai.) Mandé à Bayonne par l'Empereur, 165. — Murat le nommera ministre de la marine et lui délivrera un brevet de capitaine général portant la date de 1799, 186, 189, 221, 248. — Le grand-duc de Berg fera parler dans les journaux du bon accueil que Mazarredo a reçu de l'Empereur, 265.

Médiation (Projet d'acte de) de l'Empereur dans les affaires d'Espagne. — (5 mai 1808.) Motivé par la nécessité de préserver l'Espagne de la guerre civile et étrangère, de ne pas briser les liens qui l'unissent aux Amériques et de resserrer son alliance avec la France; garantissant l'exécution du traité conclu entre Napoléon et Charles IV (V. Traités de Bayonne), l'intégrité de l'Espagne et de ses colonies, les constitutions des provinces, les priviléges et propriétés de tous les ordres de l'état, la profession exclusive du culte catholique, sauf suppression de l'inquisition; stipulant enfin la reconnaissance par l'Empereur du souverain que la nation espagnole choisira dans sa famille, 73.

Medina Celi (Duc de), 188, 194, 235.

Medina de Rio Seco, ville du royaume de Léon. — Grande bataille remportée, le 14 juillet, à Medina de Rio Seco par le maréchal Bessières sur les troupes espagnoles de Galice, 467, 468. — Résultats de cette victoire: rejeter en Galice le général don Gregorio de la Cuesta, le couper de l'Estremadure, de Madrid et de l'Andalousie, assurer la communication de l'armée d'Espagne avec l'armée de Portugal, 454, 475. — La bataille de Medina de Rio Seco compense jusqu'à un certain point le désastre de Baïlen, 491.

Mendicité. — (5 juillet 1808.) Le ministre de l'intérieur devra organiser, avant le 1ᵉʳ août, à Paris, Versailles, Beauvais et Melun, des dépôts de mendicité qui serviront de type pour le reste de la France, 404. — Le nombre total de ces maisons sera de cent environ; on en établira par mois trois ou quatre; chacune d'elles devant coûter, en moyenne, 100,000 francs, la dépense intégrale absorbera un capital de 10 millions ci! sera couverte par des prélèvements sur les budgets des communes, sur le quart de réserve des bois communaux et sur les fonds de non-valeurs, 404, 405.

Menou, général de division, gouverneur général de la Toscane. — (2 juin 1808.) Enverra des officiers de génie visiter la côte depuis Livourne jusqu'à la Spezia et reconnaître les points où il faut établir des batteries pour protéger le cabotage, 301. — L'arsenal de la Spezia devant consommer des quantités de bois considérables, le général Menou fera connaître à l'Empereur ce que peut fournir le versant méditerranéen des Apennins, 302.

Mériage, secrétaire de l'ambassade de France à Vienne, 378.

Merle, général de division, commandant la 1ʳᵉ division des Pyrénées occidentales du corps du maréchal Bessières — (3 juin-1ᵉʳ juillet.) Envoyé de Burgos par ce maréchal contre Santander, 308, 309. — Arrive devant cette ville le 5 juin, 520. — Rappelé par Bessières pour être dirigé sur Valladolid, 327. — Fait une seconde expédition contre Santander et y entre avec le général Ducos le 23 juin; Napoléon accorde 24 décorations de la Légion d'honneur à sa colonne, 327, 383, 385, 398. — Le général Merle a eu deux chevaux tués sous lui à la bataille de Medina de Rio Seco, 468. = (7 septembre.) Appelé, par le décret de réorganisation de l'armée d'Espagne, à faire partie du 2ᵉ corps de cette armée, 572.

Merlin, général de brigade, 415, 420, 438, 606. — Fait baron par l'Empereur, 412.

Mermet, général de division, 574.

Metternich (Comte de), ambassadeur d'Autriche

à Paris. — Entretien que l'Empereur a eu avec lui le 15 août 1808, 510-514.

Mexique. — Napoléon offre la vice-royauté du Mexique au capitaine général de la Vieille-Castille, don Gregorio de la Cuesta, en l'invitant à partir sans retard, et au besoin sur un aviso, 267, 246. — Don Gregorio de la Cuesta n'ayant pas accepté, l'Empereur lui demande quel serait l'officier espagnol digne de remplir le poste qu'il lui destinait, 297. V. Colonies espagnoles.

Milhaud, général de division, 516, 526.

Milices espagnoles. — (13 mai-22 mai.) Napoléon demande au grand-duc de Berg l'état des milices, 134. — Cet état est communiqué au maréchal Bessières, en ce qui concerne les milices de la Galice, de la Biscaye, du royaume de Léon et de la Vieille-Castille. 143. — Ordre à Murat de licencier 20,000 hommes sur les 28,000 qui composent les milices, en ayant soin de retenir tous les fusils; si cette mesure leur déplaît, il les fera passer en France, où elles seront traitées comme troupes de ligne, 166. — Il gardera les milices qui se trouvent à Cadix et au camp de Saint-Roch, 166. — Le licenciement des plus mauvaises milices sera un grand soulagement pour le trésor public, 189, 216. = (23 mai.) Napoléon autorise le grand-duc de Berg, vu la pénurie des finances, à licencier toutes les milices, les grenadiers exceptés. 218, 221.

Miollis, général de division, 323.

Miquel, général de brigade, 351, 460.

Missiessy, contre-amiral, commandant l'escadre de l'Escaut, 106, 146, 158, 160. — Il importe, pour l'ensemble des opérations maritimes, de faire sortir de l'Escaut, avant la saison des glaces, les huit vaisseaux qui s'y trouvent : le contre-amiral saisira l'occasion, si elle se présente avant le 15 novembre, de faire voile, sans se compromettre contre des forces supérieures, pour Cherbourg, Brest, Lorient, Rochefort ou Toulon, 587. — «Nous nous confions, pour l'exécution de ces ordres, à votre expérience, votre courage et votre dévouement pour notre service,» 588.

Moldavie et Valachie. — (26 avril 1808.) M. de Champagny fera mettre dans les journaux des articles sur la situation de Bucharest et la prise de possession de cette ville par les Russes, 59. = (12 octobre.) La convention d'Erfurt stipule, comme condition de la paix avec l'Angleterre, que cette puissance reconnaîtra l'annexion de la Moldavie et de la Valachie à l'empire russe, 636.

Molitor, général de division, 645.

Mollien, ministre du trésor public. — S'entendra personnellement avec le ministre de la guerre pour l'exécution de la disposition qui applique à un fonds spécial, pour dépenses imprévues, un tiers des deux centimes de non-valeurs, 122. V. Finances de la France, Finances de l'Espagne. — Lettres adressées à Mollien, Voir la liste de la page 731.

Monaco, officier d'ordonnance de l'Empereur, 95.

Moncey, maréchal de France, commandant un des quatre corps de l'armée d'Espagne. — (15 avril 1808.) A son quartier général à Madrid (tome XVI, 542). = (30 mai-3 juin.) Ordre au grand-duc de Berg de l'envoyer, avec sa première division, contre les insurgés de la province de Valence, 282, 308. — Moncey prendra position à Cuenca, et fera en sorte d'arriver devant Valence en même temps que le général Chabran parti de Barcelone, 282. = (7 juin-21 juillet.) Napoléon a trouvé lente la marche de ce maréchal, qui devra se diriger en toute hâte sur Valence, 326, 361. — Moncey bat les insurgés dans six rencontres différentes et les empêche de se porter sur Barcelone et sur Saragosse; mais, dépourvu d'artillerie, il ne peut prendre Valence, 443, 454, 466, 475. — «Moncey ne mérite que des louanges; si la santé de ce maréchal n'était pas trop mauvaise, c'est un homme qui serait un bon gouverneur de Madrid,» 469. — L'Empereur accorde 40 décorations à sa première division, 471. — Moncey maintiendra la tête de sa division à San-Clemente, et, après la prise de Saragosse, il aura de nouvelles troupes et de l'artillerie pour marcher sur Valence, 476, 479. — Sa retraite sur Ocaña étonne et mécontente l'Empereur, car il laisse ainsi le général Dupont à découvert et cesse de menacer les provinces de Valence et de Murcie, 488. = (5 août.) Moncey ira prendre le commandement du corps de l'Aragon, destiné à contenir la Navarre; il occupera Logroño et Tudela, et se tiendra sur la gauche de l'armée, à une journée du corps du Roi qui occupe le centre, 500, 501. = (30 août-13 septembre.) Il se portera à Miranda et à Brivicsca, à côté du corps du maréchal Bessières, et placera les dépôts et les hôpitaux derrière Vitoria, 557. — Il devra être constamment en bataille avant le jour et pousser des reconnaissances sur Soria et les autres directions de l'ennemi, 557. — Il a malheureusement laissé échapper l'armée de Montijo sans en faire justice. 575. — L'Empereur regrette qu'il ne garde pas Tudela et qu'il dissémine ses troupes, 591.

Monnet, général de division, 146. 158.

Montalivet (De), directeur général des ponts et chaussées, 405.

Montauban. — Cette ville sera le chef-lieu du nouveau département de Tarn-et-Garonne. 489.

Montchoisy, général de division, 300.

Montebello (Duc de). V. Lannes.

Monthion, général de brigade, 356, 450. 478. 596.

Montijo, général espagnol. 575.

Morand, général de division, 53, 216. 261.

Morlot, général de division, 573.

Mortier, maréchal de France. — L'Empereur l'envoie d'abord prendre position à Baireuth avec le 5⁵ corps de la Grande Armée, et l'appelle ensuite à l'armée d'Espagne. 576. 634.

Mossel, général de brigade d'artillerie. 640.

Mouches (Bâtiments dits). — Ces petits bâtiments, rapides et très-peu coûteux, peuvent porter 12 hommes. trois mois d'eau et quatre mois de vivres; il en faudrait dans tous les ports, 104, 459. — Un brick a besoin de 100 hommes d'équipage et coûte 200.000 francs : une mouche n'exige que 12 hommes et ne coûte que 15,000 francs; ainsi l'on a douze mouches pour un brick. 460. — Avantages des mouches pour porter des nouvelles aux colonies; ordre d'en construire de vingt à trente à Flessingue. Anvers. Dunkerque. Boulogne. Brest. Lorient. Nantes, Rochefort. Bayonne. Toulon. Gênes et Venise, 104. 161. 216. 230. 458-460. — L'Empereur en fait lui-même préparer une à Bayonne, 149. — Envoyer à Cayenne et à la Martinique deux mouches qui porteront de la farine et rapporteront des denrées coloniales. 299. — Il faudrait avoir un certain nombre de mouches à Boulogne. afin d'en pouvoir toujours détacher une ou deux pour observer les côtes. 459. — Les mouches ont une supériorité marquée sur les avisos ordinaires; il convient d'en attacher trois ou quatre à chaque escadre, car elles épargnent des bricks et marchent mieux. 460. — Si ces petits bâtiments sont définitivement reconnus bons. il faut ne pas en avoir d'une autre espèce sur la Méditerranée et l'Océan; car «la simplicité est le premier élément d'un bon service.» 460.

Mouton, général de division. 235. 355. 398. 449. 500, 502, 541, 572.

Muller, général de division. 212.

Murat. V. Joachim.

Musnier, général de division. 573.

Musquiz (De). 188. 194.

N

Nansouty, général de division, 643.

Nantes. — (11 mai 1808-10 juin.) Ordre d'y construire deux vaisseaux de 60 pour la protection des côtes. 106. — En tenant à Nantes quatre ou cinq frégates, on obligera les Anglais à augmenter proportionnellement devant ce port leurs moyens de surveillance, 108. V. Escadres des ports maritimes.—Quand les deux frégates de Nantes seront-elles en mesure de débusquer les bâtiments anglais mouillés près de Noirmoutiers? 259. — Composition d'une expédition qui partirait de Nantes pour les colonies françaises, 334. V. Expéditions maritimes.

Napoléon. — A Bayonne le 15 avril 1808, 1. — Le roi d'Espagne et le prince des Asturies viennent demander sa médiation dans la succession au trône d'Espagne; entrevues qu'il a avec ces princes les 20 et 30 avril, 28, 37, 46, 55. — Après l'insurrection du 2 mai, il exige que Ferdinand renonce à la couronne en faveur de son père, 72, 78. — Traités de Bayonne des 5 et 10 mai, par lesquels Charles IV et Ferdinand cèdent à l'Empereur tous leurs droits sur le royaume d'Espagne, 76, 81, 88, 109, 111. V. Charles IV, Ferdinand, Traités de Bayonne. — Par un décret du 25 mai, Napoléon convoque à Bayonne, pour le 15 juin, une assemblée des notables d'Espagne, qui statuera sur la succession au trône et donnera une nouvelle constitution à ce pays, 81, 87, 128, 237. V. Junte de Bayonne. — Proclamation du 6 juin, qui nomme Joseph roi d'Espagne; le grand-duc de Berg a été appelé au trône de Naples, 64, 320. V. Espagne, Joachim, Joseph. — Napoléon quitte Bayonne le 21 juillet, et visite successivement Pau, Tarbes, Auch, Toulouse, Montauban, Agen, Bordeaux, Rochefort, Nantes; il est très-satisfait de l'accueil qu'il reçoit des populations, même en Vendée, 480-505. — Indignation de l'Empereur à la nouvelle de la capitulation de Baïlen, 496. — Napoléon arrive à Paris le 14 août, 507. — Il déclare, le 15 août, à M. de Metternich qu'il va faire de nouveaux préparatifs de guerre, si l'Autriche continue ses armements, 510, 514. V. Autriche. — Il invite les princes de la Confédération du Rhin à discipliner leurs troupes et à tenir leur contingent au complet pour être en mesure contre l'Autriche, 484, 569, 575. V. Confédération du Rhin. — Lettres de Napoléon à Alexandre Ier;

explications qu'il lui donne sur les affaires d'Espagne, 54, 311, 416. V. Alexandre Ier, Russie. — Obligé d'appeler en Espagne une partie de la Grande Armée, l'Empereur consent à régler les contributions de la Prusse et à évacuer ce royaume, à l'exception des trois places fortes de l'Oder, 540, 594. V. Prusse. — Message de l'Empereur au sénat, le 4 septembre, sur la situation de l'Empire, 567. — Napoléon ne désapprouve pas la convention de Cintra, conclue, le 30 août, entre le général Junot et les Anglais, pour l'évacuation du Portugal, 619. V. Convention de Cintra, Portugal. — Après l'évacuation de Madrid et la retraite des troupes françaises sur la ligne de l'Èbre, un décret du 7 septembre réorganise l'armée d'Espagne; le 1er, le 5e et le 6e corps de la Grande Armée sont dirigés sur les Pyrénées; le corps de troupes restant en Allemagne prendra, le 15 octobre, le nom d'*Armée du Rhin*, 572, 640. V. Armée du Rhin, Grande Armée. — Plan maritime conçu par l'Empereur dans le but de contraindre l'Angleterre à la paix; armements et constructions ordonnés dans la mer du Nord, l'océan Atlantique et la Méditerranée; création d'un port militaire important à la Spezia. V. Angleterre, Marine française, Spezia (La). — Un décret réunit la Toscane à l'Empire français, 122. — Recommandation au prince Eugène d'étudier la ligne de la Piave, que l'Empereur voudrait fortifier pour la défense de l'Italie, 288. V. Italie, Lignes de défense de l'Italie. — Instructions sur le commerce, les finances et les travaux publics, V. ces mots. — Napoléon et Alexandre arrivent le 27 septembre à Erfurt; une convention d'alliance est signée entre eux, le 28 octobre, dans cette ville, 616, 635. — A la demande d'Alexandre, l'Empereur accorde à la Prusse une nouvelle réduction sur ses contributions de guerre, 648. — Lettre par laquelle les souverains de France et de Russie proposent la paix au roi d'Angleterre, sur la base de l'*uti possidetis*, 638. — Napoléon part le 14 octobre pour Paris, 648.

NAVARRE, province d'Espagne. — (30 mai 1808-15 juillet.) Napoléon envoie successivement des troupes à Pampelune pour contenir la Navarre, 280, 413, 458. = (27 août-15 septembre.) Après l'évacuation de Madrid, l'Empereur juge nécessaire de désarmer cette province, 547.
— Il ordonne au corps de gauche de l'armée d'occuper en force Tudela, dont le principal avantage est de couvrir la Navarre et d'en empêcher l'insurrection, 546, 553, 556, 599. V. MONCEY.

NEY, maréchal de France. — (3 août-5 août 1808.) Après l'évacuation de Madrid, l'Empereur informe Joseph que, ne pouvant encore se rendre en Espagne, il lui envoie le maréchal Ney : « C'est un homme brave, zélé et de tout cœur; si vous vous accoutumez à lui, il pourrait être bon pour commander l'armée, » 496, 497.
— Ney prendra le commandement du corps du centre campé à Aranda, hormis une réserve de 5,000 hommes destinée à la garde du Roi, 500. V. CORPS DU CENTRE.

NIEPPERG, colonel autrichien, 54.

NOBLESSE. — Instructions relatives aux armoiries des grands dignitaires et à la délivrance des lettres patentes conférant la noblesse, 84. — Les lettres patentes de chevalier de la Légion d'honneur ne s'obtiennent qu'en justifiant d'un revenu de 3,000 francs en biens-fonds; toute décision à l'égard de la survivance du titre pour les enfants est ajournée, 174.

NOYA (Duc DE), 412.

NUÑEZ (Fernan), 194.

O

O'FARRILL (Don Gonzalo), conseiller d'état, ministre de la guerre du royaume d'Espagne, 93, 95, 205, 428. — Napoléon écrit à Murat : « Il faut vous attacher O'Farrill, » 64.

ORDRE DE CHARLES III d'Espagne.— (12 mai 1808.) Le grand-duc de Berg ne disposera pas de cet ordre, qui ne peut être conservé, 127.

ORNANO, consul général de France à Tanger, 93.

OSSUNA (Duchesse D'), 402.

OTTO, ministre de France en Bavière, 170, 378. 380. 381.

OUDENARDE (D'), écuyer de l'Empereur.

OUDINOT, général de division. 525, 539. 576. 642. — Ordre au prince de Neuchâtel d'envoyer la division Oudinot de Danzig à Glogau en Silésie, où elle tiendra garnison et fera partie du corps du maréchal Davout, 507.

P

PAIX. — C'est pour y contraindre l'Angleterre que l'Empereur couvre l'Europe de ses troupes : « La paix seule avec cette puissance me fera remettre le glaive dans le fourreau et rendra à l'Europe la tranquillité, » 29. — La politique conseille à l'Empereur de placer sur le trône d'Espagne un prince de sa famille, pour arriver enfin à cette paix que l'humanité réclame, 41. — Plan maritime conçu par Napoléon pour obliger l'Angleterre à accepter la paix, V. MARINE FRANÇAISE. — L'Europe jouit de la paix sur le continent; elle n'attend que de l'avoir sur les mers pour se livrer tranquillement à l'industrie : « cette paix est le vœu du monde; mais l'Angleterre s'y oppose et l'Angleterre est l'ennemie du monde, » 565.
— Dans l'entrevue d'Erfurt, Napoléon et Alexandre conviennent d'adresser à cette puissance une proposition de paix solennelle, 635.

PAJOL, général de brigade de cavalerie, 643.

PAMPELUNE, ville du royaume de Navarre. — (30 mai 1808-15 septembre.) Envois successifs de troupes pour y tenir garnison et contenir la Navarre et l'Aragon, 280, 284, 307, 312. 336, 371, 413, 458. — Le général Lefebvre

TABLE ANALYTIQUE. 715

ira prendre à Pampelune le commandement d'une colonne, avec laquelle il s'avancera vers Tudela, 281, 284, 313. — Des gardes nationales se rendent à Pampelune pour en occuper la citadelle jusqu'à la reddition de Saragosse, 376. — Après l'évacuation de Madrid, l'Empereur recommande la position de Tudela, qui couvre Pampelune, 546, 553, 556, 599. — Si l'armée perdait la ligne de l'Èbre, elle devrait conserver ses communications avec Pampelune et Saint-Sébastien, 503. — En concentrant à Tudela toute la gauche de l'armée, forte de 16,000 hommes, il suffit de laisser 2,000 hommes à Pampelune, 601.

Paradisi, conseiller d'état du royaume d'Italie, 394.

Paris. — Le ministre de l'intérieur fera connaître à l'Empereur les travaux accomplis pour les dépôts de mendicité, la Bourse, l'arc-de-triomphe de l'Étoile, la gare aux vins, la Madeleine, le pont d'Iéna, 294, 297, 298. — Un édifice national, dit *Temple de la gloire*, occupera les hauteurs entre Montmartre et Mousseaux, 560.

Parme et Plaisance (Duchés de). — (11 mai 1808.) Envoi au prince Cambacérès d'un projet de sénatus-consulte pour la réunion de Parme et de Plaisance ainsi que de la Toscane à la France, 101. — Il faudra, par suite, détruire les barrières entre ces deux duchés et reporter aux frontières de l'état romain les douanes qui les séparent de la Toscane, 267.

Parque (Duc del), 359.

Pauline Borghese. — (2 juin 1808.) Peut sans inconvénient aller aux eaux de Saint-Didier, mais ne doit pas quitter le gouvernement sans l'ordre de l'Empereur, 301.

Pepin, colonel, 10, 14, 483.

Pérignon, maréchal de France. — Nommé, le 23 juillet 1808, gouverneur de Naples et commandant de l'armée française dans ce royaume, en remplacement du maréchal Jourdan, appelé à Madrid, 480, 487.

Piave (La). V. Ligne de défense de la Piave.

Pino, général de division, 305. 518, 574. 610.

Piré, colonel, aide de camp du prince de Neuchâtel, 376, 383.

Plaisance. V. Parme et Plaisance.

Police. — Fouché fera arrêter ceux des élèves de l'école de Metz qui ont fait du scandale au théâtre; ils sont justiciables, comme les autres citoyens, de la police de la ville, 85, 138. — Napoléon désapprouve, comme arbitraire, la suspension de la vente des *Commentaires de Racine*, 322. — Il recommande de presser vivement les interrogatoires de Préjean, afin d'obtenir de lui la désignation des agents anglais qui se trouvent à Paris et dans les ports de l'Empire, 370. — Le ministre de la police s'assurera si les chefs vendéens ont débarqué dans l'anse de Paul, 397.

Pologne. — (17 avril 1808-27 juillet.) Le maréchal Davout fera accélérer le départ des troupes polonaises : «Les Polonais sont légers, mais au fond attachés à la France,» 20. — L'Empereur, ayant permis que 8,000 Polonais passassent au service de la France, le maréchal Davout les dirigera sur Mayence par le plus court chemin, 234, 486. V. Varsovie.

Portugal (Affaires de). — (19 avril 1808-2 octobre.) Le général Junot fera mieux observer la loi du blocus et ne laissera pas l'Angleterre introduire sous pavillon américain des marchandises coloniales en Portugal : «Par là vous rendez la conquête du Portugal inutile, et ce n'est que pour cela que je l'ai conquis,» 39, 99. — Il fera passer à Paris 4 millions, en outre des 2 millions envoyés précédemment à Madrid, 98, 155, 186. — Le produit des contributions sera consacré à l'entretien de l'armée; il n'y a pas d'inconvénient à ce que la moitié en soit soldée en argent; les autres 50 millions seront payés, partie en biens des émigrés, partie en domaines de la couronne, partie en biens de l'Ordre de Malte, 98, 155, 222, 304. — Le général Junot enverra un corps d'observation de 4,000 hommes à Almeida et un second corps de 3,000 à Elvas, pour contenir la Galice, le royaume de Léon et l'Estremadure, 115, 136, 194, 272. V. Ar-

90.

mée de Portugal. — Il dirigera sur Cadix 4,000 soldats français, qui aideront le général Dupont à empêcher le débarquement des Anglais, 93, 185, 191, 272, 421. — Il aura, pour garder les côtes du Portugal, 3,000 soldats espagnols dans les Algarves, 4,000 à Lisbonne et 4,000 à Porto, 93, 222. — Il ménagera les troupes espagnoles et portugaises, 219, 305. V. Troupes espagnoles, Troupes portugaises. — Grande activité à donner aux constructions maritimes : Junot armera le plus de bâtiments qu'il pourra pour porter aux colonies espagnoles des armes et des publications; il aura soin que des Français forment la majeure partie des équipages, 156, 157, 304. — Ce général organisera une escadre à Lisbonne, et prendra les mesures nécessaires pour qu'elle soit prête à mettre à la voile au 1ᵉʳ juillet, 219, 222, 272. — Il introduira de l'ordre dans son administration, fera savoir à l'Empereur si l'on pourrait, sans inconvénient, promulguer le Code Napoléon en Portugal, et verra s'il y aurait moyen de réduire de moitié les biens des couvents; l'exécution de cette dernière mesure serait toutefois retardée jusqu'à la conclusion des affaires d'Espagne, 155, 272, 304. — Ne répondre que par des coups de canon à la proposition de capitulation de l'amiral Cotton, 219. — Convention pour l'évacuation du Portugal par l'armée française, signée le 30 août à Cintra entre le général Junot et les Anglais, 619. V. Convention de Cintra.

Présides, forteresses possédées par l'Espagne sur la côte du Maroc. — (11 mai 1808-28 mai.) Le grand-duc de Berg en fera reconnaître l'état par des officiers du génie, d'artillerie et de marine, 112, 134. — Il pressera le départ des troupes qu'on doit y envoyer de Cadix pour les défendre contre les Anglais, 134, 151. — L'Empereur invite le roi de Maroc à les protéger, 93, 141. — La conservation de ces forteresses est un point de la plus grande importance, 264. — Napoléon regrette que des plans n'aient pas été joints aux mémoires que le grand-duc de Berg a fait faire sur les présides, 217, 264. V. Ceuta.

Prince de la Paix, premier ministre de Charles IV. — (16 avril 1808.) Napoléon conseille à Ferdinand de ne pas lui faire un procès «qui alimenterait les haines et les passions factieuses.» 12. = (25 avril-1ᵉʳ mai.) Talleyrand et Fouché feront paraître dans les journaux des articles qui, sans le justifier, «attirent la pitié sur ce malheureux homme,» 46, 59. — Arrivée du prince de la Paix à Bayonne le 25 avril, 46. — Le grand-duc de Berg et le maréchal Bessières diront que l'Empereur ne lui accorde un refuge en France que pour éviter l'effusion du sang, et qu'il l'enverra en exil sans le voir, 48, 49. = (5 mai.) Un article secret et séparé du traité conclu à Bayonne entre Napoléon et Charles IV lui assure une rente en France, en dédommagement de la province de Portugal qui lui avait été cédée par le traité de Fontainebleau, 81.

Prince Primat de la Confédération du Rhin. — (25 juillet 1808-14 octobre.) Est invité à tenir son contingent prêt à cause des armements de l'Autriche, 484, 575. — Napoléon l'informe du rendez-vous qu'il a pris à Erfurt avec Alexandre 1ᵉʳ pour arriver à rétablir la paix, 592. — Le prince Primat peut lever son camp, l'Autriche s'étant engagée à licencier ses milices, 651.

Prince de Neuchâtel. V. Alexandre.

Précy, 54.

Presse. V. Publicité.

Proclamations. — Proclamations : de Charles IV aux Espagnols, le 4 mai 1808, 61, 68, V. Charles IV; — de la junte de Madrid, le 3 juin, 323, V. Junte de Madrid; — de Napoléon, le 6 juin, 320. V. Napoléon; — de la junte de Bayonne, le 8 juin, 317. V. Junte de Bayonne.

Prony, inspecteur général des ponts et chaussées, 606.

Prusse. — (23 août 1808-14 octobre.) Obligé d'appeler en Espagne une partie de la Grande Armée, Napoléon a consenti à régler les contributions de guerre de la Prusse, et à en évacuer le territoire, à l'exception des trois places fortes de l'Oder, Stettin, Küstrin et Glogau, qu'il gardera jusqu'au parfait acquittement de ces contributions, 540, 594. — A la sollicitation d'Alexandre, il accorde à la Prusse une nouvelle réduction de 20 millions, 648.

Publicité. — (17 avril 1808.) Si le prince des Asturies rétrograde de Vitoria sur Burgos, le maréchal Bessières le fera arrêter et publiera en même temps la protestation de Charles IV, ainsi que la lettre de Napoléon à Ferdinand, 21. = (22 avril-2 juin.) M. de Champagny veillera à ce que la gazette espagnole, qui paraît à Bayonne, n'appelle pas roi le prince des Asturies, 36. — Recommandation au grand-duc de Berg et au maréchal Bessières : de prendre la haute main sur la presse, afin de diriger l'opinion, 47, 60, 63, 81; — de faire connaître la protestation de Charles IV contre les événements d'Aranjuez, la lettre du prince des Asturies à son père et la réponse du Roi, la lettre de Napoléon à Ferdinand, la correspondance que Ferdinand entretenait avec le duc d'Angoulême, l'engagement pris par la junte de Madrid de gouverner au nom du Roi, sans désigner à quel prince ce titre s'applique, la bonne réception faite à Bayonne au prince des Asturies, l'intention de Napoléon d'envoyer le prince de la Paix en exil sans le recevoir, 37, 47, 69, 94. — Talleyrand et Fouché feront publier des articles qui, sans justifier le prince de la Paix, «peignent en traits de feu le malheur des événements populaires», 46, 59. — Ordre à Murat, à Bessières : de faire connaître tous les jours, par la voie de la presse, la mauvaise administration de l'Espagne, et la nécessité, pour ce pays, de marcher d'accord avec la France, 48, 63; — de bien établir qu'on se trouve sans roi, et de diriger les sympathies de la population sur le roi de Naples, tout en proclamant que l'Empereur ne veut pas s'approprier un seul village de l'Espagne, 48, 65. — Proclamation à faire rédiger par la junte de Madrid et le conseil de Castille, 87, 128. V. Conseil de Castille, Junte de Madrid. — Lettres et proclamations à envoyer dans les colonies espagnoles pour leur donner confiance dans la nouvelle dynastie et leur montrer l'avantage qui résultera pour elles du développement des opérations maritimes. 111, 317. V. Colonies espagnoles. — Murat peut insérer dans les journaux les lettres des capitaines généraux, et signaler l'accueil distingué qu'a reçu de l'Empereur, à Bayonne, l'amiral Mazarredo, 235, 265. = (2 juin-9 juillet.) Le grand-duc de Berg fera imprimer, dans la *Gazette de Madrid*, les deux lettres écrites à Napoléon, les 11 et 13 mai, par la junte suprême, l'adresse de la ville de Madrid, et un article où il sera dit que, d'après ces lettres. celles du conseil de Castille et d'autres corps de l'état, l'Empereur a expédié un courrier au roi de Naples, qui doit se rendre à Bayonne et ensuite à Madrid, 302, 316. — Il annoncera que la junte de Bayonne s'est réunie le 15 juin, qu'elle va présenter une adresse au roi, qu'elle s'occupe de poser les bases de la nouvelle constitution de l'Espagne, que toutes les villes et provinces auront des députés aux Cortès, 328, 360. — Ordre au secrétaire d'état Maret de faire publier dans *le Moniteur* les documents relatifs aux affaires d'Espagne, 347. — Recommandation à Bessières et à Duhesme de réimprimer à Burgos et à Barcelone toutes les proclamations, 360. 384. — L'archichancelier Cambacérès publiera en espagnol, dans *le Moniteur*, une copie de la constitution de l'Espagne avec l'acceptation signée de tous les membres de la junte de Bayonne, 417. = Ordre à M. de Champagny de faire parler dans le journal officiel : des affaires du Maroc, 85; — des prises faites sur les Anglais par les corsaires de la Guadeloupe et des bonnes conditions où se trouve la Martinique, 51, 271. — Il conviendrait de donner aux colonies françaises des nouvelles authentiques par les occasions du commerce, en expédiant à chaque commandant un mois du *Moniteur* et du *Journal de l'Empire*, 229.

R

Rapp, général de division, gouverneur de Danzig, 642, 643.

Reding, général commandant une division des troupes suisses au service de l'Espagne, 141.

Régiments dits de marche, formés de compagnies tirées des bataillons de dépôt pour aller renforcer en Espagne les régiments provisoires. — (2 mai 1808-19 mai.) Ordre au grand-duc de Berg et au maréchal Bessières de les incorporer dans les régiments provisoires, 64, 79. 192, 193.

Régiments dits provisoires, formés de compagnies tirées des bataillons de dépôt, pour aller servir en Espagne avec une organisation temporaire. — (18 avril 1808.) Satisfaction de l'Empereur au sujet de ces régiments composés « de gros enfants de vingt ans, » 28. — (5 mai.) Envoi au grand-duc de Berg d'un décret appelant à Bayonne une partie des conscrits de la réserve de 1809 pour constituer le dépôt de ces régiments, 70. = Décret du 5 juillet, qui transforme les quinze régiments provisoires d'Espagne en huit régiments définitifs, 411.

Reille, général de division, aide de camp de l'Empereur, commandant la colonne mobile des Pyrénées-Orientales. — (14 juin 1808-23 août.) La colonne du général Reille, forte de 8,000 hommes, aura son quartier général à Bellegarde, 352. — Reille marchera au secours de Figuières, bloquée par les insurgés de la Catalogne; il se dirigera ensuite sur Rosas et sur Gironc, et fera sa jonction avec le corps du général Duhesme, 392, 398, 401. 415, 417, 452, 464. — Reille a débloqué Figuières le 6 juillet, et l'a ravitaillée, 421, 452. — S'il ne peut prendre Gironc avec sa division, on lui adjoindra la division Chabot, 539. — Mentions diverses faites de ce général par l'Empereur, 56, 391, 418. 419, 439, 453, 460, 477, 518, 574. — Lettres qui lui sont adressées, 400, 414.

Relations extérieures. V. Angleterre, Autriche.

Espagne, Italie, Napoléon, Portugal, Prusse, Russie.

Rey, général de brigade, 172. 356. 411. 415. 447, 449, 466, 468, 476.

Reynaud, général de brigade, 355, 449.

Reynier, général de division, ministre de la guerre du royaume des Deux-Siciles, 523.

Rio de la Plata (Vice-royauté du). V. Buenos-Ayres.

Ritay, général de brigade. 313, 339. 346. 351, 352, 415, 420.

Rochefort. — Le service du transport des bois de Bayonne à Rochefort est défectueux : avec la dépense qu'il entraîne, on pourrait avoir une grande quantité de bois dans la Garonne et on approvisionnerait Rochefort à volonté. 6, 7. — On fera passer par Bayonne les matelots des classes qui doivent se rendre à Rochefort et qui serviront à armer les gabares chargées de bois, 107. — Rapport du vice-amiral Martin sur la situation des travaux dans ce port: l'Empereur pourra y avoir au 1" octobre une escadre de quatre vaisseaux, 180. — On épuisera pour ces travaux tous les bois qu'il sera possible de se procurer dans les départements environnants; il vaut mieux diriger les versements des entrepreneurs sur Rochefort que sur l'Adour, où les bois pourriraient et sont aussi inutiles que s'ils étaient restés sur pied, 181. — S'il n'y a devant Rochefort qu'une frégate anglaise, le vaisseau en rade ne pourrait-il pas la surprendre et, avec un approvisionnement de trois mois de vivres, opérer son retour le mieux possible? 240. — Nécessité d'avoir bientôt quatre ou cinq vaisseaux dans la rade de Rochefort, tant pour fatiguer les Anglais par des blocus ruineux que pour donner satisfaction à la Russie et au Danemark, qui commencent à envoyer des agents dans les villes maritimes de France et à se décourager en perdant tout espoir de voir les Anglais réduits. 240. — Camp de 10,000 hommes pour appuyer l'escadre de Rochefort, 255. V. Camps des ports maritimes, Escadres des ports maritimes. — Rochefort n'est qu'un port de réparation, 297. — L'Empereur approuve que des vaisseaux et des flûtes, de Bordeaux et de Rochefort, se rendent chargés de vins, de farines et de biscuit, à l'île de France ou à la Martinique, comme expédition particulière ou dépendance de l'expédition générale, 350. V. Expéditions maritimes. — Le vice-amiral Decrès devra se trouver le 1er août à Rochefort, où l'Empereur arrivera le 2 août, 473.

Roguet, général de division, commandant l'île de Cadzand, 348.

Roguin, payeur de la guerre, 629.

Romanzof (Comte Nicolas de), ministre des affaires étrangères en Russie, 630, 635.

Rome (Cour de). — (1er mai 1808.) Champagny rappellera à Paris le chargé d'affaires de France à Rome, 59. = (11 mai.) Bigot de Préameneu demandera à l'évêque de Poitiers s'il serait possible de communiquer seulement avec Rome pour les questions stipulées dans le concordat, et de n'avoir affaire, pour le reste, qu'aux évêques et aux métropolitains, 116. = (7 juin.) Le Pape ne doit manquer de rien : à partir du 1er juillet, les troupes de Rome et de la marche d'Ancône seront défrayées par la France et le royaume d'Italie; il sera alloué au Saint-Père 150,000 francs par mois pour l'entretien de sa maison, 322. = (26 juin.) Quand un légat a terminé sa mission, il est d'usage qu'il se dessaisisse des papiers de sa légation : exiger l'accomplissement de cette formalité, 385. = (18 août.) Joachim Napoléon, en se rendant à Naples, ne s'arrêtera pas à Rome : « Vous ne pouvez voir le Pape que lorsqu'il vous aura reconnu, » 523.

Roquefère, chef de bataillon, 592.

Rosas, ville forte de la province de Catalogne. — (15 mai 1808.) On autorisera le capitaine général de la Catalogne à renforcer cette place de soldats irlandais, pour la mettre à l'abri des entreprises des Anglais, 150. = (2 juillet-17 juillet.) Ordre au général Reille de s'emparer de Rosas; garnison à placer dans cette ville, 401, 415, 417, 452, 464.

Rosenkranz (De), chambellan du roi de Danemark, Frédéric VI, 428.

Rosily, vice-amiral, commandant l'escadre française de Cadix. — L'Empereur lui demande s'il est possible de faire gagner à l'escadre de Cadix un port de l'Océan, d'expédier de Cadix des frégates et des bricks pour l'Amérique, de faire arriver une armée à Ceuta, d'avoir quelque confiance dans la flotte espagnole de Cadix, 137. — Le vice-amiral Rosily enverra à Napoléon un mémoire avec plan sur la baie de Tanger, 265.

Rouyer, général de division, 68, 92, 110, 141, 142, 184, 185.

Russie. — (25 avril 1808.) Malgré le langage prêté à M. de Tolstoï, ambassadeur de l'empereur Alexandre à Paris, les cours de France et de Russie sont au mieux, 45. = (26 avril.) Champagny fera mettre des articles dans les journaux sur la prise de possession de Bucharest par les Russes, 59. = (10 août.) Napoléon a reçu une lettre d'Alexandre Ier, en date du 20 juillet, dans laquelle l'empereur de Russie montre beaucoup de sollicitude à l'égard des affaires d'Espagne, et déclare son intention, si la guerre éclate avec l'Autriche, de faire cause commune avec la France, 505. V. Alexandre Ier. = (23 août-10 septembre.) L'Autriche arme, mais l'Empereur est sûr de la Russie, 540, 587. = (12 octobre.) Convention d'alliance signée à Erfurt entre la France et la Russie, 635. V. Convention d'Erfurt.

Ruty, général de brigade, 592.

S

Sabatier, général de brigade, 114, 126, 193, 305, 306, 308 à 310, 355, 449.

Saint-Cyr (Gouvion), général de division, appelé, par le décret du 7 septembre 1808, à commander un corps de l'armée d'Espagne, 519, 539, 578, 609, 610, 645.

SAINT-HILAIRE, général de division d'infanterie, 642.

SAINT-PRIEST (Comte DE), 322.

SALLIGNY, général de division, 411, 415, 500. — Fait par Napoléon comte de l'Empire, 412.

SALM-KYRBURG (Prince DE), 401.

SALMATORIS, 168.

SAN-CARLOS (Duc DE), ancien gouverneur du prince des Asturies, 109, 194, 219, 357.

SANÉ, inspecteur général du génie maritime. 388.

SANTANDER, ville forte de la Vieille-Castille. — (3 juin 1808-1ᵉʳ juillet.) Ordre au maréchal Bessières de réprimer l'insurrection de Santander, en faisant marcher de Vitoria et de Burgos contre cette ville deux colonnes commandées par les généraux Verdier et Lasalle, «qui feront une prompte et sévère justice.» 306. — Quand ces colonnes seront en mouvement, Bessières enverra quelques prêtres de Burgos, et le capitaine général de la Cuesta sera invité à envoyer un de ses officiers, pour faire connaître aux habitants les dangers auxquels les exposent leurs intelligences avec les Anglais et leur révolte, 307. 308. — Bessières a dirigé le général Merle contre cette ville; il devra le faire appuyer par Lasalle, 308, 309. — Arrivée de Merle devant Santander le 5 juin, 320. — C'est à tort que Merle a été rappelé pour marcher avec Lasalle contre Valladolid insurgée; danger des mouvements rétrogrades, 327, 363. V. GUERRE. — Seconde expédition de Merle, soutenu par Lasalle et par le général de brigade Ducos; entrée de Merle et de Ducos à Santander le 23 juin, 327, 383, 385, 398. — Mesures à prendre après la soumission de cette ville : imposer une contribution de 2 millions, séquestrer les biens des membres de la junte et surtout de l'évêque qui est à la tête de la révolte; désarmer la ville et les campagnes; faire quelques exemples sévères; envoyer une députation des principaux de la province implorer, à Bayonne, la clémence du Roi, 307, 308, 363, 384. = (10 juillet-25 juillet.) Liberté laissée à Joseph, au sujet de la contribution de Santander, pourvu que le consul et les Français qui ont été maltraités soient indemnisés, 421. — 1,500 insurgés des Asturies, qui s'étaient rendus à Santander, en sont repartis à la nouvelle de la bataille de Medina de Rio Seco, 483. = (27 août-22 septembre.) Quand l'armée d'Espagne reprendra l'offensive, il importera beaucoup d'occuper Santander, 547, 575, 602. — On brûlera le drapeau qui a servi à la proclamation de Ferdinand VII, on chassera l'évêque, on s'emparera d'otages et on désarmera les habitants, 602.

SARAGOSSE, ville de la province d'Aragon. — (30 mai 1808.) Berthier fera prendre des nouvelles de cette ville insurgée, 281. = (3 juin-25 juin.) Des forces s'avanceront contre Saragosse, dans trois directions : Lefebvre partira de Tudela et sera renforcé par des troupes de Pampelune, 307, 313, 348. — Si le général Chabran se trouvait à Tortose et qu'il fût inutile à Valence, il pourrait marcher sur Saragosse, 280, 307, 316; — le grand-duc de Berg enverra de Madrid une colonne avec du canon, 315, 327, 338. — Il est indispensable de faire promptement un exemple de Saragosse, 316. — Napoléon espère que Lefebvre y entrera le 15 juin, 362, 363. — Instructions au maréchal Bessières sur les mesures à prendre à l'égard de cette ville, après sa soumission, 365. — Au 25 juin, le général Verdier aura devant Saragosse plus de 12,000 hommes et vingt bouches à feu, 371. — Envoi de renforts d'artillerie et de gardes nationales d'élite, 371, 335. = (30 juin-14 juillet.) L'ennemi a été rejeté dans la place, la ville est bloquée par le général Verdier, qui espère s'en rendre maître dans trois jours, 392, 399, 444. — Plan à suivre pour l'attaque de Saragosse; il faudra construire sur l'Èbre un pont volant défendu par une redoute, afin de s'emparer du faubourg de la rive gauche et de cerner la ville de toute part, 392. — Saragosse est un point beaucoup moins important que ceux occupés par le maréchal Bessières et par le général Dupont; cependant la prise de cette ville pacifiera l'Aragon et aura une grande influence sur la soumission de l'Espagne, 393. 439, 454. = (14 juillet-18 juillet.) Envoi de 3,000 hommes d'élite appartenant à de vieux régiments de ligne; forces réunies, le 13 juillet, devant Saragosse. 451. 458, 469. — Un pont a été jeté sur l'Èbre; les rebelles qui sont venus l'attaquer ont été repoussés avec de grandes pertes, 457. — Prise d'un couvent situé près des murailles, 458. — Le colonel Lacoste construira une seconde redoute vis-à-vis un gué de l'Èbre, à 1,000 mètres en aval de Saragosse, 462. = (21 juillet-16 août.) La résistance de cette ville n'étonne pas Napoléon, 475. — Le général Verdier, renforcé et disposant par suite d'environ 15,000 hommes, peut activer les opérations du siége et garder l'offensive sur les deux rives de l'Èbre, 477. — La prise de Saragosse rendra des troupes disponibles, soit pour augmenter le corps de Catalogne soit pour faire avec le maréchal Moncey l'expédition de Valence, soit pour marcher sur la Galice avec le maréchal Bessières, 479. — A la fin de juillet, la chute de Saragosse paraît imminente, les moines désirant fort la tranquillité, et les petites villes du voisinage demandant la paix à grands cris, 483, 491. — L'ordre légèrement donné au général Verdier d'évacuer Saragosse a empêché de s'emparer de cette place, 509. = (27 août-14 septembre.) L'Empereur veut qu'un des premiers soins, quand on reprendra l'offensive, soit d'investir Saragosse, et, si elle résiste, d'en faire un exemple qui retentisse dans toute l'Espagne, 546, 575. — Après s'être assuré d'un approvisionnement de 80,000 coups de canon, on commencera trois attaques à la fois, et on y emploiera, s'il le faut, 30,000 hommes. 546. — Instructions pour la formation de l'équipage de siége de Saragosse, 592.

SARDAIGNE. — (20 avril 1808.) Décret mettant un embargo sur les bâtiments de cette île, le gouvernement sarde ayant violé la neutralité à laquelle il s'était engagé entre la France et l'Angleterre, 34.

SAVARY, général de division. — Envoyé, le 13 juin 1808, à Madrid, pour seconder le grand-duc de Berg malade, 347. — Lettres qui lui sont adressées par Napoléon, 371, 384, 540. — Mention faite de ce général, 3, 21. 320. 397, 401, 402, 421, 439, 448, 466, 497, 600, 544.

SAXE (Royaume de). — (25 mai 1808.) On invitera le gouvernement de la Saxe à rappeler ceux de ses soldats qui seraient dans l'armée prussienne, 224. — Le maréchal Davout doit vivre en bonne harmonie avec les autorités saxonnes du duché de Varsovie, et ne pas trop s'irriter de la mauvaise organisation des troupes polonaises, 234. = (25 juillet-7 septembre.) Champagny s'entendra avec le gouvernement de la Saxe au sujet de régiments qui doivent traverser son territoire pour se rendre à Glogau, 551. — L'Empereur écrit au roi de Saxe pour lui recommander de tenir son contingent prêt en vue des armements de l'Autriche, 484, 576.

SCHRAMM, général de brigade, 141. 142. 184. 185.

SEBASTIANI, général de division, 520. 573.

SÉGOVIE, ville de la Vieille-Castille. — (8 juin 1808.) Le général Frère a été chargé par Murat d'aller réprimer l'insurrection de cette ville, 327. = (13 juillet.) Il conviendra d'en occuper la citadelle, 440.

SÉGUR, major, maréchal des logis du Palais, 315.

SGANZIN, inspecteur général des ponts et chaussées, 52, 506.

SINIAVINE, amiral, commandant les escadres russes de Lisbonne et de la Méditerranée. — (10 mai 1808-3 juin.) L'Empereur l'invite à se tenir toujours en mesure d'appareiller, 96. — Junot lui proposera d'échanger un des vaisseaux russes de Porto-Ferrajo contre un vaisseau français de Lisbonne. 97. — Napoléon consent à ce qu'on cède à cet amiral une frégate et un brick portugais en échange d'une frégate et d'un brick russes de Trieste ou de Venise. 285. — Il adhère à sa demande de réunir deux vaisseaux français à l'escadre russe, 304.

Solano, marquis del Socorro, général espagnol, capitaine général de l'Andalousie. — Ordre réitéré au grand-duc de Berg de le diriger sur Cadix, pour empêcher le débarquement des Anglais, 60, 80, 84, 96, 141, 153. 193. 216. V. Cadix. — Le meurtre du général Solano ajoute aux inquiétudes de l'Empereur concernant l'escadre de l'amiral Rosily. 388. 409.

Sorbier, général de division, inspecteur général d'artillerie de la Garde impériale. 522.

Soria, ville de la Vieille-Castille. — (5 août-27 août 1808.) Pour relever l'armée française dans l'opinion et compenser l'évacuation de Madrid, l'Empereur conseille de soumettre Soria, qui a été constamment hostile, 502. 547. V. Troupes espagnoles. — Cette ville, une fois prise, sera désarmée; on incendiera quelques maisons, on brûlera les biens des nobles émigrés et on enlèvera des otages, 602.

Souham, général de division, 505, 518. 574. 610.

Soult, maréchal de France, chargé du deuxième commandement de la Grande Armée. 67, 520, 525, 576, 586, 646. — (16 août 1808.) Quand l'Empereur retire d'Allemagne trois corps de la Grande Armée pour les envoyer en Espagne, Soult reçoit le commandement de toute la Prusse, y compris Küstrin, et porte son quartier général à Berlin, 508.

Spezia (La), port militaire du golfe de Gênes. — La réunion prochaine de la Toscane à l'Empire décide Napoléon à transporter les établissements militaires de Gênes à la Spezia, dont il compte faire la succursale de Toulon, 102, 139. — Les ressources de la Toscane affluent à la Spezia, et le golfe présente, à tous égards, de merveilleuses conditions, 195. 355. — Une forte garnison y est nécessaire ; on convertira le lazaret en arsenal, épargnant ainsi beaucoup de temps et d'argent, 102. 355. — Ordre d'y établir plusieurs vaisseaux et frégates; mesures à prendre pour se procurer les bois de construction, 86. 106. 269. — Un des officiers du contre-amiral Emeriau ira reconnaître le mouillage de la Spezia, et s'assurer si une escadre s'y trouve à l'abri de toute attaque, 139. — L'Empereur est décidé à établir la préfecture des Apennins à la Spezia, 102. 253. — La Spezia devant contenir des approvisionnements considérables, il convient d'y proportionner les moyens de défense, quand même ils entraîneraient une dépense de 5 millions, 300, 342. — Cette défense aura pour triple but de protéger efficacement les établissements maritimes, le mouillage du port, et l'entrée comme la sortie des bâtiments, 224-226. — Les établissements militaires devront être construits de manière à ne pas gêner ceux de la marine et à défendre le groupe de population qu'attireront les nouvelles destinées de la Spezia, 333. — On choisira un bel emplacement pour y tracer une ville de 10,000 âmes, avec les établissements publics que doit renfermer un chef-lieu de département, 344. — On s'occupera également d'y conduire des eaux vives, et d'y construire un bassin comme celui de Toulon, 345.

Spinosa, ancien ministre des finances d'Espagne, 396.

Stadion (De), ministre des affaires étrangères de l'empire d'Autriche, 238, 252, 422.

Stein (Baron de), ministre d'état du royaume de Prusse. 586.

Succession d'Espagne. — (24 avril 1808.) Rapport dans lequel le ministre des relations extérieures conseille à Napoléon de placer sur le trône d'Espagne un prince de sa famille. Motifs fondés sur des considérations historiques, et notamment sur la politique de Louis XIV, qui montrent combien la sécurité de l'Empire exige de bons rapports avec l'Espagne, 39; — sur la convenance d'accroître les forces et les ressources de l'Espagne, et de s'en

servir pour forcer l'Angleterre à la paix, 40 ;
— sur l'impossibilité où l'Empereur, pris pour arbitre, se trouve, soit de rétablir Charles IV par la force contre le vœu national, soit de reconnaître le prince des Asturies, révolté contre son père et placé sous le joug des Anglais, soit enfin d'abandonner l'Espagne à elle-même, c'est-à-dire à l'anarchie et à l'Angleterre, 42.
— La justice d'une telle politique résulte d'ailleurs des intelligences secrètes de l'Espagne avec l'Angleterre, des vexations dirigées contre les commerçants français, de la violation des lois du blocus, 42. V. Espagne.

Suède. — (25 avril 1808-3 juin.) Le débarquement des troupes françaises et danoises en Scanie (Suède méridionale) aura lieu l'année suivante, si les gelées se produisent ou si les moyens d'embarquement sont plus puissants, 46, 54. — Napoléon félicite l'empereur Alexandre de la prise de la flottille suédoise, 311 = (1ᵉʳ septembre.) La Suède, abandonnée par l'Angleterre, a déjà perdu ses plus importantes provinces, et elle marche à la ruine, 564.

Sugny, général de division, inspecteur général de l'artillerie de marine, 173.

T

Talleyrand (de), prince de Bénévent, vice-grand électeur. — Lettres adressées à ce grand dignitaire : à Paris, du 25 avril 1808 au 6 mai, 45, 75 ; — à Valençay, du 16 mai au 9 juin, 159, 329. = (25 avril-6 mai). Communications sur les affaires d'Espagne, sur les relations de la France et de la Russie, sur l'expédition projetée en Suède, 45, 46, 58, 75.
— Talleyrand dira au corps diplomatique que Charles IV a abdiqué par contrainte, et a été surpris de l'empressement des ministres étrangers à reconnaître Ferdinand VII ; que les classes supérieures de l'Espagne sont heureuses d'être protégées par l'armée française contre la populace, 58, 76. — Il donnera des ordres pour qu'on prépare les appartements de Charles IV et de la Reine à Fontainebleau, où ils resteront dix jours, et à Compiègne, où ils doivent résider, 76. = (16 mai-9 juin.) Talleyrand fera en sorte que les infants d'Espagne soient bien traités et passent agréablement leur temps à Valençay, 159. — Il fera comprendre à M. de San-Carlos que Ferdinand doit appeler l'Empereur «Sire» et non pas «Mon cousin,» 219. — Renseignements sur les affaires d'Espagne que Talleyrand communiquera aux princes espagnols, dans le cas où ceux-ci concevraient «de folles espérances.» 328.

Tanger. — Napoléon demande à l'amiral Rosily de lui envoyer un mémoire avec plan sur la baie de Tanger, et de lui faire savoir notamment si une escadre de trente vaisseaux de guerre pourrait s'y abriter, 265.

Tascher, chef d'escadron, 356, 427, 428, 448.

Texel (Le). — Avec huit vaisseaux au Texel, on occuperait huit vaisseaux anglais, 106.
— Camp de 7,000 hommes pour appuyer l'escadre, 255. V. Camps des ports maritimes. Escadres des ports maritimes.

Thouvenot, général de brigade, 10, 44, 450.

Tolstoï (Comte de), ambassadeur de Russie à Paris, 45, 266.

Torquemada, ville du royaume de Léon. — Le général Lasalle y défait, le 6 juin, les insurgés du royaume de Léon, et sa victoire entraîne la soumission de Palencia, 327.

Toscane. — (11 mai 1808.) Napoléon envoie au prince Cambacérès un projet de sénatus-consulte pour la réunion de la Toscane à la France ; cette annexion sera présentée par les orateurs du Gouvernement comme le résultat de la nécessité où est la France d'arriver au rétablissement de la liberté des mers, 101. — Création d'un port militaire à la Spezia, 108. V. Spezia (La). = (12 mai). Un décret nomme une junte extraordinaire pour administrer la Toscane, qui devra, au 1ᵉʳ janvier 1809, être

91.

organisée comme le Piémont et régie par les mêmes lois, 120. — N'envoyer de France que les chefs de l'administration, payer fidèlement l'intérêt de la dette et rendre avec soin la justice à tout le monde; ensemble de services à organiser en Toscane, 121. == (2 juin-6 juillet.) Les côtes de la Toscane, depuis la Spezia jusqu'à Livourne, vont acquérir, par l'établissement du nouveau port, un intérêt qu'elles n'avaient pas : faire reconnaître les points où des batteries devront être placées pour que le cabotage s'exerce sûrement, 301. — Se saisir en Toscane de tous les biens de l'ordre de Malte; l'Empereur ajourne sa décision quant à ceux de l'ordre de Saint-Étienne, 321. — La dette de la Toscane se réduit à 40 millions, sur lesquels 21 appartiennent à des maisons de charité ou d'éducation, et qu'on éteindra aisément par l'établissement d'octrois, 406.

Toulon. — (11 mai 1808-28 mai.) Le ministre de la marine donnera aux officiers qui commandent des vaisseaux en rade de Toulon, l'ordre de présenter le combat aux croisières ennemies inférieures en force et de se tenir continuellement en mouvement, 106. V. Escadres des ports maritimes. — L'Empereur s'enquiert s'il pourrait avoir dans ce port, le 1ᵉʳ septembre 1808, 86 bâtiments français avec quatre mois de vivres, pour aller prendre 20,000 hommes dans le golfe de Tarente et les transporter en Égypte, 129, 130. — Au moment où s'effectuerait cette expédition, ainsi que celles des ports de l'Océan, l'organisation nouvelle de l'Espagne permettrait d'ajouter plusieurs vaisseaux à l'escadre de Toulon et de porter à 24,000 le nombre des hommes de débarquement, 131. V. Escadre française de la Méditerranée, Expéditions maritimes. — Le vice-amiral Decrès fera mettre à Lisbonne trois vaisseaux en état et les dirigera sur Toulon, 131. — Ordre réitéré d'envoyer à Toulon l'escadre espagnole de Mahon; si cette escadre parvient à arriver dans ce port, l'Empereur y aura plus de 20 vaisseaux, «ce qui gênera beaucoup les Anglais,» 111, 132, 140, 153, 165, 190, 207. — L'expédition de Toulon doit être prête du 1ᵉʳ au 15 septembre, et, dans ce but, le contre-amiral Emeriau prendra, s'il le faut, des mesures extraordinaires, 139, 243. — Dépenses qu'elle occasionnera, si elle est destinée à l'Égypte, 244. — Si elle va en Sicile ou à Alger, les vivres ne seront pas une difficulté, 243. — En partant en décembre, elle comprendrait 15 vaisseaux français et 2 russes, 124, 214, 243. — Pour que l'expédition de Toulon puisse s'accomplir, il faut qu'on maintienne en force les escadres des ports maritimes de l'Océan et que la flottille de Boulogne menace de débarquer 30,000 hommes en Angleterre, 245. — L'Empereur veut qu'on donne 20,000 francs de gratification aux entrepreneurs et ouvriers de deux vaisseaux, s'ils sont mis à l'eau un mois avant l'époque déterminée, 241. — Construire à Toulon une dizaine d'écuries pouvant porter 300 chevaux, qui devront être prêtes pour le 15 septembre et armées de pièces de 6, 242. — On concentrera sur Toulon les bâtiments de quelque valeur de Livourne et de Gênes, 243. — Camp de 25,000 hommes pour appuyer l'escadre de Toulon, 255. V. Camps des ports maritimes.

Tournon (de), chambellan de l'Empereur, 57, 474, 483.

Toussard, général de brigade du génie, 641.

Traités de Bayonne. — Traité du 5 mai 1808, par lequel Charles IV cède à Napoléon ses droits à la couronne d'Espagne en échange de la jouissance du château de Compiègne, de la propriété du château et de la forêt de Chambord, d'une pension de 7,500,000 francs, et d'une rente proportionnée pour chaque membre de sa famille, 76, 82, 88. — Article secret et séparé de ce traité stipulant, pour la reine d'Étrurie et pour le prince de la Paix, une rente en France, en dédommagement des provinces du Portugal qui leur avaient été données par le traité de Fontainebleau, 81. == Traité du 10 mai, par lequel Ferdinand se désiste de tous ses droits, comme prince des Asturies, en faveur de Napoléon, 109, 111.

TRAVAUX PUBLICS. — Napoléon demande où en sont les travaux d'Alexandrie, du mont Cenis, du pont d'Iéna à Paris, du canal de Saint-Quentin, 168, 260, 294, 506. — Il faut s'occuper à Troyes de l'établissement du canal et démolir la porte de la ville pour assurer de l'ouvrage aux ouvriers, 379. — Les 1,200 prisonniers qui se trouvent dans cette ville pourraient être employés avec avantage aux canaux de l'Escaut, Napoléon et de Bourgogne, 379, 403, 406. — En accordant des fonds exceptionnels, l'Empereur n'a pas eu seulement en vue les travaux à exécuter, il a voulu encore occuper tous les bras oisifs de l'Empire; lenteur avec laquelle ses intentions sont remplies, 379, 402, 406, 407. — On devra lui adresser tous les mois un rapport indiquant les divers travaux exécutés, le nombre des ouvriers qui les ont accomplis, les dépenses faites et à faire, 426. — Nombreux travaux ordonnés dans le département des Landes, 429-432. — L'Empereur accorde, pour l'entretien de la cathédrale d'Auch, 12,000 francs qui seront à la charge du ministère des cultes, du département et de la ville, 481. — Travaux divers dont les ingénieurs Prony et Sganzin auront à s'occuper, 506. — Ordre de tracer sur un plan de Paris le projet du *Temple de la Gloire*, 560. — L'administration des ponts et chaussées n'a rien fait dans le département du Mont-Tonnerre; l'Empereur veut savoir les causes de la lenteur apportée à la construction de la route de Paris à Mayence, 639.

TRELLIARD, général de division. — Reçoit l'ordre de se rendre à Bayonne et à Pau, 520.

TROUPES ESPAGNOLES. — (1ᵉʳ mai 1808-4 mai.) Celles du général Solano seront dirigées sur le camp de Saint-Roch, devant Gibraltar, 60, 187. — On n'admettra dans la Garde impériale aucun homme sortant de l'armée espagnole, 67. — Napoléon recommande au maréchal Bessières de tâcher de rallier à la politique de la France les troupes espagnoles de la Galice, et au général Junot d'influer sur celles placées sous ses ordres, 65, 69, 219.

= (5 mai- 30 mai.) L'Empereur ordonne à Murat : de s'assurer leurs bonnes dispositions par divers moyens, notamment en les faisant jouir de la solde et du régime des troupes françaises, 73; — de surveiller leurs mouvements, 89, 92; — de les disposer de manière qu'elles soient disséminées et qu'elles puissent servir à protéger les côtes contre les Anglais, 92. — Il se préoccupe de différents mouvements qu'il remarque parmi elles, 94. — Il en désire vivement l'état de situation, pour décider comment elles doivent être placées, 84, 87, 92, 111, 112, 127. — Intention de l'Empereur d'avoir : 10,000 hommes de troupes espagnoles à Cadix et devant Gibraltar, 80, 84, 87, 141; — 4,000 à Carthagène et 4,000 au Ferrol, 87; — quelques régiments à Alicante et à Malaga, 92. — Nécessité d'en isoler les troupes suisses et wallonnes, et de fondre celles-ci dans les divisions françaises, 92, 134, 141, 191. V. TROUPES SUISSES. — Ordre au grand-duc de Berg de ne pas laisser de troupes espagnoles à Grenade, 141; — de ne pas renforcer celles de Cadix et du camp de Saint-Roch, qui vont se trouver au nombre de 20,000 hommes, 141, 151; — de réduire à 4,000 hommes celles de Madrid et des environs, 142. — Précautions à prendre contre les gardes du corps, 134, 152, 154, 189, 193. V. GARDES DU CORPS DE CHARLES IV. — Murat enverra une partie des troupes espagnoles hors de l'Espagne, 127, 136, 152. — Il dirigera : sur la France, 16,000 hommes, qui seront formés en trois divisions, deux d'infanterie et une de cavalerie, 152, 218; — sur Ceuta et sur Mahon, 3,000 hommes, 152. — Il fera cesser le recrutement extraordinaire, 153. — Le maréchal Bessières est averti que les Espagnols ne peuvent lui opposer plus de 8,000 hommes dans la Galice, les Asturies, la Biscaye, le royaume de Léon et la Vieille-Castille, 144. — Napoléon veut connaître l'esprit et la composition exacte de leurs régiments, espagnols, suisses, wallons, irlandais. napolitains, ainsi que de leurs corps de volontaires. 142, 155, 166. — Le général Junot enverra 3,000 hommes de troupes espagnoles dans les Algarves; il en gardera 4.000 à Porto et 4,000 à Lisbonne, 222. — Pour témoigner de la confiance aux troupes espagnoles, le grand-duc de Berg en adjoindra 1.500 hommes à la division du maréchal Moncey en marche vers Valence, 282. = (1er juillet - 8 septembre.) Les soldats espagnols se réunissent aux insurgés, 398, 428, 455. — Victoire éclatante remportée, le 14 juillet, à Medina de Rio Seco, sur l'armée de Galice, commandée par don Gregorio de la Cuesta, 467. 475. — Les troupes espagnoles de l'Andalousie, sous la conduite du général Castaños, obligent, le 19 juillet, le général Dupont à capituler, et par suite le roi Joseph à évacuer Madrid et à se retirer sur le Duero, 491, 496, 499. — Dans le cas où le général Castaños s'avancerait sur Aranda et dépasserait Buitrago, il faut lui ôter, par une attaque soudaine, les moyens de s'y établir, et le rejeter au delà des montagnes, 502. — Quand l'armée française s'est retirée sur la ligne de l'Èbre, l'Empereur examine le cas où les troupes espagnoles, partant de Soria, se présenteraient devant Logroño, et celui où elles se dirigeraient de Saragosse sur Estella, menaçant ainsi Tolosa : ces deux possibilités donnent de grands avantages à la situation stratégique de Tudela, 549, 599. — « Avec les troupes espagnoles, il est très-différent de prendre l'offensive ou d'être attaqué : » toute l'armée ennemie n'est pas capable de forcer 15.000 Français dans une bonne position, 585.

Troupes portugaises. — (22 avril 1808-11 juin.) Direction à donner aux régiments portugais qui se rendent en France, 37. — Le maréchal Bessières utilisera ces troupes, s'il est vrai qu'on puisse s'y fier, 82 ; — il en placera entre Valladolid et Burgos pour protéger les malades de l'armée française, 113 ; — il s'en servira pour contenir les insurgés du royaume de Léon et de la Galice, 127. — Décret pour la formation d'une légion portugaise de six régiments comprenant 12,000 hommes ; cette légion séjournera dans le Languedoc et y sera mise en bon état ; le général Junot en activera le recrutement et fournira surtout d'anciens soldats, 186, 201, 212. — L'Empereur désire connaître les mouvements des régiments portugais qui sont passés à Bayonne, 315. — Incorporation de 300 soldats portugais dans chacune des colonnes mobiles de la frontière ; les placer en seconde ligne pour les empêcher de communiquer avec les Espagnols, 340.

Troupes suisses au service de l'Espagne. — (4 mai-19 mai 1808.) Napoléon recommande au grand-duc de Berg de s'assurer, par tous les moyens, leurs bonnes dispositions, et de les fondre dans les divisions françaises, où l'on pourra en être maître et en tirer parti, 68, 69, 73, 92, 134. — Utilité de composer avec ces troupes une division qui servirait à occuper en force le point essentiel de Cadix, 110. — C'est à tort que Murat a dirigé deux régiments suisses sur Cadix, pour les réunir aux troupes espagnoles, dont l'esprit peut être mauvais ; il devra les laisser à Talavera, 134. — Concentrer à Grenade les trois régiments suisses de Tarragone, de Carthagène et de Malaga, et en former une brigade sous les ordres du général Schramm, 141, 142. — Les troupes suisses ont un effectif de 10.900 hommes, dont Napoléon demande à connaître la composition, 166. — Afin de les placer « dans un courant d'opinions françaises, » on rattachera au corps du général Dupont la brigade suisse de Grenade et celle de Talavera, commandée par le général Rouyer, 134, 141, 142, 184, 191.

Tudela, ville forte de la Navarre. — Le général Lefebvre y met en déroute, le 8 juin 1808, les insurgés de l'Aragon, 362. = (5 août-7 septembre.) Après la réorganisation de l'armée, qui suit la capitulation de Bailen, l'occupation de Tudela est recommandée au maréchal Moncey, commandant le corps de l'Aragon,

501. — Motifs de l'importance stratégique de cette position : Tudela a un pont sur l'Èbre, protége la Navarre, forme le point d'intersection d'un canal qui conduit, en quatorze heures, à Saragosse, et renferme une grande quantité de bateaux qui seront nécessaires pour le siége de cette place, 546, 553, 554, 556, 558, 585. — Ordre réitéré de couvrir ce point de redoutes, de maintenir la communication avec Logroño, de placer les dépôts et les hôpitaux au delà de l'Èbre, 554, 557, 575. = (13 septembre-15 septembre.) Napoléon regrette que le maréchal Moncey n'y concentre pas ses forces, 591. — Réunir à Tudela toute la gauche de l'armée, c'est-à-dire 16,000 hommes, dont 12,000 sur la rive droite et 4,000 sur la rive gauche : on peut, de là, couvrir, au moyen de reconnaissances fréquentes, la position de Logroño, et, en cas d'événement, repasser l'Èbre en gardant une bonne position défensive, 591, 598, 599, 600. — L'Empereur admet par hypothèse une situation où, faute d'occuper ce point, on pourrait se voir forcé d'abandonner Burgos et la ligne de l'Èbre, et de repasser les monts, sans que le tiers de l'armée se soit battu, 599.

Turquie. — (8 mai 1808-28 mai.) Champagny portera des plaintes à Constantinople contre Ali-Tebelen, pacha de Janina, et exigera l'élargissement de tous les habitants de Corfou qu'il a fait arrêter, 85. — Il se plaindra également de la conduite qu'on tient envers le consul de Bosnie, 252, 550. = (29 mai-11 juillet.) Le ministre des relations extérieures réclamera à Constantinople, au sujet de l'assassinat de quatre officiers français à Antivari; il témoignera au consul de Scutari le mécontentement de l'Empereur de ce qu'il n'a pas demandé vengeance de cet attentat : « Il faut « que ce ne soit pas un Français, » 267. — Ce consul devra quitter Scutari s'il n'obtient pas satisfaction dans cinq jours, 422. = (8 octobre-12 octobre.) Aux termes de la convention d'Erfurt, la Russie doit retarder ses négociations avec la Porte Ottomane, au sujet de la Moldavie et de la Valachie, jusqu'au moment où le résultat des ouvertures de paix faites à l'Angleterre sera connu, 630, 636.

U

Urquijo (Chevalier d'). 235, 359, 421.

V

Valachie. V. Moldavie et Valachie.
Valdès, amiral espagnol. 154, 338, 602.
Valence, province du royaume d'Aragon. — (30 mai 1808-17 juillet.) Ordre d'envoyer des troupes dans deux directions contre les insurgés de cette province, afin de les empêcher de se porter sur Saragosse et sur Barcelone : le maréchal Moncey, avec 8,000 soldats français et 2,000 Espagnols, partira de Madrid pour Cuenca, et la division Chabran, forte de 6,000 hommes, prendra position à Tortose, 282, 308, 326, 336, 361. — Les insurgés de cette province sont battus dans six rencontres différentes par le maréchal Moncey, 466.

Valence, capitale de la province de ce nom. — (30 mai 1808-14 juillet.) Le maréchal Moncey se dirige de Madrid sur Valence avec sa première division, tandis que le général Chabran y marche de Barcelone; les deux divisions combineront leurs mouvements de manière à se trouver en même temps devant Valence, 262, 308, 326, 336, 361. — Cette ville est de peu d'importance comme point stratégique, relativement à ceux occupés par le maréchal Bessières et par le général Dupont; il importe néanmoins d'y arriver, 338, 439, 443. — On a eu tort d'envoyer le général Frère contre Valence; Moncey avait, avec ses 8,000 hommes, des forces suffisantes pour empêcher les rebelles de se porter ailleurs et pour faire sentir les horreurs de la guerre; dépourvu d'artillerie, il ne pouvait, même avec un renfort, prendre la ville, qui est très-grande et que les paysans ne craignent pas de ruiner, 439, 443, 454, 466.

VALLADOLID, ville du royaume de Léon. — (11 mai 1808.) Le grand-duc de Berg chargera la junte d'écrire à Valladolid, où se manifeste quelque fermentation, 112. — Le maréchal Bessières y concentrera 8,000 hommes de troupes et y enverra des prêtres pour la contenir; il la punira sévèrement en cas d'insurrection. 113. — Le général Junot acheminera 4,000 hommes à Almeida, dans la direction de Valladolid, pour appuyer Bessières, 115. = (8 juin - 17 juin.) Le général Frère, parti de Madrid, se portera sur Valladolid, après la soumission de Ségovie, tandis que le général Lasalle marchera de Burgos sur cette ville. 327, 338. — Soumission de Valladolid déterminée par les victoires du général Lasalle, 362. — Ordre à Bessières d'imprimer et de répandre dans la ville les adresses de la junte de Madrid et de la junte de Bayonne, de faire faire amende honorable aux autorités civiles et religieuses dans des proclamations tirées à un grand nombre d'exemplaires, d'organiser une cérémonie solennelle, dans laquelle ces autorités prêteront serment de fidélité, de les porter enfin à envoyer une députation à Bayonne pour implorer la clémence du Roi, 366.

VANDAMME, général de division, 76, 78, 146.

VARSOVIE (Grand-duché de). — (26 avril 1808-25 mai.) Napoléon veut que le territoire en soit respecté, 51. — Violation de ce territoire par des hussards autrichiens, 54. — L'Empereur espère que, sur sa demande, le roi de Saxe chassera du duché de Varsovie les moines qui s'y sont établis, 223, 224, 234.

VEDEL, général de division, commandant la 2ᵉ division du corps du général Dupont. — (18 mai 1808-8 septembre.) La division Vedel est portée d'Aranjuez à Tolède, pour remplacer dans cette dernière ville la 1ʳᵉ division du général Dupont, 184, 186, 191. — Rejoint Dupont à Andujar, 443. — Sa division est comprise dans la capitulation de Baïlen, bien qu'elle pût s'échapper et que le général Dupont eût un moment consenti à son départ, 543, 558. — Si Dupont ne s'était pas séparé de Vedel, il aurait battu les Espagnols, 558. — Ordre d'arrêter le général Vedel à son débarquement en France, 584.

VENEZUELA. — Don Vicente di Imbaran, nommé par l'Empereur au commandement de la province de Caracas, se rendra sans délai au Ferrol et s'y embarquera sur un brick chargé de 2,000 fusils, 247.

VENISE. — L'Empereur veut organiser dans ce port l'équipage d'un vaisseau de 74 canons. 425. — Mouches à y faire construire, 460. V. MOUCHES.

VERDIER, général de division, commandant la 2ᵉ division des Pyrénées occidentales du corps du maréchal Bessières. — (15 avril 1808.) A son quartier général à Vitoria, 8. = (3 juin-13 juillet.) Napoléon ordonne d'abord à Bessières de le faire marcher contre la ville de Santander, 305, 307, 308. 309 ; — de le diriger, après la prise de Saragosse, sur le royaume de Léon, 363, 384. — Envoyé par Bessières contre la petite ville de Logroño, il y met en déroute, le 6 juin, 2,000 insurgés de la Vieille-Castille, 320, 327. — Soumet les environs de Saragosse et bloque la ville de tous côtés, 392, 399. 444. = (14 juillet-16 août.) Formation d'une division de l'Aragon, forte de 13,000 hommes, sous les ordres du général Verdier, qui aura le commandement de l'Aragon et de la Navarre, 357, 451. — C'est «légèrement» qu'après l'évacuation de Madrid on lui a donné l'ordre de lever le siége de Saragosse, alors que la prise de cette ville était imminente, 509.

VER HUELL, amiral hollandais, ambassadeur de Hollande à Paris, 106, 422.

VIALA, général de brigade. 351, 420. 460.

VICTOR, maréchal de France, commandant le 1ᵉʳ corps de la Grande Armée. — Appelé, par

TABLE ANALYTIQUE.

le décret du 7 septembre 1808, à commander le 1ᵉʳ corps de l'armée d'Espagne, 504, 572.

VIEILLE-CASTILLE, province d'Espagne. — (15 avril 1808.) Occupée par le corps d'armée du maréchal Bessières, 14. — (11 mai — 8 juin.) On infligera une punition sévère aux villes de la Vieille-Castille qui s'insurgeraient et chercheraient à couper les communications de l'armée d'Espagne avec la France, 113. — Répression de Ségovie par le général Frère, 327. — Défaite des rebelles de la Vieille-Castille à Logroño par le général Verdier, 327.

VILLEMANZY, intendant général de l'armée du Rhin. 179, 382. 627, 641.

VILLOUTREYS (DE), officier d'ordonnance de l'Empereur. 543. 544. 584.

W

WALTHER, général de division, commandant les grenadiers à cheval de la Garde, 393, 551.

WELLESLEY (Sir Arthur), général commandant l'armée anglaise de Portugal, 450.

WESTPHALIE (Royaume de). — (25 mai 1808-14 septembre.) Champagny écrira au roi de Westphalie de rappeler les soldats westphaliens qui seraient dans l'armée prussienne. 224. — L'Empereur est satisfait du bon esprit qui anime le peuple de Westphalie, 310. — Établissement du jury dans ce royaume, 380. V. JURY. — Recommandation réitérée au roi de Westphalie de tenir, à cause des armements de l'Autriche, son contingent prêt, et de ne reculer devant aucune dépense pour mettre sa frontière en sûreté. 484, 576. — Napoléon a vu avec peine l'insurrection populaire de Brunswick; l'instigateur devra en être puni d'une façon exemplaire. 593. V. CONFÉDÉRATION DU RHIN, JÉRÔME NAPOLÉON.

WINZINGERODE (DE), ministre plénipotentiaire de Westphalie en France, 223.

WURTEMBERG (Royaume de). — Invitation au roi de Wurtemberg de tenir son contingent prêt, par suite des armements extraordinaires de l'Autriche. 484. 575.

LISTE DES PERSONNES

À QUI LES LETTRES SONT ADRESSÉES.

Alexandre, prince de Neuchâtel, major général de la Grande Armée, 8. 33, 43, 50, 51, 54. 67, 85. 100, 115, 126, 150, 183, 233, 260, 279, 280, 311, 312, 314, 315, 335, 336, 339, 346, 351, 355, 359, 365, 370. 376, 382, 386, 391, 392, 397, 399, 401, 410, 411, 413, 417, 420, 460, 464, 465, 470, 471, 507, 509, 528, 539, 570, 585. 591, 595, 596, 605, 607, 609, 617, 621. 622, 633.

Alexandre Ier, empereur de Russie, 54, 311. 416, 578, 678.

Azanza (D'), ministre des finances d'Espagne, 316.

Barbier, bibliothécaire de l'Empereur, 463.

Bessières, maréchal de France, commandant la Garde impériale en Espagne, 14, 20, 22. 37, 49, 56, 64, 67, 81, 88, 94, 113, 143. 187, 218, 231, 305, 307, 309, 363, 383. 398, 465.

Bigot de Préameneu, ministre des cultes, 116. 117, 353, 385, 423, 604.

Borghese (Prince Camille), gouverneur général des départements au delà des Alpes, 82, 108. 168, 196, 202, 260, 300.

Bourbon (Louis de), cardinal-archevêque de Tolède, 321.

Cambacérès (Prince), archi-chancelier de l'Empire, 84, 101, 145, 223, 367, 387, 417, 473, 480, 489, 614, 616.

Catherine, reine de Westphalie, 617.

Caulaincourt, général de division, ambassadeur à Saint-Pétersbourg, 365.

Champagny (De), ministre des relations extérieures, 34, 36, 50, 59, 69, 85, 116, 169, 170, 177, 188, 197, 210, 223, 238, 251, 266, 267, 293, 377, 378, 380, 413, 422. 505, 550, 566, 568, 591, 595, 630, 632.

Charles IV, roi d'Espagne, 55, 455.

Charles-Frédéric, grand-duc de Bade, 577.

Clarke, général de division, ministre de la guerre, 22, 23, 30, 70, 77, 122, 145, 168. 171, 180, 194, 195, 199, 201, 211, 220, 224, 226, 276, 295, 332, 333, 348, 353, 367, 368, 369, 382, 408, 420, 426, 429, 435, 436, 458, 485, 487, 488, 496, 498, 515, 524, 528, 532, 540, 543, 544, 559, 570, 584, 592, 595, 609, 618, 619, 620, 623.

Cretet, ministre de l'intérieur, 1, 118. 119, 178, 238, 239, 249, 252, 294, 295, 297, 332, 379, 402, 403, 407, 426, 456, 489, 560, 566, 604, 608, 614.

Cunégonde (Princesse), ancienne princesse d'Essen, 634.

Daru, intendant général de la Grande Armée. 35, 208, 209, 364, 482, 504, 571, 624. 631, 363, 647.

Davout, maréchal de France, commandant le 3e corps de la Grande Armée, 20, 234, 486. 539.

Decrès, vice-amiral, ministre de la marine, 4. 19, 24, 47, 51, 52, 53, 86, 101, 102. 103, 105, 106, 122, 123, 125, 129, 149. 160, 172, 173, 180, 201, 212, 213, 214, 215, 216, 227, 228, 229, 239, 240, 241, 253, 256, 257, 258, 259, 269, 270, 273, 283, 296, 298, 334, 335, 349, 358, 387, 388, 390, 403, 409, 424, 457, 458, 473, 527.

Dejean, général de division, ministre-directeur de l'administration de la guerre, 178, 251,

345, 369. 424, 445, 515, 535, 549, 571.
Duroc, grand maréchal du palais, 55.
Emeriau, contre-amiral, préfet maritime à Toulon, 139.
Eugène Napoléon, vice-roi d'Italie, 26, 33. 66. 90. 162, 163. 175, 181, 182. 183. 202. 286. 322. 337, 373. 377. 386, 394. 467. 505, 521, 542, 603.
Ferdinand, prince des Asturies, 12, 144. 357. 473.
Fesch, cardinal, grand aumônier, 364.
Fouché, ministre de la police générale. 59, 65, 83. 85, 137, 322, 370, 397. 403, 437.
François Ier, empereur d'Autriche, 649.
Frédéric, roi de Wurtemberg, 617.
Frédéric VI, roi de Danemark, 428. 589.
Frédéric-Auguste, roi de Saxe. 378.
Frédéric-Guillaume III, roi de Prusse. 594.
Ganteaume, vice-amiral, commandant l'escadre de la Méditerranée, 25, 132.
Gaudin, ministre des finances. 19. 119. 120, 198, 210, 231, 267, 273, 321, 406, 515, 551, 586, 590, 606.
Georges III, roi d'Angleterre. 638.
Hortense, reine de Hollande. 38.
Jérôme Napoléon, roi de Westphalie. 82. 223. 310, 484, 522, 552, 575, 592. 593.
Joachim, grand-duc de Berg, lieutenant de l'Empereur en Espagne, et plus tard roi des Deux-Siciles sous le nom de Joachim Napoléon. 3. 36. 47, 60, 61, 65, 68, 71, 72. 78, 80, 83, 87. 92, 93, 95, 109, 110, 112. 127. 133, 140, 151, 153. 165, 166. 167. 185. 188. 190, 191. 192, 197, 204, 205, 216, 218, 220, 221, 234, 246. 248. 260, 263, 264, 281, 284, 302, 315, 317, 323. 326. 338. 347, 360, 361. 362. 468, 523. 567, 608.
Joseph Napoléon, roi de Naples, et ensuite roi d'Espagne, 4, 27. 99, 358, 412. 415. 420, 421, 427, 428, 438, 447, 448. 457, 467. 469, 472, 474, 481, 483, 486, 490, 491, 497, 504. 545. 553, 560. 561. 575. 598. 606, 610, 614, 615, 648.

Joséphine, impératrice des Français. 18. 38. 632.
Jourdan, maréchal de France, 469.
Junot, général de division, commandant l'armée de Portugal, 29. 97. 98. 115. 136. 155. 157. 186. 219. 222. 271. 285. 304.
Lacépède (De), grand chancelier de la Légion d'honneur, 161, 462. 485.
Lacoste, colonel du génie, 461.
Lacrosse, contre-amiral, commandant la marine à Boulogne, 651.
Lacuée, général de division, ministre d'état, directeur général des revues et de la conscription militaire, 589, 603.
La Cuesta (Don Gregorio de), capitaine général de la Vieille-Castille, 237. 297.
Lannes, maréchal de France. 168.
Larochefoucauld (Mme de), dame d'honneur de l'Impératrice. 570.
Louis Napoléon, roi de Hollande. 49. 67. 157. 522, 639.
Louise, reine d'Étrurie. 456. 593.
Louise, reine de Prusse, 594.
Maret, ministre secrétaire d'état. 347. 409.
Marmont, général de division, commandant l'armée de Dalmatie, 91. 169.
Masséna, maréchal de France, 597.
Maximilien-Joseph, roi de Bavière. 616.
Melzi, duc de Lodi, président du collège des Possidenti, à Milan, 605.
Menou, général de division, gouverneur général de la Toscane. 301, 302.
Missiessy, contre-amiral, commandant l'escadre de l'Escaut. 587.
Mollien, ministre du trésor public. 91. 94. 122, 159. 179. 210, 211, 233, 268, 303. 329. 444, 523, 578, 591, 629.
Montalivet (De), directeur général des ponts et chaussées. 405.
Pasquier, maître des requêtes au Conseil d'état. 639.
Pauline Borghese (Princesse), 301.
Pérignon, maréchal de France, 480.
Pronny, inspecteur général des ponts et chaussées. 506.

REILLE, général de division, aide de camp de l'Empereur, 400, 414.
ROSILY, vice-amiral, commandant l'escadre française en rade de Cadix, 137, 265.
SAVARY, général de division, aide de camp de l'Empereur, en mission à Madrid, 371, 384, 440.
SGANZIN, inspecteur général des ponts et chaussées, 506.
SINIAVINE, amiral, commandant l'escadre russe à Lisbonne, 96.

SOULT, maréchal de France, chargé du deuxième commandement de la Grande Armée, 586.
TALLEYRAND (DE), prince de Bénévent, vice-grand électeur, 45, 58, 75, 159, 219, 328.
TASCHER (DE), officier d'ordonnance de l'Empereur, 138.
VERDIER, général de division, commandant la 2ᵉ division d'observation des Pyrénées occidentales, 310.
WALTHER, général de division, commandant les grenadiers à cheval de la Garde, 393, 551.

TABLE

DES MATIÈRES DU TOME XVII.

	Pages.
Correspondance du 15 avril 1808 au 14 octobre 1808.	1
Table analytique.	653
Liste des personnes à qui les lettres sont adressées.	731

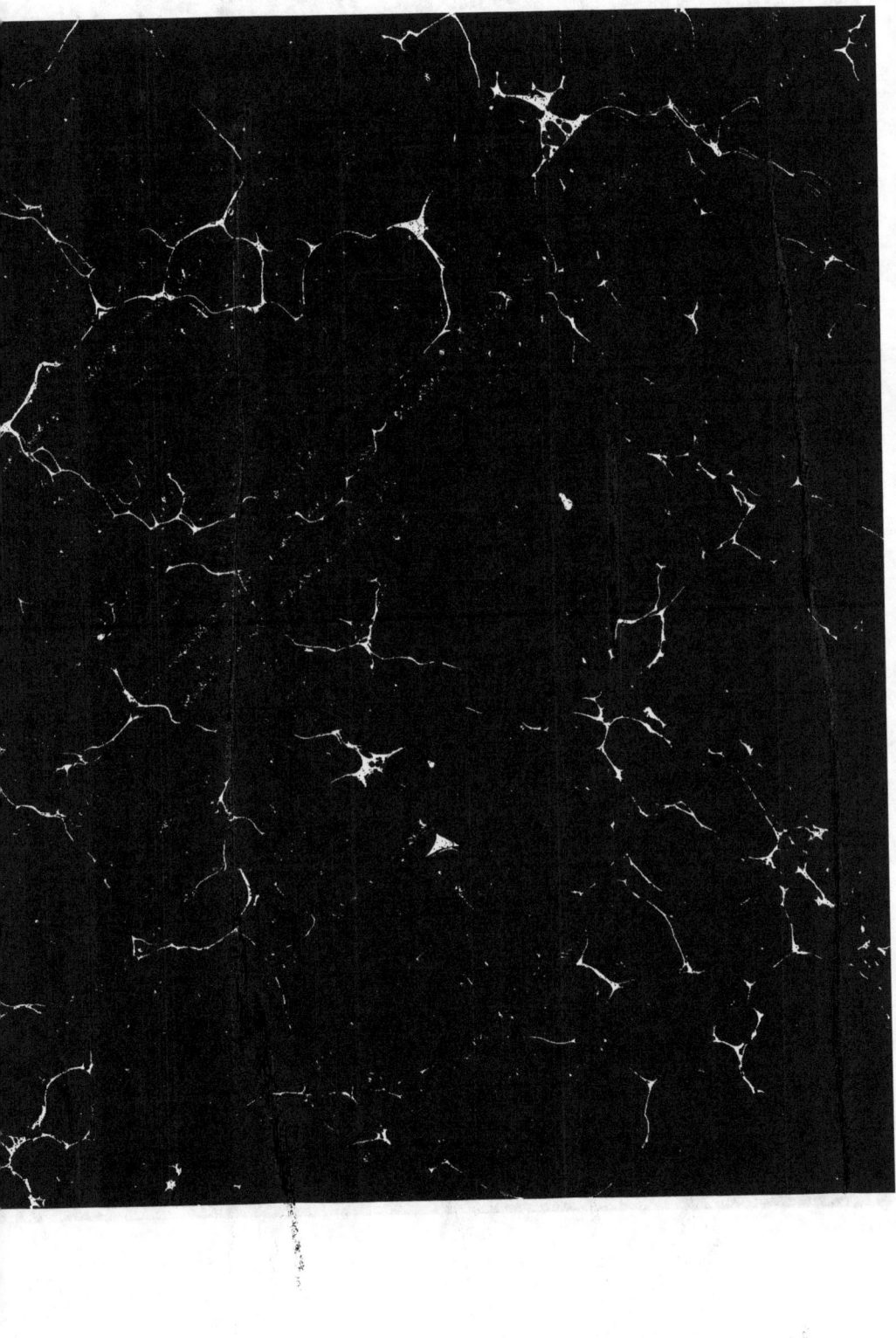

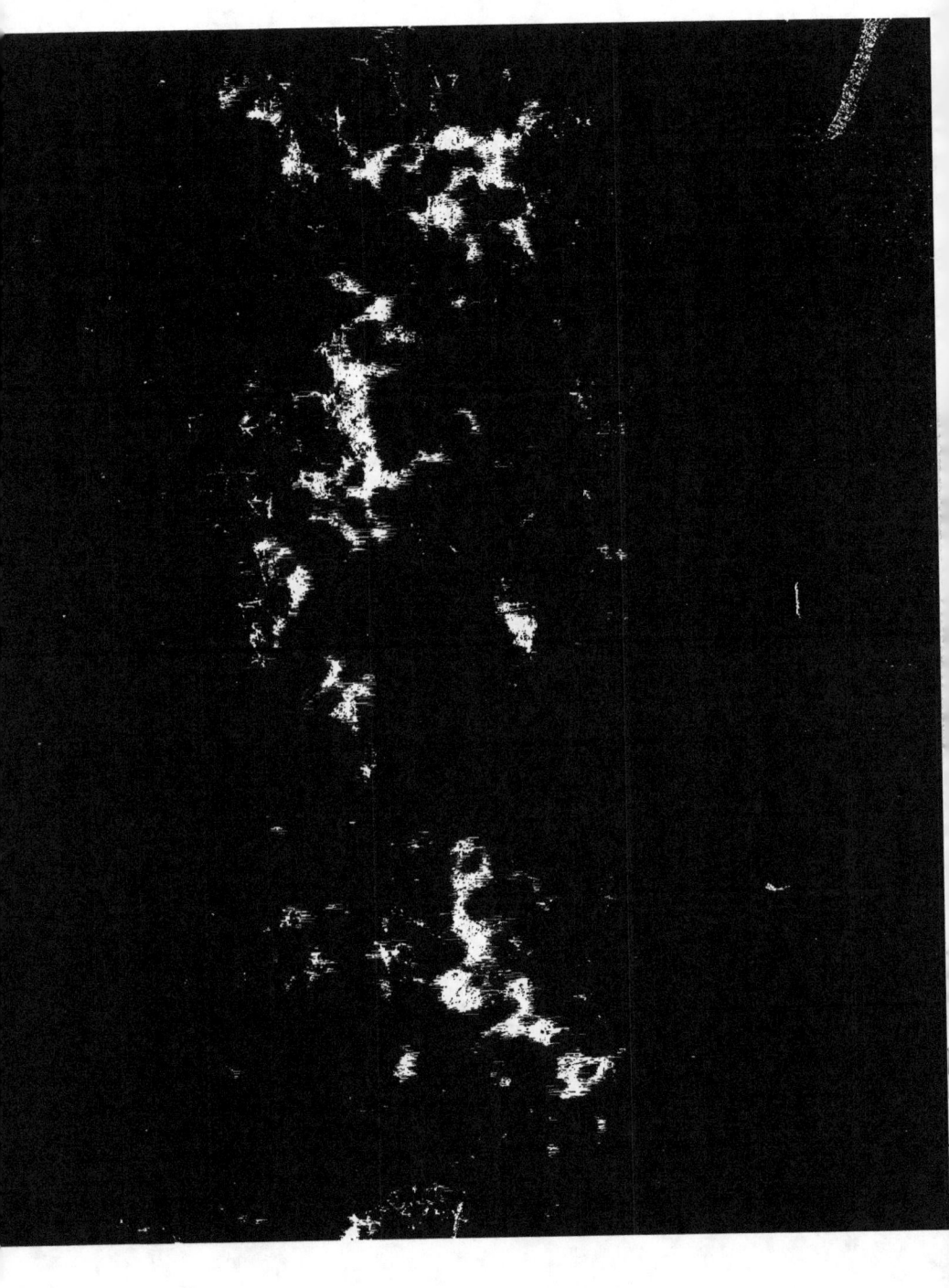

www.ingramcontent.com/pod-product-compliance
Lightning Source LLC
Chambersburg PA
CBHW060903300426
44112CB00011B/1327